W0061926

Friederich

Abenteuer
unter fremden
Fahnen

Neu herausgegeben
und mit einem Nachwort von
Dr. Heinz Helmert

Johann Konrad Friederich

Abenteuer unter fremden Fahnen

*Erinnerungen
eines deutschen Offiziers
im Dienste Napoleons*

Brandenburgisches
Verlagshaus

Die beiden zeitgenössischen Karten von Spanien und Süditalien stammen aus der Kartensammlung der Sächsischen Landesbibliothek Dresden, der für die Unterstützung und für die Veröffentlichungsgenehmigung gedankt wird.

Die Illustrationen stellte der Herausgeber zur Verfügung.

ISBN 3-327-00990-2

1. Auflage der bearbeiteten Fassung
© Nachwort und Bearbeitung
Brandenburgisches Verlagshaus, Berlin 1990
Lizenz-Nr. 5
Printed in the German Democratic Republic
Lektor: Siegfried Jaeger
Typografie: Catrin Kliche
Schutzumschlag und Einband: Wolfgang Ritter
Satz: Militärkartographischer Dienst (VEB), Halle
Druck: Druckhaus Schöneweide, Berlin
Buchbinderische Verarbeitung: INTERDRUCK, Graphischer Großbetrieb Leipzig
LSV: 7103
Bestellnummer: 747 365 7

I.

Mit zwar etwas beklommenem Herzen, aber leichtem Sinn, leichter Bagage – mein militärisches Equipement sollte ich erst beim Regiment erhalten –, ziemlich gefüllter Börse und frohen Muts verließ ich das Vaterhaus und setzte mich in den nach Mainz fahrenden Postwagen. An meinen soliden Kenntnissen trug ich auch nicht schwer: Geschichte, Erdbeschreibung und Französisch, das ich gut sprach und schrieb, waren die einzigen Dinge, die ich ziemlich gründlich kannte, namentlich hatte ich Plutarch, Cäsar und Titus Livius gut inne; meine Muttersprache, das Deutsche, sprach und schrieb ich nicht einmal sehr korrekt, ebenso sprach ich nur schlecht Englisch, und in der Mathematik wie im Zeichnen hatte ich es auch nicht sehr weit gebracht, eine Hand schrieb ich, daß es zum Erbarmen war, dagegen aber hatte ich in frivoleren Künsten eine ziemlich hohe Stufe erreicht. In der Musik, im Klavier und Singen war ich ein Virtuose, dabei ein guter Reiter und ebenso guter Tänzer. Von allen meinen Büchern hatte ich nur die, welche von den Militärwissenschaften handelten, die ich erst kürzlich bekommen hatte, und sodann noch Schillers «Don Carlos» und «Fiesko», Kramers «Adolph der Kühne, Raugraf von Dasel», dies waren mein Homer und Plutarch, und den Klavierauszug des Don Juan eingepackt und mitgenommen.

In Mainz stieg ich im Gasthof «Zur hohen Burg» ab, denn man hatte mir gesagt, daß sich dort ein allerliebstes Wirtstöchterchen befände. Ich fand mich aber getäuscht, es war eine zwar jugendliche, frische, rotwangige, aber ziemlich derbe Schönheit, blieb indessen vorerst da wohnen. Am nächsten Morgen stellte ich mich meinem Regimentschef vor, der mich wohlwollend empfing und einer Kompanie zuteilte. Der Dienst des kaum errichteten Regiments war noch nicht geregelt, und ich hatte vorderhand nichts weiter zu tun, als mich bei den Appellen einzufinden, benutzte deshalb die müßige Zeit, um mich in Mainz umzusehen, und nahm bei einem Ingenieuroffizier Unterricht in der praktischen Feldmeßkunst und Fortifikation sowie bei einem Unteroffizier-Maître d'armes [Fechtmeister] in der Fechtkunst, denn mir ahnte, daß es mir an Händeln der besten Sorte nicht fehlen würde. Glücklicherweise war damals kein Theater in Mainz, das mich von meinen Berufsstudien hätte abwendig machen und zu sehr zerstreuen können.

In Mainz war es zwar sehr lebendig, denn die Festung wimmelte von Militär jeder Waffengattung, aber die Stadt bot doch im ganzen einen traurigen Anblick. Überall stieß man noch auf die Spuren der letzten schweren Belagerungen;* Häuser, Klöster und Paläste lagen teilweise in Ruinen, das Dalbergsche Palais, die drei Schweinsköpfe genannt, alle Gebäude am sogenannten Höfchen, wo die schöne tempelartige St. Sebastianskapelle, die alte Jesuitenkirche stand, waren zum Teil halb abgebrannt oder ganz von Kanonenkugeln zerschossen, und selbst der Dom hatte ein melancholisches Ansehen, seine Türme waren dach- und fensterlos. Das kurfürstliche Schloß war jetzt der Aufenthalt des Jammers und Elends, und in den prächtigen Prunkgemächern, wo früher die glänzendsten Feste gefeiert wurden, standen längs der kahlen Wände Krankenbetten, in denen oft unheilbare Kranke und Verwundete ihr Dasein verfluchten. Die Fürstenwohnung war ein Lazarett geworden. Eine meiner Lieblingspromenaden war nach der hoch und herrlich liegenden uralten Stephanskirche, zu der man durch einsame Mauerstraßen und Weingärten, vorbei an alten Gebäuden gelangte. Aber nirgends war ich heiterer, als wenn ich von der langen Rheinbrücke nach Bieberich und dem Rheingau hinabblickte, den kristallgrünen Wellen des majestätischen Stromes folgte und mich in diesem Anschauen verlor.

Den schönsten Anblick gewährt Mainz von den Hochheimer Höhen herab. Hier übersieht man die herrliche Lage der uralten, ehedem golden genannten Stadt und ihre Türme, Kirchen, Hügel und schönen Anlagen mit einem Blick, sie liegt gleich einem zu unseren Füßen aufgerollten Gemälde vor den freudig bewundernden Augen.

Bis zur französischen Revolution war der kurfürstliche Hof zu Mainz einer der glänzendsten Deutschlands, und die älteren Mainzer, die ihn noch gekannt, wußten mir nicht genug von dessen Pracht und Herrlichkeit zu erzählen. Unter den mancherlei Bekannten, die ich in meinen freien Stunden besuchte – das französische Exerzitium, das wir jetzt zweimal des Tages mit großem Eifer auf dem Glacis der

---

*) In den Revolutions- und Koalitionskriegen 1792/97 wurde die militärisch veraltete, strategisch aber wichtige Festung Mainz mehrfach, dabei abwechselnd von den Franzosen und den Koalitionstruppen eingeschlossen und z. T. heftig bombardiert.

Zitadelle betrieben, nahm täglich vier bis fünf Stunden in Anspruch –, war es hauptsächlich das Haus des Hofrats Jung, unseres alten Familienfreundes, das mich am meisten anzog. Dies war eine höchst achtungs- und liebenswürdige Familie, welche besonders den Wissenschaften und Künsten huldigte. Der älteste Sohn Eduard beschäftigte sich mit Malerei, die Töchter Mimi und Agnes mit Musik, Zeichnen und auserwählter Lektüre, zwei kleinere Jungen besuchten noch die Schule. Der Vater, ein hochwissenschaftlich gebildeter und sehr vorurteilsfreier Mann, Witwer, widmete sich fast ausschließlich der Erziehung seiner Kinder.

Die Abende in diesem Haus wurden meist in einem vertrauten Familienkreis, abwechselnd mit Unterhaltungen über die neuesten ausgezeichnetsten literarischen Erzeugnisse, mit Vorlesungen, Musik, Deklamation und so weiter auf das angenehmste hingebracht. Bisweilen verlor man sich auch in das Feld der Politik, das damals unermeßlichen Stoff bot, jedoch nur, wenn man so ganz unter sich war, denn es war sehr gefährlich, sich über das Treiben des allmächtigen Gewalthabers und seine Staatskunst selbst nur bescheiden auszulassen, und nicht ratsam, seine Meinung offen zu äußern. Ich selbst war indessen zu jener Zeit ein blinder Verehrer des neugebackenen Kaisers, in dem ich einen zweiten Cäsar erblickte, seine glänzenden Siege hatten auch mich wie so viele tausend andere verblendet, Jung aber fällte sehr richtige Urteile über den korsischen Machthaber, die sich auch später völlig bestätigten und die ich beinahe als in einem prophetischen Geist gesprochen ansehen möchte. Was aber diesen unterhaltenden Abenden den meisten Reiz verlieh, war die älteste Tochter des Hauses, Mimi, ein Mädchen, das bei körperlicher Schönheit unendlich geistige Reize besaß und bald der Gegenstand meiner innigsten Verehrung ward, ohne daß ich gerade ein sinnlicheres Vergnügen als ihre Unterhaltung gewünscht oder begehrt hätte.

Vier Wochen mochte ich ungefähr in Mainz sein, dessen heitere, lebenslustige und muntere Bewohner mich weit mehr ansprachen als die griesgrämigen besorglichen Prozentgesichter meiner Vaterstadt Frankfurt, als mich eines Morgens mein Oberst zu sich rufen ließ und mir eröffnete, meine Familie wünsche, ich möchte in das Regiment treten, welches Fürst Y.* im Begriff sei, für den Kaiser der Franzosen zu formieren, und daß er, wenn mir dies angenehm sei, nichts dagegen habe, ob er

*) Karl Fürst von Isenburg-Birstein, geb. 1766, gest. 1821, war erst österreichischer Offizier, später preußischer General, bot 1805 als erster deutscher Fürst dem französischen Kaiser seinen Militärdienst an, wurde von diesem mit der Aufstellung eines Fremdenregiments beauftragt, trat 1806 dem Rheinbund bei, wobei ihm die Grafschaften Ysenburg zugeteilt wurden; sein Fürstentum wurde 1814/16 von Österreich okkupiert, dann zwischen dem Großherzogtum Hessen-Darmstadt und dem Kurfürstentum Hessen-Kassel aufgeteilt.

gleich glaube, daß ich in seinem Regiment wohl ebensogut und vielleicht noch besser als in dem des Fürsten mein Glück machen würde. Ich erwiderte hierauf, daß ich dies meinen Eltern überlassen wolle. Mir war die Sache ziemlich gleichgültig, obgleich das Regiment Latour schon einen großen Vorsprung hatte und beinahe organisiert war.

Indessen versprach ich mir doch eine angenehmere Existenz im Regiment Y., in dem ich alte Bekannte aus Offenbach anzutreffen hoffte, auch sagte mir dessen Uniform – hellblau mit gelbem Kragen, weißem Paspel und Silber – mehr zu als die dunkelgrüne mit dem Rot des Regiments Latour d' Auvergne. Noch am selben Tag erhielt ich einen Brief von meinem Vater, in welchem er mir meldete, daß er am folgenden Tag nach Mainz kommen würde, um mich dem Fürsten Y., bei dem schon alles eingeleitet sei und der in den «Drei Reichskronen» logiere, vorzustellen. Gegen Mittag kam mein Vater an, und wir machten sogleich unsere untertänigste Aufwartung bei Seiner Durchlaucht. Der Fürst war außerordentlich gnädig, erbot sich sogar, mich sogleich mit Unterleutnantsrang anstellen zu wollen, was mein Vater sich gehorsamst verbat, indem er wünschte, daß ich von der Pike auf dienen solle, was indessen gar nicht tunlich war, aus dem einfachen Grunde, weil außer einem Dutzend designierter Offiziere das Regiment erst auf dem Papier vorhanden war. Der Fürst erteilte mir daher den Rang eines Fourier und verwies mich an den Quartier-Maître, Kapitän Viriot, einen äußerst humanen und liebenswürdigen Mann, um einstweilen in dessen Bureau zu arbeiten und mich mit der militärischen Komptabilität [Rechnungslegung] zu befreunden.

Fürst Y. setzte alles in Bewegung, das Regiment möglichst bald zu formieren und vollzählig zu machen, was um so schwieriger war, da keine Franzosen aufgenommen werden durften, was aber nicht so genau genommen wurde. Indessen würden doch Jahre damit hingegangen sein, wenn nicht besondere Ereignisse die Komplettierung schnell möglich gemacht hätten. Erst ganz kürzlich hatte der Krieg mit Österreich (1805)* begonnen, und soeben hatten dreiunddreißigtausend Mann Österreicher mit sechzig Kanonen, vierzig Fahnen, achtzehn Generalen und so weiter bei Ulm das Gewehr gestreckt und sich zu Gefangenen ergeben. Aus diesen Gefangenen rekrutierte man nun so viel als möglich für das Regiment Y., wobei man sich mitunter der gewissenlosesten Kunstgriffe und Kniffe bediente, indem man die Leute betrunken machte und ihnen Gott weiß was alles vorspiegelte, um sie zu bewegen, französische Dienste zu nehmen, ihnen großes Handgeld ver-

---

*) Nach Eröffnung des dritten Koalitionskrieges (England, Österreich, Rußland, Schweden und Neapel gegen Frankreich) mußte eine in Ulm eingeschlossene österreichische Armee unter Feldmarschalleutnant Mack am 17.10.1805 mit etwa 25 000 Mann kapitulieren.

sprach, sechzig bis hundert Franken, das sie nie erhielten. Im übrigen hatten es diese Leute weit besser in französischer Gefangenschaft, wo sie alle mögliche Freiheit genossen, auf Arbeit gehen durften, gut genährt waren und so weiter, als in ihrem früheren Dienst.

Noch weit schlimmer spielte man später den bei Austerlitz* gefangenen Russen und Österreichern mit, um sie zu bewegen, Dienste bei den französischen Fremdenregimentern zu nehmen. Man zwang sie durch den Hunger dazu, indem ihnen die vom Gouvernement zugedachten Portionen so sehr geschmälert wurden, daß sie unmöglich dabei bestehen konnten und der ärgste Feind des Menschen, der Hunger, sie nötigte zu dienen, um sich zu sättigen. Fürst Y. selbst hatte diese Schändlichkeiten zwar nicht befohlen, war aber schwach genug, denen, die sie begingen und die für jeden angeworbenen Mann zehn Franken erhielten, durch die Finger zu sehen. Obendrein wurden die armen Teufel noch um das ihnen versprochene Hand- oder besser Blutgeld geprellt, das größtenteils nichtswürdige Speichellecker, die sich dem Fürsten angenehm zu machen wußten, unterschlugen und einsteckten.

Fürst Y. hatte den Fehler begangen, viele Offiziere ohne weitere Prüfung und oft auf sehr verdächtige Empfehlungen hin anzustellen, wodurch das Regiment in sehr üblen Ruf kam. So war zum Beispiel ein gewisser Wable, ein ehemaliger Douanenleutnant, den man wegen Diebstahl zum Teufel gejagt und der nur mit knapper Not der Galeere entgangen war, als Adjutantmajor angestellt. Der Kerl hatte ein so widrig konfisziertes Gesicht und Äußeres und stand in einem so abscheulichen Ruf, daß man ihn sogar in öffentlichen Gast- und Kaffeehäusern nicht mehr hatte dulden wollen, allein er hatte dem Fürsten Y. gewisse, nicht sehr ehrenvolle Dienste erwiesen, weshalb er sich dessen Protektion erfreute. Als er später einen Teil der Löhnung der Rekruten unterschlug, kamen bei dieser Gelegenheit seine anderen Streiche zur Sprache, und er mußte dennoch fort, sich woanders hängen zu lassen. Später säuberte sich das Regiment allerdings nach und nach von seinem Unkraut, aber der böse Ruf war einmal da und nicht so leicht auszumerzen, besonders da auch die aus aller Welt zusammengerafften Soldaten es nicht an Exzessen aller Art fehlen ließen.

Mein Dienst wollte immer noch wenig sagen, obgleich das erste Bataillon von einem Bataillonschef namens Duret kommandiert, der früher Hauptmann und Generalissimus des vierzig Mann starken Heeres des Fürsten Y. und dessen Günstling

*) Die sogenannte Dreikaiserschlacht am 2. 12. 1805 zwischen den Franzosen unter Kaiser Napoleon I. und den verbündeten Russen und Österreichern unter Zar Alexander I. und Kaiser Franz I., die mit einer Niederlage der Verbündeten endete.

gewesen, bereits vollständig und ich der ersten Kompanie zugeteilt war, aber es war weder gekleidet noch bewaffnet und konnte also nicht einexerziert werden. Auf dem Bureau des Quartiermeisters brachte ich des Tags nur wenige Stunden zu, hatte die übrige Zeit so ziemlich für mich, meine Studien und andere Angelegenheiten und benutzte sie bestens.

Das Jungsche Haus frequentierte ich fortwährend, Mimis Umgang wurde mir täglich teurer, obgleich er ganz platonischer Art war, vielleicht gerade deshalb, auch schien ich dem liebenswürdigen Mädchen nicht zu mißfallen, und wir brachten manche Stunde mit wissenschaftlicher Unterhaltung oder bei vierhändigen Sonaten zu. Da mir indessen mit einer bloß geistigen Liebe nicht gedient war, suchte ich mich anderwärts dafür zu entschädigen. Mimis älterer Bruder hatte mich in Tanzstunden eingeführt, die im Schröderschen Kaffeehaus wöchentlich einigemal gegeben wurden, und hier lernte ich wieder eine Henriette, die Tochter vom Haus, und eine Luise, eine Anverwandte des Kaufmanns Kretzinger, bei dem sie sich aufhielt, kennen. Beide Mädchen waren katholisch, und bald war ich so weit mit ihnen, daß wir uns in den einsamen Kreuzgängen der abgelegenen Stephanskirche sprachen und dann auch deren Turm bestiegen, um der herrlichen Aussicht, die man in die paradiesische Umgegend von Mainz hat, teilhaftig zu werden.

Als das Weihnachtsfest herangekommen war, verabredete ich mit Luise, uns bei der Mitternachtsmesse in der Quintinskirche zu treffen, während mich Henriette in die St. Stephanskirche beschied, ich selbst jedoch dieser Feierlichkeit gern im Dom, wo der Bischof fungierte und sie am glänzendsten begangen wurde, beigewohnt hätte. Es gelang mir indessen, die den beiden Mädchen gemachten Versprechungen zu erfüllen und auch das Ende der Feierlichkeit im Dom zu sehen. Nachdem ich in St. Quintin einige Minuten neben Luise gekniet, ihr die Hand gedrückt und ein paar Worte zugeflüstert hatte, verlor ich mich nach St. Stephan und kniete hier neben Henriette, betete mit ihr ein kleines Weilchen und ward wirklich von dieser mitternächtlichen Feier ergriffen, daß ich den eigentlichen Zweck meines Herkommens ganz vergaß und, von der Feier des Gottesdienstes hingerissen, nicht mehr an die neben mir kniende Schöne dachte, die ohnehin in Begleitung einer Tante der Feier beiwohnte.

Als der größte Teil vorüber war, flüsterte ich ihr «Gute Nacht» zu und eilte in den Dom. Hier fand ich die weiten, düster beleuchteten Hallen sehr öde, nur hier und da kniete eine vermummte Gestalt einsam und verlassen, während die anderen Kirchen zum Erdrücken voll waren, und nur der Chor war belebt und mit einem Heer von Geistlichen aller Grade angefüllt, an deren Spitze der Bischof in seinem Ornat fungierte. Ich war kurz vor der Beendigung der Messe angekommen. In diesem Tempel war der Eindruck auf mich ein ganz anderer als zu St. Stephan, das Ganze hatte etwas schauerlich Unheimliches. Zum erstenmal in meinem Leben hatte ich einem solchen nächtlichen Gottesdienst beigewohnt und konnte lange die Bilder nicht aus meiner Phantasie verdrängen.

Acht Tage später wurde zu Neujahr ein großer Ball im Schröderschen Kaffeehaus veranstaltet, den auch der Marschall Lefèbvre und sein ganzer Generalstab mit ihrer Anwesenheit beehrten und dem ich, obgleich mich sehr unwohl fühlend, dennoch in Zivilkleidern beiwohnte; denn ich konnte unmöglich die mit meinen liebenswürdigen Freundinnen eingegangenen Engagements versäumen und hatte zudem eine neue Intrige mit einer sehr pikanten Französin, der Frau eines Kriegskommissars, Madame Nellier, angeknüpft, von der ich mir viel Unterhaltung versprach. Das Schicksal wollte es anders: Schon nach ein paar Quadrillen fühlte ich mich so unwohl, daß ich gezwungen war, den Ball zu verlassen. Kaum zu Hause angekommen, rüttelte mich ein starkes Fieber, das in eine schwere, hitzige Krankheit, einen Lazarett-Typhus, ausartete, den ich mir im Dienst durch Ansteckung zugezogen hatte.

Immer noch auf dem Bureau des Quartier-Maître arbeitend, erhielt ich häufig den Auftrag, die aus den Gefangenen angeworbenen Rekruten zur Visitation zum Regimentsarzt zu führen und dann diejenigen, die krank befunden wurden, in das Lazarett zu bringen, wo dieser Typhus herrschte und sehr junge Leute und auch manche Einwohner von Mainz wegraffte. Hierdurch hatte ich mir aller Wahrscheinlichkeit nach die Krankheit zugezogen, die mich in zweimal vierundzwanzig Stunden an den Rand des Grabes brachte. Als Fürst Y. von meinem Zustand unterrichtet war, befahl er, daß man mich sogleich ins Lazarett schaffen solle, wo ich durch seine Vermittlung in den Offizierssaal gebracht wurde, in dem noch am nämlichen Tag ein Dragonerrittmeister, mein nächster Bettnachbar, an derselben Krankheit starb.

Gerade nach dem Tag, als man mein Ende erwartet hatte, öffnete sich gegen Mittag die Tür unseres Zimmers, und mein guter Vater trat mit bekümmerter Miene an mein Bett. Er schien mir ein tröstender Retter, tat alles, was er konnte, mir Mut einzusprechen, und brachte jeden Tag mehrere Stunden an meinem Krankenlager zu. Erst als ich außer Gefahr war, reiste er ab, mich reichlich mit Geld und was ich bedurfte versehend. Etwas hatte für den Augenblick denn doch diese Krankheit und der Anblick der Sterbenden um mich herum meinen angeborenen Leichtsinn verscheucht, der sich aber mit dem allmählichen Besserwerden auch wieder einstellte. Auch Hofrat Jung, der wider mein Wissen und meinen Willen meine Krankheit an meine Eltern berichtet hatte, besuchte mich einigemal, und das Bild seiner holden Tochter Mimi war das einzige, das mich in dieser Periode fast immer umschwebte, während mir alle anderen ganz aus dem Sinn gekommen waren.

Während ich noch rekonvaleszent [genesend] im Lazarett lag, erhielt das Regiment Befehl, sich binnen weniger Wochen marschfertig zu machen, um seine endliche Formation in Toul zu vollenden. Viele der neuangeworbenen Rekruten waren nämlich ein paar Tage nach ihrem Engagement mit den erhaltenen Effekten wieder über die Rheinbrücke gegangen und desertiert, was ihnen in Toul nicht so leicht war. Ich erhielt jedoch, nachdem ich das Lazarett verlassen hatte, einen Urlaub von vierzehn Tagen, den sich mein Vater vor seiner Abreise von dem Fürsten erbeten, um meine völlige Wiederherstellung im elterlichen Hause abzuwarten.

Noch sehr schwach verließ ich das Krankenhaus, das früher das Schönbornsche Palais am Tiermarkt war, in welchem zu den kurfürstlichen Zeiten so manches Prunkfest gefeiert worden und das sich jetzt in die Herberge des Elends umgestaltet hatte, und bezog wieder meine Wohnung in der «Hohen Burg». Mein erster Besuch war bei Jung, dem ich freundschaftlich vorhielt, daß er an meine Eltern geschrieben, denen ich keine unnötigen Sorgen habe machen wollen, sie sollten meine Krankheit erst nach überstandener Gefahr oder nach meinem Tod erfahren. Mimi schien über meinen Anblick zu erschrecken. Ich sah noch sehr leidend und elend aus; mit einem «Ach, mein Gott!» eilte sie auf mich zu, faßte mich bei der Hand und sagte endlich: «Dank dem Himmel, daß Sie dem Leben wiedergeschenkt sind, lieber Freund, wir waren recht bange um Sie.»

Als wir uns bald darauf allein im Zimmer befanden, fiel sie mir um den Hals und gestand mir mit Tränen, daß sie recht sehr besorgt um mich gewesen. Ich drückte sie innig an mich, und Brust an Brust wechselten wir minutenlang Küsse; erst durch ihre Tante wurden wir aus unserem Vergessen erweckt.

Meine Abreise nach Frankfurt war schon auf den nächsten Morgen festgesetzt, was das liebe Geschöpf viel zu früh fand und meinte, sie würde mich nicht mehr wiedersehen. Ich lächelte bei diesen Worten der blühend schönen Jungfrau, die behauptete, eine nur zu sichere Ahnung sage es ihr, und klagte, daß sie sich schon seit einigen Tagen nicht ganz wohl befinde. Indessen konnte ich meine Abreise unmöglich länger aufschieben. Mimi veranlaßte, daß man mich für diesen Abend zum Essen einlud, und ersuchte mich, doch ja beizeiten zu erscheinen, da dies der letzte Abend sei, den wir in diesem Leben zusammen zubringen würden. Nochmals lächelnd, versprach ich gern, was das liebe Mädchen wollte. Um zehn nahm ich mit bewegtem Herzen Abschied von der gastfreundlichen Familie und fuhr am anderen Morgen nach Frankfurt ab.

Meine guten Eltern hatten mich erwartet und empfingen mich wie einen vom

Tod erretteten Sohn mit unendlicher Liebe und Wohlwollen. Nachdem man mich nach den geringfügigen Umständen meiner Krankheit und deren Behandlung mit großer Teilnahme gefragt hatte, fiel meine Mutter plötzlich mit den Worten ein: «Sieh, lieber Ferdinand, wärest du Kaufmann geworden oder hättest studiert, so wäre dir dies gewiß nicht begegnet», und meinte, wenn ich wolle, sei es noch Zeit, umzusatteln und in das ruhige bürgerliche Leben zurückzukehren. Der Meinung waren auch mehrere meiner Verwandten, ich aber beharrte darauf, beim Militär zu bleiben, hoffte, unter Napoleon eine recht glänzende Karriere zu machen, und lehnte alle Einladungen eines Heeres von wißbegierigen Vettern und Basen ab, die mich gern zu Tode gefüttert hätten, um ihre Neugierde zu befriedigen.

Zehn Tage mochte ich etwa im Vaterhaus sein, als meinem Vater gerade bei Tisch ein schwarz gesiegelter Brief übergeben wurde, der erschrocken ausrief: «Mein Gott, das ist ja vom Hofrat Jung!» Auch ich entsetzte mich, und ehe wir uns recht besinnen konnten, sagte mein Vater, nachdem er einige Zeilen durchlaufen, mit bebender Stimme: «Mein Gott, Jungs Tochter, die Mimi, ist an derselben Krankheit gestorben, die Ferdinand gehabt.» Ich ward leichenblaß, stand mit verhülltem Gesicht vom Tisch auf, und es war mir in diesem Augenblick, als schwebe die verklärte Engelsgestalt dieses Mädchens an meinem Augen vorüber. Nachdem ich mich ein wenig erholt, erzählte ich meinen Eltern, ohne ihnen jedoch das nähere Verhältnis mitzuteilen, was mir das Mädchen beim Abschied versichert hatte, worüber sie, namentlich meine Mutter, höchst erstaunt waren. Sie meinten, ich könne die Krankheit in dieses Haus gebracht haben, was wenigstens möglich war und uns viel Kummer verursachte, da der gute Jung so schrecklich für sein Wohlwollen belohnt wurde.

In Frankfurt sah es wieder sehr kriegerisch aus, und die Stadt wimmelte von französischem Militär, das zu dem Armeekorps des Marschall Augereau gehörte; auch hatte man ihr abermals eine starke Kontribution auferlegt, was die französische Uniform eben nicht beliebt machte und Ursache war, daß auch ich ungern in derselben gesehen wurde. Ein paar Tage ging mir die Sache im Kopf herum, und ich konnte sie trotz aller Zerstreuungen, die man mir bot, nicht aus meinen Gedanken entfernen, das Engelsköpfchen schwebte mir, wenn auch undeutlich, doch immer vor Augen; indessen machten ein paar Abschiedsritte nach Homburg und Offenbach, wo ich meine alten Bekannten und Freundinnen noch einmal, und namentlich meinen Lehrer, den Hofprediger Breidenstein, und den Oheim Oberpfarrer aufsuchte, auch von den Homburger Hoffräulein mich in französischer Uniform bewundern ließ, daß ich der Hingeschiedenen bald weniger gedachte und sie mir zugunsten der Lebenden aus dem Sinne schlug.

Die Zeit meines Urlaubs war um, und zum zweitenmal nahm ich vom Vaterhaus und der ganzen verwandtschaftlichen Sippschaft einen herzbrechenden Abschied. Manche glaubten, daß Toul schon außer der Welt liege, aber Sophia von La Roche meinte, sie würde es noch erleben, mich mit Generalsepauletten geschmückt zurückkehren zu sehen. Nochmals reichlich mit Mutterpfennigen versehen, bestieg ich den Mainzer Postwagen, in dem ich nur einen einzigen Passagier, und zwar ein zierliches, niedliches junges Mädchen, antraf, mit der ich bald eine interessante Unterhaltung anknüpfen und von der ich erfuhr, daß sie die Geliebte des damals sich in Hanau aufhaltenden Marquis von Chasteler sei und auf acht Tage nach Mainz gehe, um ihre daselbst wohnenden Eltern zu besuchen.

Nichts war wohl geeigneter, meine düsteren Gedanken zu verscheuchen, als eine so hübsche Gesellschafterin tête-à-tête in dem engen Raum eines Postwagens. Auch kam mir die Reise trotz des Schneckenganges eines Postwagens jener Zeit gewaltig kurz vor. In Hattersheim, wo umgespannt wurde, nahmen wir ein kleines, aber fröhliches Mahl ein, nach dem wir uns wieder vergnügt in den alten Rumpelkasten sperren ließen, und waren bald einverstanden, daß wir unter dem Siegel der strengsten Verschwiegenheit – denn käme es an den Tag, so wäre Susannchen, so hieß die Kleine, um ihre Stelle bei dem Herrn Marquis gekommen – beide in Kastel im «Schwarzen Bären» übernachten wollten, wo wir uns zwar zwei Zimmer, die jedoch im Innern miteinander kommunizierten, geben ließen. Erst gegen Mittag des andern Tages gingen wir müde und ermattet über die Rheinbrücke, wo ich Susanna an das Haus ihrer Eltern begleitete.

Die nächste Nacht schlief ich wieder allein in meiner hohen Burg, und zwar so vortrefflich, daß mich schwerlich eine Kanonade aus dem Schlaf geweckt haben würde. Ich meldete nun meine Zurückkunft dem sich noch immer in Mainz befindlichen Quartier-Maître Viriot, der mir ankündigte, daß in einigen Tagen ein Transport von etwa sechzig Rekruten zum Regiment abgehen müsse, den er mir zur Führung übergeben würde, da ich der einzige jetzt noch in Mainz vorhandene Unteroffizier sei. Ich fühlte mich hierdurch nicht wenig geehrt und besuchte einstweilen meine Mainzer Bekannten; aber mit beklommenem Herzen und nicht ohne ein peinliches Gefühl von Wehmut betrat ich das Haus des Hofrats Jung, denn ich hielt es für ziemlich gewiß, die Ursache des Todes dieses hoffnungsvollen Mädchens zu sein, deren Schwester Agnes ich ebenfalls leidend sowie Vater und Brüder sehr angegriffen fand. Nur zweimal wiederholte ich diesen Besuch vor meiner Abreise, dagegen fand ich mich desto häufiger bei Susanna ein, die aber auf Befehl ihres hochgebietenden Herrn Marquis noch früher als ich Mainz verlassen und nach Hanau zurückkehren mußte.

In Mainz hatten sich unterdessen immer mehr Truppen aller Waffengattungen gesammelt, deren Bestimmung jedermann noch ein Rätsel, da der Friede mit dem fast vernichteten Österreich so gut wie geschlossen war. Wenige Tage vor meinem Abmarsch kam der allgemein bewunderte Sieger, Kaiser Napoleon, nach Mainz und ließ die hier und in der Umgegend liegenden Truppen die Musterung passieren. Hier sah ich den Helden des Jahrhunderts zum erstenmal, und zwar ganz bequem in der Nähe, indem ich ihm Schritt vor Schritt folgte, als er die lange Front der auf der großen Bleiche und dem Schloßplatz aufgestellten Truppen hinabritt und deren Reihen musterte. Ich hörte, wie er hie und da einem Inspekteur oder Stabsoffizier eine mißfällige Bemerkung ziemlich schonungslos machte, sah, wie er bei manchem alten Soldaten, der das Zeichen seiner Tapferkeit im Angesicht trug, ein paar Augenblicke verweilte, sich erkundigend, wo und bei welcher Gelegenheit er die Schmarren und Wunden davongetragen. Er versicherte die Truppen, daß sie bald Gelegenheit erhalten sollten, sich neuen Lorbeer zu erwerben, worauf ein ungestümes «Vive l'Empereur» wie ein Lauffeuer durch die Reihen donnerte.

Ich muß gestehen, daß mich Napoleons Äußeres nicht befriedigte, namentlich verrieten seine Gestalt und seine Haltung eben nicht, was man sich gewöhnlich unter einem Helden vorstellt; sie hatten nichts Majestätisches, ja nicht einmal etwas Edles, dagegen war sein Blick so finster imponierend, daß er mehr erschreckte als anzog, hatte aber für die Soldaten dennoch etwas Aufmunterndes, so daß derselbe auf den, der ihn einmal gesehen, auch noch in seiner Abwesenheit einen magischen Einfluß ausübte und ihm gleich einem leitenden Genius bei den Waffentaten und Kämpfen vorschwebte und begeisterte.

Zwei Tage nach dieser interessanten Musterung erhielt ich die Feuille de Route [Marschroute]* für mich und meinen Transport und trat mit demselben den Marsch nach Toul an.

*) Marschbefehl mit Angabe der für die Nachtquartiere bestimmten Ortschaften, der für die dazwischen liegenden Etappen einzuhaltenden Zeitfristen und der täglich zu verrichtenden Dienste.

II.

Obwohl ich die vorhergehende Nacht fast ganz durchschwärmt hatte, stand ich doch am andern Morgen um sechs Uhr marsch- und reisefertig vor der Wohnung des Quartier-Maîtres, der mir noch einige Instruktionen erteilte, an der Spitze meines einige siebzig Mann starken Transports. Dieser bestand in aus allen Ecken und Enden zusammengerafftem Gesindel, noch unbekleidet und unbewaffnet; da waren preußische, österreichische, bayerische, hessische Deserteure, Polen, Russen, Böhmen und Ungarn, alles durcheinander, zum Teil noch die abgenutzten Uniformen ihres früheren Dienstes tragend, zum Teil in Lumpen gehüllt. Das Ganze hatte ein recht abenteuerliches Aussehen und glich eher einer Räuberbande oder einem zusammengelaufenen Vagabundenkorps. In der Tat waren auch ein paar Kerle dabei, die früher unter der Bande des Schinderhannes* gestanden. Außerdem ward mir noch eine ganz besondere Zugabe, nämlich die Frau und die vier Töchter des Wagenmeisters des Regiments, die noch zurückgeblieben waren und nebst einigen Weibern verheirateter Rekruten den weiblichen und wahrhaftig nicht am leichtesten zu dirigierenden Teil des Transports ausmachten und mir überdies angelegentlich vom Kapitän Viriot empfohlen worden waren. Von diesem war es jedoch eine leichtsinnige Unvorsichtigkeit, einem noch so jungen, ganz dienstunerfahrenen, kaum sechzehn Jahre zählenden Menschen ein solches Detachement zur Führung zu übergeben.

Um acht Uhr marschierten wir ab und zum neuen Tor hinaus. Noch manchen,

---

*) Johannes Bückler, ursprünglich Gehilfe eines Scharfrichters – deshalb ‹Schinderhannes› genannt – war um die Jahrhundertwende der gefürchtete und zugleich ‹populäre› Anführer einer Räuberbande am mittleren Rhein, wurde mit vielen seiner Gefolgsleute am 21.11.1803 in Mainz hingerichtet.

nicht ganz wehmutslosen Rückblick warf ich auf das alte Mainz, wo ich manche vergnügte Stunde hatte. Nach der Marschroute war mir ein vierspänniger Wagen für die Bagage und allenfallsige [mögliche] Marode gut getan, diesen nahmen, kaum vor dem Tor, Deßwarts – so nannte sich die Familie des Wagenmeisters – in Besitz, behauptend, daß sie der Herr Quartier-Maître darauf angewiesen habe. Auf dessen Empfehlung hatte ich auch einem gewissen Lamertz die Marschroute übergeben, einem preußischen Deserteur, welcher vorgab, Feldwebel in jener Armee gewesen zu sein und dieselbe wegen Händel mit seinem Hauptmann, der ihn zu ungerechten Dingen habe nötigen wollen, verlassen zu haben. Viriot hatte ihm versprochen, daß er bei seiner Ankunft bei dem Regiment wieder eine Unteroffiziersstelle erhalten solle. Dieser Mensch war jedoch ein Ausbund von Verschmitztheit und in allem, was man damals preußische Pfiffe und Kniffe nannte, trefflich bewandert.

Der erste Marsch, nach Oppenheim, ging glücklich und munter vonstatten, wir hatten heiteres Wetter, einige Rekruten sangen lustige Schelmen- und Soldatenlieder. Wir kamen durch die ihrer Weine wegen berühmten Orte Laubenheim, Bodenheim und Nierstein, und in letzterem Ort, der sehr alt ist und ehemals eine königliche Burg hatte, ließ ich halten und, um mir die Burschen anhänglicher zu machen, jedem Mann einen Schoppen Niersteiner, der freilich nicht von der ersten Qualität sein mochte, reichen. Dieses versetzte die Leute in die beste Stimmung, sie ließen mich hochleben, aber auch zum Dank ein paar Gläser verschwinden, die ich samt dem Wein bezahlen mußte.

Vor Oppenheim kam uns Lamertz mit geschäftiger Miene entgegen, mir ein Quartierbillet mit den Worten «Ein fürstliches Quartier, Herr Fourier», überreichend. Es war bei einem Apotheker, wo ich nichts weniger als etwas Fürstliches, ja nicht einmal etwas Anständiges fand, denn trotz meiner Ermüdung von Tanz und Marsch konnte ich fast die ganze Nacht vor Ungeziefer kein Auge schließen. Das Detachement wurde aber in dem eine halbe Stunde von Oppenheim entfernt liegenden Dorf Dienheim einquartiert, wohin auch ich eigentlich gehört hätte, aber mein dienstfertiger Lamertz meinte, daß dort gar kein passendes Unterkommen für mich sei. Ich führte die Leute nach Dienheim, und nachdem ich den Sold, den ich ihnen nach Viriots Vorschrift Tag für Tag selbst auszahlen sollte, verabreicht und die Appelle gehalten, begab ich mich nach Oppenheim zurück und sah mich in demselben und dessen Nähe um. Oppenheim war ehemals eine Freie Reichsstadt, ist aber ein unansehnlicher und schlecht gebauter Ort.

Ich hatte zwar meinem Wirt empfohlen, mich mit Tagesanbruch wecken zu lassen, weil ich, müde wie ich war, zu verschlafen fürchtete, aber mein unseliges Quallager machte, daß ich früher aufstand als einer der übrigen Hausbewohner und ich diese wecken mußte, wenn ich das Haus nicht nüchtern verlassen wollte. Nach schnell eingenommenem Frühstück, das in einem Eierkuchen bestand, eilte ich nach Dienheim, wo beim Appell zwei Mann fehlten, die auch nicht wieder zum Vorschein kamen. Statt ihrer aber fand sich ein Bauer ein, welcher klagte, daß ihm seine Einquartierung, die sich schon vor Tage davongemacht, zwei Gänse mitgenommen. Dies waren meine beiden Deserteure. Ich gab dem Mann zwei Taler für seine geraubten Vögel, um seinem Jammer ein Ende zu machen, und nahm mir vor, den Transport nicht mehr allein zu lassen, um möglichst solchen Unannehmlichkeiten vorzubeugen, was ich indessen nicht zu bewirken vermochte. Vor dem Abmarsch stellte sich auch noch Frau Deßwart mit ihren Töchtern ein, mir die Ohren vollschreiend über das schlechte Quartier, das sie gehabt, die Schuld auf Lamertz schiebend, der sich selbst bei dem Herrn Pfarrer einquartiert hatte, wo er trefflich versorgt gewesen. Ich empfahl dem Schlingel, doch in Zukunft galanter gegen diese Damen zu sein, was er auch versprach, und lachend trollte er sich.

Nachdem diese Dinge beseitigt waren, brach ich doch ziemlich munter nach Worms auf, wo wir ohne besondere Zufälle glücklich ankamen. Hier kündigte mir unser Quartiermacher an, daß wir abermals auf ein nahes Dorf, Forchheim, an dem die Reihe sei, Einquartierung aufzunehmen, verlegt würden, ich könne aber ein gutes Quartier in der Stadt haben, was ich mir verbat, das Billett zurückwies und mit meinen Leuten nach Forchheim marschierte, wo ich mich bei einem wohlhabenden Bauern einquartierte. Nachdem ich alles gehörig angeordnet zu haben glaubte, ging ich nach Worms zurück, um die einst so berühmte und wohlhabende Stadt, die jetzt kaum mehr ein Schatten ihrer ehemaligen Herrlichkeit war, in Augenschein zu nehmen.

Bevor ich wieder nach Forchheim zurückkehrte, nahm ich ein paar Flaschen von der echten Milch der Wormser Lieben Frauen mit; angekommen, kündigte mir mein Wirt an, daß, da seine Frau in den Wochen, er mir keine Stube geben könne und mich in die Schenke ausquartiert habe; ich mußte mich fügen, denn er hatte das Recht dazu. In der Schenke aber, die einer wahren Rauchhöhle glich, waren schon die Deßwarts einquartiert, denen man die Wirtsstube eingeräumt, wo man ihnen eine Streu bereitet hatte. Der Wirt erklärte mir nun, er habe kein anderes Lokal und müsse mir ein Lager in derselben Stube aufschlagen. Es war schon spät, kein anderes Quartier aufzufinden. Zudem waren zwei der Mädchen nicht häßlich, eine, die jüngste, sogar recht hübsch, und ich ließ mir eine Streu in einer anderen Ecke des Zimmers machen, bestellte für uns alle ein Abendbrot, so gut man es haben konnte, dessen Hauptsubstanz Speck und Eier war, und gab meine

Liebfrauenmilch zum besten. Dies machte die Damen fröhlich und munter, sie sangen, schäkerten, ich erlaubte mir manche Freiheiten, küßte abwechselnd die beiden liebenswürdigsten, und erst gegen Mitternacht begaben wir uns sämtlich und ziemlich ent- oder vielmehr nur zur Hälfte bekleidet zur Ruhe.

Am anderen Morgen war es schon hell am Tag, als der Bursche, den ich auf Lamertz' Rat zu meiner Bedienung auserwählt hatte, klopfte und mir zurief: «Herr Fourier, die Leute stehen schon vor der Tür und erwarten Sie.» Ich sprang schnell von der Streu auf, zog meinen Rock an, hing den Säbel um, und als ich in den Hof trat, stürmten ein halbes Dutzend Bauern mit Klagen über ihre Einquartierung auf mich ein, die teils bestohlen, teils mißhandelt worden zu sein vorgaben. Dem einen waren ein paar Schinken, dem andern eine Speckseite und dem dritten gar sein Sonntagsrock abhanden gekommen, einem vierten hatte man die Kuh mit Gewalt gemolken und einem fünften die Frau geschlagen, und als ich über die Täter die Appelle zu machen suchte, waren die Kerle zum Teufel gegangen und mein Faktotum Lamertz schon über alle Berge. Dies war mir ein sauberes Kommando, ich wußte mir nicht anders zu helfen, als die klagenden Bauern wieder mit Geld zu beschwichtigen, um Ruhe zu haben, und dachte: Wenn ein Transport solche Unannehmlichkeiten verursacht, was mag es erst sein, wenn man eine Armee zu kommandieren hat.

Ich befahl den Abmarsch, und das auserwählte Korps, mit dem ich auf der Stelle die trefflichste Räuberbande hätte bilden können, marschierte singend und jubelnd zum Dorf hinaus und freute sich, einen so nachsichtigen und humanen Führer zu haben. Nachdem ich etwa eine gute Stunde marschiert und ziemlich müde war, denn es war schon die dritte Nacht, die ich mehr wachend als schlafend zubrachte, setzte ich mich zu den Mädchen auf den Leiterwagen an Mimis Seite, so hieß die jüngste Tochter des Wagenmeisters, und unterhielt mich recht artig mit ihr. Bei dem schönsten Wetter fuhren wir durch die Gaue der herrlichen Pfalz, ein schönes Land, dessen üppig bebaute Fluren und Weinberge Herz und Gemüt freudig erregen und das besonders zur Zeit eines guten Weinjahrs und im Herbst in großer Pracht strahlt.

Unsere heutige Etappe war Dürkheim, und diesmal wurden wir nicht ausgewiesen, sondern blieben in der Stadt, welche Mittelpunkt einer der fruchtbarsten und schönsten Gegenden am Rhein ist. Auch hier kamen wieder Klagen über Diebstähle an mich, und diesmal nahm sich der Maire [Bürgermeister] selbst der bestohlenen Bürger an, rief mich beiseite und riet mir, das Gepäck der Rekruten durchsuchen zu lassen. Ich willigte sogleich ein und ließ diese Prozedur durch zwei Gendarmen vornehmen. Der Erfolg war, daß man bei einem Ungarn drei silberne

Löffel, bei einem Polen mehrere feine Hemden und über ein Dutzend weiße Tücher, bei einem Böhmen eine silberne Uhr und ein paar Ringe, bei einem Russen einige zwanzig Talglichter und bei ein paar Deutschen eine Menge Linnen fand; die letztern waren die Subjekte, die sich gerühmt hatten, bei der Bande des Schinderhannes gestanden zu haben. Mehrere dieser Gegenstände gehörten Dürkheimer Einwohnern, andere hatten die Kerle wahrscheinlich schon früher gestohlen. Die Burschen ließ ich nun sofort ins Gefängnis abführen, um durch die Gendarmerie von Brigade zu Brigade* zum Regiment gebracht zu werden.

Nachdem diese unangenehme Operation beendigt war, trat ich den Marsch nach Kaiserslautern an. Mein dienstwilliger Quartiermacher hatte mir angeboten, weil ich über Ermüdung geklagt, von jetzt an ein Reitpferd unentgeltlich zu verschaffen, was er schon zu machen wissen werde. Ich lehnte dies jedoch ab, bat ihn dagegen, mir eins gegen bare Bezahlung für jede Etappe zu mieten, was er auch tat, und ich trat nun den Marsch beritten an. Der Weg führte zum Teil durch Wald und zwischen Felsgestein an Abgründen vorüber, gleich hinter Dürkheim hatten wir die Ruinen der malerischen Hartenburg vor Augen, von der noch mehrere Türme hinter dunkeln Tannen hervorragten. Beim Ausmarsch war das Wetter ziemlich gut, die Leute sangen abwechselnd russische, böhmische und deutsche Lieder, aber bald verdüsterte sich der Himmel, und es trat Regenwetter ein. Ich hatte mehrere kranke Russen, die ich auf den hintern Teil des Wagens plazierte, während den vordern die Frauenzimmer einnahmen, aber alle wurden bald durch und durch naß.

Der Marsch war lang, und erst gegen Abend trafen wir in Kaiserslautern ein, wo uns die Marschroute einen allen willkommenen Rasttag gewährte. Hier hatte mich Lamertz in ein eben nicht sehr anständiges Wirtshaus einquartiert, wo es mir nicht behagte, und als ich mich nach guten Quartieren in der Stadt erkundigte, wurde mir das Haus des reichen Kaufmanns Karcher als eines der besten empfohlen, der noch obendrein eine hübsche Tochter habe.

Ich ging nun auf die Mairie [Bürgermeisteramt oder Rathaus], ein Billett auf dieses Haus verlangend, indem ich vorgab, daß Herr Karcher ein alter Geschäftsfreund meines Vaters in Frankfurt sei und es demselben gewiß sehr willkommen wäre, wenn ich bei ihm einquartiert würde. Man war auch so gefällig, meinem Ansuchen zu willfahren, schrieb jedoch auf die Rückseite des Billetts, welche Gründe ich angegeben, um es zu erhalten. Dies hatte ich nicht bemerkt, sondern steckte das Billett, ohne es weiter zu besehen, in die Tasche. Als ich zu Karcher kam, empfing

---

*) Amtsbezirke der militärisch organisierten Gendarmerie des französischen Kaiserreichs.

mich dessen Frau, da der Mann verreist war, und wunderte sich, daß man ihr Einquartierung schicke, da sie schon einen Offizier habe, indem sie aber das Billett umwandte, las sie, was auf der Rückseite geschrieben stand, und sagte dann zu mir: «Ach, Ihr Herr Vater ist ein Geschäftsfreund von meinem Mann, ja so, das ist etwas anderes, darf ich um Ihren Namen bitten?» «Mein Name ist Fröhlich, mein Vater Kaufmann zu Frankfurt und hat mir viele Empfehlungen an Herrn Karcher aufgetragen.»

«So so, das ist recht schön, zwar entsinne ich mich nicht, den Namen Ihres Hauses gehört zu haben, doch er wird wohl in unsern Büchern stehen.» Diese Antwort machte mich verlegen, und um mich aus der Affäre zu ziehen, erwiderte ich: «Vermutlich», und setzte hinzu: «Aber es würde sehr unbescheiden sein, wenn ich Ihnen noch zur Last fallen wollte, da Sie schon Einquartierung haben, ich erbitte mir also das Billett zurück und werde mich in das Gasthaus verfügen, in welches man mich zuerst gewiesen, ich glaube, es ist der ‹Schwan›.»

«Ei, behüte Gott», fiel jetzt Madame Karcher ein, «das kann ich nimmermehr zugeben, was würde mein Mann dazu sagen, wenn ich den Sohn eines Geschäftsfreundes abgewiesen hätte, und zudem genieren Sie uns nicht im mindesten, wir haben noch zwei Gastzimmer frei.»

Diese freundliche Einladung wäre mir schon recht gewesen ohne die verdammten Bücher, ich stellte mich jedoch, als nähme ich sie an, und entfernte mich unter dem Vorwand, mein Gepäck bringen zu lassen, begab mich aber in mein Wirtshaus, mich mit diesem Quartier begnügend. Ich mochte etwa eine gute Stunde daselbst sein, als ein junger Mensch eintrat, nach mir fragte und mir sagte, daß ihn Madame Karcher schicke, in deren Haus er Handlungsdiener sei, und daß mich die Dame bitten ließ, doch ja mit ihrem Haus vorlieb zu nehmen, man hätte in den Büchern nachgesehen und die Firma unseres Hauses gefunden. Diesmal hatte mir der Zufall treffliche Dienste geleistet. Ich nahm die gütige Einladung vergnügt an, folgte sogleich meinem Führer und wurde von der Dame mit vielen Entschuldigungen, daß sie mich nicht sogleich mit offenen Armen aufgenommen habe, empfangen. Bei Tische mußte ich ihnen viel von Frankfurt erzählen, wo sie schon einigemal während der Messen waren, und ich befand mich so wohl bei der Familie, daß ich mich königlich freute, daß mein etwas unbesonnener Kniff eine so glückliche Wendung genommen hatte.

Den übrigen Teil des Nachmittags brachte ich damit zu, mich in Kaiserslautern, das an der Lauter liegt und etwa dreitausend Einwohner zählen mochte, umzusehen, wo das französische Gouvernement gerade die alte Kaiserburg Friedrich des Ersten sprengen ließ und die Steine verkaufte. Doch waren die Hauptmauern dieser ehemaligen Residenz der Hohenstaufen so fest und solid, daß sie selbst dem Pulver noch widerstanden; es tat mir weh, daß dieses Monument Barbarossas so vertilgt wurde. Ich brachte den Abend recht angenehm im Familienkreis der Damen Karcher zu, denen ich nach dem Abendbrot auf dem Klavier vorspielte und -sang, worüber sie sich entzückt stellten, und wünschte endlich meinen charmanten Wirtinnen eine freundliche gute Nacht, die mir zurückgegeben wurde. Ich bedauerte recht sehr die Abwesenheit des Herrn Karcher, über die ich mich im Innern sehr freute, nahm herzlichen Abschied und gab am andern Morgen beim Weggehen den Dienstmädchen ein so gutes Trinkgeld, daß mein erschlichenes Quartier damit reichlich bezahlt war, wofür mir nebst dem Dank eine glückliche Reise von freundlichen Gesichtern gewünscht wurde.

Mein Faktotum Lamertz hatte mir wieder eine Rosinante besorgt und kündigte mir an, daß sich nicht weniger als sieben Marode bei dem Detachement befänden, die man auf dem Wagen fortschaffen müsse, dagegen gab es keine Deserteure, und es kamen auch zum erstenmal keine Klagen wegen Diebereien oder Exzessen vor, obgleich wir einen Rasttag gehabt. Der kurze Marsch nach Landstuhl war in drei Stunden zurückgelegt, und da wir so früh daselbst ankamen und ich vollkommen ausgeruht war, so besuchte ich noch vor Tisch die interessanten Ruinen von Sikkingens Burg, die gleich vor dem Flecken auf einem Berg liegen. Hier hatte einst Götz' treuer Waffenbruder gehaust und Ullrich Hutten und andern eine Freistätte gewährt.

In Landstuhl war ich in der «Post» einquartiert, wo diesen Abend gerade ein kleiner Ball von den Honoratioren des Orts veranstaltet wurde, an dem ich teilnahm und mit den Töchtern des Hauses tanzte, von denen war die älteste wieder eine Mimi und ein rotwangiges, hochbusiges Kind, das recht wild walzte und mir nicht undeutlich zu erkennen gab, daß sie mir nicht abgeneigt sei. Ich hatte große Lust, die Sache weiter zu poussieren, als mir eine Dame, mit der ich Ecossaise* tanzte, zuflüsterte: «Sie haben da an der Tochter des Posthalters eine Eroberung gemacht, auf die Sie eben nicht stolz sein dürfen, die Jungfer hat schon ein Hufeisen verloren. Sie werden leichtes Spiel haben.» Dies kühlte mich zwar etwas ab, indessen konnte ich mich nicht enthalten, meiner gefälligen Tänzerin, des Maires Frau, zu erwidern: «Ei, was Sie mir da sagen, wer weiß, wie manche in denselben Fall gekommen wäre, wenn man es der Mühe wert gefunden hätte, sie zu versuchen.»

Nach Mitternacht verließ ich den Tanzsaal, warf mich angekleidet auf mein La-

*) Auch Ekossaise geschrieben: Ein aus einem schottischen Nationaltanz hervorgegangener Gesellschaftstanz.

ger und marschierte um sechs Uhr nach Homburg ab, das mich nur seines Namens wegen interessierte. Von dort führte uns die Marschroute nach der freundlichen Stadt Saarbrücken, ehemals die Hauptstadt einer Grafschaft dieses Namens.

Mein Glücksstern führte mich diesmal zu einer wohlhabenden Witwe, deren Tochter noch nicht lange an einen französischen Employé [Beamter] verheiratet war, der sich in Dienstgeschäften auf mehrere Tage nach Zweibrücken begeben hatte, so daß das junge Weibchen Strohwitwe war und bei der Mama im Haus wohnte. Ich knüpfte eine Unterhaltung mit den gesprächigen Damen an und hatte bald heraus, daß beide eben nicht sonderlich von der Heirat mit einem Stockfranzosen eingenommen waren. Auch scherzte die Mama über die Strohwitwenschaft des hübschen Töchterchens. Ich meinte, diesem Übel sei doch wohl noch abzuhelfen, und bedauerte von Herzen, daß eine so schmucke junge Frau schon die Erfahrung nächtlicher Langeweile machen müsse. In der Stube stand ein Klavier, und ich bat die Dame, mich doch etwas von ihrer Kunst hören zu lassen, sie spielte und sang ein paar kleine Schmachtlieder mit zwar reiner, aber schwacher Stimme. Während Mama sich mit dem Hauswesen beschäftigte, drückte ich der jungen freundlichen Strohwitwe die Hand, wagte bald einen Kuß auf die Wangen, dann auf den Mund und endlich eine Umarmung, bei der ich sie so fest an mich drückte, daß ich mich vollkommen von der straffen Elastizität zwei schön geformter Halbkugeln überzeugen konnte. Man sträubte sich zwar ein wenig, machte Miene zum Schreien, aber ich lispelte: ‹Wo ist Ihr Schlafzimmer? Darf ich kommen?!›

‹Mein Zimmer ist eine Stiege hoch, die erste Tür links, aber Sie dürfen sich nicht unterstehen zu kommen›, stammelte mit hochpochendem Busen und kaum hörbarer Stimme die junge Frau.

‹Aber ich komme doch, schließen Sie nicht ab›, erwiderte ich, sie abermals umarmend.

‹Ich schließe niemals ab, aber Sie dürfen doch nicht kommen.›

Jetzt trat die Mutter wieder ins Zimmer, und ich wiederholte nur noch: ‹Doch.› Ich speiste mit den Damen zu Nacht und wünschte ihnen dann, wohl zu ruhen. Als aber die Glocke elf schlug und im Haus alles still und stumm war, schlich ich mich auf Zehen und in Strümpfen an das bezeichnete Zimmer. Leise, leise drückte ich an die nachgebende Klinke, öffnete die Tür und hüstelte ein wenig, um meine Gegenwart zu verraten.

‹Bist du's, Louise›, hörte ich mit Schrecken die Stimme der Mama und machte möglichst leise die Tür wieder zu, vor der ich aber stehenblieb und lauschte, was es weiter gebe.

‹Was war denn das? Was soll das heißen? Ist jemand da?› hörte ich die Mutter wiederholen, blieb aber stumm wie eine Statue. Als ich endlich nichts mehr hörte und sich die Alte auch nicht mehr regte, schlich ich mich fort, überzeugt, daß ich die rechte Tür verfehlt hatte, ich war an die erste Tür rechts gekommen, von meinem Zimmer aus, das auf demselben Gang, also links lag; ich suchte nun die erste Tür rechts von der Treppe aus, öffnete auch diese so sachte als möglich, worauf ein kaum hörbares Stimmchen sagte: ‹Mein Gott, wer ist denn da?›

‹Ich bin es, holder Engel.›

‹Wie?› sagte die Stimme noch leiser, ‹und Sie sind doch gekommen?›

‹Alle Pferde der Welt hätten mich nicht zurückgehalten,› sagte ich ebenso leise, eilte auf den Ort zu, wo das Stimmchen ertönte, und verhinderte dessen Lautwerden durch einen Strom der feurigsten Küsse und eine lange, lange Umarmung. Erst gegen Morgen verließ ich das gastfreundliche Zimmer und Ehebett, nachdem ich dem guten Weibchen mit tausend Küssen ein herzliches Lebewohl gesagt und versprochen hatte, daß ich gewiß nicht unterlassen würde, sie zu besuchen, wenn der Zufall mich wieder in diese Gegend führe. Ich sah sie nie wieder.

Von Saarbrücken ging der Marsch nach St. Avold, die erste Stadt des älteren Frankreichs. In dieser Gegend ist das Erdreich so hart und steinig, daß man acht bis zehn Ochsen oder Pferde vor einen Pflug spannen muß, um es umzuackern. Auch sah ich hier zum erstenmal auf gut gesattelten Ochsen reiten.

Der nächste Tag führte uns nach Courcelles, ein großes, schön gelegenes und von Hügeln umgebenes Dorf, wo ich abermals mein Quartier in einer Schenke mit den Deßwarts teilen mußte. Noch ruhte ich auf der Streu, als der Bursche, den ich dem Lamertz zum Quartiermachen während der Route mitgegeben hatte, vor mich trat und mir eröffnete, daß er seinen Kollegen schon seit dem gestrigen Abend vermisse, der samt seinen Effekten verschwunden, also aller Wahrscheinlichkeit nach desertiert sei. Er habe nichts als die Marschroute zurückgelassen, die er mir bei diesen Worten zustellte. Daß der Kerl desertiert war, bezweifelte ich nicht, aber noch ahnte ich nichts von den anderen Streichen, die er gemacht hatte und die mich schon in unserm heutigen Etappenort Metz in eine arge Patsche bringen sollten. Ich gab dem anderen Burschen, einem ehrlichen Bayern, der ein paar Worte Französisch stottern gelernt, die Marschroute zurück und trug ihm auf, damit nach Metz vorauszugehen und unsere Ankunft auf der Mairie anzukündigen. Eine Stunde darauf setzte sich der Transport in Marsch, von dem außer Lamertz noch vier andere Burschen desertiert und mehrere marode waren.

In Metz erwartete mich mein Quartiermacher und meldete mir, daß man auf der Mairie beim Durchlesen der Feuille de Route die Köpfe zusammengesteckt und geschüttelt und eine Menge Dinge gekauderwelscht habe, von denen er kein Wort

verstanden, aber es sei ihm vorgekommen, als wären die Herren sehr bös geworden. Als ich kaum auf dem Place d'armes [Paradeplatz] angekommen war und die
Appelle gemacht hatte, erschien ein Adjutant des Platzkommandanten, der mir andeutete, ich habe mich sogleich zu seinem Chef zu verfügen. Er führte mich auf die
Kommandantur, wo mich der Platzkommandant mit den Worten ‹Ah, Monsieur le
fourier, vous avez fait des jolies choses›* anfuhr, ‹Monsieur le Sous-Inspecteur va
passer la revue de votre detachement, et gare a vous si vous ne pouvez vous justi-
fier.›** Ich war über diese Anrede sehr erstaunt und erwiderte, ich verstünde überhaupt nichts. Der Kommandant fiel mir aber ins Wort und sagte: ‹Eh bien je veux
vous le faire comprendre, vous allez commencer par vous rendre en prison.›***

Ich mußte meinen Säbel abgeben und wurde sofort durch den Adjutanten in das
Militärstadtgefängnis abgeführt, ohne zu wissen warum und weswegen. Hier traf
ich in einem ziemlich geräumigen Lokal mehrere Unteroffiziere. Diese kamen bei
meinem Eintritt auf mich zu, hießen mich willkommen und verlangten, daß ich die
‹bien venu› bezahlen solle. Da ich nicht verstand, was sie eigentlich damit wollten,
erläuterte mir einer, daß es sich darum handle, sie zu regalieren, wie dies Brauch
und Sitte bei jedem neuen Ankömmling in französischen Militärgefängnissen sei,
wenn er gut gehalten und angesehen sein wolle. Ich gab einem, den man mir als
den Herrn Präsidenten des Prison bezeichnete, weil er schon am längsten einsaß,
zwölf Franken, wofür er sogleich Wein, Brot, Wurst und Käse holen ließ, was den
Herren trefflich schmeckte. Nachdem ich ihnen mitgeteilt, wie ich zu der Ehre ihrer Gesellschaft gekommen, sprachen sie mir Trost und Mut zu und meinten, die
Sache müsse sich bald aufklären.

Noch redeten wir darüber, als der Platzadjutant wieder eintrat und mir befahl,
ihm zu folgen. Er führte mich vor den Inspecteur aux revues [Musterungsinspek-
tor], der die Rekruten musterte, die in einem Glied aufgestellt waren, und an die er,
die Marschroute in der Hand, verschiedene Fragen tat, welche alle unbeantwortet
blieben, da ihn keiner der Leute verstand. Er hielt mir nun zornig vor, warum ich
auf jeder Etappe vier Wagen unter dem Vorwand von Kranken und Maroden requiriert habe, daß über sechzig Paar Schuhe in Kaiserslautern empfangen und keiner der Leute ein Paar ganze Schuhe an den Füßen habe, daß ich Brot und Quartiere für einige siebzig Mann genommen und doch nur sechsundfünfzig vorhanden
seien, daß sogar die Feuille de Route verfälscht sei und er mich von hier weg ins

*) ‹O, Herr Fourier, Ihr habt seltsame Dinge angestellt.›,
**) ‹Der Herr Unterinspekteur wird über Eure Abteilung Revue abhalten und wehe Euch, wenn Ihr Euch
nicht rechtfertigen könnt.›
***) Es ist gut, ich werde es Euch beibringen, indem Ihr damit beginnt, Euch in Arrest zu begeben.›

Cachot bringen lassen wolle, um mich durch ein Conseil de guerre [Kriegsgericht] verurteilen zu lassen.

Über alle diese Anschuldigungen war ich wie aus dem Himmel gefallen und wußte nicht, auf welche ich zuerst antworten sollte; erst als der mich scharf ansehende Inspekteur hinzufügte: «Comment à votre âge tant de perversité, c'est terrible, cela vous menera droit aux galères!»* bekam ich die Sprache wieder und erklärte in einem Strom von Worten, daß ich von allem, was er mir da gesagt, gar nichts verstünde und nicht wisse, was dies heißen solle, daß ich weder Schuhe noch Wagen noch sonst etwas requiriert und seit dem Abmarsch von Mainz die Feuille de Route nicht eher als diesen Morgen, wo derjenige, der die Quartiere gemacht, desertiert sei, wieder zu Gesicht bekommen habe. Der Inspekteur und der Platzadjutant sahen einander und dann wieder mich an, und ersterer sagte darauf zum andern: «Allez chercher un interprête.»**

Dies war in Metz nicht schwer, und in ein paar Minuten war der Offizier mit einem Dolmetscher zurück. Durch diesen ließ nun der Inspekteur die Mannschaft befragen, konnte aber nur von den Deutschen Auskunft erhalten, da ihn die Polen, Russen, Böhmen und Ungarn natürlich nicht verstanden. Ich mußte ergänzen, was die Leute gegen Lamertz aussagten, und der Inspekteur sah bald ein, daß dieser durchtriebene Spitzbube, der alle Kniffe und Ränke des Soldatenwesens genau kannte, meine und Unerfahrenheit schändlich mißbraucht hatte, um sich zum Quartiermacher aufzudrängen und sich Geld zu machen, wo und wie er konnte. Solange wir durch kleine Städte kamen, ward dies eben nicht schwer, und die Herren Maires ließen sich leicht hinters Licht führen, statt der requirierten Wagen hatte er sich von den Bürgern oder Bauern, welche die Fuhren liefern sollten, etwas Geld geben lassen. Da er wußte, daß sich in Metz eine militärische Inspektion befand, wo alles genau untersucht würde, nahm er im vorletzten Nachtquartier, gut mit Geld versehen, Reißaus.

Wie ich später erfuhr, hatte man ihn eingefangen, aber er gab sich für einen entwischten Kriegsgefangenen aus, und man ließ ihn wieder laufen. Dennoch entging er seiner Strafe nicht, denn ich traf ihn bald darauf zu Toulon, wo er wegen noch anderer Verbrechen auf zehn Jahre aux travaux forcés [Zwangsarbeit] verurteilt war.

Der Inspekteur tadelte es scharf, daß man einem so jungen und unerfahrenen Menschen einen solchen Transport von aus aller Welt zusammengerafftem Gesin-

---

*) «In Eurem Alter schon solche Verderbtheit, das ist erschreckend, das wird Euch gleich auf die Galeere führen.»

**) «Sucht sofort einen Übersetzer.»

del zu Führung übergeben habe, und erteilte Befehl, daß mir von Metz bis Toul drei Gendarmen beigegeben wurden, die Burschen, von denen ein halbes Dutzend im Lazarett zu Metz zurückblieb, in gehörigem Respekt zu halten.

Am anderen Morgen traten wir zu meiner großen Zufriedenheit den letzten Marsch dieses für mich ziemlich beschwerlichen Kommandos an und kamen ohne weitere Un- oder Zufälle glücklich an dem Ziel unserer Bestimmung zu Toul an, wo ich meinen Transport an den Kommandanten des bereits formierten ersten Bataillons des Regiments Y. übergab. Ich hatte ein gutes Lehrgeld für meine Unerfahrenheit bezahlt, das mir aber später zustatten kam.

III.

Die Garnison zu Toul – Ich werde Kadettsergeant –
Schlechte Administration und Organisation des Regiments –
Schlimmer Ruf desselben. Aufstand wegen des Handgeldes – Deutsches
und französisches Liebhabertheater – Nancy – Eine Entführung –
Ich werde Vorleser beim Fürsten und erhalte Arrest –
Eine Klopffechterei – Die Jungfrau von Orleans – Abmarsch nach Avignon

Am Tag nach meiner Ankunft meldete ich mich bei dem Regimentschef, dem Fürsten Y., der seine Residenz in dem ehemaligen bischöflichen Palast aufgeschlagen hatte und mich äußerst gnädig empfing. Ich mußte ihm alle Details über die Führung meines Transports wiederholen, und Seine Durchlaucht geruhten sich über den Vorfall zu Metz beinahe totlachen zu wollen und meinten, der Inspekteur daselbst habe gut sagen, daß der Quartier-Maître denselben einem gedienten und erfahrenen Unteroffizier hätte übergeben sollen. Der Fürst teilte mir nun noch mit, daß er bei jeder Kompanie zwei Kadetten einstellen werde, wobei er so gnädig war, mich sogleich zu einem solchen zu ernennen sowie mir den Grad als Sergeant zu erteilen, da sich der eines Fouriers wegen der Komptabilität nicht gut für mich schicke. Ich möge mich nur jetzt mit dem Dienst recht befreunden, dann werde mein Avancement zum Offizier nicht lange auf sich warten lassen, und damit war ich allergnädigst verabschiedet. Ich befolgte den mir gegebenen Rat, studierte fleißig das französische Dienstreglement sowie die Soldaten-, Peloton- und Bataillonsschule und tat bald meine erste Wache an der Porte-Royal.

Toul ist eine Festung vierten Ranges, deren schlecht unterhaltenen Werke einem Feind nicht lange widerstehen würden. Die Wälle sind so niedrig, daß viele Rekruten des Regiments von denselben herab und in die trocknen Gräben sprangen, um zu desertieren, weshalb die Unteroffiziere während der Nacht mit scharfgeladenen Gewehren außen patrouillieren mußten.

Es wurde nun den ganzen Tag auf den Plätzen vor den Kasernen exerziert, den Leuten die Handgriffe der französischen Waffen beigebracht und sodann marschiert. Dies ewige geisttötende Einerlei war mir bald in hohem Grad zuwider: Gewehr auf, Gewehr ab, rechts und links in die Flanken, rechtsum kehrt euch, Ladung in zwölf Tempi und achtzehn Bewegungen, die Stellung, der Gänsemarsch usw. waren drei bis vier Stunden vor- und ebenso viel nachmittags die geistreiche Beschäftigung, die mir und allen anderen zuteil ward. Der Fürst hatte deutsches Kommando eingeführt, weil er behauptete, es sei ein deutsches Regiment, obgleich fast mehr Russen, Polen, Ungarn, Böhmen als Deutsche bei demselben waren und ich hier alle Gelegenheit hatte, eine göttliche Geduld auf die Probe zu stellen, um mich bei dem Einexerzieren dieser Burschen mehr durch Mienen und Gesten als durch Worte verständlich zu machen.

Noch schlimmer als das deutsche Kommando war, daß man auch deutsche Prügelei bei dem Regiment einführte, und zwar auf den Rat mehrerer Offiziere, die früher in österreichischen, preußischen und andern deutschen Diensten gestanden hatten und behaupteten, die Disziplin nur vermittelst deutscher Prügel zu erhalten, und diese wurden auch bald häufig genug zu Portionen à fünfundzwanzig, fünfzig und hundert, je nach den Vergehen, mit großer Freigebigkeit durch ehemalige österreichische Korporale erteilt, die am besten damit umzugehen verstanden.

Dieses Verfahren hatte zwei wesentliche Nachteile für das Regiment: Zum ersten wurde dadurch alles Ehrgefühl bei den Soldaten erstickt, und zum andern wurde das Regiment von den französischen Truppen, mit denen es im Feld oder in Garnison zusammenkam, mit großer Verachtung angesehen und seinen Offizieren nicht selten von denen französischer und sogar italienischer Regimenter diese Prügelei vorgeworfen. Sicher ist es, daß salle de police und salle de discipline*, wie es die französischen Reglements vorschreiben, dieselbe und wohl noch weit bessere Wirkung gehabt hätten. Aber alle Vorstellungen einiger vernünftiger Offiziere halfen nichts und konnten bei dem Fürsten nicht durchdringen, es blieb halt bei den Prügeln. Freilich bestand jetzt das Regiment schon aus beinahe dreitausend Mann zusammengerafftem Gesindel aus allen Weltgegenden, und Diebstähle und Exzesse

*) Arrestlokale für kleinere militärische Dienstvergehen.

aller Art wurden täglich in Massen begangen, aber durch das Prügeln wurde es um kein Haar besser, eher schlimmer.

Leider war auch ein Teil des Offizierskorps nicht viel besser als die Soldaten. Da waren bankrotte Kaufleute, gescheiterte Gastwirte, die mit dem, was sie aus dem Schiffbruch gerettet, den sehr einflußreichen Kammerdiener des Fürsten und einige andere seiner Umgebung bestochen und sogar den Grad eines Kapitäns erhalten hatten. Auch verunglückte Advokaten, Professoren, abgesetzte Richter, Bürgermeister, französische Schauspieler und Gott weiß was alles für Schiffbrüchige aus allen Ständen hatten da einen Anker der Rettung gesucht und gefunden, bis sich nach und nach das Offizierskorps wieder reinigte und von Untauglichen befreite.

Auf dem Exerzierplatz hörte man in allen Sprachen reden, radebrechen und fluchen, und es war gewiß nicht eine Nation Europas, mit Ausnahme der türkischen, die nicht ihre Repräsentanten bei diesem Regiment gehabt hätte. Raufereien, Desertionen, Diebstähle und andere Exzesse waren so sehr an der Tagesordnung, daß die Rückseite der täglichen Kompanierapporte ganz damit angefüllt waren. Besonders waren es auch die Unteroffiziere, zu denen man trotz des Verbots viele Franzosen genommen hatte, die aus französischen Regimentern wegen schlechter Streiche fortgejagt oder desertiert waren, die nächtlichen Unfug in den Wirtshäusern und auf den Straßen begingen. Die Folgen von all diesem waren, daß das Regiment bald eine sehr traurige Berühmtheit erlangte, auf Märschen und in Garnisonen, wo ihm ein schrecklicher Ruf voranging, gefürchtet, von den französischen Truppen verachtet wurde und vor dem Feind wenig zuverlässig war.

Aber an all diesen Dingen war nicht nur die schlechte Zusammensetzung, sondern vielmehr die noch schlechtere Führung schuld. In keiner Beziehung hatte man den Angeworbenen Wort gehalten, namentlich wurde ihnen das versprochene Handgeld nie ausgezahlt, und dies gaben die meisten der wieder eingefangenen Deserteure sowie viele, die einen Diebstahl begangen, als den Grund ihres Vergehens an. Viele hatten nur gewartet, bis sie mit Schuhen, Hemden und Kapotten versehen waren, um sich wieder davonzumachen. Hierzu kam noch der Kontrast der Behandlung im Vergleich zu den französischen Truppen. In Toul lag das Depot eines Linienregiments, das sich einer äußerst humanen Begegnung von seiten der Vorgesetzten zu erfreuen hatte. In dem französischen Heer war damals ein sehr menschenfreundliches Benehmen der Höheren gegen die Niederen vorherrschend, wodurch die Untergebenen eine aufrichtige Zuneigung zu ihren Vorgesetzten faßten, und dies ging durch alle Grade durch. Dies bildete einen grellen Kontrast mit der sklavischen und zum Teil barbarischen Behandlung, die noch bei den deutschen Truppen beliebt war. Ein Lieblingsausdruck der deutschen Offiziere und Unteroffiziere gegen den Untergebenen, der eine, wenn auch noch so bescheidene Einwendung vorbrachte, war in der Regel: «Was will der Kerl noch räsonieren, ich lasse ihn hauen, daß ihm die Schwarte kracht, oder krummschließen, daß er die Schwerenot kriegt.»

Wie ganz anders war dies im französischen Heer, wo selbst der Gemeine seinem Obersten oder General ohne Bedenken alle möglichen Vorstellungen machen durfte und gewiß war, daß sie nicht nur mit Güte und Wohlwollen angehört wurden, sondern auch Eingang fanden, wenn sie sich als begründet zeigten, während unsere deutschen Stockhelden alles, was nur nach Vernunft schmeckte, mit stieren Augen anglotzten und nur Meister im gemeinsten Schimpfen und Fluchen waren. Fast nie hörte man ein erniedrigendes Schimpfwort aus dem Munde eines französischen Offiziers gegen seine Untergebenen.

Mit den Prügeln wurde es bald so arg, daß jeder Kapitän sie nach Belieben austeilen ließ, ja sogar die Sergeant-Majors [Feldwebel] ließen auf eigene Faust prügeln, und bei jedem Rapport wurden Tausende von Prügeln verordnet. Der Fürst, der früher ebenfalls in österreichischen Diensten gestanden, fand dies ganz in Ordnung. Die Folgen waren noch mehr Desertionen, aber das gerade wollten die Kompaniechefs und Sergeant-Majors, denn jedem Deserteur wurden sogleich Schuhe, Hemden, Gamaschen, Mützen und sogar Uniform aufgebürdet, die er noch gar nicht erhalten und mitgenommen haben sollte. Auch wurde der Mann noch mehrere Wochen als präsent fortgeführt und Brot, Sold und andere Dinge für ihn empfangen. Das Geld teilte der Hauptmann mit seinem Feldwebel, wobei der erstere den Löwenanteil erhielt. Auch die Fouriere hatten ihren Anteil. Die Sache war um so leichter möglich, als die wieder eingebrachten Deserteure nicht in Untersuchung kamen, sondern den Kompanien zur Bestrafung übergeben wurden, die dann in einer gehörigen Tracht Prügel und Gefängnis bei Wasser und Brot bestand.

Der Fürst, der sich wenig oder nicht um den Dienst bekümmerte, ihn auch nicht verstand, ließ die Bataillons- und Kompaniechefs nach Gefallen schalten und walten. Auf der anderen Seite durfte auch er nicht viel sagen, denn wie sah es mit den versprochenen Handgeldern aus, da ihm das französische Gouvernement doch sechzig Franken für den Kopf gutgetan hatte?

Fürst Y. war kein böser, aber was oft weit schlimmer, ein äußerst schwacher Mensch und hatte dabei sehr kostspielige Liebhabereien, unter denen die für gewisse Damen nicht die am wenigsten aufwendigen waren. Dazu war seine Suite fast immer ein kleiner Hofstaat, und er führte viele Pferde, Bereiter, Dienerschaft und so weiter mit sich. Wer seine Schwächen zu nutzen verstand und Gelegenheit hatte, konnte von ihm verlangen, was er wollte. Vielen Offizieren hatte er Bons für nicht unbedeutende Summen auf den Quartier-Maître-Tresorier [Zahlmeister]* gegeben sowie noch andere Bons, so daß er in einem Monat oft zwanzigmal mehr auf die Regimentskasse anwies, als sein Gehalt als Oberst betrug. So war das den Rekruten zukommende Handgeld, an zweihunderttausend Franken, bald erschöpft. Was der Fürst aus seinem ohnehin schon mit Schulden belasteten Ländchen bezog – seine Gemahlin, die Prinzen, der Hof mußten auch standesmäßig unterhalten werden –, reichte bei weitem nicht aus, seinen Aufwand in Frankreich zu bestreiten. Da also das Übel von oben kam, war ihm schwer abzuhelfen. Erst nachdem der Inspekteur mehrmals zur Musterung des Regiments gekommen war und dabei empfindliche, harte und drohende Worte hatte fallen lassen, kam etwas mehr Ordnung in die Organisation, Administration und Führung, doch fand immer noch Unterschleif genug, nur mit mehr Vorsicht und Behutsamkeit statt.

Das nicht ausgezahlte Handgeld führte indessen eines Tages zu einem sehr bedenklichen Vorfall bei der Wachtparade. Kaum waren die Wachen nach ihren verschiedenen Posten abmarschiert, als über 300 Mann, von einigen Unteroffizieren angeführt, auf dem Paradeplatz erschienen und deren Sprecher von dem Fürsten verlangte, daß er ihnen sogleich das versprochene Handgeld auszahlen lasse. Fürst Y. und ein paar Stabsoffiziere wollten nun die Leute mit kurzen Worten und Drohungen abspeisen, aber diese erklärten durch ihre Dolmetscher, daß sie nicht eher von der Stelle gehen würden, bis man sie befriedigt habe. Nach mehrerem Hin- und Herreden wußte sich Fürst Y. nicht anders zu helfen, als ein paar tausend Franken bei dem Quartier-Maître holen und einem jeden dieser Leute sogleich einen Sechs-Livre-Taler auf Abschlag auszahlen zu lassen, mit dem Versprechen, das übrige sowie das Handgeld für das ganze Regiment solle in den nächsten vierzehn Tagen ausgezahlt werden.

Die Leute begnügten sich damit und gingen in die Kasernen zurück, das Empfangene zu verjubeln und ihren Kameraden die gute Nachricht zu überbringen. Aber kaum hatten sie den Paradeplatz verlassen, als die Unteroffiziere, die sie angeführt hatten, arretiert und in das Militärgefängnis geworfen wurden. Man machte kurzen Prozeß mit ihnen, und schon am anderen Tag wurden sie bei der Wachtparade wegen angeblicher Meuterei degradiert. Ihr Sprecher hatte jedoch dabei furchtbar getobt und gedroht, er würde alle seine Beschwerden und Klagen wegen der Unterschleife und Betrügereien so vieler Kapitäne an gehörigem Ort vorzubringen wissen. Nachdem man ihn wieder ins Gefängnis zurückgebracht, war er nach

---

*) Der Quartier-Maître-Tresorier war als Zahlmeister der für die Kasse des Truppenteils (Bataillon oder Regiment) verantwortliche Quartiermeister.

einigen Tagen verschwunden, niemand wußte, was aus ihm geworden war; später habe ich in Erfahrung gebracht, daß man ihm den Mund mit Geld gestopft und einen Paß nach Deutschland gegeben hatte. Nach diesem Ereignis war keine Rede mehr von der weiteren Auszahlung des Handgeldes, obschon die Leute nicht aufhörten, deshalb zu murren.

Jetzt waren bereits die drei Bataillone des Regiments vollzählig und das erste ganz uniformiert, bewaffnet und ziemlich gut einexerziert. So gern aber auch die Einwohner von Toul, und insbesondere die Wirte, Geld verdienen mochten, so war es den Inhabern der Speiseanstalten, Wein- und Branntweinschenken doch jedesmal nicht wohl zumute, wenn Gäste vom Regiment Y. bei ihnen einsprachen, da sich diese in der Regel betranken und dann Händel anfingen, oft alles zerschlugen und nicht selten Reißaus nahmen, ohne die Zeche zu begleichen.

Auch wegen der Unmäßigkeit dieser Leute, von denen oft ein einziger mehr Trank und Speise zu sich nahm als drei Franzosen, von welchen manche Familie von vier bis sechs Personen mit anderthalb Pfund Fleisch für eine Suppe einen ganzen Tag lebt, mit Wein rotgefärbtes Wasser trank, kamen wir in den besten Ruf als Vielfresser und Trunkenbolde. Da ich indessen in der Pension, in welcher ich mit noch einem Dutzend anderer Kadetten, meist Söhne aus guten Familien aus Nancy und Metz, speiste, sehr wenig aß, auch nur Wasser mit äußerst wenig Wein vermischt und gar keine Spirituosen trank, sehr geläufig französisch mit wenig oder gar keinem Akzent sprach, wollte man mir durchaus die Ehre erweisen, mich für einen Franzosen zu halten, wenn ich auch noch so sehr dagegen protestierte.

Der Fürst hatte den Kadetten, sobald sie nicht im Dienst waren, ganz dieselben Uniformen wie den Offizieren gestattet, nur mit dem Unterschied, daß die zwei silberne Kontre-Epauletten statt einer Epaulette mit Fransen auf der linken Schulter trugen und diese selbst im Dienst mit der Abzeichnung ihres Grades beibehielten, denn es gab Gemeine, Korporal-, Fourier-, Sergeant- und selbst Sergeant-Majors-Kadetten.

Bald nach mir war auch der Quartier-Maître Viriot in Toul angekommen und brachte mir Briefe von meinen Eltern nebst der Nachricht mit, daß er von meinem Vater beauftragt sei, mir jeden Monat hundert Franken, also Oberleutnantsgage, als Zulage auszuzahlen. Dies machte mich gewissermaßen zum Mylord unter den Kadetten, von denen keiner so viel hatte, und ich galt als reich im Regiment. Daß ich, wenn meine Dienste vorüber, kein alltägliches Philisterleben führte, wird man mir gern glauben.

Ich suchte, kaum in Toul angekommen, mein altes Steckenpferd wieder auf und gab mir alle erdenkliche Mühe, ein Liebhabertheater zustandezubringen, was mir auch gelang. Dieses Liebhabertheater hatte schnell einen gewissen Ruf erlangt, der sich sogar bis nach dem benachbarten Nancy verbreitete, wohin Fürst Y. sehr oft mit seinem Bruder, dem Prinzen Wolf, fuhr, und wir hatten jedesmal bei den französischen Vorstellungen Zuschauer und Zuschauerinnen aus dieser Stadt. Auch ich begab mich öfter nach dem schönen Nancy, wohl einer der schönsten Städte Frankreichs, und brachte in der Regel die Sonntage daselbst zu, wenn ich nicht besondere Abhaltungen hatte. Dort fand ich bald durch die Empfehlungen Viriots, der ein echter Gentilhomme war und viele Bekannte und Verwandte hatte, in mehreren der angesehensten Häuser eine gute Aufnahme, obgleich die Hautevolee sehr aristokratisch und hochmütig ist. Aber man glaubte, daß alle deutschen Kadetten des Regiments mindestens Söhne deutscher Barone sein müßten, und ich ließ die guten Leute bei dem Glauben, da es in meinen Kram paßte. Man hatte mich schon auf dem Theater gesehen und war charmé de faire connaissance du jeune acteur*, der zu gleicher Zeit deutsche und französische Komödie spielte.

Unter den Schönen, die ich in Nancy kennengelernt hatte, war eine sehr liebenswürdige junge Dame, deren Bekanntschaft ich in dem Haus eines Herrn von St. Ange machte, in das mich ein junger Viriot, Neffe des Quartier-Maîtres und ebenfalls Kadett beim Regiment, eingeführt hatte. Diese hübsche Frau war die Witwe eines erst kürzlich in dem Feldzug von 1805 gebliebenen Bataillonschefs. Noch war sie in tiefe Trauer gehüllt, obgleich eben nicht mehr sehr traurig, sondern nahm an allen sich ihr darbietenden Vergnügungen lebhaften Anteil.

Über ihrer Abkunft lag ein mysteriöser Schleier, und man sagte sich deshalb allerlei ins Ohr. An all diesem war mir wenig gelegen, wer wird auch eine hübsche einundzwanzigjährige Witwe viel nach der Abkunft fragen. Ich machte ihr eifrig den Hof, begleitete sie manchmal in das Theater, das ich jetzt öfter besuchte, und wieder heim und stand bald bei der schönen Adelaïde in Gunst, wußte es aber so anzufangen, daß die Dame, die beinahe sechs Jahre älter als ich war, glauben mußte, sie habe einen in der Liebe ganz unerfahrenen Neuling vor sich, der zuvorkommender Aufmunterung bedürfe, um ihn zu verführen. Ich ließ sie gern bei dem sie beglückenden Glauben, spielte den Unerfahrenen so gut, stellte mich so unschuldig naiv, daß ihr gewiß nichts zu wünschen übrig blieb, und ließ mich von ihr in die Geheimnisse der praktischen Liebe einweihen.

Auch der junge Viriot, der aber schon zwanzig Jahre zählte, hatte eine Intrige, und zwar ernsthafter Art, mit einem der hübschesten und reichsten Mädchen dieser Stadt angesponnen. Er war bis über die Ohren verliebt und beabsichtigte, das

*) ... entzückt über die Bekanntschaft mit dem jungen Schauspieler,

Mädchen, das freilich in jeder Hinsicht eine sehr gute Partie war, zu heiraten. Seine beiden Oheime, der Kapitän d'Habillement und der Quartier-Maître-Tresorier des Regiments, wußten davon und wünschten die Heirat, von der aber die Familie und die Eltern des Mädchens nichts wissen wollten, da der junge Mann ohne Vermögen und seine nächste Aussicht eine Unterleutnantsstelle war, der Papa aber einen reichen oder doch wenigstens einen hochgestellten Mann, einen Oberst oder General, zum Schwiegersohn wollte. Aber das Mädchen liebte den Kadetten von ganzer Seele, und seine Oheime, auch ein paar lockere Zeisige, rieten ihm zu einer Entführung, das Übrige würde sich dann schon finden.

Der Neffe ließ sich das nicht zweimal sagen, folgte dem guten Rat, überredete Mademoiselle, sich entführen zu lassen, und kam eines Abends gegen Mitternacht mit der entführten Schönen in Toul an, wo er die Geraubte in der Wohnung seines Oheims versteckte. Am anderen Morgen eilte er, mit einem sechswöchigen Urlaub in der Tasche, mit der Geliebten nach Paris. Meine Freundin Adelaide hatte nicht nur um die Sache gewußt, sondern war auch mit Rat und Tat behilflich gewesen. Die Familie und besonders der Vater waren entsetzlich erbost, man sprach nur von Totschießen, Enterben usw., aber die Zeit besänftigte die Leute mehr und mehr, die Oheime knüpften Unterhandlungen an, die Sache war geschehen und nicht zu ändern. Der junge Viriot erhielt seinen Abschied, eine Zivilanstellung, den Segen der Eltern, und das junge Paar kam später nach Nancy zurück.

Fürst Y. litt seit einiger Zeit heftig an Gicht, so daß er das Zimmer und oft das Bett nicht verlassen konnte. Diese schmerzhafte Krankheit suchte Seine Durchlaucht sehr oft heim, wozu wohl das Leben, das der Fürst führte, viel beitragen mochte, und da ihn jetzt noch obendrein die Langeweile gewaltig plagte, ließ er mich eines Nachmittags holen und fragte mich, ob ich ihm nicht jeden Tag ein paar Stunden vorlesen wolle. Ich fand mich gleich hierzu bereit und las dem hohen Patienten mehrere Tage hintereinander jeden Nachmittag und Abend ein paar Stunden aus den vorzüglichen deutschen und französischen Autoren vor, hauptsächlich aber Tragödien von Schiller, Lessing, Goethe, Shakespeare, Racine, Corneille und Voltaire, was den Fürsten außerordentlich zu amüsieren schien, besonders da ich meine Stimme bei jeder Rolle veränderte, damit die Vorlesung soviel als möglich einer Aufführung nahekam.

Eines Nachmittags, als ich gerade den berühmten Monolog aus Racines ‹Phädra› im vollen Feuer der Begeisterung rezitierte, schlich sich jemand hinter mich und zupfte mich beim Ohrläppchen. Ohne mich nur umzusehen, wer derjenige war, der mich so unzeitig unterbrach, gab ich ihm mit all der Kraft, in die mich das Feuer versetzt hatte, eine so derbe Ohrfeige im fürstlichen Schlafzimmer, daß dasselbe laut davon widerhallte. Erst nachdem es geschehen und der Fürst schrie: «Was soll das heißen, welche Impertinenz, gleich aus meinen Augen!» sah ich, daß es der über und über rot gewordene Sekretär des Fürsten war, den ich geohrfeigt hatte. Glücklicherweise kam ich mit zweimal vierundzwanzigstündigem Arrest davon, durfte aber dem Fürsten vorerst nicht weiter vorlesen, der sich inzwischen wieder besser fühlte und ausfuhr.

Auf den Rat meines Kapitäns, der die Sache vom Fürsten selbst erfahren hatte, schrieb ich diesem noch ein Entschuldigungsschreiben, was aber nicht hinderte, daß er mir die in seiner Gegenwart ausgeteilte Ohrfeige noch lange nachtrug. Etwa vierzehn Tage nach diesem Vorfall reiste der Fürst nach Paris ab, um, wie er sagte, die heiligsten Interessen des Regiments zu wahren und sich zu zerstreuen und besser zu amüsieren, als dies in dem stillen, geräuschlosen Toul möglich war.

Schon längst hatte ich den Wunsch gehegt, eine Partie nach dem kaum fünf Lieues von Toul entfernten Dom Remy, dem Geburtsort von Jeanne d' Arc, zu machen, hatte aber, da ich gern in angenehmer Gesellschaft die kleine Reise zurücklegen wollte, immer nicht dazu kommen können, denn ich fand niemand unter meinen Bekannten, der es der Mühe wert gefunden hätte, das Haus aufzusuchen, in welchem das Mädchen von Orléans, dessen Taten Schiller zu einem so herrlichen Meisterwerk begeisterten, zur Welt kam. Es ist kaum glaublich, wie unwissend die Bewohner Touls und Nancys, selbst der gebildeten Klasse, in der Geschichte ihres eigenen Landes und infolgedessen auch über das, was das Wundermädchen betraf, waren. Doch wollen wir ehrlich sein, so müssen wir gestehen, daß ohne Schillers Tragödie auch gar mancher Deutsche nie etwas von dem Heldenmädchen gewußt hätte.

Auf mein vielfaches Zureden fand sich eine Gesellschaft von einigen zwanzig Personen, der sich auf mein Bitten auch Adelaïde aus Nancy zugesellte, zu der historisch-romantischen Reise zusammen.

An einem Sonntag früh fuhren wir in vier großen Wagen nach dem Geburtsort Johannas ab, den wir nach einem raschen Trab von dritthalb Stunden erreichten. Dom Remy ist an sich ein ärmliches Dörfchen, das aber in einem sehr anmutigen und fruchtbaren Tal, zwei und eine halbe Lieues von Neufchâteau und drei von Vaucouleurs an dem Ufer der Meurthe im Departement des Vosges liegt. Vergebens sah ich mich nach der alten geheimnisvollen Eiche um, unter der Schiller die Jungfrau auftreten läßt. Wir suchten jetzt das Haus auf, in dem das Wundermädchen zur Welt gekommen war, und fanden eine massiv gebaute und ziemlich vernachlässigte Bauernwohnung in der Nähe der dem heiligen Remy (Remigius) geweihten Dorfkirche. Die einzige Merkwürdigkeit waren die Wappen über der

Haustür, die von einer gotischen Verzierung umgeben, das eine, einen Schild mit drei Pflugscharen und einem Stern in der Mitte, das andere war das Wappen, das der Familie Johannas erteilt worden war, nachdem sie Karl VII. auf ewige Zeiten in den Adelsstand erhoben hatte.

Das Haus, dessen Bewohner, wenn ich nicht irre, damals ein gewisser Girardin, ein freundlicher Landmann war, hatte mehrere Abteilungen und zwei ziemlich große Gemächer, von denen eines einen Kamin hatte. Wir baten um die Erlaubnis, in einem dieser Zimmer unser frugales Mahl einnehmen zu dürfen, was uns der gefällige Eigentümer auch gestattete und sogar noch unentgeltlich dasjenige, was uns mangelte, wie Salz, Essig, Öl, etwas Brot usw. herbeischaffte, das übrige hatten wir alles mitgebracht. Die ganze Gesellschaft war recht vergnügt, und ich regalierte sie zum Nachtisch mit der Erzählung der Geschichte Johannas, so gut ich sie selbst wußte, sowie mit dem Inhalt von Schillers Jungfrau von Orleans. Nach eingenommenem Gabelfrühstück besuchten wir die Kirche und die nächsten Umgebungen des Orts.

Gegen Abend nahmen wir Abschied von unserm gefälligen Wirt, der uns versicherte, daß sich noch Abkömmlinge dieser Familie im Ort und in der Umgegend befänden, die aber ganz verarmt seien. Die Dorfbewohner, die noch nie so viel Fremde in ihrem einsamen Ort gesehen hatte, konnten nicht begreifen, was uns hierher geführt, und schüttelten bedenklich und ungläubig die Köpfe, wenn man ihnen sagte, daß die Besichtigung des alten Hauses, in dem Johanna geboren worden, der Zweck unsers Hierseins wäre.

Die Rückfahrt nach Toul war fröhlich und munter, und um 10 Uhr abends nahm der größte Teil der Gesellschaft ein restaurierendes Souper bei Bertrands ein. Hier trafen wir etwa ein Dutzend gefangener österreichischer Stabsoffiziere an, von denen keiner ein anderes französisches Wort hervorzubringen wußte als Monsieur, Madame, manger. Ihre Unterhaltung drehte sich auch einzig um die guten oder schlechten Quartiere, die sie gehabt, um Essen und Trinken und Tischavantüren, alle aber waren darin einig, daß Frankreich ein miserables Land sei, in dem sie um keinen Preis leben möchten, da für das erste Bedürfnis, für Magen und Bauch, so schlecht gesorgt sei, weshalb die Franzosen auch lauter solche Heringe wären. Ich teilte der Gesellschaft den Inhalt dieser Unterhaltung mit, welche nun die Österreicher mit neugierigen Blicken musterte, worüber diese, zwar kein Wort von unsern Gesprächen verstehend, aber doch merkend, daß von ihnen die Rede sein müsse, in allem Ernste böse wurden, da sie nicht glaubten, daß Deutsche unter uns seien, so ließen sie allerlei bedenkliche, auch beleidigende Worte fallen.

Anfangs nahm ich keine Notiz und tat, als verstünde ich nichts davon; als es jedoch immer ärger wurde und einer von ihnen etwas von Gelbschnäbeln, die noch kein Pulver gerochen, fallen ließ, sagte ich diesem rasch auf gut deutsch: «Der Herr ist wahrscheinlich einer von der Ulmer Helden*»; ich achte seine Eigenschaft als Kriegsgefangener, wenn es ihm aber Vergnügen mache, so möge er mich nur Pulver riechen lassen, ich sei diesem Geruch eben nicht so abhold und stände zu Gebot.» Durch diese unerwartete Anrede von einem solchen Gelbschnabel wurden die Herren ganz verblüfft, sahen sich verlegen an und blieben stumm. Die Franzosen wollten nun von mir wissen, was vorgefallen sei, ich aber machte einen Scherz daraus und gab der Sache eine andere Wendung, um böse Händel zu vermeiden; einige tüchtige Schüsseln mit Boeuf à la mode [Rindfleisch] nebst Eierkuchen, Salat usw., welche den Gefangenen aufgetragen wurden und über die sie mit so gesegnetem Appetit herfielen, daß sie die Bewunderung aller erregten, stellten schnell die allgemeine Heiterkeit wieder her, bis wir uns spät in der Nacht fröhlich trennten.

In Paris hatte Fürst Y. allerdings die Interessen des Regiments trefflich gewahrt, denn in seinem Gefolge kamen ganze Kisten grüner, roter, gelber Epauletten, Federbüsche, Pompons, Dragoner, Fangschnüre und so weiter an, von denen die für die Unteroffiziere sogar mit Silber besetzt waren. Die Staatsuniform des Tambourmajors, die er zu Paris hatte machen lassen, war von gelbem Tuch mit hellblauen Aufschlägen, aber so reich mit Gold und Silber besetzt, daß man von dem Tuch gar nichts sah. Seinem ebenfalls reich bordierten Hut entquoll ein mächtiger Straußenfederbusch in allen Farben aus einer goldenen Tulipane, und die Fransen der massiv goldenen Epauletten hingen fast bis auf die Ellenbogen herab, sogar die Stiefel waren reich mit Silber besetzt. Der Tambourmajor war ein großer vierschrötiger Böhme, der mindestens sechs Schuh drei Zoll maß und sein Rohr mit dem silbernen Riesenknopf gut zu schwingen verstand.

Die Paradeuniform des Musikkorps stand im Verhältnis dazu und war von derselben Farbe, ebenso die der Tambour-Maîtres [Trommelschläger im Unteroffiziersrang] der anderen Bataillone. Diese Equipierung hatte über achtzigtausend Franken gekostet, machte aber dafür auch gewaltiges Aufsehen in den Städten, durch die wir in Parade defilierten. Das Musikkorps war jedoch auch durch seine Virtuosität ausgezeichnet. Man hatte aus gefangenen österreichischen Regimentern die besten Hoboisten, meist Böhmen, ausgesucht und ihnen sehr hohe Gage bewilligt: Die ersten Klarinettisten erhielten hundertdreißig Franken monatlich, also beinahe die Gage eines Kapitäns dritter Klasse.

Diese außerordentlichen Ausgaben hieß natürlich das Gouvernement nicht gut,

*) siehe Anmerkung S. 8

und die Regimentskasse sollte nur einstweilen die Vorlage machen, was später zu schlimmen Händeln Veranlassung gab und die Offiziere, die aus Gefälligkeit für den prachtliebenden Oberst zu solchen Ausgaben ihre Unterschrift gegeben, in eine fatale Lage versetzte. So hatte ich später, als ich Unterleutnant war, für eine einzige Unterschrift, die ich gab, weil auch alle anderen dieselbe ohne Bedenken gegeben, solange ich bei dem Regiment Y. war, einen monatlichen Gagenabzug, da das Ministerium die durch diese Unterschriften bewilligten Ausgaben nicht anerkannte. Diese Unterschrift, in aller Unschuld und Unwissenheit gegeben, kostete mich mehrere hundert Franken.

Der Fürst hatte auch acht Offizierspatente für Kadetten von Paris mitgebracht, aber leider keines für mich. Mein Bataillonschef, Herr Duret, bei dem ich mich deshalb beklagte, sagte mir im Vertrauen, daran sei die Ohrfeige schuld, die ich dem Sekretär des Fürsten gegeben. Ich solle mich indessen trösten und ruhig verhalten, dann würde ich bei der nächsten, in ein paar Monaten stattfindenden Promotion unfehlbar zum Offizier ernannt werden. Ich konnte indessen diese Zurücksetzung doch nicht so leicht verschmerzen, zog mich von öffentlichen Vergnügungen zurück und hing sogar das Theater an den Nagel, obgleich ich wußte, daß der Fürst noch ein paar Vorstellungen zu sehen wünschte, ja ohne das Zureden Durets und meines Kapitäns hätte ich sogar um meinen Abschied gebeten.

Wir waren noch nicht volle zwei Monate in Toul, als das Regiment Order bekam, nach Avignon zu marschieren. Alle drei Bataillone waren jetzt vollzählig und fähig, ins Feld zu rücken. Die Nacht vor dem Abmarsch des ersten Bataillons, bei dem ich stand, gab der Fürst noch einen glänzenden Ball im Namen des Offizierskorps, zu dem auch die notabelsten Schönheiten Nancys und mehrere Damen von Metz eingeladen waren. Das Souper konnte aber, außer den Damen, niemand als Seine Durchlaucht sitzend einnehmen, die anderen Herren standen als dienende Kavaliere hinter den Stühlen der Damen und genossen, was ihnen deren Güte reichte. Wir nahmen gegen Morgen einen rührenden Abschied von den Schönen Touls und Nancys, warfen uns in das Marschkostüm, und um sechs Uhr früh ließ der Bataillonschef durch den herkulischen Tambourmajor das Roulement [Trommelwirbel] zum Abmarsch schlagen. Somit waren alle etwa noch unbezahlten Schulden quittiert, und wir marschierten mit klingendem Spiel mit rechts in die Flanken ab und frohen Mutes zum Tor hinaus, von den Tränen mancher zurückbleibenden Geliebten, den guten Wünschen eines Teils der Einwohner und den Verwünschungen verschiedener Ehemänner begleitet.

IV.

Colombey – Langres – Chalons sur Saône – Wasserfahrt auf dem Coche d'Eau –
Eine Nacht in Macon – Lyon – Ein vereitelter Gaunerstreich
und beigelegtes Duell – Das Regiment wird auf der Rhône eingeschifft –
Condrieus – Schiffbruch unter der Brücke St. Esprit – Avignon –
Aufenthalt daselbst – Villeneuve – Madame Croizet
und die Prozession – Skandal im Wirtshaus – Eine gefährliche Überrumpelung –
Abmarsch nach Montpellier – Tarascon – Böses Volk –
Eine entwaffnete Wache – Nîmes – Montpellier

Es war damals ein sehr lustiges, unbekümmertes und sorgloses Leben, das französische Soldatenleben, und wenn man mit klingendem Spiel, Sappeurs, Tambours, Musik an der Spitze, in eine neue Garnison einrückte und die vielen hübschen Frauen und Mädchen in den Fenstern erblickte, wie sie mit verlangender Neugierde die braungebrannten martialischen Gesichter vorüberdefilieren sahen, waren alle ausgestanden Strapazen und Entbehrungen verschwunden, und man freute sich der bevorstehenden Abenteuer.

Ich hatte die Nachricht, daß wir Toul in kurzem verlassen würden, sowie unsere Marschroute meinen Eltern mitgeteilt und noch vor unserem Abmarsch Antwort und Empfehlungsschreiben an verschiedene Häuser in Dijon, in Chalons sur Saône, Macon und Lyon empfangen nebst einem Wechsel von vierhundert Franken auf Chalons als besondere Marschzulage, den ich jedoch noch in Toul versilberte, um mehrere Rückstände zu berichtigen. Unser erstes Nachtquartier war Colombey, ein erbärmliches Nest; zwei Drittel des Bataillons mußte in umliegenden Dörfern untergebracht werden. Da der Fourier der Kompanie kein Französisch konnte, mußte ich auf des Kapitäns Geheiß das Geschäft desselben hinsichtlich des Quartiermachens versehen, womit mir wohl gedient war, da sämtliche Fouriere mit dem Adjutant-Unteroffizier ein paar Stunden vorausmarschieren, daher viel freier sind und die Unbequemlichkeiten des Marsches bei weitem nicht so empfinden. Sie lassen sich immer für den kompletten Stand der Mannschaft Quartierbilletts geben, während sich doch niemals eine Kompanie ganz vollzählig auf dem Marsch befindet, da es immer Kranke, Detachierte und so weiter gibt, auch selten eine Kompanie nach langen Märschen, Gefechten komplett ist. Die Billetts, die ihnen übrig bleiben, verkaufen sie an die Wirte, auf die sie lauten, die gern einen, auch wohl einige Franken bezahlen, um der Last von ein paar Mann Einquartierung enthoben zu sein, so daß in größeren Städten und wo Rasttage sind, der Fourier sich nicht selten fünfzig Franken und mehr auf diese Weise verschafft, von denen er aber einen Teil an den ihm beigegebenen Korporal abgibt, der sich dafür ebenfalls mit dem Billettverkauf befaßt, der natürlich viel Laufereien veranlaßt, da die Quartiere alle aufgesucht werden müssen. Dieser Unterschleif ist den Chefs bekannt, allein man sieht durch die Finger, da dem Gouvernement und den Truppen kein Schaden verursacht wird; viele Soldaten verkaufen ebenfalls ihre Billetts und bringen dann die Nacht auf den Straßen oder unter einer Kirchenhalle zu, besonders in dem südlichen Frankreich, wo es das Klima gestattet.

Der zweite Tag führte uns in das Städtchen Neufchâteau an der Mouzon, die sich hier in die Maas ergießt. Es zählt über dreitausend Einwohner.

Auf der nächsten Etappe, dem Flecken Bourmont, hatte ich ein Quartier bei einer alten Marquise, ein lebendiges Monument aus den Zeiten Ludwigs XV., eine achtundachtzigjährige hochgeschminkte Schöne im damaligen Hofkostüm, eine sehr ehrwürdige, andächtige Dame, welche den alles zertrümmernden Revolutionsstürmen glücklich entgangen war. Das Quartiermachen brachte mir den Vorteil, daß ich gute Quartiere für mich selbst aussuchen und auf dem Quartieramt immer nach solchen, in denen sich liebenswürdige Schöne befanden, erkundigen konnte.

Der folgende Tag brachte uns in den Flecken Montigny-le-Roi in der Champagne, wo man noch Überbleibsel von ehemaligen Befestigungen sieht.

Am kommenden Tag marschierten wir nach Langres, fast die am höchsten gelegene Stadt in Frankreich. Den Rasttag, den wir hier hatten, verbrachte ich mit Spaziergängen in die Umgebung. Wir kamen nun nach dem nicht unbedeutenden Flecken Selongey und von hier in die alte Hauptstadt der einst so mächtigen Herzöge von Burgund, nach Dijon.

Wir marschierten jetzt, beständig die goldene Hügelreihe vor Augen, welche das Land mit den gepriesensten Weinen beschenkt, nach Beaune. Als wir durch Nuit kamen, hatte ein dortiger Weinhändler, der Vater des Kadetten Larbalestier, allen Offizieren ein treffliches Gabelfrühstück bereitet, wobei er reichlich Clos de Dougeot, Volney, Chevalier-Monrachet, Chambertin und andere Sorten des vorzüglichsten Gewächses, die ihrer Seltenheit und Güte halber fast nie in den Handel kommen, im Überfluß reichte. Das klare Wasser mundete mir aber auch hier besser als alle die burgundischen Nektare. Durch das gute Dejeuner gestärkt und auf Wagen das Versäumte wieder einholend, denn das Bataillon war uns auf den Fersen, kamen wir bald in Beaune an. Diese alte Stadt hatte noch Wälle und liegt in einer lachenden Gegend. Auch sie ist eine Hauptniederlage der besten Burgunderweine.

Von hier brachen wir nach Chalons an der Saône auf, beim Ausmarsch zeigte man uns Volney, Meursauth, Chambertin, Pommard und andere Orte, welche die berühmten Weine dieser Namen liefern. Als wir in Chalons angekommen waren, fand ich auf dem Quartieramt ein Einladungs- und Einquartierungsbillett von dem Haus Bouillé, an das ich empfohlen war, vor, in dem ich vortrefflich aufgenommen wurde, da ein Sohn desselben als Volontär in Frankfurt war. Auch erwirkte mir Herr Bouillé, sobald das Bataillon angekommen war, die Erlaubnis, einige Tage bei ihm auf Besuch bleiben zu dürfen, mit dem Versprechen, daß ich in Lyon wieder bei demselben eintreffe. Ich brachte nun ein paar Tage recht vergnügt in dem heiteren Chalons zu.

Die Familie Bouillé tat ihr möglichstes, mir den Aufenthalt angenehm zu machen, und ein anderer Sohn des Hauses war mein treuer Begleiter auf allen Wegen, was mir aber gerade nicht sehr angenehm war und mich genierte, denn ohne diesen jungen Hüter, der mir nicht von der Seite wich, hätte ich gewiß ein kleines Abenteuer in Chalons gehabt. Der junge Mensch gab sich indessen viel Mühe, mich zu unterhalten, zeigte mir die Kirchen, das Stadthaus, die Bibliothek, das Lorenzo-Hospital auf der Insel dieses Namens, das Theater und so weiter, aber damit war mir nicht gedient, und ich wäre lieber mancher Schönen gefolgt, die mir auf unseren Streifereien und Promenaden begegnete. Nach einem viertägigen Aufenthalt reiste ich, herzlich für die gute Aufnahme dankend, ohne irgendein Abenteuer, mit dem Coche d'Eau, einer eleganten Wasserdiligence [Eilschiff für Personenbeförderung], nach Lyon.

Auf diesem Schiff traf ich auch den Zahlmeister unseres zweiten Bataillons, Herrn Madinier, und mehrere junge Offiziersfrauen an, deren Männer beim Heer waren und die sich zu Verwandten nach Lyon begaben und recht liebenswürdig waren. Zu jener Zeit war überhaupt ganz Frankreich mit solchen jungen Strohwitwen angefüllt, deren Männer sich im Feld oder als Employés, Kommissare und so weiter bei den Armeen befanden, und auch mit wirklichen Witwen, welche sich gern über die bewiesene und vermutliche Untreue ihrer verstorbenen Herren zu trösten und dieselbe bestens wettzumachen suchten. Bald hatte ich eine interessante Unterhaltung mit der jungen Gattin eines Großmajors*, der bei den französischen Truppen in Österreich stand, angeknüpft. Es war eine artige Pariserin und die Tochter eines wohlhabenden Kaufmanns. Die hübsche Frau hatte die feinste Taille, die man sich denken kann, einen eleganten Wuchs, ein Paar fast chinesische

*) Nur in den Truppen des Rheinbundes und den französischen Fremdenregimentern bestehender Offiziersrang an Stelle des Oberstleutnants.

Füßchen, frivol-schelmische Augen, ein prächtiges kastanienbraunes Seidenhaar, Perlenzähne und eine Munterkeit, die mutwillig, ja bisweilen ausgelassen war. Während ich mit ihr scherzte und lachte, hatte Madinier mit einer anderen dieser Damen Bekanntschaft gemacht.

Ohne zu wissen wie, erreichten wir Macon, wo wir ausstiegen und übereinkamen, daß man hier bis zur Ankunft des nächsten Coche d'Eau, das am folgenden Tag erwartet wurde, bleiben wollte. Da ich weder das Haus, dem ich empfohlen, aufsuchte noch mich viel mit den Sehenswürdigkeiten Macons beschäftigte, sondern einzig und allein dem Dienst der liebenswürdigen Dame lebte, darf man mir aufs Wort glauben. Ich hatte das Vergnügen, Madame O. am Arm, auf den schönen Kais an der Saône zu promenieren; wir ließen uns auch zu den noch vorhandenen Trümmern eines Triumphbogens und eines Janustempels führen und kehrten dann in unser Hotel zurück, wo wir uns nach einem deliziösen Souper zu einer ziemlich unruhigen Ruhe begaben.

Am anderen Tag fuhren wir mit dem ankommenden Schiff nach Lyon ab und legten den Rest der Wasserreise vergnügt zurück. Je näher wir unserer Bestimmung kamen, desto pittoresker wurde der Anblick der Ufer der Saône, die freundlichsten Ortschaften, die reizendsten Landhäuser und Landschaften wechselten unaufhörlich ab, bis wir endlich im Hafen zu Lyon einliefen. Hier stiegen wir im «Hôtel d'Europe» ab, wo wir wieder einen recht vergnügten Abend und eine noch vergnügtere Nacht zubrachten. Erst am kommenden Morgen meldete ich mich bei dem Bataillon, das diesen Tag Rasttag hatte. Mein Kapitän teilte mir die angenehme Nachricht mit, daß wir den Rest des Marsches auf der Rhône zurücklegen und deshalb noch einen Tag länger hier verweilen würden. Dies war mir zwar erwünscht, aber doch suchte ich mich wieder frei von Madame O. zu machen, von deren Ketten ich schon genug hatte. Ich kaufte bei einem Goldarbeiter eine zierliche Allianz [Goldring aus zwei Reifen], die ich ihr zum Geschenk machte, dabei mit schweren erzwungenen Stoßseufzern ankündigte, daß die Stunde der Trennung geschlagen habe, indem ich zur Kompanie, bei der ich als Kadett stehe, einrücken müsse und wir wahrscheinlich noch diesen Abend abmarschieren würden. Nach einer letzten feurigen Umarmung, herzlichem Lebewohl und Versicherungen ewiger Liebe und Treue schieden wir für immer.

Ich suchte jetzt das Quartier meines Sergeant-Majors auf, das ich erst nach langem Umherirren durch die engen und finsteren Gassen Lyons fand, und ließ mir ein Einquartierungsbillett geben. Da meine Börse anfing, an der Auszehrung zu leiden, suchte ich das Bankhaus J. Boutoux auf, an das ich empfohlen war, und ließ mir fünfundzwanzig Louisd'ors auszahlen, lehnte aber jede weitere Einladung und sogenannte Ehrenbezeigungen ab, und das Haus Paul Pages et neveus [Nachkommen], an das ich ebenfalls empfohlen war und das mit dem unsrigen in Verbindung stand, besuchte ich gar nicht, sondern streifte nun auf eigene Faust und planlos in den langen labyrinthischen Straßen Lyons herum.

Am zweiten Abend nach meiner Ankunft besuchte ich das große Theater, in dem «Le tyran corrigé» nebst einem hübschen Ballett aufgeführt wurde. Hier traf ich mehrere Kadetten und auch ein paar Fouriere des Regiments, die letzteren zwei Franzosen, von denen sich der eine Jean Roi nannte und eines Pächters Sohn bei Nancy war, der andere Latouche, dessen Herkunft unbekannt, der aber schon durch ein halbes Dutzend Regimenter gegangen. Diese beiden Individuen hatten es namentlich auf die jungen Leute beim Regiment abgesehen, von denen sie wußten, daß sie mit Mutterpfennigen versehen waren, und suchten diesen die Beutel auf alle mögliche Weise zu fegen. Sie hatten sich auch schon einigemal an mich gewagt, aber die Erfahrung gemacht, daß sie mich trotz meiner Jugend nicht leicht zu ihrem Dupe [Gimpel] machen konnten, da ich weder zum Trunk noch zum Besuch liederlicher Häuser zu bewegen war.

Diesen Abend hatten sie zwei ganz junge und noch unerfahrene Leute aus guten Familien auf dem Korn, die beide, der eine Dantrace aus Paris, der andere Roger aus Metz, Kadetten ohne Grad waren. Ich saß im Parterre hinter ihnen, merkte bald, wo es hinaus wollte, und nahm mir vor, die jungen Leute nicht außer Auge zu lassen. Man hatte sich zu einem Souper bei einem Restaurateur verabredet, wo die beiden Fouriere, wie es schien, schon bekannt waren. Ich folgte der Gesellschaft, die in einer engen Straße in ein Haus von ziemlich verdächtigem Aussehen ging, und trat fast zu gleicher Zeit mit den Herren in das Speisezimmer, wo mich die Fouriere mit nicht sehr günstigen Augen ansahen. Sie ließen starke Weine auftragen und tranken den jungen Leuten, die, obgleich älter als ich, doch noch Kinder waren, tüchtig zu, so daß es bald schwere und schwindelnde Köpfe gab. Ich hatte mich an denselben Tisch zu ihnen gesellt, aber nur ein paar Gläser Champagner, mit Wasser vermischt, getrunken. Als man die Köpfe nach dem Dessert erhitzt genug glaubte, sagte Latouche: «Ah ça, il faut que nous allions voir les filles!»[*] Ich wollte die beiden Kadetten davon zurückhalten, da mir dies jedoch nicht gelang, beschloß ich, sie zu begleiten, und wir brachen, nachdem die Zeche berichtigt [beglichen] war, auf.

Die Fouriere führten uns durch einen langen Korridor, dann eine Treppe hinab über einen Hof in ein Hinterhaus, wo wir wieder zwei Stiegen steigen mußten und

[*] «So, jetzt wird es Zeit, den Mädchen einen Besuch abzustatten.»

in ein ziemlich geräumiges Gemach trafen, in dem sich etwa ein halbes Dutzend keuscher Priesterinnen der Venus befinden mochte, die uns entgegensprangen und auf das zuvorkommendste bewillkommneten. Ich stieß jedoch die, die sich an mich machen wollte, unsanft zurück. Nun nahm sich Jean Roi der Dirnen an und zeigte eine drohende Miene. Ich gab mir jedoch gleich ein so imponierendes Ansehen, daß die beiden Herren es für gut fanden, sich von ihren Freundinnen besänftigen zu lassen, was ich spöttisch lächelnd geschehen ließ. Um den Frieden herzustellen, wurde wieder Wein und Punsch gebracht, wobei ich aber das Angebotene ausschlug und auch den Kadetten, die ohnehin schon genug hatten, zuredete, nichts anzunehmen. Eine der Dirnen machte sich an Dantrace, die andere an Roger, und wollten beide mit sich fortziehen. Ich aber protestierte dagegen, indem ich sagte: ‹Ich gebe es nicht zu, daß sich die jungen Leute ohne mich entfernen.› Roger bezeigte auch wenig Lust, aber Dantrace, den diejenige, die sich an ihn gewandt hatte, festhielt, indem sie zu ihm sagte: ‹Mais ce Monsieur est il donc votre Mentor?›* wurde dadurch gereizt, sagte mir, ich hätte ihm nichts zu befehlen und er wolle mit dem Mädchen fort; ich versetzte: ‹Gut, aber geben Sie mir erst Ihre Börse.›

Ich wußte, daß er an hundert Napoleons in Gold bei sich hatte. Er war im Begriff, es zu tun, als ihm Jean Roi lachend zurief: ‹Mais vous êtes donc un enfant?›** worauf er mein Begehren abschlug. Ich sagte ihm aber, daß er in diesem Fall nicht ohne mich das Zimmer verlassen werde. Jetzt ließ auch er einen ‹drôle› [beleidigendes Schimpfwort] fallen, ich aber, an mich haltend, kündigte ihm sowie den beiden Fourieren kraft meines Sergeantengrades Arrest an.

Während dieses vorging, hatte sich ein anderes der Mädchen an Roger gemacht, diesen auf einen Stuhl gezerrt, und während sie eine ihrer Hände sonstwo hatte, verlor sich die andere in dessen Hosentasche. Ich bemerkt dieses Manöver und sah, wie ihm die Dirne den wohlgefüllten Beutel ganz sacht aus der Tasche zog. Jetzt tat ich einen Seitensprung und faßte das Mädchen bei dem Arm, mit dem sie den Beutel hielt, den sie fallen ließ. Ihn aufhebend, sagte ich mit lauter Stimme zu dem Kadetten: ‹Merken Sie denn noch nicht, wohin man Sie geführt hat?› und packte die Diebin so fest bei der Gurgel, daß sie überlaut aufschrie. Jetzt war endlich dem Dantrace ein Licht aufgegangen. Er legte nun so starke Hand an die Demoiselles, daß ich genötigt war, ihn abzuwehren. Es gab jetzt einen gewaltigen Lärm, so daß die mère abbesse [Äbtissin – hier Bordellwirtin] des Hauses herbeieilte und sich eifrig nach der Ursache erkundigte. Ich sagte ihr ganz trocken, es

*) ‹Ist dieser Herr Eurer Aufpasser?›
**) ‹Sie sind wohl doch ein Kind?›

handle sich um einen ertappten Dieb, worauf sie ein: «Impossible» [«Unmöglich»] erwiderte, ich aber ganz trocken erklärte, die Möglichkeit beweisen zu können, und mich hierauf mit den beiden Kadetten, die mir nun gern folgten, entfernte, den zurückbleibenden Fourieren ein «à demain» [auf Morgen] verächtlich zuwerfend.

Ich begab mich mit meinen Begleitern in ein Kaffeehaus, wo wir mehrere Offiziere vom Regiment antrafen, denen ich die saubere Geschichte mitteilte und die auf der Stelle in das verdächtige Haus gehen, die Sache untersuchen und daselbst tolle Wirtschaft machen wollten. Vergeblich suchte ich sie von diesem Vorhaben abzuhalten, fürchtend, daß es zu argen Exzessen kommen könnte.

Glücklicherweise war es uns trotz stundenlangen Suchens unmöglich, das Haus, von dem wir nicht einmal den Namen der Straße wußten, wieder aufzufinden. Wir trennten uns um Mitternacht, indem ich zu Dantrace sagte, daß ich ihn wegen des drôle morgen besuchen würde. Das schändliche Benehmen der beiden Fourier aber nahm ich mir vor dem Bataillonschef, Herrn Duret, anzuzeigen. Bei Tagesanbruch suchte ich einen Kadetten auf, dem ich das Vorgefallene mitteilte und den ich sodann zu Dantrace sandte, mit dem Auftrag, diesen zu einem Dejeuner à la broche* einzuladen. Er fand sich auch bald darauf in dem ihm bezeichneten Kaffeehaus ein, von wo wir alle vier uns in Freie jenseits der Rhône begaben. Auf dem Terrain angekommen, hielt ich ihm sein Benehmen gegen mich vom vorigen Abend vor. Gern gestand er sein Unrecht ein sowie daß er mir noch obendrein großen Dank schuldig sei und deshalb aus freien Stücken den drôle zurücknehme, mich um meine Freundschaft bitte, versichernd, daß er sie auf jede Weise zu verdienen suchen wolle und ich in allen Fällen auf ihn zählen könne.

Damit war die Sache abgemacht, und statt des Dejeuners à la broche nahmen wir vergnügt eins à la fourchette [Gabelfrühstück] ein, worauf ich mich mit meinen Kameraden zum Bataillonschef begab und diesem, was in der verwichenen Nacht vorgegangen, bis auf den kleinsten Umstand mitteilte. Duret ließ sogleich die Fouriere Latouche und Jean Roi holen und stellte sie in den härtesten Ausdrücken zur Rede, ihnen mit strenger Untersuchung und Strafe drohend. Diese redeten sich aber damit aus, daß auch sie ganz fremd in dem verdächtigen Haus seien, das sie jetzt nicht einmal mehr auszufinden wüßten, da sie halb im Rausch und ebenso unwissend wie wir in dasselbe geraten seien. Ob nun gleich auch Herr Duret moralisch von der nichtswürdigen Absicht der beiden überzeugt war, ließ er sie doch mit der Warnung gehen, sich nicht wieder auf ähnlichen Wegen erwischen zu lassen, schärfte den beiden anderen jungen Leuten ein, künftig vorsichtiger zu sein,

*) Frühstück mit gebratenem Fleisch, im übertragenen Sinn für ein Duell.

und somit war die Sache vorerst abgetan. Als wir das Quartier des Chefs verließen, sagte jedoch Latouche zu mir, dies würde er mir gedenken. Ich schwärmte den Rest des Tages noch in Lyon herum, besuchte den Abend das Theater Cölestin.

Am kommenden Morgen schiffte sich das Bataillon auf fünf gebrechlichen Fahrzeugen auf der Rhône ein. Da diese Schiffe nie den Weg zurückmachen, sondern an ihrem Bestimmungsort auseinandergeschlagen werden und das Holz verkauft wird, sind sie nicht von großer Solidität. Unsere Kompanie, die erste, war mit der Karabinierkompanie, der Musik und dem Etatmajor [Stab] des Bataillons zusammen eingeschifft. Kapitän Alphons, der die Karabiniers* kommandierte, hatte seine hübsche Frau bei sich, beide aber schnitten verdrießliche Gesichter, saßen stumm und traurig in einer Ecke des Schiffes und maulten miteinander. Ich erfuhr bald von meinem Kapitän den Grund dieses Umstandes: Beide hatten eine galante Krankheit, und jeder warf dem anderen vor, sie von ihm bekommen zu haben. Wir stießen nach acht Uhr unter Musik und dem Wirbeln der Trommeln vom Ufer und flogen pfeilschnell auf dem reißenden Strom dahin; rechts und links schwanden Villen, Gärten, Dörfer, Hügel und Auen, während die Soldaten jauchzten und zufrieden waren, so mühelose die Märsche zurückzulegen.

Bald bekamen wir das uralte Vienne mit seinen gotischen Türmen, Mauern und Zinnen zu Gesicht, eine der ältesten Städte Frankreichs. Keine Stadt am Rhein, Köln ausgenommen, sieht so ehrwürdig grau, so imponierend alt aus, wie Vienne an der Rhône. Nur zu schnell entschwand sie unseren Augen, und wir kamen bald an jene hochberühmte Côtes [Abhänge] du Rhône, deren Feuerweine mit dem besten Ungar rivalisieren können. So sahen wir Roussillon, und endlich Condrieus, wo wir landeten, um zu übernachten. Ein Teil der Truppen schlief jedoch in den Schiffen. Das Städtchen liegt zwar nicht dicht am Fluß, hat jedoch einen Hafen und ist meist von Schiffern bewohnt, weshalb auch nur die Offiziere und ein Teil der Unteroffiziere einquartiert werden konnten und der Rest der Truppen eben auf den Schiffen blieb. Hier trug sich eine Begebenheit zu, die dem Fourier Jean Roi den Hals brach. Alle Fouriere waren nämlich samt dem Adjutant-Unteroffizier Geßner in einer großen Stube einquartiert, wo Jean Roi erwischt wurde, wie er in der Nacht einem Kameraden achtzig Franken aus der Tasche der abgelegten Beinkleider stahl. Er wurde cum infamin [in Schande] vom Regiment gejagt, da man es nicht der Mühe wert erachtete, ihn vor ein Kriegsgericht zu stellen.

Mit Tagesanbruch schifften wir uns wieder ein und setzten die Reise gut gelaunt

*) Bei jedem Bataillon der leichten Infanterie befanden sich damals eine Kompanie Karabiniers und eine Kompanie Voltigeurs, die Kompanien du Centre hießen Chasseurs. Die beiden ersteren haben eine Zulage von 5 Centimes per Mann und per Tag – Anmerkung des Autors.

und fröhlich fort. St. Juste hatte eine gute Portion süßen Condrieu mit an Bord genommen, womit er seine ganze Kompanie regalierte, so daß jedermann ein großes Glas voll davon zum Frühstück erhielt, wodurch die Leute gewaltig munter wurden, während die Karabiniers des Kapitän Alphons, die nichts erhielten, scheel zusahen. St. Vallier mit seinem alten Schloß, der platte Königsfelsen, der Berg Ventoux und so weiter glitten an unseren Blicken vorüber, und bald waren wir in der Nähe der berühmten Eremitage.

In dieser Gegend zeigt alles an, daß einst zahlreiche Vulkane hier gewesen sein müssen, die längst ausgewühlt haben, und noch stößt man auf ausgebrannte Krater. Immer reißender wird nun die Rhône, je näher man der Pont St. Esprit kommt. Bald zeigt sich diese majestätische, fünfundzwanzig schöne Bogen lange Brücke, ein Meisterstück der Architektur, dem erstaunten Auge, deren Bau im Jahre 1265 begonnen und erst 1309 vollendet wurde. Sie geht nicht in gerader Linie durch den Strom, sondern biegt in der Mitte gegen denselben aus, dies macht, daß sie besser den tobenden Wellen widersteht und an Festigkeit gewinnt. Ihre Bogen sind zirkelrund, und sie ist bei aller Dauerhaftigkeit doch noch zierlich.

Wild wogen die Fluten an der Brücke und unter ihren Bogen, und es erfordert eine große Geschicklichkeit der Schiffer, pfeilschnell mitten durch einen derselben unversehrt durchzukommen. Im Fall eines Anstoßes geht das Schiff unvermeidlich in Trümmer, wie es einem der unsrigen erging. Als wir uns der Brücke näherten, auf der viele Menschen standen, die Durchfahrt der kleinen Flottille anzusehen, schlugen die Tambours Sturmschritt, die Musik spielte einen Pas de charge [Marsch in Sturmschritt], und man ließ die Guides [Schiffswimpel] wehen, während die Schiffer Gebete hersagten. Die beiden ersten Schiffe, worunter das unsrige, waren schon glücklich unter dem Beifallrufen der auf der Brücke stehenden Leute durchgefahren, als das dritte, welches der Strom ein wenig zu weit rechts getrieben hatte, mit großer Gewalt gegen einen Pfeiler anfuhr und sich krachend spaltete, worauf sich sogleich ein furchtbares Geschrei auf und unter der Brücke und an den Ufern erhob, aber auch in demselben Augenblick stießen mehr denn zwanzig Nachen vom Ufer ab, die Verunglückten aufzunehmen.

Das leicht gebaute Fahrzeug war wenige Sekunden nach dem Anstoß auseinandergegangen, und die Oberfläche des Wassers war alsbald mit Menschen, Tschakos und Effekten bedeckt. Alle ins Wasser Gefallenen, unter denen auch einige Frauen, wurden indessen bis auf zwei Mann gerettet oder retteten sich mittelst der Seile, die man ihnen zuwarf und die für einen Unfall schon in Bereitschaft waren. Die beiden anderen Schiffe kamen, mitten durch die Leute und Trümmer im Wasser fahrend, glücklich jenseits der Brücke an. Vom Gepäck ging manches und namentlich viele Gewehre verloren. Die so wider Willen ausgeschifften zwei Kompanien legten nun, nachdem sie sich erholt und getrocknet hatten, den Weg bis Orange zu Fuß zurück, wo auch der Rest des Bataillons ausschiffte, und Duret beschloß, daß wir die letzte Etappe – es war nur noch ein Marsch bis zur neuen Garnison – zu Land zurücklegen sollten.

Mit dem frühesten Morgen marschierten wir, von der aromatischen Luft provenzaler Sonne erquickt, nach dem Ort unserer einsweiligen Bestimmung, nach Avignon, ab. Eine Viertelstunde vor der Stadt wurde Halt und Toilette gemacht, man warf sich in grande tenue [Paradeuniform]. Die Karabiniers setzten ihre Bärenmützen mit den roten Federbüschen auf und schmückten ihre Schultern mit den Epauletten von derselben Farbe sowie die Voltigeurs mit gelben und die Chasseurs mit grünen Epauletten und Federn. Da das Regiment ganz neu und schön uniformiert war, nahm es sich stattlich und imponierend aus und marschierte gehörig geschniegelt und gestriegelt in schönster Ordnung in die neue Garnison und alte Residenz so vieler Päpste* ein, wo wir durch sehr enge, winklige Straßen mit altertümlichen Häusern, aus denen aber doch sehr moderne Damen auf uns herabsahen, auf den Waffenplatz kamen.

Das Bataillon wurde gleich in die geräumigen gewölbten Säle der alten päpstlichen, auf hohen Felsen liegenden Burg kaserniert. Ich mietete mir aber eine Chambre garnie [möbliertes Zimmer], die recht schön möbliert war, für den äußerst billigen Preis von acht Franken per Monat in der Nähe des großen Platzes. Eine Sache, nach der man sich eifrigst in jedem Haus, wo wir Wohnungen suchten, erkundigte, war, ob wir keine Kosaken, Tataren, Kalmücken oder Russen seien, und man wollte uns in der Regel nicht eher Zimmer zeigen, bis wir zur Genüge dargetan, daß wir Franzosen oder doch wenigstens des bons allemands [gute Deutsche] und Christen seien. Den Grund dieser ängstlichen Erkundigungen erfuhren wir bald. Man hatte nämlich von unserem Regiment das Gerücht verbreitet, daß es fast aus lauter wilden und barbarischen Völkern bestünde, die nicht nur raubten und plünderten, sondern sogar die kleinen Kinder wegfingen, wo sie deren habhaft werden könnten, um diese zu verzehren. Solche Dinge glaubten die Einwohner in allem Ernst und fluchten dem Napoleon, daß er solches Volk in Dienst nehme und ihnen zuschicke. Erst nachdem ich hinlänglich beteuert hatte, daß ich kein Kinderfresser sei, willigte man ein, mir die erwähnte Wohnung bei einem Herrn Croizet, einem kleinem Rentier, der eine hübsche Frau hatte, zu vermieten.

---

*) Der französische König Philipp IV. hatte Papst Clemens V. 1309 gezwungen, seinen Sitz in Avignon zu nehmen, das päpstliche Residenz bis 1377 blieb.

Der alte päpstliche Palast ist eine auf hohen Felsen erbaute ungeheure Stein-
masse, einer Feste ähnlich, ein ungeheures Gebäude mit öden Gemächern und
Zimmern, fast alle hochgewölbt. In dem weitläufigen Schloßhof stieß man allenthalben auf Schutt und Trümmer, und die imposanten Ruinen ließen noch die Herrlichkeit längst vergangener Größe bewundern. In den am besten erhaltenen Sälen,
Kirchen, Kapellen und Gewölben lagen jetzt unsere Soldaten, und an der Stelle,
wo einst die Oberpriester der Christenheit ihre Blitze gegen Venedig und Mailand,
Deutschland und Italien, gegen Kaiser und Könige schleuderten, an dieser Stelle
putzten jetzt Russen und Österreicher, Ungarn und Böhmen, in französische Uniformen gesteckt, ihre Gewehre und Patronentaschen und aßen mit hölzernen oder
eisernen Löffeln ihre Suppen. In den Gemächern ertönte jetzt das eintönige Verle-
sen der russischen, deutschen, polnischen und böhmischen Soldatennamen und
das düstere «Qui vive!» [«Wer da!»] der Schildwachen des in Kasernen verwandelten Prunkpalastes, in dessen weiten Höfen das einsilbige Kommando der Unteroffiziere widerhallte, die den exerzierenden Rekruten die Soldatenschule und Handgriffe einbleuten.

Avignon gegenüber liegt Villeneuve, wo noch die Ruinen eines ehemals wegen
seiner Pracht und Größe berühmten Karthäuserklosters zu sehen sind, sowie das
alte Schloß St. André mit seinen ungeheuren Mauern und dicken runden Türmen.
Im Innern des Schlosses sind noch die Gebäude des ehemals so reichen Benedik-
tinerklosters vorhanden. Villeneuve war der Geburtsort unseres Bataillonschefs
Duret, der aus einer nicht sehr wohlhabenden Familie stammte, die während der
Schreckenszeit aus dieser Stadt ausgewandert war. Nach mancherlei Schicksalen
hatte er endlich zu Offenbach ein Ruheplätzchen bei dem Fürsten Y. gefunden, der
ihn zum Kommandanten seines fünfzig Mann starken Heeres ernannte und bei der
Formation des Regiments Y. zum Bataillonschef beförderte. Duret galt viel beim
Fürsten und hatte ihn bewegt, beim Kriegsminister zu erbitten, daß das Regiment,
um sich völlig einzuexerzieren, eine kurze Zeit in Avignon garnisonieren dürfe,
was der Minister um so eher bewilligte, als er es ohnehin schon zu diesem Zweck
auf einige Monate nach Montpellier bestimmt hatte.

Also hatten wir es Durets Eitelkeit zu verdanken, der sich seinen Verwandten
und Landsleuten, die er seit vierzehn Jahren nicht gesehen, gern an der Spitze seines Bataillons in glänzender Uniform zu Pferde zeigen wollte, daß wir auf kurze
Zeit in Avignon in Garnison lagen. Ohne diesen Umstand hätte das Regiment
wahrscheinlich Avignon nicht oder doch nur im Durchmarsch gesehen. Dafür
mußten wir auch oft genug eine militärische Promenade durch Villeneuve machen.
Das Offizierskorps des Regiments bestand, namentlich das des ersten Bataillons,

meist aus zum Teil sehr hübschen jungen Männern, an denen die holden Avignoneserinnen ihr Wohlgefallen zu haben schienen. Ich erinnere mich, daß nach der ersten Militärmesse, die wir hatten, eine junge hübsche Dame ganz außer sich zu meiner liebenswürdigen Wirtin ins Zimmer trat und mehrmals ausrief: ‹Oh le beau corps d'officiers, le beau corps d'officiers!›* Schönheit war die beste Empfehlung bei dem Fürsten Y., und er hatte die meisten Offiziere aus diesem Beweggrund angestellt.

Bei Croizets, meinen Wirtsleuten, lebte ich unterdessen wie der Vogel im Hanfsamen, und Madame Croizet war eine der liebenswürdigsten und muntersten Damen der Stadt, die mich in ihren besonderen Schutz nahm und in allem wahrhaftig mütterlich für mich sorgen wollte, aber kein sehr gehorsames Kind an mir fand. Da sie mit den angesehensten Familien der Stadt bekannt und zum Teil verwandt war, bekam sie täglich Besuch von jungen hübschen Damen, denen sie mich vorstellte und deren Bekanntschaft ich machte. Da kein Instrument im Haus war, mietete ich ein Fortepiano, welches mir Madame Croizet erlaubte, in ihren Salon zu stellen. Ich war somit befugt, denselben zu jeder Stunde zu betreten. Herr Croizet, obgleich in Avignon geboren, hatte eine gute Portion Phlegma, bei einer ziemlichen Zahl von Jahren. Er war Kaufmann gewesen, hatte sein Schäfchen ins trockene gebracht und ruhte, wenn auch nicht gerade im Überfluß und auf Lorbeeren, so doch gemächlich auf seinem Errungenen aus. Ich schien ihm noch viel zu jung und unerfahren, als daß er mich für gefährlich gehalten hätte, und da er alle Nachmittage und die Abende bis elf Uhr in den Kaffeehäusern zubrachte, so hatten wir völlig freies Spiel zu Hause. Der Dienst war nicht sehr beschwerlich; außer dem Exerzieren und den militärischen Promenaden hatten wir fast alle Zeit frei, und die Wachen kamen nur selten an mich.

Ein paar Tage nach unserer Ankunft hatte ich Briefe von meinen Eltern mit Empfehlungsschreiben an das Haus Blavet et frères [und Brüder], von dem mein Vater öfter französische Südweine bezogen, erhalten. Ich präsentierte mich bei demselben und wurde mit der zuvorkommendsten Artigkeit aufgenommen, erhielt häufige Einladungen zu Dejeuners, Diners und parties de Campagne [Landpartien], lernte in diesem Haus die ganze beau monde [vornehme Gesellschaft] von Avignon in ihrem Glanz kennen. Madame Croizet war und blieb mir lieb und wert, besonders solange ich noch nichts wie einige Küsse im Vorübergehen von ihr erlangt hatte. Um aber bald weiterzukommen, suchte ich die Eifersucht zu rechter Zeit in Bewegung zu setzen, wozu mir ein besonderer Umstand günstig war, der

---

*) Oh, der schöne Offizierskörper ...

mich zum Ziel brachte, das ich durch Bitten und Stürmen noch nicht hatte erreichen können.

Eines Tages fand eine prächtige Prozession, ich weiß nicht mehr zu Ehren welches Heiligen, statt, die an dem Haus der Croizets vorbeikam. Hier fanden sich viele Zuschauerinnen ein, um die Feierlichkeit bequem ansehen zu können. Unter ihnen war auch eine Cousine des Präfekten des Departements, ein charmantes Mädchen. Dieser hatte ich zwar schon einigemal den Hof gemacht, aber heute stellte ich mich, als hätte ich nur Augen für sie, und dies setzte Madame Croizet in üble, mir aber günstige Laune. Als die Vorläufer der Prozession ankamen, wies Madame Croizet schnell jedem das Fenster an, durch welches er schauen sollte. Sie entführte mir meine Schöne, und zwar in den zweiten Stock, und ich war somit von ihr getrennt. Sie selbst aber begab sich mit noch älteren Damen in mein Zimmer, das ebenfalls drei auf die Straße gehende Fenster hatte. Da alle andern schon in Beschlag genommen waren, stellte sie sich mit mir unter eine der Fensterhallen, während die übrigen Damen die beiden andern zierten. Wohl, dachte ich, diesmal wirst du mir nicht so ganz ungerupft davonkommen, denn Aufsehen kannst du in dieser Lage nicht machen, Küsse und Umarmungen hast du mir ja schon gewährt.

Nachdem ich mich nun umgesehen und überzeugt hatte, daß uns die andern, ebenfalls in den Fensterhallen stehend, nicht sahen und alle ihre Aufmerksamkeit auf die sich nähernde Prozession gerichtet hatten, schlang ich meinen linken Arm um ihre schlanke Taille, sie fester und fest an mich drückend, und die Wangen der Dame glühten. Dies war mir jetzt genug und ich flüsterte: ‹A ce soir?›* Keine Antwort.

‹A quelle heure?› Noch immer stumm.

‹A onze heures ou à minuit?› Noch immer kein Laut.

‹Mais pour l'amour de dieu quand donc?›

Endlich ein: ‹Laissez moi tranquille pour l'amour de dieu!›

‹Nicht eher bis ich weiß, wann?›

‹Eh bien à minuit, mais finissez donc!›

Jetzt nahm ich ihre Hand, drückte sie fest und sagte, ich hoffe, daß sie Wort halten würde. Daß uns Herr Croizet nicht im Weg stehe, wußte ich, denn er hatte sein

---

*) ‹Heute abend?›
‹Wann?›
‹Um elf oder zu Mitternacht?›
‹Aber wann denn, um Gottes willen?›
‹Lassen Sie mich in Ruhe, um Gottes willen!›
‹Nun gut, Mitternacht, aber hören Sie endlich auf!›

besonderes Schlafzimmer in einer höheren Etage. Aber der Zufall wollte, daß ich nicht einmal so lange mehr auf die versprochene Schäferstunde warten sollte, sondern diese mir am selben Nachmittag noch wurde. Als das ganze Haus, bis auf uns beide, die wir allein zurückgeblieben waren, von allen Bewohnern verlassen war, um der Kirchenfeierlichkeit beizuwohnen, erlangte ich auf der Ottomane des Salons, was ich wünschte, und erschöpft ruhten wir Arm in Arm, als uns Klingeln der Haustür aufjagte und trennte und die Zofen heimkamen.

Denselben Abend brachte ich bei Blavets zu, wo ich wieder die hübsche Cousine des Präfekten, Amelie, traf und fortsetzte, wo ich es am Morgen gelassen hatte. Daß hier nicht viel zu erreichen war, wenn ich nicht ernstliche Absichten blicken ließ, wozu ich ebensowenig Lust hatte, als Aussicht dazu vorhanden gewesen, denn die nächste zu einer Heirat war wohl ein Kapitänspatent in noch unabsehbarer Ferne, war mir bald klar, und ob ich gleich ewige Liebe und Treue versicherte, wurde mir außer einem verstohlenen Händedruck und einem Kuß zum Abschied nichts gereicht. Dagegen war ich weit glücklicher bei einer allerliebsten Grisette [noch ledige junge Frau], die vis-à-vis von mir wohnte, aber schon einen Liebhaber hatte. Wir wechselten erst Blicke, dann Kußhände und endlich kleine Zettelchen, die ich, um einen kleinen Stein gewickelt, in das offene Fenster gegenüber warf. Es kam bald zu einem Rendezvous und zwar zuerst in der stillen Franziskanerkirche, wo wir uns verständigten und spätere Zusammenkünfte in der Wohnung einer ihrer Freundinnen verabredeten, die ich aber bald wieder zu vermeiden für gut fand.

Ich schickte Annetten ein kleines silbernes Körbchen zu, mit Orangenblüten gefüllt, unter denen ein Billettchen verborgen war, in welchem ich ihr den guten Rat erteilte, sich in Zukunft allein an ihren Liebhaber zu halten, der sie auch ehelichen wolle. Mit Madame Croizet hatte ich aber manchen Strauß deshalb zu bestehen, bis wir bald darauf an der Quelle zu Vaucluse bei einem Ausflug einen ewigen Frieden auf kurze Zeit schlossen.

Eines Morgens wurde ich durch eine unangenehme Geschichte in aller Frühe aus dem besten Schlaf geweckt. Ich hatte einen älteren Soldaten von der Kompanie, namens Roß, zu meiner Bedienung genommen, eine ehrliche Haut, die sich aber von Zeit zu Zeit dem Trunk ergab, wie die große Mehrzahl des Regiments, eine Leidenschaft, welche die Leute in Avignon um so leichter befriedigen konnten, als eine Flasche Wein nur zwei Sous kostete. An den Zahltagen wurde dann auch das Regiment immer in den Kasernen konsigniert [behalten], denn Russen, Polen, Böhmen und andere tranken sich toll und voll, begingen Exzesse aller Art und wälzten sich zum Skandal der Einwohner in den Gossen herum. Roß hatte sich den Tag, da ich zu Vaucluse war, mit einigen Kameraden einen tüchtigen Zopf getrunken, und sie wußten dann nichts Besseres zu tun, als in einer Schenke mehr denn dreißig große umflochtene Korbflaschen, wie man sie in jener Gegend hat, und von denen eine jede über fünfzig gewöhnliche Flaschen hält, in toller Vollwut mit ihren Säbeln zusammenzuhauen, so daß man bald bis an die Knöchel in der Schenke im Wein watete. Dabei schrien und schimpften die Kerle wie besessen über die Franzoski, wie sie sie nannten.

Der Wirt, der den Skandal nicht hatte verhindern können, war zum Platzkommandanten gelaufen, um Hilfe zu suchen, die er auch sogleich erhielt, indem starke Wachtpatrouillen abgesandt wurden, die Trunkenbolde zu verhaften und in das Militärgefängnis abzuführen. Der Schaden wurde auf über hundertfünfzig Franken angeschlagen, und die Burschen, die ihn nicht ersetzen konnten, sollten auf das strengste bestraft werden.

Roß hatte seinen Helfershelfern, nachdem er wieder nüchtern geworden war, erzählt, daß ich ihn öfter an die Ecke der Gasse, wo ich wohnte, als Lauerposten aufgestellt hatte, um mich beizeiten zu benachrichtigen, wenn der Hausherr käme, mit dessen Frau ich mich einstweilen amüsierte. Nun meinten seine Sauf- und jetzt Leidensbrüder: Wenn dem so ist, so muß dein Kadett auch die Zeche bezahlen, sonst soll ihn der Teufel holen. Sie schickten hierauf einen Boten mit der Bitte an mich ab, ich möge doch den Wirt befriedigen, das hätte Roß durch seine Schildwachestehen wohl an mir verdient.

Der Abgesandte stieß unglücklicherweise zuerst auf Herrn Croizet, den er nicht kannte, ließ sich mit ihm, da er etwas Französisch verstand, in ein Gespräch ein, und letzterer lockte so von dem dummen Teufel halb und halb den Grund heraus, warum die sauberen Patrone diese Forderung an mich machten. Er führte ihn nun zu mir, der ich noch in den Federn lag. Ich ließ den Burschen sagen, daß ich die Sache zu arrangieren suchen würde, begab mich auch vor der Parade zum Wirt, wo der Skandal vorgefallen war, und fand mich mit diesem für eine runde Summe ab, die ich zu bezahlen versprach, wenn der Mann dagegen die Sache bei dem Platzkommandanten so abmachen würde, daß die Delinquenten wenigstens mit einem blauen Auge, das heißt mit einigen Tagen Arrest davonkämen. Der Wirt brachte es in der Tat dahin, daß die Leute dem Regiment zu einer Disziplinarstrafe überlassen wurden, und ich zahlte ihm dann neunzig Franken aus, mit denen er zufrieden war, da er sonst gar nichts erhalten haben würde. Somit war von der einen Seite die Sache abgemacht, aber nicht so von der andern.

Croizet war jetzt argwöhnisch geworden und wollte sich von dem Grund der Aussagen des Soldaten und seines Verdachts überzeugen. Ich hatte mit Madame

Croizet, ihrer Schwester und dem Kadetten Roger, der mich öfter besuchte, abgemacht, daß wir uns am kommenden Abend alle vier verkleiden, die beiden Damen nämlich Uniformen von uns und wir Kleider von den Damen anziehen und so eine Abendpromende in den Straßen der Stadt machen wollten. Croizet hatte das Haus wie gewöhnlich verlassen, wir waren mit der Toilette der Damen, die uns schon in Weiberkleider gesteckt, beschäftigt, zogen ihnen die Uniformen unter Lachen und Schäkern an, und eben machte ich der Madame Croizet die Brusthaken zu, als sich plötzlich die Tür ihres Schlafzimmers, denn dieses hatten wir zu unserm Ankleidezimmer gewählt, öffnete und Herr Croizet mit grimmiger Gebärde hereinstürzte. Er war durch das Hinterpförtchen des Hauses, zu dem er allein einen Schlüssel hatte, heimlich zurückgekehrt, während das Kammermädchen im Salon am offenen Fenster aufpaßte, daß uns niemand überraschte. Zum Glück lag mein Degen in der Nähe, den ich bei des Mannes unvermutetem Erscheinen schnell ergriff und setzte mich in eine defensive Positur.

Herr Croizet aber wandte sich nur an seine uniformierte Gattin, die er eben nicht mit den feinsten Epitheten anredete und bedrohte; aber die Schwester, die, wie es schien, viel Gewalt über ihn hatte, warf sich sogleich zwischen beide, indem sie dem aufgebrachten Ehemann versicherte, daß ja das Ganze nur ein durchaus unschuldiger Scherz sei und er sich doch nicht durch eine wirkliche unbegründete Eifersucht lächerlich machen solle, es sei in ihrer Gegenwart auch nicht das mindeste Unanständige vorgefallen. Wir alle machten Chorus mit der jungen Witwe und überschrien den Mann so sehr, daß er gar nicht mehr zu Wort kommen konnte. Er wendete jedoch dagegen ein, was er von dem Soldaten herausgebracht, es war mir aber ein leichtes, ihm glauben zu machen, er habe den Burschen ganz mißverstanden, der zu allem, was man ihn frage, sein «Oui» sage, und es gelang unsern vereinten Kräften, nicht nur den ehrlichen Ehemann völlig zu besänftigen, sondern sogar zu bereden, mit von der Partie und des jungen Rogers, der ein sehr hübsches unbärtiges Gesicht hatte, Ehrenkavalier zu sein, während ich mich von den beiden weiblichen Kadetten, die mich in die Mitte nahmen, führen ließ. So traten wir munter unsere Promenade an, kehrten in einem eleganten Kaffeehaus auf dem großen Platz ein, wo wir uns Eis geben ließen, und alles lief auf das beste ab.

Zwei Tage nach dieser Begebenheit erhielt das Regiment Order, nach Montpellier zu marschieren. Ich nahm Abschied von allen meinen Lieben, ließ mir noch eine Summe bei Blavet et frères auszahlen, denn ich hatte ziemlich große Depensen [Ausgaben] in Avignon gemacht, und marschierte in aller Frühe um sechs Uhr mit dem Bataillon ab, da ich keine Quartiere mehr machte, seit wir einen französischen Fourier bei der Kompanie hatten. Manche verlassene Schöne sah hinter ihren Gardinen wohl mit Tränen in den Augen das Regiment dahinziehen, das sie anfangs gefürchtet und später gern gesehen hatte.

Nur vier Etappen waren es von Avignon nach Montpellier, wovon die erste nach Tarascon lautete. Tarascon mag ungefähr zehntausend Einwohner zählen, die jedoch ein bitterböses und händelsüchtiges Volk sind. Als die Avantgarde des Bataillons ankam, welche jedesmal die Wache in der Etappenstadt bildet, in die man einmarschiert, versammelte sich sogleich ein Haufen Volk vor dem Wachthaus und musterte die Angekommenen mit neugierigen Blicken. Auch sie hatten schon viel von den Wundertieren, aus denen das Regiment bestehen sølle, gehört und besahen sich die ungewöhnlichen Uniformen mit ziemlicher Zudringlichkeit.

Den kommandierenden Unterleutnant, einen gewissen Buchwald, ein kleines, unansehnliches Männchen, das früher bei einem deutschen Duodezfürsten in Diensten gestanden, verdroß dieses Begaffen. Noch von dem deutschen Zopfdünkel besessen, befahl er der Schildwache vor dem Gewehr, die Leute auseinanderzutreiben. Der Posten, ein Österreicher und von seinem früheren Dienst ebenfalls gewöhnt, alles, was nicht Uniform trage, müsse man als Bauer verachten, sich noch in Prag oder Olmütz in Garnison glaubend, war nicht faul und wollte die Haufen mit dem Kolben auseinanderjagen, dabei auf gut böhmisch fluchend. Das Volk jedoch, statt sich zu entfernen, fing an zu lachen, der Leutnant erboste und rief dem Soldaten zu: ‹Stoß zu auf das Lumpenpack!› Aber noch ehe der Mann einen Stoß hatte anbringen können, war er auch schon beim Kragen gepackt und ihm das Gewehr abgenommen.

Der Leutnant zog jetzt den Degen und rief der übrigen Mannschaft, einigen zwanzig, zu, unter das Gewehr zu treten, aber auch dazu ließen es die wütend gewordenen Tarasconer nicht kommen, sondern hatten im Nu die Wache erstürmt, und ein starker stämmiger Provenzale faßte den kleinen Buchwald um den Leib und hob ihn samt seinen Degen hoch in die Luft, so daß die kleine Figur mit Armen und Beinen, den Degen hoch in der Hand haltend, in der Luft zappelte, was so possierlich anzusehen war, daß die ganze Menge und namentlich die Weiber in ein schallendes Gelächter und lautes Applaudieren ausbrachen, wodurch gewiß größeres Unheil verhindert wurde. Der provenzale Herkules setzte endlich das Männlein wieder auf den Boden und ließ es laufen.

Glücklicherweise rückte jetzt gerade das Bataillon ein, und als Duret von dem unglücklichen Wachtkommandanten erfahren hatte, was vorgefallen, geriet er so sehr in Zorn, daß er ihn sogleich in strengen Arrest schickte, nachdem er ihn abwechselnd bald deutsch, bald französisch vor der Front heruntergeputzt. Es wurde nun eine andere Wache dahin kommandiert, und da sich die Haufen Volks noch immer mehrten, kam der Maire mit seiner dreifarbigen Schärpe und forderte sie auf, auseinanderzugehen, was sie auch befolgten.

Aber Duret war hiermit nicht zufrieden, ließ durch alle Straßen patrouillieren, verdoppelte die Wache und verlangte vom Maire, daß er die Schuldigen bestrafen und dem Bataillon Satisfaktion geben solle. Dieser machte jedoch Schwierigkeiten und erklärte, wenn sich die Truppen an den Einwohnern vergreifen würden, könne er für nichts stehen und diese würden gewiß sogleich die Sturmglocke läuten und die Landleute herbeiziehen. Man ließ jetzt die fatale Sache, welche auch den beiden uns folgenden Bataillonen keinen sehr angenehmen Empfang zu Tarascon bereitete, auf sich beruhen. Ich führte eine der Streifwachen an, und wenn ich an einen dichten Haufen kam, wo nicht gut durchzukommen war, so sagte ich laut: «Messieurs, de la place s'il vous plaît!»*, worauf man mir höflich die Gassen öffnete und mich ungehindert und ungeneckt mit meinen Leuten durchließ. Buchwald aber machte die Sache so viel Verdrießlichkeit, daß er bald darauf das Regiment quittierte, um anderwärts ein Unterkommen zu suchen.

Von dem uns so unfreundlichen Tarascon marschierten wir nach dem durch seine römische Denkmäler berühmten Nîmes. Da hier die Einwohner in einem gewissen Wohlstand waren, fanden sie meist die Soldaten, die Quartierbilletts auf sie hatten, durch Geld ab und zahlten drei bis sechs Franken per Mann für das Billett. So kam es, daß beinahe die Hälfte des Bataillons auf den Straßen kampierte. Wenn die Leute das erhaltene Geld in den Wirtshäusern verzehrt und sich betrunken hatten, schlenderten sie lärmend in der Stadt umher, machten auch hie und da einige Exzesse, bis sie endlich unter freiem Himmel, den Tornister statt Kissen unter dem Kopf, einschliefen. Der Bataillonschef gab am anderen Tag eine strenge Order, durch welche er bei namhafter Strafe den Soldaten das Verkaufen ihrer Quartierbilletts untersagte, um künftig ähnlichen Unordnungen zu steuern, was den Leuten eben nicht behagte. Denn in den Quartieren im Innern von Frankreich hatten sie außer der Schlafstelle auf nichts als Kochsalz und Licht Anspruch, und das geringste, was man ihnen dafür gab, waren doch immer dreißig Sous, wofür sie viel essen und noch weit mehr trinken konnten. Ich hatte wieder das Glück, zu einer hübschen jungen Frau ins Quartier zu kommen, deren Ehemann ihr jedoch, solange ich da war, nicht von der Seite wich, ergo war jeder Versuch unmöglich.

Am vierten Tag nach unserem Ausmarsch von Avignon rückten wir in unsere neue Garnison Montpellier ein. Je näher wir dieser Stadt kamen, desto angenehmer wurde die hier im allgemeinem sehr kahle Gegend mit fast kreideweißem Erd-

*) «Meine Herren, machen Sie bitte Platz»

reich, welcher die vielen graugrünen Olivenbäume zwar ein sehr friedliches, aber auch totes Ansehen geben.

Wir marschierten gleich auf die Esplanade, einen schönen, großen, mit Bäumen besetzten Platz, der zwischen der Stadt und Zitadelle liegt. Das Bataillon wurde in den prächtigen und sehr geräumigen Kasernen untergebracht, in denen die drei Bataillone des Regiments, die sich in wenigen Tagen hier wieder vereint fanden, hinlänglich Raum hatten.

V.

Die Garnison zu Montpellier – Furcht der Soldaten vor der medizinischen Fakultät – Meine Hausdamen – Demoiselle Verteuil – Fürst Y. mein Nebenbuhler – Ich falle in Ungnade – Die Fahnenweihe – Der souveräne Fürst in strengem Arrest – Folgenschwerer Ritt nach Cette – Nächtliche Spazierfahrt auf der See – Ich werde Unterleutnant – Abmarsch nach Toulon – St. Remy – Orgon – Aix – Arles – Toulon – Stadt und Hafen – Das Arsenal – Die Galeerensklaven – Bonaparte tut sich zuerst hervor – Rauferei mit einem Marineoffizier – Skandal im Theater – La Seyne – Die Familie Guige – Hochzeit auf der Insel Porquerolles – Abmarsch nach Genua

Die beiden ersten Tage hatte ich mich in ein Hotel logiert, suchte mir aber schon am zweiten eine passende Privatwohnung, die ich auch bald in der Nähe des Theaters und der Esplanade bei ein paar liebenswürdigen Frauen fand, von denen die eine mit einem bei den Armeen in Deutschland dienenden Kommissar verheiratet war. Bei dieser Wohnung befand sich ein hübscher Garten mit einem sehr eleganten Pavillon, der in dessen Mitte, von Zypressen umgeben, lag. Ich erhielt ein elegant möbliertes Wohnzimmer und ebensolches Schlafkabinett, das in den Garten ging, für vierzig Franken monatlich. Auch für Montpellier hatte ich Empfehlungsschreiben an das Haus Michel und Gayral bald nach unserer Ankunft von meinem Vater erhalten und wurde mit zuvorkommender Artigkeit empfangen.

Ich besuchte schon am zweiten Abend das Theater, ein Vergnügen, das ich seit Lyon zu meinem Leidwesen entbehrte, da in Avignon während unseres Aufenthal-

tes nicht gespielt wurde. Besonders war es eine Schauspielerin, Demoiselle Verteuil, die zum Entzücken spielte und deren Äußeres ganz mit dem Spiel harmonierte. Es war Molières «Tartüffe», den ich zuerst hier sah und der sehr gut gegeben
wurde. Die Vorstellung hatte ein glänzendes Publikum, das ganze Offizierskorps
samt dem Fürsten Y. wohnte ihr bei. Die Offiziere mußten sich nun für ein Lum-
pengeld, einen Tag der monatlichen Gage, per Monat abonnieren, die Kadetten bezahlten für Unterleutnantsgage.

Auch die Damen von Montpellier hatten sich an diesem Abend in der glänzendsten Toilette eingefunden und schmückten die Logenreihen. Ich war von dieser
Vorstellung in jeder Hinsicht so enchantiert [entzückt], daß ich mir vornahm, mich
möglichst schnell in der hiesigen schönen Welt zu orientieren, und um dies zu können, auf folgendes Mittel fiel, das sich als vollkommen bewährt erfand. Ich ließ
nämlich gleich am anderen Morgen den Friseur der Stadt holen, der in der Mode
war, empfing ihn sehr artig, ihn bittend, mir doch die Haare nach dem neuen Pariser Schnitt zu schneiden, mich nebenbei au fait [in Kenntnis] der städtischen Angelegenheiten, das heißt der schönen Damenwelt, zu setzen und mit dem Treiben der
eleganten Welt und der Chronique scandaleuse bekanntzumachen. Dabei spielte
ich mit einem Sechslivretaler zwischen den Fingern, was dem Haarkünstler die
Zunge so trefflich löste, daß ich in weniger als einer Stunde mehr wußte, als hätte
ich jahrelang in Montpellier gelebt und mich selbst um diese Angelegenheiten bemüht. Ich fand das Mittel so probat, daß ich beschloß, sogleich nach der Ankunft
in jeder Stadt, in der wir länger verweilen würden, dasselbe anzuwenden. Der Erfolg war immer der erwünschteste, und meine Kameraden, denen ich die Sache geheim hielt, konnten gar nicht begreifen, wie ich nach den ersten vierundzwanzig
Stunden in einer Garnison schon alle in einigem Ruf stehenden Schönheiten, deren
Verhältnisse, Intrigen und so weiter wußte und an den Fingern herzählen konnte.

Nachdem ich erfahren, was ich zu wissen begehrte, entließ ich meinen Figaro,
ihm den Sechslivretaler einhändigend, für den er sich tausendmal bedankte,
machte Toilette und dann meinen liebenswürdigsten Wirtinnen meine gehorsamste
Aufwartung. Sie nahmen mich recht artig auf und luden mich sogar zum zweiten
Frühstück ein, was ich aber ausschlug, die Parade vorschützend. In dem Salon
stand ein Piano, die Damen waren beide ein wenig musikalisch, die eine spielte, die
andere sang französische Romanzen zwar etwas falsch, aber doch mit ziemlich
klangreicher Stimme und vielem Ausdruck, und die liebe Kunst wurde bald wieder
die gefällige Kupplerin. Madame Amiot war eine charmante Brünette, die ein kleines, etwas verzogenes Mäulchen hatte, das ihr allerliebst stand, besonders wenn sie
lächelte. Ihre Schwester aber war eine dunkle Blondine, eine geistreiche und sehr

muntere Französin. Noch an demselben Abend besuchte ich in Gesellschaft meiner Wirtinnen den hochberühmten Peyron oder lieu pierreux, wie er im dortigen Patois genannt wird, einen großen Lustgarten.

Ganz nahe bei dem Peyron liegt der erste botanische Garten, der in Frankreich im Jahre 1598 angelegt wurde. Er wurde zweimal durch Kriege gänzlich verwüstet und dreimal von neuem geschaffen.

Weltberühmt ist die Hochschule zu Montpellier, besonders hinsichtlich der Arzneiwissenschaft, der Chirurgie und Anatomie. Unter dem Volk ging aber die Sage, daß die Herren Mediziner hier ein so gewissenloses Volk seien, daß sie nicht selten in stiller Nacht an einsamen Orten gesunde Menschen wegfingen, um ihre Kunst an ihnen zu probieren, indem sie sie töteten und dann im anatomischen Theater sezierten, namentlich seien sie auch den abgelegen stehenden Schildwachen gefährlich. Diese letztere Albernheit hatte sich bald im Regiment unter den Soldaten verbreitet, die lange Zeit daran glaubten und gewisse Posten nicht ohne Widerwillen bezogen, auch dann sehr auf ihrer Hut waren.

Da nun der Zufall wollte, daß mehrere Schildwachen von ihren Posten desertierten, ließen es sich die Leute nicht ausreden, die Herren Doktoren hätten sie weggefangen und tranchiert, bis endlich einmal ein solcher Deserteur wieder eingebracht und vor der Front des Regiments zur Schau auf- und niedergeführt wurde, um die Soldaten zu überzeugen, daß ihn die Doktoren nicht verschnitten hatten. Dies rottete aber dennoch den Köhlerglauben der Leute nicht ganz aus, besonders da der Bursche, diesen Umstand benutzend, in seinem Verhör aussagte, er habe in der Tat seinen Posten nur verlassen, weil mehr als ein Dutzend in schwarze Mäntel und Kappen verhüllte Kerle auf ihn zugekommen seien und ihn hätten fangen wollen, weshalb er in der Angst sein Gewehr weggeworfen und zum Teufel gelaufen sei. Dies hinderte nicht, daß er hundertfünfzig Prügel in drei Portionen in drei Tagen bekam und bei erster Gelegenheit wieder davonging.

Ich hatte gleich in den ersten Tagen dem Fürsten Y. meine untertänigste Aufwartung gemacht und wurde nicht nur sehr gnädig empfangen, sondern er geruhte auch zu versichern, daß er jeden Tag mein Offizierspatent mit denen von noch einigen Kadetten von Paris erwarte, wo er uns bei dem Kriegsminister zu Unterleutnanten vorgeschlagen und auch dessen Zusage erhalten habe. Ich dankte gehorsamst für diese Mitteilung und überließ mich der frohen Hoffnung, nun bald die mir oft lästigen Sergeantendienste loszuwerden. In meiner Wohnung war ich unterdessen völlig der Hahn im Korb geworden, und schon nach einem zweitem Souper ruhte die verheiratete Schwester auf meinen Knien und tändelte in meinen Armen, so daß uns die ledige scherzend zurief: «Modérez vous!» – «Mais il ne me laisse pas, que veux – tu que je fasse?»* antwortete die Schwester, und ich setzte hinzu: «Me laisser faire» und: Elle se laissa faire.** Von jetzt an war ich der Herr vom Hause.

Froh, wieder in einer Stadt zu sein, wo sich ein Theater befand, versäumte ich fast keine Vorstellung und besuchte diese oft in Gesellschaft meiner beiden Hausdamen. Aber bald interessierte micht die hübsche Verteuil weit mehr als diese, so daß ich noch lieber den Proben als den Vorstellungen und diesen jetzt fast immer nur hinter den Kulissen beiwohnte. Vermittelst einiger kleiner Geschenke und artiger Galanterien, vielleicht auch weil man mich für reich hielt, stand ich bald auf einem sehr vertrauten Fuß mit der liebenswürdigen Aktrice und brachte manche Stunde in ihrer und der andern Theaterprinzessinnen Gesellschaft zu. Aufrichtig gestanden, habe ich in meinem ganzen Leben die Erfahrung gemacht, daß der Umgang und die Gesellschaft von Schauspielerinnen, Sängerinnen und Tänzerinnen das Unterhaltendste von der Welt ist. Doch hat er auch seine unangenehme und etwas kostspielige Seite und kann nach Umständen gefährlich werden und viel Unheil anrichten, wie ich sogleich und noch mehrmals die Erfahrung machte. Madame Verteuil hatte zu meinem Unstern auch wieder Gnade bei Seiner Durchlaucht, unserm Regimentschef, gefunden, den sie ebenfalls nicht verschmähte, wovon ich aber ebensowenig wußte, als der Fürst mein Verhältnis mit ihr ahnte. Eines Abends, nachdem ich mich nach dem Theater noch eine gute Weile mit einem alten pensionierten General aus der Zeit Ludwigs XVI. in dem Zelt der Esplanade unterhalten und die Erzählung von dessen Abenteuern, die er in seiner Jugend in Deutschland, namentlich am Hof des Vaters unseres Fürsten Y. mit einer Prinzessin gehabt, geduldig zugehört hatte, fiel es mir nach zehn Uhr ein, der Verteuil noch einen Besuch en passant [im Vorübergehen] zu machen. Sie wohnte ebenfalls in der Nähe des Theaters. Ich wurde aber nicht von ihr erwartet, da wir in dem Theater davon gesprochen hatten, daß ich heute nicht kommen würde, weil sie über Kopfweh und Unwohlsein klagte, was öfter der Fall war. Ich fand die Haustür offen, schlich mich leise die Treppe hinauf, öffnete ebenso leise die Zimmertür meiner Prinzessin und fand Seine Durchlaucht den Fürsten Y. halb entkleidet auf einer Ottomane ausgestreckt liegen. Die Verteuil schrie: «Ah mon dieu vient si tard?»*** Mit den Worten: «Mille pardon je me suis trompé»,**** schlug ich die Tür wieder zu und eilte von dannen.

---

*) «Mäßigt Euch!» – «Aber er läßt mich nicht, was soll ich tun?»
**) «Mich machen lassen» und: Sie ließ es machen.
***) «Oh, mein Gott, wer kommt da so spät?»
****) «Tausendmal Verzeihung, ich habe mich geirrt,

Indessen war mir doch nicht so ganz wohl bei der Sache, und die Folge zeigte nur zu sehr, daß meine Furcht nicht unbegründet war, denn Fürst Y. warf jetzt einen unverdienten Haß auf mich und sah mich schon den anderen Tag auf der Parade, der die Kadetten jedesmal auf dem linken Flügel der Offiziere beiwohnen mußten, einigemal von der Seite mit einem zürnenden Blick an, während er sonst selten an mir vorüberging, ohne ein paar freundliche Worte an mich zu richten. Er sprach diesmal mit dem neben mir stehenden jungen Prinzen Santa Croce, der seit kurzem als Kadett in das Regiment getreten war, ohne mich nur eines Blickes zu würdigen.

Noch am selben Tag erließ er eine Ordre du jour [Tagesbefehl], welche den Kadetten auf das strengste befahl, sich zu allen Appellen in den Kasernen einzufinden und daß bei Kontreappellen deren Anwesenheit in den Quartieren verifiziert [bestätigt] werden solle. Zugleich fügte er noch hinzu, daß sich die Herrn Offiziere sowie die Kadetten nicht mehr unterfangen sollten, die Bühne während der Vorstellungen zu besuchen, wie er sehr mißfällig wahrgenommen, daß dieses stattgefunden. Außer mir und Seiner Durchlaucht wußte schwerlich jemand, wodurch dieser Tagesbefehl hervorgerufen worden war, und wir schwiegen beide weislich. Der Prinz Santa Croce, den man trotz dieser Befehle eines Abends hinter den Kulissen erblickte, erhielt sogleich acht Tage strengen Arrest. Fürst Y. hätte dies alles nicht nötig gehabt, denn ich kam ihm nicht mehr ins Gehege, obgleich mir die Verteuil ein halbes Dutzend parfümierter Entschuldigungs- und Einladungsschreiben auf Rosapapier zusandte.

Auf dem Landhaus des Herrn Gayral, wohin ich sehr oft eingeladen wurde, hatte ich unterdessen auch die Bekanntschaft einer sehr artigen Kaufmannsfrau, der Madame Cauchin, gemacht, die mich, so wie ihr Mann, einlud, sie doch bisweilen zu besuchen, und mir sogar ihre Loge im Theater zur Disposition stellte. In diesem Haus brachte ich von jetzt an manche hochvergnügte Stunde zu. Überhaupt war bis dahin das Leben in Montpellier ein wahres Götterleben für uns gewesen, und es fehlte uns an Vergnügungen und Zerstreuungen nicht. Barras,* der auf Befehl Napoleons hundert Lieues [Meilen] von Paris entfernt leben mußte und sich damals hier aufhielt, gab große Soireen, zu denen er das ganze Offizierskorps einlud und die sehr glänzend waren, da sich die Hautevolee und die ersten Schönheiten der Stadt einfanden.

Ein großes Fest aber war die Fahnenweihe unseres Regiments, dessen Bataillone

*) Paul Barras, geb. 1755, gest. 1829, ein einflußreicher Politiker der Französischen Revolution und des Direktoriums, mußte nach der Machtergreifung Napoleon Bonapartes Paris verlassen und wurde von diesem 1810 aus Frankreich verbannt.

hier ihre Fahne erhielten. Ihre reich mit Gold gestickten Cravates de drapeau [Fahnenbänder] waren ein Geschenk der Kaiserin Josephine, wie die Inschrift mit goldenen Buchstaben besagte. Nach der großen Parade, bei welcher die Fahnen den Bataillonen und den dazu bestimmten Trägern, nachdem sie in der Peterskirche vom Bischof unter Gewehrsalven geweiht worden waren, eingehändigt wurden, fand ein großes Diner und am Abend ein Ball auf Kosten des Offizierskorps statt, zu dem alle Notabilitäten von Montpellier eingeladen waren. Wir hatten nun unsere Vereinigungszeichen, aber es waren bunte seidene Lappen, statt Adler, wie sie die französischen Linienregimenter hatte. Wahrscheinlich hielt uns Napoleon seiner Adler nicht wert, und wir mußten uns mit Latour d'Auvergne und andern sogenannten Fremdenregimentern trösten, denen es nicht besser erging.

Im Theater hatte man seit einiger Zeit bei jeder Vorstellung drei sehr hübsche Mädchen in einer Loge des ersten Ranges bemerkt, welche immer in der elegantesten Toilette nach der neuesten Pariser Mode gekleidet erschienen und aller Augen, namentlich auch die unseres Großmajors Omeara, eines Irländers, auf sich zogen. Diese Damen gaben sich für Pariserinnen aus, welchen das herrliche Klima Montpelliers von den Ärzten verordnet worden, ihre etwas angegriffene Gesundheit wieder völlig herzustellen. Sie spielten übrigens die Spröden, waren sehr zurückhaltend und gaben namentlich Subalternoffizieren und anderen Herren, die sich bemühten, ihre Bekanntschaft zu machen, kein Gehör. Man sprach viel von der strengen Tugend dieser Demoiselles, die einer der ersten Familien der Hauptstadt angehören sollten, prächtig, aber zurückgezogen mit einer älteren Gouvernante in einem eleganten Gartenhaus wohnten, keine Gesellschaft frequentierten, auch eine Einladung auf unseren Fahnenball zurückgewiesen hatten. Bald jedoch flüsterte man sich in die Ohren, daß sie unser Großmajor mit nächtlichen Besuchen beehre, andere sagten, es sei der Fürst selbst, der sich nachts zu ihnen schleiche, und nun liefen allerlei Gerüchte auf Rechnung dieser Damen um, die das Gespräch der ganzen Stadt waren, bis endlich der Zufall das geheimnisvolle Wesen derselben an den Tag brachte.

Ein Schauspieler vom französischen Theater zu Paris, der nach Montpellier gekommen war, um hier Gastrollen zu geben, erkannte gleich zwei derselben als zwar sehr schöne, aber auch sehr kommune Nymphen des Palais Royal* in Paris. Jetzt war ihre Rolle ausgespielt, und als sie wieder in ihre Loge traten, zischte und pfiff

*) 1629-39 für Kardinal Richelieu erbautes Schloß, das später in den Besitz der Krone überging; 1781-86 erfolgte ein Umbau mit Kolonnaden für Läden und Restaurants; während der Revolution beliebter Ort politischer Debatten; nach deren Ende wurde das Palais zum Treffpunkt der galanten Halbwelt, auch war es 1801-07 Sitz der Börse und des Handelsgerichts.

man solange, bis sie sich entfernt hatten, was sie erst dann taten, als der Tumult aufs höchste gestiegen war. Schon am anderen Tag waren sie aus Montpellier verschwunden. Es war nun gewiß, daß sie den Fürsten Y., den Großmajor Omeara und einige reiche Gimpel in ihr Netz zu ziehen gewußt und ihnen tüchtig die Federn gerupft hatten. Man lachte viel über diese Aventüre [Liebesabenteuer], denn wer den Schaden hat, darf ja für den Spott nicht sorgen. Dies war nicht die einzige Unannehmlichkeit, die dem Fürsten hier widerfuhr, eine weit größere stand ihm noch bevor.

Der Kommandant zu Montpellier, General Quesnel, der die neunte Division befehligte, war ein alter Soldat, der von der Pike auf gedient hatte und seinen hohen Grad einzig seinem Mut und seinen Verdiensten verdankte. Er war sehr unzufrieden mit der Art, wie im Regiment Y. der Dienst versehen wurde, sowie auch mit den Manövern bei dem Exerzieren, weshalb er uns jeden Tag ausrücken ließ und den Übungen selbst beiwohnte. Eines Tages kam, als das Regiment manövrierte, Fürst Y. in einer mit vier Pferden bespannten Kalesche in Begleitung zweier Damen auf dem Exerzierplatz an, wo er aus seinem Wagen den Übungen bequem zusah. Dies wurmte den alten General, der einen Adjutanten zu ihm schickte mit dem Befehl, der Herr Oberst möge die Güte haben, ihm sein Regiment vorzuführen und dasselbe selbst kommandieren.

Fürst Y. mußte nun wohl oder übel aussteigen, und da er kein Reitpferd bei der Hand hatte, das Regiment zu Fuß anführen. Er hatte von Natur eine unangenehme und gellende Stimme ohne Kraft und Ausdruck beim Kommando, so daß man ihn bisweilen nicht recht verstand, wodurch dann Irrtümer entstanden. So verlor er ganz die Geistesgegenwart und machte einige arge Verstöße, die der General aber nicht sogleich inneward, weil er das deutsche Kommando nicht verstand. Bald aber sah er doch, daß die Fehler vom kommandierenden Oberst ausgehen müßten, und stellte diesen deshalb zur Rede. Fürst Y. replizierte etwas unbesonnen, worauf Quesnel ein französisches Donnerwetter losließ, ihm zu schweigen gebot, und da er dies nicht sogleich befolgte, ihm befahl, sich auf der Stelle in Arrest zu verfügen. Seine Durchlaucht wurde nun blaß, wollte mehrmals etwas entgegnen, aber der General drohte ihm, glühend rot, daß, wenn er nicht sogleich ginge, er ihn par la force armée, das heißt mit der Wache abführen lassen werde.

Hier blieb nun nichts anderes übrig, als Ordre zu parieren, wollte man sich nicht noch größeren Fatalitäten aussetzen und wohl gar ein Kriegsgericht passieren sehen. Mit dem Ausruf: ‹Dies einem souveränen Fürsten!› entfernte sich Y. zu Fuß, um acht Tage strengen Zimmerarrest anzutreten, und die in dem Wagen sitzenden Damen, die dem ganzen Skandal beigewohnt hatten, fuhren ganz verstimmt und unter dem Hohnlachen der Soldaten in dem vierspännigen fürstlichen Wappenwagen vom Exerzierplatz heim. Als die Zeit des Arrestes um war, stellte sich Y. noch mehrere Tage krank, mußte aber endlich dennoch in den sauern Apfel beißen, dem bösen General aufzuwarten, um sich zu melden, den er zu seiner großen Freude an einem Halsgeschwür wirklich krank fand.

Der Fürst erschien nun wieder bei der Parade, wo er aber gleich noch eine Fatalität anderer Art hatte. Es fanden sich bei derselben jedesmal eine Menge Zuschauer, meist aus den unteren Klassen des Volkes, ein, hauptsächlich, um der Musik zuzuhören. Diese Leute drängten sich aber oft so unverschämt dicht an die aufziehende Wachtmannschaft heran, daß dieser kaum mehr Raum zum Abschwenken mit Pelotons übrigblieb. Der die Wachtparade kommandierende Bataillonschef, ein gewisser Brüge, ein Elsässer, wollte das Volk mit Schreien und Schimpfen zurückgehen machen, man lachte ihm aber ins Gesicht und drängte noch frecher vor. Brüge ließ nun mit Sektionen abschwenken, so daß die Soldaten rasch in die Haufen drangen, die nicht schnell genug zurückweichen konnten, und Brüge rief ihnen dabei noch auf deutsch zu: «Tretet die Hundsfötter, die nicht weichen, nieder!» Beinahe wäre es zu einem Handgemenge zwischen den Soldaten und dem hier so bösartigen Volk gekommen, aus dem mehrere der Kecksten vortraten und den kommandierenden Offizier förmlich herausforderten. Glücklicherweise trat Duret hinzu, der so ziemlich das Patois dieser Menschen sprach und dem es gelang, die fatale Sache friedlich beizulegen. Aber der General, dem der Vorfall rapportiert wurde, ließ dem Fürsten abermals einen Verweis zukommen und schickte den Bataillonschef Brüge vier Tage in Arrest.

In meiner Wohnung lebte ich indessen ganz behaglich, ich hatte auch die Kost bei den Damen, und wir führten mit noch einigen anderen Bekannten bisweilen kleine französische Lustspiele im Gartensalon, aber möglichst geheim, auf. Ich fand dies um so nötiger, als Fürst Y. einmal bei der Parade zu mir gesagt hatte: «Nun, wie steht's mit unserm Theater, werden Sie bald wieder etwas zum besten geben? Sie können auch nächstens wieder Ihre Vorlesungen bei mir beginnen.» Worauf ich erwidert hatte: «Durchlaucht, ich stehe zu Befehl!» Nach dem Vorfall mit der Verteuil war aber von dem allem keine Rede mehr, obwohl ich überzeugt war, daß mich Fürst Y. während seines Arrests und seiner wirklichen oder fingierten Krankheit gern wieder zum Vorlesen gehabt hätte.

So lebte ich denn noch einige Zeit ziemlich sorglos und unbekümmert, obgleich in Ungnade gefallen, in den Tag hinein, versah meinen Dienst, bezahlte aber meine meisten Wachen, ausgenommen die, welche mich an den Justizpalast kommandierten, wo ich mich amüsierte, weil ich dann immer den öffentlichen Verhandlungen der Tribunale beiwohnte, die oft im höchsten Grad unterhaltend und komisch waren, besonders wenn sie Ehezwistigkeiten und Liebesintrigen betrafen, wo dann jedesmal die Frauen die große Mehrzahl des Auditoriums ausmachten und sich desto besser unterhielten, je größer der Skandal war.

Aber bald wurde ich durch ein Ungewitter, das sich über meinem Haupt zusammenzog und plötzlich losbrach, aus meinem Schlaraffenleben aufgeschreckt. Ein berühmter Sänger von der Academie imperiale in Paris gastierte hier, und solange er weilte, wurden nur Opern aufgeführt, während das Schauspiel unterdessen Vorstellungen zu Cette gab. Seine Durchlaucht war noch immer mit der Verteuil liiert, während ich jetzt einer jungen, aber recht hübschen Novizin den Hof machte. Demoiselle Angely hatte ein allerliebstes Stumpfnäschen à la Roxellane, war dabei ein sehr ausgelassenes, wildes und naseweises Ding, das seine Launen hatte, die Spröde spielte, aber für die Soubretten im Lustspiel ganz geschaffen war. Wenn ich glaubte, sie endlich ganz festzuhalten, war sie mir wieder entschlüpft, und schon öfter hatte ich bis Mitternacht bei ihr zugebracht, ohne etwas mehr als einige Küsse erlangen zu können. Jedesmal ging ich verdrießlich mit leeren Versprechungen, die sie mir nebst einem Kuß beim Abschied für den folgenden Abend gab und nie hielt, von ihr weg, mir vornehmend, das eigensinnige Mädchen ganz aufzugeben. Diesen Vorsatz führte ich auch immer mit großer Festigkeit bis zum nächsten Abend aus, wo ich dann wieder das alte Spiel von neuem mit ebenso geringem Erfolg begann.

Endlich versprach mir Brigitte Angely, im Begriff, auf mehrere Tage mit dem Schauspiel nach Cette zu fahren, daß sie mich dort gewiß erhören würde. Da ich ihr nicht traute, sagte ich sehr ernst: «Ich will nicht hoffen, daß Sie mich wieder zum besten haben und mich vergeblich nach Cette sprengen wollen, was böses Blut setzen könnte.» Mit einem durch einen feurigen Kuß besiegelten «Nein, gewiß nicht!» beteuerte sie dieses, und ich dachte, es ist einer der närrischen Launen des Mädchens, daß sie mich nur in Cette und nicht in Montpellier beglücken wolle, warum, das mögen die Götter wissen, und versprach ihr, schon am kommenden Tag zu folgen.

Nach der Parade bat ich meinen Kapitän um zwei Tage Urlaub, die er mir auch gewährte, doch dabei bemerkte, daß es auch der Einwilligung des Fürsten bedürfe, wie ich wohl wisse, die er aber selbst einholen wolle. Seine Durchlaucht lagen aber gerade diesen Tag wieder an ihrem alten Übel, dem Podagra, nieder. Saint Juste wurde nicht vorgelassen, hatte mein Anliegen dem Kammerdiener mitgeteilt, der ihm die Antwort brachte, der Fürst könne sich in diesem Augenblick nicht mit Dienstsachen befassen, er würde später darüber Bescheid geben. Am folgenden

Tag, an dem ich Brigitte zu kommen versprochen, war noch nichts entschieden, der Fürst kam nicht zur Parade, ich hatte mir schon ein Pferd gemietet, bat meinen Sergeant-Major, wenn ich bei den Appellen fehlen würde, möge er sagen, daß ich mich krank gemeldet habe, was er mir versprach. Ich ritt nun in gestrecktem Trab nach Cette, wo ich das Meer in seiner unendlich scheinenden Unermeßlichkeit zum erstenmal ganz in der Nähe bewunderte und dann die Angely aufsuchte, die zu meinem Erstaunen sich mit der Verteuil in derselben Wohnung, und zwar so eingemietet hatte, daß beide in demselben Zimmer schliefen, worüber ich ihr während der Vorstellung Vorwürfe hinter den Kulissen machte, die sie aber mit einem ‹Was tut das, lassen Sie mich nur machen› beantwortete. Wir soupierten nun zu dritt. Die Verteuil schien von der besten Laune beseelt, welche spanische Feuerweine noch vermehrten, und machte Witze auf Kosten des Fürsten Y.

Nach dem Souper schlug sie vor, die herrliche stille Mondnacht zu einer kleinen Spazierfahrt auf der See zu benutzen, was mir, der ich noch nie auf dem Meer gefahren, ganz willkommen war. Wir suchten am Hafen einen Schiffer auf, der uns mit einem Gehilfen in die gerade ganz spiegelglatte See, wie sie nur am Mittelländischen Meer zu finden ist und in welcher die silbernen Mondstrahlen sich herrlich spiegelten, eine ziemliche Strecke fuhr. Die ganze Natur war so still und ruhig, daß es uns schien, als seien wir die einzigen lebenden Wesen, man hörte kein anderes Geräusch als das Niederschlagen der beiden Ruder unserer Barke. Brigitte wurde ganz gegen ihre Gewohnheit ernst und still, sprach wenig, seufzte sogar bisweilen und schmiegte sich fest an mich, während ich sie mit dem linken Arm umschlang. Nach einer guten halben Stunde fuhren wir ans Land und begaben uns in unsere Wohnung zurück, wo sich die Verteuil in das eine Bett und die Angely in das andere verfügte, während ich mich angekleidet auf eine Ottomane warf, als aber die Lichter gelöscht waren, in den Alkoven schlich, wo man mich mit offenen Armen empfing.

Erst als es zu spät war, erkannte ich, daß es die Verteuil war, die ich umschlungen hatte, ließ aber nicht merken, daß ich den Betrug entdeckt, und schlich mich nach Mitternacht, als ich sie eingeschlafen glaubte, davon und an das andere Bett, dessen Inhalt gleichfalls schlief, und den ich mit Küssen bedeckte, auch schlaftrunken wieder geküßt ward und endlich wahrnahm, daß es – wieder die Verteuil war, die ich umarmte. Es war, wie ich nun wohl einsah, eine abgekartete Sache zwischen den Damen, mich so zu foppen, aber ich nahm mir fest vor, die schelmische Brigitte dafür zu bestrafen, ging gegen Morgen auf mein Zimmer, das Gemach der Aktricen verschließend und den Schlüssel zu mir steckend.

Angekleidet warf ich mich nun auf mein Bett, schlief bald ein und verschlief den halben Morgen, denn ich bedurfte der Ruhe. Als ich erwachte und nach der Uhr sah, die schon zehn zeigte, fiel es mir heiß ein, daß ich eigentlich ohne Urlaub von Montpellier fort sei und mir dies einen schlimmen Handel bei der ungnädigen Stimmung des Fürsten gegen mich zuziehen könne, wenn es an den Tag käme. Ich ließ also eilig mein Pferd satteln und jagte, ohne Abschied von den noch Eingesperrten zu nehmen und den Schlüssel ihres Gemachs bei mir behaltend, nach Montpellier, um womöglich noch zur rechten Zeit zur Parade einzutreffen.

Aber ich hatte mich verrechnet, der elende Mietgaul hielt das tolle Rennen nicht aus und stürzte, als ich noch nicht den halben Weg zurückgelegt hatte, keuchend unter mir zusammen. Ich raffte mich und dann die Mähre nicht ohne große Mühe auf, führte sie im langsamen Schritt, jeden Augenblick fürchtend, daß sie auf der Stelle liegen bleiben würde, bis zum nächsten Dorf, wo ich mir so schnell als möglich einen Karren verschaffte und auf diesem den Rest des Wegs, wenn auch ziemlich rasch, doch immer noch viel zu langsam, zurücklegte, denn als ich zu Montpellier ankam, war die Parade längst vorüber und alle Donner gegen mich losgelassen. Der erboste Fürst wähnte nicht anders, als sei ich der Verteuil zu Gefallen nach Cette, weshalb er auch Saint Juste so abfertigen ließ, als dieser Urlaub für mich begehrte. Fürst Y. hatte wenigstens insofern recht, als sie ganz gegen meinen Willen und mein Wissen in meinen Armen eine Untreue gegen ihn beging. Als ich in meiner Wohnung ankam, erfuhr ich von meinen Wirtinnen, daß schon dreimal ein Unteroffizier nach mir gefragt und zuletzt mein Kapitän selbst gekommen sei, sich nach mir zu erkundigen, und daß er, als man ihm gesagt, daß man mich seit dem gestrigen Mittag nicht gesehen, geäußert habe: ‹Das wird eine saubere Geschichte werden.›

Dies waren böse Omen; ich ging nun sogleich in die Kaserne zu meinem Sergeant-Major, von dem ich erfuhr, daß er Ordre habe, mich sofort nach meiner Ankunft in den Salle de police [Arrestlokal] der Unteroffiziere zu bringen, was er auch vollzog, und wohin ich ihm, meinen Degen abschnallend, ganz geduldig folgte. Ich traf dort ein halbes Dutzend Kameraden, unter denen noch zwei Kadetten für Disziplinarvergehen verhaftet waren. Bald darauf erschien auch mein Kapitän, der mich beiseite nahm und mir verkündete, der Fürst sei im höchsten Grad aufgebracht gegen mich, denn er wisse, daß ich ohne Urlaub nach Cette gefahren, bei den Appellen und der Parade gefehlt und mich habe krank melden lassen. Ich müsse mich auf seinen ganzen Zorn gefaßt machen, was ich in der Erwartung der Dinge tat, die da kommen würden. Am anderen Morgen brachte mir der Fourier der Kompanie das Ordrebuch, in welchem ich las: ‹Der Kadett Fröhlich ist seines Grades als Sergeant verlustig und bis auf weitere Ordre wegen vierundzwanzigstündiger unerlaubter Entfernung aus der Garnison und Dienstvernachlässigung in strengem Arrest zu behalten.»

Ist der Teufel einmal los, ist er es auch gewöhnlich in allen Ecken. Jetzt meldete sich auch der Eigentümer des Pferdes, das ich gemietet hatte und das ihm der Bauer zugeführt, dem ich diesen Auftrag nebst sechs Livres gegeben, und verlangte nicht weniger als sechshundert Franken für den Gaul, dem man ihm ganz unbrauchbar und halb tot zurückgebracht habe. Er war zu meinem Kapitän gegangen, der mir riet, die Sache gütlich mit ihm abzumachen, damit des Feuer nicht noch mehr geschürt würde. Ich schrieb nun an die Herren Michel und Gayral, an die ich empfohlen war, und bat dieselben, diese Sache aufs beste zu arrangieren. Sie fanden sich mit der Hälfte der Summe, die er gefordert hatte, mit dreihundert Franken, mit dem Spitzbuben ab. Das Pferd war keine hundert wert. Aber, was noch das ärgste war: Der Fürst schrieb oder ließ an meine Eltern schreiben und malte diesen ein schreckliches Bild von meiner Aufführung, machte ihnen Vorwürfe, daß sie mir so viel Geld zukommen ließen, denn ich vertue dreimal mehr, als die Gage eines Kapitäns erster Klasse betrage, meine Konduite [Betragen] sei dabei abscheulich, ich versäumte den Dienst und so weiter.

Hierauf erhielt ich sehr bald ein nicht minder fulminantes [heftiges] Schreiben von Haus, in dem man mir mein Betragen vorwarf und mir ankündigte, ich habe mich in Zukunft mit der mir bewilligten Zulage von hundert Franken monatlich zu begnügen und man werde Ordres an die Bankiers geben, daß mir keiner etwas darüber auszahlen dürfe. Ich solle mein ausschweifendes Leben einstellen, sonst würde man seine Hand ganz von mir abziehen und so weiter. In Frankfurt hatte man die Sache noch weit mehr ausgeschmückt und vergrößert, da war ich kassiert und Gott weiß was alles worden, während das Abnehmen eines Unteroffiziergrades oder Zurücksetzung um einen Grad oder Suspension eine sehr gewöhnliche Disziplinarstrafe bei den Franzosen und besonders in unserem Regiment war, wo dies oft sogar von den Kapitäns oder doch auf deren Antrag geschah.

Ich beantwortete den Brief meines Vaters so gut ich vermochte, ihm die Sache mit Auslassung gewisser Punkte auseinandersetzend. Vierzehn Tage waren schon beinahe verflossen und ich noch immer im Arrest, ohne zu wissen, was am Ende daraus werden solle. Fürst Y. war bereits wieder nach Paris und von da mit Urlaub nach Deutschland gereist, und das Regiment sollte ihn nicht wieder zu sehen bekommen, als eines Morgens mein Bataillonschef Duret in das Arrestzimmer trat und mich lachend fragte: «Eh bien en avez – vous assez?»* Ein Seufzer war meine

*) «Nun, haben Sie endlich genug?»

Antwort. Er nahm nun ein Papier aus einem Portefeuille und übergab es mir mit den Worten: «Tenez lisez, cela vous consolera.»* Ich öffnete es, es war meine Ernennung zum Unterleutnant, die ich mit Staunen las. «Sie können von Glück sagen», fuhr Duret fort, «denn wären Sie nicht schon vor einigen Monaten vom Fürsten vorgeschlagen worden, jetzt würde es sicher nicht so bald geschehen». Diese Nachricht erfüllte mich auf einmal wieder mit Freude und frohen Hoffnungen, ich verließ mit Duret den Salle de police, war frei und Offizier nach wenigen Monaten Dienst, und eilte in meine Wohnung, wo mich meine hübschen Wirtinnen recht freundlich mahnend empfingen, indem sie sagten: «Das sind die Folgen, wenn man das mauvais sujet [Taugenicht] mit Aktricen macht.»

Ich schrieb jetzt schnell die gute Nachricht nach Haus, ließ mir ein paar Epauletten geben, und am anderen Tag rückte das Regiment aus, dem ich mit noch vier anderen Kadetten, unter denen auch Prinz Santa Croce, die ebenfalls zu Offizieren avanciert waren, unter den Wirbeln der Tambours und dem klingenden Spiel der Musik als Offizier vorgestellt, von dem Bataillonschef und meinen Kameraden umarmt. Ich wähnte nun, einen Riesenschritt zum Marschallstab getan zu haben. Omeara, der nach der Abreise des Fürsten die Funktionen des Obersten versah, lud uns zu einem Diner ein, ebenso General Quesnel, an den ich mir schon vorgenommen hatte zu schreiben, um ihn um Befreiung aus meinem Arrest zu bitten, aber so war es besser. Auch die beiden Damen, die an der ganzen Geschichte schuld waren, suchte ich gleich auf, um mich ihnen als Offizier zu präsentieren, wurde aber von diesen mit Vorwürfen empfangen, weil ich sie eingesperrt, ohne Abschied verlassen und sogar den Zimmerschlüssel mitgenommen hatte, weshalb sie die Probe versäumt und einen Schlosser hätten müssen kommen lassen. Es sei mir daher ganz recht geschehen, daß ich gestraft worden, denn auch sie hätten wegen der Versäumnis Strafe zahlen müssen. Ich aber stopfte Brigitte den Mund mit Küssen, sagte ihr, daß sie wohl wissen müsse, daß sie noch in großer Schuld bei mir stünde und ich auf Berichtigung dränge. Alle ausgestandenen Leiden waren jetzt rein vergessen, aber das lange Einsitzen ohne Bewegung hatte doch meine Gesundheit angegriffen, und ich machte eine nicht ganz unbedeutende Krankheit durch, während welcher mich meine gutmütigen Wirtinnen recht sorgsam pflegten.

Kaum war ich genesen, erhielt das Regiment Marschordre, und zwar wurden das erste und zweite Bataillon nach Toulon und die beiden anderen nach Marseille gewiesen. Am Tag vor unserem Abmarsch erreichte ich noch meinen Zweck bei der Angely, halb durch Überrumpelung, halb durch Überredung, auch sagte sie mir,

*) «Lesen Sie, das wird Sie trösten.»

daß sie bereits mit dem Direktor des Theaters zu Toulon in Unterhandlung stehe, dort ein vorteilhaftes Engagement zu erhalten hoffe, und gab mir deshalb ein Schreiben an denselben mit, mich bittend, mich in Toulon für ihre Angelegenheiten zu interessieren, was ich versprach. Es war vielleicht mit ein Grund ihrer endlichen Ergebung. Am anderen Morgen marschierte ich mit dem Bataillon nach Toulon ab.

Wir kamen wieder über Lunel, Nîmes, bis Tarascon zurück und am vierten Tag in Saint-Remy an. An römischen Altertümern fehlte es hier so wenig, wie in der ganzen Gegend. Von Saint-Remy marschierten wir in das kleine Städtchen Orgon; die nächste Etappe nach dem Städtchen Lambesc war nicht von Bedeutung, auf diese aber folgte Aix, das alte Aque Sextiae. Man nannte es sonst das Athen der Provence, es ist aber jetzt weit entfernt, ein solches zu sein; es ist der Sitz einer Unterpräfektur, hat noch eine Akademie der Künste und Wissenschaften, Fakultäten der Theologie und Jurisprudenz, einen botanischen Garten, eine öffentliche Bibliothek, die über 100 000 Bände und an 1 000 zum Teil sehr seltene Manuskripte enthält und sich im Hôtel de Ville befindet, auch ist es der Sitz eines Erzbischofs. Die Straßen sind meist schön und haben zum Teil ansehnliche Gebäude. Aix hat ungefähr 20 000 Einwohner und ist die Vaterstadt Mirabeaus*. Die warmen Bäder dieser Stadt, welche von großer Wirksamkeit hauptsächlich gegen rheumatische und venerische Übel sein sollen, werden bei weitem nicht so besucht als Aachen oder Baden, und nur von wirklichen Kranken.

Von Aix aus nahm ich mit noch ein paar Offizieren einen zweitägigen Urlaub, um einen Abstecher nach Arles zu machen, wo die Eltern des einen Kameraden, der uns dazu veranlaßt und eingeladen hatte, wohnten. Wir fuhren in einer Art Postwagen oder großen Landkutsche, die man Patache nennt und die auf der Achse geht, dahin ab, in der wir so gestoßen und gerüttelt wurden, daß ich mit ganz zerschlagenen Gliedern in Arles ankam, wo wir von den Verwandten des Leutnants Rimbeau sehr artig aufgenommen wurden.

Wir besuchten auch die sogenannte elysäichen Felder, ein uralter Begräbnisplatz, auf dem man neben christliche Sarkophagen noch manche Urne aus der Heidenzeit findet, und machten auch einen Ausflug auf die nahe Insel Camargue, die in der Rhône liegt, über sechs Stunden lang ist, und auf der eine ganz eigene Hunderasse mit sehr langen Haaren gezogen wird, auch hat sie treffliche Weideplätze für Rindvieh, Schafe und frei herumlaufende Pferde und auch Insulanerinnen, die

*) Graf Honoré Mirabeau, geb. 1749 gest. 1791, einer der bedeutendsten liberalen Politiker der Französischen Revolution, jedoch war Aix nicht seine Vaterstadt, hier erhielt er vielmehr sein Mandat für die Nationalversammlung.

mich aber trotz ihrer freilich etwas schon sehr vernachlässigten und abgenutzten Nationaltracht wenig ansprachen.

Nicht sehr von meinem Aufenthalt in Arles erbaut, fuhr ich am dritten Tag desselben nach Toulon ab, um mit dem Bataillon einzutreffen, diesmal bewog ich aber meine Begleiter, Extrapost zu nehmen, statt sich in einer Patache zusammenrütteln zu lassen. Wir fuhren über Marseille, wo wir des Nachts durchkamen und uns nicht länger als es das Umspannen erforderte aufhielten.

Gegen Morgen kamen wir durch die furchtbaren Felsschluchten von Olioulles, ein schmales, ziemlich langes Tal, in welchem der Tod oder doch die lebloseste Stille ihren Sitz aufgeschlagen zu haben seint. Sich gigantisch meist senkrecht in den wunderlichsten Formen übereinander erhebende Felsmassen und völlig nackte himmelhohe Felsenwände erschrecken das erstaunte Auge, das sie zum erstenmal erblickt. Auf der einen Seite wechseln sie oft mit unabsehbaren Abgründen, in deren Tiefen ein wilder Bergstrom rauscht. In Toulon kamen wir noch vor dem Bataillon an, so daß wir unsern Einmarsch mit demselben halten konnten.

Toulon ist eine starke Festung ersten Ranges und hat einen sehr sicheren Hafen mit einer der schönsten Reeden der Welt, die allein durch die Natur gebildet ist. Die Stadt liegt in einem gegen Norden durch hohe Berge geschützten Tal im Departement Var, das sich längs der Küste hinzieht, vier Stunden lang und ein paar breit ist. Die Reede hat sieben bis acht Stunden im Umfang und ist ebenfalls von Bergen und Hügeln umgeben; der ziemlich schmale Eingang zu derselben ist durch Forts geschützt, die jedes Schiff, das ihn erzwingen wollte, schnell durch ein Kreuzfeuer in den Grund bohren würden. Die beiden Festen am Eingang sind Eguillette und St. Louis; eine dritte etwas seitwärts von der ersten heißt la Malgue, liegt am Fuß des Berges dieses Namens, auf dem ein trefflicher Wein wächst, ist ganz aus Quadersteinen erbaut, außerordentlich fest und mit drohenden, furchtbaren Außenwerken versehen. Von hier aus kann man die Stadt, den Hafen, die Reede und die Küste beschießen.

Auf der Landseite ist die Stadt durch drei auf einem Berg liegende Forts und durch einige mit Batterien versehene Türme geschützt, besonders gegen Italien zu; die stadt selbst hat hohe Wälle mit Bastionen, Gräben, doppelten Mauern und ist durch Gewalt uneinnehmbar; sie hat nur zwei Tore, das französische und das italienische. Das Champs de Bataille ist der einzige große Platz, der erwähnt zu werden verdient, und fast alle Straßen sind eng, winklig und schmutzig, nur der Cours und ein paar der Neustadt machen eine Ausnahme. Das Hotel der Intendanz ist das schönste Gebäude in der Stadt, die freilich wenig Schönheiten der Art aufzuweisen hat, es liegt auf dem erwähnten Platz.

Das mit Recht weltberühmte prächtige Seearsenal macht eine bewunderungswürdige Stadt für sich aus, die jedoch nicht für jedermann offensteht. Wer nicht Offizier ist, muß einen besonderen Erlaubnisschein von der Kommandantur haben oder von einem Stabsoffizier begleitet sein, um sie betreten zu dürfen.

Mit jedem Schritt, den man an diesem Ort tut, mehren sich Staunen und Bewunderung, hier findet sich nicht nur alles, was zur Ausrüstung einer großen Flotte und zum Bau der größten Linienschiffe und Dreidecker gehört, vorrätig, sondern man sieht hier eine ganz neue, sich in ewiger Bewegung befindende Welt, die in rastloser Tätigkeit wimmelt.

Vier- bis fünftausend furchtbare Galeerensklaven klirren mit ihren Ketten unter der Last beschwerlicher und nicht selten gefährlicher Arbeiten; freie Arbeiter singen muntere Lieder in französischer und provenzalischer Sprache, mitunter auch schmutzige Zweideutigkeiten. Dort sind Hunderte mit dem Hanfspinnen zu den Stricken und mannsdicken Tauen beschäftigt, die in der Seilerei verfertigt werden; hier webt man riesige Segeltücher, dort fließen glühende Metalle in Strömen aus Schmelzhütten, gleich der Lava des Vesuvs und des Ätnas, man dünkt sich in Vulkans* greulicher Werkstätte und sieht in den rußigen, in Ketten geschmiedeten Galeerensklaven ebensoviel Zyklopen**, deren Aussehen auch ohne das eine Auge auf der Stirn noch abschreckend genug ist. Auf dem Platz, wo die Schiffsmasten gezimmert werden, sieht man hölzerne Riesensäulen von 100 Fuß Länge und 10 Fuß im Umfang. Die Bäume, aus denen sie gezimmert und zusammengesetzt werden, kommen größtenteils aus den Wäldern Korsikas und sind eine besondere Art Tannen, die man erst zu diesem Zweck fällt, wenn sie ein Alter von mindestens einem Jahrhundert haben. Je nachdem sie für eine Korvette, eine Brigg, eine Fregatte, einen Zwei- oder Dreidecker bestimmt sind, werden die Masten aus einem bis sechs solcher Bäume zusammengefügt, was eine äußerst mühsame und schwierige Arbeit ist, da man schwere, dicke eiserne Ringe an der dünnen Seite des Mastes hinaufschiebt und sie dann mit unglaublicher Anstrengung hinabtreibt, um die Bäume fest in dieselben einzuzwängen. Zwanzig und dreißig Galeerensklaven sind bei dem Aufziehen eines solchen kolossalen Ringes beschäftigt, und oft gelingt es ihnen kaum in sechs Stunden, denselben einen Zoll vorwärtszubringen.

Dort ist die Böttcherei, wo Tausende von Fässern und Tonnen jeden Kalibers gebunden werden, die, mit Wasser, Wein, Speck, geräuchertem Fleisch usw. versehen, die Riesenbäuche der schwimmenden Ungeheuer ausfüllen; hier liegen die

*) Eigentlich Vulcanus, in der Antike Gott des Feuers und des Handwerks.
**) In der griechischen Sage riesige Schmiede mit nur einem Auge auf der Stirn, auch Kyklopen.

Werkstätten der Schlosser und Schmiede, in denen alles Eisenwerk, das zum Bau und der Ausrüstung der Schiffe nötig, unter den furchtbar niederfallenden Streichen der Hämmer geschmiedet wird; eine wahre Hölle sprüht unaufhörlich Millionen Funken ringsumher, auf 40 ungeheuren Ambossen werden fortwährend glühende Eisenmassen geschmiedet, an jedem derselben arbeiten mehrere aneinander gekettete, rußig-braune, starknervige Männer, sämtlich Galeerensklaven, unter Aufsicht der wild und zornig aussehenden Meister, die jeden Fehler auf der Stelle auf das strengste und fühlbarste bestrafen. Diese Werkstätte ist in ewige Glut und dichten Rauch gehüllt; so daß man die sich in derselben bewegenden, greulichen schwarzen Gestalten kaum zu erkennen vermag. Furchtbarer kann es schwerlich im Innern des Heklas* oder des Vesuvs, ja in der Hölle selbst aussehen.

Alle diese Anstalten sind so großartig und geräumig, daß auch die Werkstätten der größten Privatanstalten als Kinderspielplätze dagegen erscheinen. In diesem Verhältnis sind die unermeßlichen Magazine der verschiedenartigsten Vorräte, in denen man alles findet, was die Ausrüstung eines Schiffes von kleinsten Kahn bis zum größten Dreidecker, vom dünnsten Nagel bis zum dicksten Mastbaum usw. erfordert. Nicht minder groß sind die Vorräte an Lebensmitteln jeder Art, wie Pökelfleisch, Schiffszwieback, Wein, Branntwein, Essig, Speck, Öl, Käse, Salz usw., alles in ungeheuren Quantitäten und Gewölben aufbewahrt. Diese Magazine scheinen ein großer Jahrmarkt, auf dem man alles findet, was zu den Bedürfnissen des Lebens gehört. Über einem jeden ist mit großen Lettern, wie auf dem Schild eines Warenlagers, angezeigt, was und welche Spezialität es enthält.

Das Zeughaus ist wieder ein für sich bestehendes Ganzes, das in vielen Abteilungen und Magazinen alle Gegenstände aufbewahrt, die zur Armierung eines Kriegsschiffes jeder Größe nötig sind. Da sieht man einen Artilleriepark von tausend Schiffskanonen zwischen kolossalen Pyramiden aus den vertilgendsten Materialien erbaut, nämlich Kugeln, Kettenkugeln, Bomben und Granaten von jedem Kaliber, zwischen den Reihen von Kanonen, Feldschlangen, Kartaunen, Mörsern und Haubitzen, die in unabsehbaren Linien aufgechichtet sind. In den Waffen- und Rüstsälen liegen unzählige Flinten, Musketen, Karabiner, Säbel, Spieße, Pistolen, Dolche. Im Modellsaal ist eine vollständige Sammlung von Modellen aller möglichen Schiffe, von den ältesten bis auf die neuesten Zeiten, von dem aus einem ausgehöhlten Baumstamm bestehenden Kahn des Wilden bis zu dem mit allem Luxus

*) Vulkan im südlichen Island von rund 1500 m Höhe, wörtlich übersetzt «Kapuze» wegen seines Aussehens.

73

und aller Kunst ausgerüsteten Admiralschiff von hundertundzwanzig Kanonen, ebenso Flöße, Maschinenwerke.

Eine andere Sehenswürdigkeit dieses einzigen Arsenals ist das von dem berühmten Ingenieur Groignard erbaute Bassin, welches am Ende des großen Zimmerplatzes, ganz nahe an der See, liegt, in welchem sowohl neue Schiffe erbaut als alte ausgebessert werden. Sobald sie fertig, holt sie das nun eingelassene Meerwasser ab und führt sie in den Hafen. Groignard hatte mit unendlichen Schwierigkeiten und Hindernissen, die ihm sowohl Natur als Neid, Mißgunst und Eigennutz von allen Seiten in den Weg legten, zu kämpfen, bevor er dieses bewundernswürdige Werk zustandebrachte. Sooft man ein Schiff aus diesem großen Bassin holen oder in dasselbe führen will, wird letzteres mit Seewasser angefüllt, das, wenn man dessen nicht mehr bedarf, durch von einem halben Hundert Galeerensklaven in Bewegung gesetzte Pumpen in einer Zeit von sechs bis acht Stunden wieder fortgeschafft wird. In den Häfen des Atlantischen Meeres und der Nordsee ist dies unnötig, weil dort die Natur mit Hilfe der Ebbe und Flut die Schiffe von selbst holt und bringt.

Während unseres Aufenthalts in Toulon sah ich einen Dreidecker von hundertzwanzig Kanonen, die «Commerce de Paris», eine neue Fregatte und eine Brigg vom Stapel laufen, was immer Anlaß zu einer großen Feierlichkeit gibt. Das Schiff ist auf das bunteste beflaggt und bewimpelt, viele Personen und geladene Gäste befinden sich auf demselben nebst einer rauschenden Musik. Wenn es glücklich im Meer angekommen ist, endet das Ganze mit Tafelfreuden und Tanz auf dem Schiff, wobei auch Matrosen und sonstige Arbeiter, selbst die Galeerensträflinge, mit doppelten Portionen bedacht werden.

Diese Galeerensklaven, deren Zahl in Toulon in der Regel über viertausend beträgt, von denen wenigstens ein Drittel auf Lebenszeit verurteilt ist, haben zwar ein hartes Geschick, das jedem Menschen, in dem noch ein Funken Gefühl vorhanden ist, furchtbar, ja unerträglich sein würde, aber die hierher verurteilten Verbrecher sind meist völlig gefühllos und durch und durch verhärtet, wie es die oft stupid greulichen Physiognomien der Mehrzahl andeuten, und ist erst ein Mensch ein paar Monate auf dieser Hochschule aller Laster und Verbrechen, dann ist gewiß auch der letzte Funken von Ehre und Gefühl für immer in seiner Brust erstickt. Aus dieser ebenso unsinnigen als scheußlichen Strafanstalt rekrutieren sich fortwährend die Raub-, Mord- und Diebesbanden durch die wieder frei gewordenen oder entwischten Sträflinge, die Paris und ganz Frankreich zu vielen Tausenden durchstreifen und die empörendsten Verbrechen begehen.

Sie sind teils in alte Galeeren und Schiffe gesperrt, teils in den Bagnos – besondere zu diesem Zweck erbaute schmale und lange Säle –, wo sie auf zwei Reihen Pritschen oder langen Bänken, zwischen denen ein schmaler Gang hinführt, je zwei und zwei aneinandergekettet, liegen. Jeder hat gerade so viel Raum, um liegen zu können. Des Abends werden sie noch mit besonderen Ketten angeschlossen, die gerade so lang sind, daß sich der Sträfling bis zu dem nächststehenden Nachtkübel, wohin ihn dann sein Kettenkamerad begleiten muß, begeben kann, seine Notdurft zu verrichten. Das Licht dringt sparsam durch kleine in der Höhe angebrachte, stark vergitterte Fensterchen in die Bagnos, diese faulen und pestartigen Menschenställe, denn so oft auch die Kübel geleert werden, so sind sie dennoch beständig mit Unrat angefüllt. Auf diesen Pritschen nehmen die Unglücklichen auch ihre elende Nahrung zu sich, die ihnen, gleich dem Vieh, in hölzernen Trögen gereicht wird und aus den gröbsten Speisen, schwarzem Brot und in Wasser gekochten dicken Saubohnen besteht. Zu ihrer Bedeckung haben sie nachts einige Fetzen, Reste von Decken, in denen es von Ungeziefer wimmelt; nicht viel besser ist ihre Kleidung.

Die neuen Ankömmlinge, die hierher verdammt sind, werden sogleich in eine Schreibstube des Marinekommissars gebracht, wo man die sie betreffenden Papiere untersucht, um sich von der Identität ihrer Person zu überzeugen, worauf sie in das Register, aber mit keinem Namen, sondern mit einer Nummer, eingetragen werden. Von hier werden sie zum Baden in ein dazu bestimmtes Gemach gebracht, wo sie andere Forçats [Sträflinge] völlig entkleiden, in eine hölzerne, mit Seewasser angefüllte Bütte legen, mit groben Schwämmen reiben und reinigen und das Wasser mehrmals erneuern. Dann werden sie noch von einem Chirurgen visitiert und, sind sie krank befunden oder haben sonst etwas an sich, in das Galeerenlazarett gebracht, um geheilt zu werden. Die Gesunden erhalten nach der Besichtigung des Wundarztes nun ihre Galeerenkleidung, aus einer ganz groben Jacke von rotem Tuch, sackleinwandenen Beinkleidern, nicht viel besseren Hemden, ein paar mit Hufnägeln beschlagenen Schuhen und einer grobwollenen Mütze bestehend, die mit der Nummer des Inhabers bezeichnet und für die auf eine bestimmte Zeit Verurteilten rot, aber für die auf Lebenszeit grün ist, wahrscheinlich eine Satire auf die Farbe der Hoffnung. Auch das Haupt wird ihnen jetzt geschoren.

Diejenigen unter ihnen, welche imstande sind, sich etwas nebenher zu verdienen, irgendein Handwerk, eine Kunst verstehen oder andere Kenntnisse besitzen, sowie die, welche von ihren Familien eine Unterstützung erhalten, können sich manches Gute tun und ihr Schicksal um vieles erleichtern, namentlich auch ihre Nahrung verbessern. In diesen Bagnos erblickt man die Menschheit in ihrer tiefsten Entwürdigung und Verworfenheit. Die leiseste Bewegung eines solchen Sträflings verursacht ein widerliches Kettengeklirre, man glaubt sich in einer Menagerie wilder Bestien oder angeketteter Raubtiere. Wenn sie zur Arbeit abgeführt werden, sind sie von der Pritsche losgeschlossen, aber bleiben an der Kette, an der sie mit einem Kameraden zusammengeschmiedet sind, die mit einem schweren dicken eisernen Ring an dem einen Fuß befestigt ist. Durch ihre Aufseher und Wächter, Argousins genannt, die mit dicken, knotigen, mit Eisen schwer beschlagenen Stöcken versehen sind, werden sie hinausgeführt und draußen noch von Wachen mit scharf geladenen Gewehren empfangen und begleitet. Das geringste Vergehen oder auch nur eine Miene des Ungehorsams oder Murren wird auf der Stelle durch die Argousins mit ihren Eisenstöcken auf das fühlbarste und ganz nach Willkür bestraft. Für größere Vergehen folgen weit härtere Strafen, vierfache Ketten, doppelte Ringe, enges Schließen, mit den Eisenstöcken wohl aufgemessene Prügel sind die gewöhnlichsten.

Ohne Unterschied ihres früheren Standes und Verbrechens sind hier alle Stände vermischt aneinandergekettet und repräsentiert. Während meines Aufenthaltes zu Toulon, wo ich oft die Wache am Arsenal hatte, waren Geistliche, sogar ein ehemaliger Bischof, hohe Militärchargen, zwei Generale, Richter, Notare, Kriegskommissare, Advokaten, Adlige, Kaufleute, Ärzte, Huissiers, [niedere Gerichtsbeamte], Fabrikanten, Künstler, Handwerker, Bauern, Tagelöhner und so weiter alle durch- und aneinander geschmiedet, die freilich Verbrechen der gröbsten Art begangen hatten.

Trotz der strengsten Aufsicht und obwohl sie, sooft man sie in die Säle zurückführt, bis auf das Hemd durchsucht werden, gelingt es ihnen doch häufig, in den Werkstätten allerlei Dinge zu entwenden und durch ihre Verbindungen mit außen heimlich zu verkaufen. Nägel, Hämmer, Kupfer, Handwerkszeug, Segeltuch sind die Gegenstände, die sie vorzugsweise zum Diebstahl reizen. Sie hüten sich aber, die gestohlenen Sachen mitzunehmen, sondern verstecken sie in den entlegensten Winkeln der Schiffe oder in der Nähe von Werkstätten, in denen sie arbeiten, und lassen sie dann durch freie Arbeiter verkaufen, die im Arsenal zu tun haben, mit denen sie im Einverständnis sind und denen sie durch Winke begreiflich machen, wo sie den Raub zu suchen haben. Gelegentlich stecken ihnen dann die letzteren einige Sous dafür zu. Nicht selten wird durch diesen Handel der freie Arbeiter am Ende selbst auf die Galeere geschmiedet.

Durch diese Arbeiter unterhalten die Sträflinge auch fortwährend Verbindungen zu Personen in der Stadt, besonders mit feilen Dirnen, die sie schon früher kannten und deren es in Toulon wegen der Marine und der Matrosen unzählige der allerverworfensten Gattung gibt wie in jedem großen Seehafen. Vermittelst solcher Einverständnisse gelingt es nicht selten einem Galeerensklaven zu entwischen. In diesem Falle verbirgt er sich gewöhnlich mehrere Tage bei einer solchen liederlichen Dirne oder in einem anderen Schlupfwinkel der Stadt, während ihn die Gendarmerie und die Patrouillen in der Umgebung suchen, vertauscht seine Sklavenkleidung, in welcher in jedem Stück die Buchstaben Gal groß eingebrannt sind, mit einer anderen, welche die Dirne längst für ihn in Bereitschaft gehalten, eilt nach Marseille, Lyon oder Paris, um seine Laufbahn von neuem, nur mit größerer Virtuosität, mehr Vorsicht und Erfahrung wieder zu beginnen.

Wenn die Sträflinge von der Arbeit zurück in ihre Säle geführt werden, ist es ihnen erlaubt, für sich zu arbeiten. Der eine schnitzt allerlei Dinge aus Kokosnußschalen, der andere kopiert Schreibereien, wohl auch Noten, ein dritter verfertigt Dosen, ein vierter macht Tischler- oder Dreharbeiten, ein fünfter schneidert oder flickt Schuhe. Geringere Vergehen werden mit dem Verbot dieser Arbeiten bestraft, was Sträflinge sehr empfindlich trifft, weil sie dadurch die Mittel verlieren, sich ihre Lage zu erleichtern und manches Bedürfnis befriedigen zu können.

Auf das Signal, das einer der Aufseher mit einer Pfeife gibt, müssen die Arbeiten augenblicklich aufhören, das Abendgebet wird verrichtet, und jeder legt sich auf das ihm angewiesene Bretterbett nieder, wo ihm ein etwas erhöhter Holzblock zum Kopfkissen dient. Sobald sie liegen, werden sie durch eine eiserne Stange, die man durch die Fußringe zieht, aneinandergekettet, und Wachen marschieren die ganze Nacht zwischen den Pritschen auf und nieder.

Diejenigen Forçats, die zu Prügeln verurteilt worden sind, erleiden diese auf der sogenannten Bank der Gerechtigkeit, auf die man sie mit einem Strick umwunden und angebunden legt, worauf sie die bestimmte Zahl Prügel mit einem gedrehten, in Seewasser eingeweichten Strick erhalten, der die Hiebe weit empfindlicher macht, weil er sich um die Glieder schlingt.

Die zu erwartende Belohnung für gutes und gehorsames Betragen macht, daß der Forçat sich darum mehr als aus Furcht vor Strafe bemüht. Bei einer guten Aufführung von mehreren Monaten oder nach Jahresfrist verordnet der Chef der Strafanstalt, daß man ihn von seinem Kettenkameraden trenne, er behält dann nur noch die Hälfte der Kette und den Fußring, kann jetzt wieder allein gehen und ist nicht mehr gezwungen, bei allen Verrichtungen auf seinen Kameraden zu warten. Er gehört nun gewissermaßen zu den vertrauten Sträflingen, aus denen man Köche, Barbiere, Krankenwärter in den Lazaretten und sogar Schreiber in den Bureaus macht. Man erlaubt ihm, sich eine kleine Matratze anzuschaffen; später bleibt ihnen nur noch der Ring am Fuß, und selbst diesen erlaubt man ihnen mit einem langen Pantalon zu bedecken sowie das geschorene Haupt mit einer Perücke. Ein entwichener und wieder eingefangener Galeerensklave wird mit einer tüchtigen Bastonade begrüßt, eine Zeitlang in ein Loch gesperrt, wo kein Tag hineindringt, und seine Strafzeit auf der Galeere verdoppelt.

Stirbt ein Sträfling, wird er von vier Kameraden ohne Ketten in einem Sarg in das Lazarett der Marine getragen, wo die Wundärzte an seinem Körper ihre Studien machen. Wird aber einer wegen neuer, auf der Galeere begangener Verbrechen hingerichtet, was in Gegenwart aller übrigen, die in bloßem Haupte sind und auf den Knien der Exekution beiwohnen müssen, geschieht, so begraben ihn die Grauen Brüder der Büßenden in Toulon. Kranke Sträflinge werden in dem für sie bestimmten Lazarett gut verpflegt und gewartet.

In Toulon zeichnete sich Bonaparte bei der Belagerung durch das Heer der Republikaner zuerst als geschickter Artillerieoffizier aus. Nach den Begebenheiten vom 31. Mai zu Paris* hatte Toulon an dem Aufstand der Marseiller** teilgenommen. Seine Einwohner riefen die Engländer herbei und übergaben ihnen Stadt und Hafen. Die Nachricht von ihrer Wiedereinnahme durch die Republikaner, die sich kein Mensch hatte träumen lassen, machte in ganz Frankreich und dem übrigen Europa eine große Sensation. Bonaparte hatte den Grundstein zu seiner künftigen Erhebung gelegt und seinen Ruf begründet. Kaum einen Monat später wurde er schon zum Brigadegeneral der Artillerie ernannt.

Ich besuchte mehrere Tage lang alle Punkte und Orte, welche bei dieser Belagerung von Wichtigkeit gewesen und wo der jetzige Kaiser und seine Artillerie gestanden und gewirkt hatten. Es wurde mir dadurch klar, welchen scharfen und richtigen Überblick Napoleon hier gehabt. Mit mehr Ernst als bisher legte ich mich nun auf das Studium der höheren Kriegskunst und deren Hilfswissenschaften, namentlich die, welche die Artillerie erfordert, und hoffte wohl auch noch einmal eine Armee zu kommandieren, wovor mich der gütige Himmel bewahrte, was ich ihm jetzt, wo mir die lächerliche Nichtigkeit all dieser menschlichen, wenn auch oft so blutigen Puppenspielerei beißend klar geworden, herzlich danke.

Die ersten Tage meines Aufenthalts in Toulon brachte ich in einem Gasthof zu, wohin mich mein Einquartierungsbillett gewiesen hatte, dann aber suchte ich mir eine Privatwohnung, die ich recht angenehm am Kai fand, wo ich zu jeder Stunde die unterhaltendste Aussicht auf das Gewühl und Getriebe der Schiffe und Men-

---

*) Die Erhebung der revolutionären Sektionen von Paris zwischen dem 31.5. und 2.6.1793 leitete die Errichtung der Jakobinerdiktatur ein.
**) Marseille, Lyon und Bordeaux hatten sich aus besitzbürgerlichen Interessen bereits im Mai 1793 gegen das revolutionäre Paris gewandt; ihrer Revolte folgten nach der Erhebung der Pariser Sektionen viele andere Städte, darunter auch Toulon.

schen im Hafen hatte. Indessen fing mir der Aufenthalt in Toulon bald an langweilig zu werden, da das Theater spottschlecht war und ich, nachdem vierzehn Tage verflossen, in denen ich alles, was zu sehen war, zum Überdruß gesehen, noch keine Bekanntschaft, die mich interessierte, gemacht hatte, was in Toulon nicht so leicht war, da die besseren Häuser sich vom Militär und von der Marine fernzuhalten suchen.

Glücklicherweise erhielt ich jetzt Briefe von Hause und mit diesen ein Empfehlungsschreiben an einen der reichsten Kaufleute der Stadt namens Kohn, ein Elsässer von Geburt, der mich in mehrere Familien einführte. Zugleich meldete mir mein Vater mit großem Bedauern, daß man fürchte, der Kaiser der Franzosen wolle der republikanischen Herrlichkeit Frankfurts ein Ende und die Stadt zur Hauptstadt eines Großherzogtums machen, nachdem ihr [der Marschall] Augereau noch einige Millionen Kriegskontribution abgenommen.

Unter den Bekannten, die ich durch die Familie Kohn erhielt, war eine sehr artige Dame, eine Madame Guinet, deren Gatte Kaufmann und meist auf Reisen war und die im Ruf stand, galanten Aventüren nicht eben abhold zu sein. Es dauerte auch nicht lange, so stand ich auf einem ziemlich vertrauten Fuß mit ihr, merkte aber bald, daß ich in einem Marineoffizier einen Nebenbuhler, und zwar einen recht eifersüchtigen, hatte, der wahrscheinlich schon vor mir bei der Dame in Gunst gestanden. Wir trafen uns einigemal bei ihr nach der Parade, und Madame Guinet hatte mich als einen Bekannten des reichen Herrn Kohn vorgestellt. Der Offizier brummte dabei mit einem nicht sehr freundlichen Gesicht einige Gewohnheitshöflichkeiten in den Bart. Als er mich zum zweitenmal traf, ließ er schon einige anzügliche Reden fallen. Aber das drittemal, wir speisten beide bei der Dame zu Abend, erlaubte er sich, mir im Laufe der Konversation beim Dessert die Bemerkung zu machen: ‹Mais moi je ne servirais jamais dans un régiment qu'on mêne, a coups de baton›,* worauf ich schnell versetzte: ‹Mais comment, Monsieur, toute la marine est menée a coup coups de triques, c'est bien pis.›**

Hierauf wurde die Unterhaltung pikanter, jeder verteidigte seine Sache nachdrücklich, obgleich ich gegen meine Überzeugung, und wir wurden dabei so heftig, daß Madame Guinet sich alle Mühe gab, uns zu besänftigen, aber mein Gegner ließ noch ein ‹tête carrée d'Allemand›*** fallen, worauf ich ihm schnell erwiderte, daß es so ein deutscher Querkopf wohl noch mit einem französischen Seehund wie er aufnehmen könne. Launey, dies war der Name des Offiziers, geriet nun in eine sol-

*) ‹Aber ich würde niemals in einem Regiment dienen, das mit Stockschlägen befehligt wird›,
**) ‹Aber wie, mein Herr, die ganze Marine wird durch Prügel befehligt, das ist noch schlimmer›.
***) ‹Querkopf von einem Deutschen›

che Wut, daß er sich nicht mehr kannte, seinen Dolch zog und mir ihn in die Brust stoßen wollte. Ich aber fiel ihm in die Arme, noch ehe er seinen Vorsatz ausführen konnte, rang ihm den Dolch aus der Hand, wobei ich mir aber die meinige verletzte, daß mehrere Finger stark bluteten, worauf ich den Dolch zur Erde warf, darauf trat und ihm sagte, was er nun weiter begehre, meine Hand an den Degen legend.

Launey sah mich knirschend und grimmig an, konnte aber vor Wut kein Wort hervorbringen. Madame Guinet, welche das Blut sah, mit dem wir beide schon befleckt waren, schrie laut auf und weinte so heftig, daß ihre Dienstmädchen in das Zimmer stürzten. Ich faßte mich jedoch schnell und sagte zu ihnen: «Ce n'est qu'une plaisanterie, mes enfants, apportez nous seulement de l'eau pour nous laver les mains.»* Ich suchte auch in der Tat jetzt der ganzen Sache eine scherzhafte Wendung zu geben, wir wuschen uns die Hände, wobei mir das nette Kammermädchen der Dame das Becken hielt. Als uns die Zofen wieder verlassen hatten, bot ich Launey Satisfaktion für den nächsten Morgen an; dieser aber schien jetzt ganz beschämt, steckte seinen Dolch friedfertig in die Scheide und entfernte sich dann bald unter dem Vorwand, wegen Dienstangelegenheiten früh an Bord seines Schiffes sein zu müssen.

Als er weg war, gestand mir Madame Guinet, daß ihr der Mensch recht fatal geworden sei, da er mit allen Herren, die sie besuchten, Händel anfinge. Ich suchte sie bestens zu trösten und verließ sie erst nach Mitternacht. Seit dieser Zeit begegnete ich dem Offizier nicht mehr bei ihr. Dies war nicht das einzigemal, daß ich und andere Offiziere wegen der bei dem Regiment eingeführten Prügel Unannehmlichkeiten auszufechten hatten, wenn wir in einer Garnison mit anderen französischen Truppen standen. Aus derselben Ursache verlor ein Kapitän von unserem zweiten Bataillon, ein Hesse, der ein gewaltiger Prügelverehrer war, bald darauf das Leben in einem Duell mit einem französischen Offizier von der Linie. Der gute Mann wußte freilich den Stock weit besser als den Degen zu führen. Unter den Kameraden im Regiment ließ ich mich derb genug über diese uns infamierenden Prügeleien aus, während ich in Gesellschaft von Offizieren französischer Regimenter sie, der Ehre des Regiments halber, bis auf einen gewissen Punkt verteidigen mußte.

Bald darauf brachte mir ein Vorfall im Theater wieder Unannehmlichkeiten. Man führte nämlich ein Gelegenheitsstück, «Die Übergabe von Ulm» betitelt, auf. An und für sich ein jämmerliches Machwerk, das aber, weil es der französischen

---

*) «Das ist nur ein Scherz, Kinder, bringt uns nur Wasser zum Händewaschen.»

Gloire Weihrauch streute und voll wenn auch oft fader Anspielungen auf die Deutschen und besonders die Österreicher war, großen Beifall erhielt. Ich befand mich unter den Zuschauern, neben einem Hauptmann von Caguenec aus Hagenau, der früher in österreichischen Diensten gestanden hatte, einem sehr tapferen Offizier, der auch ein vortrefflicher Pianist war, aber den abscheulichen Fehler hatte, sich von Zeit zu Zeit auf eine fast viehische Weise dem Trunk zu ergeben. Neben uns saßen drei französiche Offiziere, die wie das ganze Publikum bei jedem Bonmont über die Österreicher laut und beifällig lachten.

Caguenec, der eben erst vom Diner mit ziemlich erhitztem Kopf gekommen und ein tüchtiger Haudegen war, fing die Sache zu wurmen an. Er wurde unruhig auf seinem Platz, den er einigemale verließ, um einige Gläser Likör oder Rum am Büfett hinabzustürzen, immer erhitzter zurückkehrte und endlich dem neben ihm sitzenden Offizier ein befehlendes: «Taisez vous!» [«Schweigen Sie»] in barschem Ton zurief, indem er hinzufügte, daß sie eben keine Ursache hätten, sich zu mokieren, denn das Stück sei ein so erbärmliches Machwerk, daß es eine Schande sei, dessen Aufführung zu dulden. Einer der Offiziere fiel ihm mit den Worten: «Mais vous êtez donc fou, Monsieur»*, in die Rede. Caguenec sprang nun auf, bedeckte seinen Kopf mit dem Hut, zog sogleich seinen Degen, den er in der Luft schwang, und schrie dabei laut, jeder, der etwas von ihm wolle, möge kommen. Und mit der Klinge um sich herumfahrend, schuf er schnell einen leeren Kreis um sich. Dies verursachte sogleich einen allgemeinen Aufstand im Theater, von allen Seiten schrie man: «A bas le chapeau, à bas l'épée.»**

Der Tumult wuchs mit jedem Augenblick, und der kommandierende General, der in einer Loge saß, befahl, den Vorhang fallen zu lassen, sandte seinen Aide de Camp [persönl. Adjutant] ins Parkett und ließ Caguenec befehlen, sich sofort in Arrest zu begeben. Dieser nahm aber keine Räson an, sondern fuhr fort, mit seinem Degen zu manövrieren, so daß der leere Raum um ihn immer größer wurde. Jetzt ließ der General die Wache mit einem Offizier an der Spitze eintreten, dem es nicht ohne große Mühe gelang, den Kapitän zu entwaffnen und zu verhaften, der von Glück sagen konnte, daß er mit vierwöchentlichem Arrest auf dem Fort davonkam und nicht ein Kriegsgericht passieren mußte. Ich wurde verhört und erhielt sogar auf Befehl des Generals achtundvierzigstündigen Untersuchungsarrest, von dem ich noch heute nicht weiß, aus welchem Grund, da ich bei der ganzen Geschichte nichts getan hatte, als Caguenec in deutscher Sprache zu beschwichtigen,

*) «Aber Sie sind doch verrückt, mein Herr»
**) «Den Hut herunter, den Degen nieder.»

was man mir wahrscheinlich im schlimmen Sinne ausgelegt, weil ich mich über die Ausfälle in dem Stück ebenfalls mißbilligend geäußert hatte.

Trotz der Bekanntschaft der Madame Guinet, die ich übrigens bald wieder aufgab, wollte mir der Aufenthalt in Toulon nicht gefallen. Ich hatte mich zwar bemüht, wenigstens ein französisches Liebhabertheater zu organisieren, aber es gelang mir nicht. Unsere beiden anderen Bataillone, bei denen sich die Damen befanden, welche die vorzüglichsten Aktricen gewesen, standen in Marseille und Genua. In der Garnison von Toulon, wo viele Frauen und Töchter der Marine waren, hatte ich zu wenig Bekanntschaft, und von den Damen der Einwohner, die ich kannte, war keine dazu zu bewegen, Komödie zu spielen. Ich nahm einigemal Urlaub nach Marseille, wo das Leben weit angenehmer und geselliger, auch das Theater im Vergleich mit dem von Toulon vorzüglich war. Man sah dort überall Wohlhabenheit und Reichtum, im Hafen schwang Gott Merkur seinen Stab, obgleich wegen des Krieges mit England nur mit großer Vorsicht und Bescheidenheit, während in dem von Toulon der Kriegsgott sein Panier aufgepflanzt hatte.

Nachdem wir etwa sechs Wochen in Toulon waren, wurde die Voltigeurkompanie des ersten Bataillons, der ich seit meiner Ernennung zum Offizier zugeteilt war und die ein Hauptmann Grenet befehligte, nach dem an dem Ufer der großen Reede liegenden bedeutenden Flecken La Seyne detachiert, wo es mir weit mehr als in dem düsteren Toulon gefiel. Der über zweitausend Einwohner zählende Ort hat eine sehr schöne Lage, und man erhält daselbst die besten Seefische, Austern und Muscheltiere aus der ersten Hand, namentlich die moules noirs [Muschelart], die einen noch feineren Geschmack als die Austern haben und die man mit dem köstlichen Wein de la Malgue hinunterspült.

Der Aufenthalt in La Seyne, wo der Dienst, das Exerzieren ausgenommm, gar nichts heißen wollte, wurde mir durch die Freundlichkeit einer Familie Guige sehr angenehm gemacht. Und da deren Tochter Marie nicht nur sehr hübsch, sondern auch sehr geistreich und witzig war, wurde mir ihr Umgang von Tag zu Tag lieber. Wir besuchten die Bastiden [Landhäuschen] ihrer Bekannten in der Umgegend, wo ich in einer ein Bild fand, das einen fatalen Eindruck auf mich machte, den ich lange nicht loswerden konnte. Das Gemälde stellte nämlich gräßliche Schreckensszenen der furchtbaren Pest dar, die im Jahre 1721 hier und in Marseille wütete, und man sah Haufen verpesteter und schon in Fäulnis übergangener Leichen, denen die Pestbeulen mit ekelhafter Täuschung nachgemacht waren, so daß man sich die Nase zuhalten zu müssen glaubte.

Ein andermal fuhren wir auf die nahe liegende Insel Porquerolles, wo auch eine Kompanie unseres Bataillons detachiert war, um die auf der Insel liegenden Forts zu bewachen. Nachdem wir an das Ufer getreten, kamen wir durch ein kleines Lustwäldchen. Als wir ungefähr in der Mitte desselben waren, hörten wir plötzlich ein freudiges Jauchzen und Vivatrufen, und bald darauf erblickten wir einen Haufen fröhlicher Menschen, an deren Spitze der schon ziemlich bejahrte Hauptmann Gasqui, ein äußerst liebliches, höchstens siebzehn Jahre altes weibliches Wesen am Arm, marschierte. Es war seine junge Frau, mit der er soeben von der Trauung kam, die Tochter eines reformierten Stabsoffiziers, Luise von Argout. Mit der bezauberndsten Anmut schritt die junge Ehefrau an der Seite ihres beinahe fünfzigjährigen Gatten einher. Es war ein Jammer anzusehen, daß der alte Sünder einen solchen Engel heimführte und dabei eine dreifache Dummheit beging, denn erstens ist es allemal eine Dummheit, wenn ein Offizier heiratet, besonders in Kriegszeiten; doppelt ist sie, wenn er schon bei Jahren noch heiratet; und dreifach, wenn die Frau jung und schön ist, was hier alles der Fall war. Auch hatte Gasqui bald Gelegenheit, die begangene Torheit zu bereuen, wie wir später sehen werden und wozu auch ich mein Scherflein beitrug.

Das Gefolge des zu der Hochzeitsfeier eilenden jungen Paares bestand aus mehreren Offizieren, Einwohnern und einem Dutzend weißgekleideter Frauen und Mädchen, denen die halbe Kompanie, ihrem Hauptmann beständig Vivats bringend, folgte.

Wir bewillkommneten uns gegenseitig, ich brachte meine herzlichsten Glückwünsche dar und wurde mit meinen Begleitern von dem zur Hälfte alten, zur Hälfte jungen Ehepaar so dringlich gebeten, die Hochzeit mitzufeiern, daß wir, ohne unhöflich zu sein, die Einladung unmöglich ausschlagen konnten. Tänze, Spiele und Schmausereien auf einem schönen grünen Platz der Insel verherrlichten die eben geschlossene Verbindung. Wir hatten es nicht zu bereuen, die Einladung angenommen zu haben, daß wir uns trefflich unterhielten, besonders bei den Kontretänzen, die bei dem Klang einer Violine und einer Klarinette aufgeführt wurden und bei denen ich bald die schöne junge Frau, bald Mariechen und andere hübsche Mädchen balancierte. Erst spät in der Nacht verließen wir die romantische Insel, nachdem wir freundlichen Abschied von dem jungen Ehepaar genommen, und fuhren bei hellem Mondschein über die ganz ruhige Seefläche nach Hyères zurück.

Obgleich an Mariens Seite traulich sitzend, schwebte mir doch das Bild der jungen Frau beständig vor Augen. Was hätte ich hier nicht um das droit du seigneur* gegeben! Auch ich konnte die lebhafte Vorstellung, daß jetzt der alte Gasqui in all

---

*) Recht des feudalen Grundherrn, hier gemeint für dessen angebliches Recht auf die erste (Liebes-)Nacht seiner leibeigenen Bauern nach der kirchlichen Vermählung.

diesen Reizen schwelge, nicht aus meiner Einbildungskraft entfernen. Da ich während der Heimfahrt so ganz gegen meine Gewohnheit still und einsilbig war, fragte mich Marie einigemal, was mir fehle. Ich schützte Müdigkeit und Kopfweh vor und ließ die Bilder auf der schönen Insel noch einmal vor meinen geschlossenen Augen in der Phantasie vorüberziehen. Am anderen Tag erhielten wir Marschorder und Befehl, Toulon zu verlassen, um es mit Genua zu vertauschen.

Obgleich es nur noch ein paar Tage bis zum Abmarsch waren, konnte ich doch kaum diesen erwarten und brachte sie mit Abschiedsbesuchen in der Stadt und auf den Schiffen in der Reede, auf denen ich Bekannte und Freunde zählte, den letzten aber noch im Schoß der mir teuren Familie Guige zu, der ich so manche frohe Stunde zu verdanken hatte. Marie konnte ihre Tränen nicht unterdrücken, ich suchte sie zu trösten, versicherte ihr, daß, wenn ich eher Kapitän würde als der Oberst, ihr Bräutigam, zurückkäme, sie meine Frau werden müsse, versprach, sie nicht zu vergessen, und habe Wort gehalten, wie man sieht. Den Abend vor dem Abmarsch nahm ich mit einem langen Kuß Abschied von ihr. Um vier Uhr morgens rappelierten die Tambours, wir marschierten an ihrem Haus vorüber, wo sie schon hinter dem Fenster stand und ich ihr noch einen letzten Kuß, den sie, solange sie mich noch sehen konnte, erwiderte, zuwarf, auf das Marsfeld nach Toulon, wo wir uns mit dem Bataillon vereinigten und dann frohen Mutes den Marsch nach Italien antraten.

VI.

Marsch von Toulon nach Genua – Luc – Frejus – Cannes –
Die lérinischen Inseln – Madame Grenet – Nizza –
Landsleute – Seefahrt von Nizza nach Genua – Finale –
Savona – Der Anblick Genuas vom Golf aus

Unser erstes Nachtquartier war das Städtchen Cuers, das drei- bis viertausend Einwohner zählen mag. Den zweiten Tag kamen wir nach dem Flecken Pignans und den dritten nach Luc, einer kleinen Stadt mit einem alten Schloß, die durch ihre herrlichen Maronenwälder bekannt ist, deren schöne Frucht hauptsächlich von den Pariser Konditoren gesucht wird und die Prunktafeln der Reichen schmückt. Von Luc ging der Marsch nach Le Muy, einem großen Flecken, und von da nach Frejus, bekannt durch Napoleons Landung bei der Rückkehr aus Ägypten. Der Hafen ist jetzt versandet und das Meer, welches früher die Stadtmauern bespülte, eine gute halbe Stunde davon entfernt. Hier schiffte sich 1814 der abgedankte Kaiser nach seinem bescheidenen Reich, der Insel Elba, ein. Von Frejus marschierten wir nach dem Seestädtchen Cannes, das an einem steilen Abhang, auf dessen Höhe ein altes Schloß liegt, gelegen ist und eine herrliche Umgebung hat.

Cannes gegenüber liegen die lérinischen Inseln, ganz nahe an der Küste. Die größte, St. Marguerite, ist keine zweitausend Fuß entfernt und hat ein Fort, in welchem unter Ludwig XIV. der Mann mit der eisernen Maske gefangen saß, der für jeden, der Richelieus Memoiren mit Aufmerksamkeit gelesen hat, kein Geheimnis mehr ist. Auf der zweiten dieser Inseln, St. Honorat, war ein sehr berühmtes Kloster. In Gesellschaft einiger Kameraden und eines Einwohners von Cannes fuhr ich gegen Abend in einer Barke diesen Inseln zu, wo wir die sich zu einem Staatsgefängnis vortrefflich eignende Zitadelle in Augenschein nahmen. Man zeigte uns das stark vergitterte Fenster, hinter welchem der unglückliche Bruder Ludwigs XIV. saß. Zu Cannes landete Napoleon am 1. März 1815, von Elba zurückkehrend, um noch einmal Europa auf kurze Zeit in Alarm und Unruhe zu setzen, den Wiener Kongreß zu beendigen und dann zu St. Helena jämmerlich zu enden.

Von Cannes nach Nizza, wohin wir den nächsten Tag marschierten, bietet der Weg nichts Bemerkenswertes. Auf diesem Marsch hatte ich die Arrieregarde des Bataillons kommandiert, mit welcher Madame Grenet, die Gattin meines Kapitäns, eine allerliebste junge Frau, erst zwei Jahre verheiratet, in ihrer Reisekalesche fuhr. Neben dem Wagen hergehend, unterhielt ich mich recht angenehm mit ihr, so daß mir der Marsch fast zu kurz vorkam. Bei der Rast frühstückte ich mit der Dame köstlichen Thunfisch, den sie mitgebracht hatte und den man in dieser Gegend ganz vortrefflich findet. Dafür braute ich ihr ein Getränk aus süßen Pomeranzen und Muskatwein, eine Art Orangeade, die sehr erfrischend und stärkend ist. Madame Grenet hatte die Güte, mir nun einen Platz in ihrem Wagen anzubieten, den ich auf ein paar Stunden annahm. Sie teilte mir mit, daß sie sich zu Nizza, von wo der Weg über sehr steile Gebirge, die Meeralpen, gehe, samt ihrem Wagen einschiffen und von da aus den Weg bis Genua zur See machen werde. Da ich wußte, daß auch die Armatur [Ausrüstung] und das Gepäck des Bataillons unter dem Kommando eines Offiziers und einiger Mannschaft ebenfalls eingeschifft werden sollte, sagte ich der freundlichen Dame, daß ich den Bataillonschef um dieses Kommando bitten wolle, was mir Duret wohl zugestehen würde. Sie lächelte und meinte: ‹Dann bleibe ich unter Ihrem Schutz.›

‹Den ich Ihnen gewiß auf das kräftigste angedeihen lassen werde›, erwiderte ich.

Vor der Etappenstadt stieg ich aus dem Wagen, Madame Grenet für die Güte dankend, und führte mein Kommando unter Trommelschlag auf den großen, mit Arkaden umgebenen Napoleonsplatz zu Nizza, dessen Gebäude von gleicher Bauart, Farbe und Höhe waren, so daß man sich eher in einem ungeheuren Schloßhof als auf einem öffentlichen Platz glaubte. Nachdem ich die Bagagewagen der neuen Wache übergeben und die Leute entlassen hatte, suchte ich mein Quartier auf, das mir der Zufall wieder bei der jungen Strohwitwe eines in Mailand weilenden Armeebeamten, einer Piemonteserin aus Turin, bescherte, die aber leider kein Wort Französisch, während ich noch kein italienisches konnte. Ich bekam sie auch erst später zu sehen, da mir in Abwesenheit der Gebieterin eine Zofe das Billett abnahm.

Ob ich gleich mehrere Tage in Nizza verweilte, wurde ich doch wenig mit den Schönheiten und Reizen der Umgebung bekannt, von denen so manche Reisenden mit Entzücken phantasieren, ich war vielleicht auch noch ein gar zu prosaisches Menschenkind, und zudem waren meine Gedanken mit meiner hübschen Hauptmannsfrau zu sehr beschäftigt, als daß ich den Naturschönheiten so viel Aufmerksamkeit hätte schenken können. Nur die sich gegen Norden erhebenden Gebirgsterrassen, aus vier übereinanderragenden Bergen bestehend, machten durch ihr imposantes Ansehen einigen Eindruck auf mich.

Am nächsten Morgen suchte ich Duret auf, ihn um das Kommando der sich mit dem Gepäck nach Genua einschiffenden Mannschaft zu bitten, wie ich mit Madame Grenet übereingekommen war. Er gestand mir dies auch zu ohne andere Einwendung als «Wahrscheinlich steigen Sie nicht gern Berge» und fuhr fort: «Geben Sie nur auf die Armatur acht und lassen Sie sich nicht von den Engländern erwischen.» Ich versprach, daß ich mein Möglichstes tun wolle, beides zu befolgen, und eilte nun an den Hafen, wo ich die Feluke aufsuchte, die zu diesem Zweck in Beschlag genommen war und den Namen «Proserpina» führte. Ich erkundigte mich bei dem Patron nach der Abfahrt, der mir sagte, er müsse einen günstigeren Wind abwarten, man könne aber einstweilen immer die Gewehre und Bagage einschiffen. Ich befahl dem Adjutant-Unteroffizier [Korporal], dies zu besorgen, ging sodann zum Kapitän Grenet, ihn zu benachrichtigen, daß mir das Militärkommando der Feluke erteilt worden, der sich darüber freute und mir seine Frau und besonders seinen Wagen dringend empfahl. Ich versprach auch, daß ich für beide bestens sorgen wolle, und bat Madame Grenet, ihre Effekten bereitzuhalten, damit ich sie einschiffen lassen könne. Am anderen Morgen marschierte das Bataillon, das in Nizza einen Rasttag gehabt, in aller Frühe ab.

Den Abend vorher hatte ich noch mit meinen italienischen Signoras zugebracht, wo uns, wenn auch in unverständlicher, doch sehr lebhafter Unterhaltung, mit Musik untermischt, die Zeit schnell verflog. Ich hatte sie gebeten, eine Promenade mit mir zu machen, wozu sie sich aber durchaus nicht verstehen wollten. Sie bedeuteten mir, daß, wenn man sie mit mir ausgehen sehe, die bösen Mäuler, die man hier sehr zu scheuen habe, etwas zu reden bekämen und die Sache zehnmal verschlimmert ihren Männern hinterbracht würde. Wir blieben also zu Hause, ich soupierte mit den Frauen und ließ durch meinen Burschen Eis und Rosolio holen. Man wurde nun lebendiger, und es kam dann noch zu allerlei Schäkereien und Küssen, versteht sich, alles in Ehren, und nicht weiter. Wir trennten uns endlich vergnügt, aber dennoch legte ich mich verdrießlich nieder, es nicht weiter gebracht zu haben, und nahm mir fest vor, in Genua sogleich italienisch zu lernen.

Am anderen Morgen begleitete ich das abmarschierende Bataillon noch eine Strecke, Duret und Grenet empfahlen mir nochmals Bagage und Damen, denn es schifften sich noch mehrere andere Offiziersfrauen mit ein. Ich kehrte um und begab mich zu Madame Grenet, die ich noch in einem reizenden Morgenanzug in ihrem Bett fand, was sie aber nicht hinderte, mich zu empfangen. Sie schien kaum erwacht zu sein, denn noch glühten ihre Wangen schlaftrunken, und sie blühte wie eine eben aufbrechende Rose, die ich mir zu pflücken vornahm. Nachdem ich ihr mit geringem Widerstreben einige Küsse geraubt, schlich ich an die Tür und verschloß sie von innen.

«Mais que fait – vous donc»*, lispelte sie.

«Rien», [nichts] antwortet ich ebenso leise und erstickte alle weiteren Fragen unter einen Strom von Küssen, nachdem ich ihr versichert, daß ich ihr gewiß nichts Böses tun werde.

Als ich sie fest umschlungen, sanft mit dem linken Arm auf das Bett zurückdrückte und mit der rechten Hand die mir, obgleich recht feinen, doch lästigen Morgengewänder zu entfernen suchte, sträubte sich zwar noch die Taube ein wenig, aber trotz Sträuben und Ach ließ ich nicht nach, und bald drückte auch sie mich fester und fester an sich, und alles Bewußtsein schien ihr zu schwinden. Etwas ermattet verließen wir endlich das Lager, ich half ihr, die Toilette in Ordnung bringen, und nachdem sie die Verschämte genug gespielt und der letzte Kuß gegeben war, verließen wir das Gemach und nahmen Schokolade unter den Arkaden ein.

Hierauf begaben wir uns zum Hafen, um uns zu erkundigen, wann man wohl abfahren könne. Der Patron der Feluke meinte, noch an demselben Tag die Anker

*) «Aber was machen Sie denn»,

lichten zu können. Ich ließ nun schnell alle Bagage auf das Schiff bringen, befahl dem Unteroffizier, die Leute einzuschiffen und die anderen Damen zu avertieren [benachrichtigen], damit sie sich bereit halten möchten, und eilte sodann, Abschied von meiner hübschen Wirtin zu nehmen, die mir erlaubte, sie jetzt recht zärtlich zu umarmen. Bei einem Abschied sieht man manchem durch die Finger, und man darf sich wohl etwas mehr herausnehmen und zärtlicher sein, so auch ich, und wer weiß, was noch geschehen wäre, wenn nicht gerade die Freundin zur rechten Zeit oder Unzeit dazugekommen wäre. Da ich aber jemand kommen hörte, verließ ich schnell meine Schöne, und als ich sah, daß es ihre Freundin war, die in die Tür trat, flog ich auch dieser rasch an den Hals, um der anderen Zeit zu geben, ihre etwas zerstörte Toilette wieder zu ordnen, und erdrückte die erstaunt Eintretende fast mit Küssen, damit sie die Unordnung der anderen nicht wahrnahm. Die List gelang vollkommen, und dann bald die eine, bald die andere unter hundert Addios und «Grazie tante» umarmend, schlüpfte ich endlich zur Tür hinaus, eilte die Treppe hinunter zu der mich erwartenden Madame Grenet.

Wir nahmen noch ein gutes Frühstück ein, begaben uns dann an den Hafen, wo schon Mannschaft, Waffen und Gepäck und noch fünf andere Offiziersfrauen eingeschifft waren. Madame Grenet nahm Platz in ihrem Wagen und lud noch drei andere Damen, die keinen hatten, ein, sich zu ihr zu setzen, während ich mich auf dem Bock placierte.

Die «Proserpina» lichtete die Anker, und wir segelten mit gutem Wind davon. Auf dem Schiff befanden sich auch zwei marode Hautboisten vom Regiment, die aber doch nicht so müde waren, daß sie sich nicht ihrer Instrumente hätten bedienen können. Ich ersuchte sie, ein paar muntere Melodien zum besten zu geben, wozu sie sich willig fanden. Und so fuhren wir, die hohen Alpen beständig vor Augen, immer längs der Küste dahin. Der günstige Landwind wurde stärker und blies so kräftig in die Segel, daß wir bald an Monaco, San Remo, Oneglia und Albenga vorüberflogen und mit der Dämmerung zu Finale ankamen, wo die seekrank gewordenen Damen wie die meisten Passagiere an Land gehen wollten, was aber niemand gestattet wurde, bevor der Syndikus des Orts unseren Schiffer eidlich verhört hatte, daß er weder einen pestkranken Ort berührt noch einen derartigen Kranken an Bord habe.

Wir fuhren indes bald wieder weiter, denn der Patron hoffte, noch vor Nacht Savona zu erreichen, wo der Hafen weit sicherer als zu Finale und die Nachtquartiere weit bequemer seien. Auf der Fahrt dahin erzählte er mir, daß er aus Nizza sei, daß diese Stadt durch das Wegbleiben der Engländer seit mehreren Jahren außerordentlich verloren und der Verdienst nicht mehr der vierte Teil wie früher sei, gab mir auch nicht undeutlich zu verstehen, daß man daselbst eben nicht sehr vergnügt über das Glück sei, jetzt einen Teil des französischen Kaiserreichs auszumachen, doch wollte er sich nicht weiter einlassen und mit der Sprache nicht heraus, denn er traute mir wohl nicht.

Die Fahrt bis Finale war äußerst angenehm gewesen, und die Aussicht auf die Küste bot viel Abwechslung, die Ufer waren mit Südpflanzen jeder Gattung bedeckt, und es ging an Buchten, Dörfern, Flecken und Städten vorüber; oft unermeßliche Felsmassen und immer himmelhohe Gebirge bildeten den Hintergrund. Auf der anderen Seite sah man nicht selten große Schiffe in der Ferne vorübersegeln, lange Silberstreifen hinter sich lassend, und in den Wellen spiegelten sich die Feuerstrahlen der Abendsonne. Von Finale aus begann es schon dunkel zu werden, und erst mit der einbrechenden Nacht liefen wir in den Hafen von Savona ein. Sämtliche Damen baten mich, ein Nachtquartier für sie zu besorgen, das ich dann in der besten Locanda [Gasthaus] bestellte, wobei ich darauf bedacht war, daß ich ein Zimmer neben dem der Madame Grenet erhielt, das mit diesem kommunizierte [verbunden war]. Die anderen Damen logierte ich je zwei auf einem anderen Gang. Nach dem Abendbrot, das in Fischen, Feigen und gutem Wein bestand, begaben wir uns sämtlich zur Ruhe. Nachdem ich meine Tür von innen abgeschlossen, öffnete ich leise die zum Zimmer der Madame Grenet und bat sie, diese Nacht in meinem Gemach zuzubringen, weil die Stube auf der anderen Seite besetzt war und deren Inhaber leicht das mindeste Geräusch durch eine ebenfalls in dasselbe gehende Tür vernehmen konnte.

Sie ging darauf ein, und wir brachten eine herrliche Nacht zu, die sich wohl denken, aber nicht beschreiben läßt. Gegen Morgen, das heißt um zwei Uhr nach Mitternacht, verließ mich meine reizende Alcine, um Ruhe in dem eigenen Bett zu suchen, was uns beiden not tat. Als wir gerade im erquickendsten Schlaf waren, gegen vier Uhr, weckte mich mein Bursche mit den Worten, daß der Patron in einer Stunde ablegen wolle, um den günstigen Wind zu nutzen und diesen Morgen bei Zeit in Genua einzutreffen. Hier blieb nichts anderes übrig, als sich, so schwer es auch fallen mochte, den Armen des wohltuenden Schlafes zu entreißen. Ich ließ nun auch die anderen Damen wecken, versah Kammerjungferdienste bei Madame Grenet, damit sie schneller mit ihrer Toilette fertig wurde, und gegen fünf Uhr waren wir wieder eingeschifft. Die Damen setzten ihren unterbrochenen Schlaf in dem Wagen fort, während ich auf dem Bock nickte.

Gegen zehn Uhr vormittags wurden wir alle durch das Geschrei ‹Ecco Genova!›, das der Patron und seine Leute erhoben, aus unserem Schlummer erweckt. Als ich die Augen aufschlug, erblickte ich die prächtige Stadt, die von der Seeseite in der

Tat einen imponierenden Anblick darbietet. Da lag sie in ihrer ganzen Herrlichkeit, Genova la superba, die Vaterstadt der Columbus, Andrea Doria und Fiesko, von den Strahlen der goldenen Morgensonne prächtig beleuchtet, vor unseren staunenden Blicken, und Schiller läßt den Fiesko nicht zuviel sagen, wenn er ausruft: «Diese majestätische Stadt!», denn wahrhaft majestätisch lehnt sie sich amphittheatralisch an den Fuß der Apenninen, während ihr Piedestal von dem schönen Golf benetzt wird, der ihren Namen trägt.

Bis jetzt hatte noch keine Stadt einen solchen Eindruck auf mich gemacht. Nach zehn Uhr liefen wir ein und landeten am Ponte di Mercanti, einem kleinen, in den Hafen führenden Damm, wie deren mehrere vorhanden, an denen die kleineren Schiffe anlegen. Wir stiegen aus, und das erste, was mir auffiel, waren die vielen Mönche von allen möglichen Orden und Farben, die sich unter den gaffenden Zuschauern befanden, etwas ganz Neues für mich, denn in Deutschland und Frankreich sah man deren schon lange nicht mehr. Ich ließ nun alles ausschiffen und die Damen und mich in ein gutes Gasthaus in der Nähe der Post führen, wo wir sogleich sehr freundlich aufgenommen wurden. Als ich später die Quartierbilletts für unser Logis brachte, die ich mir auf der Mairie hatte geben lassen, machte der Wirt ein verdrießliches Gesicht, denn er hatte uns seine besten Zimmer eingeräumt, aus denen wir uns nicht mehr ausquartieren ließen.

Die Vorstellung, die ich mir auf dem Meer von dem prächtigen Genua gemacht hatte, wurde arg geschmälert, und alle Illusion verschwand, als wir durch die vielen engen dunklen Straßen wandern mußten, wo nicht einmal ein Fuhrwerk passieren konnte, die jedoch reinlich und alle mit roten Backsteinen gepflastert waren und in denen oft die schönsten Gebäude von Marmor aufgeführt standen.

VII.

Es war in den ersten Tagen des Monats Februar, als wir zu Genua ankamen, dabei hatten wir von Toulon aus das schönste Frühlingswetter, alles war grün, und viele Bäume und Pflanzen standen in üppigster Blüte. Fünf Tage waren wir noch dem uns folgenden Bataillon voraus, die ich in dolce giubilo [süßen Jubel] mit Madame Grenet verlebte und suchte auch meist in deren Gesellschaft die Sehenswürdigkeiten Genuas auf. Die prächtigen Straßen Balbi und Strada nuova mit ihren Marmorpalästen, wie sie keine Stadt in Europa mehr aufzuweisen hat und unter denen besonders die der Durazzo, der Doria, der Spinola, der Pallavicini durch ihre außerordentliche Pracht und Schönheit hervorragen. In all diesen Palästen sind treffliche Gemälde und ganze Galerien derselben, welche die Meisterstücke eines Rubens, Tizian, van Dyk und so weiter enthalten.

Leider fand ich damals an leblosen Gemälden, wenn sie auch noch so trefflich waren, wenig Geschmack, besonders wenn sie sogenannte heilige Gegenstände darstellten; dagegen waren mir die lebenden desto teurer, und die genuesischen Frauen mit ihren langen Schleiern, die sie so graziös überzuwerfen, und ihren durchbohrenden Feueraugen, die sie so schelmisch zu gebrauchen wissen, sprachen mich weit mehr als das herrlichste Gemälde im Palazzo Durazzo an. Das lebendige Bild an meiner Seite, Madame Grenet, fing bald an, mich so zu ermüden, daß ich nach ein paar Tagen, so oft es sich tun ließ, Genuas Schönheiten allein zu sehen suchte. Einige der schönen Bilder blieben nicht ohne Eindruck auf mich, namentlich entsinne ich mich, daß ich das berühmte Gemälde Solimenos, Hektors Leiche durch Achilles um Troja geschleift, mit Wohlgefallen betrachtete.

Auch die nächsten Umgebungen Genuas, namentlich die schönsten Villen und Landhäuser, den Grimaldi, Doria, Spinola, Giustiniam und anderen reichen Familien gehörend, besuchten wir.

Der Hafen von Genua ist sehr geräumig, und es können sogar Linienschiffe von achtzig Kanonen in demselben vor Anker gehen. Die beiden Molos schließen ihn bis auf eine Weite von 680 Meter ein, und die beiden Leuchttürme an den Spitzen derselben, von denen der auf dem neuen Damm 350 Stufen und 100 große Laternen zählt, werden jede Nacht angezündet, so daß die Schiffe sicher durchfahren können. Das Arsenal, die Darsina genannt, liegt in dem entlegensten Teil des Hafens; hier werden die Galeeren erbaut. Genua zählt mit den Vorstädten an 90 000 Einwohner und ist durch Natur und Kunst so fest, daß es nur der Hunger bezwingen kann.

Wir besuchten den zweiten Abend die Oper im Teatro Augustino, wo «Gli amanti in scompiglo» recht brav gegeben wurde. In einem zweiten Theater sahen wir Goldonis Bugiardo, das wir aber bald wieder verließen, wir langweilten uns, weil wir kein Wort verstanden, und nahmen in einem nahen Kaffeehaus Sorbetti.

Schon in den ersten vierundzwanzig Stunden nach meiner Ankunft hatte ich mich erkundigt, ob noch Nachkommen der Familie der Fieschi* vorhanden seien, und mit großem Vergnügen erfahren, daß noch Zweige existierten, die jedoch nicht mehr zum reichsten und angesehensten Adel gezählt würden. Ich nahm mir vor, einen Grafen Fiesco, den ich ausgekundschaftet hatte, zu besuchen.

Nicht ohne Mühe machte ich seine Wohnung, einen etwas alten, nicht im besten Zustand befindlichen Palazzo, in einer schmalen, düsteren Gasse ausfindig und wurde von einem Bediensteten gemeldet und angenommen. Ich stand nun vor einer langen, hageren, einige fünfzig Jahre alten, sehr trocken und etwas grämlich aussehenden Figur, der ich auf französisch auf die artigste Weise möglichst begreiflich zu machen suchte, warum ich mir die Freiheit herausgenommen, den Abkömmling eines so hochberühmten Hauses mit einem Besuch zu belästigen, und sprach dabei von Schillers trefflicher Tragödie, die seinen Namen führe. Der Herr Graf sah mich starr und fast stupid an, erwiderte mir endlich mit ein paar gebrochenen französischen Worten: «Je ne comprenner pas Monsju ke vous voulez.»** Da ich mich noch verständlicher zu machen suchte, ihm von Schiller, unserem größten Dichter, der sein Haus in Deutschland verewigt habe, und von der Verschwörung sprach, fiel er mir mit einem: «Ma Signor Uffiziale non capisco niente, cosa é questo Skiller!»*** ins Wort.

Da ich sah, daß es mir ziemlich unmöglich war, dieser gräflichen Figur, die anfing, sich ängstlich um- und mich mißtrauisch anzusehen, begreiflich zu machen,

---

*) De Fieschi, Giovanni Luigi, geb. 1524, versuchte 1547 mit französischer und päpstlicher Hilfe erfolglos, den Dogen Andrea Doria zu stürzen, wobei er den Tod fand. Drama von Schiller «Die Verschwörung des Fiesco zu Genua» (1783).
**) «Ich verstehe nicht, was Sie wollen, mein Herr.»
***) «Aber Herr Offizier, ich verstehe nicht, wer dieser Skiller ist!»

warum ich sie besuche, stand auch ich ziemlich verblüfft da, entschuldigte mich noch mit einer Verbeugung und war froh, als ich wieder zur Tür hinaus war. Ich nahm mir nun vor, so bald weder berühmte Männer noch berühmte Namen aufzusuchen.

Am anderen Morgen sollte das Bataillon eintreffen, dem ich eine Stunde weit entgegenging. Auch die Damen, unter ihnen Madame Grenet, fuhren ihm eine Strecke entgegen und bewillkommneten ihre Männer auf das zärtlichste. Ich war froh, meines Dienstes bei Madame Grenet jetzt enthoben zu sein, der mir anfing beschwerlich zu werden, denn die schönen Genueserinnen steckten mir im Kopf.

Nachdem der Dienst geregelt war, den wir zusammen mit anderen französischen Truppen versahen, machte das Offizierskorps, Duret an der Spitze, seine Besuche bei der Generalität und mehreren der angesehensten Häuser, wie bei Dorias, Pallavicinis und einigen anderen, in denen auch die Offiziere des schon länger hier stehenden dritten Bataillons eingeführt waren.

Glänzend waren die Soireen bei dem Chef des Hauses Doria, wo wir nach ein paar Tagen, nachdem wir unsere Aufwartung gemacht, eingeladen wurden, bei dem schon alles so ziemlich französiert, das heißt auf französische Art eingerichtet war. Hier lernte ich die ersten Schönheiten Genuas kennen, namentlich eine Marchesa P., die mit den regelmäßigsten feinsten und dabei ausdrucksvollsten Gesichtszügen eine Körperbildung verband, die selbst Praxiteles für ein Meisterstück der Schöpfung erklärt und sich zum Muster erbeten hätte und die, nachdem ich sie zum erstenmal gesehen, mich die übrige Nacht kein Auge schließen ließ. Sie war aus dem Haus der Durazzi und an den Marchese P. verheiratet, hatte aber neben ihrem Mann einen Cicisbeo*, der nicht von ihrer Seite wich und schon in reiferen Jahren war. Zu jener Zeit existierte das Cicisbeat in Genua noch allgemein bei den Vornehmen. Außer ihr waren noch eine Gerai, eine Tursi, eine Doria und eine Marchesa Costa wegen ihrer Schönheit zu bewundern, und die hochtrabenden Namen Spinola, Centurione, Imperiali, Somellini und so weiter ertönten fortwährend in den Unterhaltungen. Ich tanzte mit mehreren Damen, namentlich auch mit der Marchesa P., konnte aber mit keiner eine nur einigermaßen zusammenhängende Unterhaltung anknüpfen, da die meisten fast gar kein Französisch oder es doch nur sehr gebrochen sprachen und dann immer drei Viertel italienischer Worte einmischten.

Dies brachte mich zur Verzweiflung, und schon am Morgen nach der ersten Soi-

---

*) Das traditionelle Cicisbeat gab der vornehmen Ehefrau einen Hausfreund (Cicisbeo) als Aufpasser, der sie begleitete, sobald diese ihr Wohnhaus verließ.

ree kaufte ich mir einen Sprachführer und machte mich mit dem größten Eifer an die italienische Sprache, nahm meine Grammatik mit zu Bett und auf die Wache, lernte vor allem die zur Unterhaltung notwendigsten Phrasen auswendig und nahm zugleich einen italienischen Sprachlehrer an, der mich nicht nur mit dieser Sprache, sondern auch mit den Familienverhältnissen der vornehmen Welt bekanntmachte, was mir um so willkommener war, als ich hier ein probates Mittel, das mir in Frankreich so behilflich warf, die Friseure, nicht benutzen konnte, weil ich sie eben nicht verstand.

Mein exzellenter Lehrer wußte mir auch Mittel und Wenge anzugeben, um leicht Bekanntschaften mit den Schönen von Genua anzuknüpfen, ja er erbot sich sogar zur Besorgung von Briefchen und bemerkte, die genuesischen Damen seien große Liebhaberinnen der französischen Offiziere. Ich nahm dieses Anerbieten dankbar an und versprach, seine Güte bei Gelegenheit in Anspruch zu nehmen. In vierzehn Tagen war ich schon imstande, den Damen die gewöhnlichen Schmeicheleien zu sagen, und machte bald Riesenfortschritte in dieser so leichten als schönen Sprache.

Bald nach unserer Ankunft erhielt ich Empfehlungsschreiben und einen Wechsel auf ein deutsches, in Genua etabliertes Haus, und zwar das eines Frankfurters namens Bansa. Der Brief und noch mehr der Wechsel kamen mir erwünscht, denn meine Kasse war ziemlich erschöpft, und ohne Geld kann man selbst in dem schönen Italien nicht viel anfangen. Ich eilte auf das Kontor meines Landsmannes, wo ich auf echt Frankfurter Art empfangen wurde. Man zahlte mir den Wechsel, sechshundert Franken, und bat mich für den nächsten Sonntag zu einer langweiligen Abfütterungsmahlzeit, die ich nicht ausschlug, da ich nicht wissen konnte, ob ich das Haus später nicht brauchen würde. Damit war es aber auch abgemacht, und Herr Bansa war nicht imstande, mir die mindeste Auskunft über gesellschaftliche Verhältnisse zu geben oder eine wissenschaftliche Unterhaltung zu führen, ebensowenig war er in der italienischen wie überhaupt in jeder anderen Literatur bewandert. Er war eine der gewöhnlichen merkantilischen Rechenmaschinen, die verstummten, sobald von etwas anderem als ihren Handlungsbüchern oder den in ihren Kram schlagenden Spekulationen die Rede ist, da alles andere über ihren Horizont geht.

So war denn auch dieses Diner, dem außer der Familie und mir noch ein paar andere Deutsche beiwohnten, eines der langweiligsten, denen ich je beigewohnt. Wo ich anklopfte, fand ich alle Pforten verschlossen, und als ich gar die Politik und Tagesgeschichten aufs Tapet bringen wollte und von Napoleons mutmaßlichen Absichten und so weiter sprach, da wurden alle Gesichter ellenlang und verlegen. Ich war herzlich froh, als man endlich vom Tisch aufstand, beurlaubte mich baldmöglichst, gab dem Bedienten ein reichliches Trinkgeld, und erst im Freien ward es mir wieder wohl. Ich betrat auch das Haus nur noch einmal, um einen Hauptmann von Fürth, der in Geldverlegenheiten war, zu empfehlen, dessen Anliegen Herr Bansa jedoch abwies, der aber kurz darauf einen Wechsel von hundert Louisdor von seinen in Frankfurt etablierten Verwandten gerade auf dieses Haus erhielt.

Bei einer bald folgenden zweiten Soiree in der schönen Villa Doria vor dem Thomastor konnte ich mich schon zur Not den Damen verständlich machen, tanzte auch wieder mit der schönen P. und brachte von meiner reizenden Tänzerin heraus, daß in der Regel die Kirche Santa Maria della Passione diejenige sei, in welcher sie ihre Andacht verrichte, daß sie aber auch manchmal sonntags die Militärmesse besuche. Ich war auf dem besten Weg, noch mehr zu erfahren, als sich plötzlich Lärm und heftiger Wortwechsel in dem angrenzenden Spielzimmer erhoben, die bald so laut wurden, daß sie die Aufmerksamkeit aller Tanzenden auf sich zogen, von denen die meisten ihre Quadrillen verließen und den Türen zueilten, die in jenes Gemach führten, wo sich der Tumult vernehmen ließ. Ich benutzte diesen Augenblick, meiner Tänzerin ein ‹Mia carissima Signora!›*, von einem leisen Händedruck begleitet, zuzuflüstern, was sie mit einem ‹Ma che volete?›** erwiderte und dann ebenfalls nach jener Tür eilte, wohin ich ihr folgte.

Man strömte schon wieder aus derselben zurück, und ich erfuhr von einem Kameraden, daß sich ein Kapitän unseres Regiments namens Roy beim Spiel sehr undelikat benommen, obgleich er vielleicht Veranlassung dazu haben mochte. Einer der Nobili hielt eine Pharaobank,*** bei der viele Offiziere pointierten, fast alle spielten fortwährend unglücklich, und Roy hatte schon eine bedeutende Summe verloren, wollte durchaus eine Coeurdame forcieren und behauptete, als er sie mit zehn Louisdor besetzt hatte und wieder verlor, sie sei jetzt schon zum fünftenmal in derselben Taille herausgekommen, zerriß sein ganzes Buch und warf die Kartenstücke mit großer Heftigkeit auf den Tisch, den Bankhalter einen Betrüger heißend. Der Adlige konnte sich dies nicht gefallen lassen, geriet, sich rechtfertigend, in Zorn, auch Roy wurde noch heftiger, wollte auf der Stelle Räson geben, weil es hier nicht mit rechten Dingen zugegangen sei. Wer weiß, wie die Sache abgelaufen wäre, wenn sich nicht der gerade anwesende General ins Mittel gelegt und auch der Wirt des Hauses um Ruhe und Frieden gebeten hätte. Den Offizieren wurde

*) ‹Meine liebste Dame!›
**) ‹Was wollen Sie denn?›
***) Glücksspiel mit zwei vollständigen Kartenspielen zu je 52 Blatt, wobei der Bankhalter gegen mehrere Gegenspieler spielt. Diese pointieren (setzen) dabei auf bestimmte Kartenwerte.

von ihren Chefs das fernere Pointieren untersagt und so die Ordnung unter den Gästen wieder hergestellt, aber eine Mißstimmung dauerte doch den ganzen Abend fort, namentlich unter den Offizieren.

Ich eilte nun wieder, meine Tänzerin am Arm, um die Quadrille zu beendigen, konnte aber nicht mehr in dasselbe tempo animato [musik. Zeitmaß] kommen. Nach einigen Touren traten wir ab, und es war mir nicht weiter möglich, mich meiner Angebeteten zu nähern, die jetzt beständig von ihrem Cavaliere servente [dienenden Kavalier], einem Ritter Negroni, umschwebt und unter strenger Obhut gehalten wurde. Diese Cicisbei sind hundertmal ärger als die Ehemänner, die sich in Italien kaum noch um ihre Frauen kümmern, während die ersteren denselben gleich ihrem Schatten folgen, begleiten und ihnen nicht von der Seite weichen, und zwar vom Augenblick ihres Aufstehens bis zum Schlafengehen. Diesmal galt es, allen meinen Witz aufzubieten, sollte mir diese Eroberung gelingen, und sie wurde mir in der Tat schwer und sauer genug gemacht. An diesem Abend konnte ich nichts mehr als noch einen flüchtigen Blick im Vorübergehen erhaschen.

Vorerst hatte ich wenigstens erfahren, in welcher Kirche die Signora betete, und das war mir schon etwas. Auch fand ich mich jeden Tag, wenn mich der Dienst nicht abhielt, in den Morgen- und Abendstunden, wo ich die Schöne erwarten konnte, dort fast immer in Zivil ein, aber das Weihwasser konnte ich ihr nicht reichen, da Negroni sie immer begleitete und diesen Dienst versah. Erfahren hatte ich aber schon durch meinen Lehrer, wenn man die nähere Bekanntschaft einer Dame in Genua wie überhaupt in ganz Italien machen wolle, müsse man damit beginnen, ihr am Eingang der Kirche das Weihwasser darzubieten. Die Art und Weise, wie sie dasselbe empfängt, zeigt an, welche Hoffnung man sich machen darf. Schlägt sie es ganz aus oder tut, als bemerke sie diese Artigkeit nicht, und geht selbst zum Weihkessel, so heißt dies: Ich will nichts mir dir zu schaffen haben.

Um die Aufmerksamkeit des Cicisbeo, der Argusaugen zu haben schien, nicht rege zu machen, mußte ich mich immer möglichst zu verbergen suchen, und selbst wenn die Marchesa wegen schlechten Wetters oder aus anderen Ursachen in der Portantina – eine Art eleganter Sänfte, deren sich in Genua, wo man wenig Gebrauch von Kutschen machen kann, namentlich die Damen aus den höheren Ständen bedienen – ankam, trabte er hinter ihr her. Dieser Cicisbeo war eigentlich kein Liebhaber der Marchesa, sondern vielmehr ein von ihrem Mann zur Hütung aufgestellter Zerberus. Ließ sich die Dame bei schönem Wetter die Portantina nachtragen, so wich er ihr nicht von der Seite. Fensterparaden brachten mich auch nicht weiter, denn die Marchesa war fast nie allein und immer in Gesellschaft an einem Balkon ihres Palazzos, außerdem aber durfte ich die Sache nicht auffallend machen. Da war guter Rat teuer; mein Faktotum Tommolo selbst wußte mir für den Moment kein Mittel anzugeben, in nähere Berührung mit der Donna zu kommen, da er keine Seele in ihrer Wohnung kannte, versprach mir aber, Tag und Nacht darauf zu sinnen, irgendeinen Verbindungskanal ausfindig zu machen.

Unterdessen machte ich bei einer Abendgesellschaft im Palast Spinola die nähere Bekanntschaft einer Signora Peretti, die ein wirklich angenehmes Äußeres mit einem sehr gefälligen Benehmen verband, dabei mit einer klangreichen Stimme begabt war, vortrefflich sang, sich mit der Mandoline oder Gitarre dazu begleitete und ziemlich fertig französisch sprach. Da sie ein recht munteres, aufgewecktes Wesen hatte, ein sonst allerliebstes Schwarzköpfchen war, wurde ich bald mit Hilfe der Musik bekannter mit ihr, obleich auch sie ein Cicisbeo umgab, der ihr jedoch sehr ergeben war und demütig ihren Befehlen gehorchte. Ich sang bei Spinola Mozarts herrliches Duett «La ci darem la mano» mit ihr, nachdem sie es kaum einmal durchlaufen hatte, denn sie war sehr fest in der Musik.

Der Don Juan, das heißt der Mozartsche*, war damals noch völlig unbekannt in Genua sowie im übrigen Italien, und ich brachte zuerst diese herrliche Musik des unsterblichen Meisters dahin, namentlich nach Genua, Rom, Neapel, Florenz, Venedig und so weiter, wo er noch nicht einmal den Namen nach bekannt war und von den wenigen, die ihn kannten, als eine viel zu schwierige, ja unausführbare Musik verschrien wurde. Das Duett gefiel so sehr, daß wir es auf allgemeines Verlangen da capo singen mußten, ja man wollte es sogar zum drittenmal hören, erkundigte sich emsig nach dem Komponisten dieses Tonstücks, und als ich ihnen sagte, daß es aus Mozarts «Don Giovanni» sei, war man allgemein verwundert, viele kannten den Namen noch gar nicht, andere aber nur seinen «Figaro». Man wollte noch mehr aus dieser Oper hören. Ich wurde jetzt umringt, von Herren und Damen um Kopien dieser Tonstücke gebeten und mußte wenigstens einigen zwanzig Personen versprechen, ihnen dieselben abschreiben zu lassen, denn meinen Klavierauszug, der jede Nacht unter meinem Kopfkissen lag, wollte ich nicht aus der Hand geben. Ich trug nun auch etwas aus der Introduktion und den Finalen auf dem Flügel vor, wodurch die allgemeine Begeisterung noch stieg.

Mit der Signora Peretti kam ich überein, daß wir mehrere Duette zusammen einstudieren wollten, und versprach, mich am anderen Morgen nach der Parade bei ihr einzufinden. Daß ich Wort hielt, kann man sich denken; ich ließ am anderen Morgen in aller Frühe einen Regimentsmusiker rufen und gab ihm den Auftrag, so-

---

*) Die Oper «Don Giovanni» von Mozart fand ihre Uraufführung in italienischer Sprache 1787 in Prag, in deutscher Sprache als «Don Juan» ihre Erstaufführung 1789 in Mainz.

gleich mehrere Musikstücke zu kopieren und sie mir zur Parade mitzubringen. Ich fand mich zur bestimmten Stunde bei der Signora ein, und wir probierten diese nebst noch einigen anderen Gesangsstücken. Sie verbat sich auch schon in der ersten Stunde die Gegenwart ihres Cicisbeo, eines Signor Gentili, sowie sonstiger Besucher, weil man dadurch gestört würde, man gehorchte ihr auch ohne Widerspruch.

Unterdessen war bei der beau monde [vornehmen Gesellschaft] in Genua von nichts als dem Don Giovanni die Rede, und ich ging mit der mutwilligen Peretti das «La ci darem la mano» durch, nachdem uns keine eifersüchtige Donna Elvira durch ihr Dazwischenkommen hindern konnte, noch eine «dolce giubilo» anzustimmen, dem wir uns bald genug überließen. Dies war einstweilen ein unterhaltender passetemps [Zeitvertreib], bis ich mit der schönen Marchesa in nähere Berührung kommen würde, auch hatte ich bei Spinolas noch die andere in Genua hochberühmte Schönheit, die Marchesa Costa, näher kennengelernt, deren Eroberung weniger schwierig war und die immer einen ganzen Schwarm von erhörten und unerhörten Anbetern um sich hatte. Sie fand bei hohen Personen Gnade und namentlich bei Murat, der sie auf einem Ball kennenlernte. Lange zu schmachten, ohne mich wenigstens auf einer anderen Seite zu entschädigen, war nicht meine Sache, und ohne den Zeitvertreib mit der Peretti würde ich vielleicht durch meine Ungeduld und den Ungestüm alles bei der Marchesa verdorben haben, so aber hatte ich Zeit, recht systematisch mit der nötigen Strategie auf die Eroberung derselben auszugehen, und konnte die Ergebung und Kapitulation der Festung in aller Ruhe und bequem abwarten.

Die Häuser Doria und Spinola veranstalteten der Musik des «Don Juan» zuliebe häufiger Soireen, in denen man das bereits Einstudierte vortrug, ja es kam sogar ein Verein zustande, in welchem wir Ensemblestücke aus dieser Oper einstudierten, uns endlich sogar an das erste Finale wagten und diese Stücke dann in den Abendgesellschaften zum besten gaben. In ganz Genua sprach man nur von dem «Don Juan» und mitunter auch von dem Uffiziale francese oder tedesco,* der ihn mitgebracht. Dies gab Veranlassung, daß ich auch meine schöne P. häufiger zu sehen und zu sprechen bekam und, was die Hauptsache war, auch mehr von ihr, wie überhaupt von den Damen, bemerkt und ausgezeichnet wurde.

Damals vertauschte ich meine Charge bei der Voltigeurkompanie mit einer gleichen bei den Karabiniers,** von welchen der Unterleutnant als Oberleutnant in ein

---

*) französischen oder deutschen Offizier
**) Anmerkung S. 46

anderes Bataillon versetzt wurde. Ich selbst hatte bei Duret darum nachgesucht, und zwar aus folgendem Grund: Es war immer ein Grenadier- oder Karabinieroffizier, der das aus Grenadieren oder Karabiniers bestehende Detachement in die Militärmesse kommandierte, welche jeden Sonntag mittag zu Genua in der San-Lorenzo-Kirche sowie in allen von französichem Militär besetzten Städten in den von den Platzkommandanten dazu ausersehenen Kirchen gehalten wurde. Mit klingendem Spiel, mit den Sappeurs, dem Tambourmajor und allen Tambours des Regiments, marschierte man in großer Parade, mit der Bärenmütze geschmückt, die ich gern trug, weil sie mir gut zu Gesicht stand, in den mit der schönen Welt und den eleganten Damen, welche die Tribünen und Galerien zierten und diesen Messen vorzugsweise gern beiwohnten, angefüllten Tempel durch das Schiff bis an das Chor. Daselbst angekommen, wurde ein donnerndes ‹Halt!› und ‹Gewehr in Arm!› kommandiert, bis die Generalität mit ihrem Stab und die höchsten Zivilbeamten erschienen, die ihre Plätze auf karmoisinenen Sesseln in der Nähe des Hochaltars nahmen.

Sobald die Messe beginnt, schultern die in zwei langen, sich gegenüberstehenden Reihen aufgestellten Truppen das Gewehr, und wenn der Priester das Sanctissimum [Allerheiligste] zeigt, präsentieren dieselben, fallen auf das Kommando wie niedergedonnert auf die Knie, wobei sie die Gewehrkolben, die Gewölbe erschütternd, auf einen Schlag aufstoßen, die Tambours schlagen aux champs, die Musik fällt in eigens dazu komponierten Melodien ein sowie das aus Opernsängern und Sängerinnen bestehende Personal auf dem Chor, wo man oft die herrlichsten Stimmen hört, und es ist nicht zu leugnen, daß diese Feierlichkeit im höchsten Grad ergreifend und imponierend ist und auf die Andächtigen einen großen Eindruck macht. Der kommandierende Offizier muß aber eine starke, sonore und durchdringende Stimme haben, an der es mir nicht fehlte, denn wenn ich im Freien kommandierte und drei Bataillone in einer Linie aufgestellt waren, konnte man doch jedes meiner Kommandos auf das deutlichste von einem Flügel zum anderen vernehmen. War unser Regiment an der Reihe, ersuchte ich jedesmal den Offizier, mir das Kommando zu überlassen, so daß alle vierzehn Tage meine Tour kam, und mehr als einmal hörte ich beim Abmarsch flüstern: ‹Das ist der Offizier, der den Don Juan singt.›

Meine musikalischen Kenntnisse brachten mir auch noch den Vorteil, daß das Musikkorps des Regiments jetzt unter meine Aufsicht gestellt wurde, so daß es mir nun nicht schwer fiel, es bisweilen für meine Privatinteressen zu verwenden, denn der Musikmeister mußte es mit mir halten, da ich ihm manchen Vorteil verschaffen und gewähren konnte. Auch enthob mich dies manches Dienstes, der nicht gerade

zu den angenehmsten gehörte. Ich ließ nun öfter den Schönen Serenaden und Au-
baden [Frühständchen], wie es am besten paßte, von Blasinstrumenten trefflich
ausgeführt, bringen, wozu sich die Herren Musici willig fanden, da ich sie jedesmal
mit Wein und Erfrischungen regalierte.

Um aber den Ensemblestücken des «Don Juan», die wir aufführten, noch einen
höheren Reiz zu verleihen, instrumentierte ich, so gut es gehen wollte, den Klavierauszug für Violinen, Bässe, Klarinetten, Trompeten, Pauken, was keine Kleinigkeit
war, da ich von dem Generalbaß und dem Kontrapunkt wenig oder gar keine
Kenntnis hatte. Ich half mir aber, indem ich mich mit dem Umfang und Schlüssel
eines jeden Instruments bekanntmachte und dann nach Gutdünken, nachdem ich
auf einem Klavier probiert hatte, welche Partie sich wohl für die Violinen, welche
für die Hautbois, welche für die Hörner am besten eignen würde, dieselbe den In-
strumenten zuteilte. Freilich möchte sich Mozart wohl im Grabe herumgedreht haben, wenn er sein Meisterwerk so verstümmelt gehört hätte, denn welche Verstöße
gegen die Regeln der Harmonie mögen dabei untergelaufen sein! Einige berichtigte
der Musikmeister. Auf diese Art komponierte ich auch Geschwind- und Parade-
märsche, von denen viele in allen Regimentern der großen Armee aufgenommen
wurden, namentlich ein Sturmmarsch (pas de charge), den sogar die Musik der kaiserlichen und der neapolitanischen Garden adoptierte und der diese mehr als einmal ins Feuer führte.

Auch viele Tänze, französische Romanzen und italienische Kavatinen komponierte ich und verlegte manche davon bei italienischen und französischen Musika-
lienhändlern. Eine Aubade, die ich in Genua einer Schönen bringen ließ, war jedoch Ursache, daß ich folgendes Billett von deren Ehemann erhielt: «Signore, ich
bin kein Freund von Musik, die meine Morgenruhe und meine Ruhe überhaupt
stört, am allerwenigsten aber von Hörnern, die bei Ihrer Musik vorzuherrschen
scheinen; verschonen Sie mich also in Zukunft damit. Ihr …» Ich schluckte die witzige Pille und ließ mir nichts merken, das Beste, was ich tun konnte.

Indessen ging alles vortrefflich in Genua, und ich hatte die beste Hoffnung, auch
mit der P. zum Ziel zu kommen, als mir einige Fatalitäten begegneten, die mich
beinahe in große Kalamitäten gestürzt und verwickelt hätten, aus denen ich mich
jedoch noch so ziemlich gut zu ziehen verstand.

Eines Tages, als ich vom Abendappell aus der Kaserne kam, sah ich den Kapitän Caguenec, denselben, der den Skandal im Theater zu Toulon veranlaßt hatte,
in der Straße Balbi etwas schwankenden Schrittes auf mich zukommen und merkte
bald, daß er nach seiner löblichen Gewohnheit wieder einmal des Guten viel zu
viel getan hatte. Gern wäre ich ihm ausgewichen, allein es war nicht mehr möglich,

denn schon hatte er mich gesehn, eilte auf mich zu und lud mich ein, ein Glas Rosolio im nächsten Kaffeehaus mit ihm zu nehmen. In diesem Zustand konnte ich ihm kaum etwas abschlagen, wenn ich nicht sofort arge Händel mit ihm selbst haben wollte. Ich mußte also nolens volens [wohl oder übel] einwilligen, und noch ehe ich Ja gesagt, hatte er mich unter den Arm gefaßt, zog mich mit sich in das nächste Kaffeehaus und ließ Vanille-Rosolio bringen. Nachdem er ein paar Gläschen zu sich genommen, fiel es ihm ein, eine Partie Billard mit mir spielen zu wollen, und als ich ihm bemerkte, daß das Billard bereits von jungen Leuten in Beschlag genommen wäre, schrie er: «Ach, was tut das, wir werden doch mehr sein als dieses Bürgerpack, ich will sogleich rein fegen.» Hierauf sprang er auf, zog, ohne daß ich es verhindern konnte, seinen Degen, fuchtelte mit der flachen Klinge auf die jungen Leute los, es waren deren über ein halbes Dutzend, indem er ausrief: «Allez vous en tas de canaille!»*

Sie ergriffen eiligst die Flucht, und im Nu war das ganze Kaffeehaus leer, bis auf einen ältlichen Mann, der nicht schnell genug zur Tür hinaus konnte und dem er noch ein paar Hiebe aufzählte. Hierauf stürzte er wieder einige Gläser Rosolio hinunter, schimpfte auf den Wirt und die Aufwärter, die sich zitternd in die Winkel und unter das Billard verkrochen, auf das er nun mit scharfer Klinge einhieb, und zwar mit einer solchen Gewalt, daß er den Säbel oft nur mit der größten Mühe aus dem Holz, in das er tief eingedrungen war, herausziehen konnte. Sodann ging es hinter die Flaschen und Gläser des Kaffeezimmers, die er ebenfalls zertrümmerte, so daß der Rosolio und alle Liquide [Flüssigkeiten] in Strömen flossen.

Ohne gerade seinen Willen zu erfüllen, zog ich doch auch vom Leder, suchte aber seine vernichtenden Hiebe soviel als möglich zu parieren, während ich tat, als hieb ich zu, und mußte mehr als einmal ein «maladroit» [Dummkopf] von ihm hören. Nun machte er sich noch an Fenster und Spiegel, und schon hatte der Skandal einen Haufen Leute herbeigezogen, die mit Erstaunen diesen Heldentaten zusahen. Als er endlich das Einhauens müde und außer den bloßen Wänden nicht viel mehr zu vernichten war, stellte er sich vor den zitternden Wirt und sagte ihm mit drohender Stimme: «Kerl, jetzt mach mir die Rechnung; aber unterstehst du dich, einen Soldo zuviel anzurechnen, so haue ich dich in Stücke.» Der Wirt, blaß wie eine Leiche und in Todesangst, stammelte: «Niente illustrissimo, niente affatto eccellenza.»**

«Kerl, das war dir geraten, sonst wäre es dir schlecht gegangen», versetzte Cague-

---

*) «Verschwindet, Lumpenbande!»
**) «Nichts, Verehrtester, wirklich nichts, Exzellenz.»

nec, nahm mich beim Arm und wollte mich fortziehen, als gerade eine Patrouille, welche ein Aufwärter bei der nächsten Wache geholt hatte, in das Kaffeehaus trat, uns jedoch ehrerbietig durchließ. Ich sagte dem Wirt noch im Abgehen, er möge sich beruhigen, ich wolle dafür sorgen, daß ihm alles vergütet werde. Gaguenec wollte nun in diesem Zustand in das Theater, zu Dorias und Gott weiß wo sonst hin. Ihm allerlei vorspielend, brachte ich es durch List dahin, daß er sich in seine Wohnung begab, um vorerst ein wenig auszuruhen. Ich entfernte mich nun schnell, eilte in das Kaffeehaus zurück, um womöglich den Wirt zu beschwichtigen.

Dieser war aber schon zum Platzkommandanten gelaufen, hatte dort seine Klage angebracht und kehrte jetzt mit einem Adjutanten zurück, der beauftragt war, die Sache zu untersuchen. Das Haus und der Platz waren so voll mit Menschen, daß ich Mühe hatte, zum Adjutanten vorzudringen, dem ich den Hergang der sauberen Geschichte der Wahrheit gemäß mitteilte, mich dabei auf das Zeugnis des Wirtes berufend, der mir aber nicht alle, sondern nur eine zweideutige Gerechtigkeit widerfahren ließ und gern gewünscht hätte, daß es hieße: mitgefangen, mitgehangen. Ich begleitete den Adjutanten zum Kommandanten, der mir aber, nachdem er ihn angehört, bis auf weitere Order Zimmerarrest ankündigte, weil ich geschehen ließ, was ich nicht hatte hindern können, ohne daß entweder ich oder der Kapitän auf dem Platz geblieben wäre, denn ich kannte meinen Mann, den jede Einsprache und Abhaltung nur noch wütender gemacht hätte, obgleich ich, da ich nüchtern und jener betrunken, in großem Vorteil bei einem Klingengefecht gewesen wäre.

Die Sache wurde sofort an den kommandierenden General berichtet, der im ersten Zorn von Kriegsgericht und sogar von Füsilieren sprach, sich aber durch Durets und anderer Fürsprache bewegen ließ, den Caguenec auf sechs Wochen ins Fort zu setzen und mir acht Tage Stubenarrest zu geben. Daß wir solidarisch zu allem Schadenersatz verurteilt wurden, den der Wirt über mehrere hundert Lire ansetzte, offenbar das Doppelte des wirklichen Betrags, versteht sich von selbst. Ich kam am schlechtesten dabei weg und mußte fast die ganze Summe zahlen, da Caguenec fortwährend zwei Drittel seiner Gage wegen früherer Exzesse einbehalten wurden.

Diese Geschichte, mit allen möglichen Zusätzen und Vergrößerungen ausgeschmückt, machte in Genua großes Aufsehen, und ich hatte viel zu tun, mich bei den Familien, in denen ich bekannt war, wieder reinzuwaschen. Während meines Arrestes lernte ich den ganzen Tag Italienisch, das ich nun ziemlich geläufig sprach; doch machte ich noch manchen und oft sehr komischen Bock. So fragte ich einst nach dem italienischen Namen eines Medikaments, worauf man mir sagte, es sei in der Spezeria Galetti zu haben; ich aber hatte verstanden, das Medikament hieße Spezeria Galetti, und wurde von einer Apotheke in die andere gewiesen, bis ich in die genannte kam, wo ich durchaus spezeria galetti haben wollte. Man lachte, bis sich das komische Mißverständnis aufklärte. Ich hatte die Apotheke gefordert.

Mein erster Besuch nach meinem Arrest und nachdem ich mich gemeldet hatte, galt der Signora Peretti, die mich zwar freundlich empfing, mir aber mitteilte, daß ihr die Geschichte großen Kummer gemacht, da man sogar von Erschießen gesprochen hätte. Ich lachte und tröstete sie, wir musizierten und probierten zweierlei Gattungen von Duetten. Da ich ihr den Hergang der fatalen Sache ganz zu meinen Vorteil erzählte, nahm sie es auf sich, mich allenthalben zu rechtfertigen, und ich wurde nach wie vor in den guten Häusern Genuas gern gesehen. Ja, die Marchese P. fragte mich teilnehmend in einer Abendgesellschaft, wie es mir ergangen, und sagte, sie wünsche wohl ein kleines zweistimmiges Lied mit mir durchzugehen, bei welcher Gelegenheit ich erfuhr, daß ein alter Musiklehrer ihr manchmal neue Kompositionen bringe. Mir schien es, als habe sie mir das nicht ganz ohne Absicht mitgeteilt, besonders da sie den Namen des Mannes einigemal nachdrücklich wiederholt hatte.

Gleich den anderen Tag suchte ich diesen Guercino auf, der schon ein Sechziger war, sich sehr freute, als ich ihm ankündigte, daß ich Unterricht auf der Gitarre bei ihm zu nehmen wünsche, und zwar in seiner eigenen Wohnung, um ihm die Mühe zu ersparen, in meine etwas entfernt liegende gehen zu müssen. Ich hatte schon längst im Sinn gehabt, dieses Instrument, das in Italien und Spanien so allgemein im Gebrauch ist, zu erlernen. Der gute Mann meinte, es sei zuviel verlangt, daß ich zu ihm gehen solle, und glaubte vermutlich, daß ich sparen wolle, weil er dann einen billigeren Preis eingehen müsse. Ich nahm ihm die Sorge und gab ihm ein Zwanzigfrankenstück, den Preis für acht Lektionen, nahm auf der Stelle die erste Stunde und gab ihm den Auftrag, mir eine gute Gitarre zu kaufen. Er fand einen gelehrigen Schüler an mir, der ihm schon bei der ersten Lektion mitteilte, daß er es der Marchesa P. zu verdanken habe, daß ich ein Schüler von ihm geworden sei, die ihn sehr gerühmt. «Oh é una eccelentissima Signora, la Signora Marchesa!»* rief er aus, «sie war auch meine Schülerin und hat eine hübsche Stimme, é un vero angelo.»**

Ich schielte fortwährend über die Gitarre, deren Tonleiter er mir zeigte, nach dem Balkon jenseits der Straße, aber alle Fenster waren verschlossen und verhängt. Ich sah ein, daß ich viel zu früh gekommen war, um meine Schöne sehen zu

*) «Oh, sie ist eine vortreffliche Dame, die Frau Marchesa!» (Marchese oder Marchesa sind italienische Adelstitel. Wörtlich übersetzt: Markgraf oder Markgräfin.)
**) «sie ist ein richtiger Engel.»

können, und zeigte meinem Lehrer an, daß ich künftig meine Stunde nach der Parade um achtzehn oder neunzehn Uhr nehmen wolle, und zwar drei- oder viermal die Woche. Wir trennten uns, einer mit dem anderen sehr zufrieden. Am nächsten Tag kam ich zur festgesetzten Zeit und bemerkte, als ich in das Haus trat, daß die Marchesa hinter den Gardinen eines Balkons stand und mich wahrgenommen hatte. Sie zeigte sich auch während der Stunde mehrmals am Fenster, und zwar allein, ohne daß sie mich jedoch sehen konnte, da wir etwas weit zurück im Zimmer saßen, ich ging aber einigemal unter allerlei Vorwand an das Fenster und grüßte die Signora verstohlen; der Gruß wurde durch eine leichte Verbeugung erwidert.

Nachdem ich ungefähr zehn bis zwölf Lektionen genommen hatte, bei denen ich die Marchesa fast jedesmal wenigstens auf ein paar Augenblicke zu sehen bekam, war ich schon so weit, mich mit einigen Arpeggis [Verzierungen] und Akkorden begleiten zu können, da ich mich auch zu Haus fleißig übte und die Gitarre ein leicht zu lernendes Instrument ist. Eines Tages bat ich meinen Lehrer, doch ein leichtes Tonstück für zwei Gitarren mit mir durchgehen zu wollen, und hoffte ihn dadurch in die Notwendigkeit zu versetzen, vielleicht eine zweite Gitarre bei der Marchesa leihen zu müssen. Er holte aber ein anderes Instrument aus einem alten Schrank hervor und stimmte es. Ich dachte: Warte, der Gang ist dir doch nicht geschenkt, und da ich wußte, daß er keine umsponnenen Saiten im Haus hatte, stimmte ich so lange an der D-Saite, bis diese glücklich sprang.

«Maestro, dem ist leicht abzuhelfen, leihen Sie einstweilen ein anderes Instrument in der Nachbarschaft, vielleicht bei Ihrer ehemaligen Schülerin?»

«Sie haben recht», versetzte der alte gute Narr, machte sich auf die Beine und kam bald mit einer sehr eleganten Chitarra-Lira zurück, auf der gewöhnlich die schönen Finger der reizenden Nachbarin spielten. Wir probierten nun ein paar leichte Stücke, und als sich die holde Marchesa wieder am Balkon blicken ließ, machte ich eine Pause, ging mit dem Instrument an das Fenster, schlug einige Akkorde an, und da ich sah, daß ihre Blicke auf mich gerichtet waren, zog ich ein Billettchen, auf Rosenpapier geschrieben, aus dem Busen, hob es in die Höhe, damit es Madonna wahrnehmen konnte, küßte es und warf es in den Resonanzboden des Instruments. Dies alles hatte die Signora ganz gut, mein lieber Lehrer, dem ich den Rücken zudrehte, aber gar nicht bemerkt, da es das Werk eines Augenblicks war. Sie verließ errötend das Fenster, ich aber, ganz vergnügt, bat den gefälligen Guercino, das Instrument doch gleich wieder seiner Eigentümerin zurückbringen zu wollen, wozu er sich verstand und bald mit der Nachricht zurückkam, daß es ihm die Marchesa selbst schon an der Treppe abgenommen habe. Ich verweilte nun noch eine kurze Zeit an dem Fenster, aber ließ sich nicht mehr blicken.

Der alte Guercino war sehr gesprächig und suchte alles mögliche hervor, um mich zu unterhalten, indem er mir öfter den Grad seiner Verwandtschaft mit dem Maler Guercino, von dem mehrere Kirchen Genuas gute Gemälde besitzen, recht ausführlich langweilig auseinandersetzte. Endlich brach ich auf, indem ich ihm versprach, selbst neue Silbersaiten mitbringen zu wollen, was ich wohlweislich vergaß.

Um meiner Sache noch gewisser zu sein, ließ ich durch meinen Burschen Louis die eine Gitarre unter dem Vorwand, daß an meiner etwas zerbrochen sei und ich mich üben wolle, bei ihm holen, schickte sie nicht zurück und erklärte meinem Maestro am anderen Tag beim Unterricht, daß ich sie behalten und ihm abkaufen wolle, bezahlte ihm sechzig Lire dafür, obgleich sie keine dreißig wert war, worüber besonders seine alte Ehehälfte entzückt schien, die mich seitdem in besondere Affektion nahm und ihren Mann ermunterte, die Gitarre hin- und herschleppend, ohne es zu wissen, den Postillon d'amour zu machen. Er holte das Instrument wieder, das ich um und um drehte und schüttelte; es konnte aber nichts herausfallen, denn es war leider leer, auch sah ich die Marchesa erst gegen Ende der Stunde am Fenster, wo ich ihr nun ein zweites Billett zeigte und sie durch die Zeichensprache, die man in Italien zur höchsten Stufe der Vollkommenheit gebracht, welche ich neben der des Mundes fleißig studierte und bald begriffen hatte, dringend bat, mich doch mit einer Antwort zu beglücken. Sie schien mich nicht verstehen zu wollen, indessen sandte ich das zweite Billett, in dem dieselbe Bitte wiederholt war, auf dem Wege wie das erste ab.

Am anderen Abend war große Gesellschaft bei dem kommandierenden General, wohin auch der Marchese P., seine Gattin und deren Schatten, der Ritter Negroni, eingeladen waren. Hier sollten zum erstenmal mehrere Stücke aus dem ersten Finale des ‹Don Juan› mit der von mir arrangierten Orchesterbegleitung, die unser Verein einstudiert hatte, vorgetragen werden, worauf Souper und Tanz folgten. Alle geladenen Nobili trafen mit ihren Frauen und Cicisbeen zur bestimmten Stunde im höchsten Glanz und reich geschmückt zu dem Fest ein, unter ihnen ragte die Marchesa P. in den ersten Reihen gleich einer Sonne unter Sternen hervor. Bei dem Vortrag der Musik saß sie mir gerade gegenüber. Außer den Gesängen aus dem Don Juan trug ich diesen Abend noch die bekannte italienische Arie: ‹Tu non sai da quanti moti› vor, die ich wegen des vielsagenden Textes hauptsächlich an meine Herzensdame richtete, und bei jeder bezeichnenden Stelle warf ich die Blicke auf sie, wo sie dann die ihrigen niederschlug, doch, wie ich wohl bemerkte, bisweilen verstohlen nach mir schielte. Es lief alles ziemlich nach Wunsch ab. Als der Tanz begann, verfehlte aber Negroni nicht, diesen Abend aufmerksamer als je sein Amt zu versehen; dennoch konnte er nicht verhindern, daß ich zwei

Quadrillen mit der Dame tanzte, ihr einigemal die Hand drückte und sie leise fragte, warum sie mir keine Antwort auf meine Briefchen gebe, ob sie denn wolle, daß ich vor Kummer und Gram und aus Verzweiflung sterben solle?

Nachdem sie sich allenthalben umgesehen, ob man uns nicht beobachte, sagte sie mir auf französisch: «Je n'ose pas.»*

Dies war mir hinreichend, ich arrangierte nun die zweite Quadrille, für die ich mit ihr arrangiert war, so, daß nur Offiziere mittanzten, und bat einen Kameraden, mit dem ich genauer bekannt war, den Negroni doch in einer anderen Quadrille während dieses Tanzes zu placieren, was ihm auch gelang. Ich hatte nun freieres Spiel, und die Marchesa benahm sich weit ungezwungener und weniger ängstlich. Ich wiederholte mündlich, was ich geschrieben, sprach von meiner feurigen, innigen Liebe und erhielt das Versprechen, daß sie mich mit ein paar Zeilen Antwort beglücken würde. Auf meine Frage, warum sie bisher so streng und zurückhaltend gewesen, erwiderte sie: «Sehen Sie denn nicht, wie man mich bewacht und beobachtet? Der fatale Negroni, den mir mein Mann zum Begleiter aufgedrungen, verfolgt mich bei Tag und bei Nacht, deswegen hoffen Sie nicht viel.»

«Diesem wird doch auch noch eine Nase zu drehen sein», erwiderte ich.

«Vielleicht bietet der bevorstehende Karneval Gelegenheit dazu», versetzte sie, «sonst wüßte ich nicht. Indessen werde ich Ihnen schreiben, da Sie mich versichern, daß dieses schon Sie glücklich macht.»

«Tausend Dank, schönste Signora. Oh, wenn wir beide uns verstehen, dann ist es mir nicht bange.»

Die Musik verhallte, der letzte Pas war gemacht, und ich führte die Signora an ihren Platz zurück, wo sie Negroni in Empfang nahm. Bei dieser Soiree befanden sich auch Madame Grenet sowie viele andere Offiziersdamen der Garnison, welche die Abende der genuesischen Familien in der Regel nicht besuchten, weil sie den Aufwand der Toiletten scheuten und sich auch durch die mit Brillanten reich geschmückten Genuesinnen zu sehr in den Schatten gestellt sahen. Wer sieht schärfer als die Eifersucht?

Madame Grenet, die ich bis jetzt fast ganz vernachlässigt und nur einigemal besucht hatte, mit der ich des Anstandes halber aber doch ein paarmal tanzte, hatte recht wohl bemerkt, wie sehr ich der schönen Marchesa den Hof gemacht, und sich bei einigen Damen, die sie nicht kannten, nach dem Namen und den Verhältnissen erkundigt. Ich hatte ihr einige Galanterien gesagt, die sie kalt genug aufnahm, und als der Tanz zu Ende war, ignorierte ich sie für den Rest des Abends. Am nächsten

*) «Ich wage es nicht.»

Tag eilte ich wieder zur bestimmten Zeit in meine Musikstunde, ließ die Gitarre holen und fand zwei Zeilen darin, die mich warnten, ich möge um Himmels willen vorsichtig und behutsam sein und mich nicht verraten, sonst könne großes Unglück entstehen.

Ein Billettchen, das ich morgens schon geschrieben und mit Schwüren und Versicherungen ewiger Liebe und Treue vollgeschmiert hatte, ließ ich auf demselben Wege wieder zurückgehen. Dieser Briefwechsel fand noch ein paarmal statt, und die Briefe der Marchesa wurden etwas länger, zärtlicher und weniger ängstlich. In dem letzten, etwa vier Tage nach dem Fest beim General, schrieb sie mir, ich solle mich an diesem Abend – zwei Stunden nach Sonnenuntergang – an der Kirche der Karmeliter einfinden, wo ich mich der so sehr gewünschten Zusammenkunft endlich erfreuen und sie verkleidet finden würde. Auffallend war es mir aber, daß ich die Marchesa während der ganzen Stunde nicht einen Augenblick am Fenster gesehen hatte, da sie mich doch bei Guercino wußte. Ich schrieb dies indessen ihrer Verschämtheit wegen des zugesagten Rendezvous' zu, erkundigte mich nach der benannten Kirche und erfuhr, daß dieselbe in dem entlegensten und einsamsten Winkel der Stadt liege. Auch dies schien mir natürlich, da ihr alles daran gelegen sein mußte, nicht gesehen oder erkannt zu werden.

Indessen waren wir in Italien, und ich wußte, wessen man sich hier zu versehen habe, wenn man Intrigen mit Frauen anknüpfte. Noch vor wenigen Tagen war ein Artillerieoffizier bei der Heimkehr aus dem Theater von mehreren Banditen angefallen und lebensgefährlich verwundet, ein anderer sogar von einer Frau, mit der er ein Verhältnis gehabt und die er nachher vernachlässigte, in seinem Zimmer erdolcht worden.

Ich fand deshalb für nötig, nachdem ich noch bei Tage den Ort des Rendezvous' rekognosziert hatte und zur Ausführung eines Banditenstreiches völlig geeignet fand, meinen Burschen Louis gehörig bewaffnet mitzunehmen. Als die dennoch von mir mit großer Sehnsucht herbeigewünschte Stunde schlug, denn irgendein Abenteuer mußte es ja absetzen, sei es ein verliebtes oder blutiges, beide mir recht, eilte ich in Begleitung meines Bedienten an den Ort, befahl ihm, sich ruhig in einem Winkel zu postieren und nur, wenn ich ihn beim Namen rufen würde, herbeizuspringen. Ich begab mich in die Kirche, in der ich keine Seele sah und nur hin und wieder düster brennende ewige Lampen erblickte. Ich setzte mich in einen Stuhl, die Ankunft meiner Madonna mit Ungeduld erwartend.

Es mocht beinahe eine Stunde sein, daß ich da saß, und noch immer zeigte sich keine Marchesa, und auch sonst kein Mensch ließ sich sehen. Ich verlor die Geduld, ging vor die Kirche und wollte die Runde um dieselbe machen. Aber noch hatte ich keine dreißig Schritte getan, als drei Kerle hinter einem hervorspringenden Mauerpfeiler auf mich stürzten, und einer von ihnen sagte: ‹Eccolo, è costui!›* Schneller als der Blitz hatte ich jedoch meinen Degen gezogen und mich en garde [gedeckt] gestellt. Dies hinderte die Banditen nicht, mit ihren langen Stiletten auf mich einzudringen, und zwei derselben suchten mich im Rücken zu fassen, ich aber machte schnell eine Wendung, so daß ich mich an eine Mauer lehnen konnte, und hieb nun nach allen Seiten wie ein Rasender um mich, so daß keiner mir auf den Leib kam, zugleich rief ich: ‹A moi, Louis!› [Zu mir Louis!], der nun auch mit gezücktem Säbel zusprang, und die drei vermummten Wichte ergriffen jetzt das Hasenpanier. Wir verfolgten sie eine Strecke, verloren sie aber, nachdem sie um eine Straßenecke gebogen, aus dem Gesicht. Wahrscheinlich hatten sie sich in einen ihnen bekannten Schlupfwinkel oder in ein offenes Haus geflüchtet.

Dieser Streich brachte mich so sehr auf, daß ich auf der Stelle in die Wohnung des Marchese wollte, um dort Aufklärung über diesen Vorfall zu erhalten und Rechenschaft zu begehren. Doch kühlte sich mein Blut mehr und mehr ab, während ich durch die engen Straßen der Stadt meinem Quartier zueilte. Ich gab jetzt dies Vorhaben auf, faßte aber den festen Vorsatz, der Sache à tout prix [um jeden Preis] auf die Spur zu kommen, da ich die Stimme und Figur Negronis erkannt zu haben glaubte. Die ganze Nacht konnte ich kein Auge zutun und rannte fast mit Tagesanbruch in Guercinos Wohnung, um ihm den Vorfall mitzuteilen. Dieser aber empfing mich mit den Worten: ‹Oh Signor mio, che avete fatto, m'avete reso infelice, son un uomo perduto.›**

‹Wieso, was ist Ihnen?› rief ich ganz erstaunt.

‹Sie haben mich wider mein Wissen zum Ruffiano [Kuppler] gemacht, und der Marchese P. wird mich verderben.›

Ich suchte nun den alten Mann, dem die Tränen in den Augen standen, zu beruhigen, als auch seine Frau aus dem Nebenzimmer trat, heulend in die Klagen ihres Eheherrn einstimmte und ihre Worte immer mit dem Refrain schloß: ‹Wir müssen so unschuldig leiden und haben gar nichts davon; ja, wenn wir noch etwas davon gehabt hätten!›

Ich gab mir alle Mühe, die beiden Alten möglichst zu beruhigen, indem ich ihnen versprach, alles wieder gutzumachen, und drückte der Frau einstweilen zwei Goldstücke in die Hand, ohne daß ich noch wußte, was hier eigentlich vorgefallen war. Der Zauber des Goldes hatte denn auch die Wirkung, daß beide sogleich ruhi-

---

*) ‹Da, der ist es!›
**) ‹Oh, mein Herr, was haben Sie getan! Sie haben mich unglücklich gemacht, ich bin verloren.›

ger wurden und jetzt imstande waren, meine Fragen vernünftig zu beantworten. Ich erfuhr nach und nach den Zusammenhang der ganzen Geschichte.

Nachdem ich am Tag vorher den Maestro verlassen, trug er wie immer die geliehene Gitarre zurück, die ihm aber diesmal nicht wie bisher die Marchesa, sondern Negroni abgenommen hatte, worauf er sich empfahl. Bald darauf hatte ihn aber der Marchese P. wieder rufen lassen, und als er in dessen Zimmer trat, mit den Worten angeschnauzt: «Alter Kuppler, habe ich dich, dies soll dir nicht so hingehen!», worauf ihn der sich gegenwärtig befindende Negroni noch weit ärger heruntergemacht, geschimpft und beinahe tätlich mißhandelt habe. Er, von gar nichts wissend und nichts ahnend, habe lange vergeblich gefragt, um was es sich denn handle, und noch vergeblicher seine völlige Unschuld beteuert. Nach langem Hin- und Herreden und beständigem Drohen und Schimpfen habe ihm sodann Negroni das Billett gezeigt, das ich an die Marchesa geschrieben und das die Herren schon das vorletzte Mal in der Gitarre gefunden hatten. Sodann habe man ihn in ein entlegenes Zimmer des Palastes geführt, daselbst eingeschlossen und seiner Frau sagen lassen, sie möge diesen Abend nicht auf ihn warten, da er bis spät in die Nacht Musikstücke mit der Marchesa durchgehen müsse. Endlich aber habe man ihn in der Nacht wieder freigelassen mit der Deutung, daß er sich auf das Schlimmste gefaßt machen könne.

Ich tröstete den armen Teufel, versprach ihm meine Hilfe, um ihm die ausgestandene Angst und den Arrest reichlich zu vergüten, ging vorerst wieder heim und kehrte zur gewöhnlichen Unterrichtsstunde zu Guercino zurück, dessen Frau ich einstweilen eine genuesische Quadruppia auf Abschlag des versprochenen Schmerzensgeldes gab. Darauf vergaßen die guten Leute alle ausgestandene und noch bevorstehende Gefahr, und die Frau sagte zu mir: «Aber warum haben Sie sich nicht an mich gewendet, ich hätte Ihnen die sichersten Mittel und Wege gezeigt, wie Sie die Signora hätten sprechen und ihr schreiben können, ohne daß man dahinter gekommen wäre. Einem so großmütigen Herrn diene ich gern. Ich habe Bekanntschaft in dem Palazzo, die alte Wärterin der Marchesa ist meine intime Freundin und gilt alles bei der Signora, hätten Sie sich nur mir anvertraut. Jetzt ist die Sache wohl ziemlich verpfuscht, wenigstens weit schwieriger einzuleiten, doch wir wollen sehen, was noch zu tun ist.»

Da ich die Alte so sprechen hörte, dachte ich: Holla, du bist, was ich brauche, und bat sie, vorerst nur erforschen, wie die Sachen drüben ständen und wie man die Marchesa behandle. Sie versprach mir, womöglich schon am anderen Morgen Nachricht zu geben.

Daß ich in der Abendstunde meuchlerisch war angefallen worden, war schnell publik, und schon am anderen Tag fragten mich Generale, Chefs und andere Offiziere wegen der näheren Umstände, die ich ihnen mitteilte, dabei aber weislich die Ursache des Überfalls verschweigend und schob ihn dem allgemeinen bekannten Haß des Volkes gegen die Franzosen oder auch der Raubsucht zu. Duret aber, der mich kannte, setzte mit dem Finger drohend hinzu: «Und dem Haß gegen die Verführer ihrer Frauen.» Indessen mehrte sich durch diesen und einige ähnliche Mordversuche die schon bestehende Erbitterung zwischen der Garnison und den Einwohnern und wurde bald zu einem unversöhnlichen Haß.

Meine Musikstunden setzte ich nach wie vor fort, als sei nichts vorgefallen, war aber, besonders abends, auf meiner Hut, wenn ich allein aus dem Theater nach Hause ging. Die Alte hielt Wort und konnte mir schon am nächsten Tag das Nähere mitteilen. Sie hatte, um allen Verdacht fernzuhalten, durch eine dritte Person die alte Wärterin wissen lassen, sie wünsche sie zu sprechen, und diese sagte ihr noch am selben Abend ein Stelldichein in einer Kirche zu. Hier erzählte sie nun, daß der Gatte der Marchesa ein Billett erhalten, in welchem man ihn vor mir gewarnt und mitgeteilt habe, daß ich seiner Frau nachstelle. Dies habe er dem Negroni gezeigt, der beschlossen hätte, die Gitarre das nächste Mal zu untersuchen, in der er auch ein Billett von mir gefunden, worauf ihre Gebieterin in strenges Verhör genommen worden sei.

Da aber in meinem Briefchen glücklicherweise durchaus nichts gestanden, wodurch man auf ein Einverständnis zwischen uns beiden hätte schließen können, sondern ich mich im Gegenteil beschwert hatte, daß sie grausam sei und mich so lange um eine einzige Zusammenkunft betteln lasse, sei es der Signora nicht schwer geworden, sich auf meine Kosten von dem Verdacht freizumachen. Um aber ihre Unschuld zu beweisen, habe sie jenes Billett, mit dem ich in die Kirche gelockt wurde und das man ihr in die Feder diktiert, schreiben müssen. Im übrigen stünde jetzt alles im Haus wieder wie früher, nur dürfe sie sich nicht am Fenster blicken lassen, solange man mich bei Guercinos wisse, worauf man genau acht gebe. Die Marchesa sei aber über das Verfahren ihres Mannes und des Cicisbeos so aufgebracht, daß sie geschworen habe, den beiden Herren eine Nase zu drehen.

Für diese Nachricht bekam die Alte wieder ein Goldstück, und außerdem kam ich jetzt nie in das Haus, ohne ihr einige Kleinigkeiten für sie und ihre Freundin mitzubringen, um beide in guter Laune und mir geneigt zu erhalten, und war so immer von dem unterrichtet, was in der Wohnung des Marchese vorging. Signora Guercino gab mir die beste Hoffnung, meine Madonna bald allein und ungestört sprechen zu können. «Denn der Karneval ist vor der Tür», setzte sie hinzu.

Indessen war jetzt, gerade wo ich es am nötigsten bedurfte, meine Kasse schlecht bestellt, denn außer den Extraausgaben hatte ich auch ziemlich viel Geld im Spiel verloren. Bansa zahlte mir meine Zulage aus, aber mehr wollte ich von ihm nicht fordern, eine abschlägige Antwort befürchtend. Aus dieser Geldverlegenheit riß mich Dantrace, der unterdessen auch Offizier geworden war und immer eine wohlgefüllte Börse besaß, die er mir schon einigemal angeboten hatte. Er war sehr vergnügt, mir fünfzig Louisdor leihen zu können.

Mit Hilfe der Guercino und ihrer alten Freundin war jetzt eine regelmäßige Korrespondenz zwischen der Marchesa P. und mir in Gang gekommen, der Karneval hatte begonnen, und die Masken ließen sich bereits in den Straßen und auf den Promenaden blicken. Eines Morgens, nachdem ich sie am Abend vorher in einer Gesellschaft gesehen, aber weder mit ihr gesprochen noch getanzt hatte, um den Argwohn der Männer nicht neuerdings rege zu machen, empfing mich meine Alte mit triumphierender Miene und reichte mir zwei Billettchen mit den Worten «Nun, Signor, blüht Ihr Glück; morgen sprechen Sie die Geliebte, und hier das anonyme Briefchen, das Ihnen bald den Hals gebrochen hätte.»

Hastig las ich beide, das erste enthielt die Bestätigung dessen, was mir die Guercino gesagt, und das andere, in sehr fehlerhaftem gebrochenem Italienisch geschrieben, warnte den Marchese vor mir. Trotz aller Mühe, die man sich gegeben, die Handschrift zu verstellen, erkannte ich die Hand der Madame Grenet. «Warte, das sollst du mir büßen, kleiner Satan», rief ich im ersten Zorn aus, der sich jedoch bald wieder legte, indem ich mir sagte, daß ich doch manches Unrecht gegen sie begangen, und bald dachte ich an nichts mehr als den kommenden Tag, der mich beglücken sollte.

In dem Billett der Marchesa P. stand, daß mir die Alte mündlich sagen würde, wie unsere Wünsche in Erfüllung gehen sollten, und diese teilte mir jetzt mit, daß sich die Signora am nächsten Tag in den Nachmittagsstunden, als eine alte Sybille maskiert, in einer Sänfte zu einer vertrauten Freundin würde bringen lassen, die bereits in unser Geheimnis eingeweiht sei und gern die Hand biete, die beiden Männer zu prellen. Sie selbst aber, die Guercino, würde sich schon früher zu der nämlichen Signora verfügen, um dort einen ähnlichen Anzug anzulegen, in welchem sie mit jener Freundin maskiert durch die Straßen und Promenaden Genuas spazieren würde. Negroni, welcher der Dame in der Portantina folgen möchte, aber das Haus nicht betreten dürfe, würde wahrscheinlich sie beide, seine Marchesa unter der Verkleidung der Guercino vermutend, auf allen Gängen verfolgen, während ich mehrere Stunden mit der wirklichen ungestört zubringen könne, jedoch nicht in dem Haus der Signora Maretti, wo die Marchesa nicht bleiben werde. Sie werde abermals sich umkleiden und eine Mesero – ein Schleier von Baumwolle mit dem sich die Frauen aus geringerem Stande Kopf und Brust bis beinahe an die Knie bedecken, so daß fast nur die Augen frei bleiben, man weder Taille noch Arme sieht und ziemlich unkennbar ist – umhängen und sich dann so verkleidet in die Wohnung der Guercino begeben, wo ich sie erwarten solle. Ich dürfe aber, um allen Verdacht fernzuhalten, erst dann in dieselbe gehen, wenn ich gesehen, daß die Portantina und Negroni den Palazzo verlassen haben würden.

Dieser Plan schien mir gut und mit großer Schlauheit ersonnen, und es bewährte sich wieder, daß nichts über Pfaffentrug und Weiberlist geht, doch nicht ganz gefahrlos, da ich fürchtete, Negronis Scharfblick möchte dennoch die Metamorphosen am Ende entdecken. Die Alte beruhigte mich jedoch, indem sie versicherte, daß der Anzug einer betagten Wahrsagerin die Umrisse völlig verberge, da man krumm und gebückt gehen und sich obendrein noch einen Höcker machen werde. Anreden dürfe er sie auch nicht, wenigstens keine andere Antwort als durch Zeichen und Kopfnicken erwarten, und so stehe sie für den Erfolg ein. Sie sprach dies mit solcher Zuversicht, daß ich alles Vertrauen in die Schlauheit dieser Weiber setzte und nun jeden Pulsschlag bis zur Stunde zählte, die mich beglücken sollte.

Endlich brach der heißersehnte Tag an, an dem das Abenteuer bestanden werden sollte, das mich seiner Sonderbarkeit halber schon mehr wie jedes andere reizte, weil es mit so viel Schwierigkeiten und Gefahr verbunden war. Gleich nach der Parade warf ich mich in Zivil, begab mich in das bestimmte Kaffeehaus und harrte mit ängstlicher Erwartung, ein Sorbetta nach dem andern verschlingend. Es waren sicher schon drei Stunden verflossen, als sich endlich die Tore öffneten und die Portantina so wohl verwahrt, daß kein Blick den Inhalt derselben gewahren konnte, herausgetragen wurde, der Negroni unmittelbar folgte.

Als ich beide aus dem Gesicht verloren, begab ich mich in Guercinos Wohnung. Hier harrte ich nun abermals über eine gute Stunde hinter einer Gardine und sah manche Frauengestalt, in einen Mesero gehüllt, dicht an dem Haus vorübergleiten. Jedesmal stampfte ich mit dem Fuß, wenn ich enttäuscht wurde. Endlich aber schwebte mit leichtem Elfentritt ein Wesen heran, das mir das Herz ungestümer pochen machte. Wenn es diese nicht ist, so ist es keine, dachte ich. Aber sie war es, denn schon schlüpfte sie zur Pforte herein, leisen Trittes die Treppe herauf, ich öffnete beide Arme, sie fest zu umschlingen, aber man sträubte sich, und als ich recht zusah, war es die alte Guercino, die ich so feurig umfaßt hielt. Dies war zu toll. «Was soll das heißen!» rief ich zornig aus. «Hat man mich zum besten?» Aber die Alte lachte. «Nur nicht so bös, mein ungestümer Herr, es ist freilich arg, man einen jungen Engel zu umarmen wähnt und dafür ein altes Weib umschlingt, aber nur ein klein wenig Geduld, der Engel folgt mir auf dem Fuß, und ich bin nur der

Sicherheit wegen gekommen. Wir haben überlegt, daß es besser sei, wenn ich Wache halte. Eine andere Freundin spielt statt meiner die Rolle der Marchesa.›

Sie hatte kaum ausgeredet, da trat eine zweite in einen Mesero gehüllte Gestalt ein, und diesmal war es die rechte. Endlich lag Tonina in meinen Armen. Die Alte verließ uns, ihren Lauerposten antretend, ich entschleierte die reizende Nymphengestalt vollends und trug sie küssend in das anstoßende Schlafzimmer, wo ich ein paar unvergeßliche Stunden im höchsten Entzücken zubrachte. So waren denn meine Ausdauer und Beharrlichkeit endlich gekrönt und Negroni an der Nase herumgeführt. Während wir im Hochgenuß schwelgten, lief der Cicisbeo der untergeschobenen Marchesa mehrere Stunden durch alle Gassen nach, sie auch nicht eine Minute aus den Augen lassend. Die beiden Damen führten ihn absichtlich in die ödesten und entlegensten Orte der Stadt und kehrten erst mit einbrechender Nacht wieder heim. Negroni hatte deren tolles, planloses Rennen verflucht, das ihn, der nicht besonders gut auf den Beinen war, sehr ermüdete.

Als sich Tonina endlich aus meinen Armen wand und zum Weggehen anschickte, hatte es schon zu dämmern begonnen. Sie warf den Mesero über und schlüpfte nach hundert Abschiedsküssen zur Tür hinaus, während ich ihr so weit als möglich mit den Augen folgte. Ich warf mich erschöpft auf das Bett. Vor Ermüdung war ich in dem immer finsterer werdenden Zimmer eingeschlummert, als die Guercino zurückkam und mich weckte. ‹Nun sind Sie zufrieden, nicht wahr, dies waren Götterstunden?›

Ich beantwortete die naseweise Frage, indem ich ihr meine ganze Börse, etwa fünfzig Lire, in die Hand drückte. Sie berichtete mir, daß die Marchesa nun bald in ihr eigenes Haus zurückkehren und dann die Oper mit ihrem Cicisbeo besuchen werde. Ich beschloß, ebendahin zu gehen, nahm einen Platz in einer Gitterloge dicht an der Bühne, von der aus ich sie ziemlich unbemerkt beobachten konnte.

Da wir nun einmal so weit waren, wiederholten wir dasselbe Manöver mit einigen Variationen, so oft es sich tun ließ, ohne Verdacht zu erregen. Eines Abends, nachdem ich wieder eine Zusammenkunft mit der Marchesa in Guercinos Wohnung gehabt, traten zwei andere weibliche Masken in das Zimmer, in dem ich noch verweilte. Es waren zwei Zigeunerinnen, die einen niedlichen Wuchs, ein stolzes Einherschreiten hatten und noch junge, wahrscheinlich auch hübsche Frauen zu sein schienen. Sie machten mir eine stumme Verbeugung, ließen sich nieder, und ich begann eine Unterhaltung mit ihnen, die von ihrer Seite fast drohend geführt wurde. Bekannt schien mir die verstellte Stimme der einen, und ich begrüßte sie bald mit einem ‹Buonissima sera, Signora Peretti.› Sie nahm nun die Larve ab und sagte: ‹Ah Birbone, was machen Sie fast jeden Nachmittag hier?›

‹Musik, Signora, ich lerne die Gitarre und studiere Partien ein.›

‹So, und die Dame im Mesero, die Sie besucht?›

‹Je nun, die studiert wahrscheinlich auch Partien ein›, sagte ich lachend, doch etwas verdutzt.

‹Allerliebst! Ich habe aber die Partie der verlassenen Donna Elvira noch nicht gelernt, Signor mio.›

‹Sie sollen Sie auch nicht lernen, mein schönes Kind, dazu sind Sie viel zu liebenswürdig. Aber wer ist denn Ihre stumme Begleiterin?›

‹Oh, die sollen Sie auch noch kennenlernen. Leider sind wir etwas zu spät gekommen, um Sie ganz zu entlarven.›

Diese Unterhaltung wurde halb im Scherz, halb in bösartigem Ernst geführt. Ich wollte der Sache ein Ende machen, sprang auf, nahm die sich sträubende Peretti in den Arm, küßte sie trotz allem Sträuben, indem ich lachend sagte: ‹Seien Sie doch kein Kind, Sie sind meine einzige, meine ewige Liebe, die Angebetete meines Herzens, ich schwöre Ihnen, daß ...›

‹Sie ein Lügner sind›, fiel mir der kleine Teufel ins Wort, ‹dem ich nicht nur die Augen auskratzen möchte, sondern ...›

Hier zeigte sie mir ein kleines Stilett, das sie drohend aus der Scheide zog. Ich suchte ihr das gefährliche Instrument halb im Scherz zu entwinden. Während ich so mit ihr rang, nahm auch die andere Maske ihre Larve ab, und ich erkannte die Marchesa Costa, der ich schon einigemal, aber es nie ernstlich meinend, eine Liebeserklärung gemacht und ob ihrer Schönheit große Schmeicheleien gesagt hatte. Beide schrien nun: ‹Bilden Sie sich nicht ein, daß Sie in Frankreich oder Deutschland seien, wir sind Italienerinnen, und zwar Genueserinnen, die man nicht ungestraft zum besten haben darf und die solche Beleidigungen zu rächen wissen. Wir wissen recht gut, welche Rendezvous Sie hier haben, und wenn Sie die Sache nicht lassen, so wird es ein schlimmes Ende nehmen. Gestehen Sie, wer die Schöne ist, die Sie mit ihren Besuchen beglückt!›

Ich nahm indessen alles auf die scherzhafte Seite, fortwährend meine Unschuld beteuernd und war damit im besten Zug, als wir Tritte auf der Stiege hörten. Die Damen nahmen schnell wieder ihre Larven vors Gesicht und entfernten sich drohend.

Auf die Frage der Guercino, wer dies gewesen, erwiderte ich: ‹Ein maskierter Besuch, der Gott weiß wie erfahren hat, daß ich hier eine Zusammenkunft habe, aber nicht weiß, mit wem, da man dies von mir zu wissen verlangte. Wir müssen suchen, einen andern Ort ausfindig zu machen.›

‹Dies sei meine Sorge›, versetzte die Alte, ‹ich werde ein Haus wählen, das niemand entdecken soll. Denn hier, dem Palazzo gegenüber, ist es tatsächlich zu gefährlich.»

Unsere Zusammenkünfte wurden jetzt auf mehrere Tage ausgesetzt, und diese Unterbrechung war mir aus manchen Ursachen nicht unangenehm. Die Sache hatte den Reiz der Neuheit für mich verloren, und dann war soeben Madame Gasqui von Toulon angekommen, jene hübsche Kapitänsfrau, deren Hochzeit ich auf der Insel Porquerolles mitgefeiert hatte, und da Madame Alphonse und noch einige andere Offiziersdamen der Garnison wünschten, daß wir wieder ein französisches Liebhabertheater arrangieren möchten, arbeitete ich mit allen Kräften, dies baldmöglichst in Gang zu bringen; aber das Schicksal hatte es anders beschlossen. Wenige Tage nach dem Abenteuer mit den beiden Masken erhielt eines Morgens Duret auf dem Exerzierplatz eine Depesche, die er sogleich öffnete. Dann rief er die Offiziere zu sich und teilte ihnen mit, soeben habe er die Order vom Kriegsminister erhalten, daß in drei Tagen das Bataillon Genua verlassen und zu der Armee im Königreich Neapel, und zwar zu dem vor Gaeta stehenden Belagerungskorps, stoßen solle.

Wir ließen alle ein freudiges Vivat erschallen und riefen: «Gottlob, nun geht's endlich ins Feld, der Henker hole den Garnisondienst.»

Im Heimkehren noch sang ich und ging zu Guercinos, ihnen die große Neuigkeit mitzuteilen. Die ließen mich aber kaum zu Wort kommen, indem die Frau mir mit großer Freude verkündete, daß sie ein vortreffliches Gelegenheitshaus ausfindig gemacht habe. «Zu spät, mia cara» [meine Liebe], versetzte ich, «in drei Tagen sind wir nicht mehr in Genua», und machte sie mit der erhaltenen Order bekannt, die Bitte hinzufügend, sie möge einstweilen die Neuigkeit der Marchesa beibringen und alles tun, daß ich wenigstens noch ein Abschieds-Rendezvous haben könne, was sie mir versprach. Sie konnte sich nicht genug wundern, daß ich nicht auch der Verzweiflung nahe war.

Napoleon hatte erklärt, der König von Neapel habe zu regieren aufgehört, und am 24. Februar 1806 im Theater zu Paris durch Talma dem Publikum verkünden lassen, daß die Franzosen in das Königreich beider Sizilien eingerückt seien. So viel Truppen, wie man in Oberitalien entbehren konnte, wurden ihnen nachgesandt, auch unser erstes Bataillon, dem bald die anderen folgen sollten.

Es war uns allen erwünscht, endlich vor den Feind geführt zu werden und so Gelegenheit zu haben, unsere Sporen zu verdienen; nur hätten wir gewünscht, daß es nicht gerade die Neapolitaner gewesen, von deren Tapferkeit man eine gar zu schlechte, vielleicht unverdiente Meinung hatte, obgleich es Tatsache war, daß wenigstens ihre Generale und Anführer keinen Schuß Pulver taugten. Aber war es in dieser Hinsicht in anderen Armeen, die französische ausgenommen, zu jener Zeit viel besser bestellt? Höchstens hatten die Engländer und Russen ein paar gute und Österreich nur seinen Erzherzog Karl aufzuweisen. Schon wußte man, daß der Thron von Neapel für Napoleons älteren Bruder, den kaum gebackenen Prinzen Joseph, bestimmt war. Als uns diese Neuigkeit wurde, erhielten wir noch eine Einladung zu einem Maskenfest in die Villa Doria. Ich eilte zu Guercino, um dessen Frau zu bitten, auch dieses die Marchesa wissen zu lassen und sie zu fragen, ob sie es nicht ermöglichen könne, diesem Fest beizuwohnen, und ob ich sie nicht wenigstens noch einmal ungestört sprechen könne. Ich erhielt noch am selben Abend die Antwort, daß sie eingeladen sei und als Pilgerin verkleidet demselben beizuwohnen gedenke. Sie hoffe, sich mit einer Freundin für einige Zeit entfernen zu können.

Ich begab mich zeitig als Eremit verkleidet, unter welcher Verkleidung ich jedoch meine Uniform und meinen Degen trug, in die Villa, um alle Masken und mit ihnen meine Pilgerin ankommen zu sehen. Mich erkannten die beiden Masken an einem kleinen, fast unbemerkbaren weißen Kreuz, das ich mir auf der linken Schulter hatte anheften lassen, denn der Eremiten und Pilgrime waren viele zugegen.

Das Fest war brillant, die Gäste sehr zahlreich und das Gewirr ungeheuer; doch begegneten wir uns öfter, ohne uns anzureden. Wir hatten durch die Guercino verabredet, daß ich sie um elf Uhr nachts fünfzig Schritte links von der großen Tür erwarten wollte. Ich warf auf eine Zeit den Eremiten ab und einen weißen Domino über meine Uniform und pointierte im Spielsaal neben dem Marchese P. an der Pharobank nicht ohne Glück. Eine Seltenheit, denn ich gewann über dreitausend Lire an diesem Abend, eine Summe, die mir gut zustatten kam, da ich schon wieder auf dem Trocknen saß und noch obendrein Schulden hatte. Als endlich meine Stunde nahte, entfernte ich mich, wahrscheinlich zu meinem Glück, denn ich hätte das Gewonnene gewiß wieder verloren.

Nicht lange wartete ich an dem bestimmten Ort nebst der von mir bestellten Portantina, als die beiden Pilgerinnen in geflügelten Schritten herbeieilten. Wir waren bald einig, uns alle drei zu Fuß in meine Wohnung zu begeben, ich nahm einen sehr großen weißen Schleier, den die vorsichtige Guercino in die Portantina gelegt hatte, bezahlte die Träger reichlich und entließ sie. Beide Frauen hüllten sich in den einen Schleier, und wir eilten in meine Wohnung. Ich zündete nun Lichter an und fand mich allein mit den Schönen. Die Marchesa war untröstlich, daß wir abmarschierten. Ich suchte sie zu trösten und bemerkte, wir dürften das bißchen Zeit, das uns jetzt noch bliebe, nicht mit unnützen Klagen verbringen. Ich küßte beide, umarmte Tonina, und schloß Mund und Tränen mit Küssen. Ihre Freundin, eine Komtesse Spinola, der bei diesem Spiel nicht ganz wohl zu werden schien, sagte: ‹Ich sehe nicht ein, wozu wir Lichter brauchen›, löschte sie und stellte sich an ein Fenster, den Himmel und die Sterne zu bewundern, während die Marchesa einen langen, seligen Abschied in meinem Armen nahm. Als es endlich Zeit zum Aufbruch war, befahl sie mir, auch ihre Freundin zu umarmen, was ich mir nicht zweimal sagen ließ, da sie sehr hübsch war.

Jetzt war es hohe Zeit aufzubrechen, denn wir waren schon über anderthalb Stunden von dem Ball abwesend. Wir eilten nun zurück, ich trat wieder mit meinem weißen Domino und Federhut in den Saal, mich in allen Gemächern und besonders Negroni zeigend, während sich die Pilgerinnen ganz ruhig in einem Winkel des Tanzsaales niederließen. Negroni schien ängstlich nach ihnen zu suchen, aber ruhiger zu werden, als er mich gewahrte, fand auch endlich die Gesuchte in ihrem Winkel. Indessen lief alles gut ab, und ich sprach sogar die Marchesa noch einmal vor dem Tag unseres Abmarsches bei Guercino, wo sie mich mit einem in Rosetten gefaßten Rubin und einer Haarlocke beschenkte.

Am anderen Morgen um sechs Uhr wirbelten die Tambours das Marschroulement, eine halbe Stunde darauf marschierten wir mit klingendem Spiel durch die noch öden Straßen Genuas, vielleicht die Ruhe mancher schlafenden Schönen störend. Nicht ohne ein wenig Bedauernis verließ ich die Marmorstadt. Doch der Gedanke, nun das schöne, berühmte und berüchtigte Italien fast der ganzen Länge nach zu durchstreifen und wahrscheinlich bald die ersten feindlichen Kugeln pfeifen zu hören, machte, daß ich mir Genua mit all den darin gehabten Abenteuern aus dem Sinn schlug und leichten Herzens davonmarschierte.

VIII.

Es war Anfang April 1806, als wir Genua verließen, über Recco, unser erstes Nachtquartier, und dann durch die ödesten und gebirgigsten Wildnisse, in den erbärmlichsten und elendesten Ortschaften übernachtend, über Borgo di Taro und Fornovo in sieben oder acht Tagen nach Parma marschierten. Von Genua an wurden die Truppen nicht mehr bei den Einwohnern einquartiert, sondern das ganze Bataillon jedesmal in eine Kirche oder ein Kloster auf vierundzwanzig Stunden kaserniert, in denen man den Soldaten Strohlager bereitet. Dies geschah aus zweierlei Ursachen, erstens wollte man die ewigen Reibereien und Händel zwischen dem französischen Militär und den italienischen Bürgern und Bauern vermeiden, die zu beständigen Klagen und Strafen Veranlassung gaben und hauptsächlich entstanden, weil sich die Leute nicht miteinander verständigen konnten; sodann traute man dem Volk, dessen Stimmung den Franzosen höchst ungünstig war, nicht und fürchtete, daß bei dem Vereinzeln der Leute wohl eine Metzelei, eine zweite sizilianische Vesper veranstaltet werden könnte.

Die Kirchen und Klöster, wovon jedoch die Nonnenklöster dispensiert waren, mußten das Schiff, die Kreuz- und anderen Gänge gehörig mit Stroh belegen, und sobald die Soldaten abmarschiert waren, wurden sie wieder gereinigt und durch die Geistlichkeit jedesmal wieder von neuem geweiht, denn man hatte an den heiligen Orten nicht nur gegessen, getrunken, gekocht, sondern auch gespielt, gesungen, geflucht und Gott weiß was sonst noch für Unfug getrieben. Nicht selten waren die Pfaffen eben mit Einweihungszeremonien und Räuchern fertig, als schon wieder neue Truppen ankamen und die kaum gereinigen Orte abermals verunreinigten. Bisweilen mußte in einer Woche das heilige Werk drei- bis viermal vorgenommen werden.

Die Offiziere wurden meist in nächstliegenden Privathäusern einquartiert, aber diese Quartiere waren in den armseligen Dörfern im Gebirge so elend, daß viele von uns das Stroh in den Kirchen vorzogen und sich ein Nachtlager auf erhöhten Orten bereiten ließen. Ich schlug in der Regel mein Lager bei der Orgel auf, wenn sich eine in der Kirche befand, und spielte abends zur Belustigung des ganzen Bataillons deutsche und französische Soldatenlieder, Märsche und Tänze, wozu mir die Karabiniers mit Vergnügen die Bälge traten, die Leute unten oft sangen und tanzten und bei dem Klang der Orgeltöne einschliefen. Ebenso spielte ich beim Erwachen einige erheiternde Melodien, weckte sie so trotz des Tambours aus dem Schlaf, und sie machten sich fröhlich marschfertig.

Indessen waren die Märsche in diesen Gebirgen und Wildnissen beschwerlich und nicht selten abscheulich. So kamen wir auf der letzten Etappe vor Parma an einen fast senkrecht zu erklimmenden Berg, was für die mit Gepäck, Waffen und Patronen beladenen Soldaten sehr mühsam war. Duret ließ zuerst die Tambours und die Musik hinaufklettern, und als sie oben waren, den von mir komponierten Sturmmarsch spielen, die Truppen zu ermuntern. Unten, auf der linken Seite des Felsens, wand sich ein reißender Waldstrom; durch diesen wurden die Reitpferde der Offiziere sowie die, welche mit dem Bataillonsgepäck beladen waren, denn an Wagen war auf diesen Märschen nicht zu denken, geführt. Dieser steile Berg lag gerade an dem Ende einer wilden Waldgegend, aus der wir traten. Er überraschte uns seltsam, da er gleich einer mächtigen Mauerwand sich unserem weiteren Vordringen entgegenzustemmen schien, und es war für die noch zurückgebliebenen ein komischer Anblick, ihre Kameraden so auf allen vieren diese Wand hinanklettern zu sehen. Aber oben angekommen, welche Aussicht! Man erblickte plötzlich die unabsehbaren Ebenen dieser Gegend Italiens, endlos scheinend wie das Meer und aus den lachendsten Fluren und den fruchtbarsten Gefilden bestehend.

Als wir diese reichen Ebenen hinabstiegen, fielen mir Hannibal und Napoleon ein, die beide durch diesen herrlichen Anblick ihre müden Truppen neu belebten und sie in Enthusiasmus versetzten. Nichts ist auch überraschender, als aus fast grauenvollen Wildnissen hervortretend, wie durch einen Zauberschlag vor einem solchen Paradies zu stehen, das reichen Lohn für die überstandenen Mühseligkeiten verspricht, ihn aber nur selten gewährt.

«Ihr habt nichts, und dort ist alles, was ihr bedürft!» lauteten Napoleons Worte, zu denen er aber noch hätte hinzufügen können, «das ihr aber nicht erhaltet». Was kam von all diesen Eroberungen an den gemeinen Mann und die untergeordneten Chargen? Nur einige Anführer raubten sich reich.

Den Umweg über Parma, Reggio, Modena mußten wir machen, weil Toscana noch nicht französisch war und laut Konvention keine französischen Truppen durchmarschieren durften, obgleich es unter dem Namen des Königs von Etrurien von der Königin Marie Louise, jedoch gänzlich unter französischem Einfluß beherrscht wurde. Es tat uns leid, das schöne Land auf der Seite liegen lassen zu müssen. In Parma hatten wir der vielen Maroden wegen zwei Rasttage, die ich nutzte, die Sehenswürdigkeiten der Stadt in Augenschein zu nehmen.

Am vierten Tag nach unserer Ankunft zu Parma, wo ich in einem Franziskanerkloster einquartiert war, marschierten wir nach Reggio. Hier besuchte ich das Theater, in welchem die Oper «Ludovica» und ein großes fünfaktiges Ballett, «Alexander der Große» betitelt, aufgeführt wurden. Die Vorstellung dauerte bis nach drei Uhr morgens, so daß, als ich das Theater verließ, das Bataillon schon über eine Stunde abmarschiert war. Wir marschierten nämlich der großen Hitze wegen immer bald nach Mitternacht ab, und später sogar zwei Stunden vor Mitternacht, während man dann über die Mittagszeit schlief. Ich eilte über Hals und Kopf nach, holte es jedoch erst auf dem halben Weg nach Modena wieder ein, aber unterwegs begegnete ich gar manchem Nachzügler. Dieses frühe und nächtliche Abmarschieren hatte den Nachteil, daß das Bataillon immer kaum mit einem Drittel seiner Mannschaft in dem Etappenort ankam, da sich die Leute unterwegs rechts und links in die Felder schlafen legten, weil sie in dem zum Nachtquartier bestimmten Ort zu wenig Zeit zum Ruhen hatten. Denn gleich nach der Ankunft mußten sie die Lebensmittel empfangen, oft lange darauf warten, dann selbst in den Klöstern und Kirchen kochen. Sie konnten erst spät essen, mußten sich dann wieder zum Appell einfinden, so daß die Ruhe gar knapp zugemessen war. Die Soldaten marschierten ohnehin viel lieber einzeln als in der Kolonne, weil dies weit weniger ermüdend und bequemer ist, obgleich die Kolonnen auf dem Marsch nie geschlossen sind, sondern die Glieder und Rotten in gehöriger Distanz Mann vom Mann ziehen.

Mehrere der Hauptleute und auch einige andere Offiziere, die bemittelt, waren beritten, ich mietete mir von Zeit zu Zeit ein Cavallo samt seinem Patron und schickte beide wieder zurück. Allerdings nahm ich mir vor, bei erster Gelegenheit ein Pferd anzuschaffen, da dessen Unterhalt auf dem Marsch wenig oder nichts kostete, denn man teilte den berittenen Offizieren immer Quartiere zu, bei denen sich Ställe befanden, wo dann dem Pferd in der Regel Gastfreundschaft erwiesen und es freigehalten wurde. Doch erst in Neapel konnte ich zu einem eigenen Sattleltier kommen.

Nach acht Uhr morgens kamen wir in Modena an; auch diese alte Stadt liegt in einer schönen Fläche zwischen der Secchia und dem Panaro. Bei unserem Abmarsch von Modena fiel eine ergötzliche Szene vor. Das Bataillon war teils in einer Kirche, teils in dem Kreuzgang des zu dieser gehörenden Klosters einquartiert gewesen. Die Soldaten hatten sich auch hier allerlei Unfug erlaubt und namentlich allerhand Fratzen und unanständige Dinge mit Kohlen an die Wände des Kreuzgangs geschmiert, wie sie dies schon öfter getan. Als nun das Bataillon unter dem Gewehr und zum Abmarschieren bereitstand, kamen plötzlich drei bis vier Mönche fast atemlos angerannt und verlangten den Chef zu sprechen. Duret saß schon zu Pferd und fragte, was das Begehren sei. Die Patres baten seine illustrissima eccelenza inständig, sich doch mit ihnen ins Kloster begeben zu wollen, um die Sporcherie (Schweinereien) anzusehen, welche die Signori Soldati an die Wände geschmiert hatten.

Duret schickte Leutnant von Hülsen, einen Preußen, mit zwei der heiligen Männer ab, die Malereien zu besichtigen. Er kam bald mit seiner geistlichen Eskorte zurück und rapportierte, daß die Soldaten nebst allerlei Unflätigkeiten unter anderem auch einen Teufel mit Hörnern, Bocksfüßen, Krallen und hinten und vorn geschwänzt, gezeichnet, wie er einen dicken Pfaffen hole, ein anderer Satan habe den Papst selbst beim Ohr und so weiter. Duret konnte sich des Lachens nicht erwehren, sagte indessen zu den Mönchen, sie möchten ihm die Täter bezeichnen, dann wolle er sie bestrafen. Dies war aber den guten Fratres nicht möglich. Es waren ein paar Unteroffiziere, die ziemlich gut zeichnen konnten und die man im Bataillon wohl kannte. Der Bataillonschef bedauerte daher, ihnen keine Satisfaktion geben zu können. Duret gab nun des Zeichen zum Abmarsch, der Tambourmajor ließ das Roulement schlagen, und wir marschierten mit rechts in die Flanken pas acceleré [im Geschwindschritt] ab.

Der Marsch von Modena nach Bologna führte uns über mehrere Flüsse und Brücken. Mit dem frühen Morgen standen wir vor den Toren von Bologna auf ehemaligem päpstlichen Gebiet und bekamen das erste päpstliche Geld, die Bajocchis zu sehen, die hier noch kursierten. Überhaupt war es auf dem Marsch von Genua bis hierher gerade wie in dem weiland heiligen deutschen Reich, fast in jeder Stadt traf man andere Geldsorten, anderes Maß und Gewicht an.

Bologna, das Bononia der Alten, ist nach Rom die bedeutendste Stadt des Kirchenstaates und zählt über sechzigtausend Einwohner, sie ist befestigt, und ein Dutzend Tore führen in das Innere der Stadt zu den meist schönen breiten Straßen. Sie liegt an zwei Wassern, dem Fluß Reno und dem Flüßchen Savena; über den ersteren führt eine schöne, zweiundzwanzig Bogen lange Brücke.

Ich war in Bologna zum erstenmal seit Genua weder in einer Lokanda noch in einem Kloster einquartiert, sondern wieder in einem Privathaus, bei einem Signor Magnani, einem Advokaten, der zwei hübsche Töchter und eine nachsichtige Frau hatte. Die Mädchen klimperten recht artig Gitarre. Ich machte der Familie einen

Höflichkeitsbesuch, und da ich mich nun schon ziemlich geläufig italienisch auszudrücken wußte, war die Unterhaltung bald animiert. Das Hauptthema war wie gewöhnlich die Musik, und die Damen erzählten mir, daß erst vor kurzem einige tedeschi [Deutsche] bei der hiesigen Oper Furore gemacht hätten, auch der eine in Mailand, der andere zu Neapel engagiert worden sei. Ich bat die Mädchen, die ich schon vorher hatte musizieren hören, mich doch durch ihr Talent erfreuen zu wollen, und die Jüngste trug sogleich das damals in Italien sehr beliebte Schalksliedchen «Una povera ragazza, se n'andie una mattina» mit viel Feuer und Ausdruck vor, worauf beide ein paar komische Duette von Guglielmi und Cimarosa* in echt italienischer Manier sangen.

Wir kamen hierauf auf die Stadt und ihre Umgebung zu sprechen, und ich äußerte den Wunsch, daß ich auch gern etwas von der letzten sehen möchte, da wir hier einen Ruhetag hätten. Das jüngste Mädchen, Giuglietta, erwiderte mir, sie würde am nächsten Morgen mit ihrer Mutter die Madonna de San Luca besuchen, deren schöne Kirche eine kleine Stunde vor der Stadt liege und zu der ein Säulengang führe, unter dem man vor Hitze und schlechtem Wetter vollkommen geschützt sei. Ich bat um Erlaubnis, die Damen dahin begleiten zu dürfen, aber die Signora madre meinte, es ginge schlechterdings nicht an, daß Damen allein in Begleitung eines Fremden, und gar eines Signor Uffiziale francese, über die Straßen gingen. Ich wußte indessen diesen Einwand zu beseitigen und bat sie, in Zivilkleidern vor der Stadt warten zu dürfen, was mir dann auch die Mama zugestand. Ihr und den Töchtern dankend die Hände küssend, empfahl ich mich, um meine Streifereien durch Bologna zu beginnen, brachte aber den Abend wieder in ihrer Gesellschaft plaudernd und musizierend zu.

Am anderen Tag wurde in der Morgenkühle die Wallfahrt zur Madonna angetreten. Ich folgte den Damen, so wie wir übereingekommen waren, in einiger Entfernung durch die Stadt, und gesellte mich unter den ersten Bogen vor derselben zu ihnen. Dieser Säulengang war unabsehbar und schien gar kein Ende zu nehmen. Es sind weit über sechshundert Arkaden, und jeder dieser Bogen ist von einer frommen Seele oder Familie, auch oft von einer ganzen Körperschaft oder Zunft, sogar auch von Soldaten und Bedienten erbaut, jeder hat andere Verzierungen, Malereien, Arabesken von sehr verschiedenem Wert, was diesen Spaziergang recht unterhaltend macht. Mehrmals sind die Bogen auch durch Felsen geführt. Alle Bogen sind Heiligen, die meisten aber der Jungfrau selbst und namentlich der Jungfrau vor und nach den Kindesnöten geweiht. Endlich waren wir in der Kirche

*) Bekannte italienische Opernkomponisten in der zweiten Hälfte des 18. Jahrhunderts

und bei der Madonna angekommen, deren Wunderkraft mir die Signora Magnani mit vielem Eifer und großer Beredsamkeit erklärte und mir dabei ganz ernsthaft versicherte, das Bild habe der heilige Lukas selbst gemalt. Wir hielten uns ziemlich lange dabei auf, denn die Damen wurden mit Beten und Andachtsübungen nicht fertig.

Es war halb elf, als wir den nächtlichen Marsch durch die finsteren Straßen Bolognas zu dem nach Imola führenden Tor hinaus mit klingendem Spiel antraten, welches manche Schöne im Nachtkleid noch ans Fenster lockte. Da ich in Bologna wenig geruht und also ziemlich müde war, so blieb ich gleich anfangs hinter dem Bataillon zurück, um bequemer marschieren und von Zeit zu Zeit ruhen zu können. Bald hörte ich einen Wagen kommen und erkannte den der Madame Grenet. Diese Begegnung war mir nicht gerade angenehm, und ich hätte es gern vermieden, aber die Dame hatte mich trotz der Finsternis bereits erkannt und mir zugerufen: «Herr Leutnant Fröhlich, gehören Sie auch zu den Maroden?»

«Um Vergebung, ich habe mich nur ein wenig verspätet.»

«Nun, was machen Sie denn, Sie lassen sich ja gar nicht blicken.» – Ich hatte die Dame auf dem ganzen Marsch bisher möglichst gemieden. «Nicht wahr», fuhr sie fort, «Ihre Streiche in Genua, ja, da muß man sich freilich verstecken.»

«Das gerade nicht, Madam, und ich glaube, daß gewisse Damen, deren Anschläge ich genau kennengelernt, noch mehr Ursache hätten, sich vor mir zu verbergen, als ich mich vor ihnen. Ich bin noch im Besitz eines Billetts, das ...»

«Wozu diese Zänkereien?» fiel mir Madame Grenet ins Wort. «Ich bin nicht so rachsüchtig, machen wir Frieden. Es ist ziemlich kühl, ich biete Ihnen einen Platz in meinem Wagen an, es fährt sich doch besser als man geht, und Sie kommen weniger ermüdet an.»

Ich nahm das Anerbieten an, das mir gerade nicht so unwillkommen war, und saß bald an der Seite der Dame. Noch hatte ich zwar die liebenswürdigen Advokatentöchter im Kopf, aber doch bereits Madame Grenet im Arm. Ein ewiger Friede wurde förmlich geschlossen und durch glühende Küsse besiegelt. Madame Grenet war ja hübsch und jung, ich hatte heißes Blut, dabei die Finsternis der Nacht, die Gelegenheit mit einer liebenswürdigen Frau im engen Raum eines Wagens, da mag der Henker kalt bleiben. Alle Unbill war von beiden Seiten schnell in dem Taumel des Genusses vergessen, und nach einer guten Stunde verließ ich den Wagen, um mich dem Bataillon wieder anzuschließen.

Schon mit dem Grauen des Tages rückten wir in Imola ein, einer Stadt von ungefähr achttausend Einwohnern, die ein festes Schloß, aber außer einem schönen Spital wenig Merkwürdiges enthält. Der damalige Papst Pius VII. war hier längere

Zeit Bischof. Eine Stunde nach Sonnenuntergang wirbelten die Tambours abermals zum Abmarsch; diese Nacht führte uns leider um Mitternacht durch das schöne Faenza, dessen Einwohner unser durch Trommeln und Musik geräuschvoller Durchmarsch aus dem Schlaf aufgeschreckt haben mag, nach Forli. Faenza ist ziemlich groß, soll bei sechzehntausend Einwohnern nicht weniger als zwanzig Klöster und dreißig Kirchen haben und ist eine der hübschesten Städte der ganzen Romagna. Von ihr hat das Töpfergeschirr Fayence, das noch jetzt in vorzüglicher Güte daselbst verfertigt wird, seinen Namen.

Forli liegt am Fuß der Apenninen in einem fruchtbaren Tal an der alten Via Aemilia*. Die Stadt ist nicht übel gebaut, hat einen sehr schönen Marktplatz, und der Versammlungssaal ihres Stadthauses ist von Raffael gemalt. Auch sie hat bei zehn- bis elftausend Einwohnern Dutzende von Klöstern und Kirchen. Manche ihrer Kirchen und Paläste sollen interessante Kunstschätze enthalten, um die ich mich aber immer weniger auf diesem Marsch kümmerte, da wir, von den Nachtmärschen ermüdet, einen großen Teil des Tages mit Schlafen zubringen mußten, auch war damals das Beste und Schönste im Louvre zu Paris.**

Von Forli kamen wir über Forlimpopoli nach Cesena, der Vaterstadt Pius' VI., dem man hier eine Bildsäule errichtet hat, sowie der Pius' VII. Unter den unzähligen Klöstern dieser Stadt ist das der Benediktiner, welches auf einem Berg vor dem Tor liegt, wegen seiner großen Pracht sehenswert.

Ohne Caesar zu sein, ging auch ich über den Rubicon***, ein kleines Flüßchen, das jetzt Pisatello heißt und kaum eine Stunde von Cesena entfernt, auf dem Weg nach Rimini, unserem nächsten Nacht-, vielmehr jetzt Tagquartier, vorbeifließt. Auch wir überschritten den Rubicon nicht ganz bedeutungslos; denn es galt, die schon begonnene Eroberung des Königreichs Neapel vollenden zu helfen und dessen Regenten zum Teufel zu jagen.

Rimini erreichten wir wieder mit Tagesanbruch. Es liegt an der Mündung des Marécchia, nahe am Adriatischen Meer, das vor Zeiten seine Mauern bespülte. Sein ehemaliger Hafen war jetzt in einen großen Garten umgebildet, und der kleine, jetzt noch bestehende kann nur von geringen Fahrzeugen und Fischerbarken besucht werden. Von römischen Altertümern ist noch eine Brücke vorhanden,

*) Unter M. Aemilius Lepidus 187 v. u. Z. erbaute Straße von 240 Kilometer Länge.
**) General Napoleon Bonaparte hatte während seiner Feldzüge in Italien berühmte Kunstwerke als Kontribution einziehen und in die französische Hauptstadt bringen lassen, eine Praxis, die der spätere Erste Konsul und Kaiser in allen von ihm okkupierten Ländern fortsetzte.
***) Mit den Worten ‹Der Würfel ist gefallen› überschritt Julius Caesar 49 v. u. Z. den Rubicon und eröffnete den Bürgerkrieg gegen Gnaeus Pompeius.

auch ein Kaiser Augustus zu Ehren erbauter Triumphbogen ist noch vollkommen erhalten. Außerdem werden noch viele andere römische Altertümer und auf dem Marktplatz eine Art Fußgestell gezeigt, von dem herab Caesar zu seinen Truppen gesprochen haben soll, nachdem er über den Rubicon gegangen war. Überhaupt konnten wir jetzt keinen Schritt mehr tun, ohne jeden Augenblick durch Monumente und historische Begebenheiten an das welterobernde Volk der Römer erinnert zu werden, dessen klassischen Boden wir betreten hatten.

Da wir hier wieder einen Ruhetag hatten, nutzte ich ihn, um einen Ritt nach der von Rimini wenige Stunden entfernten, wegen ihrer Unbedeutendheit berühmten und deshalb unangefochtenen Republik San Marino zu machen, deren Haupt- und einziges Städtchen und Gebiet wenig mehr als fünftausend Bewohner zeigt. Ein Maurer aus Dalmatien namens Marin soll sie im sechsten Jahrhundert gegründet haben.

Das Städtchen San Marino liegt auf einem etwas steilen Berg, zu dem ein ziemlich bequemer Fußweg führt, es hat sogar ein kleines Kastell mit mehreren Türmen. In seinem Gebiet wächst ein guter Wein auf den Höhen des Berges, der aber den Klöstern der Republik gehört und von deren trägen Bewohnern fast ausschließlich in behaglicher Ruhe getrunken wird. So klein dieser Staat auch ist, muß er doch ein halbes Dutzend dieser Faulnester nähren.

Ich war in Begleitung von mehreren Kameraden auf Mietpferden nach San Marino geritten, unter diesen befand sich ein erst kürzlich vor dem Abmarsch nach Genua zum Regiment gekommener Offizier, der in österreichischen Diensten gestanden und sich kurz vor der Schlacht von Austerlitz hatte fangen lassen. Er war Hauptmann gewesen und bei unserem Regiment als Leutnant eingetreten, wozu ihm die Gnade des Fürsten Y., dem er sich empfohlen, verholfen hatte. Dieser Mensch, der sich Baron von Neumann nannte, dessen Bauch jedoch weit besser in eine Pfaffenkutte als in eine Uniform gepaßt hätte, war nur in der Hoffnung mit nach San Marino geritten, daß er daselbst etwas Tüchtiges für seinen Schnabel, das heißt brav zu essen und zu trinken absetzte, fing aber schon zu fluchen an, als der Weg etwas steil und unbequemer zu werden begann. Als er aber erst das kleine Städtchen sah und nichts als etwas Käse und Brot zu essen fand, sagte er ganz aufgebracht zu mir: ‹Dos is holter auch der Müh wert g'wesen, uns in so än Nest z führen, wo's halt nix z nagen und nix z beißen gibt, ich dank für d'Ehr.›

Als ich ihm von der Seltenheit und Sonderbarkeit, die diesen Staat merkwürdig machen, erzählen wollte, ließ er mich nicht endigen, sondern fiel mir mit den Worten in die Rede: ‹I hob den Henker von so 'ner Merkwürdigkeit, die größte Merkwürdigkeit für mi is holt a gut's Schweinsbrates und ä gut's Glaserl Wein.›

Das letztere verschaffte ich ihm auch, wodurch er bald zum Schweigen gebracht wurde, er fand das Gewächs vortrefflich und war bald so selig, daß er bei der Heimkehr sein Roß nicht mehr ohne Hilfe zu besteigen vermochte. War es uns gelungen, ihn auf der einen Seite mit aller Mühe hinaufzuheben, so fiel er auf der anderen wieder herab. Glücklicherweise hatten wir sehr geduldige und kraftlose Mähren, die sich alles gefallen ließen. Ich machte den Vorschlag, den Kameraden auf seiner Rosinante festzubinden, aber es fehlte uns an Stricken, und es war nicht so leicht, deren in San Marino aufzutreiben.

Als wir uns endlich im Besitz der nötigen Bindemittel befanden, legten wir den vollen Sack, der wenigstens ein halbes Dutzend Pokale geleert hatte, quer über das Tier und banden den schnarchenden, aber ganz bewußtlosen Leichnam auf demselben fest. Wir waren noch keine fünf Minuten geritten, als die Bande durch das Rütteln schon locker wurden und unser Freund Neumann unter sein Roß rutschte. Wir hoben ihn wieder auf, banden ihn nochmals fest, aber jetzt kam er allmählich wieder etwas zur Besinnung und wollte gleich den anderen wieder zu Pferd sitzen. Man tat ihm den Willen; es ging nun in kurzem Trabe den jähen Berg hinab, aber nach wenig hundert Schritten stürzte Neumann, der ohnehin nicht reiten konnte und das Pferd nicht in der Hand hatte, und fiel so unglücklich, daß er ein Bein brach. Jetzt war die Not groß, und nur mit schwerer Mühe und glänzenden Versprechungen brachten wir ein halbes Dutzend Landleute zusammen, um den Verunglückten auf einer Tragbahre nach Rimini zu bringen, wo er erst bei sinkender Nacht ankam, über sein hartes Geschick und über mich fluchend und wimmernd. Den Trägern gaben wir jedem einen Scudo romano; dies war ein teurer Lustritt.

Neumann mußte zurück- und im Lazarett bleiben, bis er geheilt war, wo er so gut verpflegt wurde, daß er bald ein wahrer Spitalbruder ward. Die französischen Offiziere wurden allerdings in den Lazaretten der Städte, namentlich in dem Kirchenstaat, wie die Herren gepflegt und behandelt. Ich sah den guten Neumann nie wieder, denn er wurde zum Depot des Regiments geschickt, und später habe ich nur so viel erfahren, daß nach dem Frieden von 1814 die österreichische Armee so glücklich war, den Helden wieder in ihren Reihen zu sehen.

Am folgenden Tag kamen wir nach Senigallia, das Leipzig Italiens hinsichtlich seiner sehr besuchten hochberühmten Messen. Senigallia ist an und für sich keine sehr bedeutende Stadt, hat kaum zehntausend Einwohner, treibt aber viel Handel und ist ziemlich gut befestigt. Zu ihren Messen strömen die Fremden aus ganz Italien, Griechenland, Dalmatien und der Schweiz herbei. Der nicht sehr große Hafen ist für Kauffahrteischiffe bequem und sicher.

Unsere folgende Etappe war Loreto, ein beschwerlicher und ermüdender

Marsch; aber dafür sollten wir auch durch den Anblick des heiligen Hauses der Jungfrau Maria und sogar durch den Besuch desselben belohnt werden. Die Stadt ist klein, zählt kaum sechstausend Einwohner, die fast alle von dem Schacher mit heiligem Firlefanz leben. Sie liegt auf einer Anhöhe, von der man eine herrliche Aussicht auf das Adriatische Meer und dessen Küsten hat. Mitten in der prachtvollen großen und schönen Kirche der Madonna von Loreto befindet sich das heiligste Haus der ganzen Christenheit, in dem die Jungfrau geboren und erzogen wurde. Es ist ein sehr bescheidenes, von Backsteinen und Holz erbautes Häuschen, das la santissima casa de Nazaretto* genannt wird. Das Haus ist nur achtzehn Fuß hoch, fünfundzwanzig lang und etwa zwölf breit und würde in unseren Tagen auch einem nur mittelmäßigen Bauern zu klein und zu eng erscheinen. Dagegen ist aber die Kirche, die es beschirmt, um so größer und geräumiger, fast ganz in morgenländischem Stil erbaut, mit kostbaren Türen von Erz versehen und hat unzählige Beichtstühle.

So klein das Häuschen war, vielleicht eines der kleinsten Europas, so galt es doch vordem als eines der reichsten, wo nicht das reichste. Wir fanden, als wir nach Loreto kamen, wenig von den echten Schätzen vor, die so prächtig gewesen sein sollen, daß das Auge ihren Glanz nicht zu ertragen und der erfahrenste Juwelier sie nicht zu schätzen vermochte. Die Jungfrau samt dem Jesuskind trugen nun Kronen mit falschen Steinen, doch hingen schon wieder viele silberne und reich vergoldete, fortwährend brennende Lampen in der Kirche. Eine hier angebotene Reliquie gilt für ein sicheres Amulett gegen alles Böse, gegen Widerwärtigkeiten, Krankheiten, Zauberei und so weiter, man trägt sie an einem Bändchen oder Kettchen um den Hals, auf die Brust herabhängend. Auch ich versah mich mit einer solchen, zum Andenken an meine Anwesenheit in Loreto, und hatte es wahrlich nicht zu bereuen, denn sie bewirkte in der Tat kein geringes Wunder an mir, mich von einem grausam schmählichen Tod errettend, wie wir bald sehen werden. Außerdem kaufte ich ein Dutzend kleiner Rosenkränze von allen Farben, grün, rot, gelb und so weiter, ließ sie in der heiligen Suppenschüssel umrühren und schickte sie dann per Post meinem Vater, um sie an die übrige Verwandtschaft auszuteilen, die, obgleich es Ketzer waren, diese Aufmerksamkeit doch gut aufnahmen.

Loreto verlassend, entfernten wir uns wieder von den Küsten des Adriatischen Meeres und marschierten landeinwärts nach Macerata, einer ansehnlichen, auf einem Berg liegenden Stadt, von der man das Meer noch einmal erblickt, die fünfzehntausend Einwohner, mehrere sehr schöne Kirchen und ein merkwürdiges Tor,

---

*) Das heiligste Haus von Nazareth, auch als Casa Santa, das Heilige Haus bekannt.

Porta Pia, eine Art Triumphbogen mit drei Durchgängen hat. Von hier kamen wir nach Tolentino, einem an sich sehr unbedeutenden kleinen Städtchen, das keine fünfzehnhundert Einwohner zählt, aber dennoch fünfzehn Kirchen hat und den Leichnam des heiligen Nikolaus aufbewahrt, was dem sonst sehr toten Ort an dessen Festtag einiges Leben verleiht. Hier wurde 1796 der Frieden zwischen dem Papst und der französischen Republik geschlossen, der den ersteren große Opfer kostete und wenig oder keinen Nutzen brachte. Durch das ebenso berüchtigte Colfiorita, wohin der Weg eine ziemliche Strecke zwischen durchhauenen Felsen führt und das so eng ist, daß kein Wagen dem anderen ausweichen kann, marschierten wir bei Nacht. Der Weg von hier bis Foligno, besonders bei den sogenannten Steinbrüchen, ist fortwährend sehr schmal und für Fuhrwerke äußerst gefährlich, da er längs schauerlichen Abgründen hinführt, in die schon sehr viele Wagen samt Pferden und Reisenden hinabstürzten, und doch wird nicht dafür gesorgt, diese Gefahr durch tüchtige Schranken zu beseitigen.

Spoleto, unsere nächste Etappe, ist eine alte, an einem Berg liegende, aber schlecht gebaute und befestigte Stadt, die kaum sechstausend Einwohner, nicht weniger als zwei Dutzend Klöster, noch mehr Kirchen hatte; zwanzig Einsiedeleien liegen obendrein auf einem nahen Berg, zu dem ein anmutiges Tal führt.

Der Marsch von hier nach Terni ging über die Somma, den höchsten Gipfel der Apenninen in dieser Gegend. Terni liegt zwischen zwei Armen des Flusses Nera, der hier eine Insel bildet, und hat noch viele römische Altertümer, unter denen die Ruinen eines Amphittheaters und eines Sonnentempels.

Da wir hier wieder einen Ruhetag hatten, schlug ich mehreren Kameraden vor, eine Partie nach dem berühmten Wasserfall von Terni, der etwa anderthalb Stunden von der Stadt entfernt liegt, zu machen. Hauptmann Grenet und seine Frau waren mit von derselben. Der Weg dahin führt durch einen Olivenwald und durch ein Dorf, von dem er sich furchtbar steil, oft an schwindelnden Abgründen vorüber, auf dem Berg hinzieht. Wir waren fast alle auf Eseln, nur einige, unter denen auch ich, zu Pferde.

In einiger Entfernung von der Kaskade stiegen wir ab und legten den Rest des Weges zu Fuß zurück, wurden aber bald von dem Wasserstaub benetzt. Über hundertsechzig Meter stürzt sich hier der Velino von den Felsen in den jähen Abgrund herab und gibt dem erstaunten Wanderer ein großartiges, ergreifendes Schauspiel. Das Geräusch, welches die fallenden Wassermassen verursachen, ist donnerähnlich, und die sich wie Nebel wieder erhebenden Wasser formieren einen großen Staubwirbel, der wie ein Tau abermals niederfällt und den erstaunten Zuschauer durch und durch naß macht. Dieser Wasserstaub bildet unaufhörlich auf- und nie-

Frankfurt am Main Anfang des 19. Jahrhunderts

Grenadier zu Pferde

Ausbildung

Grenadier der kaiserlichen Garde

Am Lagerfeuer

Füsiliere der Garde

Blick auf Neapel von Süden

Besichtigung französischer Truppen
durch Murat in Mailand

Napoleons Schwager Murat

Napoleons Bruder Joseph

Begegnung in Genua

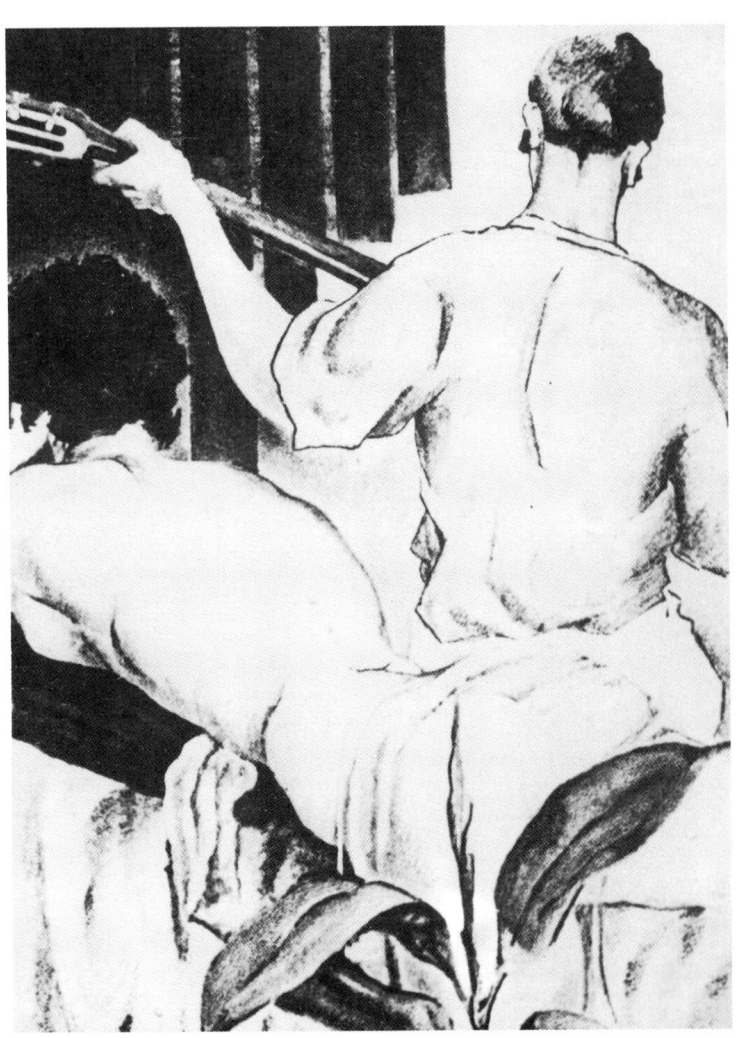

Besichtigung der Katakomben

Oberst der Jäger zu Pferde

Garde
des Konsuls,
Grenadier
zu Fuß

dersteigende Brillantbogen, die man mit Entzücken bewundert. Es ist eines der schönsten Naturschauspiele der Welt. Auf dem Rückweg nahmen wir in dem Dorf an dem Olivenwäldchen eine echt italienische Kollation [Frühstück], aus Brot, Käse, Orangen und Feigen bestehend.

Von Terni kamen wir wieder an unabsehbaren Abgründen vorüber nach Narni, das auf einem Berg an der Nera liegt, kaum viertausend Einwohner zählt und von tausendjährigen Olivenbäumen umgeben ist. Das heitere Tal, durch welches man zwischen Terni und Narni kommt, wird von der Nera bewässert.

Von hier aus marschierten wir über Otricoli und mehrere andere unbedeutende Orte, kamen bald an die Ufer des Tiber und längs derselben nach Civita Castellana, dem alten berühmten Veja. Diese Stadt ist jetzt sehr klein, zählt kaum ein paar tausend Seelen und liegt auf einem steilen, die Umgegend beherrschenden Berg. Die Hauptkirche steht auf einem isolierten Felsen wie auf einer Insel und ist durch eine Brücke mit der übrigen Stadt verbunden.

Jetzt spürten wir schon die Nähe der alten Welthauptstadt. Ruinen, Wasserleitungen, Tempelreste, Monumente jeder Art und hie und da eine Villa verkündeten uns die hochberühmte Campagna. Monterosi, in dessen Umgegend sich noch etruskische Ruinen und Altertümer befinden, sollte unser letztes Quartier vor Rom sein. Da uns aber die Marschroute keinen Rasttag in Rom selbst gestattete, gab Duret dem Wunsch der meisten Offiziere nach, ließ das Bataillon nur wenige Stunden in Monterosi ruhen und dann nach Rom aufbrechen, damit wir dort wenigstens einen Tag vollständig und mit Ruhe zubringen konnten, denn niemand war imstande, uns zu garantieren, daß wir jemals die berühmte Stadt wieder betreten würden.

Indessen wurde uns dieser Doppelmarsch, der zum Teil über die alte Via Cassia* ging, beschwerlich genug, es schien als wolle er gar kein Ende nehmen. Jeder Landmann, dem wir begegneten, wurde mit: «Quante miglie ancora?»** von den Soldaten angeredet und antwortete gewöhnlich mit: «Poche signore, strada romana, strada buona!»*** Murrend und fluchend, sich immer getäuscht zu sehen, ging der Marsch weiter.

Öder und wüster wurde aber jetzt die Gegend, wir waren in der verrufenen Campagna di Roma und kamen häufig an Galgen und Pfählen vorüber, an denen Köpfe gespießt und halb verfaulte Schenkel, Arme und Körper hingen, von Legionen Raubvögeln umflattert und angenagt, lauter Überreste von Raubmördern und Banditen. Wir waren die ganze Nacht und fast den ganzen Tag marschiert, wenige

---

*) Eine der ersten noch vom antiken Rom erbauten Straßen nach Norditalien.
**) «Wieviel Meilen noch?»
***) «Wenige, Herr, doch römische Straßen sind gute Straßen!»

Stunden Ruhe in der Mittagszeit ausgenommen, und erblickten endlich gegen Abend die schon lange und heißersehnte Siebenhügelstadt mit ihren Kuppeln, Domen und Türmen, aus deren Häusermeer vor allem Sankt Petri Dom hervorragte. Der Anblick dieser sogenannten ewigen Stadt, deren Geschichte ich genau kannte und in der seit Jahrtausenden so viel Großes, Wunderbares und Außerordentliches vorgefallen, erschütterte mich tief und machte einen großen Eindruck auf mich. Lange staunte ich diese toten Massen, Zeugen von so viel Untaten, wenig Helden- und noch weniger guten Taten an.

Es ging nun etwas bergab; bald kamen wir an dem Grab Neros vorüber. Noch immer war die Gegend öde und fast wie ausgestorben. Von hier marschierten wir auf der Via Flaminia*, erst zwischen einsamen Gartenmauern und dann an einer langen Häuserreihe vorüber, bis vor die Porta Popolo, wo wir noch vor Sonnenuntergang zum Umfallen müde ankamen. Glücklicherweise war das Gebäude, eine Art Kaserne, in welcher das Bataillon einlogiert wurde, gerade das letzte Haus rechts vor dem Tor, und alle Säle fanden wir schon dick mit Stroh belegt. Die Leute waren so müde, daß sie sich kaum die Mühe nahmen, ihre Tornister, Patronen, Gewehre und Patronentaschen abzulegen, und sich angekleidet auf die einladende Streu fallen ließen, den Henker nach Rom, seinen Denkmälern und dem Papst fragend, worauf sie bald um die Wette schnarchten. Ich nahm zwar das mir zukommende Quartierbillett an, das auf eine Privatwohnung in der Stadt lautete, verspürte aber keine Lust, sie noch diesen Abend aufzusuchen, sondern warf mich ebenfalls unter die Karabinierkompanie auf die Streu. Mein Kapitän, der Hauptmann Leclerc, machte es ebenso, und die meisten Offiziere, die keine Pferde hatten, folgten unserem Beispiel. Wir schliefen fest und ungestört, bis am nächsten Morgen die Sonne schon hoch über der ewigen Stadt stand, und hatten besser als auf schwellenden Polstern geruht.

Man wird hier keine ausführliche Beschreibung Roms und seiner Merkwürdigkeiten erwarten, die allein dicke Bände füllen würde und die schon so oft beschrieben und wieder beschrieben worden sind, außerdem brachte ich diesmal nur einen einzigen Tag daselbst zu, der kaum hinreicht, das Interessanteste im Flug zu übersehen.

An das Tor stellten wir Schildwachen von zwei Karabiniers, welche den Befehl hatten, nur die ganz reinlich und ordonnanzmäßig gekleideten Soldaten unseres Bataillons in die Stadt zu lassen, auch durften nicht mehr als zwanzig Mann der Kompanie auf einmal gehen.

*) Unter Gaius Flaminius um 220 v. u. Z. angelegte Straße nach der nordwestlichen Adriaküste.

Als ich den Korso entlangging, begegnete ich dem Kapitän Gasqui mit noch einigen Offizieren, die mich einluden, sie zu begleiten und ihnen als Dolmetscher zu dienen. Gern schloß ich mich dieser Gesellschaft an, wir schlugen zuerst den Weg nach der Peterskirche ein, wo uns der ungeheure zirkelrunde, von vierfachen Säulenreihen umgebene Platz mit seinen prächtigen zwei Springbrunnen und dem höchsten Obelisk Roms in Staunen und Bewunderung versetzte. Nicht so das Innere der Kirche, das hinter meiner Erwartung zurückblieb, deren ungeheure Dimension man aber nach und nach gewahr wird, weil das Ganze eben durch das Kolossale zu sehr gedrückt wird und überladen scheint. Ich machte den erklärenden Ciceroni und gab mir vorzüglich viel Mühe, die reizende Madame Gasqui auf die hauptsächlichsten Schönheiten aufmerksam zu machen.

Wir hatten hier schon eine ganze Stunde verweilt, als ich die Gesellschaft erinnerte, daß es Zeit sei, weiterzugehen, wenn wir noch mehr in Rom sehen wollten. Wir verständigten uns dahin, für diesmal nur noch das Pantheon, das Kapitol, das Kolosseum, das alte Forum, jetzt Campo Vaccino, die Triumphbogen des Titus, Konstantins und Monte Cavallo zu besuchen, die alle in großer Entfernung von der Peterskirche liegen, so daß wir vollauf zu tun hatten. Wir gingen nun wieder an dem nahen Castel St. Angelo [Engelsburg] vorbei, zum zweitenmal über die Engelsbrücke und nahmen auf der großen Piazza Navona zwei Mietkutschen, wo ich es so einzurichten wußte, daß ich mit Herrn und Madame Gasqui in der einen, die übrigen Offiziere aber in der anderen fuhren. Wir begaben uns zuerst in das Pantheon, ehemals allen Göttern Roms und Griechenlands geweiht und jetzt die Kirche San Maria Rotinda, die mit Recht allen Architekten, die ähnliche Meisterwerke, denn sie ist ein solches, aufführen wollen, zum Modell dient.

Von hier fuhren wir zum Kapitol, das wir zwar bestiegen, aber dessen Inneres wir nicht sahen, weil uns die Zeit mangelte. Vom Kapitol begaben wir uns auf das Campo Vaccino und zu dem Kolosseum, dessen Größe allerdings kolossal genug ist, um überraschend zu imponieren. In Europa kenne ich kein zweites Gebäude, das so in Erstaunen setzt, obgleich ein Teil mutwillig niedergerissen wurde, um die Steine zu anderen Bauten zu nutzen. Die schöne Madame Gasqui am Arm, wanderte ich im Innern von Station zu Station, es sind hier die vierzehn Leidensstationen Christi in der Runde aufgestellt. Hierauf sahen wir noch die beiden erwähnten Triumphbogen, fuhren nach Monte Cavallo, um den von Seiner Heiligkeit bewohnten Palast zu sehen, und von da auf die Piazza Colonna, wo ich die Gesellschaft beredete, noch die Antoniussäule zu besteigen, was aber Kapitän Gasqui wenigstens für seine Person ablehnte, weil ihm das Steigen zu beschwerlich war. Auf der sehr engen Treppe, welche im Innern zu ihrem Gipfel führte, reichte ich Madame Gasqui die Hand, um ihr das Steigen zu erleichtern und den übrigen den Weg zu zeigen. Wir waren aber bald durch ein Dutzend Stufen von den uns Folgenden getrennt, die uns aus den Augen verloren, und um der Dame die Mühe noch weniger beschwerlich zu machen, faßte ich sie um ihre schlanke Taille, sie von einer Stufe zur anderen hebend, was sie auch lächelnd geschehen ließ, sowie daß ich sie bei jedem Schritt aufwärts fester an mich drückte, was sie zu ignorieren schien. Der Weg zu einem intimeren Verhältnis war dadurch gebahnt, das sich auch später zwischen uns entspann. Schon auf der Insel Porquerolles, als ich die liebenswürdige junge Frau durch das Gebüsch kommen sah, hatte sie mein Herz stärker schlagen gemacht, in Genua aber sah ich sie nur wenig und war so sehr mit den dortigen Schönen beschäftigt, daß mir keine Zeit blieb, noch an andere zu denken. Erst auf dem Marsch hierher bekam ich sie öfter zu Gesicht, meist ritt sie im Gefolge des Bataillons. Den heiligen Paulus, der jetzt statt des Kaisers Antonius Pius auf der Säule steht und diese verunstaltet, bat ich heimlich, meine neue Inklination in Schutz zu nehmen.

Nachdem wir uns gehörig umgesehen und den Umfang der ungeheuren Stadt bewundert hatten, verließen wir die Säule, ohne daß es mir möglich gewesen wäre, uns bei dem Herabsteigen von den übrigen zu trennen, die uns dicht auf den Fersen folgten. Kapitän Gasqui nahm uns unten in Empfang und meinte, wir seien etwas lange geblieben.

Wir nahmen nun noch ein fröhliches Mahl bei einem Restaurateur auf dem Spanischen Platz ein und begaben uns jeder in sein Quartier, uns zum nahen Abmarsch vorzubereiten. Die Sonne war bereits hinunter, und der Abmarsch war für die zehnte Stunde beordert. Ich hatte mein Quartier nicht einmal aufgesucht, begab mich wieder in meine Kaserne zurück und ruhte noch ein paar Stunden bis zur ersten Rappelle des Tambours. Bald stand das Bataillon unter dem Gewehr, aber bevor wir abmarschierten, setzte es noch ein kleines Donnerwetter. Von mehreren Orten, wo wir einquartiert gewesen, und namentlich auch von Loreto, waren bei dem päpstlichen Gouvernement Klagen wegen des von Soldaten in Klöstern und Kirchen verübten Unfugs eingelaufen, die das unflätige Anschmieren der Wände mit Kohlen nicht unterlassen konnten, man hatte unseren Bataillonschef Duret in Rom zur Rede gestellt. Dieser erließ jetzt einen strengen Tagesbefehl und verbot bei schweren Disziplinarstrafen, sich ferner dergleichen zu unterfangen. Er hielt auch noch einen Sermon vor der Front an das Bataillon dieserhalb sowie wegen der ziemlich zahlreichen Deserteure, von denen man gerade ein halbes Dutzend wieder eingebracht hatte, welchen man mit Erschießen drohte. Hierauf wurde mit rechts in die Flanken, und zwar in aller Stille, ab- und durch die heilige Stadt ohne Trommelschlag und klingendes Spiel marschiert, denn es durften laut Konvention damals keine französischen Truppen bewaffnet durch die Residenz des Papstes marschieren. Es war also eigentlich eine Infraktion [Vertragsbruch], die wir beginnen, von der jedoch keine Notiz genommen wurde.

Heller Mondschein leuchtete durch die Straßen der Stadt, deren Gebäude und Schatten uns wahrhaft riesig erschienen. Von Zeit zu Zeit ließen die Blasinstrumente unseres Musikkorps eine sanfte Melodie oder einen pas redoublé (Geschwindmarsch) ohne türkische Musik ertönen, was diesen Marsch noch romantischer machte. Endlich kamen wir durch die Porta San Giovanni, die nach Albano, unserem nächsten Quartier, führt, wo ich den ganzen Tag verschlief. Von hier marschierten wir auf Velletri durch die pontinischen Sümpfe nach Terracina, wo wir einen Ruhetag hatten. Von da nach Fondi, dem ersten neapolitanischen Städtchen, und durch üppige Gegenden nach Mola di Gaeta, wo wir uns endlich auf dem Schauplatz der kriegerischen Ereignisse befanden und am neunten oder zehnten Tag nach unserem Abmarsch von Rom ohne besondere Abenteuer eintrafen.

Noch in einer ziemlichen Entfernung von Mola di Gaeta, das auf den Ruinen des alten Formiae erbaut ist, hörten wir schon den Kanonendonner der Geschütze der die Festung beschießenden Artillerie. Gegen neun Uhr morgens kamen wir zu Mola an, wo unser erster Blick auf Verwundete fiel, die man ins Feldlazarett transportierte, welche soeben bei den Belagerungsarbeiten durch das Geschütz der Belagerten übel genug zugerichtet worden waren und von denen einige mit dem Tode rangen.

Bevor ich mit dem Bericht der Blockade und Belagerung von Gaeta während unseres Aufenthalts vor dieser Festung fortfahre, muß ich ein paar Worte über die damalige Besitznahme von Neapel durch die Franzosen vorausschicken.

Napoleon hatte auf den Feldern von Austerlitz beschlossen, der Herrschaft der Bourbonen in Neapel ein Ende zu machen, weil der König Ferdinand IV. gegen den Vertrag vom 21. Juli 1805 den Russen und Engländern die Häfen seines Reiches geöffnet hatte. Im Februar 1806 war das französische Heer in drei Kolonnen unter dem Oberbefehl von Napoleons Bruder, dem Prinzen Joseph, und dem Marschall Masséna, der das Zentrum befehligte, ins Königreich Neapel eingerückt. General Reynier, der den rechten Flügel kommandierte, war vor Gaeta gerückt, während Masséna Capua fast ohne Widerstand nahm und die Franzosen schon am 14. Februar in die Hauptstadt eindrangen. Einen Tag später hielt Joseph seinen feierlichen Einzug. Einstweilen war der linke Flügel des Heeres, meist aus italienischen Truppen bestehend, unter dem General Lecchi über Itri vorgedrungen, und als wir im Mai noch Mola di Gaeta kamen, war schon der größte Teil des Königreiches von französischen Truppen besetzt, aber noch weit entfernt, beruhigt zu sein. Der Tanz sollte im Gegenteil erst recht angehen und lange und blutig genug werden. Unterdessen war durch ein kaiserliches Dekret Prinz Joseph zum König von Neapel ernannt worden.

IX.

*Belagerung von Gaeta – Mola di Gaeta – Abmarsch nach Neapel –
Sessa – Capua – Aversa – Neapel – Vetter Moritz – Der neue König
und seine Regierung – Das Blut des heiligen Januarius wird zugunsten
der Franzosen flüssig – Scheußliche Exkutionen – Der Vesuv speit Feuer –
Aufstand in Kalabrien – Abmarsch dahin*

General Reynier hatte versucht, die starke Festung Gaeta durch Überrumpelung zu nehmen, was jedoch verunglückt war, denn der Prinz von Hessen-Philippsthal, der in derselben kommandierte, verteidigte sich auf das tapferste und hatte geäußert: ‹Gaeta ist nicht Ulm, und ich bin nicht Mack.› General Grigny und mehrere Offiziere und Soldaten hatten bei diesem Versuch das Leben verloren, doch war eine Redoute genommen worden. Reynier hatte nun eine Abteilung seines Armeekorps vor der Festung gelassen, um diese einstweilen im Blockadezustand zu halten, und war mit dem Rest seiner Truppen weiter in das Königreich Neapel vorgerückt. Im März wurden die Belagerungsarbeiten begonnen. Inzwischen hatten die Franzosen das neapolitanische Heer in den Engpässen von San Martino überflügelt und auf das Haupt geschlagen, so daß sich dasselbe in zügelloser Flucht auflöste. Ein Bataillon der königlichen Garde, mehrere tausend Gefangene, Geschütz, Pferde und Bagage waren den Siegern in die Hände gefallen. Der Rest flüchtete in die Gebirge von Kalabrien.

Schon lange vor unserer Ankunft hatte man begonnen, die Festung zu beschießen, und fand für nötig, das von Reynier zurückgelassene Belagerungskorps, das anfänglich nur aus zweitausendfünfhundert Mann bestand, bis auf fünfzehntausend Mann zu verstärken sowie das nötige Belagerungsgeschütz nicht ohne große Beschwerlichkeiten, zum Teil sogar von Mantua, kommen zu lassen. Die meisten Lafetten wurden erst im Lager selbst verfertigt.

Wir biwakierten größtenteils in Baracken oder Erdhütten und waren bei den Schanzarbeiten dem feindlichen Feuer ausgesetzt. Man hatte mir oft gesagt, daß selbst der unerschrockenste Mensch, der zum erstenmal in das Feuer der Schlachten komme, sich des sogenannten Kanonenfiebers und eines Herzklopfens nicht erwehren konnte, indessen habe ich bei dieser Belagerung, wo ich zum erstenmal feindliche Kugeln hörte, von diesem Fieber nichts verspürt, obgleich unsere Kompanie an einem der gefährlichsten und dem Geschütz der Festung am meisten ausgesetzten Ort arbeiten mußte. Dagegen verursachte mir der Anblick der oft schwer Verwundeten und Verstümmelten schmerzliche Empfindung. Gewiß ist, daß ein passives Verhalten vor dem Feind oder bei dessen Angriffen Herzklopfen verursacht, besonders wenn man in einem hinteren Treffen müßig, das Gewehr im Arm, stehen muß, während die vordern schon handgemein sind und man die armen Teufel mit zerschmetterten Gliedern, Armen und Beinen, jammernd, stöhnend, ächzend und Schmerzensgeschrei ausstoßend vorübertragen sieht. Da gebe ich gern zu, daß auch der Mutigste nicht gleichgültig bleibt, er hat zumindest ein banges Vorgefühl, weshalb man immer die nicht gleich ins Feuer kommenden Truppen womöglich so zu plazieren suchen sollte, daß ihnen dieser Anblick erspart wird.

Wenn aber, kaum in Schlachtordnung gestellt, der Angriff beginnt, ist das Wirbeln der Trommeln, das Schmettern der Trompeten, das Wiehern der Rosse, der Donner des Geschützes und das Abfeuern der Gewehre sowie das betäubende Schlachtgetöse überhaupt ganz dazu gemacht, den Soldaten, wenn er auch nicht gerade zu den Tapfersten gehört, zu begeistern und zu ermutigen. Wenigstens erging es mir so, und wenn das Getümmel des Gefechts am ärgsten war, hatte ich am wenigsten Sinn für Gefahr, in die ich mich mit Enthusiasmus, ja mit einer Art von Wut stürzte, und nur der ausgemachteste Feigling kann dann noch Sinn für Flucht oder Angst haben.

Es waren besonders zwei Anhöhen, von denen der Hauptangriff auf die Festung gemacht werden mußte. Beide waren durch eine Schlucht getrennt. Auf dem einen Hügel stand ein altes Gemäuer, Terra attratina genannt, in welchem man Pulver aufbewahrte, der andere Hügel hieß Monte secco. Auf beiden wurden Batterien aufgepflanzt, nachdem man mit den Laufgräben fertig war, die man anlegen mußte, um die Leute dem feindlichen Geschütz, das ein ununterbrochenes, furchtbares Feuer unterhielt, nicht zu sehr auszusetzen, denn es gab täglich eine bedeutende Zahl Toter und Verwundeter. An der Küste hatte man ebenfalls mehrere Batterien errichten müssen, um sich vor den Angriffen der feindlichen, namentlich der englischen Schiffe, zu sichern, da die Kanonierschaluppen und Bombardierschiffe oft sehr nahe an das Ufer kamen. Die Arbeiten waren überhaupt sehr mühsam, und es bedurfte einer großen Menge Sandsäcke, Schanzkörbe, Faschinen und so weiter, wozu die Materialien und das Holz sehr weit im Land, bis bei Fondi, geholt werden mußten. Auch traf man beim Schanzen der Laufgräben nicht selten auf alte Mauern und Fundamente, die so fest und stark waren, daß sie gesprengt werden mußten, selbst die zu den Parapets [Brustwehr, Deckung] nötige Erde mußte eine ziemliche Strecke weit herbeigeführt werden.

Gaeta selbst ist eine außerordentlich starke Festung, vielleicht mit die stärkste auf dem ganzen europäischen Kontinent, und, von der Natur außerordentlich begünstigt, ein zweites Gibraltar. Sie liegt auf einer Erd- oder vielmehr Felsenzunge, ist von drei Seiten vom Meer umströmt, durch steile Felsen geschützt und hat einen trefflichen Hafen. Der Strich Landes, durch den sie mit dem Festland zusammenhängt, ist kaum zweitausend Schritte breit. Die Stadt mochte etwa achttausend Einwohner zählen, von denen jedoch viele geflüchtet waren.

Die Garnison der Festung bestand aus zirka siebentausend Mann, sie wurde von See aus durch englische Schiffe, von dem tapferen Admiral W. Sidney Smith befehligt, mit allem reichlich versehen und ihr Verstärkungen zugesichert, auch schlug Philippsthal jeden Antrag einer Kapitulation auf das entschiedenste aus. Es war keine kleine Aufgabe für eine Macht, die nicht Herr zur See war, unter diesen Umständen Gaeta zu bemeistern. Ein großer Fehler, den der dort kommandierende Prinz begangen, war, daß er die Vorstädte nicht hatte abbrennen lassen. Sie gewährten uns einen bedeutenden Schutz und die Mittel, manches Bedürfnis zu befriedigen. Das Feuer aus der Festung war manchmal so heftig und anhaltend, daß es einem unaufhörlich rollenden Donner glich, aber die Munition wurde meist vergeblich verschossen. Doch die Belagerten wurden ja damit auf das freigebigste von den Engländern versorgt, es kam ihnen also nicht darauf an, ein paar tausend Pfund Pulver und Kugeln in den Wind zu jagen.

Unser Bataillon blieb nicht länger als siebzehn Tage vor der Festung, in denen es siebzehn Mann verlor. Diese ganze Zeit hatte ich mich nur dreimal entkleiden und auf einer Matratze in Mola schlafen können, so anstrengend war der Dienst. Die übrige Zeit schliefen wir auf harter Erde, in Mäntel gehüllt, Tornister als Kopfkissen benutzend. Auch mit Nahrungsmitteln war es schlecht bestellt, oft bestand mein ganzes Mittagsmahl in etwas Reis und Mais, in Wasser abgekocht und mit Öl geschmolzen. Nur Wein war immer im Überfluß vorhanden, an Fleisch mangelte es. Man wird mir zugestehen, daß mein Debüt auf dem Kriegsschauplatz nicht das angenehmste war. Unsere Damen, die in Mola blieben, verließen uns schon in den ersten Tagen, um es in Neapel bequemer zu haben.

Die Gegend um Mola di Gaeta selbst ist sehr einladend, mit Lorbeer, Myrten,

Orangen bedeckt und sieht einem großen Garten ähnlich. Die Frauen und Mädchen sind hier zierlich gewachsen, verstehen sich vorteilhaft zu kleiden, waren aber gewaltig franzosenscheu und verbargen sich soviel als möglich unseren Blicken.

Da ein paar Wochen nach unserer Ankunft wieder mehrere Bataillone aus Oberitalien zu dem Belagerungskorps gestoßen waren, wurden andere, unter denen auch das unsrige, zum Abmarsch nach Neapel beordert, was uns sehr willkommen war, denn nichts ist unleidlicher als das lange Biwakieren vor einer Festung, es ist ein wahrer Tantaluszustand, man hat fortwährend das Ziel vor Augen und kann es nicht erreichen.

Wir brachen nach Sessa auf, unserem ersten Quartier, nachdem wir das Lager vor Gaeta verlassen hatten. Das Städtchen ist ein elendes Nest von kaum dreitausend Einwohnern, in dem nichts zu haben war und wir sehr schlechte Quartiere hatten, die uns jedoch köstlich dünkten im Vergleich zu unseren Lagerstätten von Gaeta. Die Soldaten lagen auf Welschkornstroh, wieder in einem Kloster. Die Einwohner entschuldigten sich mit den fortwährenden Durchmärschen und dem Belagerungskorps, das alles in der Umgegend aufzehre, so daß sie uns selbst für Geld nichts geben könnten. Ein Ei bezahlte ich mit zehn Grani – acht Kreuzer. Am anderen Morgen schickten wir uns zum Abmarsch nach Capua an.

Das moderne Capua liegt wie das alte in der üppigsten Gegend der heutigen Terra di lavoro, die man deshalb auch il Paradiso del Paradiso [das Paradies der Paradiese] nennt, denn die Neapolitaner heißen bekanntlich ihr Land il Paradiso, das doch in mehr als einer Hinsicht auch ein Inferno ist. Die Stadt, welche etwa sechstausend Einwohner zählen mag, ist eine Festung, im ganzen schlecht und aus den Trümmern des alten Capua gebaut, hat aber einige schöne Kirchen. Die Festungswerke sind von dem berühmten Vauban angelegt, aber nichtsdestoweniger fiel sie den Franzosen fast ohne Widerstand in die Hände. Am Tage unserer Ankunft wurde in einem großen geschlossenen Raum, eine Art Hof, ein Stiergefecht nach spanischer Manier, aber sehr en miniature, aufgeführt, das aber doch die Schönen Capuas außerordentlich anzusprechen schien. Ein einziger Stier, der gerade nicht zu den unbändigsten gehörte, wurde von einem halben Dutzend wohlbewaffneter Kämpfer gereizt, gehetzt, leicht verwundet und dann, ohne getötet zu werden, nachdem er viel, mehr possierliche als zu fürchtende Sprünge gemacht, wieder abgeführt, und zwar unter dem Jauchzen und Beifall des Volks.

Von Capua brachen wir nach Aversa auf, das auf der Hälfte des Wegs nach Neapel liegt. Was dieser Stadt einige Berühmtheit gibt, ist ihr vortrefflich eingerichtetes Narrenhaus, in welches die angesehensten Narren Neapels, freilich bei weitem nicht alle, eingesperrt werden.

Von hier marschierten wir endlich in die Hauptstadt des uns so gelobten Landes, wo wir ein angenehmes Leben in Hülle und Fülle, in Saus und Braus führen zu können hofften, denn seit dem Ausmarsch aus Genua war fast nur die Rede von den Annehmlichkeiten, die uns zu Neapel erwarteten. Ich hatte außerdem noch einen ganz besonderen Magnet, nämlich einen nahen Anverwandten namens Moritz aus Frankfurt, der schon seit einer Reihe von Jahren hier etabliert war, als Bankier ein großes und glänzendes Haus führte und von dem ich die Überzeugung hatte, daß er nichts weniger als eine jener gewöhnlichen Geldsackseelen war. Herr Moritz machte eine ehrenvolle Ausnahme, er lebte den Künsten und Wissenschaften, ohne deshalb seine Geschäfte zu vernachlässigen, sein Haus war der Sammelplatz der ausgezeichnetsten Männer, mitunter auch der lustigsten Brüder und geistreicher Frauen, die aber nicht zu den angesehensten gehörten, aus Ursachen, die wir sogleich anführen werden, vielleicht eben darum um so angenehmer waren, und folglich das unterhaltendste Haus von der Welt, in dem keine Langeweile aufkommen konnte. Auch wußte ich, daß ich einen freundlichen Jugendgespielen, einen Neffen meines Vetters, den jungen Fritz Stock, der mit mir die Mädchenschule in Frankfurt besucht hatte, treffen würde.

Seit mehr als einem Vierteljahr waren die Franzosen im Besitz dieser Stadt, als wir daselbst ankamen; am 31. März 1806 war Joseph zum Herrscher des Königreichs proklamiert worden. Die alte Königin Caroline, Gattin Ferdinands IV., ein bitterböses Stück von einem Weib, hatte zwar den französischen Heerführer wissen lassen, sie würde ihm nur dampfende Ruinen und Leichname hinterlassen; da aber diese verruchte Äußerung sehr bald in Neapel bekannt wurde, hatten die Bürger schnell zu den Waffen gegriffen, sich in hundert Kompanien organisiert, um das von ihrer Königin gedungene Raubgesindel und die Banditen im Zaum zu halten. Ihre Majestät überfiel nun selbst eine so gewaltige Furcht, daß sie alle Zugänge zum Palast eiligst vermauern ließ und zugleich bekanntmachte, es sei auch ihr Wille, daß Neapels brave Bürger für die Sicherheit der guten Stadt wachten. Sie ließ aber zugleich in aller Eile soviel Schätze wie möglich und wo sie solche erwischen konnte – sogar aus der Bank hatte sie zehn Millionen, die Privaten gehörten, genommen – zusammenraffen und entfloh samt ihrem Hofgesinde damit nach Sizilien, von wo aus sie den Aufstand in Kalabrien schürte und das glimmende Feuer zu hellen und blutigen Flammen anblies.

Unser Bataillon wurde mit den Offizieren in der Fortezza nuova untergebracht. Am Tag nach meiner Ankunft suchte ich meinen Herrn Vetter auf, der in der Straße San Giacomo di Spagna wohnte, von dem ich auf das herzlichste, ebenso von seinem Schwestersohn, dem jungen Stock, mit offenen Armen aufgenommen wurde. Man hatte mich schon seit einiger Zeit nach Briefen von meinem Vater erwartet, von dem ich auch zwei Schreiben an mich vorfand. Ich mußte gleich zu Tisch bleiben und wurde gebeten, solange unser Aufenthalt in Neapel währte, mit demselben vorlieb zu nehmen, was ich aber, den Dienst vorschützend, ablehnte, weil es mich jedenfalls geniert hätte. Auch Maultiere und Pferde wurden mir zu Exkursionen sowie Plätze in Logen in San Carlo und der Fiorentini, den beiden ersten Theatern der Stadt, zur Disposition gestellt. In Italien ist es nämlich der Brauch, nur noch ein kleines Entreegeld an der Kasse zu bezahlen, wenn man Eintritt in die Privatloge eines Freundes oder Bekannten hat, aus der man aber dann auf keinen anderen Platz gehen kann.

Moritz' gastfreies Haus wurde von der hohen Noblesse Neapels sowie von der französischen Generalität und den Stabsoffizieren frequentiert, und in demselben lernte ich den Seeminister Pignatelli, den Polizeiminister Saliceti, den Oberst Franceschi, den Duca del Campo chiaro und eine Menge Ducas, Principi, Marchesen kennen, von denen freilich gar manche nicht viel mehr sagen wollten als unsere armen deutschen Edelleute, die sich aber die köstlichen Ortolanen, Trüffelpasteten, den Lacrimä Christi und Champagner meines freigebigen Vetters trefflich schmekken ließen und nicht selten noch obendrein dessen Kasse in Anspruch nahmen. Dafür ließen sie sich aber auch vieles gefallen, einige waren die Souffre-Douleurs [geplagte Personen] und die Zielscheiben des Witzes der Offiziere. Der junge Stock, der dieser neapolitanischen Schmarotzer-Clique, die seinen guten Oheim auszog, nicht sehr hold war, ging oft auf das unbarmherzigste mir ihr um, was jedoch die Herren nicht vom Wiederkommen abhielt und sie das Essen und Trinken nicht minder wohlschmecken ließ, ja sie fanden sich nicht selten ungeladen ein.

Noch war den Franzosen in Neapel alles neu, und kein Mensch wußte sich recht in die Neuheit dieser Dinge zu finden, am allerwenigsten der neugebackene König, der zwar ein ziemlich unterrichteter Mann, von gefälligen Sitten und Manieren war, aber wenig oder gar keine Regententugenden besaß und dem die einem Herrscher durchaus nötigen Eigenschaften mangelten, die hier, wo es galt, ein soeben erobertes und sich noch in Gärung und großen Unruhen befindendes Königreich zu beruhigen, neu zu organisieren und sozusagen umzugestalten, hundertmal erforderlicher waren als bei der Besteigung eines angeerbten Thrones.

Dabei besaß Joseph, der ältere Bruder Napoleons, eine ziemliche Dosis Eitelkeit bei wenig Charakterfestigkeit und suchte seine unbedeutende Herkunft durch einen übermäßigen Aufwand an Pracht und Pomp zu bemänteln. Seine Tafel ließ er mit lukullischer Schwelgerei servieren, er affektierte, Künste und Wissenschaften zu beschützen, war auch in der französischen, italienischen Literatur ziemlich bewandert und hatte eine oberflächliche Kenntnis von der englischen. Daß auch die Deutschen eine solche hätten, schien er gar nicht zu ahnen oder glaubte wenigstens, daß es eine ganz barbarische sein müsse, ein Vorurteil, das er mit der großen Mehrzahl der gebildeten Franzosen jener Zeit teilte. Er hatte zwar zuerst seinem kaiserlichen Bruder gesagt, er möge ihn lieber im Schoß seiner Familie leben als über Völker herrschen lassen, aber der Glanz einer Krone und eines Thrones machten ihn schnell anderen Sinnes. Da er ohne seine Gemahlin, ein seltenes Muster der Tugend und Weiblichkeit, eine ganz vortreffliche Gattin und Mutter, die noch in Parais zurückgeblieben, nach Neapel gekommen war, führte er ein ziemlich ausschweifendes, manches öffentliches Ärgernis gebendes Leben. Die Weiber mußten ihm sogar bis auf die Jagd folgen, und man nannte diese Damen nur seine Cacciatricen (Jägerinnen).

Ein anderer, sehr schlimmer Umstand war, daß kaum nachdem sich die Franzosen im Besitz von Neapel befanden, ganze Schwärme der nichtsnutzigsten Subjekte von Paris kamen, sich gleich Heuschrecken über die Hauptstadt und das Land ergossen, um hier ihr Glück zu machen oder wenigstens doch einträgliche Stellen zu erhalten, was auch den meisten gelang. Diese Individuen, die los zu sein Frankreich froh und deren Moralität und Verdorbenheit grenzenlos war, saugten nun, jeder soviel es in seiner Gewalt stand, das neu eroberte Reich aus und waren so die Ursache, daß die Franzosen, die anfänglich der bessere Teil der Neapolitaner, welcher die liederliche Wirtschaft und Verwaltung des früheren Hofs verwünscht hatte, schätzte, bald der Gegenstand des allgemeinsten und bittersten Hasses wurden. Ein tüchtiger und weiser Regent, Männer wie der Vizekönig* oder Bernadotte, würden in Neapel viel Gutes ausgerichtet und ihre Regierung bald sehr beliebt gemacht haben, denn die Umstände konnten wegen des Benehmens des entflohenen Hofes und seiner verachteten und gehaßten Königin nicht leicht besser sein, als sie es bei Josphes Ankunft waren, dessen wenig einsichtsvolle Handlungen aber alles verdarben.

Besonders war es auch die so ganz widersinnige Besetzung der höheren Zivilämter, die nur einzig mit Gunst und Protektion stattfand, ohne daß man die vorgeschlagenen oder sich meldenden Subjekte im geringsten hinsichtlich ihrer Fähigkeit und Moralität prüfte. Der neue Monarch sah und hörte nichts selbst, sondern verließ sich ganz auf seine Minister und nächsten Umgebungen, so daß der Intrige voller Spielraum gelassen war. Einen der gröbsten Fehler hat Napoleon begangen,

---

*) Eugène de Beauharnais, geb. 1781, gest. 1824, seit der Heirat seiner Mutter Joséphine mit Napoleon Bonaparte 1796 dessen Stiefsohn; nach der Krönung Napoleons zum König von Italien 1805 wurde Eugène zum Vizekönig mit Sitz in Mailand erhoben.

indem er seine sämtlich zu Regenten ganz untauglichen Brüder auf Throne setzte, wo es nicht fehlen konnte, daß es ihren eben nicht sehr starken Geistern auf solchen Höhen schwindeln mußte.

Das in Neapel vom Thron ausgehende böse Beispiel wirkte bis auf die unbedeutendsten Chargen und steckte sogar die gemeinen Soldaten an, alle wollten nur genießen und den günstigen Augenblick nutzen, als erwarte man das Ende der Herrlichkeit den kommenden Tag. An vielversprechenden Proklamationen ließ man es zwar nicht fehlen, in denselben wurde auch gesagt, daß mit der notwendigen Verjagung der alten Königsfamilie Napoleons gerechte Rache vollkommen gesättigt sei, daß man alles Eigentum und die Kirche in besondern Schutz nehmen werde, daß alle wohlerworbenen Pensionen fortbezahlt würden und alle Spitäler und wohltätigen Anstalten für die Zukunft von allen Abgaben befreit bleiben sollten; auch gab man die Fischereien am Posillipo und sogar die Jagden im ganzen Reich dem Volk frei, etwas bis jetzt Unerhörtes. Aber zu gleicher Zeit errichtete man eine sehr zahlreiche Gendarmerie, die, in Kompanien eingeteilt, die öffentliche Sicherheit befördern sollte, jedoch sich oft unerträgliche Plackereien erlaubte, die nicht nur straflos blieben, sondern sogar von oben herab aufgemuntert und nach Umständen belohnt wurden. Starke und zahlreiche Patrouillen durchstreiften Tag und Nacht die Hauptstadt, zu deren Gouverneur der Marschall Jourdan ernannt worden war, nach allen Richtungen.

Um das Volk zu beruhigen und dasselbe glauben zu machen, der Himmel selbst habe den neuen Herrscher begünstigt, suchte man es durch das Blendwerk einer großen Prozession zu gewinnen. Mönche von allen Orden, eine unzählige Menge von Weltgeistlichen, das Kapitel mit dem Kardinal-Erzbischof an der Spitze, Jourdan mit der ganzen Generalität und dem Stab und große Abteilungen aller Regimenter folgten ihr. Es wurde dabei inbrünstig gebetet, alles fiel auf die Knie nieder, als man das Blut des heiligen Januarius zeigte, das jedoch erst nach einer guten Viertelstunde, als bereits die Knie zu schmerzen anfingen und das Volk ängstlich zu murmeln begann, flüssig wurde. Aber jetzt erquoll auch aus tausend und abermal tausend Kehlen der gleich dem Donner fortrollende Ruf «Miracolo! Miracolo!» [ein Wunder, ein Wunder], und das ganze Volk schien überzeugt, daß der heilige Januarius ein Freund der Franzosen sei und sie beschütze. Indessen sagte man sich im Vertrauen, daß die hohe Geistlichkeit nur durch die ernstlichsten Maßregeln und Drohungen zu dem Gaukelspiel der Flüssigmacherei des Ochsenbluts hatte bewogen werden können. Jourdan hatte nämlich dem Kardinal-Erzbischof nur die Wahl gelassen, ob das Blut des Heiligen oder sein eigenes fließen solle.

Joseph hatte auch eine flüchtige Reise nach Reggio gemacht, um sich dem Volk als neuer Herrscher zu präsentieren und es für sich zu gewinnen, die Reise blieb jedoch in dieser Hinsicht erfolglos, aber der König hatte wenigstens die lockenden Küsten Siziliens gesehen.

Unterdessen beging man fortwährend die größten Mißgriffe bei der neuen Organisation, kein Mensch stand am Ruder, der nur einige Ordnung in dieses verwirrte Chaos zu bringen imstande gewesen wäre, und Seine Majestät war ein Spielball talentloser Intriganten. Miot von Melito, den man zum Minister des Innern ernannt hatte, war zwar nicht ohne Kenntnisse und einiges Verdienst, aber diesem Posten nicht gewachsen. General Dumas hatte man zum Kriegsminister gemacht, dieser war zwar mehr an seinem Platz, wurde aber in seinem Wirken durch Hofkabalen gehemmt. Die übrigen Minister, teils Franzosen, teils Neapolitaner, waren völlig bedeutungslos oder schlimmer. In die Provinzen wurden Militärkommandanten mit fast prokonsularischer Macht gesandt, die nach Gutdünken und mit tyrannischer Willkür hausten. Ein Staatsrat aus zwanzig Mitgliedern beschäftigte sich fast nur mit der Organisation des neuen Hofstaates, den man mit Zeremonienmeistern, einem Heer von Kammerherren, Hofdamen und all dem Trödel der alten Monarchie über das überflüssigste versah. Man wollte zwar auch etwas für die Verbesserung der sich in einem gräßlichen Zustand befindlichen Schulen, für die Kultur des Landes und so weiter tun, aber griff die Sache so verkehrt an, daß man nur verschlimmerte und erbitterte und auch die wohlmeinendsten Absichten unausführbar wurden. Am allerschlimmsten aber war es mit dem Finanzdepartement beschaffen, wo eine solche Verschleuderung der ohnehin geringen Mittel stattfand, daß alle Kassen zu Danaidenfässern* wurden.

Ein Dekret, welches den Klöstern untersagte, künftig Einkleidungen von Novizen vorzunehmen, ohne vorher die Einwilligung der Regierung dazu erhalten zu haben, wurde mit Strenge vollzogen, ebenso wurden alle fremden Jesuiten, die sich im Königreich befanden, des Landes verwiesen und über die Grenze gebracht. Die Gendarmerie wurde bis zur Unzahl vermehrt und in allen Provinzen verteilt. Das beste bei der ganzen Sache war, daß man in der Hauptstadt eine Art Nationalgarde errichtete, die in vier Regimenter eingeteilt wurde und das meiste zur Ruhe und Handhabung der Ordnung sowie viel zur Erleichterung des außerordentlich beschwerlichen Dienstes der Garnison beitrug. In allen Forts und Kasernen standen Tag und Nacht starke Piketts unter Gewehr, um auf den ersten Wink zum Ausmarsch bereit zu sein, außerdem waren alle Truppen beständig konsigniert

---

*) Nach einer antiken Sage mußten die Danaiden in der Unterwelt als Strafe für die gemeinsame Ermordung ihrer Ehemänner fortwährend Wasserfässer füllen, deren Böden durchlöchert waren und deshalb ständig leerliefen.

[marschbereit gehalten], und die Soldaten und Unteroffiziere durften dieselben nur in geringer Zahl und mit Erlaubnis der Kommandanten verlassen.

Mehr als einmal passierte es mir und anderen Offizieren, daß bei der Heimkehr aus dem Theater oder von sonstwo die Kompanie oder das Bataillon schon seit Stunden ausmarschiert war, und zwar in die nächste Umgegend, nach Nola, Aversa, Avellino und so weiter, wo sich bewaffnete Insurgentenhaufen und Banditen gezeigt hatten. Die zurückgebliebenen Offiziere mußte einzeln nachlaufen, trafen nicht selten auf die Leute schon wieder auf dem Rückmarsch, da die Sache nur ein blinder Lärm gewesen oder die Briganten, wie wir diese Leute nannten, schon bei der Annäherung der Truppen, von der sie durch ihre Spione unterrichtet wurden, die Flucht ergriffen hatten. Durch einen Tagesbefehl wurde nun verordnet, daß jeder Offizier hinterlassen müsse, wo er zu finden sei, damit er durch einen Unteroffizier benachrichtigt werden könne, wenn seine Kompanie plötzlich Marschorder erhielte.

Mit den gefangenen Briganten wurde kurzer Prozeß gemacht, sie wurden gewöhnlich gleich oder doch in den nächsten vierundzwanzig Stunden erschossen oder gehängt. In der Regel waren jede Woche ein oder zwei Exekutionstage, an denen wenigstens ein halbes Dutzend Briganten oder andere Verbrecher durch den Strang hingerichtet wurden, und zwar auf eine höchst ekelhafte und das Gefühl empörende Weise.

Diese Exekutionen fanden nämlich auf einem großen Platz, zu dem alle Zugänge mit Kanonen besetzt waren, in der Nähe des Castello del Carmine (Karmeliterfort) statt. Die Galgen waren von einem großem Karree, drei Teile aus Infanterie und ein Teil aus Kavallerie bestehend, umgeben. Die zu hängenden armen Sünder wurden auf Karren, von Pfaffen begleitet und Gendarmen eskortiert, herbeigefahren. Man hing ihnen, an den Leitern angekommen, die Stricke um den Hals, ließ sie die Sprossen zu dem ihrer harrenden Henker hinansteigen, der sie, bald sie hoch genug waren, mit einem kräftigen Stoß hinabschleuderte, aber sich in demselben Augenblick auch auf ihren Nacken schwang, so daß sich seine beiden Beine auf der Brust des Delinquenten kreuzten. Er ritt nun so lange auf dessen Schultern, sich beständig auf- und niederschwingend, bis dem Gehängten die Zunge handlang aus dem Halse hing und er blau und schwarz war, ein scheußliches Schauspiel! Hierauf schnitt er ihn, der sogleich auf einen Schinderkarren geworfen wurde, ab, und ein anderer kam an die Reihe, mit dem er dasselbe Manöver wiederholte, und so fort, bis alle auf diese Weise stranguliert waren, was manchmal mehrere Stunden, ja bis zur Abenddämmerung währte, worauf sich die Bataillone in starke Patrouillen auflösten oder sämtliche Wachen Nacht dreifach verstärkten.

Um sich das Volk geneigt zu machen, erließ der König plötzlich ein Dekret, durch welches das ganze Feudalsystem über den Haufen geworfen und aufgehoben wurde. Aller Gerichtsbarkeit der großen Gutsbesitzer und Vasallen war somit ein Ende gemacht, ebenso wurde auf den königlichen Domänen auch das Heimfallrecht zugunsten des Fiskus [Staatskasse] abgeschafft. Aber alle diese Maßregeln waren weit entfernt, die gewünschte Wirkung zu haben, sie brachten vielmehr das Gegenteil von dem hervor, was damit beabsichtigt wurde. Das Volk, noch in der krassesten Unwissenheit, begriff gar nicht, was man damit wollte, und es war dem dabei sehr interessierten Adel und den Pfaffen, deren Privatinteressen dadurch gewaltig litten, ein leichtes, es glauben zu machen, dies alles geschehe nur, um es völlig zu Sklaven des fremden Herrschers zu machen. Die Aufhebung der Patrimonialjustiz*, die bis jetzt nur eine feile, sich dem Meistbietenden preisgebende Hure und den sauberen Baronen eine gutmelkende Kuh war, denen sie bedeutende Renten verschaffte, machte die Einkünfte dieser Herren plötzlich viel schmaler und sie selbst zu gefährlichen Feinden der neuen Regierung. Sonderbar, daß das Wort barone im Neapolitanischen auch Schurke oder Schuft bedeutet, was viele veranlaßte, dessen Etymologie von der Nichtswürdigkeit der Herren Barone abzuleiten.

Auch was die jetzige Regierung für das Vergnügen und die Annehmlichkeit der Bewohner Neapels tat, wurde von diesen bitter getadelt. So fand man es unpassend, daß man die Promenade von der Villa Reale bis zum Posillipo verlängerte, auch war ihnen das Ausbessern und Anlegen bequemerer Landstraßen ein Greuel, ebenso die mit den Schulen vorgenommenen Verbesserungen, und als man aus einem Mönchskloster zu Nola eine Kunstschule machte, kam es dort beinahe zu einem Aufstand. Nach und nach hob man auch die reichsten Klöster auf, deren Bewohner ziemlich karg pensioniert wurden, so ging es den sehr reichen Bernhardinern, Kamaldulensern und so weiter. Dies und ein erzwungenes Darlehen von 1 200 000 Ducati sowie der Verlauf der eingezogenen Klostergüter an die Meistbietenden steigerten die schon bestehende Unzufriedenheit in einem hohen Grad, und die Ankunft einer Deputation des Pariser Senats, die Napoleon an seinen Bruder gesandt hatte, um ihn zu seiner Thronbesteigung zu beglückwünschen, war eben nicht geeignet, die Stimmung zu bessern, weil sie feierlich empfangen und ihr zu Ehren große Festlichkeiten veranstaltet wurden, bei denen besonders die Frauen und Töchter der Neuangestellten sich in großem Glanz einfinden mußten, da man auf die neapolitanischen Edeldamen nicht zählen durfte.

---

*) In der Feudalordnung besaß der Grund- oder Gutsherr die ererbte (väterliche) niedere Gerichtsbarkeit über die von ihm abhängigen Bewohner seiner Herrschaft.

Bis jetzt hatte ich noch wenig oder gar keine Zeit gehabt, mich auch nur oberflächlich mit Neapels Sehenswürdigkeiten zu beschäftigen, und konnte nur sehr selten von den Einladungen meines Vetters Moritz Gebrauch machen. Nur die Theater besuchte ich. Aber unser guter Stern wollte, daß wir während unseres diesmaligen Aufenthalts in Neapel ein ganz anderes, sehr seltenes und großartiges Schauspiel, wie sie nur die Natur gibt und keine menschliche Kunst nachzuahmen imstande ist, sehen sollten: Der Vesuv hatte nämlich schon seit längerer Zeit alle Vorzeichen gegeben, daß es demnächst zu einem Ausbruch kommen würde, und in der Tat konnten wir auch bald dieses außerordentliche Naturschauspiel in seiner ganzen furchtbar schönen Pracht bewundern. Zuerst waren die Rauchsäulen, die unaufhörlich dem Krater entsteigen, mit jedem Tag dichter, stärker und dunkler geworden, und an einem Abend, ich glaube, es war Anfang Juni, fing der Berg an, das erste Feuer auszuwerfen, das mit jedem Augenblick zunahm, und mit der eingebrochenen Nacht sah man die Feuersäulen in ihrer ganzen Größe und Majestät. Der Horizont über dem Vesuv sowie die spiegelnde See schienen glühend und ein Feuermeer zu bilden.

Das Feuerspeien währte die ganze Nacht fort, und ich sah in dieser Juninacht in Neapel dem prachtvollen Schauspiel von einem Balkon der Festung zu, die wir nicht verlassen durften, weil auch der Volkshorizont mit Feuer schwanger zu gehen schien. Bald sah man die Feuerströme der glühenden Lava sich nach verschiedenen Richtungen hin eine Bahn brechen, und einer derselben hatte diese so gut oder so schlimm gewählt, daß er an hundert Landhäuser und viele hundert Acker bebautes Feld gänzlich verwüstete und verbrannte. Dabei war im Innern des Berges ein so schreckliches Getöse, ein so gewaltig rollender Donner, daß viele Leute seinen Einsturz erwarteten, andere gar glaubten, das Jüngste Gericht sei im Anzug. Auf unsere Soldaten, die nie von so etwas gehört, machte dieses Phänomen einen ganz besonderen Eindruck. Sie hielten es für eine sehr schlimme Vorbedeutung, und es kostete große Mühe, sie eines Besseren zu belehren. Das Wüten und Toben im Innern des Berges dauerte noch vierzehn Tage fort.

Neapel hat fünf Kastelle oder feste Schlösser, weniger geeignet, Stadt und Hafen zu verteidigen, als das unruhige Volk im Zaum zu halten. Unter denselben steht das die ganze Stadt beherrschende Castell St. Elmo obenan; es liegt auf dem Berg Vomero, ist eine wahre Zwingburg und hat ungeheure unterirdische Gewölbe, in welchen nicht selten geheime Staatsgefangene ihr Leben hinbringen mußten und für die Welt verschwunden waren. Bei jedem Aufruhr spielte es eine große Rolle, und bei dem Masaniellos war es nahe daran, daß es in die Luft gesprengt werden sollte; schon waren die Minen gelegt, als die Wendung, welche der Gang der Dinge nahm, das Sprengen verhinderte. Von hier aus hat man die herrlichste Aussicht in das weite Rundgemälde.

Unter den Werken dieser Festung liegt die prächtige Karthause des heiligen Martin, welche die wundervolle, schon beschriebene Lage hat. Die Kirche derselben ist eine der reichsten Neapels und auf das verschwenderischste mit den kostbarsten Steinen, Bildhauerarbeiten, Vergoldungen und herrlichen Gemälden verziert, deren Schöpfer zum Teil die berühmtesten Meister der Kunst waren. Acht Seitenkapellen, jede auf das zierlichste und reichste ausgeschmückt, befinden sich auf beiden Seiten des Schiffes.

Das Castell del Ovo, so von seiner eiförmigen Gestalt genannt, liegt auf einer Felsenspitze im Meer und hängt durch einen über zweihundert Schritte langen Damm mit der Stadt zusammen. Es beherrscht den ganzen Golf, den es in zwei Teile teilt, und wird selbst wieder durch die Batterien des Castell nuovo unterstützt. Früher war nur ein Kloster hier, das man wegen der Angriffe von der See aus befestigte und aus dem nach und nach das jetzige feste Schloß entstand, in welchem mehrere Könige residiert haben.

Das Castell nuovo (neues Schloß), in welchem jetzt unser erstes Bataillon kaserniert war, ist das bedeutendste Fort von Neapel und liegt hinter dem königlichen Schloß am Ufer des Meeres. Im Innern dieser Feste sind ein Arsenal, eine Kanonengießerei, mehrere Rüstkammern, eine der heiligen Barbara geweihte Kirche in gotischem Stil, die ein sehr schönes Gemälde der Madonna mit dem Jesuskind hat. Dieses Schloß gleicht einer kleinen Stadt, und viertausend Mann können hier kaserniert werden. Drei Bataillone von verschiedenen Regimentern sowie mehrere Kompanien Artillerie, Feuerwerker und gegen hundert Offiziere machten seine Besatzung aus. Über dem großen Eingangstor hing damals ein über zwanzig Fuß langes ausgestopftes Krokodil; das große Arsenal, die Darsena genannt, stößt an das Castell nuovo.

Von der Torre oder dem Castell del Carmine, das auch ich später bewohnte, sowie von der furchtbaren Vicaria, ehemals das Castell capuano genannt, werde ich später zu sprechen Gelegenheit haben. Pizzo-Falcone liegt auf einer Anhöhe, dem königlichen Schloß gegenüber, ist ziemlich fest und hat eine starke Garnison. Die Erdbeben hatten dieses Fort häufig zerstört, vermittelst einer Brücke hängt es mit dem Berg zusammen, auf dem sich St. Elmo erhebt. Unter dieser Brücke läuft die Straße Chiaja hin, weshalb sie auch die Chiajabrücke genannt wird.

Das zweite Bataillon unseres Regiments war inzwischen auch angekommen, während das dritte noch in Genua verblieb, es wurde zum Teil nach Castellammare detachiert. Viele Offiziere, namentlich die verheirateten, für die zu wenig Raum in den Forts war, wurden in das schöne, geräumige Kloster Giesù nuovo, aus dem die Jesuiten vertrieben worden waren, einquartiert und lebten dort recht gesellig zusammen. Madame Grenet, Madame Alphonse, Madame Gasqui hatten neben anderen Damen samt ihren Männern ziemlich geräumige Wohnungen, und aus dem ehemaligen Betsaal der guten Väter war ein Speise-, Spiel- und Tanzsaal geworden, in den ich bisweilen die Regimentsmusik kommen ließ, um ihre Proben zu halten. Außerdem stellte ich ein Piano, das ich mietete, in denselben, und fast alle Abende fanden hier oft bis nach den Theatern große Reunionen [Gesellschaften] statt, man spielte ziemlich hohe Hazard[Glücks]spiele, musizierte und tanzte. Madame Gasqui sang, hatte aber eine etwas schneidende Stimme und distonierte bisweilen.

Dies darf man bei einer jungen, hübschen Frau nicht so genau nehmen, sondern muß im Gegenteil alles ausgezeichnet finden. Ich war dann gewöhnlich ihr Akkompagnateur [Begleiter], wurde es aber auch bald auf Promenaden, in die Theater und an anderen Orten. Herr von Gasqui war ein äußerst gefälliger Ehemann, der nicht wußte, was Eifersucht heißt. Als alles gerade im besten Zug und ich auch mit Madame Gasqui nahe am Ziel war – verstanden hatten wir uns schon seit der Säulenbesteigung in Rom –, mußten wir über Hals und Kopf nach Kalabrien marschieren, wo unsere Angelegenheiten eine sehr schlimme Wendung genommen hatten.

Aus Unteritalien und namentlich aus Kalabrien waren mit jedem Tag schlimmere Nachrichten gekommen, fast stündlich trafen Kuriere und Stafetten von den Kommandanten der Provinzen ein, welche die Lage als äußerst schwierig schilderten, und alle Anzeichen schienen den Ausbruch eines nahen und schweren Sturmes zu verkünden. Überall rotteten sich Banden unter waghalsigen und unternehmenden Häuptern, die nicht selten Geistliche waren, zusammen. Unter den letzteren war besonders ein Pfarrer Petroli, der dem flüchtenden Hof nach Sizilien gefolgt und insgeheim wieder zurückgekehrt war, sehr wirksam, überhaupt spie Sizilien, was es vom Abschaum der Banditen, Räuber und Mörder besaß, unaufhörlich an den Küsten von Kalabrien und Apulien aus. Die Geistlichkeit und Pfaffen schürten den Haß des Volkes und fachten ihn zur verzehrenden Flamme an. Die Bandenanführer, die schon 1799 unter dem Kardinal Ruffo die Unzufriedenen gegen die Franzosen geführt hatten und sich noch in Sizilien befanden, wohin sie der Königin Caroline gefolgt waren, schickten fortwährend ihre Emissäre ab, korrespondierten unausgesetzt mit ihren Anhängern im ganzen Reich und selbst in der Hauptstadt, und man wußte, daß man in Sizilien die Landung eines starken englisch-sizilianischen Heeres, durch alle Briganten und Banditen Kalabriens und Apuliens verstärkt, vorbereitete.

Die Franzosen hatten zwar einigen Anhang unter den Gutsbesitzern und den sogenannten Patrioten, welche die verjagte königliche Familie tödlich haßten und auf der anderen Seite den Ausbruch der Volkswut fürchteten, aber diese, um in einem solchen Fall ihr Leben und Eigentum besorgt, waren um so weniger imstande, den durch die Pfaffen wütend gemachten Pöbel im Zaum zu halten, da man von französischer Seite den unverzeihlichen Fehler beging, diese der neuen Regierung günstigen Personen nicht zu einer Art Bürger- oder Nationalgarde zu organisieren und zu bewaffnen, und diejenigen Barone und Gutsbesitzer, von denen man wußte, daß sie dem entflohenen Hof feind waren und dessen Rückkehr zu fürchten hatten, an ihre Spitze zu stellen.

General Reynier befehligte jetzt in Kalabrien und hielt sich zu Reggio auf, um Sizilien besser zu überwachen, konnte aber nicht verhindern, daß fast jede Nacht Hunderte der ehemaligen Streiter des Kardinals Ruffo übergesetzt wurden. Es wurden nun beständig Verstärkungen von Neapel nach Kalabrien abgesandt, und sooft neue Truppen von Oberitalien in der Hauptstadt eintrafen, sandte man eine gleiche Zahl weiter. So kam auch bald die Reihe an unser Bataillon. Eines Tages erhielten wir bei der Wachtparade in der Fortezza nuova den Befehl, binnen vier Stunden marschfertig zu sein, um zu den Truppen zu stoßen, welche der General Verdier in Cosenza, der Hauptstadt Kalabriens, kommandierte, und die eingebrochene Nacht traf uns schon auf dem Marsch dahin.

X.

Erster Feldzug in Kalabrien – Portici – Salerno – Eboli – Cosenza –
Die Schlacht bei Maida – Scheußliche Behandlung und Martern der
den Briganten in die Hände gefallenen Gefangenen – Die schrecklichsten
Augenblicke meines Lebens – Gräßlicher Insurgentenkrieg und Verwüstungen –
Fra Diavolo – Ich nehme seinen Adjutanten gefangen –
Rückkehr nach Neapel – Fra Diavolos Gefangennahme und Hinrichtung

Über die Brücke della Maddelena, die am entgegengesetzten Ende des Posillipo über das unbedeutende Flüßchen Sebeto führt, marschierten wir nach dem wenige Miglien [Meilen] entfernten Portici, das unfern des Vesuvs am Ufer des Meeres liegt, ein königliches Schloß hat, in welchem man eine interessante Sammlung der zur Pompeji und Herkulanum ausgegrabenen Altertümer aufbewahrte. Hier wurde ein halbstündiger Halt gemacht, und die Soldaten und Offiziere freuten sich, das herrliche Neapel im Rücken zu haben; denn der Dienst war über alle Maßen beschwerlich und ermüdend gewesen, man war fast nie aus den Kleidern gekommen, und auch ich konnte mit vollem Recht «Keine Ruh bei Tag und Nacht» singen, hatte noch wenig von Neapels Herrlichkeiten gekostet, und es war mir unmöglich gewesen, mich einen einzigen Tag ganz freimachen zu können, um den Vesuv zu besteigen, ein Wunsch, der mir sehr am Herzen lag und jetzt in Portici, so nahe an dem merkwürdigen Berg, von neuem erwachte. Wir brachen nun über Torre Annunziata nach Nocera auf, einem kleinen Städtchen, das unsere erste Etappe war.

Hier ruhten wir den Tag über, denn wir marschierten gerade in der heißesten Jahreszeit, in der zweiten Junihälfte, wo die Luft hier kochend ist. Die folgende Nacht brachte uns nach Salerno; von Neapel bis hierher ist der Weg angenehm, man kommt fortwährend durch schön gelegene Ortschaften, so daß man selten eine halbe Stunde marschiert, ohne ein Dorf oder einen Flecken zu passieren. Hier ist auch die Gegend und das Feld durch die Asche des Vesuvs so außerordentlich fruchtbar geworden, daß sie sechsmal soviel Bewohner als die anderen Provinzen des Reichs ernähren kann und auch ernährt.

Salerno ist eine angenehme Stadt, von lachenden Fluren und Hügeln umgeben, an dem Ufer des Meeres und hat an achttausend Einwohner und dreißig Klöster. Auch sind seine Straßen mit Lava gepflastert, sonst aber schlecht gebaut.

Hier stießen wir auf einen kleinen Transport verwundeter französischer Soldaten nebst zwei Offizieren. Diese teilten uns mit, daß es in ganz Kalabrien greulich aussehe, daß man sich vor allem hüten müsse, den Briganten lebendig in die Hände zu fallen, da sie an den gefangenen Franzosen die entsetzlichsten und unerhörtesten Grausamkeiten begingen, bevor sie die Opfer töteten. Die Königin Caroline habe das ganze Land mit unzähligen Emissären überschwemmt, welche das rohe und abergläubische Volk gegen uns aufwiegelten, und selbst bis an die Tore von Cosenza habe sich der Aufstand schon verbreitet. Die Geistlichkeit und die Mönche seien unsere größten Feinde, sie versprächen dem Volk, für jedes Glied eines Franzosen fünfzig Jahre weniger in dem Fegfeuer zu schmachten und für einen getöteten Feind Absolution aller Sünden, wer aber deren drei töte, dessen Seele fahre schnurstracks in den Himmel, ohne die Hölle nur zu berühren. Dies alles glaubte das Volk wie an die Wunder der Madonna oder an das Dasein der Sonne, auch machten uns diese Kameraden eine gräßliche Schilderung von der Verpflegung und dem Mangel an guten Lebensmitteln, dem wir entgegengingen, da man selbst für Geld nichts erhalten könne und die Quartiere ärger wie Viehställe seien. Bald sollten wir uns überzeugen, daß diese Berichte nicht übertrieben waren.

Von Salerno kamen wir in das Städtchen Eboli, in dessen Nähe bei dem Dorf Buccino eine noch ganz gut erhaltene altrömische Brücke über den Fluß Botta führt. Von hier wandten wir uns den Apenninen zu und marschierten unaufhaltsam durch die Gebirge über Lago negro, wo die Neapolitaner erst vor wenigen Monaten von den Franzosen geschlagen worden waren, und das mitten in Sümpfen liegende Tarsia nach Cosenza, wo wir gegen Ende Juni eintrafen. Der Weg ging fast ununterbrochen bis Castrovillari über Gebirge auf- und abwärts und war sehr lästig und beschwerlich, namentlich der Übergang über den hohen Berg Gualda. Bis hierher hatten wir indessen an nichts Mangel gelitten, im Gegenteil alles im Überfluß gehabt.

Von Tarsia aber ging der Marsch bis Cosenza, noch zehn gute Stunden, durch Reisfelder, große Moräste und im Sommer fast ganz ausgetrocknete Bäche, die aber in der Regenzeit zu wilden, reißenden Waldströmen werden. Wir waren die ganze Nacht durchmarschiert, ohne einen frischen Trunk Wasser. An einigen elenden Baracken machten wir zwar öfter Halt, aber da war für alles Geld auch nicht das mindeste zu haben. Erst gegen Mittag des nächsten Tages, bei der unausstehlichsten Hitze, erblickten wir endlich, matt und müde, das ersehnte Cosenza, das uns wie das gelobte Land erschien. Auf dem Marktplatz ließen sich die Leute auf das Pflaster niederfallen und schliefen bald vor Müdigkeit auf ihren Tornistern ein, bis sie, von den Fourieren und Sergeantmajors aufgeweckt, in ihr Quartier, wieder ein paar Klöster, geführt wurden.

In Cosenza schien sich übrigens wider Erwarten alles ganz gut zu gestalten, die Garnison war mit den Einwohnern ziemlich zufrieden, besonders mit dem weiblichen Teil; alle jetzt einlaufenden Nachrichten schienen günstig, nur in den unzugänglichen Bergschluchten trieben die Brigantenhaufen noch ihr Wesen und verließen ihre Schlupfwinkel nur selten und mit der äußersten Vorsicht, wo sie dann kleine Detachements und vereinzelte Soldaten überfielen. Wir versprachen uns in Cosenza ein weit angenehmeres, wenigstens nicht so ermüdendes Leben wie in Neapel und bedauerten nur, keinen Feind zu sehen.

Aber diese scheinbare Ruhe sollte schnell ein Ende nehmen, denn schon am dritten Tag nach unserer Ankunft kam ein Kurier von General Reynier, der die Order überbrachte, daß sich sofort alle in und um Cosenza stehenden Truppen bis auf tausend Mann, die in der Stadt selbst bleiben sollten, hinlänglich mit Munition versehen, über Rogliano und Scigliano in Eilmärschen nach Nicastro begeben sollten. Die englische Flotte war in dem Golf von Eufemia angekommen und machte Miene, Truppen an Land zu setzen. Noch vor Sonnenuntergang waren wir auf dem Marsch, den wir trotz der großen Hitze, aber teilweise auf Wagen und Karren, rastlos bis Nicastro fortsetzen, wo wir am folgenden Abend ankamen und uns auf dem schönen Marktplatz dieser Stadt sammelten, die schon mit Truppen aller Waffengattungen, welche Reynier eiligst an sich gezogen hatte, angefüllt war. Hier erfuhren wir, daß der englische General Stuart mit einer bedeutenden Heeresmacht, aus englischen und sizilianischen Regimentern bestehend, die etwa sieben- bis achttausend Mann betrage, schon seit sechsunddreißig Stunden in dem Golf von Eufemia gelandet sei und sich stündlich durch den Zulauf der Kalabresen und Briganten verstärke, deren man schon drei- bis viertausend zähle.

Noch in derselben Nacht, wir hatten kaum sechs Stunden geruht, erhielten wir mit den übrigen Truppen Befehl zum Aufbruch und wurden sämtlich gegen die Höhen des Dorfes Maida dirigiert, wo wir zwei Stunden nach Mitternacht ankamen und bis Sonnenaufgang biwakierten. Hier erblickten wir das in der Ebene längs der Küste in der Nähe der englischen Schiffe kampierende feindliche Heer. Reynier erteilte an alle Korpskommandanten Befehl, sich schlagfertig zu halten. Dies war am 4. Juli 1806. Die ersten Strahlen der Morgensonne beleuchteten die Truppenmassen, Fahnen, Schiffe und Flaggen der Feinde, und Duret, vor der Front unseres Bataillons hersprengend, rief uns zu: ‹Heute wird das Regiment die Feuertaufe in offener Schlacht erhalten!› Wir antworteten durch freudiges Zujauchzen. Ich muß gestehen, daß mir in diesem Augenblick auch die Möglichkeit, hier mein Leben zu enden und Eltern und Heimat in diesem Leben nie mehr wieder zu sehen, ins Gedächtnis kam, aber lange hatte ich keine Zeit, solchen Gedanken Raum zu geben.

Das ungefähr siebentausend Mann starke Heer wurde in Schlachtordnung gestellt, die Position, die wir genommen hatten, war sehr günstig, denn wir lehnten uns an eine waldige Anhöhe, hatten aber nur vier Kanonen und ungefähr vierhundert Mann Reiterei. Die Engländer und Sizilianer dagegen waren wenigstens zwölftausend Mann stark, hatten eine furchtbare Artillerie ausgeschifft und konnten noch obendrein durch das Feuer ihrer kleineren Schiffe, die auf Kartätschenschußweite vor Anker lagen, unterstützt werden. Reynier hoffte, daß sich der Feind durch seine Übermacht und seine Artillerie würde verleiten lassen, uns in unserer vorteilhaften Stellung anzugreifen, dieser hielt es aber vorerst für ratsam, sich nicht zu weit von seinen Schiffen zu entfernen. Aber Reynier verlor die Geduld, er wußte, daß die Engländer schon im Besitz des Kastells St. Amantea waren, fürchtete auch wegen der vor allen Seiten einlaufenden drohenden Nachrichten, daß eine allgemeine Insurrektion ausbrechen und sich schnell über ganz Kalabrien und hinter unserem Rücken verbreiten könne. Er sah, wie jeden Augenblick neue Haufen Kalabresen, die alle rote Kokarden aufgesteckt hatten, zu dem Heer des Generals Stuart stießen, und hoffte durch einen raschen Angriff und Sieg diesem allem vorzukommen, entschloß sich deshalb, nach acht Uhr morgens seine vortrefflich defensive Stellung zu verlassen, um den Feind anzugreifen.

Ich zählte damals noch keine siebzehn Jahre und hatte noch sehr wenig, fast keine Kriegserfahrungen gemacht. Als uns aber die Order zum Herabmarschieren in die Ebene zukam, sagte ich zu meinem Kapitän, dem Hauptmann Leclerc: «Wir sind verloren!» Dieser antwortete mir: «Ich bin Ihrer Meinung, aber was können wir machen!» Dazu kam noch, daß unsere Leute durch die harten Strapazen noch sehr ermüdet waren, ja Reynier war so eilig, daß er mehreren soeben erst zu uns gestoßenen Bataillonen nicht einen Augenblick Ruhe gönnte, sich durch etwas Speise und Trank zu stärken. Wir rückten jetzt in zwei Treffen vor, wobei er die Truppen sich wie auf einem Exerzierplatz durch Fahnen und Hauptführer richten und so das Gewehr im Arm in Geschwindschritt vorwärtsmarschieren ließ und nicht einmal abwartete, bis die Reiterei den linken Flügel des Feindes, gegen den sie beordert war, angegriffen hatte. Die Voltigeurs hatten kaum mit den feindlichen Schützen geplänkelt, als ihnen das Signal zum Rückzug gegeben wurde, und nachdem die Infanterie mehrmals abgefeuert hatte, erhielt sie Order, im Sturmschritt mit gefälltem Bajonett gegen den Feind vorzurücken und denselben anzugreifen. Dieser aber, ein gut gerichtetes Feuer unterhaltend, streckte viele der Unsrigen zu Boden.

Bald hatte sich der Kampf mit blanker Waffe auf dem linken Flügel entsponnen, die Engländer und Sizilianer umgingen ihn, nahmen uns in die Flanken und brachten einen Teil des Heeres zum Weichen, namentlich die Polen, von denen ein Bataillon dabei war, etwa sechshundert Mann stark, während das Bataillon der Schweizer noch lange wie eine Mauer stand. Der rechte Flügel, von dem auch unser Bataillon einen Teil ausmachte, leistete langen und tapferen Widerstand gegen eine große Übermacht, obgleich ihn das zahlreiche englische Geschütz verhinderte, vollständig deployieren [aufmarschieren] zu können. Unsere Reiterei war unterdessen in vollem Galopp dem linken Flügel zu Hilfe geeilt und hieb wacker in die sizilianischen Bataillone ein; aber jetzt rückte ein soeben noch gelandetes englisches Regiment aus einem Hinterhalt hervor und wurde so trefflich von dem Geschütz souteniert [unterstützt], daß bald darauf unsere Kavallerie geworfen wurde. Jetzt schossen die englischen Batterien ein so mörderisches Feuer von allen Seiten, daß bald das Schlachtfeld mit unseren Toten bedeckt war und wir den Rückzug antreten mußten, der sich in wenigen Augenblicken in eine unordentliche Flucht auflöste.

Unser Bataillon, das auf dem rechten Flügel gestanden, war eines der letzten, welche die Retirade [Rückzug] antraten, die die plänkelnden Voltigeurs noch eine kurze Zeit zu decken suchten, bis endlich auch hier die allgemeine Unordnung einriß und sich die Massen teilten. Nahe an zweitausend Tote und Verwundete mußten wir auf dem Schlachtfeld zurücklassen, unter den letzteren waren viele Stabs- und andere Offiziere, die in englische Gefangenschaft gerieten.

Sicher hatte Reynier einen großen Fehler begangen, seine günstige Stellung aufzugeben und sich dem Feind gewissermaßen ohne Not in die Arme zu werfen, denn wir waren durch Waldung, den Fluß Amato und dessen morastige Ufer geschützt, hatten auch an Lebensmitteln keinen Mangel, und vierundzwanzig Stunden später würden noch einige tausend Mann mehr zu uns gestoßen sein, die noch nicht eingetroffen waren, wie Stuart fälschlich in seinem Schlachtbericht angibt, auch wären die Engländer, in der Ebene unter der Julisonne Kalabriens nur erst einige Tage kampierend, schon allein durch die schlechte Luft, die in dieser Jahreszeit im Tal von Eufemia herrscht und die bösartigsten Fieber erzeugt, zum Wiedereinschiffen gezwungen worden, wollten sie nicht dezimiert werden, und griffen sie uns in unserer guten Stellung an, wo ihr Geschütz wenig oder gar nicht wirken konnte, waren sie verloren. Auch eine persönliche Rücksicht bewog den sonst behutsamen und erfahrenen General Reynier zu diesem fast tollkühnen Angriff. Derselbe Stuart hatte nämlich schon im ägyptischen Feldzug diesem französischen General eine Schlappe beigebracht; er wollte sich deshalb an ihm rächen und hoffte die Engländer gefangenzunehmen.

Als Napoleon die Niederlage erfuhr, rief er aus: «Reynier ist immer unglücklich!» Diese verlorene Schlacht in dem kaum eroberten Reich hatte äußerst nachteilige Folgen für uns und gab dem Nimbus der französischen Unüberwindlichkeit eine arge Blöße. Auf der anderen Seite ist in Erwägung zu ziehen, daß jeden Augenblick ein allgemeiner Aufstand in unserem Rücken zu befürchten war, wo wir dann zwischen zwei Feuern standen.

Der Rückzug wurde gegen Catanzaro zu genommen und wäre sicher völlig mißglückt, wenn die Engländer ihren Sieg gehörig zu nutzen verstanden und die Flüchtigen sogleich verfolgt hätten. Sie blieben aber in bequemer Untätigkeit nach der Schlacht und überließen die Verfolgung den ganz undisziplinierten Insurgentenkorps, die wieder mit der Plünderung der Toten verweilten. Reynier gelang es, mit einigen Trümmern des Heeres die Küsten des Golfs von Tarent zu erreichen, er wurde aber auf diesem Rückzug beständig beunruhigt, verlor fortwährend viele Leute, welche meist den Insurgenten in die Hände fielen und denen dann ein schreckliches Los ward. Die durch die Briganten verübten Grausamkeiten gingen so weit, daß sich Stuart selbst veranlaßt fand, die Kalabresen in einer Proklamation zu mehr Menschlichkeit zu ermahnen.

Dies half aber wenig, weit mehr nutzte es, daß er für jeden ihm lebendig abgelie-
ferten gemeinen französischen Soldaten fünf und für jeden Offizier fünfzig Ducati
versprach. Diese Insurgenten nagelten gewöhnlich die ihnen in die Hände fallenden Franzosen lebendig an Bäume oder Pfähle, durchstachen ihnen die Augen mit
glühenden Eisen, rissen ihnen die Zunge aus dem Halse, schnitten ihnen Nase und
Ohren, ja die Schamteile ab, die sie ihnen sodann unter den rohesten Scherzen in
den Mund steckten, brachen ihnen auch öfter alle Zähne, einen nach dem anderen
aus, gossen siedendes Pech oder geschmolzenes Blei in die Wunden der ganz ent-
kleideten Körper und verübten noch namenlos andere Greuel an den unglücklichen, oft schon ganz verstümmelten Schlachtopfern ihrer Wut, die sie selbst dann
noch fortsetzten, wenn der schrecklich Gemarterte schon längst seinen Geist aufgegeben hatte.

Ein gleiches Schicksal hatten selbst diejenigen ihrer Landsleute, die als Anhänger der Franzosen bekannt waren. Prinzen und Bischöfen, Weibern und Mädchen,
Greisen und Kindern, auch wenn nur deren Verwandte für Freunde der Franzosen
galten, wurde gleiche, den Mädchen und Frauen noch schrecklichere Schmach und
Behandlung, wenn sie ihnen in die Hände fielen. Ganze Dörfer und Städte, die
man für französisch gesinnt hielt, wurden unter dem Ruf: «Viva Fèrdinando quarto,
la morte ai Francesi!»* niedergebrannt und der Erde gleichgemacht. Diese fanati-
sche Wut war durch die Mönche erzeugt worden, die kein Mittel verabscheuten,
das Volk dazu zu bringen.

Sehr gefährlich waren die Retiraden durch die Dörfer und Städte, wo Weiber
und Kinder an der Ehre teilnahmen, dem fliehenden Feind zu schaden. Abteilungen von zwei- bis dreihundert Mann wurden nach der Schlacht bei Maida in den
Orten, durch die sie kamen, angefallen, und unter den heftigsten Verwünschungen
und Flüchen goß man auf die durcheilenden Truppen siedendes Wasser oder warf
Steine von den Dächern und aus den Fenstern auf sie herab, und von den Insurgenten verfolgt, wurde man jenseits des Ortes oft von einem anderen Haufen,
durch den man sich schlagen mußte, erwartet, konnte also nicht daran denken, sich
in den Straßen der Dörfer wehren zu wollen. Die Briganten, die jeden Weg, jeden
Schlupfwinkel kannten, verloren die Fliehenden nie aus den Augen, umgaben sie
ständig unsichtbar von allen Seiten, kamen ihnen oft zuvor und mehrten sich mit
jedem Schritt, unendlichen Schaden zufügend. In den meisten Orten war man von
der Ankunft der fliehenden Franzosen und ihrer Niederlage schon unterrichtet und
empfing sie mit dem Wutgeschrei: «Ah cani francesi!» [Französische Hunde] Dabei

*) «Es lebe Ferdinand IV., den Tod allen Franzosen!»

hatten die Fliehenden nicht selten noch mit dem äußersten Mangel und Hunger zu kämpfen.

Auch mich hätte um ein Haar breit beinahe das Schrecklichste getroffen, und nur durch ein halbes Wunder entging ich dem martervollsten Tod. Ich war mit einer der letzten, die das Schlachtfeld verließen, und hatte versucht, wenigstens die Bagage unseres Bataillons zu retten, aber vergeblich. Alles fiel in der Feinde Hände, also auch mein Gepäck, dessen Verlust ich indessen gern verschmerzt hätte, wenn sich nicht mein Klavierauszug des Don Juan, Schillers Fiesco, Don Carlos und Cramers Adolph der Kühne, Raugraf von Dassel dabei befunden hätten, ein nicht zu ersetzender Verlust. Haarlocken und einige Briefe mehrerer meiner Schönen aber trug ich bei mir in einem Portefeuille in meiner Brusttasche.

Da ich mich endlich auch auf die Flucht begeben mußte, wenn ich den Engländern nicht in die Hände fallen wollte, raffte ich noch einige sechzig Mann von unserem Regiment, größtenteils Voltigeure, zusammen, die sich noch vorfanden, und warf mich mit diesen in die nahe Waldung und die Gebirge, kam glücklich zu Nicastro an, brach aber, da es hier mit jeder Minute unsicherer zu werden begann, noch in der Nacht wieder auf und in die Gebirge, denn in diesen Wildnissen glaubte ich mich sicherer als auf den Landstraßen und in den Ebenen, wo mein kleines Detachement jeden Augenblick aufgehoben werden konnte. Ich irrte mit meinen Leuten auf das Geratewohl, ohne Munition und Lebensmittel, ohne Wegweiser, ohne Karten, ohne die geringste Kenntnis des Landes in dem Waldgebirge umher, jeden Augenblick fürchtend, dem Feind in die Hände zu fallen.

Wir begegneten endlich einem Bauern, der aus dem Städtchen Taverna kam, das in der Nähe lag, und den ich sogleich festhielt und durch Drohung des augenblicklichen Niederstechens von ihm herausbrachte, daß vor ein paar Stunden eine Abteilung von Insurgenten abgezogen sei, um zu den Sizilianern zu stoßen, man aber zu Taverna noch nichts von unserer Niederlage wisse. Ich traute dem Bauern dennoch nicht, da wir aber beinahe vor Hunger umfielen und auch keine Munition mehr hatten, beschloß ich nach kurzer Überlegung, einen gewagten Streich auszuführen, der, wenn er glückte, uns aus der Not helfen und mich für den Augenblick aus dieser fatalen Lage ziehen mußte. Mißglückte er, waren wir nicht viel schlimmer dran als jetzt.

Ich marschierte nun, von dem Bauern geführt, gerade nach Taverna, ließ aber den Führer unter strenger Bewachung zweier Korporale vor dem Ort zurück mit dem Befehl, ihn niederzumachen, wenn sie Unrat merkten und er uns hintergangen habe. In dem etwa fünfzehnhundert Seelen zählenden Städtchen ließ ich mich durch den ersten Einwohner, dem ich begegnete, zu dem Sindaco [Bürgermeister] führen und kündigte diesem an, daß ich die Avantgarde eines mir folgenden Regiments kommandiere, das noch heute von Neapel eintreffe, befahl ihm, mir sofort die Krämer zu nennen, die mit Pulver und Blei handelten, vorgebend, die strengste Order zu haben, mir dieses abliefern zu lassen, bei Strafe des Erschießens desjenigen, der dessen Besitz verheimlichte.

Dies hatte die gewünschte Wirkung, und in weniger als einer halben Stunde erhielt ich über achtzig Pfund Pulver und dreimal soviel Blei und Schrot. Hierauf requirierte ich Brot und Wein und mehrere Pferde, um die erhaltenen Lebensmittel zu transportieren, gab über alles Empfangene Quittungen und verließ hierauf das Städtchen, dem gefälligen Herrn Sindaco befehlend, ja bestens für die Quartiere der ankommenden Truppen zu sorgen, damit er keine Unannehmlichkeiten zu gewärtigen habe. Ich entfernte mich nun, vorgebend, dem Regiment entgegenmarschieren zu müssen, um dem Oberst desselben über alles gehörig Rapport zu erstatten, nahm vor dem Städtchen den verhafteten Bauern wieder mit, der mir den nach Cosenza einzuschlagenden Weg zeigen mußte, worauf ich ihm mit einigen Carlini für seine Mühe und ausgestandene Angst entließ.

Es war hohe Zeit, daß ich Taverna verlassen hatte, denn eine Stunde darauf rückte ein Streifkorps von fünfhundert Insurgenten ein, die sich jedoch wieder zurückzogen, als sie hörten, daß man ein französisches Regiment erwarte, das bereits angesagt und im Anmarsch sei. Zur rechten Zeit hatten wir auch den Vorrat von Munition erhalten, denn nachdem wir einen großen Teil der Nacht im Wald biwakiert hatten, wurden wir den anderen Morgen von einem etwa hundertfünfzig Mann starken Insurgentenhaufen angegriffen, durch den ich mich mit einem Verlust von drei Mann schlagen mußte, ihn aber in die Flucht trieb und dann weiter retirierte, da sich der Haufen durch herbeieilende Bauern vermehrte. So vermied ich alle Ortschaften und schlug mich, ohne einen anderen Wegweiser als bisweilen einen gefangenen Kalabresen, noch mehrmals von Insurgenten angegriffen, ohne andere Lebensmittel als hier und da weggenommene Ziegen und Pferde, die schnell getötet und am Feuer gebraten wurden, unter tausend Gefahren bis nach Parenti durch.

Nach sieben Tagen kam ich, noch sechsundfünfzig Mann stark, in einem bejammernswerten Zustand an und erhielt wieder die erste Unterstützung und das erste Brot, da bis hierher noch keine Insurgenten gekommen waren. Während dieser Zeit hatten wir unter keinem Dach geschlafen, sondern biwakierten, wo wir ruhten. Die eine Hälfte der Mannschaft bewachte die andere, wenn sie schlief, und wurde dann von dieser abgelöst. Aber noch einmal gerieten wir, und ich ganz besonders, in die furchtbarste Lage.

Nur noch wenige Meilen von Cosenza entfernt, ohne es jedoch genau zu wissen, hatten wir uns in einer Vertiefung des Waldgebirges Sila gelagert, um neue Kräfte zum Weitermarsch zu sammeln und endlich in der Hauptstadt des diesseitigen Kalabrien das Ziel unserer unsäglichen Leiden zu finden. Noch unentschlossen, welchen Weg ich einschlagen solle, um dieses Ziel baldmöglichst zu erreichen, ritt ich ganz allein – ich hatte mich durch ein requiriertes Pferd beritten gemacht – auf eine mit niedrigem Gesträuch bewachsene Anhöhe, um von dieser aus die Umgegend überschauen und rekognoszieren zu können. Jenseits des Hügels aber fing der Boden an sumpfig zu werden, worauf ich anfänglich nicht achtete, aber mit jedem Schritt vorwärts wurde er seichter, und plötzlich sank zwischen dichtem Gesträuch das Pferd bis beinahe an den Bauch in die Brüche. Ich stieg nun ab und geriet selbst bis an die Knie in den Sumpf, und da ich weder mir noch dem Pferd helfen konnte, schoß ich eine Pistole ab, in der Hoffnung, daß es vielleicht meine Leute hören und mir zu Hilfe kommen würden.

Aber in demselben Augenblick fielen zwei Schüsse, von denen mir der eine am linken Ohr vorüberpfiff, der andere aber mitten durch meinen Tschako fuhr. Gleich darauf sprangen sieben bewaffnete Banditen aus dem Gebüsch, packten mich von hinten beim Kragen, rissen mir die Epauletten von den Schultern, die Uniform vom Leibe und entwaffneten mich, ehe es mir möglich gewesen, in meiner Lage nur die Hand an den Degen zu legen, um mich zu verteidigen. Sie schickten sich an, mich auf kannibalische Art zu schlachten, indem sie schrien: «Ah cane francese, sei fritto!»* Da ich wußte, wie diese Unmenschen mit den Gefangenen umzugehen pflegten, schwebten mir in diesem Augenblick alle diese gräßlichen Martern vor Augen. Man kann sich denken, in welchem Gemütszustand ich mich befand. Als die Briganten im Begriff waren, mir auch das Hemd vom Leib zu reißen, machte plötzlich der, welcher gerade vor mir stand, das Zeichen des Kreuzes und rief: «Santissima Madonna!» Auch die anderen bekreuzigten sich, und einige unter ihnen sprachen: «Ah é buon Christiano, é die buona fede, lasciamolo.»**

Dies hatte die Reliquie bewirkt, die ich zu Loreto mitgenommen und noch immer auf der bloßen Brust trug, ohne daran zu denken, und welche die Räuber erblickt hatten und sehr gut erkannten. Einige wollten sie mir abnehmen, die anderen aber stritten dagegen, und es entspann sich ein ziemlich heftiger Wortwechsel zwischen ihnen, von dem ich nur soviel verstand, daß die einen meinten, der Himmel würde sie sogleich strafen, wenn sie jetzt noch Hand an mich legten, andere aber

---

*) «Ah, du französischer Hund, du bist erledigt!»
**) «Ach, er ist ein guter Christ, er meint es gut, lassen wir ihn.»

meinten, das habe nichts zu sagen. Während sie noch so um mich und mein Leben stritten, fielen mehrere Schüsse, durch welche einer der Briganten in den Arm getroffen wurde, und gleich darauf sprangen Karabiniers und Voltigeurs von meinen Leuten aus dem Gebüsch und befreiten mich aus den Händen meiner Henker. Die Soldaten halfem mir und meinem Pferd aus dem Morast, und ich dankte der Vorsehung und der Madonna von Loreto für meine wunderbare Rettung, nahm mir aber vor, nie mehr allein in Kalabrien auf Rekognoszierung zu reiten. Ich war zwar gerettet, allein wir waren noch lange nicht über die Berge, obgleich wir mit Hilfe eines Bauern ohne weiteren Unfall glücklich Cosenza erreichten, wo sich der General Verdier mit ein paar tausend Mann befand.

Ich erstattete diesem General einen treuen Bericht über das Vorgefallene und auf welche Art es mir gelungen war, mich mit meinen Leuten bis nach Cosenza durchzuschlagen. Mit Verwunderung hörte er mich an, staunte namentlich über meine wunderbare Rettung aus den Klauen der Briganten und lud mich mehrmals zu Tisch ein, wo ich einige interessante Bekanntschaften mit kalabresischen Edelleuten, Anhängern der Franzosen, machte. Aber die Lage von Cosenza wurde mit jedem Tag schwieriger, die Insurrektion immer drohender, der Aufstand wurde allgemein, die Flammen des Aufruhrs loderten um uns her, und bald waren wir von Briganten und Insurgenten umringt. Die Bewohner der Stadt fingen an, drohend ihre Häupter zu erheben, der Ruf «maladetti cani francesi!»* wurde immer lauter, und von den einlaufenden Nachrichten war immer eine schlimmer als die andere.

Von Sizilien aus wurde das ganze Land mit Proklamationen überschwemmt, in denen man die getreuen Kalabresen zur Bekämpfung und zum Morden der Franzosen aufforderte, ihnen alle möglichen Versprechungen machte und Unterstützungen zusagte sowie daß Ferdinand IV. sich bald selbst an ihre Spitze stellen würde, auch sandte man fortwährend alles Raubgesindel, Mörder und Diebe Siziliens in Masse nach Kalabrien. Reggio und das Kastell Scylla waren wieder in Feindes Hände gefallen, und die Schiffe Sidney Smith' führten Munition und was zum Kriegsbedarf gehörte in großem Überfluß allen Orten der Küste zu.

Verdier entschloß sich nun, um nicht völlig eingeschlossen zu werden, solange noch eine Möglichkeit vorhanden war, die Hauptstadt Kalabriens zu räumen. Wir verließen Cosenza in ziemlich guter Ordnung, doch nicht ohne allen Verlust, und zogen uns in Richtung Neapel in das Gebirge zurück, wo wir einige Kanonen einbüßten. Lebensmittel wurden in den Dörfern und Ortschaften, in deren Nähe wir kamen, gewaltsam requiriert, wobei es nicht selten zwischen den dahin gesandten

*) «Verfluchte französische Hunde!»

Abteilungen und den Bauern zu Tätlichkeiten und zum Blutvergießen kam. Wir biwakierten, wenn wir ruhten, was jedoch nicht häufig der Fall war, unter freiem Himmel, und jeden Tag kam es zu Neckereien mit den Insurgenten.

Eine Abteilung von fünfhundert Mann, bei der auch ich mich mit meinem Detachement befand, sah sich plötzlich von drei Seiten von zahlreichen bewaffneten Brigantenhaufen, unter ihnen mehrere Kompanien sizilianischer Infanterie, ein paar Schwadronen Reiterei und sogar einige englische Dragoneroffiziere, umringt. Von allen Seiten bedrängt, blieb uns kein anderer Weg als der nach Cosenza führende offen, wir warfen uns wieder in diese Stadt, wo man uns aber mit einem Hagel von Steinen und dem Ausruf: «Maladetti cani!» [verfluchte Hunde] empfing und siedendes Wasser und Öl auf uns goß. Auch die Feinde waren fast zu gleicher Zeit mit eingedrungen, und es entspann sich ein hartnäckiger Kampf in den Straßen selbst, bei dem ich von einem feindlichen Dragoner einen tiefen Säbelhieb in den rechten Arm erhielt, der aber fast in demselben Augenblick von einem französischen Grenadier vom Pferd gestochen wurde. Die Wunde blutete zwar stark, ich ließ mir sie aber durch einen unserer Leute mit dem von dem Hemd eines Toten abgerissenen Ärmel verbinden und schlug mich mit den übrigen durch die Straßen wieder zum Tor hinaus, wo wir retirierend uns fortwährend unserer Haut wehren mußten.

Wahrscheinlich wären wir dem uns verfolgenden, fast mehrere tausend Mann starken Feind unterlegen, wenn wir nicht glücklicherweise jenseits der Stadt, gegen Montalto zu, auf die Avantgarde eines französischen Linienregiments gestoßen wären, das von Salerno her im Marsch war und die Garnison von Consenza verstärken sollte. Ein Bataillon dieses Regiments folgte bald seiner Avantgarde, dessen Chef sich nun uns anschloß, und so waren wir instandgesetzt, nicht nur gegen den verfolgenden Feind wieder Face [Front] zu machen, sondern auch der angreifende Teil zu werden und ihn zurückzuschlagen.

Jetzt ließ ich mir durch den Bataillonschirurgus meine Wunde, die zwar nicht gefährlich war, aber doch bis auf den Knochen ging, kunstgerecht verbinden und hatte nahe an drei Wochen zu tun, bevor ich den Arm wieder gehörig brauchen konnte. Noch am selben Abend gelang es, uns wieder mit Verdiers Division zu vereinigen, der sein Hauptquartier in einem großen Flecken, etwa zehn Miglien von Cosenza, das nun mit Insurgenten und feindlichen Truppen überfüllt war, aufgeschlagen hatte. Unsere Lage war indessen immer noch sehr kritisch, besonders da der so gefürchtete Brigantenchef oder eigentlich Räuberhauptmann Fra Diavolo mit seinen zahlreichen Banden rund um uns herum sein Wesen trieb. Wir mußten uns die folgenden Tage mit ansehnlichem Verlust durch Tarsia und Cassano, die sich in vollem Aufstand befanden, schlagen und kamen endlich zu Matera, der Hauptstadt der Basilicata, an, wo uns der kommandierende General, der noch nicht beunruhigt worden war, alle nötige Hilfe zukommen ließ.

Hier erfuhren wir, daß die wichtige Festung Gaeta endlich übergegangen und deren starkes Belagerungsheer bereits unter dem Oberbefehl des Marschall Masséna auf dem Marsch nach Kalabrien begriffen sei. Diese Neuigkeit gab uns frischen Mut und Zutrauen und machte zugleich bei den Insurgenten einen für uns so vorteilhaften Eindruck, daß diese es wenigstens nicht mehr wagten, uns in offener Fehde anzugreifen. Gaetas Fall paralysierte so ziemlich die Wirkung der Niederlage von Maida. Durch frisch angekommene Truppen verstärkt, rückten wir nun wieder vor, bald waren die Insurgenten aus Cosenza und der Umgegend verschwunden, wir besetzten die Stadt neuerdings, in der Verdier abermals sein Hauptquartier aufschlug. Die unter seinem Befehl stehenden Truppen waren wieder bis auf sechstausend Mann angewachsen. Cosenza mußte eine sehr bedeutende Kontribution erlegen, und wir ergriffen allenthalben die Offensive.

Bald nach unserer Wiederbesetzung Cosenzas verließ ein Korps von ungefähr dreitausend Mann, bei dem auch mein Detachement, diese Stadt, die Insurgenten zu verfolgen. Am dritten Tag nach unserem Ausmarsch trafen wir in der Ebene von Cocozza auf ein bedeutendes Insurgentenkorps, das zu umstellen uns so gelang, daß es nach einer kurzen, aber heftigen Gegenwehr fast gänzlich niedergemacht wurde, nur etwa dreihundert Mann davon entkamen, die nach Amantea flüchteten, wo sie sich in ein Kloster warfen. Als wir aber schnell nach dem erfochtenen Sieg in Amantea einrückten, ergaben sie sich, Pardon erflehend, unter der Bedingung, ihnen das Leben zu schenken, was auch zugestanden wurde, aber auch nichts weiter. Sie wurden sämtlich geschlossen unter guter Eskorte nach Neapel abgeführt, wo man die meisten zur Galeere verurteilte. Das Kastell von Amantea hielt sich aber noch länger und fiel erst nach einer fünfundzwanzigtägigen Belagerung.

Masséna rückte jetzt in Eilmärschen heran; dies und der Fall von Gaeta, dessen moralische Wirkung außerordentlich war, gab den Dingen im ganzen Königreich schnell eine andere Wendung. In Neapel selbst hatte man zu gleicher Zeit eine große Verschwörung entdeckt, die genau mit der Landung der Engländer und Sizilianer und dem Aufstand in Kalabrien zusammenhing. Man ging mit einer vielleicht zu raschen Energie zu Werk, und täglich wurde nach sehr kurzen summarischen Verhören eine große Zahl der Verschworenen hingerichtet, welche durch aufgefangene Briefe, geheime Korrespondenz und Polizeispione ausgemittelt und entdeckt worden waren. Aber gewiß verlor auch mancher ganz unschuldig sein Leben.

Bald war nun keine englische Uniform mehr auf dem Festland des Königreichs zu erblicken, die Engländer überließen die Kalabresen ihrem Schicksal, das traurig und furchtbar genug war. Teuer mußten sie die von den Pfaffen versprochene Befreiung vom Fegefeuer und aus der Hölle bezahlen und erhielten statt der ihnen ebenfalls versprochenen Güter einen oft sehr grausamen Tod. Freilich waren die von ihnen besonders auch an den eigenen Landsleuten begangenen Grausamkeiten scheußlich genug gewesen, sie hatten vom Säugling bis zum neunzigjährigen Greis, von dem zartesten Mädchen bis zur ehrwürdigsten Matrone alles, was sie den Franzosen geneigt glaubten, unter teuflisch ausgesonnenen Qualen gemordet und die Mädchen und Jungfrauen aus den besten und edelsten bürgerlichen und adligen Familien, bevor sie sie töteten, geschändet und genotzüchtigt.

Daß jetzt fast ebenso scheußliche Repressalien angewandt wurden, war zwar nicht zu verantworten, aber natürlich und nicht gut zu verhindern. Wir verfuhren indessen bei weitem nicht so raffiniert, sondern mehr summarisch, übergaben dem verzehrenden Feuer ganze Städte und Dörfer, in welchen die Unsrigen ermordet worden waren, und alles, was sich lebendig und tot in denselben befand, wurde ein Raub der Flammen. So gingen hintereinander Lauria, San Pietro, Latronico, Raparo, Fondico, Scigliano und so weiter mit allem, was sie enthielten, in Rauch auf. Entwaffnet wurden alle Ortschaften, wo wir hinkamen, ohne Ausnahme, und jeder Einwohner, bei dem man nach vierundzwanzig Stunden noch eine Waffe oder ein Stilett vorfand, wurde auf der Stelle erschossen. Ganze Transporte von Verdächtigen wurden in Ketten nach der Hauptstadt geschafft, wo sie meist ein schreckliches Los erwartete, und allenthalben hatten wir Militärgerichte eingesetzt, die mit den Angeklagten kurzen Prozeß machten und diese zu Dutzenden erschießen ließen. Jeder Ort, der nur den geringsten Anschein hatte, als wollte er es versuchen, Widerstand zu leisten, wurde sofort geplündert und dann niedergebrannt. Daß unsere Soldaten dabei mit den jungen Mädchen und Weibern nicht viel besser umgingen, als es die Insurgenten gemacht hatten, ist leider nur zu wahr.

Der strengste militärische Despotismus wurde überall eingeführt, wo wir die Herren waren, aber wir waren es noch bei weitem nicht allenthalben, noch hatten die Insurgenten die stärksten Positionen und die bedeutendsten Engpässe in ihrer Gewalt, die nicht ohne große Verluste und immer mit der blanken Waffe genommen werden mußten. Indessen hatten wir es doch bald nur noch mit einzelnen Banden zu tun, auf die wir Jagd machten und die sich meist in die unzugänglichsten Schlupfwinkel der ödesten Wildnisse, in verborgene Felsenklüfte und Täler zurückgezogen hatten, namentlich in die Basilicata, die wildeste und unbekannteste Provinz im ganzen Reich. Aus diesen Verstecken machten die Briganten fortwährend Ausfälle auf kleine Militärabteilungen und in die nächsten Ortschaften, vortrefflich durch ihre Spione unterrichtet, wann sie es gefahrlos tun konnten. Diese Banden trieben auch das Handwerk des Straßenraubs und verübten Raubmorde ohne Unterschied gegen alle Parteien.

Noch immer stand ich mit meiner Abteilung, die jetzt bis auf einige vierzig Mann zusammengeschmolzen war, bei der Division Verdiers, mit der wir die meisten Strapazen und Gefechte teilten, wobei wir oft in acht Tagen nicht unter Dach und Fach kamen, unser Bett die rauhe Erde, unsere Decke das Himmelszelt war, und froh sein konnten, wenn wir etwas Maisstroh für das Lager erhielten.

Eines Morgens trafen in Squillace, das wir am Tag zuvor erreicht hatten, die Reste unseres ersten Bataillons, von Duret angeführt, ganz unerwartet ein. Der brave Mann schien ordentlich gerührt, als er mich sah, und zeigte große Freude. Er hatte mich längst unter den Toten geglaubt, nahm großen Teil an dem Schicksal, das mich seit unserer Trennung betroffen hatte, und hörte meinem Bericht mit der größten Aufmerksamkeit zu. Mehr als einmal rief er aus: «Mais c'est inon!»* Am meisten wunderte er sich, daß ich mich nach der Schlacht von Maida so durchzuschlagen wußte, und meinte, ich würde einst noch ein tüchtiger General werden. Indessen erfuhr ich von ihm und einigen anderen Offizieren des Bataillons, daß sie während dieser Zeit ebenfalls nicht auf Rosen gebettet waren, furchtbare Märsche und Kontremärsche unter beständigen Gefechten mit den Feinden hatten machen und sich fortwährend durch zahlreiche Haufen von Insurgenten hatten schlagen müssen, wobei sie viele Leute und fast die Hälfte der Offiziere verloren, unter ihnen auch mein Kapitän, Herr von Leclerc. Zu Stróngoli und Corigliano hatte man ihnen das Durchmarschieren und die Lebensmittel verweigert, beides mußten sie durch blutigen Kampf erzwingen, und erst in Cassano hatten sie einigen festen Fuß fassen und sich etwas erholen können.

Das Bataillon, nun auch ein Teil von Verdiers Division, machte Jagd auf die Briganten, was, wenn auch fast immer sehr beschwerlich war, doch mitunter auch nicht ohne lustige Abenteuer ablief. Gar manche schwarzäugige und schwarzhaarige Kalabresendirne, die uns in die Hände fiel, war uns doch nicht so abhold bei näherer Bekanntschaft, und ich entsinne mich immer mit Vergnügen eines allerliebsten blutjungen Mädchens, Tochter eines Sindaco, die zuerst gezwungen und dann freiwillig und vergnügt eine längere Zeit Berge und Wälder mit mir durchzog, uns auch manchmal von großem Nutzen in diesen unwirtlichen Gegenden war. Als ich sie endlich in ihre Heimat, ein Dorf in dem jetzt größtenteils niedergebrannten

---

*) «Mein Gott, ist das unerhört!»

Silawald, entlassen wollte, hatte ich alle Mühe, sie loszuwerden. Ich versprach ihr beim Abschied, sie später wieder aufzusuchen.

Noch manche Woche ging so unter Entbehrungen, mannigfaltigen Gefahren, Strapazen und kleinen Scharmützeln hin, und man wußte nie, wo man den nächsten Tag zubringen würde, gewöhnlich unter freiem Himmel. Diese Brigantenjagd war so ermüdend als in der Regel undankbar, da die Insurgenten nicht nur die Örtlichkeiten genau kannten, sondern auch immer im Einverständnis mit den Einwohnern waren, die ihnen jeden unserer Schritte verrieten und uns dagegen immer irrezuführen suchten. Nur nach unerhörten Anstrengungen und Kreuz- und Quermärschen gelang es uns bisweilen, sie zu erreichen. Aber hatten wir sie auf einer Seite verjagt und versprengt, so spukten sie schon wieder auf der andern oder hinter unserem Rücken um so frecher, und hatte man sie endlich doch erwischt und ihnen viele Leute getötet, so zeigten sie sich wenige Tage darauf wieder mit größeren Streitkräften und in doppelter Zahl.

Dieses immerwährend von Sizilien aus verstärkte Volk ließ sich natürlich auf einen offenen Kampf oder gar eine Schlacht nicht ein, sondern führte den kleinen Krieg, den man bei dieser Gelegenheit gut lernte, wohl an fünfzig verschiedenen Orten zumal, weshalb auch unsere Streitkräfte so sehr zersplittert werden mußten, daß wir nirgends mit gehörigem Nachdruck operieren konnten, wodurch sie bisweilen in großem Vorteil waren. Kanonen und Reiterei waren ohnehin hier nicht anwendbar, sondern eher ein Hindernis. Die Briganten fügten uns durch das Abschneiden oder Wegnehmen von Lebensmitteln, die nicht gehörig eskortiert waren, unendlichen Schaden zu. So durchzogen wir fortwährend die beiden Kalabrien und die Basilicata von einem Ende zum anderen, überall Verheerung und Verwüstung hinbringend oder findend.

Eines Abends, wir hatten kaum ein paar Stunden in dem in einem Waldgebirge liegenden Dörfchen Stigliano, unweit von Tricárico, geruht, kam uns die Nachricht zu, daß der furchtbare Fra Diavolo, mit einem großen Insurgentenhaufen aus Sizilien kommend, gelandet sei, sogar Kanonen bei sich führe und sich nach seiner Vaterstadt Itri begeben habe, um daselbst abermals die Insurrektion zu organisieren. Aber gleich nach seiner Ankunft vom General Hugo versprengt, habe er sich mit seiner Bande in die Gegend von Tricárico und Potenza gezogen und schon mehrere Ortschaften überfallen. In der Tat streiften Abteilungen seiner Bande im nahen Wald in der Nähe von Stigliano.

Das Gerücht hatte das Korps dieses gefürchteten Brigantenchefs zu einem bedeutenden Heerhaufen gemacht, unser Bataillon war bis auf vierhundert Mann zusammengeschmolzen und wußte nicht, daß sich Fra Diavolo selbst gewissermaßen auf der Flucht befand, nachdem ihn Hugos Truppen verscheucht hatten. Duret ließ alle Zugänge des Orts besetzen, in dessen Mitte wir ein Biwak aufschlugen, stellte Lauerposten aus, um uns gegen einen etwaigen Überfall zu sichern, und so brachten wir die ganze Nacht in Alarm zu.

Von diesem Fra Diavolo wurde so viel Unglaubliches erzählt, daß ich ihn für einen wahren Rinaldo Rinaldini hielt und ihm meine Bewunderung, wie einst dem Schinderhannes ruhmwürdigen Andenkens, nicht versagen konnte, was mich jedoch nicht hinderte, bald darauf einen seiner Adjutanten gefangenzunehmen und ihn selbst später hinrichten zu sehen. Sein eigentlicher Name war Michaeli Pezza oder Pozza, er war aus der kleinen Stadt Itri in der Terra de Lavora gebürtig. Aus einem gemeinen Straßenräuber hatte ihn Ferdinand IV. oder vielmehr dessen Gemahlin, die Königin Caroline, zum Obersten der neapolitanischen Armee gemacht und ihm sogar den Titel eines Herzogs von Cassano erteilt, nachdem dieselbe Regierung früher einen Preis auf den Kopf des Räuberhauptmanns gesetzt. Während der Belagerung von Gaeta leistete er dem Prinzen von Hessen-Philippsthal wichtige Dienste, indem er die Franzosen zwischen dem Kirchenstaat und dem Volturno beunruhigte, ja beinahe hätte er Lucian Bonaparte [Napoleons Bruder] auf seinem Landsitz bei Rom aufgehoben. Der aber wurde noch zu rechter Zeit gewarnt. Er warf sich sodann nach Kalabrien, wo er uns allen möglichen Schaden zufügte. Seine Bande war weit über zweitausend Mann stark, und der Ruf seiner Taten war so außerordentlich, daß die Kalabresen steif und fest glaubten, er könne zaubern und hexen und daß ihm nichts unmöglich sei.

Philippsthal hatte ihn indessen wegen seiner Schandtaten, die er nicht unterließ, endlich aus Gaeta gewiesen, von wo er nach Palermo gegangen war, jedoch im September wieder mit seiner hauptsächlich durch freigelassene Galeerensklaven verstärkten Bande in Unteritalien landete, alle Banditen und Mißvergnügte abermals an sich zog und sodann nach Itri marschierte, um sich seiner Vaterstadt in seiner ganzen Herrlichkeit zu zeigen. Joseph beauftragte den General Hugo, mobile Kolonnen gegen den gefürchteten Brigantenchef zu bilden, wozu jener hauptsächlich die rabenschwarzen Soldaten des Regiments Royal Africain, eine Abteilung der Chasseurs von der korsischen Legion und einige andere leichte Truppen verwandte, denen er auch etwas Reiterei zugesellte.

Fra Diavolos Haufen mochte jetzt etwa über dreitausend Mann stark sein und war voller Zuversicht. Reich von der Königin Caroline beschenkt, die dem Brigantenchef unter anderem ein kostbares Armband mit ihrem Bildnis und eine Fahne mit von ihr höchst eigenhändig gearbeiteten Goldstickereien verehrt hatte und außerdem noch mit einem englischen Majorspatent versehen, hatte er sich eine kurze

Zeit auf der Insel Capri bei dem dortigen Kommandanten Hudson Lowe aufgehalten und seine Operationen gegen die Franzosen mit kecker Verwegenheit begonnen.

Die mobilen Kolonnen des General Hugo setzten bald dem Fra Diavolo so gewaltig zu, daß er sehr in die Enge getrieben wurde und sich endlich gezwungen sah, seine Bande in mehrere Abteilungen zu zerstreuen, von denen eine jede vorgab, von ihm persönlich befehligt zu sein, eine Kriegslist, um die Verfolger irrezuführen. Die Generale Duhesme und Goulu hatten den Auftrag, dafür zu sorgen, daß ihm die Wege in den Kirchenstaat versperrt würden, während der in Gaeta kommandierende General Valentin seine Wiedereinschiffung verhindern sollte und Hugo ihn nun rastlos verfolgte, eine mühsame und gefährliche Aufgabe, da er sich immer, wenn er einen Handstreich vollbracht hatte, in die unwegsamsten und unzugänglichsten Wildnisse zurückzog. So oft die Voltigeurs oder Jäger mit Leuten seiner Bande plänkelten, zogen sie immer den kürzeren, zum Standhalten und zur Annahme eines ordentlichen Gefechtes war er nicht zu bringen.

Damals war es, als wir zu Stigliano durch das angebliche Herannahen des Fra Diavolo in Alarm gesetzt wurden, indessen verlief doch die Nacht, ohne daß wir weiter beunruhigt worden wären. Bei Tagesanbruch ward uns Gewißheit, daß sich eine Bande bewaffneter Briganten, etwa vier Miglien von unserem Dorf, in einer wildbewachsenen Schlucht aufhielt. Auf diese zuverlässige Nachricht setzten wir uns in Marsch, und Duret gab mir das Kommando unserer kaum sechzig Mann starken Avantgarde, indem er zu mir sagte: «Ich kann dieses gefährliche Kommando niemand besser als Ihnen übertragen, da Sie sich nach der Niederlage von Maida so gut durchzuschlagen gewußt, überhaupt schon viele Erfahrung in diesem gefährlichen Krieg gemacht haben und den Gefahren zu begegnen wissen, auch der einzige sind, der mit der italienischen Sprache fortkommen kann. Seien Sie indessen vorsichtig, sorgen Sie besonders, daß man Sie nicht unvermutet überfallen kann, und sichern Sie Ihre Flanken durch Seitenpatrouillen.»

Diese Vorsichtsmaßregeln waren allerdings sehr notwendig, denn mehr als ein halbes Hundert solcher kleiner Detachements französischer, italienischer, korsischer, schweizer und polnischer Truppen waren schon von den Insurgenten überfallen, umringt und niedergemacht worden. Allenthalben lagen die Briganten im sicheren Hinterhalt und Versteck, waren von allen Bewegungen der Truppen genau unterrichtet und durch ihre Spione vortrefflich bedient. Nach der Schlacht bei Maida hatten sie an zweihundert Mann, die sich in einen großen Meierhof retirierten und denselben in der Eile möglichst verschanzt, sogar mit Palisaden versehen hatten, von den Bauern unterstützt, förmlich belagert. Nachdem die Truppen den Rest ihrer Patronen verschossen, stürmten die Briganten am dritten Tag, als die Belager-ten aus Mangel an Lebensmitteln schon halb verhungert und sich fast nicht mehr zu verteidigen imstande waren, den Hof und machten die ohnmächtigen Leute bis auf den letzten Mann nieder.

Nicht immer stand es in meiner Gewalt, Durets Instruktionen zu befolgen, denn gar oft kamen wir durch so schmale und enge Wege, durch so wild verwachsenes Gehölz und dichtes Gesträuch, daß nicht daran zu denken war, Seitenpatrouillen zu detachieren, nicht selten konnte man sogar nur Mann vor Mann auf den schma-len, kaum betretenen Fußsteigen marschieren. Gegen die Mittagsstunden kamen wir an einen kleinen Weiler, in dem wir zwar einige Menschen, aber sonst auch nichts antrafen. Hier erfuhr ich auf meine Erkundigungen, daß Fra Diavolo mit ei-nem kleinen Teil seiner Bande in der vergangenen Nacht dagewesen, erst diesen Morgen den Ort wieder verlassen und den Weg nach Tricárico eingeschlagen habe. Ich wollte das Bataillon hier erwarten, um neue Befehle zu empfangen. Es traf auch nach einer guten Stunde ein.

Duret befahl mir jetzt, einen Führer aus Ferrandina, so hieß der Weiler, mitzu-nehmen und mit meiner Avantgarde gleichfalls nach Tricárico zu marschieren. Wir mußten das noch sehr seichte Flüßchen Basiento passieren, dessen Wasser uns kaum bis an die Knie reichte. Aber am jenseitigen Ufer zeigten sich plötzlich Insur-genten auf den felsigen Anhöhen, welche ihre Gewehre auf uns abfeuerten, mir ei-nen Mann töteten und dann verschwanden, ohne daß ich daran denken konnte, sie zu verfolgen, da mein Führer mir versicherte, in dieser Wildnis würde er sich, ein-mal von dem Weg abgekommen, nicht mehr zurechtfinden. Erst mit einbrechender Nacht erreichten wir das Dorf Gróttole, wo aber kein Mensch etwas von dem Fra Diavolo wissen wollte. Ich machte hier abermals halt, um die Ankunft des Batail-lons zu erwarten, das aber nicht eintraf. Mein Führer gab vor, daß sich seine Kenntnis der Gegend nicht weiter erstrecke, und bat mich, ihm zu erlauben, nach Ferrandina zurückkehren zu dürfen. Ich fand aber für gut, ihn die Nacht über noch bei mir zu behalten, und versprach ihm, daß ich ihn entlassen würde, wenn bis zum nächsten Morgen nichts besonderes vorfiel.

Meine Lage fing an bedenklich zu werden, ich glaubte mich umringt oder doch wenigstens vom Bataillon abgeschnitten und biwakierte diese Nacht auf einem freien Platz vor dem Dorf, ringsum Posten auf Schußweite aufstellend, um uns vor jedem Überfall zu sichern. Auf mein Verlangen brachten mir die Einwohner von Gróttole etwas Reis, Welschkornmehl und ein Körbchen mit Eiern, nebst Wein, so daß wir uns ziemlich restaurieren konnten und sogar so munter und guter Dinge wurden, daß wir den Fra diavolo samt seiner Bande zitierten und sich zu zeigen aufforderten, wenn er Mut habe. Die Nacht verging ohne irgendeine Beunruhigung, die meisten Leute schliefen gegen Mitternacht ein. Als aber der Tag kaum zu grauen begann, befahl ich aufzubrechen, teilte ein paar Flaschen Aquavit unter das Detachement aus, die ich noch requiriert hatte, aber dem Bauern, der sie brachte, bezahlte.

Ich ließ mich nun mit diesem, der einige Worte, die ich nicht verstand, mit meinem Führer gewechselt hatte, in ein Gespräch ein. Auf meine Frage, ob er nichts von Fra Diavolo wisse, und nachdem ich ihm deshalb ziemlich drohend zugesetzt, antwortete er endlich, wenn ich ihm zusichern könne, daß er den Preis von sechstausend Dukaten, der auf den Kopf dieses Brigantenhauptes gesetzt sei, wenigstens zur Hälfte erhalte, da mir die andere Hälfte gebühre, er mir denselben in die Hände liefern wolle. Erstaunend erwiderte ich freudig, daß er nicht nur die Hälfte, sondern die ganze Summe, die die Regierung ausgesetzt habe, erhalten werde. Er blieb aber dabei, mit mir teilen zu wollen, meiner Großmut, die er nicht begriff, mißtrauend, was ich auch zusagte, um ihm nicht das Vertrauen zu benehmen. Er teilte mir nun mit, daß Fra Diavolo kaum zwei Miglien entfernt, mit höchstens dreißig Mann seit gestern abend in einer Waldschlucht lagere, indem er in der Gegend von Salerno durch die französischen Chasseurs total versprengt worden sei. Wir müßten aber eilen, wenn wir ihn noch treffen wollten, da er wahrscheinlich mit frühem Morgen aufbrechen und sich dann noch tiefer in die Waldgebirge flüchten werde. Ich marschierte schnell ab, den Bauern samt meinem Führer aus Ferrandina in die Mitte nehmend, ihnen beiden erklärend, daß bei der mindesten verdächtigen Anzeige sie zuerst niedergemacht würden.

In aller Stille zog ich durch Gróttole, kam jenseits des Ortes in einen dicht verwachsenen Wald und stand bald an dem Eingang einer in der Tiefe zwischen Felsen und Gesträuch befindlichen Schlucht. Hier sah ich durch das Gebüsch hinab in einem kleinen Talkessel einige zwanzig Mann um ein fast abgebranntes Feuer meistens schlafend lagern. Der Bauer sagte: «Eccoli!» [Da ist er!] So geräuschlos wie möglich besetzte ich den einzigen Ausgang dieser Schlucht. Unbemerkt drang ich dann so weit vor, daß ich die Briganten zählen konnte, es waren ihrer dreiundzwanzig. Ich wünschte, sie womöglich alle lebendig zu fangen, aber jeder Schritt vorwärts machte es wahrscheinlicher, daß ich von ihnen entdeckt würde, sie dann noch Zeit hätten, sich aufzuraffen und eine Gegenwehr vorzubereiten. Ich beschloß nun, sie mit einem Hurra zu überfallen, damit sie in dem ersten Schrecken den Kopf verlieren sollten. An den Eingang des Talkessels postierte ich zehn Mann mit einem Korporal, stieg sodann mit den anderen mit gespanntem Hahn den schmalen Pfad hinab, die Briganten immer im Auge behaltend.

Als ich endlich sah, daß sich ein paar zu regen begannen, gab ich dem Tambour das Zeichen pas de charge [Sturmschritt] zu schlagen, und mit dem Ruf: ‹Vorwärts!›, die Gewehre auf sie abfeuernd, stürmten wir hinab. Das Manöver gelang vollkommen. Die Briganten sprangen auf, griffen nach ihren Waffen, eilten dem Ausgang zu, machten zum Teil kehrt, während andere, den Kopf verlierend, uns in die Hände liefen, dann auch wieder umkehrten. Wir folgten, ihnen die Bajonette in die Rippen setzend. Mehrere, schon verwundet, warfen ihre Gewehre weg, während andere am entgegengesetzten Ende der Schlucht auf Bäume kletterten. Einigen gelang das fast Unglaubliche, indem sie die beinahe senkrechten Felsenwände mit Hilfe der Sträucher, die sie erfaßten, hinankletterten. Zwei davon stürzten jedoch, nachdem sie schon eine bedeutende Höhe erreicht hatten, hinab, wovon der eine das Genick brach und auf der Stelle tot war, der andere aber das Bein verletzte und nicht mehr von der Stelle konnte. Noch andere schossen meine Leute herab, während drei auf diese Art wirklich entkommen waren, sich auch vielleicht auf den Gipfeln hoher Bäume verborgen hatten, wo wir sie nicht entdecken konnten.

Die übrigen, unter denen der Anführer, der aber nicht Fra Diavolo selbst, sondern nur einer seiner sogenannten Adjutanten namens Belardi war, nahmen wir gefangen und banden sie mit Gewehrriemen zusammen. Dieser Belardi hatte sich allenthalben, wo er hinkam, für Fra Diavolo ausgegeben, so wie dies noch andere Chefs der Bande taten. Was aus ihm geworden, konnte ich von den Gefangenen nicht erfahren, die ihr Oberhaupt schon vor zwölf Tagen oberhalb Salerno verlassen hatten, ohne zu wissen, wo er jetzt sei. So leid es auch mir tat, nicht den rechten Mann erwischt zu haben, so war ich dennoch froh und überzeugt, jetzt nicht mehr viel zu fürchten zu haben, da die Bande gesprengt und die Einwohner dadurch so mutlos gemacht waren, daß sie sich nicht trauten, etwas offen gegen uns zu unternehmen.

Ich marschierte nun mit meinen Gefangenen nach Gróttole zurück, den Führer von Ferrandina entlassend. Unterwegs unterhielt ich mich mit dem gefangenen Belardi und fragte ihn über manches, was seinen Chef betraf, konnte aber nur ausweichende Antworten oder sehr ungenügende Auskunft erhalten. Auf meine Frage, warum er den Eingang zur Schlucht nicht besetzt und keine Wachen ausgestellt habe, erwiderte er mit Ingrimm: ‹Ich hatte es ja getan, aber als der Morgen herankam, krochen die Schurken alle zum Feuer und schliefen, auch dachten wir nicht, Verräter unter den Einwohnern zu finden.›

Von Tricárico war das Bataillon zu meinem Leidwesen schon vor mehreren Stunden nach Potenza abmarschiert. Ich folgte ihm und traf es noch auf einem

Halt, ehe es diese Stadt erreicht hatte. Ich zeigte sogleich dem Kommandanten Duret meinen Fang an, der mir sagte, daß er abermals in nicht geringer Unruhe meinetwegen gewesen, da er Order erhalten, sofort nach Potenza zu marschieren, was man mir nicht habe mitteilen können. Der Bauer wurde mit einer Belohnung von hundert Dukaten heimgeschickt, deren er sich aber wenig erfreuen konnte, da er ein paar Tage darauf ermordet war.

Schon war die Regenzeit eingetreten, und unsere Märsche und die Brigantenjagd, die wir von hier aus in die Umgegend machen mußten, wurden immer beschwerlicher, wenn auch weniger gefährlich, da wir nur selten auf einen Feind trafen. Bäche und Flüßchen, die man vor wenigen Tagen noch fast trockenen Fußes passierte, waren zu reißenden Waldströmen geworden, durch die man nur mit Lebensgefahr kommen konnte. Oft gingen uns die Fluten bis beinahe an den Hals. Eines Tages mußten wir bei der Verfolgung eines Insurgententrupps in der Gegend von Auletta den sonst ganz unbedeutenden Sele passieren, der aber nun zu einem wilden, reißenden Strom angeschwollen und so mächtig war, daß wir mit enggeschlossenen Gliedern pelotonweise durchmarschierten, wobei die Soldaten Tornister und Patronentaschen auf den Köpfen befestigt hatten, die Gewehre quer über dem Wasser hielten und so in Masse durch das Wasser gingen, dennoch ertranken drei Mann, die im letzten Glied eines Pelotons sich nicht eng genug angeschlossen hatten und von den Fluten fortgerissen worden waren. Auf dem jenseitigen Ufer mußten wir einen tiefen und engen Hohlweg passieren, von dessen felsigen, mit Gebüsch bewachsenen Höhen uns die Briganten mit Flintenschüssen empfingen und schon, als wir noch im Wasser waren, auf uns herabschossen, mit sicherer Hand ihre Beute aussuchend, meist Offiziere. Nachdem sie abgefeuert hatten, verschwanden sie spurlos, so daß an ein Verfolgen nicht zu denken war.

Glücklicherweise war diese gefährliche Passage nicht von langer Dauer. Solche Märsche und Kontermärsche nahmen kein Ende, und selten hatten wir einen oder auch nur einen halben Tag Ruhe. Regen und Gewitter wurden immer häufiger und heftiger, die Nahrung immer schlechter und spärlicher, einmal mußten wir sogar elf Tage in der Gegend von Chiaromonte unter beständigen Regengüssen biwakieren, wo im Schlamm und Morast oft nur noch die auf Steinen und Tornistern ruhenden Köpfe frei vom Wasser blieben, so sehr waren die Gewässer angeschwollen. Als wir endlich diese Stelle verließen, um uns in das ganz verwüstete Dorf Rotonda zu begeben, brach ein so furchtbares Gewitter gerade über unseren Häuptern los, daß es zwei Soldaten, deren Gewehre ganz schwarz angelaufen waren, mitten in den Reihen des Bataillons erschlug. Nur auf der Spitze des Gebirges ließ der Regen etwas nach, in den Tälern aber hörte er oft keine halbe Stunde auf.

In fast jedem Ort, durch den wir kamen, mußten wir Kranke zurücklassen, deren Weitertransport unmöglich geworden war, mit dem Bedeuten an die Einwohner, daß, wenn sie nicht die äußerste Sorgfalt für diese Leute trügen, ihr Ort den Flammen preisgeben würde und sie selbst dem Tod verfallen seien. Dennoch sahen wir nur sehr wenige von den Zurückgelassenen wieder. Immer mehr schmolz unser Bataillon zusammen. Soldaten, die aus Müdigkeit zurückblieben, sich dann verirrten, fielen den Bauern und Briganten in die Hände, die sich immer in der Gegend, die wir soeben verlassen, hinter unserem Rücken zeigten. Oft mußten wir auch mit Lebensgefahr auf den schmalen und schlüpfrigen Fußpfaden marschieren, die längs schauerlichen Abgründen hinliefen, auf denen ein Fehltritt das Hinabstürzen unvermeidlich machte. Selbst die sonst so sicheren Maultiere mußten mit großer Vorsicht geführt werden.

Bei all diesen Entbehrungen und Gefahren lösten sich auch noch unsere Kleider und Schuhe allmählich in Lumpen auf, und wir sahen bald einem abgerissenen Banditenkorps ähnlicher als Soldaten. Längst war an den Gamaschen kein Strupfen mehr, und die Hälfte der Soldaten ging auf bloßen Füßen, hatte wenigstens keinen Schein mehr von einer Sohle unter den zerrissenen Schuhen, die bei jedem Schritt steckenblieben und mit den Händen wieder ausgegraben werden mußten. Den Offizieren, die meist Suworowstiefel* trugen, ging es nicht viel besser, auch sie waren sohlen- und absatzlos. Daher war es immer das beste, wenn wir in einen Ort kamen, Schuhmacher, Schuhe und Leder zu requirieren, und die Kompanieschuster und Soldaten flickten, so oft halt gemacht wurde. An Wäsche war nicht zu denken, ich hatte seit zwei Monaten dasselbe Hemd auf dem Leib und verfluchte doch jetzt auch manchmal die gloire militaire und den Soldatenstand, obgleich ich dank meiner mäßigen Lebensweise doch noch immer so ziemlich gesund war. Ich trank aber fast nie puren Wein oder Aquavit, sondern beides immer reichlich mit Wasser vermischt, aß, wenn ich deren haben konnte, in Öl gebackene Eier oder Kuchen, deren Teig meist aus Mais- oder Welschkornmehl geknetet war.

Endlich, nachdem Duret wenigstens schon zehn Berichte nacheinander abgesandt und darin gemeldet hatte, daß sich das bis auf ein Drittel zusammengeschmolzene Bataillon unmöglich länger in Kalabrien halten könne, ohne gänzlich aufgerieben zu werden, kam die Order zum Rückmarsch nach Neapel, die uns alle hoch erfreute und neu belebte. Aber bevor wir diesen Hafen, in dem wir das Ende

---

*) Von den Franzosen nach dem Feldmarschall Fürst Suworow benannte strapazierfähige, für lange Eilmärsche sehr bequeme langschäftige Lederstiefel der russischen Armee, die sich 1799 in Oberitalien und in der Schweiz besonders bewährt hatten und von Offizieren der napoleonischen Truppen bevorzugt getragen wurden, obwohl sie nicht der Vorschrift entsprachen.

unseres Elends erwarteten, erreichten, sollten wir noch einmal, und zwar indem wir einen Waldbach passierten, der zu einem reißenden Strom angeschwollen war, arg heimgesucht werden. Das Wasser ging uns wieder bis über die Brust. Als sich das erste Peloton mitten im Strom befand, erschien plötzlich auf den Felsenhöhen des Ufer ein Haufen von mehr als hundert Briganten, die von ihrer sicheren Stellung aus ein gut unterhaltenes Feuer auf uns gaben, aber keinen großen Schaden anrichteten, da ihre meisten Kugeln in den schützenden Tornistern, welche die Leute auf den Köpfen hatten, steckenblieben; doch riß Unordnung in den Reihen ein, wodurch mehr als zwanzig Mann in den Wellen umkamen und vom Strom fortgerissen wurden.

Dies war indessen das letzte Ungemach, das wir auf diesem Feldzug erlitten, und wir marschierten nun ungestört über Muro, La Valva, Eboli, Salerno und Nocera nach Neapel, wo unser Bataillon in der Fortezza del Carmine kaserniert wurde. Gleich nach unserer Ankunft gaben wir noch einige sechzig Mann in das Lazarett ab.

Unterdessen war aber auch der Haupturheber unserer meisten Mühseligkeiten, der berüchtigte Fra Diavolo selbst, gefangen worden und wurde ein paar Tage nach unserer Ankunft zu Neapel im November 1806 gehängt.

Von Hugos mobilen Kolonnen allenthalben verfolgt, hatte Michael Pezza seine ganze Bande in zwölf Abteilungen unter zwölf Anführer verteilt und jedem eine Provinz zugewiesen, in der er auf eigene Faust operieren sollte, während er den Kern seiner Leute und die verwegensten Banditen, etwa sieben- bis achthundert Mann, bei sich behalten hatte. Alle Anführer waren, wie ich schon erwähnte, angewiesen, sich für Fra Diavolo auszugeben, dabei war ihnen gesagt, daß sie einen kleinen Hafen zu erreichen suchen sollten, wenn sie zu sehr ins Gedränge kämen, um nach Sizilien übersetzen zu können, wo er ihnen Palermo als den allgemeinen Sammelplatz bezeichnete. Hierdurch war es ihm gelungen, noch eine Zeitlang den verschiedenen Kolonnen, die scharf hinter ihm waren, zu entgehen, da diese durch die von allen Seiten einlaufenden Berichte irregeführt wurden.

Endlich aber setzte ihm selbst eine Abteilung des schwarzen Regiments Royal Africain und eine andere von Latour d'Auvergne so zu, daß es in der Gegend von Boiano zu einem hitzigen Gefecht mit Fra Diavolos Haufen kam, wobei man wegen der Nässe der Gewehre nicht feuern konnte, sondern sich mit den Kolben und der blanken Waffe schlug. Der Sieg war längere Zeit ungewiß, als noch zum rechten Moment zwei Kompanien eines französischen Linienregiments den kaum vierhundert Mann starken Abteilungen zu Hilfe kamen und rasch den Ausschlag gaben. Das Gemetzel war fürchterlich, und Fra Diavolo entkam mit noch etwa zweihun-

dert Mann nur durch schleunige Flucht. Die übrigen blieben teils auf dem Wald-
platz tot und schwer verwundet oder wurden zu Gefangenen gemacht und erschossen. Von den Fliehenden ertranken außerdem noch viele in dem Biferno, den sie
passieren mußten.

Bei dieser Flucht wurde Fra Diavolo noch einmal von einer Abteilung der korsischen Jäger erreicht, die noch mehrere Gefangene machte und den Rest seiner
Bande vollends sprengte. Als er die nach Puglia führende Straße passieren mußte,
sah er einige Eskadronen französischer leichter Reiterei dahergesprengt kommen,
die ihn zwar nicht erkannt, aber doch jedenfalls als verdächtig angehalten hätten,
außerdem waren seine Verfolger höchstens auf Kanonenschußweite von ihm entfernt. Hier war weder zum Entfliehen noch zum Verbergen mehr Gelegenheit, und
ängstlich richteten seine wenigen Begleiter fragende Blicke auf ihren Chef, der jetzt
nicht den Kopf verlor und sich durch List und Verschlagenheit auch diesmal, jedoch nur auf kurze Zeit, aus seiner mißlichen Lage half.

Er befahl seinen Spießgesellen, ihm und einem seiner Offiziere die Hände auf
den Rücken zu binden, beide sodann in ihre Mitte zu nehmen, dann auf der Landstraße fort an der Reiterei vorüberzumarschieren. Ihre Einwendungen schlug er
schnell mit drohenden Blicken nieder, indem er ihnen befahl, auf Befragen zu erwidern, sie gehörten der Bürgergarde des nächsten Städtchens an und hätten die beiden Gefangenen, die man im Verdacht habe, zur Bande des Fra Diavolo zu gehören, nach Neapel zu transportieren. Die List gelang vollkommen, der die Reiterei
kommandierende Offizier ließ den Fra Diavolo nach kurzem Befragen samt seiner
Eskorte vorüber, und die angebliche Bürgergarde marschierte mit erhobenem
Haupt durch die Reihen der Kavallerie. Kaum waren sie ein paar hundert Schritte
entfernt, schlugen sie einen Seitenweg ein, erklommen eine steile und gesträuchige
Anhöhe und gaben sogar eine Decharge [Gewehrsalve] gegen die langsam dahinrei-
tende Kavallerie, welcher der Brigantenchef nun hohnlachend und mit lauter
Stimme zurief: ‹Ich bin Fra Diavolo!›

Der kommandierende Offizier ärgerte sich, und seine Leute lachten über den
Streich, den man ihnen gespielt hatte. Ersterer wollte einen Teil derselben absitzen
lassen, um die Räuber zu verfolgen, diese hatten sich jedoch schnell ins unzugängliche Dickicht geflüchtet. Auch seinen anderen Verfolgern, die seine Spur verloren
hatten, entging er und würde sich vielleicht gerettet haben, hätte er nicht die Unvorsichtigkeit begangen, in der Nacht ein Feuer anzuzünden. Die korsischen Jäger
rückten nun möglichst unbemerkt heran und suchten ihn zu umringen, aber ehe
dies noch vollständig geschehen, wurden sie von den Briganten bemerkt. Die Jäger
gaben nun eine Decharge, welche mehrere derselben und Fra Diavolo selbst ver-

wundete, dem es dennoch gelang, sich durch eine abermalige Flucht zu retten. Ganz allein eilte er jetzt auf dem Weg nach Salerno davon, in der Hoffnung, an der Küste eine Barke zu finden und mit deren Hilfe auch zu entkommen. Jetzt auch noch von den Bürgergarden verfolgt, entging er diesen nur mit genauer Not.

Die Nächte waren schon kalt und die Spitzen der Berge mit Schnee bedeckt. Der Verwundete, seit zweit Monaten rastlos herumgejagt, hatte den ganzen Tag nichts zu sich nehmen können und war durch Müdigkeit und Blutverlust völlig erschöpft, als er an die einsam stehende Hütte eines Hirten kam. Nachdem er sich überzeugt hatte, daß dieser allein war, bat er ihn um ein Nachtquartier. Er brachte aus demselben heraus, daß sich in der Gegend weder Truppen noch Insurgenten befanden und erstere sich niemals bis hierher verirrten. Er legte nun seine Waffen ab, wärmte sich bei einem Kohlenfeuer und aß, während er ruhte, einige am Feuer gebratene Maronen und schlief darauf ruhig auf dem Boden an dem Feuer ein. Sein Unstern aber wollte, daß gerade in dieser Nacht vier wohlbewaffnete Räuber mit Gewalt in die Hütte drangen und dem Hirt wie Fra Diavolo befahlen, sich mit dem Gesicht auf die Erde zu werfen, ihnen beiden bei Todesstrafe geboten, nicht aufzublicken. Fra Diavolo wagte es nicht, sich zu erkennen zu geben, und die Räuber nahmen seine Waffen mit sich fort.

Bald nachdem sie weg waren, verließ auch er die Hütte, in der er sich nicht mehr sicher glaubte, und irrte wieder in dem waldigen Gebirge umher, bis ihn seine Wunden so sehr schmerzten, daß er kaum mehr fort konnte und froh war, als er in einiger Entfernung ein Licht erblickte, zu dem er sich hinschleppte. Es war das Städtchen San Severino, in dem der Apotheker soeben seinen Laden öffnete, als Fra Diavolo ankam. Er war erstaunt, bei dieser Kälte und um diese Zeit einen Menschen auf offener Straße zu finden. Auf sein Befragen sagte der Brigantenchef, er komme eben aus Kalabrien und erwarte noch Landsleute, mit denen er zusammen nach Neapel gehen wolle. Der Apotheker schöpfte jedoch Verdacht, da der Unbekannte einen anderen Akzent als die gewöhnlichen Kalabresen hatte, lud ihn ein, in seine Bude zu treten, wo er ihm, um ihn treuherzig zu machen, ein Glas Branntwein einschenkte. Aber während dies der Räuber trank, schickte er sein Mädchen heimlich fort, einen Gendarmen zu holen.

Bald darauf trat einer dieser Packfesten ein und begehrte die Papiere des Fremden zu sehen. Da er sich aber nicht gehörig ausweisen konnte, sagte ihm der Gendarm, daß er ihm nach Salerno folgen müsse. Hier wurde er zum Platzkommandanten von Salerno geführt und wußte so gut auszureden, daß er auf dem Punkt war, wieder auf freien Fuß gestellt zu werden, als unglücklicherweise ein neapolitanischer Sappeur, der ihn erkannte, mit dem Ausruf ‹Ah, der Fra Diavolo!› in das

Zimmer trat. Dieser will zwar seine Person verleugnen, aber der Sappeur gibt solche Kennzeichen an, die alles Leugnen unnütz machen. «Ich muß Euch doch wohl kennen, ich habe ja so oft das Gewehr vor Euch präsentieren müssen.»

Nun wurde er auf der Stelle mit Ketten geschlossen und unter starker Bedeckung nach Neapel abgeführt. Hier bemühten sich mehrere Personen, sogar französische Generale, seine Begnadigung zu erwirken. Sie wollten, daß er als Kriegsgefangener behandelt werden sollte, aber vergeblich, und zwar mit Recht, denn wenn man seine Feindseligkeiten gegen die neue Regierung auch ganz und gar als rechtmäßig betrachten will, so verdienten doch seine Mord- und Greueltaten längst den Tod. Er war schon unter der vorigen Regierung als Mordbrenner und Straßenräuber zum Strang verurteilt, und es war ein Preis auf seinen Kopf gesetzt worden. Das ärgste bei der Sache war, daß die Engländer, die fortwährend im Golf von Neapel kreuzten und von allem unterrichtet waren, ihn durch einen Parlamentär als englischen Major reklamierten.

Saliceti, Polizeiminister in Neapel, ließ auf dieses Ansinnen erwidern, es tue ihm unendlich leid, allein man wisse von gar keinem Major in englischen Diensten, der in Gefangenschaft geraten sei, habe auch keinen solchen ausfindig machen können, verstehe man aber einen gewissen Banditen darunter, der weder eine militärische noch politische Charge bekleide und unter dem Namen Fra Diavolo bekannt sei, so sei dieser schon tags vorher hingerichtet worden. Saliceti hatte sich beeilt, ihn hängen zu lassen, und ich sah ihn zum ersten- und letztenmal auf der Galgenleiter, die er entschlossen bestieg. Er wurde gleich den anderen vom Henker zu Tode geritten, war von kleiner, untersetzter Statur, hatte aber einen starken und nervigen Knochenbau, ein scharfes, durchdringendes Auge und dabei etwas Wildes und Grausames in seinen Zügen.

XI.

Zweiter Aufenthalt in Neapel – Ende der Frankfurter
freireichsstädtischen Herrlichkeit – Ich werde von der Terzana
befallen – Das Einstürzen der Häuser in Neapel – Madame Gasqui –
Ein Vexiermarsch nach Capua – Großes Avancement im Regiment –
Die Vicaria und ihre Höllenkerker – Liebhabertheater – Die hübsche
Apothekersfrau – Ausflug nach Herculanum und Pompeji

Am Tag nach unserer Ankunft in Neapel suchte ich Vetter Moritz auf, der mehrere Briefe von meinen Eltern und Verwandten an mich hatte, die schon vor längerer Zeit angekommen waren, welche er mir aber nicht hatte nachschicken können, da man nie genau wußte, in welcher Gegend Kalabriens wir uns befanden. In einem derselben schrieb mir mein Vater aus Frankfurt: «Mit unserer republikanischen und freireichsstädtischen Herrlichkeit hat es ein trauriges Ende genommen, Napoleon hat ein Großherzogtum Frankfurt geschaffen, von dem unsere Stadt die Hauptstadt ward, und Karl von Dalberg ist unter der Benennung Fürst Primas unser Großherzog. Das Schlimmste bei der Sache ist, daß alle bedeutenden Ämter und Stellen jetzt von Ausländern besetzt werden und man die Frankfurter, namentlich auch die Senatoren, ihre Familien und Verwandten, fast unberücksichtigt hintenansetzt.»

Was mein guter Vater als das Schlimmste bezeichnete, war eigentlich das Beste an der Sache und gereichte Frankfurt zum Vorteil, denn bisher hatte man, wie später wieder, alle Stellen durchaus nur nach Gunst und Protektion an Söhne und Verwandte der einflußreichsten Familien vergeben, ohne nur danach zu fragen, ob das Subjekt einige Fähigkeiten für die ihm obliegenden Funktionen besitze. So konnte zum Beispiel ein Talent, ein Genie wie Klinger* nicht eine Torschreiberstelle erhalten, sondern wurde schnöde an allen Senatorstüren mit Impertinenzen und Grobheiten abgewiesen. Er hatte freilich nicht einmal die Protektion einer Senators -oder Bürgermeisterköchin oder -base. Daß er den wohlfürsichtigen, hochgelehrten und so weiter Herren in seinem Faust und später als kaiserlich russischer Generalleutnant ein wenig arg mitgespielt, kann ihm niemand verargen.

---

*) Klinger, geb. 1752, gest. 1851, hatte mit seinem Drama «Sturm und Drang» (1776) dieser Literaturepoche den Namen gegeben.

Außer den Briefen empfing ich auch etwas Geld von meinen guten Eltern, das mir jetzt sehr zustatten kam, denn ich war fast ganz abgerissen aus Kalabrien zurückgekommen, und das Gouvernement schuldete uns schon vier Monate Gage. Indessen hatte ich in den nächsten vierundzwanzig Stunden alles Ungemach und Elend rein vergessen. In den ersten Tagen konnte von Diensttun noch keine Sprache sein, das Bataillon wurde durch dreihundert vom Depot angekommene Rekruten verstärkt, die nun einexerziert werden mußten.

Die noch immer im Kloster wohnenden Damen besuchte ich in den ersten Tagen nach meiner Rückkehr. Die liebenswürdige Madame Gasqui klagte über Langeweile und Migräne, ich tröstete sie und versprach ihr, beides zu vertreiben. Aber auch mich befiel kurz darauf eine Unpäßlichkeit, so daß ich mehrere Tage das Bett hüten mußte, die Krankheit löste sich endlich in eine Terzana – ein dreitägiges Fieber – auf, das ich sehr lange und immer wiederkehrend behielt, was mich aber, außer den wenigen Stunden, die der Anfall dauerte, von nichts abhielt. Dies waren die Folgen des allerdings sehr anstrengenden Feldzugs in Kalabrien. Nach vielen vergeblichen Versuchen, mich von dem Fieber zu befreien, und nachdem ich sowohl die mir vom Regimentsarzt, als die von dem berühmten Arzt meines Vetters Moritz verschriebenen Drogen vergeblich geschluckt hatte, gab mir endlich der Kommandant der Fortezza del Carmine ein Mittel, durch welches ich wenigstens nach jedem Anfall auf vier bis sechs Wochen von dieser Plage befreit wurde. Ich mußte nämlich gleich nachdem der Paroxismus vorüber war, eine halbe Unze zu Pulver gestoßene Chinarinde in gutem Wein nehmen, setzte mich dann zu Pferd und ritt ein paar Stunden so starken Trab, daß ich recht gerüttelt wurde. Das Fieber verließ mich dann auf längere Zeit, stellte sich aber immer nach einem, auch zwei Monaten wieder ein, und zwar in den nächsten fünf Jahren.

Aß ich viel Früchte, besonders Angurien, Wassermelonen und Feigen, so kam der ungebetene Gast auch wohl noch früher wieder. Gute Chinarinde war damals überaus schwer zu bekommen und sehr teuer, wie alle überseeischen Produkte, da wegen des Krieges mit England aller Handel stockte; doch machte mir Moritz mehrere Pfund der besten zum Geschenk nebst Zypernwein, in dem ich sie nehmen sollte. Ein Glück war es, daß ich einen so vortrefflichen Magen hatte, der diese schwere Kost zu verdauen imstande war; später nahm ich sogar eine Unze auf einmal, eine wahre Pferdekur; die böse Terzana, die ihre Residenz ganz in meinen Körper aufgeschlagen zu haben schien, blieb dann noch etwas länger, wohl an drei Monate weg, kehrte aber doch immer wieder; erst in Deutschland, wo ihr wahrscheinlich das Klima zu rauh war, verließ sie mich ganz. Ich führte nun beständig Chinapulver bei mir.

Dem Vetter Moritz hatte ich meine Abenteuer und Mißgeschicke in diesem Feldzug mit allen Umständen erzählen müssen, und er hatte die Güte, dafür zu sorgen, daß mir die bei der Schlacht von Maida verlorene Bagage wieder vollständig ersetzt und ich namentlich mit Wäsche versehen wurde. Etwa vier Wochen, nachdem ich ihm den Verlust meiner Bücher und meines Don Juan wehmütig geklagt hatte, brachte mir eines Morgens ein Bedienter ein Paket im Namen des jungen Stock, in welchem sich ein anderer Klavierauszug dieser Oper nebst Schillers Trauerspielen und Cramers Raugraf befanden, welche dieser in schönen Ausgaben aus Deutschland für mich hatte kommen lassen.

Im Kastell Carmine bewohnte ich ein Zimmer, dessen Terrasse Aussicht auf das Meer und auf einen kleinen Platz vor demselben hatte, hier brachte ich manche Morgenstunde mit dem Lesen der italienischen Dichter zu. Auch die Gitarre nahm ich wieder zur Hand und studierte neapolitanische Lieder und Weisen. Eines Tages, als ich gerade in der Lektüre des Orlando vertieft war, hörte ich plötzlich ein entsetzliches «Ajuto, ajuto!» [zu Hilfe, zu Hilfe!] von Frauenstimmen aus einem der meiner Terrasse gegenüberliegenden Häuser erschallen, und gleich darauf sah ich mehrere Damen händeringend an den Balkonen jenes Hauses erscheinen. Ich begriff nicht, was mit den Frauen sei, und glaubte zuerst, es befänden sich Mörder in dem Haus, eilte deshalb die Terrasse hinab, stürzte zum Fort hinaus und fand schon eine Menge Menschen, aber in einiger Entfernung vor dem Haus versammelt, in das sich niemand wagen wollte. Auf mein Befragen, was da vorgegangen sei, erfuhr ich, daß das Haus dem Einsturz nahe wäre und in dessen Innern schon mehrere Wände und ein Teil der Treppe wirklich eingestürzt seien. Die Einwohner standen jetzt alle an den Balkonen des zweiten und dritten Stockwerks, um Hilfe rufend. Ich ließ durch unsere Soldaten eilig mehrere im Fort befindliche Leitern herbeiholen, mit deren Hilfe die verängstigten Bewohner sämtlich in die Straße hinabstiegen und gerettet wurden. Die Leute atmeten erst wieder auf, als sie auf ebener Erde waren, und konnten mir nicht genug danken, denn ihr Leben hing an einer Nadelspitze.

Ich hörte nun, daß in Neapel das Einstürzen der Häuser nicht selten sei und weit öfter vorkomme als Feuersbrünste an anderen Orten, weil die aus Steinen erbauten sehr hohen Häuser durch die häufigen Erdbeben so sehr erschüttert werden, daß sie sämtlich große Risse und Sprünge haben und mehr oder weniger baufällig sind. Das Zusammenstürzen eines solchen Hauses ist oft so schnell geschehen, daß an Rettung gar nicht zu denken, in wenig Sekunden liegt es als ein Steinhaufen da, unter dem alles, was sich in dem Augenblick darin befand, begraben ist. Ein paar Tage nach diesem Vorfall stürzte auf dem Markt mitten in der

Nacht ein solches Haus ein, wobei dreiundzwanzig Menschen das Leben verloren. Ich bot den armen Leuten fürs erste ein Asyl in unserem Fort an, sie suchten und fanden indessen noch am selben Tag Unterkunft in einem anderen Teil der Stadt.

Meine Mußestunden brachte ich jetzt nur noch im Kloster Giesù nuovo zu, wo noch immer unsere verheirateten Offiziere und mehrere andere wohnten. Herr von Gasqui war meist kränklich, und seine junge, lebenslustige Frau ennuyierte [langweilte] sich mitten in der Hauptstadt des neapolitanischen Paradieses. Ich musizierte recht fleißig mit ihr, diese tödliche Langeweile zu verscheuchen, oft blieben wir so auf kurze Zeit allein und wechselten dann Küsse, um einige Veränderung in unsere Unterhaltung zu bringen. Wir hätten gutes Spiel gehabt, wenn wir in Giesù nuovo nicht so häufig durch die Besuche anderer Offiziersdamen und ihrer Männer gestört worden wären. Besonders war es Madame Grenet, die es verstand, sich immer zu der Zeit einzufinden, wo sie mich anwesend wußte. Eines Vormittags jedoch war diese mit noch einigen anderen Damen und deren Männern von unserem Großmajor Omeara zu einem Frühstück in der Villa Reale eingeladen, dem die gleichfalls gebetene Madame Gasqui unter dem Vorwand von Unpäßlichkeit entsagte.

Wir hofften nun endlich ein paar Stunden ganz ungestört unter vier Augen zubringen zu können, aber diese Hoffnung wurde vereitelt, denn kaum hatten wir begonnen, uns die unzweideutigsten Beweise unserer Zuneigung zu geben, als wir die Tür des ersten Zimmers öffnen hörten. Madame Gasqui sprang, ein großes Tuch überwerfend, aber in einem sehr erhitzten Zustand, schnell hinaus, die Tür hinter sich abschließend, und ließ mich als Arrestanten im hinteren Gemach. Ich erkannte bald die Stimme des Kapitäns Linange, wie man ihn im Regiment nannte, eines Grafen Leiningen, den Fürst Y. erst vor wenig Monaten als Hauptmann angestellt und zum Regiment nachgeschickt hatte. Er war ein Mann von ungefähr fünfzig Jahren, der unserem zweiten Bataillon zugeteilt war, das bis jetzt Neapel noch nicht verlassen hatte. Gleich nach seiner Ankunft schloß er mit Herrn Gasqui eine dicke Freundschaft und machte nebenher seiner jungen Frau den Hof.

Auch er war zu dem Frühstück in der Villa Reale eingeladen, hatte sich aber losgemacht. Madame Gasqui allein vermutend, war er hierher geeilt. Ich mußte nun in meinem Versteck alle Süßigkeiten anhören, die der halbhundertjährige Liebhaber meiner Schönen vorleierte, welche ihn verlegen anhörte, da sie wußte, daß ich kein Wort von dieser Unterhaltung verlieren würde. Es kam zu einer förmlichen Liebeserklärung und sogar zu einem Kniefall, aber sie spielte nicht nur die Unerbittliche und Grausame, sondern schien ernstlich böse und aufgebracht zu sein und drohte mit ihrem Mann. Ob sie ebenso gehandelt haben würde, wenn ich nicht im Schlafzimmer gewesen wäre, oder dann vielleicht den guten Linange derb ausgelacht hätte, muß ich dahingestellt sein lassen, denn wer vermag Weiberherzen zu ergründen?

Zwei Tage darauf lud ich Herrn und Madame Gasqui zu einem kleinen Souper in die Villa Real ein, und da sich Linange gerade bei ihnen befand, konnte ich nicht umhin, auch diesen zu invitieren, der die Einladung mit Dank annahm. Bei diesem Souper ließ ich zum Dessert die köstlichsten Weine, Cyprier und Christuszähren, auftragen und munterte die beiden alten Herrn auf, wacker zuzusprechen. Als man recht im Train und allegro allegrissimo [größte Heiterkeit] war, machte ich den Vorschlag, das Theater zu besuchen. Gasqui aber meinte, es gefiele ihm weit besser hier, wenn aber seine Frau Lust habe, so könne sie dies Vergnügen mit mir genießen, er wolle noch eine Weile mit seinem guten Freund Linange recht behaglich der Ruhe pflegen und sich dann direkt nach Hause begeben, wohin ich seine Frau nach beendigtem Schauspiel begleiten solle. Dies war Wasser auf meine Mühle, Linange machte zwar ein griesgrämiges Gesicht dazu, konnte aber seinem Kameraden nicht gut abschlagen, ihm Gesellschaft zu leisten. Er blieb zu meiner großen Freude, und wir machten uns davon. Wir waren so eilig, daß ich sogar vergaß, die Zeche zu bezahlen, und die beiden alten Krieger gewissermaßen im Pfand zurückließ. Vor der Villa bemerkte mir Madame Gasqui, daß sie ihre Lorgnette nicht bei sich und da sie kein sehr gutes Gesicht habe [kurzsichtig war], sie das Vergnügen des Theaters ohne diese nur halb genießen würde.

«Ei, dann wollen wir sie vorher schnell holen.»

«Wo denken Sie hin, es ist über eine halbe Stunde Wegs.»

«Die wir in einem Kalesso in zehn Minuten zurücklegen.»

Ich nahm nun das erste vor der Villa haltende Fuhrwerk, versprach dessen Führer noch ein Trinkgeld, wenn er uns recht rasch befördern würde, und in acht Minuten stiegen wir vor Giesù nuovo aus, wo ich dem braven Wagenlenker das Doppelte der Taxe einhändigte, der uns vergnügt mit einem felicissima notte [glücklichste Nacht] dankte.

Madame Gasqui eilte in ihr Schlafzimmer, das sie aber hinter sich zuriegelte, angeblich ihre Lorgnette zu holen. Des Harrens müde, bat ich sie, mich einzulassen, aber siehe da, der Eintritt wurde mir gegen alles Erwarten verweigert, und nun erst nach einigem Hin- und Herkapitulieren an der verschlossenen Tür, wobei ich hatte versprechen müssen, mich recht fein und artig zu benehmen, wurde sie mir geöffnet. Was dieses kleine Zwischenspiel zu bedeuten hatte, war mir kein Rätsel, auch stürzte ich, sobald die Tür offen war, der liebenswürdigen Dame in die Arme, erstickte ihren Mund mit Küssen, trug sie auf das schwellende Bett, und eine halbe

Stunde darauf half ich der verschämten Frau die Lorgnette suchen, fuhr mit ihr nach dem kleinen Theater San Carlino, wo wir in einer geschlossenen Loge, einem Chiarocuso, denn das Haus war schlecht beleuchtet, das tolle Zeug, das man aufführte, unter Lachen und Schäkern ansahen.

Nach Mitternacht verließen wir das Theater, ich brachte meine Dame wieder in einem Kalesso zurück. Uns empfing Gasquis Bursche, daß sein Herr noch nicht zurück sei und er ihn schon seit zwei Stunden erwarte.

«Alle Wetter», rief ich aus, «ich habe ja die Zeche in der Restauration nicht bezahlt, am Ende hatten die Herren nicht soviel Geld bei sich und sind dort im Versatz geblieben!»

Madame Gasqui lachte. «Wohl möglich, wenigstens hat mein Mann keine zehn Lire bei sich.»

«Und Linanges Kasse ist auch nicht zum besten bestellt», versetzte ich, «er verspielt alles. Da muß ich gleich wieder in die Villa Reale zurück.»

Ich wollte mich nun der Madame Casqui empfehlen, aber diese sagte: «Wollen Sie mich denn nicht mitnehmen?»

Als wir in der Villa Reale ankamen, trafen wir die Herren noch beim Zechen und mit glühenden Gesichtern. Gasqui empfing uns freundlich und wohlwollend, Linange aber mit einem mürrischen Gesicht und sagte mir mit zornigem Blick: «Wenn man Leute einlädt, sorgt man auch für die Zahlung, wir sitzen vier Stunden wie angenagelt und können nicht vom Fleck, da wir nicht darauf vorbereitet waren, die Zeche bezahlen zu sollen.»

Ich entschuldigte mich tausendmal, es sei meine Absicht gewesen, wieder hierher zu kommen. Gasqui fiel mir auch mit einem «C'est bon, c'est bon»* ins Wort, Linange aber brummte in den Bart. Madame Gasqui fing vom Theater zu erzählen an und konnte ihrem Mann nicht genug versichern, welch Vergnügen ihr die Späße des Alechino und Pulcinetto gemacht hätten.

Ich rief nun schnell dem Aufwärter, bestellte einen Ananaspunsch, und dies erheiterte selbst des Herrn Grafen Gesicht wieder, die Unterhaltung wurde fröhlicher, und erst um zwei Uhr nach Mitternacht dachten wir an das Heimkehren. Beim Abschied sagte Linange, mit dem Finger drohend, zu mir: «Sie sind mir ein loser Vogel, nehmen Sie sich aber vor der Leimrute in Obacht!»

«Das tue ich auch, Herr Graf.»

Ich hatte der Madame Gasqui versprochen, sie nun, wenn es der Dienst erlaube, jeden Tag zu besuchen, um mit ihr zu musizieren, auch wollten wir noch gemein-

*) «Es ist gut, es ist gut»

schaftlich Gitarrenunterricht bei einem neapolitanischen Lehrer nehmen. Ich führte Madame Gasqui oft allein, bisweilen aber in Begleitung ihres Mannes, in das eine oder andere Theater und nach demselben in Kaffeehäuser, wo wir uns besondere Kabinette geben ließen, in denen wir dann, wenn wir allein waren, dem frivolen Gott Cupido und seiner Frau Mutter Weihrauch streuten.

Eines Abends, als ich wieder von solch einer Partie um ein Uhr nach Mitternacht im Kastell del Carmine ankam, fand es sich, daß meine Kompanie mit noch drei anderen schon seit drei Stunden nach Capua abmarschiert war. Ich hatte zwar dem Sergeanten der Wache hinterlassen, wo ich zu finden sei, aber man wußte nicht, wo ich mit Madame Gasqui hingeraten war. Ich trieb schnell einen Fiaker auf, mit dem ich so rasch wie möglich den abmarschierten Truppen nachfuhr, deren Arrieregarde ich in Aversa einholte und mit der ich in Capua ankam. Dennoch ging es nicht ohne Verweis ab, ich war aber nicht der einzige Offizier, dem es so gegangen war, noch ein halbes Dutzend kamen erst nach mir an.

Müde und erschöpft warf ich mich angekleidet auf das Bett in dem mir angewiesenen Quartier und einem erquickenden aber festen Schlaf in die Arme, aus dem ich erst gegen Abend wieder erwachte. Ich sah eine Zeitlang durch das Fenster die Straße hinab, wobei es mir auffiel, daß ich nicht einen unserer Soldaten erblickte, die doch sonst in allen Straßen herumschwärmten, sobald sie in einen Ort eingerückt waren. Es ward mir jetzt nicht wohl bei der Sache, ich verließ mein Quartier und hörte bald, daß die Truppen seit ein paar Stunden schon wieder abmarschiert seien, und zwar nach Neapel zurück. «Ei, da soll ja eine Bombe dreinschlagen», sagte ich zu einem Sergeant-Major, der, wie noch mehrere Offiziere, die ich auf dem Marktplatz traf, auch den Abmarsch verschlafen hatte, keiner von uns hatte die Rappelle schlagen hören. Wir rotteten uns zusammen und bildeten noch eine Extra-Arrieregarde, die beinahe zu gleicher Zeit oder doch nur wenige Minuten nach den Truppen in Neapel eintraf.

Es war ein Marsch für die Affen, wie man zu sagen pflegte, den wir gemacht hatten, denn auf ein leeres Gerücht hin, daß die Galeerensklaven und Gefangenen in Gaeta revoltiert hätten, waren wir dahin beordert worden; aber bald nach unserem Abgang waren Berichte angekommen, daß an der ganzen Sache nichts war. Glücklicherweise war unser abermaliges Zurückbleiben weder bemerkt noch gemeldet worden, da so viele nachkamen und wir den größten Teil des Weges in der Nacht zurücklegten. Ich war froh, daß alles so gut ablief, denn ich fürchtete Arrest. Damit mir aber künftig nichts Ähnliches mehr passieren möge, befahl ich meinem Burschen, der mit verschlafen hatte, sich immer in der Kaserne oder dem Ort aufzuhalten, wo das Gros des Bataillons einquartiert sei.

Ich lebte nun meinen lustigen Trott in Neapel fort und erteilte der Madame Gasqui auch Unterricht im Italienischen, das ich jetzt schon gut sprach und durch das Lehren noch besser lernte. Ich hatte in allen Dingen eine gelehrige Schülerin an der hübschen Frau, mit der ich fast jeden Abend ein anderes Theater besuchte.

Nachdem unsere Rekruten einexerziert waren, wurde der Dienst wieder beschwerlicher, namentlich die Wachen, die jetzt häufiger an mich kamen. Wir mochten ungefähr vier Wochen aus Kalabrien zurück sein, als ein großes Avancement in dem Regiment stattfand, bei dem alle Offiziere, die wir verloren hatten, ersetzt wurden. Viele Sergeanten wurden zu Unterleutnanten befördert, und ich wurde bei dieser Gelegenheit Oberleutnant, ein gutes Avancement bei kaum anderthalb Jahren Dienst und für mein Alter. Wenn dies so fortgeht, dachte ich, dann kannst du bald den Marschallstab erhalten. Zu gleicher Zeit verkaufte mir der junge Stock ein sehr schönes Reitpferd um einen Spottpreis, den sein Onkel bestimmt hatte und für meine Rechnung bezahlte, mir dabei bemerkend, da sich in meinem Fort keine Ställe befänden, wolle er ihm einstweilen einen Platz in dem seinigen nebst der Kost geben, die er mir gehörig in Anrechnung bringen würde, wozu ich ihn jedoch nie bewegen konnte.

Bald darauf hatte ich zum erstenmal die Wache in der Vicaria, dem ehemaligen Kastell Capuano, das jetzt in einen Justizpalast umgewandelt war, in welchem Tribunale und verschiedene Gerichte ihren Sitz aufgeschlagen hatten, auch die Zahlenlotterie wurde daselbst gezogen. Der Bau enthielt zugleich die furchtbarsten und scheußlichsten Kerker, in denen vielleicht über tausend Unglückliche, Verbrecher und wohl manche Unschuldige schmachteten. Diesen Wachtposten, der mir sehr unangenehm schien, da man die ganze Nacht hindurch unaufhörlich das Klirren der Eisenstäbe an den Gittern, welche die Aufseher anschlagen, um zu sehen, ob keine durchfeilt sind, und das Ächzen und Stöhnen der Gefangenen hört, hatte ich längere Zeit zu meiden gewußt, indem ich mit anderen Kameraden tauschte. Die Vicaria ist eines der schrecklichsten Gefängnisse, die ich in meinem Leben gesehen, und der Palast bietet ein schaudererregendes Bild des menschlichen Elends und aller Verworfenheit. Er war der Schlupfwinkel der niedrigsten und teuflischsten Intrigen und Kabalen einer feilen Justiz und ihrer infamen Schleichwege.

Schon das Äußere dieses Gebäudes, das auf einem kleinen, freien Platz steht, ist abschreckend genug. Diese ehemalige Residenz der Könige von Neapel, von Wilhelm I. bis Ferdinand I., war von Mauern und mit faulem Wasser angefüllten Gräben umgeben. Ringsherum waren an den schwarzgrauen Mauern eiserne Käfige angebracht, in denen man die Köpfe Hingerichteter aufbewahrte, die halb oder ganz entfleischt noch von Raben und anderen Raubvögeln heimgesucht wurden, die daran hackten. Scharf geladene Kanonen mit brennenden Lunten daneben bewachten den Eingang zu dieser Hölle, auf welche Dantes berühmte Inschrift sehr gut gepaßt hätte, denn nur wenigen der Gefangenen, die diesen Schauerort betraten, blieb noch der Schimmer einer Hoffnung, ihn wieder lebendig zu verlassen.

In den oberen Stockwerken befanden sich die Archive und Gerichtssäle, von denen einer, der sogenannte Audienzsaal, so groß ist, daß er an zweitausend Menschen fassen kann. Im Erdgeschoß saßen die weniger gefährlichen und nicht so schwer angeschuldigten Gefangenen, aber tief unter der Erde wurden diejenigen, denen man schwere Verbrechen, Rebellion und Verschwörung gegen die Regierung zur Last legte oder die mächtige Feinde hatten, in feuchten Kerkern und Höhlen aufbewahrt, in welche nie ein Sonnenstrahl drang. In den untersten derselben, deren Boden ganz schlammig war, hatten die Unglücklichen Schlangen, Kröten, Skorpione und Unken, die ihr Lager auf längst verfaultem Stroh mit ihnen teilten, zur Gesellschaft, und kein frischer Luftzug erneuerte je die verpestete, faule Atmosphäre.

Sobald die Sonne hinunter war, gingen die Gefängnisaufseher von Gitter zu Gitter, mit Stangen an den Stäben klopfend, um sie zu prüfen. Dies Manöver wiederholte sich jede halbe Stunde und währte, bis der Tag wieder zu grauen begann. Eine wahrhaft höllische Nachtmusik. Oft überstieg die Zahl der hier Eingekerkerten vier- bis fünftausend, und mancher schmachtete, von der ganzen Welt vergessen, schon über ein halbes Jahrhundert. Andere saßen unter der früheren Regierung zwanzig und dreißig Jahre, ohne daß ihre Sache nur zum Spruch kam, und litten, in verfaulte Lumpen gehüllt, vom Ungeziefer bei lebendigem Leib aufgefressen, mit Geschwüren und Beulen bedeckt, tausendfachen Tod, bis sie der wirkliche endlich erlöste.

Da sich bei jedem Tumult und Aufruhr das Volk immer zuerst der Vicaria zu bemächtigen suchte, zählte die Wache über achtzig Mann und wurde jeden Abend noch durch eine zum Patrouillieren bestimmte Abteilung, über hundert Mann, verstärkt. An den Hauptgerichtstagen finden sich hier ganze Heere von Richtern, Anwälten, Prokuratoren, Advokaten, Rechtsverdrehern und Rabulisten ein, ich sah Leiterwagen voll Akten in die Höfe fahren und zählte die an einem Morgen ankommenden, mit Klägern, Zeugen und Zuhörern besetzten Kutschen zu Hunderten. Alle Richter und Advokaten waren in lange Mäntel und Perücken gehüllt und ließen ihre Akten in großen Körben die Treppen hinauftragen. An solchen Tagen oder wenn die Zahlenlotterie gezogen wurde, war das Gedränge so groß, daß die Hälfte der Wache immer unter Gewehr stehen mußte.

Wer sich in Neapel glücklich fühlen will, muß sich ganz dem Vergnügen des süßen Nichtstuns überlassen, denn dies ist eine Huldigung, die man dem dortigen Klima zu bringen hat, das heißt, man muß sein Glück in dem fast immer heiteren Himmel, der majestätischen See und den balsamischen Lüften, die uns sanftsäuselnd umwehen, finden, aber alle ernsteren Gedanken und Gefühle möglichst zu entfernen suchen.

Eines Nachts gab es plötzlich Lärm im Hof der Vicaria, und man schrie, mehrere Gefangene seien entsprungen. Die Wache trat unter das Gewehr, alles wurde lebendig. Vor der Wache traf ich schon den Oberaufseher der Gefängnisse und den Kastellan, die mir meldeten, daß zwei Gefangene eines Kellergefängnisses fehlten, dessen auf das Pflaster des Hofs gehende Gitter durchsägt seien, aber die Kerle müßten sich noch im Palazzo befinden, da sie weder durch das geschlossene Tor, noch über Dächer, Mauern und Gräben hätten entwischen können. Ich tröstete die geängstigten Leute, indem ich ihnen sagte, da die Gefangenen nicht aus dem Schloß sein könnten, würden wir sie wohl auffinden, und ersuchte sie, mit vier Mann Wache, die ich ihnen gab, alle Winkel zu durchsuchen und bei den entferntesten anzufangen, ich wolle einstweilen hier alle in den Hof gehende Türen mit Schildwachen besetzen lassen. Sie befolgten meinen Rat.

«Hier sind sie, ich habe sie», rief plötzlich eine Donnerstimme, es war die eines der wachhabenden Sergeanten, der die beiden Entwischten in der Kapelle hinter einem Beichtstuhl gefunden hatte, und zwar in geistlichem Gewand, welches sie aus einem Schrank genommen und mit dessen Hilfe sie ganz in der Frühe unangehalten zum Tor hinausgehen zu können hofften. Eine Stunde nach diesem unangenehmen Intermezzo war alles wieder in der besten Ordnung, die Gefangenen in einem tieferen Kerker angeschmiedet.

Unterdessen hatte ich Madame Gasqui wieder viel öfter besucht und mir viel Mühe gegeben, das beabsichtigte Liebhabertheater instand zu bringen. Es war endlich so weit gediehen, daß wir es mit Beaumarchais Figaro, in dem ich die Rolle des Figaro und Madame Gasqui die Gräfin spielte, eröffnen konnten. Die Einrichtung der Bühne und des Raumes für die Zuschauer war allerliebst, und es wurde uns sogar die Ehre zuteil, daß König Joseph unsere Vorstellungen einigemal besuchte. Ich bin überzeugt, die ehrwürdigen Väter Jesu hätten ebenfalls ihre Freude daran gehabt, wenn sie diesem Schauspiel in ihrem alten Betsaal hätten beiwohnen können.

Durch unseren Bataillonschirurgen hatte ich zufällig die Bekanntschaft einer hübschen jungen Apothekersfrau gemacht. Der Doktor bezog seine Medikamente für die Kunden, die er sich in der Stadt erworben, meist sogenannte geheime Kranke, bei ihrem Eheherrn und hatte dadurch Zutritt zum Haus erlangt. Diese

Apotheke lag in der Nähe unseres Forts, und ihr Besitzer war ein gastfreundlicher Mann, der die Musik liebte. Eines Tages hatte ihm der Doktor gesagt, daß sich beim Regiment ein junger Offizier befände, der sehr musikalisch sei, Klavier und Gitarre spiele, gut singe und sogar komponiere, den er, wenn es angenehm sei, einmal mitbringen wolle. Der Apotheker hatte ihm erwidert, er würde ihm dankbar dafür sein. Doktor Kullmann, so hieß der Bataillonschirurgus, lud mich daher ein, ihn doch einmal zu seinem guten neapolitanischen Freund zu begleiten, und teilte mir dann ganz im Vertrauen mit, daß dieser eine sehr schöne Frau habe, der er den Hof mache. Er meinte daher, ich könne ihm wohl behilflich sein, wenn ich den Dolmetscher machen wolle. Ich lehnte es längere Zeit unter allerlei Vorwand ab, den Herrn Doktor zu begleiten. Aber er hörte nicht auf, mich so lange darum anzusprechen, und erzählte mir soviel von der Liebenswürdigkeit der Signora, die auch ganz vortrefflich singe, daß mich die Neugierde bewog, endlich nachzugeben.

Wir wurden von dem Apotheker recht artig aufgenommen, der uns sogleich in sein Wohnzimmer führte, wo seine Frau mit kleinen Handarbeiten beschäftigt war. Ich fand die Signora hübsch genug, um ihr Artigkeiten zu sagen und daß der Doktor gar keinen so üblen Geschmack hätte, auch es wohl der Mühe wert sei, ihm und dem Mann zugleich eine Nase zu drehen. Letzterer bat mich, da er von seinem Amico gehört, daß ich ein großer Virtuos sei, ihm und seiner Frau doch das Vergnügen zu machen, sie etwas von mir hören zu lassen. Ich entschuldigte mich, man habe ihm viel zu viel von mir gesagt, so daß er zu große Erwartungen hege, denen ich niemals entsprechen würde. Er ließ aber nicht ab, mich zu bestürmen, wie der Doktor ebenfalls in mich drang, und da die Signora ihre Bitte mit denen der beiden Herren vereinigte, konnte ich nicht umhin, sie zu erfüllen.

Ich sang nun einige italienische Lieder, unter denen auch die Romanze des Pagen aus Mozarts Figaro mit Gitarrenbegleitung, die Leute hatten kein Klavier, da die Dame dies Instrument nicht spielte. Nun kam die Reihe an diese, welche dann nach einigem Zieren ebenfalls ihre Kunst zum besten gab, aber bei einer allerdings schönen und klangreichen Stimme doch nur ganz Naturkind im Gesang war und nur nach dem Gehör sang und nicht einmal die Noten kannte, wie dies so häufig in Italien, selbst bei Sängerinnen vom Fach und bei dem Theater angestellt, der Fall war, denen ihre Partien mit der Violine eingegeigt werden mußten. Ich versprach der Signora Golia, der Name ihres Mannes, bei meinem nächsten Besuch einige recht hübsche neue Kanzonette mitbringen zu wollen und ihr diese einzustudieren, worüber sie und ihr Mann ganz vergnügt waren, während der Doktor scheel blickte. So hatte er es nicht gemeint, und er sah bald ein, daß er einen Eselsstreich gemacht und den Bock zum Gärtner gesetzt habe, mich in das Haus einzuführen.

Aber der Bock war nun einmal geschossen und ließ sich nicht wieder rückgängig machen. Der Signor wurde häufig in die Apotheke abgerufen, und ich benutzte seine kurze Abwesenheit, der Signora Artigkeiten zu sagen, die mein ehrlicher Chirurg nicht einmal verstand. Endlich empfahlen wir uns, wobei ich der Dame die Hand küßte, was unser Arzt noch nicht einmal gewagt hatte und mir jetzt zum erstenmal nachmachte. Ich versprach baldiges Wiederkommen. Als wir das Haus verlassen hatten, machte mir der Doktor Vorwürfe, daß ich mir alle Mühe gegeben, ihn aus dem Sattel zu heben.

«Freund, das ist unmöglich, Sie sitzen ja noch gar nicht darin.»

Um diese Zeit veranstalteten die Damen in Giesù nuovo auch eine Exkursion nach Herculanum und Pompeji und luden mich ein, mit von der Partie zu sein, was ich um so weniger abschlug, als es, wie bemerkt, schon früher meine Absicht war, die Überbleibsel einer längst untergegangenen Gegend sowie Pozzuoli, den Averner See, die Solfatra, die Hundsgrotte, den Vesuv usw. zu besuchen.

Madame Gasqui war es, die jetzt immer solche Ausflüge veranstaltete und mit mir beriet, wen man daran teilhaben lassen müsse. Ich sprach ihr jetzt von zwei neapolitanischen Damen, die ich zufälligerweise kennengelernt und deren Bekanntschaft zu machen auch sie gewiß freuen würde. Ich schlug vor, auch diese einzuladen, ohne zu wissen, ob sie einwilligen könnten. Ich hatte jedoch große Ursache, es zu bereuen, die beiden Damen zu dieser Partie engagiert zu haben, da es dabei zu allerhand Unannehmlichkeiten kam, welche das Benehmen der Madame Gasqui hervorrief.

Wir waren zwölf bis fünfzehn Personen, unter denen sich mehrere Offiziere vom Regiment, namentlich auch die Kapitäne Gasqui, Caguenec und Linange befanden, welch letztere der Madame Gasqui recht eifrig den Hof machten, wovon ich aber keine Notiz nahm und es nicht zu bemerken schien.

Wir ritten sämtlich auf Eseln, Maultieren und Pferden über die Brücke Maddalena nach Portici und Resina, wo wir uns nur kurze Zeit aufhielten und dann nach Herculanum begaben. Von dieser verschütteten Stadt war nur erst wenig ausgegraben, und selbst von diesem wenigen wieder das meiste zugeworfen worden, weil man nicht gut weiter graben konnte, ohne Portici selbst in Gefahr zu bringen, das, wie Resina, über der untergegangenen Stadt erbaut ist.

Man kam auf kerzengerade Straßen, die auf beiden Seiten Plattengänge [Trottoir] für die Fußgänger hatten und schon mit Lava gepflastert waren. Die Höfe der Gebäude waren teils mit Marmorplatten, teils mit Mosaikböden belegt, andere mit sehr dicken und breiten Ziegelsteinen. An den Mauern waren noch häufig Freskomalereien, die Fensteröffnungen hatten sogar noch Läden von Holz; nur an wenigen Häusern fand man ein sehr dickes Glas. Die merkwürdigsten Gebäude, die man entdeckte, waren ein Theater und das Forum. Ersteres hatte eine ovale Form, war ganz mit Asche und Lava gefüllt und größtenteils aus Backsteinen erbaut.

Von Fackelschein und einigen Wachskerzen erleuchtet, stiegen wir die Stufen, welche in das Theater von Herculanum führen, hinab, wobei ich der Signora Golia, der ich überhaupt zum großen Verdruß der Madame Gasqui viele Aufmerksamkeit erwies, die Hand reichte und ihr in italienischer Sprache die Geschichte des Untergangs von Herculanum erzählte. Beinahe eine Stunde verweilten wir in diesen unterirdischen Räumen und waren endlich froh, das Tageslicht wieder zu erblicken, es war schaurig, zwischen diesen öden Mauern einer längst verschwundenen Stadt beim Fackelschein umherzuwandeln.

Wir machten uns über Torre del Greco und Torre Annunziata nach Pompeji auf den Weg. In Torre del Greco, einer Stadt, die an 12 000 Einwohner zählt, nahmen wir ein frohes Mahl ein, das uns so munter machte, daß einige aus der Gesellschaft in frevelhaftem Übermut den alten Feuerspeier frech herausforderten, jetzt seinen Spuk zu wiederholen, damit wir doch auch einmal Augenzeugen von dem Untergang einer Stadt seien, was sich aber die Damen ernstlich verbaten. Torre del Greco war erst wieder vor sieben Jahren gewaltig von furchtbaren Lavaströmen heimgesucht und größtenteils vernichtet worden. Dennoch lebten und fischten die Einwohner – Fischerei und namentlich Korallenfischerei ist mit ihr Haupterwerb – so unbesorgt in den Tag hinein, als sei nie dergleichen vorgefallen oder zu befürchten, obgleich man noch überall die Spuren der letzten Verwüstung erblickte und ganz neue Häuser zwischen den Ruinen der alten und den großen schwarzen Lavamassen, die hier erkalteten, hervorragten. Von hier geht der Weg fortwährend an herrlichen Villen und Gärten vorüber, bis nach Torre Annunziata, so daß man sich immer in einer bewohnten Straße wähnt.

Die Einwohner dieses Städtchens, das über 7 000 Seelen zählen mag, sind größtenteils – wenigstens die ärmeren – den Bürgern von Torre del Greco, die sie zu der Korallenfischerei verwenden, leibeigen, und zwar auf folgende Weise: Diese mühsame und beschwerliche Fischerei, die noch obendrein so schlecht belohnt wird, daß der Ertrag dieser Arbeit kaum hinreicht, den Hunger zu stillen, findet an den afrikanischen Küsten statt, wobei die armen Fischer Entbehrungen jeder Art und allen möglichen Gefahren ausgesetzt sind, und zwar für Rechnung der reichen Bürger von del Greco. Kehren sie nun nach sechsmonatiger Abwesenheit glücklich heim, so ist der ganze Ertrag ihres Verdienstes kaum 25 bis 30 Ducati [50 bis 60 rheinische Gulden], ein Blutgeld, das ihnen die Unternehmer dieser Fischerei in der Regel schon längst vorgeschossen haben unter der Bedingung, es durch das

Korallenfischen wieder abzuverdienen, wo nicht, sie in das Gefängnis oder gar auf die Galeere wandern müssen. So wissen diese schmutzigen Wucherer die armen Menschen, nicht selten Familienväter, durch elende Geldvorschüsse fortwährend von sich abhängig und leibeigen zu machen.

Von Torre Annunziata hatten wir noch eine sehr kurze Strecke bis zu den Ausgrabungen von Pompeji. Hier war es anders als zu Herculanum; frei konnten wir bei dem Tageslicht in den ausgegrabenen Straßen der wiedererstandenen Stadt umherwandeln und die Häuser und Wohnungen der vor 1800 Jahren hier lebendig begrabenen Bürger, den Isistempel, zwei Theater, die Grabstätten usw. besuchen. Die Straße, welche man für die Hauptstraße hält, ist ziemlich eng, hat aber Trottoirs auf beiden Seiten. Noch sieht man Räderspuren auf dem Lavapflaster. Die Privathäuser sehen einander sehr ähnlich, alle sind mit einem Hof und einem Wasserbehälter versehen, der bei den größten meist von einer Säulenhalle umgeben ist. Die Gemächer haben den Ausgang auf diesen Hof und stehen unter sich nicht in Verbindung; viele derselben erhalten ihr Licht durch eine Öffnung über der Tür oder auch durch die Tür selbst. Die meisten Wände sind mit Malereien verziert, welche hauptsächlich deshalb interessant sind, weil sie uns die Kostüme der damaligen Zeit sehr getreu darstellen. An jedem Haus ist der Name des Eigentümers mit roten Buchstaben angezeigt.

Wir brachten hier ein paar Stunden zu, konnten aber in so kurzer Zeit nicht alles mit der gehörigen Aufmerksamkeit untersuchen. Die Tage waren schon kurz, und die Damen, zum Teil verstimmt, eilten, nach Hause zu kommen. Der Grund dieser Verstimmung war, daß Madame Gasqui sowie Madame Grenet und Madame Alphons, die beide mit von der Partie waren, ein gefährliches Triumvirat gebildet hatten, welches die beiden Italienerinnen während unserer Wanderungen in Herculanum und Pompeji mit beißenden Anmerkungen und feindlichen Anspielungen verfolgte. Ein Glück war es, daß sich die Damen wegen Unkenntnis der gegenseitigen Sprachen durchaus nicht verständigen konnten. Wer weiß, was es sonst noch abgesetzt haben würde; dennoch hatte ich meine liebe Not, zu verhindern, daß man nicht manchmal von der einen oder der andern Seite losplatzte. Herzlich froh war ich, als wir wieder über der Maddalenenbrücke und in Neapel zurück waren, wo man sich sehr frostig trennte. Die beiden Signoras ließen sich dann nach Herzenslust über die maledette donne francese [die schlechten Französinnen] aus und verschworen sich, nie mehr in einer solchen Gesellschaft eine Exkursion zu machen.

Als ich den andern Tag nach Giesù nuovo kam, mußte ich auch das Donnerwetter von der andern Seite hören, und Madame Gasqui warf mir vor, wie ich solche mauvaise Italiennes [schlimmen Italienerinnen] in ihre Gesellschaft habe bringen können, was sie sich in Zukunft ein für allemal verbitte. Dies war aber ganz unnötig; denn auch ich hatte an diesem Versuch ein für allemal genug. Indessen schlossen wir zum zwanzigsten oder dreißigsten Mal wieder Frieden.

Als Krönung unseres Lebens in Neapel beschlossen wir, den Vesuv zu besteigen; aber anders hatte es das Schicksal oder vielmehr das Gouvernement beschlossen, und ich sollte abermals Neapel verlassen, ohne zu meinem großen Leidwesen nähere Bekanntschaft mit dem alten Feuerspeier gemacht zu haben. Das Bataillon erhielt Order, nach dem Kirchenstaat und zwar nach Civitavecchia abzumarschieren. Ich tröstete mich indessen damit, Rom wiederzusehen, von dem ich kaum erst einen Schatten im Vorübergehen erblickt hatte.

XII.

Abmarsch nach Civitavecchia – Die Pontinischen Sümpfe – Civitavecchia –
Platzkommandant in Albano – Ausflüge nach Rom – Bankier Torlonia –
Prinzessin Cesarini – Angelika Kaufmann – Rom, seine Denkmäler
und Bewohner –
Audienz beim Papst – Die schönen Römerinnen und deutsche Männertreue –
Ein Rendezvous in der Kirche San Sebastian vor den Mauern

Mich meinen Schönen bestens und auf hoffentlich baldiges Wiedersehen empfehlend – Madame Gasqui, deren Mann beim zweiten Bataillon stand, blieb zurück und bedauerte hauptsächlich, daß unser Liebhabertheater durch diese grausame Order zerrissen wurde, denn außer mir waren noch mehrere seiner Mitglieder beim ersten Bataillon –, verließ ich Neapel mit leichtem Herzen und ziemlich schwerem Beutel – Moritz hatte die Sorge, mich auf Kosten meiner Eltern mit dem nötigen nervus rerum gerendarum [Geldmittel] vor dem Abmarsch zu versehen, übernommen – und mit dem festen Vorsatz, daß das erste, wenn ich je wieder nach Neapel zurückkommen würde, die Besteigung des Vesuvs sein sollte.

Wir marschierten auf demselben Weg Etappe für Etappe zurück, auf dem wir von Rom nach Neapel gekommen waren. Diesmal hielten wir aber, da der Marsch keine Eile hatte, Rasttage zu Fondi und Velletri. Unterwegs machten wir öfter Jagd auf wilde Enten, Schnepfen, Wasserhühner und anderes wildes Geflügel, das in der

Gegend von Terracina und den Pontinischen Sümpfen in so ungeheurer Menge vorhanden ist, daß man eine fette wilde Ente oft mit zwei Bajocchi – kaum einen Groschen – bezahlt, so daß sich unsere Soldaten von Terracina bis Albano dieses Wild, das sie an ihren Ladestöcken brieten, trefflich schmecken ließen. Bei Treponti schoß ich einmal ein Voltigeurgewehr aufs Geratewohl in einen Rohrsumpf ab, aus dem sich sogleich eine schwarze Wolke von Wildgeflügel erhob und fast die Luft verfinsterte. Auch die Soldaten feuerten ihre Gewehre ab, und es stürzten eine Menge verschiedener Vögel aus der Luft, die wir aber nicht bekommen konnten, da wir keine Hunde hatten, die sie aus den Sümpfen holten.

In Rom hatten wir diesmal keinen Ruhetag und mußten sogar die Stadt umgehen, was beinahe für eine Etappe hätte gelten können. Diesmal suchte ich aber mein Quartier auf, da ich zu Pferde und also nicht so marode war. Es wurde mir auf dem Korso bei den Jesuiten angewiesen! Aber die Zeit war so kurz zugemessen, daß ich diesmal außer dem Korso und der Piazza Popolo, die ich schon kannte, fast nichts von Rom zu sehen bekam. Vor hier marschierten wir nach Pallo oder Palo ab, ein altes Kastell in einer sehr ungesunden und ganz öden Gegend am Gestade des Meeres, in dessen Nähe aber viele und große altrömische Ruinen liegen. Hier übernachteten wir, und der folgende Tag brachte uns bei sehr ungünstigem Wetter nach unseren neuen Bestimmungsort Civitavecchia.

Civitavecchia, das im Sommer ein sehr ungesunder Aufenthalt sein soll, ist befestigt, hat einen Hafen und ein Zeughaus, mehrere Klöster, war aber ein sehr öder und langweiliger Ort, der etwa sechstausend Einwohner zählen mochte. Nur daß es der Aufenthalt der päpstlichen Galeerensklaven, ein Toulon im kleinen ist, dessen Bagnos mit den in jeder Hinsicht höchst unglücklichen Sträflingen angefüllt sind, bringt einiges Leben in den Ort, aber welches?

Als ich die Kaserne besichtigte, in der unser Bataillon liegen sollte und die erst vor wenigen Tagen ein Bataillon Dalmatiner verlassen hatte, war ich ein paar Sekunden mit Millionen Flöhen bedeckt. So sehr ich auch schon in Italien und dem südlichen Frankreich an dieses Ungeziefer gewöhnt war, so war es mir doch nie in solcher Masse vorgekommen, und nur durch eine Überschwemmung mit siedendem Wasser konnte man dasselbe in den Sälen etwas vermindern, vom Vertilgen war keine Rede. In den baumwollenen Bettdecken der Soldaten hatten sich diese quälenden Springer eingenistet, und kein Klopfen noch Waschen konnte sie aus ihren bequemen Nestern vertreiben. Tagelang waren die Leute auf der Flohjagd und knackten, und doch sahen diese weißen Decken immer wie Kümmel und Salz aus.

Kaum waren wir ein paar Tage in Civitavecchia, als ich mit vierzig Mann nach Palo beordert wurde, um das dort befindliche Detachement der Dalmatiner abzulösen. Dieser Posten war so ungesund, daß man selbst im Winter die Leute alle zehn Tage, im Sommer aber alle vierundzwanzig Stunden ablösen mußte, und trotzdem kam die Mehrzahl der Soldaten fieberkrank zurück und wanderte ins Lazarett. Drei Tage Aufenthalt in der heißen Jahreszeit brachte unfehlbar den Tod. Der Posten mußte jedoch fortwährend stark besetzt werden, und eine Batterie von sechs Feuerschlünden war beständig mit Mitraille [Kartätschen]* geladen, weil die Engländer und Korsaren hier öfter zu landen versucht und ganze Herden Büffel weggenommen hatten.

Einige Tage nachdem ich in dieser ungesunden Einöde verweilt hatte, kamen mehrere Kompanien der Dalmatiner auf ihren Marsch nach Rom durch und übernachteten. Dieses Regiment bestand aus Leuten, die in französischem Dienst waren, rote Uniform, Hüte à la Henri IV. trugen und wie die Raben stahlen. Es war meine Schuldigkeit, die Offiziere nach meinen Kräften bei ihrer Anwesenheit zu bewirten, aber wo etwas hernehmen?

Brot, Wein, etwas Fleisch und Gemüse brachten sie selbst mit, von Wein hatte ich zwar auch einigen Vorrat, aber was ihnen sonst vorsetzen? Als ich mich mit meinem Burschen deshalb beratschlagte, gab mir dieser zur Antwort: «Lassen Sie mich nur sorgen.» Und in der Tat trug er bei dem Mittagessen eine große Schüssel eines von ihm gar nicht übel zubereiteten Ragouts auf, das uns allen vortrefflich schmeckte. Als ich ihn nachher vornahm und examinierte, was er uns denn eigentlich vorgesetzt habe, gestand er mir, es sei ein aus Eulen, Dohlen und Fröschen, die er in dem alten Gemäuer des Kastells gefangen, bestehendes Ragout gewesen. Ich lachte und dachte: Nun, wenn es uns nur wohl bekommt! Und das tat es.

Kaum war ich von meinem Eulennest abgelöst, als ich mit der Voltigeurkompanie, die ihren Kapitän verloren und auch keinen Oberleutnant hatte, nach Albano beordert wurde, um dort den Posten als Platzkommandant zu übernehmen. Unser Bataillonschef Duret selbst wurde mit dem Stab und ein paar Kompanien als Kommandant nach Corneto, die übrigen Kompanien nach Porto d'Anzo, Piperno und Velletri beordert, deren Chefs in diesen Orten alle Platzkommandanten wurden, so daß das ganze Bataillon rings um Rom zerstreut lag. Am dritten Tag traf ich, abermals durch Rom marschierend, am Ort meiner Bestimmung ein, der nun drei kleine Stunden davon entfernt lag.

Auf dem Rathaus zu Albano, wo ich mich bei dem Sindaco wegen meiner Order auswies, war über der Eingangstür des Saales der Kampf der Horazier und Curia-

---

*) Ein mit Metallstücken gefülltes Artilleriegeschoß aus Zink, das schon im Rohr platzte und seinen Inhalt bis zu 600 Meter weit gegen lebende Ziele schleuderte.

tier* in Fresko gemalt. Als Wohnung wies er mir einen ganzen, einem Kardinal gehörenden Palazzo an, der eine Reihe von ziemlich schlecht möblierten Zimmern und Sälen hatte. Fast in jedem Gemach aber hingen die in Kupfer gestochenen Bilder sämtlicher Päpste, die auf dem heiligen Stuhl gesessen. Eine alte Frau, eine Art von Hausverwalterin seiner Eminenz, war die einzige Mitbewohnerin in diesem geräumigen Gebäude. Es waren wenigstens einige zwanzig Zimmer, die sie mir zur Disposition stellte, und in mehreren derselben fanden sich große Himmelbetten, die ebenso breit wie lang waren, so daß ich jede Nacht nach Belieben mit meinem Schlafzimmer hätte wechseln können. Fast ebenso geräumig war der Unterleutnant logiert, auch der Sergeant-Major sowie alle Sergeanten hatten verhältnismäßig große Quartiere. Die Korporale mit ihren Leuten wurden in verschiedenen Gebäuden einquartiert.

Die Stadt mußte mir täglich drei römische Scudi – über sieben Gulden – Tafelgelder geben, außerdem erhielt ich dreifache Rationen an Lebensmitteln und hatte sonst noch allerlei kleine Vorteile, welche mir diese Kommandantur einbrachte: Es ging ja alles auf Kosten Seiner Heiligkeit, dessen Gebiet Napoleon militärisch besetzt hatte. Nur Rom selbst war immer noch von französischer Garnison verschont. Die Leute wurden sehr gut verpflegt, und ich sah streng darauf, daß die Lebensmittel von guter Qualität waren, wodurch ich sie mir sehr geneigt machte, auch ließen sie den Papst und unseren Herrgott einen guten Mann sein und hochleben. Ich machte fast jeden Tag einen Spazierritt nach Rom, das genauer kennenzulernen ich mir nun vornahm.

Albano ist ein Städtchen, das etwa dreitausend Einwohner zählt und am Abhang des alten Sabinergebirges liegt; man hat von hier eine herrliche Aussicht über die Campagna von Rom hin bis zum Meer. Da dieses Städtchen wegen seiner hohen Lage eine sehr gesunde und reine Luft hat, wohnen daselbst im Sommer viele wohlhabende Familien aus Rom, die dort zum Teil sehr schöne Besitzungen haben; der hier wachsende Wein ist ein liebliches Getränk und sehr beliebt.

Das alte Alba Longa lag drei Miglien von der heutigen Stadt entfernt, am Albanersee, jetzt Lago di Castello genannt. Mehrmals besuchte ich diesen See, den man für den Krater eines ausgebrannten Vulkans hält; der Weg dahin ist romantisch, und der See selbst liegt in einem hohen Felsenkessel. Von der Terrasse des Franziskanerklosters, welches zwischen Albano und dem Castell Gandolfo, da wo Alba Longa stand, liegt und wo man noch ein Grab des Tullus Hostilius zeigt, hat man

---

*) Sagenhafter Kampf zwischen einem römischen und einem latinischem Drillingspaar bei Alba Longa, der Hauptstadt des Latinerbundes.

einen äußerst malerisch schönen Ausblick auf das melancholisch scheinende Wasser des schauerlich geheimnisvollen Sees, an dessen düsteren Ufern ungeheuer große, uralte Steineichen stehen.

Da wo die Fluten des Sees in die unterirdischen Gewölbe gleiten, sind prächtig grüne hochgewölbte Hallen, von deren erhabenem Anblick ergriffen, man sich wirklich in eine alte Götter- oder Zauberwelt versetzt glaubt. Hierher begab ich mich anfänglich fast jeden Abend, wenn es das Wetter erlaubte, und phantasierte in einer anderen Welt. Bisweilen traf ich auch hier die liebenswürdige Familie des dänischen Gesandten, die sich in Albano aufhielt, und dessen hübsche Töchter auf Eseln hierherkamen. Östlich von dem See liegt der durch viele Ausgrabungen sehr ausgehöhlte Mons albano [Albaner Berg], jetzt Monte cavo genannt. Von ihm hat man eine herrliche Aussicht über die ganze Campagna di Roma, die Pontinischen Sümpfe und das Mittelländische Meer. Bei heiterem Wetter erblickt man in blauer Ferne sogar die Küsten der Insel Sardinien.

In den ersten Tagen meiner Kommandantur, die ich eigentlich dem Wohlwollen Durets zu verdanken hatte, besuchte ich Rom nur wenig und immer nur auf ein paar Stunden, denn ich wagte es nicht, mich auf längerer Zeit zu entfernen, obgleich dieser Posten von keiner großen Wichtigkeit war und hauptsächlich darin bestand, den durchkommenden Militärs die Marschrouten zu visieren, ihnen Quartiere anweisen zu lassen und dergleichen. Nachdem ich aber ein paar Wochen hier war, nahm ich es nicht so genau, sondern brachte längere Zeit, oft ganze Tage, in Rom zu, dem Sergeant-Major meine Funktionen während meiner Abwesenheit überlassend.

Zu dieser Zeit erhielt ich Briefe von Haus, die mir das Ableben eines alten Großoheims anzeigten sowie daß mich derselbe mit einem Legat von einigen tausend Gulden besonders bedacht habe, die man zu meiner Verfügung stelle, indem ich, was ich bedürfe, bei dem Bankier Torlonia in Rom, an den ich außerdem noch einen Empfehlungsbrief erhielt, erheben könne. Auch Moritz, dem ich von Albano aus schrieb, sandte mir eine Empfehlung an denselben. Dies waren traurig-gute Nachrichten, denn das Ableben des guten alten Oheims, bei dem ich als Kind gar manche vergnügte Stunde gehabt – er hatte mich in besonderer Affektion genommen –, tat mir leid, auf der anderen Seite kamen mir das Geld und die Empfehlungen bei meinen Exkursionen nach Rom trefflich zustatten. Torlonia lud mich zu seinen Conversazioni ein, die wohl mit die glänzendsten in ganz Rom waren und bei denen ich die angesehensten Familien persönlich kennenlernte.

Das Schicksal dieses Bankiers, der sich vom Lohnbedienten oder armen Cicerone bis zum reichsten Mann im ganzen Kirchenstaat und zum Herzog von Bracciano hinaufgeschwungen, ist merkwürdig. Er hatte sich ein geringes Kapital gespart, das er dem Kardinal Braschi in Verwahrung gab oder vielmehr lieh. Als dieser unter dem Namen Pius VI. Papst wurde, beauftragte er Torlonia mit seinen Geldgeschäften. Dieser errichtete jetzt ein Bankhaus und wurde bald darauf der Staatsbankier des Heiligen Vaters, wobei er sich ein unermeßliches Vermögen erwarb. Pius VII. machte ihn später zum Herzog von Bracciano. Der Mann mochte damals einige fünfzig Jahre zählen und hatte ein sehr gravitätisches Ansehen: ein schwarzer Samtrock mit großen vergoldeten Knöpfen, eine goldgestickte Weste, ein Paar kurze Samtbeinkleider von einer bläulichen Farbe, blaßgelbe seidene Strümpfe, Schuhe mit Steinschnallen und eine schneeweiß gepuderte Perücke gehörten zum alltäglichen Anzug.

In seinen Abendgesellschaften glänzten Roms erste Schönheiten, und er selbst hatte zwei hübsche Töchter, unter allen aber strahlte wie eine Sonne unter Sternen die junge Principessa Cesarini so gewaltig, daß aller Augen auf sie gerichtet waren, sobald sie eintrat, und auch die meinigen bis zum Verbrennen geblendet wurden. Diese Schönheit, die erst kürzlich an den Fürsten Cesarini verheiratet war, hatte ebenfalls ein originelles Schicksal gehabt. Ihr Vater hieß Conti, sie war von niederer Herkunft und armen Eltern, die so herabgekommen waren, daß sie ein Blumenmädchen werden mußte, das die hübsch gewundenen Sträußchen am Nachmittag auf dem Korso zum Verkauf anbot. Ihre Schönheit zog weit mehr die Käufer an als ihre Blumen, die man teuer bezahlte, und so machte auch der reiche Fürst Cesarini ihre Bekanntschaft, den sie klug genug so hinzuhalten und in ihre Netze zu ziehen wußte, daß er ihre höchste Gunst nur durch das Band der heiligen Ehe und den Schritt ins Brautgemach erlangen konnte. Sie war noch nicht fünfzehn Jahre alt, als er sie heiratete.

Die ersten Abende oder vielmehr die ersten Nächte, denn erst spät begannen die Soireen [Abendgesellschaften], die ich bei Torlonia zubrachte, verhielt ich mich sehr still und ruhig und machte nur den Beobachter, um mit dem hier herrschenden Ton bekannt zu werden. Spiel und Musik waren auch hier die Haupthebel der Unterhaltung der Gesellschaft, wie zu jener Zeit in ganz Italien. Dem Spiel habe ich manche, wenn auch nicht gerade bittere, doch unangenehme Stunde zu verdanken gehabt, denn das einmal verspielte Geld focht mich wenig mehr an.

Viele Damen hatte ich schon in den Soireen kennengelernt, grüßte sie und hörte öfter zischeln: ‹Ecco l'Uffiziale francese chi canta cosi bene!›* Auch die berühmte Angelika Kaufmann sah ich hier einigemal und ließ mich bei ihr einführen. Ob-

---

*) ‹Das ist der französische Offizier, der so schön singt!›

gleich schon hoch in den Sechzigern und kränklich, war sie doch noch sehr liebenswürdig; da ich aber von ihrer Kunst, der Malerei, sehr wenig oder nichts verstand und dies wie natürlich das Steckenpferd ihrer Unterhaltung war, wiederholte ich meine Besuche nicht oft. Die geniale Dame starb drei Vierteljahr darauf und wurde mit großem Pomp begraben. Ihr Sarg ward von den berühmtesten Professoren und Künstlern, die sich damals zu Rom aufhielten, abwechselnd getragen; unter ihnen war auch Canova. Zwei ihrer besten Gemälde wurden vor ihrer Leiche hergetragen. Das eheliche Schicksal dieser ausgezeichneten Künstlerin ist sonderbar genug, um hier erwähnt zu werden.

Während ihres Aufenthaltes zu London, wo sie Mitglied der Königlichen Kunstakademie war, verliebte sich ein Engländer in sie, dem sie aber kein Gehör schenkte. Dieser brütete nun einen seltsamen und abscheulichen Racheplan aus; er suchte nämlich einen ganz gemeinen, aber körperlich sehr wohlgestalteten Menschen auf, den er gehörig instruierte, mit Geldmitteln versah und der unter dem Aushängeschild eines Grafen die Bekanntschaft Angelikas machen sowie dann um ihre Hand anhalten mußte. Dieser listige Plan glückte vollkommen, und das arme Mädchen war bald die Gattin des rohen Gesellen. Als sie sich aber über dessen Gemeinheiten und Rohheiten bitter beklagte, deckte der Urheber dieser Rache selbst den Betrug auf. Eine baldige Scheidung erfolgte darauf, unter der Bedingung, daß sie ihrem getrennten Gatten eine ansehnliche Pension aussetzte, welche dieser aber nicht lange genoß, da er bald starb. In Rom heiratete sie einen Maler, den sie ebenfalls überlebte. 1808 wurde ihre Büste im Pantheon aufgestellt.

Da ich mich so häufig in Rom aufhielt, hatte ich mir ein kleines Logis gemietet, das mir zum Absteigequartier diente und in welchem ich meine Uniform mit einem schlichten bürgerlichen Kleid vertauschen konnte, was besonders bei meinen nächtlichen Streifereien in der alten Weltstadt ratsam war, wo ich oft auf gut Glück in den damals noch fast gar nicht erleuchteten Straßen herumschwärmte und die Kaffeehäuser besuchte. Gegen die Straßenbeleuchtung Roms hatten sich die hohen Geistlichen, namentlich auch die Eminenzen von jeher sehr energisch erklärt, damit man deren nächtliche Schliche und Gänge nicht beobachten oder die hübschen Nipotinnen, die sie abends an ihrer Seite in den Karossen sitzen hatten, nicht sehen sollte. Aber unbewaffnet ging ich nicht aus, da keine Woche verging, in der man nicht von Dolch- oder Messerstichen hörte, und der Unsinn, daß Mörder in jeder Kirche, an jedem Madonnenbild eine Freistätte fanden, wo sie nicht verhaftet werden konnten, bestand noch in seiner ganzen Kraft. Die Angehörigen oder Freunde der Mörder wußten hier die Verbrecher gewöhnlich so lange zu versorgen, bis sie sie ohne alle Gefahr in Sicherheit bringen konnten.

In der Regel ritt ich erst gegen Morgen nach Albano zurück, wo ich dann wenige Schritte ruhte, den Rapport erhielt, dem Sergeant-Major Verhaltungsbefehle erteilte, die vorgefallenen Disziplinarsachen ordnete, frühstückte, und schon gegen Mittag war ich wieder in Rom. Jedoch hinterließ ich meine Adresse, damit man mich von außerordentlichen Vorfällen durch einen Expressen benachrichtigen konnte.

Täglich besuchte ich jetzt die merkwürdigsten Ruinen, Tempel, Kirchen und Paläste der sogenannten ewigen Stadt, die immer wenigstens sechs Stunden im Umfang hat, von der aber vier Fünftel in Ruinen liegen oder aus Gärten, Weinbergen, Villen, einsam liegenden Klöstern und Kirchen bestehen. Der gelbe, schlammige Tiber teilt Rom in zwei sehr ungleiche Teile, die durch fünf Brücken miteinander verbunden sind, wenn man die Ponte rotte, die noch nicht wiederhergestellt war, und die Ponte molle vor der Stadt dazu rechnet. Rom ist ringsum mit alten Mauern und Türmen umgeben, hat über zwanzig Tore und etwa 150 000 Einwohner; in seiner Blütezeit unter den Kaisern soll es vier Millionen gehabt haben! Noch zählte man weit über dreihundert Kirchen und Klöster, und in den letzteren an neuntausend Mönche und über dreitausend Nonnen, also zwölftausend geistliche Seelen, ohne die weltlich-geistlichen Kardinäle, Erzbischöfe, Bischöfe (auch in Partibus)* und das Heer anderer Prälaten und Priester und was dazu gehört, zu rechnen.

Jeden Abend schrieb ich in mein Tagebuch, was ich den Tag über von Monumenten aufgesucht und gesehen, und erwähne hier nur in Kürze die interessantesten. Die schon bei unserem ersten Durchmarsch genannte Peterskirche und ihren herrlichen Platz besuchte ich öfters.

Herrlich und unbeschreiblich schön ist die Aussicht von der hohen Kuppel, da, wo das Kreuz steht, über das unermeßliche neue und alte Rom, über dessen Campagna bis gegen das Meer und die blauen Berge hin; aber man hat auch nicht wenig zu steigen, um ihrer teilhaftig zu werden. Die Kuppel ist doppelt, und zwischen ihren beiden Wänden sind die Treppen angebracht, die zur Laterne führen; von der inneren Galerie sieht man in die Kirche hinab, wo die in derselben herumwandelnden Menschen dem Auge wie Maulwürfe erscheinen. Auf der Laterne ist die vergoldete Kugel, in welcher ein Dutzend Personen Platz zum Sitzen und wenigstens noch einmal soviel Raum zum Stehen haben; von unten, vom Petersplatz aus gesehen, erscheint dieselbe von der Größe einer zwölfpfündigen Kanonenkugel.

Gleich bei der Peterskirche befindet sich der Vatikan, von dem so oft wiederholt wurde, daß er zwölf- oder gar zweiundzwanzigtausend Zimmer und Säle enthalte,

---

*) In Partibus werden die geistlichen Würdenträger genannt, die über kein kirchliches Amt verfügen.

daß man diese Fabel fast allgemein glaubt. Wahr mag es wohl sein, daß es der größte und geräumigste Palast in Europa ist, vielleicht auch der älteste, denn Karl der Große hat ihn schon bewohnt; aber alle seine Gemächer, Säle, Zimmer und Kammern können wenig mehr als zweitausend zählen, und dieses ist schon außerordentlich.

Nach und nach besuchte ich auch Roms berühmteste Paläste, wie die Palazzi Corsini, Colonna, Albini, Barberini, Chigi, Doria, Borghese, Farnese, Spada usw. und die Villen Borghese, Pamfili, Doria, Medici, Farnese, Corsini usw., mit deren Eigentümern ich zum Teil schon in den Abendgesellschaften bekannt geworden war und die sämtlich wegen ihrer Prachtgemächer, Gemäldesammlungen, Bildhauerarbeiten usw. gesehen zu werden verdienen. Indessen interessierten mich zu jener Zeit all diese toten Seltenheiten und Dinge, die am Ende doch auch, wie alles andere, dem Nichts anheimfallen, weit weniger als die schönen lebendigen Römerinnen, denen zu Gefallen ich weit mehr als den Heiligen und Bildern die Kirchen besuchte und die man hier zu jeder Stunde des Tages, von jedem Alter und Stand, betend und intrigierend findet.

Ich habe keine andere Stadt kennengelernt, in welcher ich verhältnismäßig so viele edle und ausgezeichnete Frauengestalten gesehen hätte wie zu Rom. Eine jugendliche Häßlichkeit gehört hier wirklich zu einer Seltenheit. Dabei wissen sich die Römerinnen so vorteilhaft zu kleiden, ihre Gewänder in so malerische Falten zu legen, daß sie junonische Haltung und Majestät zu haben scheinen. Busen und Hals, Nacken und Brust sind bei allen Klassen der hiesigen Frauen gleich schön, und alle ihre Bewegungen verraten einen gewissen Anstand, der erst imponiert und dann bezaubert. Ihr Gang ist würdevoll, in ihren Gesichtszügen findet man in der Regel viel Ausdruck; meist haben sie auch ein sehr angenehmes Organ, sprechen ein äußerst wohlklingendes Italienisch, haben schöne Stimmen und sind im Umgang und in der Unterhaltung von bezaubernder Liebenswürdigkeit und Unbefangenheit. Ohne große wissenschaftliche Bildung zu besitzen, sind sie dennoch sehr geistreich, feinwitzig und verstehen das wenige, was sie wissen, gehörig anzubringen.

Unter den größeren Plätzen Roms ist nach dem Petersplatz die Piazza Navona der größte und schönste. Die Piazza Colonna mit der Antoninsäule liegt am Corso; auf dem Spanischen Platz führt eine prächtige, breite Treppe zu der Kirche della Trinita de Monti, welche die schönste Lage auf dem alten Mons Pincius* hat; der Venetianische Platz liegt an der entgegengesetzten Seite der Piazza Popolo, am an-

---

*) Ein bereits im antiken Rom wegen seiner Gärten und Villen bekannter Hügel.

deren Ende des Corsos, und hat von dem ehemals venezianischen Palast, der hier liegt, seinen Namen. Man nennt ihn auch den St.-Markus-Platz. Das Campo viccino [Kuhfeld], das alte Forum magnum des römischen Volkes, wo die herrlichsten Prachtbauten der damaligen Weltstadt waren, ist noch jetzt von imposanten Ruinen umgeben, von denen die schönsten die des Friedenstempels sind. Statt der altrömischen Redner läßt sich jetzt hier das Brüllen des zum Schlachten gemästeten Hornviehs vernehmen.

Von den Triumphbogen nenne ich nur die des Titus, des Septimus Severus und des Konstantin.* Außer der schon erwähnten Antoninsäule** ist auch noch die Trajans vollkommen erhalten, auf welcher die Taten dieses Kaisers, seine Schlachten zu Wasser und zu Land, Triumphe, Opfer, Kriegsmaschinen usw. abgebildet sind.

Die Villen um Rom sind meist sehr prächtig und mit viel Geschmack angelegt, Pinien, Palmen, die schönsten Granatbäume, die üppigsten Gewächse des Südens hauchen hier fast zu jeder Jahreszeit die lieblichsten und wohlriechendsten Düfte aus. Alle aber werden in Annehmlichkeit und Schönheit von der herrlichen Villa Borghese übertroffen, die ein wahres Paradies ist und beinahe eine deutsche Meile im Umfang hat; ihr zunächst kommt die Villa Pamfili Doria. Auch der Palast Borghese ist mit der schönste Roms.

Die Musik ist bei den Römern eine wahre Leidenschaft, welche sie nicht selten in solche Ekstase versetzt, daß es dem Fremden dabei angst und bange wird. In den meisten nur einigermaßen angesehenen Häusern versammeln sich die Dilettanten regelmäßig an gewissen Tagen, um die beliebtesten Tonstücke einzuüben, und sie tragen sie wirklich mit viel Ausdruck und großer Fertigkeit vor, wenn auch bisweilen die Präzision etwas zu wünschen übrig läßt, da das Ad libitum eine große Herrschaft ausübt, aber gerade hierin liegt der Zauber der italienischen Musik. Diese und die Leutseligkeit sowie überhaupt das ganze Wesen der gebildeten Klasse der Römer machen den Aufenthalt für den Fremden sehr angenehm, wenn ihn auch neben großen Reichtümern die bitterste, oft in quälende Bettelei ausgeartete Armut mancher sich zur vornehmen Welt zählenden Individuen nicht selten sehr unangenehm berührt.

Zur Zeit Pius' VII., der damals auf dem Heiligen Stuhl saß, hatte jedermann, Frauen ausgenommen, täglich Zutritt zum Heiligen Vater, auch ohne Audienz zu begehren. Man mußte sich gegen vier Uhr nachmittags in den Palast auf Monte Cavallo, wo er residierte, begeben. Hier wurde man, nachdem man sein Begehren ei-

---

*) Die römischen Triumphbogen wurden erst nach dem Tod hochgeachteter Kaiser errichtet.
**) Eigentlich Marcussäule (Säule des Marcus Aurelius, Marc Aurel), deren bandartiger Fries Ereignisse aus dessen Regierungszeit festhielt.

nem Kameriere mitgeteilt, in einen mit rotem Samt ausgeschlagenen, sonst sehr einfachen Saal geführt, durch den der Papst kam, um vor dem Palast in den Wagen zu steigen, da er regelmäßig jeden Tag um diese Zeit seine Spazierfahrten machte. Vorauseilende Diener kündigten sein Kommen an, und auf das Zeichen einer Glocke knieten die Anwesenden nieder und erwarteten den Heiligen Vater in dieser Stellung. Sah nun der Papst, daß sich Fremde im Saal befanden, so trat er an sie heran und fragte freundlich nach ihrem Begehren, willfahrte, wenn es tunlich war, oder gab wenigstens Trost und Segen im entgegengesetzten Fall.

Als ich dies in Erfahrung gebracht, beschloß ich, mich auch zu einer solchen Audienz einzufinden, bei der es der Zufall wollte, daß ich gerade der alleinige Wartende war. Ich hatte mir vorgenommen, mich so zu plazieren, daß der Papst, bevor er an mich käme, erst zu den anderen gehen müsse, um mich nach diesen richten zu können. Nun ging er aber, da ich allein war, gerade auf mich zu, fragte nach meinem Begehren, worauf ich um seinen Segen und einen Rosenkranz zum Andenken an diese Stunde und an Seine Heiligkeit bat, indem ich mich ihm als den Platzkommandanten von Albano vorstellte. Pius VII. willfahrte meinem Begehren, indem er mir zugleich seine Untertanen in Albano empfahl, ließ mir eine Coronna (Rosenkranz) von Lapislazuli mit Goldperlen und einem goldenen Kreuz, ich weiß nicht mehr aus welcher heiligen Kasetta, die er benannt, reichen, gab mir seinen Segen und entfernte sich. Ich küßte indessen dem Papst nicht den Pantoffel, sondern nur den Siegelring an seiner Hand, die er so gütig war mir zum Kusse darzureichen. Das erhaltene Geschenk aber schwatzte mir bei meiner nächsten Anwesenheit zu Neapel die Geliebte meines Vetters Moritz ab.

Die Frauen, welche keinen Zutritt zum Heiligen Vater hatten, brachten demselben auf eigene Art ihre Wünsche oder Gesuche vor. Sie stellten sich nämlich auf die Ecksteine des Tores, durch welches der Papst seinen Palast verließ, und warfen ihm die Bittschriften und Briefe, die ihre Anliegen enthielten, mit großem Geschrei in den Wagen, so daß sie ihm nicht selten Nase und Gesicht auf eine gewiß nicht angenehme Weise berühren mußten; ich fand es höchst unanständig, dem Heiligen Vater solche Wische an den Kopf zu werfen, was er jedoch ganz geduldig ertrug.

In Rom, wie fast in ganz Italien, gehen die Frauen und Mädchen der höheren Klassen nie ohne Begleitung aus, was aber nicht verhindert, daß sie alle möglichen Intrigen, wozu die Italienerinnen noch weit mehr Hang als die Spanierinnen haben, anspinnen, die sie mit einer seltenen Beharrlichkeit durchzuführen wissen. Alle Kirchen dienen den Verliebten zu Rendezvous, und in dem unbewohnten Teil von Rom, zwischen Ruinen und Gräbern, unter Zypressen, Pinien und Granaten, begegnet man oft den schönen Römerinnen in der vertraulichsten Konversation mit ihren Anbetern und Freunden; sie haben sich aus der nächsten einsamen Klosterkirche, die sie zuerst besuchten, dahin verirrt. Während des Karnevals, in dem sie eine fast grenzenlose Freiheit haben und sich nehmen, gehen sie maskiert und paarweise von einer Cavalchina [Verabredung] zur andern, von einem Theater in das andere, von Saal zu Saal und durch alle Straßen der Stadt, meist immer zwei vertraute Freundinnen zusammen, mit und ohne männliche Begleitung.

Wie es da zugeht, läßt sich besser denken als beschreiben, und so ist es in ganz Italien, in kleinen und großen Städten um diese Zeit. Die Männer können und wollen den Unfug nicht einmal steuern und gehen ihrerseits auch auf Abenteuer aus; kommen dann die Fasten, so tut man gehörig Buße, erhält Absolution, und alles ist wieder gut. Von der so berüchtigten italienischen Eifersucht der Ehemänner habe ich während meines Aufenthalts in Italien, einige wenige Fälle ausgenommen, nicht viel erfahren, und unter hundert Messerstichen, die sehr freigebig ausgeteilt werden, sind drei Viertel immer die Folgen persönlicher Beleidigungen anderer Art als der der Untreue, hauptsächlich der Spielrache, denn rachsüchtig ist der Italiener und besonders der Neapolitaner im höchsten Grad. Anders aber ist es mit den Frauen, diese sind weit zur Eifersucht geneigt, vergessen und verzeihen eine Vernachlässigung und Untreue fast nie und rächen sich nicht selten durch Messer- und Dolchstiche mit eigener Hand. Ich habe davon arge Proben gesehen, und es wundert mich noch heute, daß ich Italien wieder mit so heiler Haut verlassen konnte, was ich wohl der mir angeborenen moralischen Gewandtheit zu verdanken haben mochte.

Ich lebte nun in der Tat ein wahres Schlaraffenleben, an Geld fehlte es mir nicht, das Legat und die Kommandantur, so unbedeutend sie an und für sich war, versorgten mich reichlich, und der immer vertraulicher werdende Umgang mit der schönen Prinzessin Cesarini, die in ihrem ganzen Tun und Sein und durch ihren glänzenden lebhaften Verstand so unwiderstehlich hinreißend und anziehend war, daß sie mich wie alles, was sie umgab, bezauberte, machte mir meinen Aufenthalt in Rom wirklich zu einem Paradiese. Schon längst hatte sie bemerkt, daß ich ihr alle möglichen Aufmerksamkeiten schenke, ich bot alle erdenkliche Galanterie auf, mich ihr angenehm zu machen, und brachte es auch endlich dahin, mich ihres besonderen Wohlwollens zu erfreuen. Wahrlich keine Kleinigkeit, da ich die halbe Männerwelt Roms, und unter dieser hohe Prälaten, nicht die am wenigsten gefährlichen, zu Nebenbuhlern bei dieser berühmten Schönheit hatte. Geistlichkeit und Weltlichkeit betete diesen Stern erster Größe an, und nur der Musik, meinem dramatischen Talent, vielleicht auch dem Umstand, daß ich mein Roß auf dem Korso und dem Volksplatz gut zu tummeln verstand und prächtige Lancaden und Kapriolen machen ließ, verdankte ich den Sieg über meine großen und gefährlichen Nebenbuhler und daß die Schöne ihre strahlenden Augen auf mich warf.

Noch ein anderer Umstand, wie sie mir nachher selbst gestand, hatte dazu beigetragen, mich in ihre Gunst zu setzen. Eines Abends kam in einer brillanten Konversation bei Colonna die Sprache auf die Deutschen, von denen man unter mehreren guten Eigenschaften, die sie haben sollten, besonders auch die deutsche Treue in der Liebe hervorhob, und die Frauen versicherten allen Ernstes, ein untreuer deutscher Ehemann sei ein ebenso seltenes Phänomen, als ein treuer italienischer, und einen Deutschen zu verführen, der verheiratet sei oder eine Geliebte habe, dazu gehöre mehr als irdische Schönheit, ja die Allmacht einer Göttin. Die Italienerinnen halten es eher für möglich, einen Strom rückwärts fließen zu lassen, als einer Gattin den deutschen Mann abspenstig machen zu können. Ich ließ sie natürlich bei diesem Glauben, und während ich ihnen vollkommen beipflichtete, versicherte ich ihnen, daß, wenn ich jemals das Glück hätte, eine Geliebte zu besitzen, ich mir sogar ein Gewissen daraus machen würde, eine andere Dame nur anzusehen.

Dabei faßte ich die Cesarini, die keine zwei Schritte von mir stand, scharf ins Auge. Man verglich nun die französische Flatterhaftigkeit und den italienischen Leichtsinn mit dieser deutschen Beständigkeit, bedauerte nur, daß wir nicht mit derselben auch die französische Liebenswürdigkeit verbänden und weniger Phlegma hätten.

«Alles läßt sich nicht vereinigen», sagte ich lachend.

«Und dann gibt es ja auch Ausnahmen», versetzte die Principessa Cesarini, mich ansehend, und ich verbeugte mich tief.

Es wurden nun andere Gegenstände auf das Tapet gebracht. Ein Teil der Gesellschaft setzte sich zum Spiel nieder; da auch die Principessa Cesarini an dem Spieltisch pointierte, so plazierte ich mich ganz in ihre Nähe, besetzte dieselben Karten wie sie und gewann so in kurzem einige fünfzig Zechinen. Sie hatte es gleich anfangs bemerkt und sagte lächelnd zu mir: «Sehen Sie, so geht es, wenn Sie mir folgen, ich bin ein guter Führer», und fuhr hierauf sotto voce [leise] fort: «Wollen Sie die Katakomben besuchen, so finden Sie sich morgen vormittag zu San Sebastian fuori le mure ein, wo Sie einen Führer zu dieser gefährlichen Partie finden werden, der Ihnen vielleicht nicht ganz unangenehm ist.» Wie mich diese Worte elektrisierten, vermag ich nicht zu sagen, mein Blut begann zu sieden, und für das Spiel hatte ich weder Augen noch Ohren mehr, ich war dadurch in den dritten Himmel versetzt worden und stand dennoch wie auf glühenden Kohlen.

Obgleich Schüchternheit eben nicht mein Fehler war, so hatte ich bis jetzt doch noch nicht einen leisen Händedruck gewagt, nur meine Augen und Artigkeiten mit

Worten konnten meine Wünsche verraten haben, und nun sah ich mich mit einem
Male und ganz unerwartet an dem Ziel derselben. Ich mußte mit der größten Behutsamkeit zu Werke gehen, denn der Lauscher und Aufpasser waren zu viele,
wenn es der Cesarini galt, die Hunderte von Anbetern hatte, besonders seitdem
man wußte, daß sie nicht mehr in sehr großer Einigkeit mit ihrem Gatten lebte.
Nach Mitternacht ritt ich nach Albano zurück, um mit dem frühen Morgen schon
wieder in Rom sein zu können, wo ich, nachdem ich in dem großen Kaffeehaus auf
dem Korso gefrühstückt, nach der mir bezeichneten Kirche San Sebastian fuori le
mura fuhr.

XIII.

Die Katakomben – San Sebastian fuori le mura – Abenteuer
in den Katakomben – Karnevalsfreuden – Noch ein Mordanschlag – Die junge
Witwe – Canova – Beendigung des Karnevals – Aufenthalt im Lazarett –
Entführung einer Nonne – Der Kardinal-Bischof und der Impresario –
Zum dritten Bataillon versetzt –
Herzbrechender Abschied und Abreise von Rom.

Eine ziemliche Strecke vor den Mauern Roms, etwas rechts von der Via Appia,
liegt die Kirche des heiligen Sebastian fuori le mura, bei der man zu dem größten
Grab der Erde, den Katakomben Roms hinabsteigt, denn nur das Meer mag eine
größere Menge von Leichen bergen. Ein finsteres Labyrinth, dessen endlose Irr-
gänge noch kein Sterblicher genau ermessen konnte, die wenigstens sechs Miglien
im Umfang haben müssen, sich nach allen Seiten hin unter Rom verlieren und mit
noch anderen unterirdischen Gewölben und kleinen Katakomben in Verbindung
stehen. Bald kommt man durch schmale, enge Gänge, in denen zwei Personen nebeneinander keinen Raum haben, bald befindet man sich in schauerlichen, mit
Schädeln und Knochen angefüllten Gewölben, in denen nicht selten unabsehbare
Abgründe, Löcher und Gruben vorhanden sind, weshalb man ohne Fackeln oder
Laternen und Führer nicht wagen darf, diese Souterrains zu betreten. Viele Tausende der ersten Christen fanden hier ihr Grab, und die Knochen von nicht weniger als 170 000 Märtyrern sollen hier liegen, ohne die der gewöhnlichen Toten zu
rechnen.

Es war kaum acht Uhr des Morgens, als ich schon unter der Tür der San Sebastianskirche wartete und mit unbeschreiblicher Sehnsucht meine Blicke dem Weg nach Rom zuwandte. Mit so großer Ungeduld und so heißem Verlangen hatte ich noch nie auf die Erscheinung einer geliebten Dame gewartet. Nach beinahe zwei Stunden Harrens sah ich endlich einen unansehnlichen altmodischen Fiaker ziemlich langsam von Rom aus antraben, so daß ich zweifelte, daß dieser den mir so teuren Schatz enthalten könne. Bald hielt er vor der Kirchentür, und zwei verschleierte Frauengestalten, von denen die eine einen göttlichen Wuchs verriet, entstiegen dem alten Rumpelkasten und traten in die Kirche. Schnell eilte ich, als kein Zweifel mehr war, an den Weihkessel, mich tief verneigend ihr das Wasser reichend, das sie, den Schleier zurückwerfend, mir auf das freundlichste abnahm, indem sie mir ein «Ben Venuto» [Willkommen] mit einem vielsagenden Blick zuflüsterte. Sie kniete nun mit ihrer Begleiterin nieder, und nachdem sie ein kurzes Gebet verrichtet hatte, stand sie auf, drehte sich zu mir um. «Nun kommen Sie, wir wollen in die Katakomben hinabsteigen.»

Ich winkte dem Aufseher, der eine Fackel brachte. Wir folgten unserem Führer und stiegen durch die in der Nähe befindliche Tür in das unermeßliche Totenreich hinab. Auf der Treppe reichte ich der schönen Fürstin die Hand. Ihre Begleiterin, eine gefällige Freundin und vertraute Gesellschafterin, mußte auf ihr Geheiß mit einem Laternchen vor uns und dicht hinter unserem Führer gehen. Unten drückte ich die in der meinigen ruhende Hand beinahe zitternd an mein schon hochpochendes Herz und dann auf den Mund einen Feuerkuß, streifte aber dabei mit der Kerze an die Mauern, so daß ihr Licht schnell erlosch.

Unser Führer eilte indessen unaufhaltsam voran, und bald wurden die Gänge so eng, daß wir nicht mehr nebeneinander gehen konnten, ohne uns fest aneinander zu schmiegen, und nun schlang ich meinen Arm um die schönste und schlankste aller Taillen Roms, die ich mit jedem Schritt vorwärts fester und inniger an mich drückte, so daß bald ein glühendes Feuer alle meine Adern durchzuckte. Als ich endlich den Führer mit der ihm folgenden Schönen, denn häßlich war der Prinzessin Begleiterin nicht, in ziemlicher Entfernung von uns sah – ich war absichtlich langsam gegangen –, wagte ich einen langen Kuß; ich fühlte den Kuß mit brennenden Lippen erwidert. Mehrere Sekunden blieben wir in dieser Stellung und würden Minuten und Viertelstunden so verweilt haben, wenn nicht der Führer, immer von Märtyrern und Heiligen faselnd, endlich stillgestanden wäre und sich nach uns umgesehen hätte, um uns auf die Inschrift eines Steins aufmerksam zu machen. Als er sah, daß ich kein Licht mehr hatte, rief er mir zu: «Was ist Ihnen begegnet, Ihre Kerze brennt ja nicht mehr.»

«Hat nichts zu sagen, Signor; ein Windzug hat sie gelöscht, nur immer vorwärts.»

Nun hielt er wieder an, um uns einen Haufen Knochen zu zeigen, lauter Märtyrerknochen, von denen etwas wegzunehmen bei Strafe des Kirchenbannes verboten war. Niemand von uns spürte einige Lust, sich diesem auszusetzen, und wir ließen die Knochen unberührt. Es ging weiter die Kreuz und die Quere in diesem Knochenlabyrinth, in dem ich endlich so weit mit meiner schönen Principessa zurückblieb, daß wir zuletzt Fackel- und Laternenschein, die sich in den krummen Seitengängen verloren, aus dem Gesicht bekamen und uns so ganz vergaßen, daß es uns nicht im entferntesten in den Sinn kam, daß wir hier Gefahr liefen, das Tageslicht nicht mehr zu schauen. Nach einigen Minuten ließ jedoch der gute Mann seine Stimme mehrmals kreischend erschallen, aber wir waren in diesem Augenblick ganz außerstande, ihm zu antworten, da der Mund des einen dem des anderen ein absolutes Stillschweigen auferlegte. Endlich fanden wir die Sprache wieder, aber die Stimme des Kustoden war jetzt verstummt, und nun war es uns doch nicht so ganz einerlei, uns ohne Führer und Licht in diesen stockfinsteren unterirdischen Irrgängen zu befinden.

«Das wäre die Lust zu teuer gebüßt», meinte die Prinzessin halb scherzend, halb ernst, «wenn wir zur Strafe hier verhungern sollten.»

«Dahin soll es nicht kommen», erwiderte ich und schrie nun aus vollem Hals mit einer Donnerstimme: «Signor Kustode! Signor Kustode!»

Aber alles blieb still und stumm. Ich wiederholte meine Rufe, keine andere Antwort, als der Widerhall meiner Stimme.

«Das beginnt bedenklich zu werden», meinte die Cesarini.

«Bewahre der Himmel», versetzte ich, «wie, wenn es dem Herrn Führer eingefallen wäre, sich einstweilen auf seine Faust mit Ihrer hübschen Begleiterin zu verlustieren?»

Die Cesarini lachte und sagte: «Wo denken Sie hin; der Kustode der heiligen Märtyrer ist schon ziemlich betagt und Bianchetta auch nicht mehr in der ersten Jugendblüte.»

«Das will nichts sagen, ein Grund mehr für beide, sich gegenseitig zu trösten.»

«Allen Scherz beiseite, mir fängt an, bange zu werden.»

Unsere Lage wurde immer bedenklicher, denn wir konnten nur mit äußerster Vorsicht einen Schritt vor-, rück- oder seitwärts wagen, aus Furcht, in eine der Gruben oder Abgründe zu fallen. Wir schmiegten uns nun inniger aneinander und hielten uns fest umschlungen, die Furcht schwand abermals in einem seligen Vergessen, aus dem aber das Erwachen um so ängstlicher war, da immer noch kein Führer und kein hoffnungsvoller Lichtstrahl erscheinen wollte. Jetzt verdoppelte

ich mein Rufen und Schreien, wir schritten endlich aufs Geratewohl vor- oder
rückwärts, jedoch mit aller Behutsamkeit mit den Händen längs den Wänden strei-
fend, denn ich hatte weder Stock noch Degen, da ich in Zivilkleidern gekommen
war.

Es mochten etwa drei Viertelstunden sein, abwechselnd Augenblicke der höchsten Wonne und der höchsten Pein, und nachdem ich mich matt und heiser ge-
schrien und meine schöne Gefährtin schon einen Strom von Tränen vergossen
hatte, als wir plötzlich einen Lichtstrahl in weiter Ferne gewahrten, der aber auch
ebenso schnell wieder verschwand, so daß ich nicht einmal Zeit zum Rufen gehabt.
Jetzt schrie ich aus allen Kräften, und wir hatten das Vergnügen, den Strahl zum
zweitenmal zu erblicken. Endlich wurden wir gehört, und immer schreiend näherten wir uns dem Licht, aber erkannten bald, daß es nicht unserem Führer und seiner Begleiterin gehörte, sondern anderen Fremden, die ebenfalls die Katakomben
mit einem Führer besuchten.

‹Mein Gott, wenn es nur keine Personen sind, die mich kennen›, rief die Principessa aus.

‹Und wenn auch, immer noch besser, dem Teufel selbst hier zu begegnen, als so
elend umzukommen.›

Als wir uns der Gesellschaft näherten, erkannte ich die Familie des dänischen
Gesandten, der in Albano wohnte, wandte mich an den Führer, um meine, wie ich
sagte, durch den Wind ausgelöschte Kerze anzuzünden, und erzählte den dänischen Fräuleins, daß mich und die fremde Dame – die Prinzessin hatte ihren dichten Schleier herabgezogen und hielt sich möglichst im Düstern, um nicht erkannt
zu werden – ein unglücklicher Zufall von unserer Gesellschaft getrennt habe. Ich
bat um die Erlaubnis, uns anschließen zu dürfen, was freundlich gewährt wurde.
Nachdem wir der Gesellschaft stumm durch einige Gänge gefolgt waren, kam plötzlich unser Kustode aus einem Seitengang mit Bianchetta zum Vorschein, und wir
verließen dankend die Dänen.

Als wir allein waren, sagte der Führer, daß sie uns schon seit einer Stunde mit
der größten Angst und Sorge ebenfalls beständig schreiend und rufend gesucht hätten und Bianchetta bereits der Verzweiflung nahe gewesen sei. Froh, uns so wieder
gefunden zu haben, schlugen wir jetzt den kürzesten Weg in die Oberwelt ein und
waren alle entzückt, als wir das Tageslicht erblickten. Die beiden Damen verrichteten abermals ihr Gebet vor einer Madonna, deren Schutz sie sich inbrünstig empfahlen, und eilten sodann zum wartenden Wagen.

‹Wann und wo werden wir uns wiedersehen?› fragte ich, meine Schöne an den
Wagen geleitend.

«Finden Sie sich um ein Uhr nach Sonnenuntergang in der Kirche della Trinità de Monte ein.»

Sie fuhr mit dem Fiaker zur Wohnung ihrer Freundin Bianchetta, von wo sie sich durch ihre Equipage, die sie auch dahin gebracht hatte, wieder abholen ließ.

Daß ich auch das zweite Rendezvous nicht verfehlte und mich schon eine halbe Stunde früher in Trinità de Monte einfand, kann man sich denken. Um es bequemer zu haben, nahm ich mein Mittagessen bei einem Restaurateur auf dem Spanischen Platz gegen Abend ein, wartete Zeit und Stunde ab und verfügte mich dann in die mir angegebene Kirche, wo mir meine Ungeduld die Zeit so lang werden ließ, daß ich abermals an dem Kommen meiner Dame verzweifelte. Doch sie fehlte auch diesmal nicht, kam aber allein, unterließ nicht, ihre kurze Andacht zu verrichten, worauf sie mir ein Zeichen gab, ihr zu folgen. Wir bestiegen einen auf dem nahen Spanischen Platz haltenden Fiaker und fuhren nach der Kirche San Nicolo a Cesarini, die sich in der Nähe des Palazzo Cesarini befand. Unterwegs gaben wir uns die unverkennbarsten Zeichen unserer gegenseitigen Zuneigung, und sie teilte mir mit, daß sie mich in ihren Gemächern empfangen wolle. Wir stiegen in der Nähe der Kapelle ab, und sie verließ mich bald darauf, sich durch eine kleine Tür entfernend, nachdem sie mir noch im Wagen gesagt hatte, daß ich einer Donzella [Jungfrau] folgen solle, die mir in der Kapelle das Zeichen dazu mit einem blauen Tuch geben würde.

Es dauerte nicht lange, da trat ein solches Mädchen durch die kleine Tür ein, kniete ein paar Augenblicke betend nieder, erhob sich dann, das bewußte Tuch in die Höhe und vor das Gesicht haltend, und ich folgte ihr durch den Ausgang, den sie gekommen war. Aus der Kapelle traten wir unbemerkt in den Palazzo, gingen eine ziemlich finstere Treppe hinan, durch eine Reihe von Stanzen, ebenfalls nicht erleuchtet. Endlich öffnete Priscilla, die Zofe, die Tür eines durch eine Alabasterlampe nur düster erhellten Zimmers, wo sie mich eine kleine Weile zu warten bat, da ihre Herrin noch Besuch habe, aber in wenigen Minuten erscheinen würde. Hierauf ließ sie mich allein.

Trotz der Sehnsucht kam mir doch in meiner Einsamkeit der Gedanke, wie leicht es möglich sei, daß ich hier vom Fürsten oder durch von ihm bezahlte Leute überfallen werden und mich nicht einmal verteidigen könnte. Ich nahm mir vor, mich am anderen Tag mit einem Stockdegen zu versehen und bei solchen Gelegenheiten auch immer ein paar geladene Terzerole [Pistolen] in der Tasche zu tragen. In Rom kann man für Geld, ohne viel zu suchen, leicht ein paar Kerle dingen, die einen Menschen mit dem größten Anstand, noch größerer Gewandtheit und dem besten Humor von der Welt durch ein paar Messerstiche in die andere Welt spedieren. Würde man aber in Rom, Venedig, Genua nach jenen handwerkszünftigen Romanbanditen fragen, so würde man sich ebenso lächerlich machen, als wenn man sich in Köln, Koblenz oder Mainz nach Raubrittern erkundigte und sich deshalb ein Geleit ausbitten wollte. Beide gehören vergangenen Zeiten an. An Straßenräuberbanden fehlte es indessen nicht, namentlich im südlichen Teil des Kirchenstaates und im Königreich Neapel, doch wußten wir auch diesen bald das Handwerk zu legen.

Bald dem Banditengedanken Raum gebend, bald an die Heißersehnte denkend, ging ich unruhig in dem düsteren Gemach auf und nieder, bei dem geringsten Geräusch die Ohren spitzend. Jetzt knarrte und öffnete sich leise eine Tapetentür, und Madonna trat in einem blendend weißen, faltenreichen Gewand herein. Sie schloß die Tür hinter sich und lag in meinen Armen, ich umschlang sie glühend und sank mit ihr auf die schwellenden Kissen. Ich glaube, wenn Rom in diesem Augenblick durch ein Erdbeben untergegangen wäre, wir hätten in unserem Dahintaumeln nichts davon wahrgenommen. Rom blieb aber stehen, wennschon die Ottomane gewaltig erschüttert wurde.

Bei Sinnen und etwas abgekühlter, fragte ich, ob sie sich auch hier völlig sicher glaube, da ich unbewaffnet, und ob kein Überfall vom Fürsten zu befürchten sei. «Oh, der Fürst», fiel sie lächelnd ein, «der fragt nicht mehr nach mir, ich bin ihm so gleichgültig und gleichgültiger wie die schlechteste Statue seines Palastes, gräme mich aber deshalb nicht im mindestens, wie ich es anfänglich getan. Wir gehen jetzt jeder seiner Wege, ohne daß sich einer um den anderen kümmert.» Sie fiel mir um den Hals, und ich küßte und tröstete sie abermals.

«Doch», fing sie später wieder an, «wenn wir auch nichts von meinem Mann zu befürchten haben, so mußt du dennoch auf der Hut sein, anima mia [mein Freund], denn du hast Nebenbuhler, die wir weit mehr zu fürchten haben. Dies ist der Grund, warum ich unser intimes Verhältnis möglichst geheimzuhalten suche, sonst läge mir wenig daran, daß es die ganze Stadt wüßte, ich würde im Gegenteil noch stolz darauf. Aber da ist ein Kardinal, wenn auch ein starker Vierziger, ein Marchese, ein Conte und noch ein paar Dutzend andere Kavaliere und Prälaten, die mich mit ihrer widerlichen Liebe und ihren Nachstellungen verfolgen und die ich alle bisher zum besten gehabt oder mit Spott und Verachtung zurückgewiesen habe. Aber ich kenne diese Menschen: Ahnen sie in dir den von mir begünstigten Geliebten, so sind mehrere unter ihnen, deren Rachsucht keine Grenzen kennt, und ich muß dann jede Minute für dein Leben fürchten. Ohne diese Furcht würde ich dich bitten, mich von jetzt an nicht mehr zu verlasen und mich allenthalben und an jeden öffentlichen Ort zu begleiten, denn ich möchte dich gern gleich einem

Schatten um mich sehen, ohne mich nach dem Gerede der Leute zu kehren, was ohnehin hier, wo jeder ganz nach Lust und Gefallen lebt, nichts sagen will. Als französischer Offizier betrachtet man dich mit doppelt mißgünstigen Augen. Wenn du mich liebst, wenn dir dein und mein Leben wert ist, geh nur mit der größten Vorsicht zu Werke und nimm dich in acht, in der Gesellschaft nie mehr als die gewöhnlichen Höflichkeitsbezeugungen, die man gegen jede Dame beobachtet, auch mir zu erweisen.«

Ich versprach, was sie begehrte, und erhielt dagegen die Versicherung von ihr, daß sie es wohl zu veranstalten wissen werde, daß selten ein Tag verginge, an dem wir uns nicht insgeheim sehen und sprechen würden. So geschah es auch. Wir machten auch nächtliche Promenaden in dem östlichen Teil der Stadt, wo die alte Römerwelt gehaust, zwischen den Trümmern, Gräbern und Gärten.

Die Karnevalszeit begünstigte unser häufiges Zusammensein, und bald in türkischem, bald in spanischem und anderen Kostümen fuhren wir des Nachmittags über den Korso und durch die anderen Straßen Roms in Mietwagen oder gingen auch bisweilen zu Fuß, setzten uns in Kaffeehäuser und kehrten nicht selten erst gegen Morgen heim, wobei Bianchetta und Priscila, die zwei Vertrauten unseres Einverständnisses, alle Hindernisse aus dem Weg räumen halfen, was übrigens in der Karnevalszeit nicht schwer war, da sich dann die römischen Damen der unbeschränktesten Freiheit erfreuen. Die Donzella kleidete ihre Gebieterin oft in meinem Absteigequartier in persische oder indische Gewänder, während sie den Palazzo im Colombinenkostüm verlassen hatte und ich einen Tartarenfürsten vorstellte.

Ich hatte unterdessen auch die Bekanntschaft eines wegen einer unbedeutenden galanten Krankheit im Lazarett befindlichen Dragonerleutnants namens Bonnier in einem Kaffeehaus gemacht und denselben mehrmals wiedergesehen. Wir schlossen bald engere Freundschaft, und er erwies mir bei meinen Intrigen zu Rom mehr als einmal wesentliche Dienste durch Wachehalten, Patrouillieren, wenn ich mich an gefährlichen Orten befand, was ich ihm durch einen außerordentlichen Dienst, den ich ihm leistete, wieder vergalt.

Indessen wird nichts so fein gesponnen, es kommt doch an die Sonne, sagt ein deutsches Sprichwort und sollte sich auch hier bewähren. Trotz aller List, Vorsicht und Verschlagenheit kam ein junger Abbate namens Sforza, Anverwandter des Hause Cesarini, unserem Verhältnis auf die Spur, ohne es geahnt zu haben. Hier war es nicht die Rache verschmähter Liebe oder eines zurückgewiesenen Liebhabers, die ihn antrieb, die geheimen Gänge seiner Verwandten zu erforschen, ihr nachzustellen und Fallen zu legen, sondern ein gekränkter Familien- und Adelsstolz, den er wie die ganze Verwandtschaft des Cesarini besaß, die ihre Abstammung nicht weiter als bis zu Caesar selbst zurückzuführen suchte, von dem aber auch kein männliches Glied ein Äderchen hatte.

Diese Verwandtschaft konnte es dem Fürsten Francesco nicht vergeben, das alte, wenn auch faule Haus der Cesarini mit unedlem Bürgerblut vermischt zu haben, wie sie sich auszudrücken beliebte. Das war wohl mit ein Grund, daß sich die junge Frau in dieser Familie so unglücklich fühlte und ihr Gatte, von seinen Verwandten fortwährend angeregt, sie bald vernachlässigt hatte. Der Abbate schöpfte zuerst Verdacht, weil seine schöne Cugina [Base] während dieses Karnevals nicht wie in den vorhergehenden Jahren jeden Nachmittag den Korso in prächtiger Equipage und brillantem Kostüm auf- und niederfuhr, um dort die Huldigungen der großen und eleganten Welt zu empfangen und alle Blicke auf sich zu ziehen, sondern sich kaum einigemal daselbst auf kurze Zeit hatte sehen lassen, was nicht allein ihm, sondern allgemein auffiel, da man sie ungern vermißte.

Im allgemeinen schrieb man es jedoch dem Mißverständnis mit ihrem Gatten, das bekannt war, zu. Eines Abends, als wir maskiert in einem Wagen den Korso verlassen hatten, um uns in meine Wohnung zu begeben, daselbst die Kostüme zu vertauschen und spanische Trachten anzulegen, hatte ich bemerkt, daß uns eine Maske in dem Anzug eines peruanischen Sonnenpriesters in einiger Entfernung gefolgt war und stille stand, uns nachsehend, als wir in das Haus traten, in dem ich mein Absteigequartier hatte. Ich teilte es der Cesarini mit, die mir ein gleichgültiges «non sarà niente»* erwiderte. Die Fürstin konnte mit ihrem Kostüm nicht fertig werden und beschloß nun, sich als Colombine, was ihr so allerliebst stand, zu kleiden und einen Rosa-Domino [Maskenmantel] über diesen Anzug zu werfen. Als der wiederbestellte Fiaker kam und wir in denselben steigen wollten, bemerkte ich in geringer Entfernung wieder den Sonnenpriester sowie zwei als türkische Sklaven verkleidete Masken, die sich hinten auf den Wagen schwangen. Ich rief dem Kutscher zu, die beiden Kerle herunterzupeitschen, wozu er aber nicht den Mut hatte, sondern sie nur ziemlich höflich ersuchte, herabsteigen zu wollen, wovon sie aber keine Notiz nahmen. Einen Straßenskandal wollte und mußte ich vermeiden und befahl dem Kutscher, nach einem kurzen Umweg wieder an meiner Wohnung vorzufahren. Die Cesarini sagte mir, sie vermute, daß dies Nachstellungen des jungen Sforza seien, dessen Gestalt auch der Priester gehabt. Angekommen, sprang ich aus dem Wagen und rief meinem Burschen Louis, der mutig und gewandt weder Gefahr noch Händel fürchtete, von denen ich ihn eher zurückzu-

*) «Es wird nichts weiter sein»

halten als dazu anzufeuern hatte. Diesem befahl ich, sich hinten aufzusetzen. Die beiden Türkensklaven waren, während ich aus dem Wagen sprang, gleichfalls hinten abgesprungen und standen wieder observierend in einiger Entfernung.

Leutnant Bonnier hatte sich auch in meiner Wohnung eingefunden, um daselbst eine Zeitlang zu verweilen. Ich sagte ihm mit einigen Worten, daß uns ein paar verdächtige Masken verfolgten. Als ich nun wieder abfahren wollte, trieben die Kerle die Frechheit so weit, sich abermals neben Louis hinten aufsetzen zu wollen, dieser aber stieß den ersten mit einem so kräftigen Fußtritt zurück, daß er hinterrücks niederfiel, und dem zweiten drohte er mit seinem derben Knotenstock, so daß dieser sich nicht mehr zu nahen wagte. Wir fuhren jetzt auf mein Geheiß in möglichster Schnelle auf die Piazza Colonna, wo wir ausstiegen, in einer Masken-Bodega [Verleih] weite graue Cambridgemäntel überwarfen, weiße Larven und schwarze Federhüte aufsetzten und so mehrere Festini und Theater besuchten. Nach Mitternacht brachte ich meine teure Amica in ihren Palazzo zurück, wo sie die Zofe an der kleinen Pforte empfing und von wo ich mich zu Fuß in meine Wohnung begeben wollte.

Ich mochte ungefähr noch einige dreißig Schritte entfernt sein, als ich von zwei verlarvten Kerlen angefallen wurde, in deren Händen blanke Dolche schimmerten. Etwas dergleichen vermutend, hatte ich schon den Degen gezogen, noch ehe sie mir auf den Leib konnten, und ein gespanntes Terzerol in der linken Hand. Die Kerle, hierdurch stutzig gemacht, schienen sich einen Augenblick zu besinnen, versuchten indessen doch mit ihren ziemlich langen Dolchen auf mich einzudringen. Ich versetzte aber einem derselben einen Hieb auf die rechte Hand, daß er das Messer mit einem Schrei zur Erde fallen ließ, der zweite wagte es nun nicht, auf mich loszugehen, sondern gab Fersengeld. Ich sah noch einen dritten, der sich bis jetzt verborgen, eine passive Rolle gespielt hatte und nun ebenfalls Reißaus nehmen wollte, dem ich aber nacheilte und einen tüchtigen Hieb auf den Kopf versetzte, so daß er mit einem lauten: ‹Ajuto, ajuto!› [Hilfe, Hilfe] davonzuspringen versuchte, aber meinem Louis und Bonnier, die beide bewaffnet gerannt kamen, in die Hände fiel. Ich wollte den Kerl auf die nächste Wache bringen, er fiel mir aber zu Füßen, bat flehentlich um Gnade, ein Illustrissima, Eccellenza, Monsignore nach dem anderen stammelnd und mit einem ‹fatemi grazia voglio tutto confessare›* endigend.

Unter der Bedingung, daß er mir die volle und ganze Wahrheit haarklein gestehe, versprach ich, ihn nach seinem Geständnis laufen zu lassen, bemerkte aber,

---

*) ‹Vergeben Sie mir, ich will alles gestehen.›

wenn er von mir auf der geringsten Lüge ertappt würde, ließe ich ihn ohne weiteres nach Albano transportieren, um ihn dort vor ein Kriegsgericht zu stellen und erschießen zu lassen, denn ich sei der Kommandant von Albano. Dies wirkte, der dumme Teufel glaubte in allem Ernst, daß dies in meiner Gewalt stünde, und rief aus: «Ah in che malanno mi sono precipitato.»* Wir nahmen ihn nun zwischen uns, führten ihn in meine Wohnung, um daselbst ein förmliches Verhör vorzunehmen. Hier gestand er, daß er mit noch ein paar anderen seines Gelichters wirklich vom jungen Sforza gedungen worden, mir für einhundertundfünfzig Zechinen das Lebenslicht auszublasen, er sei aber ein Galantuomo [Ehrenmann], der kein Mestiero [Gebrauch] von solchem Handwerk mache und sich nur deshalb habe verleiten lassen, weil man ihm gesagt, ich sei ein französischer Vagabund, ein Glücksritter und Ketzer, den in die andere Welt zu spedieren ein Verdienst um die Jungfrau sei. Er sähe aber wohl ein, daß man ihn hintergangen habe; denn er würde es nimmer gewagt haben, seine Hand an einen Signor Uffiziale und gar an die geheiligte Person des Kommandanten von Albano zu legen.

Der arme Teufel, der ziemlich viel Blut aus der Kopfwunde, die ich ihm beigebracht, verlor, wurde ganz matt und schwach. Ich ließ ihm etwas Wein geben, und Louis verband ihn, nachdem er die Haare an dieser Stelle abgeschnitten und die Wunde gehörig ausgewaschen hatte. Noch immer hatte er Angst, daß ich ihn nach Albano bringen und dort erschießen lassen würde. Ich suchte ihn zu beruhigen, stärkte ihn mit noch einigen Gläsern Albanerwein und kündigte ihm dann an, daß es ihm freistünde, hinzugehen wo er wolle.

Diese Großmut hatte er nicht erwartet, und es kostete Mühe, ihn davon zu überzeugen. Er war so gerührt, daß er sich mir abermals zu Füßen warf und sich ganz zu meiner Disposition stellte, indem er sagte, der junge Sforza sei ein gran birbone [großer Schuft], der ihn betrogen, und daß er mir fortan von allem Nachricht geben wolle, was derselbe noch gegen mich im Schilde führen möge, so daß ich immer meine Maßregeln nehmen könne. Der Kerl hielt wirklich Wort und warnte mich, sich fortwährend Sforzas Vertrauen erhaltend, vor allen Fallstricken, die der Cesarina und mir von dieser Seite gelegt werden sollten, so daß wir sie durch unsere Gegenminen immer nichtig zu machen wußten, was jenem unerklärbar war. Sforza war einer der gefährlichsten Feinde der Cesarini und glaubte sich als naher Verwandter des Fürsten Francesco zurückgesetzt, auch hatte sie ihn immer in gehöriger Entfernung zu halten gewußt, und da er durch seine Spione endlich Wind von dem Verhältnis, erhalten hatte, so warf er nun seine ganze Wut auf mich.

---

*) «Ach, in welches Unglück bin ich gestürzt.»

Ich fand aber für gut, dies alles zu ignorieren und nur immer mehr auf meiner Hut zu sein, was jetzt nicht mehr schwer war, da sein Hauptagent in meinem Sold stand und wir denselben reichlich beschenkten. Nur einmal ließ ich mich verleiten, bei einer Abendgesellschaft im Palast des Fürsten Oldeschalchi im Vorübergehen die Worte «Die Zeit ist nicht mehr fern, wo alle Banditen und Meuchelmörder den Galgen zieren werden» mit großem Nachdruck an Sforza zu richten. Monsignore schien etwas verlegen, zwang sich zu lächeln, aber seine Lippen bebten, versagten ihm diesen Dienst, und das Lächeln artete in ein konvulsivisches Verzerren des Gesichts aus.

Unbekümmert über diese Nachstellungen, fuhren wir nach wie vor fort, uns den Vergnügungen zu überlassen. Die Cesarini selbst versicherte, daß ich dem Menschen nun unbedingt alles Zutrauen schenken könne, denn dies läge im Charakter eines braven Römers, besonders wenn man wie wir von Zeit zu Zeit seinen guten Willen durch kleine Regali anfeuerte. Ja, er trieb seine Ehrlichkeit so weit, daß sich sein zartes Gewissen Skrupel machte, solche Geschenke anzunehmen, da er uns eigentlich noch keine reellen Dienste geleistet habe.

Es waren nun schon beinahe zwei Monate vergangen, daß ich mit der Cesarini auf dem vertrautesten Fuß lebte und ihr ganz treu geblieben war, aber ewig konnte es nicht dauern, dies war wider meine Natur und lag nun einmal nicht in meinem Charakter. Im Theater Aliberti machte ich eines Abends die Bekanntschaft einer noch ganz jungen, kaum vierzehnjährigen Witwe namens Vernetti, die ihren Mann erst vor wenigen Monaten, und zwar schon vier Wochen nach der Hochzeit, verloren hatte. Ich befand mich diesen Abend zufällig allein im Theater. Die blutjunge Frau hatte noch eine ältere Schwester und beide einen alten Herren, ihren Oheim, bei sich. Der Zufall führte mich in eine Loge mit den Damen, die ich beide noch für Mädchen hielt. Ich war erstaunt, als ich erfuhr, in der jüngsten schon eine Witwe zu finden. Eine Unterhaltung war bald angeknüpft, das Theater selbst lieferte den Stoff dazu. Ich erlaubte mir, den Damen einige Erfrischungen anzubieten, die mit Dank akzeptiert wurden, und so war die Bekanntschaft schnell gemacht; nicht nur erhielt ich die Erlaubnis, die Signora in Begleitung des Oheims nach Haus geleiten, sondern auch die, ihr am anderen Tag meine gehorsamste Aufwartung machen zu dürfen.

Ich wurde auf das freundlichste empfangen, die ältere unverheiratete Schwester, auch ein recht hübsches Mädchen, wohnte seit dem Tod ihres Schwagers mit der jungen Witwe zusammen. Beide sangen artig, spielten, wie alle Römerinnen, Gitarre und Mandoline, wir musizierten, scherzten, es dauerte nicht lange, so küßten wir auch, und bald brachte ich fast alle meine Vormittage hier zu, während ich die

Nachmittage und den Abend noch immer meist der Cesarini widmete. Diese Abwechslung war mir sehr wohltuend.

Meine neue Bekanntschaft, die Signora Vernetti, war wieder von einer allerliebsten Naivität, sie hatte sehr regelmäßige, schöne Züge und dennoch viel Ausdruck im Gesicht; Hals und Nacken waren ganz zum Küssen geschaffen. Schon in den ersten Tagen entdeckte sie mir, daß sie sich schon beinahe seit drei Monaten in der Hoffnung befände und sich ihre Taille zu runden beginne, weshalb wir uns ohne alle Gefahr für sie ganz den innigsten Vergnügungen der Liebe hingeben könnten. Das gute Kind hatte mir ohne Zweifel diese Entdeckung gemacht, um mich zu ermutigen; denn ich hatte mich bis jetzt noch immer ziemlich zurückhaltend bei ihr benommen, was ihr, da sie die geheimen Freuden der Liebe schon kannte, aber nur so kurze Zeit genossen hatte, gerade nicht sehr gefiel. Ich war aber nicht der Mann, der sich von einer hübschen jungen Frau so etwas zweimal sagen ließ, sondern vertrat noch in derselben Stunde die Stelle des verstorbenen Ehemannes. Ich küßte endlich auch die Schwester, um ihren gerechten Unwillen zu besänftigen und weil sie eben küssenswert war.

Indessen machte ich damals auch eine Bekanntschaft, die nicht minder von Interesse als die meiner Schönen, ja wohl noch von höherem und bleibenderem war, nämlich die des berühmten Canova, in dessen Werkstätte wir einen kolossalen, ganz nackten Napoleon, aus kararischem Mamor gehauen, sahen, an den der gerühmte Meister nur noch die letzte Meißelfeile zu legen hatte. Diese Statue, die nächstens nach Paris abgehen sollte, sprach mich nicht sehr an, dagegen entzückte mich die vollendete Bildsäule einer Nymphe von weißem Mamor, die einen Wuchs und Formen hatte, welche, obwohl sie von Stein waren, dennoch das Blut der Lebendigen in Wallung und Glut zu versetzen vermochte. Ich habe keine Statue mehr gesehen, die einen so lebhaften Eindruck wie diese Nymphe, eine Auloniade, auf mich gemacht hätte, und glaube schwerlich, daß sich in der Wirklichkeit eine solche Gestalt auffinden läßt. Auch eine Bildsäule Ferdinands IV., des verjagten Königs von Neapel, stand in Canovas Atelier, die letzte Feile erwartend, die sie aber vorerst nicht erhielt.

Wir sahen noch mehrere andere Schöpfungen des hochberühmten Meisters, die zum Teil erst halbvollendet waren, und mit der liebenswürdigsten Gefälligkeit zeigte uns derselbe seine Säle, uns alle nur zu wünschenden Erklärungen gebend. Was Canova besonders auszeichnete, war, daß er die Natur mit den idealen antiken Schönheiten so zu verschmelzen wußte, daß alle seine Schöpfungen eine Lieblichkeit atmeten wie keine anderen mehr; und dabei blieb er selbst bescheiden, er schien fast beschämt, so viel Verdienst, Talent und Genie zu haben.

Der Karneval ging nun zu Ende, und ich hatte ihn gottlob ordentlich mitgetobt. Die letzte Nacht hatte ich einem Festino in dem großen Theater Aliberti beigewohnt und veranstaltet, daß sowohl die Cesarini, die Vernetti mit ihrer Schwester sich auf diesem Larvenball einstellten und sich gewaltig intrigiert fanden, um zu erfahren, wer die anderen Masken seien, mit denen ich oft angelegentlich konversiert und die Monfarina tanzte.

Die nun beginnenden Fasten, die ich mir recht langweilig vorgestellt hatte, vergingen mir indessen außerordentlich angenehm, wozu verschiedene Umstände beitrugen. Durch das so wenig geordnete, fast schlaflose Leben und häufige Erkältungen, namentlich bei dem Zurückreiten nach Albano in der Morgendämmerung, wo ich in der letzten Zeit kaum ein paar Stunden ruhte und dann schon wieder nach Rom trabte, hatte ich doch meine Gesundheit etwas zerrüttet, und mein erpichtester Feind, die Terzana, stellte sich nicht nur mit großer Kraft wieder ein, sondern ich fühlte auch sonst eine große Mattigkeit und Schwäche in allen Gliedern. Dabei waren die Fieberanfälle so heftig, daß sie mich zusammenrüttelten wie altes Eisen, und keine China, so groß ich auch die Portionen im stärksten Wein nehmen mochte, wollte diesmal helfen, ebensowenig die Mittel, die mir ein römischer Äskulap verschrieb. Bonnier meinte, wenn ich genesen wollte, müßte ich ins Lazarett nach Rom, wo ich dann alle mögliche Pflege und Ruhe haben und bald wiederhergestellt sein würde. Dies meinten auch die Ärzte, und ich schrieb deshalb an Duret, der mir ebenfalls dazu riet und mir schrieb, daß er vorerst die Kommandantur von Albano nicht besetzen lassen wolle, sondern der Unterleutnant der Kompanie diesen Dienst provisorisch versehen sollte, was leicht anging, denn zur Not hätte auch ein Vizekorporal dieses Amt verwaltet, bei dem die Hauptsache die Tafelgelder und sonstige Emolumente [Nebeneinkünfte] ausmachten, die ich ohnehin schon seit längerer Zeit mit meinem Kameraden teilte. Ich begab mich daher ins Lazarett, wo man mir ein schönes und geräumiges Gemach neben Bonniers Zimmer einräumte. Das in Rom gemietete Logis behielt ich dennoch bei, denn Damenbesuch konnte ich hier, so prächtig es auch war, nicht empfangen. Die Offiziere wurden wirklich fürstlich bedient, und nicht minder gut waren die Unteroffiziere und Soldaten verpflegt, versteht sich, alles auf Kosten des Heiligen Stuhles, so daß die letzteren ihre Rekonvaleszonz gern, so lange es sich nur immer tun ließ, hinausschoben.

Mit meinem Unwohlsein wollte es sich indessen trotz aller angewandten Mittel auch hier nicht bessern; die Anfälle des Wechselfiebers wurden immer stärker und stellten sich immer früher ein, ein böses Omen. Ich verlor bald alle Geduld, denn diese Krankheit fing an, mich in allen meinen Unternehmungen und Abenteuern zu stören, und ich beschloß jetzt, mich durch einen Desperationscoup [Verzweiflungstat] selbst zu kurieren. Als der Anfall sich wieder einstellte, verließ ich das Spital, rannte an den nicht sehr entfernten Tiber, kleidete mich aus und stürzte mich bei der noch sehr rauhen Witterung in das eiskalte Wasser des Flusses, wo mich ein heftiger Schauer ergriff, nach dem aber das Fieber augenblicklich aufhörte, ich verließ das Bad, eine große Schwäche empfindend, kleidete mich eiligst an, setzte mich auf mein Pferd, das ich mir hierher hatte bringen lassen, und trabte nun beinahe zwei Stunden ohne Aufhören, so daß ich in einen starken Schweiß geriet, mit dem ich mich dann zu Bett legte; und siehe, das Fieber blieb den dritten Tag nach dieser Pferdekur richtig aus.

Als ich dem Oberarzt dieses Experiment mitteilte, schüttelte er gewaltig den Kopf und sagte: «Sie müssen in der Tat toll sein, um so etwas zu unternehmen. Unter hundert, die Ihnen dieses nachmachen wollten, würden es neunundneunzig mit dem Leben büßen.» Indessen blieb das Fieber wirklich beinahe vier Monate ganz weg und stellte sich erst dann ein, nachdem ich wieder andere Exzesse begangen hatte. Ich blieb aber noch eine Zeitlang im Lazarett und machte jeden Morgen in Bonniers Gesellschaft weite Spaziergänge in dem öden, verwilderten und romantisch gelegenen Teil der Stadt, wo man nur Weingärten, Ruinen, Palmen, Lorbeerhecken, hier und da ein Kloster oder eine Kirche antrifft.

Eines Morgens nahmen wir unsere Richtung nach dem Lateran, bewunderten die Raritäten dieser Kirche, in der sich, wie zu Loreto, Beichtstühle für die Sünder aus allen Nationen befinden, in denen der Deutsche, der Pole, der Franzose, der Spanier und so weiter seine Sünden in seiner Muttersprache bekennen und auch in dieser zu seinem großen Trost absolviert werden kann. Von hier begaben wir uns zu der ganz nahen Scala Santa, die mein Freund noch nicht gesehen hatte. Obgleich wir beide gute Christen waren, schien uns doch die Ersteigung der heiligen Treppe auf den Knien etwas zu umständlich und langweilig, auch würden wir der vielen Gebete wegen, die man auf jeder Stufe herzusagen hat, in große Verlegenheit gekommen sein, da weder der eine noch der andere ein Paternoster oder Ave Maria wußte, und außerdem würden unsere schönen, mit Silber besetzten Uniformbeinkleider dabei sehr Not gelitten haben. Wir faßten demnach ein Herz und stiegen festen und sicheren Trittes, auf die uns für Ketzer haltenden Leute nicht achtend, die rechts angebrachten profanen Treppen hinauf. Vor dem heiligsten aller Altäre angekommen, knieten wir jedoch nieder und staunten das von Engel gepfuschte Bild an, richteten aber auch mitunter einen weltlichen Blick auf die heranknienden Sünder und besonders auf die Sünderinnen.

Wir waren noch nicht lange in dieser Position, als eine Prozession andächtiger

Klosterfrauen, von ihrer Äbtissin angeführt, an der untersten Stufe der Scala Santa erschien und sich bereitete, dieselbe kniend zu erklimmen. Vier und vier knieten nebeneinander auf einer Stufe, ihre Schleier hatten sie, da sie viel küssen mußten, natürlich zurückgeworfen und ihre Gesichter ganz enthüllt. Daß wir nun nicht mehr auf das heilige Bild, sondern auf die ankommenden lebendigen schauten, unter denen sich manch reizendes Madonnenköpfchen befand, brauche ich nicht erst zu versichern. Gleich müssen uns die guten Kinder nicht bemerkt haben, wenigstens die Frau Äbtissin nicht, denn sie hatte schon ein Drittel der Stufen überkniet, als sie mit Schrecken zwei französische Uniformen mit Epauletten und Mordgewehren und dabei einen schwarzen Schnurrbart gewahrte. Aber was sollte die gute Frau machen? An ein Umkehren war nicht mehr zu denken, eine Retirade auf den Knieen unmöglich, ohne zu riskieren, die Hälse zu brechen, und stehenden Fußes wieder hinabzugehen, hätte Bann und vielleicht ewige Verdammnis bewirkt. Die fromme Herde, schon etwas durch unsere bunten Uniformen in ihrer Andacht gestört, mußten samt der Hirtin nolens volens [wohl oder übel] vorwärts, wobei manches Schäfchen auf uns Sünder einen neugierigen aber verstohlenen Blick warf, der nicht verlorenging.

Je näher die Nonnen dem heiligen Altar und folglich uns kamen, desto häufiger schielten sie nach uns, wahrscheinlich waren wir die ersten französischen Militärs, welche die guten Kinder zu Gesicht bekamen, und der Glanz unserer Uniformen muß den des heiligen Bildes noch übertroffen haben, da sogar die älteren Schwestern ihren Rosenkranz ziemlich verwirrt abzubeten schienen. Meinem Freund und mir fiel bald eine junge, kaum sechzehnjährige Nonne von ausgezeichneter Schönheit auf, die in der vierten Reihe auf der linken Seite kniete. Je näher sie herankam, desto mehr ruhten unsere Blicke auf ihr. Auch sie schien es bald bemerkt zu haben, daß sie ausschließlich der Gegenstand war, der unsere Augen fesselte. Bei der Erknieung einer jeden neuen Stufe sah sie uns zuerst nur flüchtig und dann immer etwas länger an. Als sie endlich die letzte erreicht hatte, warf sie uns noch einen vielsagenden und bedeutungsvollen Blick zu, der von einem halbunterdrückten Seufzer begleitet war. Der Saum ihres Gewandes hatte das Kleid meines Freundes berührt, ein sehr merkliches Zittern durchbebte in diesem Augenblick seinen Körper. Ihr Gesicht färbte sich in demselben Augenblick glühend rot, sie neigte sich hierauf zur Erde und schien in tiefster Andacht vor dem Altar zu beten.

Als endlich alle Nonnen oben angekommen und auch die letzte ihr Gebet verrichtet hatte, standen sie sämtlich auf ein von der Äbtissin gegebenes Zeichen auf und gingen auf der entgegengesetzten Seite, wo wir standen, die profane Treppe hinab. Noch einen flüchtigen Blick warf das holde Kind im Vorübergehen auf uns und verschwand. Auch wir gingen bald darauf die andere Treppe hinab und folgten der frommen Herde in einiger Entfernung. Mein Freund gestand mir, daß dies überirdische Wesen, wie er sich ausdrückte, einen unauslöschlichen Eindruck auf ihn gemacht.

Der Zug nahm nun seine Richtung nach San Balbino zu. Wir folgten ihm gewissermaßen mechanisch und bemerkten deutlich, wie manche der Nonnen sich öfter umsahen. Hinter San Balbino kam die Prozession durch lauter einsame, von Mauern, Gärten und Ruinen begrenzte Straßen. Endlich gelangte sie an ein von hohen Mauern umgebenes und mit fest verwahrten Gitterfenstern versehenes Gebäude, das wir seiner Bauart und den Türmen nach sogleich für ein Frauenkloster erkannten. An der eisernen Pforte zog die Äbtissin ein Klingel, worauf sich sogleich die schwere Tür knarrend öffnete, sämtliche Schwestern folgten ihrer Gebieterin, nachdem einige von ihnen noch einen sehnsuchtsvollen Blick rückwärts in die freie Natur getan hatten, die sich ihnen nun wieder auf eine halbe Ewigkeit verschloß. Wir beobachteten dies alles, hinter einem Gesträuch verborgen.

Endlich war auch die letzte Nonne über die verhängnisvolle Schwelle getreten, die Pforte drehte sich abermals zentnerschwer in ihren Angeln, fiel prasselnd zu, und wir hörten deutlich, wie das schwerfällige Schloß dreimal herumgedreht und drei Riegel vorgeschoben wurden. Mein Gefährte stieß einen tiefen Seufzer aus, stützte sich auf meine Schultern, und wir blieben einige Minuten bewegungslos in dieser Attitüde.

Endlich richtete er sich wieder auf. «Nun ist sie auf immer für mich und die Welt verloren!» Ich sprach ihm Mut zu und stellte ihm vor, daß Rom ja so viele außerordentliche Schönheiten besitze, die man täglich sehen, sprechen und bewundern könne, es demnach töricht sei, sich in eine lebendig begrabene Klosterschwester zu verlieben. Doch ich predigte tauben Ohren und muß aufrichtig gestehen, daß das Engelsgesicht auch auf mich Eindruck gemacht hatte. Langsamen Schrittes entfernten wir uns beide Arm in Arm, nachdem wir durch einen vorübergehenden Gärtnerjungen erfahren hatten, daß das Kloser der heiligen Ursula angehörte.

Da schon längst die Essenszeit vorüber war, gingen wir zu einem Restaurateur, wo ich mir's trefflich schmecken ließ, mein verliebter Kamerad brachte aber kaum einen Bissen über den Mund und saß gedankenvoll und stumm da. Der arme Teufel erregte wirklich mein Mitleid, sosehr es sonst meine Gewohnheit ist, mich über solche schmachtenden Seladons [Liebhaber] lustig zu machen. Ich wandte alles mögliche an, ihn aufzuheitern, ließ San Giorgio und Champagner bringen, doch alles vergeblich. Ich mußte allein trinken. Von da besuchten wir mehrere Kaffeehäuser, in denen wir manche schöne Römerin trafen, die in Gesellschaft eines Violettstrumpfs [Bischof] oder eines Abbate ihren Sorbett zu sich nahm, aber auch diese machten nicht den mindesten Eindruck auf meinen Freund. Wir verließen die Kaffeehäuser, und ich schlug einen Spazierritt auf dem Korso vor, da die Stunde herangekommen war, wo sich dort die ganze schöne Welt Roms zeigt. Mein gemütskranker Freund nahm es an, und wir ritten, Kapriolen und Lancaden* neben den zahlreichen Wagen machend, auf und nieder.

Bald erschien auch meine schöne Cesarini in einem Halbwagen mit ihrer Tante, sie sah schöner wie je aus, und ich hatte Nonnenkloster und die ganze Begebenheit rein vergessen, schloß mich dem Wagen an und vertiefte mich so in ihr Anschauen und ein Gespräch, daß ich die Abwesenheit meines Kameraden erst bemerkte, als wir auf der Piazza Popolo halt machten, um der Konversation besser pflegen zu können, wie es daselbst gebräuchlich ist. Nach Verlauf einer Stunde sah ich Bonnier in gestrecktem Galopp, sein Roß mit Schweiß bedeckt und ihn sehr erhitzt, von der Piazza Venezia hersprengen und hätte, wenn er mir's auch nicht gestanden, doch erraten, wo er herkam. Er hatte unterdessen eine Runde zu Pferd um das Ursulinerkloster gemacht und die hohen Mauern und eisernen Gitter angeseufzt. Ich empfahl mich nun, nachdem ich versprochen, mich im Apollotheater einzufinden, wohin ich denn auch meinen so schwer verwundeten Freund beredete. Um ein Uhr nach Mitternacht war das Schauspiel beendet; der Mond stand hoch und hell am Horizont. Bonnier erklärte mir, daß er unmöglich schon zu Bett gehen könne und gar keinen Schlaf verspüre, sondern noch eine Promenade au clair de la lune [beim Mondschein] machen wolle, wozu er mich dringend einlud.

Ohne eine besondere Divinationsgabe zu besitzen, war es leicht zu erraten, wo diese Promenade hingehen sollte. Lächelnd und kopfschüttelnd hing ich mich an seinen Arm, und ehe eine halbe Stunde verging, waren wir unter den bewußten Mauern. Das hohe Kloster mit seinen Kuppeln und Türmen nahm sich im Mondschein recht schauerlich aus, und dreimal machten wir die Runde um dasselbe. Jetzt schlug die Turmuhr, es war die zweite Stunde nach Mitternacht, und nur mit Mühe brachte ich meinen ächzenden und stöhnenden Freund dahin, sich endlich mit mir zur Ruhe zu begeben.

Von den Strapazen des Tages ermüdet, fiel ich bald in einen festen Schlaf, der mir trefflich bekam; doch kaum graute der Morgen, so wurde ich auch schon durch ein ziemlich fühlbares Rütteln aus dem besten Schlummer geweckt, und meine kaum halb geöffneten Augen erblickten wieder den verliebten Narren Bonnier, der mir mit möglichster Beredsamkeit die Schönheiten des anbrechenden Tages vorde-

*) Lançade, eine Figur aus der Hohen Schule des Reitens

218

monstrierte und mich mit aller Gewalt zu einem romantischen Morgenspaziergang bereden wollte. Ich schlug es ihm aber schlaftrunken ab, legte mich unwillig auf das andere Ohr und schlief, auf die verliebten Narren scheltend, wieder ein.

Es war beinahe Mittag, als Bonnier von seinem Spaziergang zurückkehrte und mich noch im Bett antraf. «Wie ist es möglich, so die schönste Zeit seines Lebens zu verschlafen, ich habe schon das ganze alte Rom durchwandert.» Ich sprang nun aus dem Bett und erwiderte: «Ebensoviel wert, als diese Zeit wachend in fruchtlosen Träumereien hinzugeben.» Dies brachte den guten Bonnier ein wenig in Wallung, und er äußerte mir, daß seine Liebe ebensowenig frucht- als hoffnungslos sei. Klostermauern seien noch lange keine Festungsmauern, er habe die des Ursulinerklosters heute morgen hinlänglich rekognosziert und gefunden, daß man sie mit Feuerhaken und Strickleitern bequem übersteigen könne, es wäre nicht das erstemal, daß eine Nonne entführt worden sei, ein guter Soldat müsse sich durch nichts abschrecken lassen, und je größer die Schwierigkeiten, desto mehr Ehre, sie zu überwinden. Ich gab dies alles gern zu, bemerkte aber, er wisse ja noch gar nicht einmal, ob seine Geliebte ebensolche Gesinnungen hege, ja ob sie nur etwas für ihn fühle, das man Liebe nennen könne, sogar ihr Name sei ihm unbekannt.

«Das könnte wohl der Fall sein, wenn ich so lange wie du geschlafen hätte», gab er mir zur Antwort. «Es ist eine Tochter aus der Familie Narelli zu Pesaro, die erst seit vier Monaten eingekleidet, und was die Liebe anbetrifft, so habe ich auf der Scala Santa hinlänglich gesehen, woran ich mich zu halten habe.» Voll Verwunderung fragte ich ihn, wie er ihren Namen erfahren hätte. «Durch den Klostergärtner, den ich diesen Morgen über eine Stunde sprach,» versetzte er, «und nachdem ich ihm eine deutliche Beschreibung meiner Geliebten gemacht, ohne ihn jedoch die Ursache ahnen zu lassen, warum ich nach ihr forsche, versicherte er, daß es keine andere als die Narelli sein könne. Ich erkundigte mich noch nach manchen von den übrigen Schwestern, um Verdacht zu vermeiden, und er nannte mir noch viele Namen, die ich bereits wieder vergessen habe. Auch über die inneren Verhältnisse des Klosters gab er mir Aufschluß, und da ich ihn fragte, ob ich den Klostergarten nicht einmal sehen dürfe, antwortete er mir, daß dies ohne eine besondere Erlaubnis der Frau Äbtissin nicht angehe, die er jedoch darum fragen und mir morgen schon Bescheid geben wolle, in jedem Fall aber könne dies nur zu einer Stunde geschehen, in welcher die Nonnen in ihren Zellen seien. Du siehst also, Freund, daß ich schon um einige Schritte dem Ziel nähergerückt bin und daß ich es mit deiner Hilfe wohl noch erreichen kann.»

Bonnier ging, nachdem ich ihm versprochen hatte, mit der Cesarini Rücksprache zu nehmen, gleich wieder nach St. Ursula, wo er durch Hecken, Gesträucher, Ruinen und Gärten patrouillierte, das finstere Gebäude, welches seine ganze Seligkeit einschloß, von allen Seiten anstöhnte und erspähte, wo er wohl die Laufgräben am besten eröffnen könnte. Erst eine Stunde nach Mitternacht kam er zurück und traf mich zu seiner Verwunderung schon wieder schlafend an.

Er weckte mich sogleich und fragte mich nach meiner Unterredung mit der Cesarini. Als ich ihm sagte, daß ich sie gar nicht habe sprechen können, stampfte er mit dem Fuß so gewaltig auf den Boden, daß alle Fenster klirrten, und nur mit der größten Mühe gelang es mir, ihn zu besänftigen.

Er warf sich nun angekleidet auf sein Bett, welches er mit den ersten Morgenstrahlen schon wieder verließ, um zum bewußten Ort zu eilen. Ich sah ihn den ganzen Tag nicht wieder. Am Abend hatte ich endlich die ersehnte Zusammenkunft mit der Cesarini, der ich die ganze Sache mitteilte und mir ihren Rat erbat. Sie erschrak nicht wenig über den tollkühnen Plan meines Freundes, und ihr Rat war, diesen zu bereden, denselben aufzugeben, da uns beiden die Geschichte höchst verderblich werden und uns in die größte Gefahr bringen könne. Dagegen wandte ich den unerschütterlichen Vorsatz Bonniers, dessen heiße, grenzenlose Liebe ein und brachte es endlich so weit, daß sie mir versprach, in einigen Tagen das Kloster unter irgendeinem Vorwand zu besuchen, um die nötigen Erkundigungen wegen der Narelli einzuziehen und mir den Erfolg alsdann mitzuteilen. Weiter würde sie sich aber auch in nichts einlassen, denn sie habe keine Lust, der heiligen Inquisition in die Hände zu fallen.

Mit diesen schlimmen Aussichten mußte ich sie verlassen. Ich teilte sie Bonnier bei meiner Heimkehr mit, der um so untröstlicher wurde, da ihm auch die Hoffnung, das Innere des Gartens zu sehen, gänzlich fehlgeschlagen war. Die Äbtissin wollte zwar anfänglich die Erlaubnis dazu geben, als sie aber hörte, daß der Fremde ein Franzose und gar ein Offizier sei, verbot sie dem Gärtner bei Strafe des Wegjagens und des Bannes, ihr je wieder einen ähnlichen Antrag zu machen. Dieser war weder durch Versprechungen noch durch Geschenke zu irgend etwas zu bewegen und die Unternehmung jetzt viel schwieriger, da man gewiß schon aufmerksam geworden war. Eine Ewigkeit schienen Bonnier die wenigen Tage, in denen die Cesarini das Kloster besuchen wollte. Er strich während der Zeit wie gewöhnlich von Sonnenaufgang bis Mitternacht um dasselbe herum, jedoch in Bürgertracht, mit abgeschorenem Schnurrbart und einer Perücke.

Endlich kam der Tag heran, an dem ich Antwort von der Cesarini haben sollte. Ich selbst konnte kaum die Stunde erwarten. Sie war wirklich dagewesen und hatte zur Ausrede genommen, eine alte Bekannte ihrer verstorbenen Großmutter, die in diesem Kloster war, wegen einiger Familienangelegenheiten zu besuchen. Der guten alten Schwester wußte sie auch trefflich einen blauen Dunst vorzumachen, sie wurde sehr gesprächig, erzählte viel und mancherlei. Endlich brachte die Cesarini sie auch auf die jungen Schwestern und auf die Narelli, an der sie besonderen Anteil zu nehmen affektierte, und sie vermochte Beatrice – so hieß die Alte – zu bewegen, sie ins Sprechzimmer zu bringen und der Narelli vorzustellen. Dort knüpfte sie mit dem jungen Mädchen ein vertrauliches Gespräch an, ließ sich von ihr die Zeremonien ihrer Einkleidung erzählen, welche diese mit mancher unterdrückten Träne vortrug. Endlich kam sie auch auf ihr Klosterleben und auf die Prozession nach der Santa Scala.

Mit Willen ließ sich die Cesarini auch die kleinsten dabei vorgefallenen Umstände berichten, und die Nonne sagte ihr, daß sie zum erstenmal in ihrem Leben bei dieser Gelegenheit Franzosen gesehen, die ihr außerordentlich gefallen hätten. Besonders der eine schien ein sehr guter Mensch gewesen zu sein und habe sie unaufhörlich angesehen. Auch sie habe nicht umhin gekonnt, manchmal zu ihm zu blicken und sei dadurch in ihrem Gebet etwas gestört worden. Indessen hoffe sie, daß ihr die Madonna diese Sünde vergeben werde, sie sei so schon unglücklich genug. Die Cesarini versprach, sie wieder zu besuchen, und entfernte sich. Die Alte begleitete sie bis an die Treppe, die Äbtissin war nicht sichtbar. Ich erzählte meinem Freund alles Wort für Wort wieder. Er schwamm in Entzücken und glaubte sich schon im Besitz der Geliebten. Unter Plänen und Projekten brachte er die Nacht zu.

Noch einmal gelang es meiner Überredungskunst, die Cesarini ins Kloster zu schicken, um die Denkungsart der Narelli und ihre Meinung über eine Entführung so beiläufig und nur von weitem zu erforschen. Sie glaubte bemerkt zu haben, daß das Mädchen, wiewohl mit einiger Mühe, dazu zu bewegen sei, beteuerte mir aber zu gleicher Zeit, daß sie nun ein für allemal nichts mehr mit dieser Sache zu schaffen haben wollte und daß, wenn ich nur noch einen Funken von Liebe für sie fühle, ich sie mit allen ferneren Auf- und Anträgen der Art verschonen möchte. Auch würde sie auf den Fall, daß die Sache zur Ausführung käme, darin verwickelt werden, wenn sie noch ferner Besuche im Kloster machte, welches natürlich einen dringenden Verdacht auf sie werfen müsse. Diesen Grund sah ich nur allzugut ein und hätte um keinen Preis der Welt der mir so teuren Cesarini die geringste Unannehmlichkeit verursachen mögen.

Doch schlug sie folgenden Ausweg vor, der mir auch der einzige und beste schien: Eine junge Französin, die sich bei einer ihrer Freundinnen seit einiger Zeit aufhalte und der italienischen Sprache vollkommen mächtig sei, müsse man in das Geheimnis ziehen. Auf ihre Verschwiegenheit dürfe man bauen, diese habe man erprobt. Ich solle selbst mit ihr reden, und dann wolle sie durch Aufträge an Beatrice ihr den Eingang ins Kloster verschaffen; käme dann die Entführung zustande, so könnte sie sich zugleich mit entführen lassen, und alle Schuld fiel alsdann auf sie.

Ich bewunderte meiner Freundin Scharfsinn, wie ich über ihre sonderbare Gewissensängstlichkeit staunte, da sie sich ganz unschuldig glaubte, wenn sie nur nicht selbst Hand ans Werk legte, dabei aber die trefflichsten Ratschläge erteilte. Noch erfuhr ich von ihr, daß auch nahen Anverwandten männlichen Geschlechts der Eingang in das durch ein Gitter getrennte Sprechzimmer gestattet sei, um ihre Schwestern, Töchter oder Cousinen zu sprechen, jedoch nur im Beisein und unter der Aufsicht älterer Nonnen. Wenn wir uns also für Anverwandte der Narelli aus Pesaro ausgäben, gehörig verkleideten und unkenntlich machten, könnten wir wohl selbst einigemal mit ihr reden, natürlich müsse sie aber auf alles erst durch die Französin vorbereitet sein und einwilligen. Diese unerwartete Entdeckung überraschte mich sehr und machte mir viele Freude. Nun erst fing ich an, an die Möglichkeit einer Entführung zu glauben, die ich bis jetzt immer bezweifelt hatte.

Als ich Bonnier dies alles mitteilte, war er ganz außer sich, nannte mich seinen besten Freund, für den er jeden Augenblick das Leben lassen wolle. Demoiselle Lenier, so hieß die Französin, wurde nun durch die Cesarini zur Vertrauten gemacht, und sie gab sich nicht nur sehr gern zu allem her, sondern das Abenteuer schien ihr sogar Vergnügen zu bereiten, und was die Sünde sowie die Verdammnis jenseits anbelangte, so wollte sie die Verantwortung und die Schuld herzlich gern auf sich nehmen.

Sowohl ich als Bonnier hatten nun öfter Unterredungen mit der Lenier. Endlich kam der Tag, an dem sie zum erstenmal ins Kloster fuhr, um sich ihrer fingierten und wirklichen Aufträge zu entledigen. Es ging alles glücklich vonstatten, sie sprach nicht nur Beatrice, sondern auch die Narelli, und zwar lange und viel, und ließ sie merken, daß sie jene Offiziere kenne und öfter spräche und daß der eine von ihnen, wie es schien, in eine junge Nonne dieses Klosters sterblich verliebt sein müsse. Dies brachte sie scherzend und lachend hervor, indem sie ihn einen Narren schalt, der sich ohne die mindeste Hoffnung, den geliebten Gegenstand je wieder zu sehen, so unsinnig verlieben könne. Die Nonne wurde dabei blutrot, was die Lenier bemerkte und sie sogleich, ebenfalls scherzend, damit aufzog, indem sie ihr geradezu sagte, es schiene, als sei auch sie nicht gleichgültig bei dieser Erzählung. Sie sprach ihr nun Mut und Trost zu und wußte sich schon bei diesem ersten Besuch ganz in ihr Vertrauen einzuschleichen, so daß jene sie sehr dringend bat, doch ja bald wiederzukommen und sie oft zu besuchen, was die Lenier auch versprach.

Beim zweiten Besuch, den die Lenier unternahm, rückte diese mit der Sprache heraus und sagte zu Angelika – dies war der Narelli Klostername –, wenn es ihr Vergnügen mache, die beiden Offiziere noch einmal zu sehen, so könne schon Rat dazu werden, sie müsse sich aber um Himmels willen nichts merken lassen und äußerst verschwiegen sein. Angelika schien anfänglich über den Vorschlag zu erschrecken, konnte jedoch zu gleicher Zeit ihre Freude darüber kaum verbergen und fragte nun, wie dies wohl möglich sei. Die Lenier gab ihr allen erforderlichen Aufschluß und sagte, sie würden sich als ein paar nahe Anverwandte aus Pesaro bei ihr anmelden lassen und verkleidet im Sprechzimmer erscheinen, dann müsse sie aber auch die Unbefangene so gut als möglich spielen und die neuen Vettern wie alte Bekannte mit Herzlichkeit empfangen. Angelika meinte, das sei eine schwere Aufgabe, aber die Lenier sprach ihr Mut zu und gab ihr die gehörigen Instruktionen, so daß sie einwilligte, uns zu sehen, und auf alles gefaßt zu sein versprach.

Um die Sache noch leichter zu machen, waren wir übereingekommen, daß wir uns als angehende Geistliche aufführen lassen wollten, welche auf einige Zeit nach Rom gekommen seien, um sich Protektoren wegen baldiger Beförderung zu verschaffen und angesehene Bekanntschaften aus der höheren Geistlichkeit zu machen. Endlich war der verhängnisvolle Tag herangekommen, an dem wir die heiligen Mauern betreten sollten. Schon am Tag vorher hatten wir uns als Angelikas Vettern bei der Frau Äbtissin anmelden lassen, und die elfte Stunde vormittags war zu unserm Empfang bestimmt. In aller Frühe eilten wir zur Lenier, wo wir unsere neuen Uniformen vorfanden. Wir kostümierten uns mit Hilfe der Lenier, sahen einander an und lachten. Mein Kamerad hatte seinen Bart abrasiert, was bei mir noch nicht nötig war, und wir fanden uns in den geistlichen Kleidern ganz bequem.

Als wir angekleidet waren, erschien auch die Cesarini. Sie lachte zwar, äußerte aber zugleich, sie wolle nichts davon wissen, wir seien die größten Sünder, die es je gegeben. Endlich rollte der Wagen vor, der wohl verschlossen war. Wir stiegen ein, und man wünschte uns eine glückliche Reise. Unterwegs stellten wir allerlei Betrachtungen an, unter anderen auch, was man wohl mit uns anfangen werde, wenn man uns erwischte. Bonnier meinte, wir würden ohne weiteres der heiligen Inquisition überliefert und verbrannt werden, ich aber glaubte, wir würden als Franzosen wohl glimpflicher davonkommen, besonders da wir einem Kaiser angehörten, der Geniestreiche liebte und deren selbst täglich ausführe. Ich war von der muntersten Laune der Welt, denn das Abenteuer fing an, mir das größte Vergnügen zu machen. Doch hatten wir uns auf alle Fälle jeder mit ein paar scharf geladenen Terzerolen versehen.

Unter diesen und ähnlichen Gesprächen gelangten wir an die Pforten der Wohnung der heiligen Jungfrauen. Der Wagen hielt an, wir stiegen recht ehrenfest heraus und klingelten. Die Tür drehte sich knarrend in ihren Angeln. Husch waren wir drin, und die Falle hinter uns fiel zu. Daß mir in diesem Augenblick ganz sonderbar zumute war, will ich nicht leugnen, auch mein bis über die Ohren verliebter Freund schien etwas betreten. Dies gab uns aber gerade ein gewisses frommes und schüchternes Ansehen, was uns in diesem Augenblick sehr gut zustatten kam, und die Schwester Pförtnerin führte uns durch lange, düstere Gänge, graue Hallen und enge Stiegen hinauf in das Sprechzimmer, wo sie uns warten hieß, um uns der Frau Äbtissin zu melden. Diese war von der Absicht unseres Besuches schon unterrichtet und wußte, daß wir Anverwandte der Narelli seien.

Wir waren jetzt allein und hatten Zeit, das Sprechzimmer zu besehen, uns vorzubereiten und unsere Betrachtungen anzustellen. Daß die Äbtissin selbst kommen würde, wie es schien, war uns eben nicht sehr angenehm. Wir fürchteten, da man sie uns als eine sehr schlaue Frau geschildert hatte, durch ihre Fragen in Verlegenheit zu kommen. Jetzt hörten wir Tritte, eine Tür jenseits des Gitters wurde geöffnet, und vier verschleierte Nonnen traten ein, von denen sich jedoch die eine, die Pförtnerin, sogleich wieder entfernte. Die übrigen drei traten nahe ans Gitter. Wir erkannten bald Angelika und zwei ältere Schwestern, die Äbtissin war zu unserer großen Freude nicht dabei.

Ich redete erstere sogleich mit «carissima cugina» [liebste Base] an, schüttete eine Tasche voll Empfehlungen von ihren Eltern und Geschwistern zu Pesaro aus, so daß niemand zu Worte kommen konnte und mein Freund sowohl wie Angelika Zeit gewannen, sich zu sammeln. Anfangs konnte das schöne, fromme Kind nichts anderes als si und no [ja und nein] stammeln, bald aber wurde ihr die Zunge etwas geläufiger, und sie fing an, sich nach ihren Verwandten zu Pesaro zu erkundigen, was ich so gut als möglich beantwortete. Endlich hatte Bonnier auch ein Herz gefaßt und knüpfte eine Konversation an. Ich nahm die Gelegenheit wahr und unterhielt mich recht eifrig mit den beiden anderen Damen von himmlischen und irdischen Dingen und wußte sie so gut zu amüsieren, daß sie weder von den Worten noch von den Blicken etwas gewahr wurden, welche man auf der anderen Seite wechselte. Mir aber war es nicht entgangen, daß das Briefchen, welches Bonnier schon seit vierzehn Tagen dreißigmal umgeschrieben, glücklich das enge Gitter passiert und schnell verborgen ward.

Über eine gute Stunde waren wir bereits da, als ich meinem Freund durch Zeichen und Worte zu erkennen gab, daß es nun Zeit sei, sich zu entfernen. Wir empfahlen uns den frommen Schwestern, welche uns ihren reichlichen Segen mit auf den Weg gaben und unseren gottesfürchtigen Vorsatz, recht fromme Geistliche zu werden, über die Maßen lobten, uns auch baten, den Besuch recht bald zu wiederholen, was wir gern versprachen. Noch einen Blick auf Angelika, und wir waren zum Sprechzimmer hinaus, wo uns die Pförtnerin empfing und bis vor die äußeren Klosterpforten geleitete.

Freund Bonnier schwamm abermals in Entzücken und beteuerte wiederholt, er müsse Angelika besitzen und wenn er das Kloster und ganz Rom in Brand stecken solle. «So arg wird es hoffentlich nicht werden», fiel ich ein und bat ihn, mir zu sagen, wie weit er mit ihr gekommen sei. Hierauf erzählte er mir, was ich schon wußte, nämlich daß er das Billett glücklich angebracht, aber mündlich nur mehr im allgemeinen gesprochen und es nicht gewagt habe, ihr eine förmliche Liebeserklärung zu machen, aus Furcht, die anderen hätten etwas merken können. Bei unserer Rückkehr trafen wir die Damen an, die uns mit der gespanntesten Neugierde erwartet hatten, um das Resultat unseres Besuchs zu erfahren, das wir bis jetzt selbst noch nicht wußten. Es wurde nun einstimmig beschlossen, daß Mademoiselle Lenier den kommenden Morgen dahin fahren sollte, um sich davon zu unterrichten. Wir wechselten unsere Kleider und ritten gegen Abend auf den Korso. Um allen möglichen Verdacht zu vermeiden, waren wir übereingekommen, daß weder Bonnier noch ich uns wieder in Uniform in der Nähe des Klosters blicken lassen dürften. Den Tag darauf erwarteten wir die Lenier mit eben der Ungeduld, als sie uns gestern erwartet hatte. Es war beinahe Mittag, als sie zurückkam und Bericht über ihre Gesandtschaft erstattete.

Alles stand zum besten, man hatte nicht den geringsten Verdacht auf uns geworfen, die alten Schwestern waren von mir und die junge Nonne von Bonnier entzückt. Letztere hatte lange und viel mit der Lenier gesprochen und sich zu allem bereit erklärt. Es ging bis jetzt alles nach Wunsch, wir wiederholten unseren Besuch, so oft es möglich war, ohne Argwohn zu erregen, in der geistlichen Tracht, und ein vollkommenes Einverständnis sowie ein regelmäßiger Briefwechsel zwischen Angelika und Bonnier war bald hergestellt, und ebenso schnell waren beide Liebende einig. Daß das Entkommen aus dem Kloster über die Gartenmauern vollbracht werden müsse, darüber waren alle einig, sowie daß dies nur kurz vor oder nach Mitternacht geschehen könne. Wegen der Höhe dieser Mauern sei dies auf jeden Fall eine halsbrechende Arbeit, deren Gefahr die Finsternis der Nacht noch vergrößere.

Indessen war dies unsere Sorge und mein Plan schon gemacht. Die größere Schwierigkeit bestand darin, wie Angelika durch drei Türen, welche zum Garten führten und jeden Abend wohl verschlossen und verriegelt wurden, gelangen könne. Aber auch dafür erdachte die erfinderische Liebe bald Hilfe. Angelika mußte die Größe und Form aller dieser Schlüssellöcher in Wachs abdrücken, und wir ließen fünf Hauptschlüssel fertigen, mit denen sie die Türen öffnen und so den Weg in den Garten finden sollte. Um das Übersteigen der Mauern möglich zu machen, kaufte ich in Civitavecchia, wohin ich selbst ritt, Strickleitern und Seile auf, denn man hätte schwerlich solche hohe Leitern gefunden, wie sie erforderlich waren, außerdem würde deren An- und Herbeischaffung auch weit mehr Umstände und Verdacht verursacht haben.

Diese Strickleitern mußten nun auf der inneren und äußeren Seite befestigt werden. Zu dem Ende hatte ich einen Franzosen von der zu Civitavecchia liegenden Marine mitgenommen, welcher Schlosser von Profession war, der zu diesem Zweck einhundertundzwanzig sehr lange und starke eiserne Haken geschmiedet hatte, die er bei Nachtzeit zuerst von außen an der Mauer befestigen mußte, und zwar so, daß jedesmal in einem Zwischenraum von dritthalb Schuhen drei dieser Haken nebeneinander eingeschlagen wurden. Glücklicherweise waren die Mauern fast überall dicht mit Efeu und anderen Gesträuchen bewachsen, und man konnte die Eisen fast alle so anbringen, daß man, wenigstens bis zu einer beträchtlichen Höhe, nichts davon wahrnehmen konnte. Natürlich mußte sich der Mann mit Hilfe der Seile und seiner eingesetzten Haken hinaufarbeiten und das umgekehrt jenseits der Mauer bewerkstelligen. Zehn Nächte dauerte diese gefährliche Operation, wobei jedesmal eine Stunde vor Mitternacht angefangen und eine Stunde vor Sonnenaufgang geendet wurde.

Während dieser ganzen Zeit standen Bonnier und ich Schildwache in der Nähe und unsere Bedienten auf Vorposten, um uns von dem geringsten Geräusch zu benachrichtigen. Das Kloster lag aber so einsam und abseits, daß wir keine lebende Seele gewahrten. Als endlich alles so weit in Ordnung war, kamen wir überein, daß wir acht Tage vor der zur Entführung bestimmten Zeit unsere Abschiedsvisite im Kloster machen sowie auch das Lazarett verlassen und uns als Fremde in einem Privathaus die letzte Zeit verborgen halten müßten, damit man nicht sogleich Verdacht gegen uns haben könnte.

Dies alles war in Ordnung, nur die Lenier besuchte noch fast täglich das Kloster, um Angelika in ihrem Vorsatz zu bestärken und ihr Mut zuzusprechen, da sie, je näher der Zeitpunkt heranrückte, desto ängstlicher wurde. Endlich war die verhängnisvolle Nacht da, Angelika hatte noch am Morgen ihrer Freundin versprochen, alles zu versuchen. Um elf Uhr hielt ein Wagen mit vier Postpferden, in dem die Lenier saß, in der Nähe des Klosters, um alle drei nach Civitavecchia zu bringen, von wo sie sogleich mit einer segelfertigen Feluke nach Genua abgehen sollten. Angelika hatte versprochen, mit dem Schlag Mitternacht in den Garten zu kommen. Alle Schlüssel waren ihr eingehändigt worden. Bonnier und der Marinesoldat überstiegen die Mauern, ich blieb diesseits, um auf alles acht zu haben, und die Bedienten standen wieder auf ihren Lauerposten. Schon lange hatte die Klosterglocke Mitternacht geläutet, eine, zwei, drei Stunden vergingen, und Angelika erschien nicht, der Tag fing zu grauen an, und sie erschien noch immer nicht. Es war nun die höchste Zeit, an den Rückzug zu denken. Endlich gelang es mir, meinen der Verzweiflung nahen Freund zum Zurücksteigen zu bewegen, nachdem ich selbst hinübergeklettert war, um ihn zu holen. Der Wagen wurde heimgeschickt, und wir begaben uns in einem mißmutigen, sehr traurigen Zustand in unsere Wohnung.

Die Sachlage war viel mißlicher geworden, gern wäre ich mit Bonnier ins Kloster geeilt, aber da wir schon Abschied genommen hatten, war es nicht mehr möglich. Zum Glück war dies nicht der Fall bei der Lenier, aber diese fürchtete, die ganze Intrige sei entdeckt, man habe vermutlich Angelika auf der Tat ergriffen, und sie getraute sich nicht, in das Kloster zu gehen. Bonnier geriet bei dieser Vermutung außer sich, und ich hatte alle Mühe, ihn vor tollen Streichen abzuhalten. Wir kamen endlich überein, da auf die Cesarini gar kein Verdacht habe fallen können, diese zu bitten, sogleich einen Besuch in dem Kloster zu machen. Aber auch sie war auf keine Weise dazu zu bewegen, indessen war sie wie gewöhnlich mit vortrefflichem Rat bei der Hand und schlug vor, ihr Kammermädchen abzuschicken, wodurch man alsbald erfahren würde, ob etwas unter den Nonnen vorgefallen sei. Das Mädchen solle sich nur ganz unbefangen nach der Narelli erkundigen, was um so eher tunlich, da wir verabredet hatten, daß sie sich zwei Tage vor der beabsichtigten Flucht krank stellen und das Bett hüten solle. Die Gesandte wurde abgeschickt, und wir blieben eine lange Stunde in der äußersten Spannung und Erwartung. Endlich kam der Wagen zurück, wir eilten ihr entgegen, und sie konnte uns nicht schnell genug berichten, daß nichts vorgefallen sei, aber daß die Narelli noch krank im Bett läge.

Nun war uns allen ein schwerer Stein vom Herzen, ich schrieb Angelikas Ausbleiben keinem anderen Umstand als ihrer großen Ängstlichkeit zu und hatte recht; denn als die Lenier von einem Besuch, den sie ihr auf unsere Bitten hatte machen müssen, zurückkehrte, erzählte sie, daß das arme Mädchen jetzt in der Tat Fieber gehabt habe. Sie sei zur bestimmten Stunde durch die langen öden Klostergänge an die Pforten geschlichen, wobei sie schon unterwegs die tödlichste Angst befallen habe, und als sie endlich bei der ersten angekommen, sei es ihr unmöglich gewesen, das Schlüsselloch zu finden, und noch weniger hatte sie Kräfte, den Riegel zurückzuschieben. Nur mit der größten Anstrengung habe sie sich wieder bis in ihre Zelle schleppen können und sei fast ohnmächtig auf ihr Bett niedergefallen. Nun war abermals guter Rat teuer. Bonnier wollte verzweifeln. Verliebte verlieren bei Widerwärtigkeiten alle Besinnung, machen einen dummen Streich nach dem anderen, wenn sie auch sonst Verstand und Scharfsinn besitzen.

Die unerschöpfliche Cesarini fand wieder einen Ausweg und meinte, man würde es der Lenier schwerlich abschlagen, einige Tage bei ihrer kranken Freundin zuzubringen und wohl auch einige Nächte an ihrem Bett zu wachen, ihr von neuem zuzureden und mit ihr vereint in der wieder zu bestimmenden Nacht das Kloster zu verlassen. Die Aufgabe sei wirklich für ein so junges, unerfahrenes Mädchen zu schwer gewesen.

Endlich wurde zum zweitenmal die Stunde der Flucht bestimmt, alle Anordnungen wie das erstemal getroffen, und um vier Uhr stand wieder alles auf seinem Posten. Wir warteten wieder und warteten abermals vergeblich, der Tag graute schon, als wir notgedrungen die zweite Retirade antraten.

Noch waren wir über das abermalige Ausbleiben in der größten Bestürzung und erschöpften uns in Mutmaßungen, als die Lenier zu uns ins Zimmer trat und das Rätsel löste. Beide Mädchen hatten die Zelle verlassen und waren bis an die innere Tür gekommen, konnten aber den rechten Schlüssel nicht gleich herausfinden, und während sie probierten und drehten, glaubten sie ein Geräusch zu hören, liefen davon und in die Zelle zurück, wo sie außer Atem ankamen und sich ganz erschöpft auf das Bett warfen. Selbst die Lenier hatte eine gewaltige Herzensangst gehabt, auch hätten mehrere Nonnen heute morgen von einem Geräusch, das sie die Nacht gehört, gesprochen.

Ich machte ihr Vorwürfe, daß man so lange zaudern würde, bis alles entdeckt wäre, denn mit jedem mißglückten Versuch werde die Gefahr größer. Dies sah sie wohl ein und versicherte, sie würde die kommende Nacht gewiß entschlossener sein, sie habe nochmals mit Angelika darüber gesprochen, beide hatten sich über ihre Furcht Vorwürfe gemacht und würden die Sache durchsetzen. Sie müsse bald wieder zurück und habe die Schlüssel mitgebracht, damit wir die letzte Tür von außen aufschließen möchten und sie alsdann nur noch den Riegel wegzuschieben hätten. Ferner würden sie sich in große weiße Bettücher hüllen, damit man sie für Gespenster halte und es nicht wage, sich ihnen zu nähern.

Es wurde Nacht, und wir begaben uns zum drittenmal auf unsere Posten, überstiegen die Mauern, probierten die Schlüssel und sperrten endlich das Schloß der äußeren Tür glücklich auf, doch der innere Riegel verhinderte das Öffnen. Wir lauschten, hörten aber nicht das mindeste Geräusch. Schon zweifelten wir an dem

Kommen der Mädchen, als wir ganz leise Schlösser aufgehen und Riegel zurückschieben hörten. Bonnier bebte vor Verlangen und Entzücken, man kam näher, wir hörten Tritte und endlich den Riegel der letzten Tür gehen, sie öffnete sich, und beide Geister fielen uns halb ohnmächtig in die Arme. Wir verloren indessen keine Zeit, sondern trugen sie in den Garten zu den Strickleitern. Es war wahrhaftig keine leichte Arbeit, die beiden Damen nacheinander mehr tot als lebendig über die Mauern zu bringen. Die junge Pariserin, welche zuerst den seltsamen Weg antrat, kletterte noch so ziemlich, aber Angelika mußten wir einen Strick um den Leib befestigen und Bonnier und ich nachhelfen, so daß wir nur jeder einen Arm für uns übrig hatten. Doch wurde auch diese saure Arbeit vollbracht, und wir standen nach einer halben Stunde jenseits des Gartens auf festem Boden, warfen uns in den Wagen und jagten mit verhängtem Zügel über die Engelsbrücke und durch das nach Civitavecchia führende Tor.

Als wir Rom eine Miglia weit im Rücken hatten, ließ ich halten, nahm Abschied von Bonnier, seiner Geliebten und der Lenier, wünschte allen eine glückliche Reise, warf mich auf mein Pferd und sprengte mit meinem Bedienten ventre-à-terre [ohne Verweilen] durch Rom zurück nach Albano, wo ich mich schon seit acht Tagen als présent sous les armes* gemeldet und fast jeden Morgen ein Stündchen zugebracht hatte. Bei Tagesanbruch kam ich an, und schon gegen zehn Uhr wußte man auch hier, daß die vergangene Nacht eine Nonne aus dem Ursulinerkloster entflohen sei. Die Sache machte ungeheures Aufsehen. Alle Sbirren und Karabiniere wurden in Bewegung gesetzt, St. Ursula förmlich geschlossen, Haussuchungen veranstaltet, besonders in der Wohnung der Lenier und bei ihren Hausleuten. Kein Mittel blieb unversucht, die Täter herauszukriegen und die Entwichene wieder zu erwischen, doch alles vergeblich, es kam nichts heraus, und Angelika mit Bonnier waren bereits auf der hohen See in Sicherheit.

Man mußte sich damit begnügen, einen geistlichen Bannfluch auf die Entflohenen und alle dabei beteiligten Verbrecher zu schleudern. Alle möglichen Vorkehrungen wurden nun in sämtlichen Frauenklöstern getroffen, damit dergleichen sobald nicht wieder passieren könne. Die armen zurückgebliebenen Nonnen mußten am meisten dadurch leiden, und die Frau Äbtissin entging nur mit Mühe schwerer Strafe und der Absetzung. Alle Schlosser, Maurer und Seiler Roms wurden scharf inquiriert, ob sie nicht Haken, Seile und so weiter geliefert. Die Cesarini stand Todesangst aus, doch ritt ich nach wie vor täglich zu ihr nach Rom. Von Bonnier erhielt ich bald Briefe aus Genua.

*) Unter den Waffen anwesend sein bzw. in der Truppe seinen Dienst ausüben.

Etwa fünf Monate hatte ich nun schon in Albano und Rom recht unbekümmert zugebracht und in den Tag hineingelebt, und dies Schlaraffenleben fing endlich an, mir langweilig zu werden, als mich plötzlich eine sehr unangenehme Begebenheit aus demselben riß und ihm ein tragikomisches Ende machte. Gleich nach Ostern kam eine wandernde Schauspielertruppe nach Albano, um Vorstellungen zu geben. Eines Morgens besuchte mich der Impressario [Theaterunternehmer], um sich und sein Theater zu empfehlen. Als Verehrer und womöglich Protektor aller dramatischen Kunst versprach ich ihm auch meinen besonderen Schutz. Ich nahm ihm auch gleich ein paar Dutzend Billetts für einige Scudi ab. Der Mann sah ärmlich und gedrückt aus, hatte eine fast kalabresische braune Hautfarbe und einen ungeheuren Backenbart. Der Zufall oder mein Unstern wollte, daß in diesem Augenblick gerade der Kapitän Caguenec, der mit seiner Kompanie in dem nahen Velletri lag, wo er Platzkommandant war, zu mir kam, um mich zur Jagd einzuladen und mir zugleich anzuzeigen, daß dieser Tage unser Bataillonschef Duret eine Rundreise machen würde, um alle detachierten Kompanien zu inspizieren. Er wollte wissen, wer der so elendwild aussehende Mann sei. Ich teilte ihm das Anliegen desselben mit, und wir fragten ihn, was er an diesem Abend, es war gerade ein Sonntag, aufzuführen gedenke.

«Wenn ich so glücklich wäre, am Sonntag spielen zu dürfen, dann wäre mein Glück gemacht», antwortete der Impressario.

«Und warum dürfen Sie das nicht?»

«Seine Eminenz, der Herr Bischof-Kardinal, haben es bei Bann und Gefängnisstrafe verboten, man würde mir sogleich das Theater schließen. Auch dürfen keine Frauen auftreten, sondern alle Frauenrollen müssen von Männern gespielt werden.»

Wir fanden dies sonderbar, besonders da doch in Rom selbst alle weiblichen Rollen mit Frauen besetzt wurden, und machten dem Signor Impressario diese Bemerkung, der aber nur mit Achselzucken antwortete. Da man gerade das Frühstück auftrug, so lud ich den armen Teufel ein, daran teilzunehmen, was er mit großem Dank und freudig akzeptierte. Wir waren zu fünft, Caguenec hatte seine Geliebte, ein artiges Mädchen aus Velletri mitgebracht, und ließen uns das Frühstück und den Albanerwein so trefflich schmecken, daß wir alle äußerst munter wurden. Caguenec aber trank sich nach seiner löblichen Gewohnheit wieder einen bösen Rausch an und war bald so en train [im Schwung], daß er übersprudelte. Dieser Mensch war mein böser Geist.

«Höre», fing er beim Nachtisch an, «sag mir doch, wer ist denn eigentlich hier Kommandant? Du oder der Bischof? So ein Pfaffe sollte sich in Velletri unterstehen zu verbieten, daß man am Sonntag Komödie spiele, ich wollte ihm seine Bischofsmütze zurechtsetzen, daß er daran denken sollte. Befiehl du nur, daß heute abend Komödie gespielt werde, du hast das Recht dazu!»

Ich hatte auch den Kopf etwas warm, und wir sagten dem Impressario, er müsse diesen Abend eine Vorstellung geben, was er jedoch abzulehnen suchte, sich mit dem Verbot der geistlichen Behörde entschuldigend. Das Mädchen pflichtete ihm bei, sie meinte, der poveretto [Arme] würde ja ewig verdammt, wenn er sich so etwas unterstünde. Caguenec wollte, daß wir zum Bischof gehen und diesem befehlen sollten, seine Einwilligung zu geben. Wir Männer fanden diesen Vorschlag vernünftig und machten uns nach dessen Palazzo auf, wo aber der Impressario unten an der Tür stehenblieb, während wir hinaufeilten. Der Gang durch die Luft hatte uns und besonders Caguenec noch mehr erhitzt, und die Köpfe glühten. Nachdem wir die Treppen hinaufgestürmt waren, begegneten wir einem geistlichen Diener, den wir nach seinem Herrn fragten und ihm befahlen, uns zu ihm zu führen, der Kommandant von Albano habe mit ihm zu sprechen. Dieser wollte uns erst melden, indem er sagte, er wisse nicht, ob Seine Eminenz schon zu sprechen sei.

«Was sollen die Umstände», fiel ihm Caguenec ins Wort, «für französische Offiziere muß er immer zu sprechen sein!» Wir folgten dem Diener auf dem Fuß in das Gemach, wo Seine Eminenz noch im tiefsten Negligé auf einem Faulbett ausgestreckt Schokolade zu sich nahm.

Ohne alle weitere Entschuldigung brachte ich sogleich mein Gesuch vor, aber der erschrockene Prälat gab mir nach einigen Augenblicken zur Antwort, daß er unmöglich einwilligen könne, und schützte geistliche Verordnungen vor.

«Was Verordnungen», fiel ihm Caguenec ins Wort, «hier hat niemand etwas zu verordnen als der Platzkommandant von Albano, und Sie haben sich um das Messelesen und sonst um nichts und den Teufel um das Komödienspielen zu bekümmern.»

«Questo è vero»* fiel ich ein und begehrte seine Einwilligung, damit diesen Abend gespielt werden könne, schriftlich, wozu er sich aber schlechterdings nicht verstehen wollte.

«Wer wird so viele Umstände mit dem Pfaffen machen!» rief jetzt Caguenec, faßte die Eminenz, ehe wir's uns versahen, beim Kragen, riß sie vom Ruhebett herab und schrie: «Pfaffe, jetzt schreib, oder es setzt Hiebe!» Aber der arme Bischof schrie aus vollem Halse: «Ajuto, ajuto, son assassinato!»** Caguenec, wütend, ver-

*) «Das ist wahr»
**) «Hilfe, Hilfe, man bringt mich um!»

setzte dem geistlichen Herrn nun derbe Püffe und Stöße mit geballter Faust, drei bis vier Diener sprangen zwar ins Gemach, blieben jedoch vor Schrecken, als sie ihren Herrn so behandelt sahen, unbeweglich an der Tür stehen. Endlich gelang es uns, den tollen Caguenec von dem Kardinal abzuhalten, den ich nun noch einmal ersuchte, das an ihn gestellte Begehren zu bewilligen, indem er sich sonst noch größeren Unannehmlichkeiten aussetzen würde. Jetzt gebot er einem seiner Diener, ihm das Schreibzeug zu geben, und schrieb nieder, daß er dem Impressario für diesen Abend eine Vorstellung erlaube.

Caguenec sagte: «Warum tatest du dies nicht gleich, dummer Pfaffe, dann würdest du dir die Püffe erspart haben.»

Wir empfahlen uns, das Papier in der Hand, dem Bischof einen buon giorno [guten Tag] wünschend, und zeigten es triumphierend dem unten harrenden Impressario, der darüber ganz entzückt war und uns ein vortreffliches Schauspiel «I brigandi» betitelt, versprach. Caguenec und Leutnant Felix gingen Arm in Arm zu dem nach Rom führenden Tor hinaus bis zu dem Grabmal des Ascanius*, wo sie sich niedersetzten und einschliefen, während ich mich heim begab, um auf ein paar Stunden nach Rom zu reiten, mir aber vornahm, zur Vorstellung wieder zurück zu sein. Als ich in das Zimmer trat, sprang mir Caguenecs Geliebte entgegen, wo ich ihren Capitano gelassen habe und wie die Sache abgelaufen sei. Ich gab ihr über beides die gehörige Auskunft und fand jetzt, daß Regina eine recht hübsche, schlanke Brünette sei und ein Paar recht feurige, funkelnde Augen habe. Ich nahm sie in meinen Arm, küßte unter mancher Neckerei das schon glühend werdende Mädchen recht innig, verriegelte die Stubentür und zog sie in mein anstoßendes Schlafgemach. Nach einer halben Stunde verließen wir dasselbe wieder, und um bei Caguenec allen Verdacht zu vermeiden, schwang ich mich auf mein Pferd und ritt zum Tor hinaus, der Landstraße nach Rom zu, wo ich die beiden Schläfer noch fand, sie mit einem lauten Hallo weckte, dem Cageunec lachend zurufend: «Du bist mir ein sauberer Held, deine Regina sitzt bei mir verlassen und seufzt und langweilt sich.»

«Himmelsapperment», schrie Caguenec, sich die Augen reibend, «ich habe ganz vergessen, daß ich die Hexe bei mir habe.»

Ich suchte in Rom die Vernetti auf, bei der ich über Mittag blieb und sie dann gegen Abend in einem Wagen mit nach Albano nahm, damit sie der vom Impressario versprochenen Extravorstellung beiwohnen könnte. Das war sie in jedem Betracht, ich hatte noch nie so etwas gesehen. In einer Art Scheune war eine Erhö-

*) Mythischer Ahnherr des altrömischen Geschlechts der Julier, dem auch Julius Caesar entstammte.

hung von einigen Hölzblöcken und Brettern gemacht und mit alten Lumpen behangen, deren Farbe der beste Chemiker nicht mehr hätte ausfindig machen können. Einige abgerissene Baumzweige sollten einen Wald vorstellen. Und nun erst die Schauspieler! Die Briganten in Kalabrien waren noch wie Fürsten im Vergleich mit diesen gekleidet! Das Ärgste waren aber die rot- und schwarzbärtigen Aktricen und deren Kostüme, schmutzige Tücher auf Poissardenart [Pöbelhafte Weise] um die Köpfe gewunden, Unterröcke um die Hüften hängend, welche hinten und vorn so große Löcher hatten, daß man einen Kopf durchstecken konnte. Diese vom Galgen gefallenen Burschen machten die zärtlichen Liebhaberinnen.

In den ersten Reihen des Publikums saßen Caguenec und seine Geliebte, die Vernetti, ich, Felix, ein paar Lieferanten und so weiter und dann noch einige zwanzig Zuschauer, Einwohner aus Albano, aber kein einziges weibliches Wesen außer den beiden angeführten. Der Herr Impressario hatte sich verrechnet, die Leute von Albano waren zu unterwürfig, um eine Sonntagskomödie zu besuchen. Um den Saal, eine Art Stall, zu füllen, ließ ich sämtlicher Mannschaft und den Unteroffizieren der Kompanie, die nicht im Dienst waren, Gratisbilletts geben, für die ich zwei Scudi bezahlte. Nicht leicht wieder wird sich eine solche Künstlergesellschaft und ein solches Publikum zusammenfinden, und dennoch amüsierte ich mich wenigstens eine Zeitlang königlich, denn die Gebärden, Grimassen, Deklamationen, Zärtlichkeiten und das Herumvagieren der Schauspieler mit Händen und Füßen war über alle Maßen komisch heroisch und possierlich. Blicke warfen sie um sich, welche auch Steine zum Erbarmen, zum Schaudern und zum Lachen hätten bringen können. Das Sujet des Stücks war schwer zu erraten, Mord und Raub aber der Hauptinhalt.

Wir blieben bis zur Hälfte der Vorstellung, nahmen dann eine Cena [Abendessen] ein, und Caguenec mit seiner Dulcinea blieben über Nacht bei mir, an Zimmern und Betten fehlte es mir ja nicht, ich hätte noch ein paar Dutzend solcher Paare beherbergen können. Am anderen Morgen empfahlen sich meine Gäste, nachdem sie noch gehörig gefrühstückt hatten, und gegen Abend brachte auch ich meine junge Witwe wieder in ihre Wohnung zurück.

Drei Tage nach dieser Vorstellung, als ich eben im Begriff war, meinen gewohnten Ritt nach Rom zu machen, fuhr eine Postchaise an meiner Wohnung vor, aus der mein Bataillonschef Duret und sein Ajutant-Major sprangen, die zur mir heraufstürmten. Ersterer begrüßte mich mit den Worten: ‹Voilà une belle affaire, que diable avez-vous fait?›* Er zog dabei einen Bericht aus der Tasche, der den Vor-

*) ‹Das ist eine schöne Geschichte, was zum Teufel haben Sie gemacht?›

gang bei dem Kardinal mit den grellsten Farben aufgetragen enthielt und in dem zugleich von seiten der päpstlichen Regierung die strengste Untersuchung und Bestrafung verlangt wurde. Ich erzählte Duret den Zusammenhang der ganzen Geschichte, der dann ausrief: «Das wird eine saubere Sauce werden, toujours ce diable de Caguenec*, aber über Sie wird das ganze Wetter kommen, denn sie sind hier Kommandant. Der kommandierende General in Civitavecchia ist sehr aufgebracht, und ich habe sogar den Auftrag von ihm, nach Befinden der Umstände Ihnen sogleich arrêts forcés [strengen Arrest] zu geben. Ich will indessen mein Möglichstes tun, diese unangenehme Sache so glimpflich als tunlich zu beseitigen, aber ganz mit heiler Haut werden Sie nicht davonkommen.» Nachdem er ein Frühstück genommen, fuhr Duret nach Velletri ab, um auch Caguenec zu verhören, setzte dann seine Inspektionsreise nach Biberno, Porto d'Anzio fort.

Indessen war mir diese Sache nicht gleichgültig, ich teilte den Vorfall der Cesarini mit, die mir den Rat gab, dem Kardinal einen Besuch zu machen und mich bei ihm zu entschuldigen. Hierzu konnte ich mich aber nicht entschließen, und während ich so zwischen dem, was ich zu tun und zu lassen hätte, schwankte, kam eines Morgens Kapitän Stahl an und verkündete mir, daß er die Order habe, mich abzulösen, da ich zum dritten Bataillon, das in Genua lag, versetzt sei, und Duret schrieb mir dazu, ich könne Gott und ihm danken, daß die Sache so gelinde abgelaufen sei. Der General habe anfangs durchaus auf einem Kriegsgericht bestanden, und nur mit großer Mühe habe man ihn davon abgebracht.

So unangenehm mir auch diese Versetzung war, so wurde ich doch von aller peinlichen Ungewißheit befreit, die mich seit acht Tagen quälte. Ich erhielt meine Marschroute mit der Order, mich sogleich an meinen neuen Bestimmungsort zu verfügen. Hier blieb nichts übrig, als zu gehorchen. Nicht ohne Wehmut nahm ich von all meinen Bekannten und den Familien in Rom Abschied, in deren Häusern ich so manche Freude, soviel Annehmlichkeiten genossen und mit so liebenswürdiger Liberalität aufgenommen worden war.

Aber wer sich meine Abreise am meisten zu Herzen nahm, war die Cesarini, obwohl ich sie in der letzten Zeit ziemlich gleichgültig behandelt oder doch sehr vernachlässigt hatte. Sie wollte sich anfänglich gar nicht darein finden und entwarf allerlei Pläne, mich nach Genua zu begleiten. Ich hatte große Mühe, ihr die Unausführbarkeit eines solchen Vorhabens begreiflich zu machen, und um sie einigermaßen zu beschwichtigen, beschloß ich, noch acht bis zehn Tage inkognito in Rom zu bleiben, und dann, statt mich an die Marschroute zu halten, mit Extrapost

---

*) immer dieser Teufel Caguenec

nach Genua zu reisen, wodurch ich beinahe einen ganzen Monat Zeit gewann. Dies schien sie etwas zu beruhigen, aber nun machte sie mir eine Eröffnung, die mich nicht wenig überraschte. Sie gestand mir nämlich, daß sie in der Hoffnung sei und daß sie, seit sie mich kenne und schon vorher, keinen vertrauten Umgang mit ihrem Gatten mehr gehabt habe, daher nicht wisse, was dies noch für Folgen nach sich ziehen könne. Sie mache sich indessen gerade deshalb keine großen Sorgen, denn der halte sich ja auch Mätressen und kümmere sich gar nicht um sie, auch könne sie es wohl veranstalten, ihre Niederkunft geheimzuhalten.

Am Abend vor meiner Abreise fand sie sich zum letztenmal bei mir ein und brachte die Nacht bis zwei Uhr morgens mit mir zu, mir zum ewigen Andenken eine über vier Schuh lange Locke von ihrem schönen Haar und einen goldenen Ring gebend, auf dem das Kolosseum, wo wir so manche trauliche Stunde zugebracht hatten, in Mosaikarbeit abgebildet war. Andere prächtige Geschenke hatte ich mir verbeten. Ich führte sie endlich in ihre Wohnung zurück, wo ich ihr den letzten langen Abschiedskuß in ihrem Schlafgemach gab. Ihre letzten Worte waren: «Non dimenticarmi!» [Vergiß mich nicht!] Ich erwiderte, ich hoffe, sie bald wiederzusehen. Ich hatte ihr versprochen, mein Möglichstes zu tun, um wieder meine Versetzung zum ersten Bataillon zu bewirken, was ich mir auch vornahm.

Um vier Uhr morgens hatte ich die Pferde bestellt, als aber der Wagen vorfuhr, sah ich statt der alten Kalesche, die ich gekauft, einen eleganten modernen Reisewagen, und als ich meinen Burschen fragte, was dies zu bedeuten habe, gestand er mir, daß diese Verwechslung gestern nachmittag auf die dringende Bitte einer Dame geschehen sei, die ihm zu gleicher Zeit ein Geschenk von zehn Zechinen gemacht und ihm dabei gesagt habe, der Wagen komme aus so lieben Händen, daß er seinem Herrn die größte Freude, die man ihm heimlich zu machen wünsche, verursachen würde. Zugleich stellte mir der Bursche noch ein Schlüsselchen zu, das zu einem Wagenkistchen gehörte, was außerdem noch versiegelt war. Hier blieb nichts übrig, als mich des Geschenks zu bedienen, von dem ich wohl denken konnte, wo es herkam. Der Koffer war gepackt, die Pferde angespannt, meine Kalesche fort, und ohne die splendide Geberin zu beleidigen und tief zu kränken, konnte ich das Geschenk nicht wohl zurückschicken.

XIV.

Reise über Florenz nach Genua – Ankunft zu Florenz – Eine Überraschung – Ein Abenteuer – Ring als Pfand – Mysteriöse Schöne – Lady Mary – Das Arnotal – Die schönen Strohflechterinnen – Abreise nach Genua

Da ich als Partikulier und nicht als Militär, das heißt, wenigstens nicht nach meiner Marschroute reise, die mir volle fünfunddreißig Tage bis zu meiner Ankunft in Genua gestattete, hatte ich beschlossen, meinen Weg über Florenz zu nehmen.

In Siena verweilte ich einen Tag, um mich auszuruhen, und fuhr mit einbrechender Nacht nach Florenz ab, wo ich noch lange vor Tag ankam und Mühe hatte, das Personal eines Gasthofs aus dem Schlaf zu wecken, um mir ein Zimmer anweisen und eine erquickende Schokolade bereiten zu lassen. Ich hatte mir vorgenommen, vierzehn Tage bis drei Wochen in Toscanas schöner Hauptstadt zuzubringen, da ich durch mein schnelles Reisen diese Zeit wieder einbringen und jedenfalls zu dem auf der Marschroute bezeichneten Zeitpunkt in Genua eintreffen konnte. Nachdem ich ein paar goldene Morgenstunden verschlafen, ließ ich meinen Koffer und auch das verschlossene und versiegelte Wagenkistchen auf mein Zimmer bringen. Ich entsiegelte und schloß das Kistchen auf und war vor Verwunderung starr, als ich es mit der feinsten Battistwäsche, gestickten Taschentüchern und Hemden angefüllt fand. Oben lag ein in rosenfarbiges Seidenpapier gewickeltes Portefeuille von blauem Samt, auf dem mit Perlen der Namenszug der Cesarini gestickt war. Als ich dasselbe öffnete, fiel mir ein auf Velinpapier mit Goldrand geschriebenes Briefchen in die Hand, das mit einer Brillantnadel, mit einem von Rubinen umfaßten prächtigen Solitär, zugesteckt war.

Schreiben an zurückgelassene Geliebte war meine Sache sonst nicht; aber hier mußte ich doch eine Ausnahme machen, antwortete ihr sogleich und meldete ihr meine glückliche Ankunft in Florenz. Während ich schrieb, packte mein Bedienter das Kistchen aus, plötzlich rief er: «Ach, sehen Sie doch, Herr Leutnant, was da für ein schönes Kästchen ist.» Ich drehte mich um und erblickte eine wunderschön gearbeitete Schatulle von Ebenholz mit Perlmutt und Silber ausgelegt, an der ein goldenes Schlüsselchen an einem himmelblauen Band herabhing. Ich öffnete es und fand zu meiner nicht geringen Verwunderung das Porträt des Principessa Cesarini in Miniatur gemalt und mit Rosetten eingefaßt. Noch weit mehr erstaunte ich, als ich darunter zehn Rollen, jede mit einhundert Zechinen, vorfand.

Nachdem ich von meiner Überraschung zurückgekommen, nahm ich mir vor, dieses mir mit so unendlicher Liebe zugetane Wesen nicht zu dem großen Haufen zu werfen, und beinahe machte ich mir über die zu Rom und Albano gegen sie begangene Untreue und Vernachlässigung Vorwürfe. Während ich solchen Gedanken Raum gab und im Vornehmen und Vorwerfen begriffen war, hörte ich plötzlich Akkorde auf einem sehr wohlklingenden Pianoforte anschlagen.

Der Gesang, der mich in eine ganz eigene Stimmung versetzte, brachte mich schnell wieder auf andere Gedanken, ich vergaß Bild und Schreiben und lauschte nur auf die Silbertöne, die aus einem in meiner Nähe befindlichen Gemach zu kommen schienen. Ich erkundigte mich bei einem Aufwärter nach der singenden Dame und erfuhr, daß es die junge Gattin eines vornehmen Engländers sei, die mit ihrer Schwägerin die anstoßenden Gemächer bewohne und deren Mann sich in Paris befände, um die Erlaubnis zu seiner Rückkehr nach England auszuwirken, da alle Engländer, die sich auf dem europäischen Festland befinden, Kontinentalarrest hatten.

Gegen einundzwanzig Uhr in mein Hotel zurückgekommen, ließ ich mir auf meinem Zimmer ein Pranzo [Mittagessen] servieren, das sehr splendid aufgetragen wurde, denn man stellte mir wenigstens ein paar Dutzend Platten vor, von denen ich kaum vier berührte, aber desto mehr ließ sich mein Bursche die anderen schmecken, wogegen ich nichts hatte. Bezahlen mußte ich sie doch, da sie aufgetragen waren, verbat mir aber in Zukunft einen so reichlichen Service.

Kaum hatte ich den letzten Bissen im Mund, eilte ich wieder fort, die Promenaden aufzusuchen, auf denen sich die schöne Welt von Florenz und namentlich die schönen Florentinerinnen zeigen. Ein paar Tage nach meiner Ankunft verfolgte ich zwei schlanke, tief verschleierte weibliche Gestalten, denen ich gegen abend auf der Brücke della Trinità [Dreifaltigkeit] begegnet war. Sie schienen es bald bemerkt zu haben und machten fortwährend vergebliche Gänge hin und her. Es leuchtete mir ein, daß sie mir zu entgehen suchten. Aber dadurch wurde meine Neugierde nur noch weit mehr angeregt, ich folgte ihnen jetzt fast auf dem Fuß und betrat beinahe zu gleicher Zeit wie sie die Gärten des Palastes Pitti. Hier suchten sie die einsamsten Gänge hinter den dichtesten Gebüschen auf, wohin ich ihnen immer nachging. Als sie unter den schwarzgrauen Mauern der Fortezza [Festungswerk] angekommen waren, welche diese Gärten auf der einen Seite begrenzen, wandten sich die beiden Damen plötzlich um, und die eine fragte mich: «Ma che cosa ci volete, Signore?»*

*) «Aber was wollen Sie denn hier, mein Herr?»

«Nichts als Ihre Reize bewundern.»

«Ah è un forestiero»*, sagte die, die mich angeredet zur anderen, nun waren beide plötzlich freundlich und gestanden mir, daß sie mich für einen Spion gehalten, den man ihnen nachgeschickt.

«Aber, meine Damen, sehen Sie mich doch recht an, habe ich denn die Miene eines Spions?»

«Das nicht, mein Herr», versetzte die eine etwas verlegen, «aber wir konnten Sie ja auch nicht recht ansehen.»

«Ich ein Spion, wo denken Sie hin? Ich spioniere höchstens nach den Reizen der schönen Damen, und in diesem Sinne mögen Sie recht haben.»

Ich begleitete nun die beiden Signoras mit ihrer Erlaubnis an die anmutigsten Orte des Gartens Boboli und hatte bald von ihnen herausgebracht, daß die eine die Geliebte eines Principe und die Tochter eines untergeordneten Beamten sei, die andere, ihre Freundin, ebenfalls von einem reichen Edelmann ihre Subsistenz [Unterhalt] habe. Indessen schien es, daß sie auch noch andere Liebhaber nebenbei hatten, beide wollten jedoch nicht recht mit der Sprache heraus. Nachdem ich etwa eine Stunde mit ihnen herumspaziert war, fanden sie, daß es jetzt Zeit sei, sich nach Hause zu begeben. Auf meine Frage, ob ich nicht das Vergnügen haben könne, sie heimzubegleiten, antworteten sie mit einem impossibile [unmöglich], und die eine fügte hinzu: «Wir werden zu sehr beobachtet und wohnen an der Piazza di Santa croce.» Sie redeten noch leise miteinander, und die hübscheste sagte endlich: «Da Sie ein so artiger Kavalier zu sein scheinen und, wie Sie sagen, Ihnen soviel daran liegt, unsere nähere Bekanntschaft zu machen, so will ich Ihnen ein Mittel angeben, wie Sie diesen Abend in unserer Gesellschaft zubringen können. Begeben Sie sich, sobald es Nacht ist, in den Dom, dort sollen Sie uns treffen, und von da können Sie uns in einer kleinen Entfernung folgen, Sie müssen uns aber versprechen, uns jetzt zu verlassen, sonst sehen Sie uns nicht wieder.»

Ich ging diesen Vertrag ein, bat mir aber ein Unterpfand aus, die eine zog einen kleinen Ring vom Zeigefinger. «Hier, Signore», blickte mich jedoch dabei ein wenig mißtrauisch an. Beide entfernten sich jetzt eilig. Meine Neugierde war zu groß, als daß ich mein Versprechen so unbedingt hätte halten können. Ich versuchte doch zu erforschen, wohin sie sich begeben würden, um zu erfahren, ob sie mir die Wahrheit gesagt. Ich hatte sie bis beinahe an den Ausgang des Gartens begleitet, dann aber verfolgte ich sie mit den Augen und sah, daß sie wieder den Weg nach dem Ponte Vecchio einschlugen. Ich eilte schnell auf der anderen Seite des Palastes

*) «Ach, er ist ein Gast»

238

Pitti vorüber, sah sie dann über die Brücke gehen und beauftragte einen Jungen, der sich mir gerade darbot und dem ich ein gutes Trinkgeld versprach, den Damen unbemerkt nachzuschleichen und mir zu berichten, in welches Haus sie gegangen. Ich aber wollte seine Rückkunft auf der Brücke erwarten. Es dauerte nur wenige Minuten, so kam er zurück und berichtete mir, daß er die Signoras aus dem Gesicht verloren hätte, als sie um eine Straßenecke gegangen seien, da er ihnen aber ziemlich nahe gewesen, müßten sie in ein Haus dieser Straße getreten sein, aber in welches, habe er nicht ermitteln können. Ich fand den Schluß des dummen Jungen zwar logisch, aber keineswegs für mich genügend, gab ihm verdrießlich die versprochene Belohnung und hieß ihn sich trollen.

Die Nacht kam endlich heran, ich machte mich auf den Weg zum Dom, in dem ich vergeblich eine ganze Stunde auf meine Schönen wartete und unterdessen seine Sehenswürdigkeiten betrachtete, soweit es eine spärliche Beleuchtung zuließ. Bewunderung verdient die achteckige Kuppel dieses Gebäudes, von der selbst Michelangelo gesagt haben soll, wenn es auch nicht unmöglich sei, dieses Baukunststück nachzumachen, wäre es doch eine Unmöglichkeit, dasselbe zu übertreffen.

Bald fing ich an die Geduld zu verlieren. Als ich die erwarteten Schönen noch immer nicht kommen sah, machte ich einigemal die Runde außerhalb der Kirche, die auf einem großen Platz liegt, so daß man sie von allen Seiten sehen und den Prachtbau bewundern kann, und staunte den hohen, mit schwarzem, rotem und weißem Mamor bekleideten, sich in der nebligen Dämmerung majestätisch emporhebenden Glockenturm an. Noch einmal ging ich in die Kirche mit dem Vorsatz, wenn jetzt die Damen nicht erschienen, mich in das Theater zu begeben. Als ich eintrat, erblickte ich zwei schwarz gekleidete Frauen mit zurückgeschlagenen Schleiern in einer Seitenkapelle knieend. Ich umging sie und erkannte meine Erwarteten. Bald darauf erhoben sie sich und flüsterten, an mir vorübergehend, die Worte: «Ora venite.» [«Kommen Sie»] Ich befolgte dies sogleich und begann die Unterhaltung noch in der Kirche. Das Weihwasser nehmend, standen sie still, die eine sah mich nochmals mit forschendem Blick an und sagte dann: «Dürfen wir Ihnen auch gewiß trauen?» «Signora, ich bin französischer Offizier.» Die andere fiel nun ein: «Ich traue ihm, komm, laß uns gehen.»

Wir verließen den Dom, die Damen führten mich durch eine Menge kleiner und schmaler Winkelgassen, so daß ich bald alle Richtung verloren hatte und nicht mehr wußte, in welchem Stadtteil ich mich befand. Jetzt erst kam mir der Gedanke, ob auch ich ihnen wohl trauen dürfe, in den Sinn. Ich hatte indessen meine Terzerolen bei mir und dachte: Mit diesen magst du es schon wagen. Endlich kamen wir bei einem ziemlich großen Gebäude an, an welchem die eine Signora eine kleine

Seitentür mit einem Schlüssel öffnete, wir schritten durch einen schmalen langen Gang wieder an ein Pförtchen, das in einen Garten führte, wo wir durch Gebüsche und Irrwege endlich in eine Allee gelangten, an deren Ende sich ein kleiner Pavillon befand, den man auftat, ohne zu leuchten. Ich fragte nun nach Licht, man antwortete mir aber, dies sei unnötig. Ich fing doch an, die Möglichkeit eines Fallstricks zu bedenken und daß ich wohl in eine Trappoleria (Mausefalle) geraten sein könne. Auf meine wiederholte Bitte um Licht, wurde mir geantwortet: «Si fa l'amore senza lume*, setzen Sie sich», zugleich zog mich ein Händchen auf ein Sofa nieder. Ich hatte einen Beutel mit Gold gefüllt bei mir, der wohl die Raubsucht eines Banditen lüstern machen konnte, doch das konnten die Signoras nicht wissen.

Indessen wollte ich mich vorsehen, wenn ich wirklich in eine solche Mordhöhle gefallen sei, und nahm ein Terzerol in die rechte Hand, um auf alle Fälle gefaßt zu sein. Zufällig betastete die unsichtbare Dame das Instrument und rief, mich fahren lassend, mit einem Schrei des Entsetzens aus: «Cosa é questo?»** Die Angst, mit welcher ihr diese Worte entfuhren, sowie daß die andere Stimme ganz leise mit einem «Ma per l'amor di dio cosa avete»*** einfiel, schien mir jedoch zu sagen, daß mein Verdacht unbegründet sei, und ich erwiderte nun ebenso leise ein «Niente [Nichts], Signora, seien Sie ruhig», und gestand den Damen dann offen, daß, weil sie Licht verweigert hätten, ich mich eines Verdachts nicht habe erwehren können. Sie erklärten mir nun, daß sie kein Licht anzünden wollten, damit niemand wisse, daß Leute im Pavillon seien, und sie nicht verraten werden könnten. So überließen wir uns anderen Gefühlen als denen der Furcht und des Argwohns. Endlich aber waren wir alle drei ziemlich schachmatt, und die Damen bemerkten mir, daß es wohl ora di partire [Aufbruchstunde] sein möge, weil nach zehn Uhr sich oft ihre Signori einfänden. Ich küßte beide zum Abschied, griff in die Tasche und wollte ihnen ein Teil des Goldes einhändigen; aber man wies es nicht nur mit großem Unwillen zurück, sondern sagte zürnend: «Mein Herr, wofür halten Sie uns?» – «Für sehr liebenswürdige Damen, wovon ich Ihnen soeben die Beweise gegeben habe; nehmen Sie nur hin, es ist Gold.» Nun wurden sie noch zorniger.

Ich hatte alle Mühe, meine Schönen zu besänftigen, die mir nicht ohne Schwierigkeit eine Begegnung am nächsten Donnerstag, früher sei es unmöglich, gestatten wollten. Ich wurde denselben Weg, den ich gekommen war, zurückgeleitet. Hinter mir wurde das letzte Pförtchen verschlossen und verriegelt. Als ich mich auf offener Straße befand, suchte ich mich, soviel es die Nacht erlaubte, zu orientieren und

*) «Liebe macht man ohne Licht,»
**) «Was ist das?»
***) «Um Gottes willen, was haben Sie da»

mir das Haus, das ich noch soeben verlassen, und seine nächste Umgebung zu merken. Einigemal ging ich auf und nieder und erkundigte mich bei Vorübergehenden, wem dasselbe gehöre, konnte aber keine genügende Auskunft erhalten. Ich entfernte mich nun und begab mich in mein Hotel, wo ich bei offenem Fenster, den italienischen heiteren Sternenhimmel betrachtend, die englischen Ladys musizieren hörte.

Mein Bedienter erzählte mir während des Auskleidens, daß sich das Kammerkätzchen bei ihm sehr dringend nach mir erkundigt habe, namentlich wo ich meine Zeit zubringe, wie lange ich wohl noch hier bleibe, was eigentlich meine Geschäfte hier seien und so weiter, was er alles bestens und auf das Klügste beantwortet habe. Ich legte mich zu Bett und schlief, während die englische Musik noch fortdauerte, ermüdet ein.

Am anderen Morgen war mein erster Gang, die Straße und das Haus aufzusuchen, in dem ich den Abend vorher in den Armen einer zweifachen Liebe geschwelgt hatte; aber vergeblich war all mein Forschen, und alle meine Bemühungen fruchteten nichts. Es war mir unmöglich, dieselben wiederzufinden, da ich versäumt hatte, mich nach dem Namen der Straße zu erkundigen. Hätte ich nicht den Ring noch am Finger gehabt, den ich im Freudentaumel zurückzugeben vergessen hatte, würde ich am Ende wirklich geglaubt haben, daß das ganze Abenteuer nur ein Traum und ein Spiel meiner Phantasie gewesen sei. Nachdem ich lange genug vergeblich gesucht, nahm ich mir fest vor, das nächstemal gewiß dieses geheimnisvolle Haus so gut zu bezeichnen, daß es mir unmöglich entgehen könne. Ärgerlich über meine wenige Vorsicht ging ich wieder in den Dom, dessen Schönheiten ich nochmals bewunderte, und bestieg den Kampanile, mich an dem Anblick des zu meinen Füßen liegenden prächtigen Florenz und seiner reizenden Umgebung weidend.

Nachdem ich mich noch eine Zeitlang in den Straßen der Stadt herumgetrieben hatte, kehrte ich zum Mittagessen in mein Hotel zurück und nahm es wieder auf meinem Zimmer ein, wobei ich unentgeltlich das Vergnügen einer Tafelmusik genoß, mit der mich meine Nachbarinnen zu erfreuen geruhten, und mein Bedienter rapportierte mir, daß man sich abermals nach mir erkundigt habe und daß die Damen diesen Abend das Theater Pergola besuchen würden, was ihm das Kammerfräulein wohl zwei- oder dreimal wiederholt hätte. Ich trug dem Burschen auf, sich zu erkundigen, in welchen Palco [Loge] die Damen wohl gingen, und mir womöglich einen Platz zu verschaffen. Dies erfuhr er durch einen der Kameriere [Theaterdiener], der mir auch den gewünschten Platz gab und einen Schlüssel zu dieser Loge einhändigte. Als ich in dieselbe, die sich im ersten Rang befand, trat, hatten die beiden Damen schon in einer zwar einfachen, aber doch sehr eleganten Toilette in derselben Platz genommen. Ich grüßte sie mit einer stummen Verbeugung, die mir ebenso stumm erwidert wurde. Nach einer kleinen Pause wagte ich sie französisch anzureden, das mir aber mit einem «I dont understand»* erwidert wurde. Dies war schlimm, denn das Englische war mir nicht sehr geläufig. Indessen wußte ich mich dort nach und nach verständlich zu machen und brachte von den Damen heraus, daß ihnen der erzwungene Aufenthalt in Florenz zwar nicht unangenehm sei, sie sich aber doch häufig sehr langweilten.

Die Unterhaltung wurde jetzt belebter, die Ladys verstanden auch einige Worte Italienisch, und den Hauptstoff mußte die Vorstellung der Oper und des Balletts liefern. Die beiden Engländerinnen besaßen recht hübsche englische Gesichter, die, wenn sie auch nicht das Ausdrucksvolle der Italienerinnen noch das schelmische Wesen der Französinnen, doch eine große Lieblichkeit hatten. Mylady hatte die Güte, mir nach beendigtem Schauspiel einen Platz in ihrem Wagen anzubieten, «da wir ja doch unter einem Dach wohnen», wie sie hinzusetzte, was ich dankbar annahm. Ich leistete den Damen noch über eine Stunde Gesellschaft auf ihren Zimmern, wo man abwechselnd einige Romanzen sang. Auf einige Sospiri [Seufzer] der Lady Mary ließ ich ein leises Händedrücken und endlich einen gehorsamsten Handkuß folgen, mir weitere Freiheiten herauszunehmen gestattete mir die Anwesenheit der Schwester nicht.

Die Damen machten mich mit ihrem Vorhaben bekannt, nächsten Donnerstag eine Fahrt in das Arnotal zu unternehmen, um seine berühmten Strohflechterinnen kennenzulernen, und fragten mich, ob ich es schon besucht habe. Sie luden mich ein, ihr Begleiter zu sein, was ich mit Vergnügen annahm, und sagten mir noch, daß sie gern einen Spazierritt machen würden, aber dieses Vergnügen aus Mangel eines Kavaliers entbehren müßten. Auch hierzu bot ich mich an und ritt nun fast jeden Tag mit den schönen Töchtern Britanniens in den herrlichen Umgebungen von Florenz spazieren. Nachdem ich noch den Tee mit ihnen genommen und es längst Mitternacht vorüber war, empfahl ich mich, beiden ehrerbietigst die Hand küssend.

Als ich auf meinem Zimmer war und noch lange kein Schlaf in meine Augen kam, fiel es mir erst ein, daß ich meinen Unbekannten versprochen, mich am Donnerstag abend wieder im Dom einzufinden, dachte es jedoch einrichten zu können, daß ich zur bestimmten Zeit von der Partie ins Arnotal zurück sein würde. Am nächsten Tag wartete ich gegen Mittag wieder auf sie, frühstückte auf ihre Einladung auf englische Weise mit ihnen und ritt dann zwei Stunden mit den hübschen

*) «Ich verstehe nicht»

Ladys spazieren, die beide sehr gute, graziöse und anmutige Reiterinnen waren. Ich besuchte auch noch einige Kirchen und Gärten mit ihnen und fand in einem derselben Gelegenheit, die Lady zu versichern, daß ich durchaus nicht gleichgültig gegen ihre Reize sei. In einem Moment, in welchem die Schwester durch ein kleines Gebüsch von uns getrennt war, wagte ich es, ihre niedliche Hand fest an mein Herz zu drücken, und da ich nur geringen Widerstand fand, ihre schlanke Taille mit einem Arm zu umfassen sowie einen Kuß auf ihren kleinen Mund zu drücken, der ihre sonst blassen aber zarten Wangen plötzlich rötete. Jetzt rief uns die Schwester zu: ‹But where are you staying›*, und als wir wieder zu ihr kamen, bewies mir ihr Lächeln, daß sie zwar nicht gesehen, doch geahnt, was vorgefallen war, wenn es auch die noch gerötete Wange der Lady nicht verraten hätte. ‹My sister is extremely happy›** fuhr sie nun lachend fort, ‹jemand gefunden zu haben, der sie in der Abwesenheit ihres etwas hölzernen Gatten so gut zu unterhalten imstande ist. Der edle Lord, schon beinahe ein Fünfziger, ist ein recht langweilig trockener Ehemann, der noch obendrein einen starken Spleen hat.›

Ich war nun für den Rest des Tages der unzertrennliche Begleiter der Damen, küßte die Lady jetzt auch in Gegenwart ihrer Schwester, was diese nicht anzufechten und jene nicht zu erschrecken schien, und bat um die Erlaubnis, auch in der Nacht mich bei ihr einfinden zu dürfen, was mir zwar nicht bewilligt, aber auch gerade nicht verboten wurde. Als ich sie hierauf ersuchte, doch ihre Stubentüren nicht verschließen zu wollen, spielte sie die Stumme. Ich versicherte indessen, daß ich so leise auftreten wolle, daß gewiß niemand mein Kommen hören solle. Die Miß schlief zwar in demselben Zimmer, das neben der Wohnstube lag, aber nach ihrem Benehmen zu urteilen, schien sie mir kein Hindernis mehr, sondern eher die Beförderin meiner Absichten zu sein. Die Kammerfräulein aber schliefen in einer höheren Etage. Ich entfernte mich diesmal schon eine Stunde vor Mitternacht, um den Damen Zeit zum Entkleiden und Wegschicken der Dienerinnen zu geben.

Als es endlich auf der Straße und in der Albergo [Gasthof] stiller und stiller geworden und auch der letzte Türschlag verhallt war, schlich ich mich eine Stunde nach Mitternacht halb entkleidet über den Korridor und drückte leise an die Tür, die zu den Gemächern der Engländerinnen führte, die ich nicht verschlossen fand. Ich befand mich nun im Vorzimmer, tappte im Finstern durch die Wohnstube in das nur sehr matt erleuchtete Schlafgemach, in dem ich beide Schwestern dem Anschein eingeschlafen fand. Mit leisen Tritten schlich ich mich an das Bett, in wel-

*) ‹Aber wo seid Ihr geblieben›
**) ‹Meine Schwester ist äußerst glücklich›

243

chem Lady Mary recht sanft zu ruhen schien, und drückte einen Kuß auf ihre Purpurlippen. Sie schien recht schlaftrunken zu erwachen, und ich schloß nun die verschlafene Lady in meine Arme...

Der Tag begann schon zu grauen, als ich den Rückzug in mein Zimmer antrat, um ein paar Stunden der Ruhe zu genießen. Aber kaum war ich eingeschlafen, so klopfte man mich schon wieder aus den Matratzen und dem Schlaf auf, indem man mir meldete, daß der Wagen angespannt sei und man den Ladys schon das Frühstück serviere. Ich sprang rasch aus dem Bett, kleidete mich an, eilte dann zu meinen Reisegefährtinnen, die wirklich schon frühstückten. Fröhlich, wenn auch nicht ganz so munter, bestiegen wir nun den Wagen, der uns in raschem Trab in das Arnotal brachte.

Wir waren bald zwischen der Bergkette, die das schöne Tal, das Paradies von Toskana umschließt, in dessen Schoß Florenz liegt. Es hat, wie man behauptet, seinen Namen wirklich der lieblichen Göttin Flora zu danken und führt ihn mit Recht. In Ebenen und auf Hügeln liegen zwischen Zypressen und Lorbeeren, immerblühenden Goldorangen und Limonen und Palmen, von den reichsten und buntfarbigsten Blumenteppichen umgeben, die herrlichsten Villen, Landhäuser, Gärten und Meiereien, und die hier lebenden Menschen gehören zu den glücklichsten der Welt. Nichts läßt sich mit dem herrlichen Talgrund am Arno, nach Pistoja zu, vergleichen. Man glaubt sich in eine Idyllenwelt versetzt, in der von den zierlichen, feingebildeten, artigen und hübschen Schäferinnen und Landmädchen die Rede ist, die so manches Stadtdämchen der großen Welt in den Schatten stellen.

Hier sitzen unter Laubdächern und Reben vor den niedlichen und reinlichen Bauernhäuschen die zierlichsten und schmucksten Dirnen, in die feinsten schneeweißen Linnen gekleidet, mit seidenen Korsetten und blumenbekränzten Strohhüten und flechten Stroh zu den in der ganzen Welt berühmten Hüten. Manche Schöne in New York und Kalkutta, in Paris und London, am Missisippi und Ganges, am Rhein und an der Newa schmückt sich mit diesem Produkt, welches sie den Fremden mit einer Manier anzubieten wissen, die das Abschlagen des Ankaufes nicht nur unmöglich macht, sondern man gibt ihnen auch gern noch mehr als sie fordern. Mir wenigstens ging es so. Ich kaufte vorerst zwei der feinsten dieser Hüte, bezahlte sie mit Gold und verehrte sie meinen beiden Begleiterinnen, die außerdem noch für eigene Rechnung und auch für ihre dienstbaren Geister kauften. Die Verkäuferinnen, besonders eine derselben, gefielen mir so wohl, daß ich mir sogleich vornahm, sie schon am nächsten Tag, und zwar zu Pferde wieder zu besuchen. Wir brachten den ganzen Tag in dem großen, reizenden Arnotal zu, von dem wir einen kleinen Teil zu Fuß durchstrichen.

An diesem Abend sollte ich meine Unbekannten wieder im Dom treffen, aber die Stunde war verpaßt. Ich eilte dennoch gleich nach unserer Ankunft, mich unter einem Vorwand bei den Ladys entschuldigend und baldige Rückkehr verheißend, in die Kirche, zu der mich diesmal die Neugierde führte, endlich zu erforschen, wer meine mysteriösen Schönen eigentlich seien. Aber vergeblich, die Zeit war verstrichen und in Santa Maria del Fiore keine Spur von ihnen zu finden. Nachdem ich eine Stunde umsonst wartend zugebracht, schlug ich mir die Sache aus dem Kopf und eilte zu meinen Engländerinnen zurück, mit denen ich den Rest des Abends und einen großen Teil der Nacht zubrachte. Am anderen Tag machte ich eine Tour zu Pferde mit ihnen in die nächste Umgebung der Stadt und nach Pratolino, dem ehemaligen Versailles der Medici, das aber beinahe in Ruinen lag. Auch die schönen Villen der Bardi, Pitti, Palmieri, Corsini sowie die berühmte Kartause von Vallombrosa und andere Orte besuchte ich in ihrer Gesellschaft. Trotzdem fühlte ich einen Drang, meine Schöne im Arnotal wiederzusehen.

Eines Morgens machte ich mich unter dem Vorwand dringender Geschäfte für den ganzen Tag von meinen englischen Fesseln frei und ritt in gestrecktem Trab zu der Strohflechterin, der ich noch drei wunderschön gearbeitete Hüte abkaufte, von denen einer nach Rom und die beiden anderen nach Frankfurt wanderten; einer für meine Mutter und der andere für eine noch sehr junge Schwester. Das Mädchen, das ich auf das Generöseste in Gold bezahlt hatte, war dagegen äußerst freundlich und nannte mich ‹il suo signor cavaliere forestiero›*. Ihre nicht sehr großen, aber blitzenden Augen verrieten nur zu sehr, daß sie eben kein für die Liebe unempfindliches Temperament habe. Im Lauf der Unterhaltung gestand sie mir auch, daß sie bereits schon anderthalb Jahre Sposa, das heißt mit einem jungen Mann versprochen sei, der einen Dienst in der Stadt habe. Sie wolle noch anderthalb Jahre Hüte flechten, um ihre Aussteuer ganz zusammenzubringen, bevor sie heirate.

Da ich sie fragte, woraus diese denn bestehen müsse, zählte sie mir alles auf, was sie sich schon angeschafft und noch ferner erforderlich sei. Ich bat sie nun, mir das erstere zu zeigen, worin sie mit einem freundlich ‹con molto piacere›** willigte, was der so wohlklingende florentinische Dialekt bezaubernd machte. Ich trat mit ihr in das Haus, das sie mit ihrer Mutter, einer Witwe, bewohnte, und dann in das Stübchen, wo sie mir Linnen und Hausgeräte, Geschirr und dergleichen zeigte. Hier, so nahe mit ihr in Berührung, wie hätte ich der Versuchung widerstehen können, das

*) ‹ihren Herrn Kavalier, der Gast›
**) ‹mit großem Vergnügen›

seidene Mieder, das eine so schlanke Taille umschloß, zu umfassen? Aber das Mädchen sträubte sich, und als ich sie an mich drücken und küssen wollte, hob sie in einem so gar leisen Ton zu schreien an, daß man es unmöglich in der nächsten Kammer hören konnte. Ich raubte ihr mehrere Küsse, mit denen ich die Worte, die sie ausstoßen wollte, erstickte.

Als ich aber mehr wagen wollte, warf sie mir so bedenklich zornige Blicke zu, daß ich für gut befand, von weiteren Versuchen abzustehen, und sie sagte mit fast weinerlicher und ängstlicher Stimme: «Per l'amor di dio, vorreste farmi infelice?»* «Um alles in der Welt nicht, mein charmantes Mädchen, man kann sich auch lieben, ohne sich gerade unglücklich zu machen; und wenn du es mir gestatten wolltest, so könnte ich dir auch Unterricht in dieser geheimen Kunst erteilen. Auf jeden Fall wirst du mir das Wiederkommen erlauben, um dir noch einige an deiner Ausstattung fehlende Dinge mitzubringen.» Verschämt an dem Schürzchen zupfend, antwortete sie: «Das Wiederkommen kann ich Ihnen nicht wehren, nur müssen Sie nicht zu oft kommen, sonst würde es Verdacht bei den ohnehin neidischen Nachbarn erregen.» Mit ein paar Küssen nahm ich für heute Abschied von meiner florentinischen Schäferin, welche mir die gekauften Hüte sauber in ein Papier rollte. Sodann sprengte ich mit einem lauten Addio [Lebewohl] und leisem a rivedere [auf Wiedersehen] davon.

Schon am anderen Abend fand ich mich wieder bei meinem holden Wesen ein, ihr allerlei Kleinigkeiten mitbringend, unter denen ein goldenes, mit Granaten gefaßtes Kreuzchen war, das ich Gattina, so nannte sich die hübsche Schäferin, an einem Samtbändchen um den Nacken hing. Sodann steckte ich ihr einen kleinen Goldreif mit emaillierten Blumen an den Finger und gab ihr Bänder und ähnliche Dinge, alles unter dem Aushängeschild einer Aussteuer. Das Mädchen freute sich kindisch über diese Geschenke, zu deren Annahme sie sich gern nötigen ließ. Ich bat sie, mir noch einmal ihre Schätze in der Kammer zeigen zu wollen, wozu sie sich, und zwar auf Zureden der Mutter, herbeiließ. Sie war bei weitem nicht mehr so scheu und spröde wie das erstemal. Ich hatte sie mit allerlei Geheimnissen bekanntgemacht und verließ sie erst spät in der Nacht, wobei wir verabredeten, daß ich künftige Besuche nur nach eingetretener Finsternis abstatten dürfe.

Ich sah sie aber nur noch einmal, da ich während der kurzen Zeit, die ich in Florenz zubringen konnte, auch einen Abstecher in das Chianatal mit den Ladys machen mußte. Meine beiden Unbekannten konnte ich aber trotz aller Mühe, die ich mir gab, nicht wiederentdecken. Vielleicht in einer anderen Welt wieder, dachte

---

*) «Um Gottes willen, wollen Sie mich unglücklich machen?»

ich, für dieses Leben sind sie für mich verloren. Daß sie, wie sie mir angegeben, Mätressen seien, wollte mir nicht recht einleuchten und stimmte nicht ganz mit der Zurückweisung des Goldes überein. Es blieb mir von ihnen nichts übrig als das Andenken an einen abenteuerlichen Abend und der goldene Ring.

Beinahe drei Wochen hatte ich in Florenz zugebracht, und es war die höchste Zeit, an meine Abreise zu denken. Auch hoffte ich, nicht lange in Genua zu bleiben, da mir Duret versprochen, sobald die fatale Geschichte von Albano ein wenig verraucht sei, meine Zurückversetzung zum ersten Bataillon zu bewirken und mich so wieder in die Nähe von Rom zu bringen. Meinen liebenswürdigen Ladys teilte ich meine Abreise nach Genua nur vierundzwanzig Stunden vorher mit, einen soeben erst deshalb erhaltenen Befehl vorschützend. Beide schienen über diese unerwartete Nachricht betroffen, und ich mußte am Ende auf Marys dringende Bitte noch zweimal vierundzwanzig Stunden zugeben. Sie eröffnete mir, daß sie an ihren Mann nach Paris schreiben und diesem mitteilen wolle, daß sie ihren Aufenthaltsort Florenz mit Genua zu vertauschen wünsche, wovon ich ihr abriet. Sie ließ es sich jedoch nicht ausreden, und so schieden wir ziemlich getröstet, ein baldiges Wiedersehen hoffend und fürchtend, voneinander.

Am Abend des fünften Tages nach meiner Abreise von Florenz traf ich wohlbehalten in Genua ein.

XV.

Zweiter Aufenthalt in Genua – Alte und neue Bekanntschaften –
Ein sentimentales Rendezvous – Brigantenjagd in den italienischen Alpen –
Bocchetta – Ich nehme fast eine ganze Bande gefangen – Rückkehr nach Genua –
Das Conservatorio Fieschino – Albertine – Ich entdecke eine Verschwörung – Ich
avanciere zum Kapitän und werde wieder zum ersten Bataillon versetzt –
Abreise nach Civitavecchia

Da es zu spät war, als ich in Genua ankam, um mich noch nach einen Quartier umsehen zu können, stieg ich in einem Gasthof ab, wo ich bis zum hellen Morgen ausschlief und mich dann bei meinem nunmehrigen Bataillonschef, Herrn von Brüge, meldete, der mich, durch Duret schon hinlänglich unterrichtet und empfohlen, mit den Worten empfing: «Das Glück, Sie bei meinem Bataillon zu haben, verdanke ich der hohen römischen Geistlichkeit. Sie werden die Voltigeurkompanie kommandieren, die jetzt vakant ist, und sind für heute bei mir zu Tisch eingeladen, wenn Sie mit meiner Suppe vorlieb nehmen wollen.» Brüge war ein Elsässer, in der Gegend von Kolmar zu Haus, und hatte ein allerliebstes Kind, ein kaum zehn Jahre altes Mädchen, dessen Mutter eine ziemlich heroische Frau war. Nachdem ich dem, was der Dienst heischte, Genüge geleistet und mir ein Quartierbillett für drei Tage hatte geben lassen, war mein erster Gang zu meinem alten Gitarrelehrer Guercino, um mich bei ihm oder vielmehr bei seiner Frau nach meinen alten Bekannten zu erkundigen.

Den alten Mann fand ich unwohl und bettlägerig, und seine Frau schlug die Hände über dem Kopf zusammen, als sie mich erblickte. «Ah siate ben venuto»*, rief sie endlich aus, die Arme in die Höhe streckend. Nach gehöriger Bewillkommnung erfuhr ich, daß die Marchesa seit meiner Abreise kränkele, daß die mutwillige Peretti im letzten Karneval an einem Nervenfieber gestorben, Signora Doria sich mit ihrem Mann in Paris befinde, die Costa noch immer ein Heer von Anbetern habe, die Spinola aber völlig wohl und munter sei. So wurde ich schnell von dem au fait [in Kenntnis] gesetzt, was sich während meiner etwa anderthalbjährigen Abwesenheit zugetragen. Der Tod der fröhlichen Peretti schmerzte mich, das Kränkeln der Marchesa tat mir leid, und das Wohlsein der Spinola freute mich. Den alten Guercino und seine Frau, die mir wieder ihre untertänigsten Dienste anbot, beschenkte ich mit ein paar Zechinen, ihr lachend bemerkend, daß ich leicht in den Fall kommen könnte, ihrer zu bedürfen, und bat sie einstweilen, die Marchesa von meiner Ankunft in Kenntnis setzen zu wollen, was sie mir noch im Lauf des Tages zu tun versprach.

Bei der Parade stellte mich Brüge meinen neuen Kameraden vor, von denen ich nur noch wenige kannte, und zum Diner fand ich mich seiner Einladung zufolge bei ihm ein. Madame Brüge, eine noch sehr rüstige Dame von kaum vierzig Jahren, bot mir den täglichen Tisch, versteht sich gegen gehörige Vergütung an, den ich auch akzeptierte. Sie führte eine gute französische Küche. Während des Essens kam die Rede auf die Musik, und sie meinte, daß es wohl jetzt bald Zeit sei, daß ihre Tochter Unterricht in dieser Kunst erhalte, was sie schon früher veranstaltet haben würde, wenn sie einen Lehrer in Genua gefunden hätte, der französisch spreche. Dies war so ziemlich ein Wink mit einem Mastbaum. Ich erbot mich mit Vergnügen, der Kleinen Unterricht im Klavierspiel zu geben, was mit großem Dank angenommen wurde.

---

*) «Ach, seien Sie willkommen»

Am Abend begab ich mich abermals zu Guercinos, wo ich erfuhr, daß die noch immer leidende Marchesa die unerwartete Nachricht meiner Ankunft sehr erschüttert habe und dieselbe mich bald zu sehen wünsche, wozu aber vorerst wenig Hoffnung, da sie immer noch sehr schwach sei. Ich machte jetzt meine Besuche in all den Häusern, in denen ich früher Zutritt gehabt, und erhielt bald wieder eine Menge Einladungen. Die Spinola sah ich zuerst bei Dorias wieder, wo ich mich lange mit ihr unterhielt und sie mir eine junge Dame, Signora Palatini, die erst kürzlich verheiratet und ihre liebe Freundin sei, vorstellte.

Diese war eine schmächtige, nicht sehr große, aber sehr niedlich gewachsene Frau, mit einer originellen pikanten Gesichtsbildung, die, wenn auch nicht schön, doch etwas sehr einnehmend war. Ich machte beiden Damen den Hof und ließ die Spinola merken, daß es mir nicht unangenehm sein würde, die so kurz vor meiner Abreise von Genua mit ihr in Gesellschaft der Marchesa gemachte Bekanntschaft weiter auszuspinnen. Ich hatte mir wieder eine Wohnung unweit der Kaserne gesucht, die ganz geeignet war, geheime Besuche zu empfangen. Mich diesen Abend noch deutlicher zu erklären war nicht gut möglich, da ihr die Palatini nicht von der Seite wich und sich mit einer auffallenden Lebhaftigkeit in alle Gespräche mischte, die ich mit der Spinola anzuknüpfen versuchte.

In einem Gartensaal musizierte man, ich wurde angegangen, mich hören zu lassen, und trug mehrere neue Cavatini vor, die ich in Rom und Neapel gelernt. Als die Dame des Hauses und noch einige andere den Wunsch ausdrückten, ich möchte doch wieder etwas aus dem Don Giovanni singen, wandte sich Signora Palatini mit einer großen Zudringlichkeit an mich, diesem Wunsch nachzugeben, indem sie einige dutzendmal wiederholte: «Si, Signore, il Don Giovanni, il Don Giovanni,* Sie müssen ihn singen, denn ich kenne ihn noch nicht und habe doch so viel davon gehört.» Dieses Benehmen setzte mich in Erstaunen und fast in Verlegenheit. An Subordination gewöhnt, befolgte ich die gestrenge Order und erhielt dafür einige danksagende Blicke von der kleinen Tyrannin, die sich nun auch spielend und singend hörbar machte und mich dann ohne Umstände vor der ganzen Gesellschaft einlud, sie doch ja recht bald und oft zu besuchen, um mit ihr zu singen, sie erwarte mich morgen vormittag nach der Messe, ich möge doch einige Duette mitbringen.

Dieses so ganz ungenierte und überaus freie Benehmen war mir noch gar nicht und am wenigsten in Italien vorgekommen, wo die Damen im Gegenteil die meiste Ursache haben, ihre Intrigen geheimzuhalten und möglichst zu verbergen oder

*) «Ja, mein Herr, den Don Giovanni, den Don Giovanni,»

doch passend zu bemänteln. Es machte mich immer verlegener, weil ich wohl bemerkte, daß sich die Gesichter aller, die es mit angehört, zu einem hämischen Lächeln verzogen. Als dies die Spinola sah, trat sie zu mir und sagte: «Das Benehmen der Palatini darf Sie nicht wundern, sie ist ja noch ein halbes Kind, kaum sechzehn Jahre alt, und dabei sehr verzogen, von einem überaus reizbaren und heftigen Temperament, das sich nichts übel nimmt, alles, was sie sich einmal in den Kopf gesetzt, um jeden Preis auch durchsetzen will, ohne über die Folgen nachzudenken. Ihrem schon ältlichen und schwachen Mann, an den sie ihre Verwandten verkuppelt haben, hat sie eine halbe Million mitgebracht und dem ihr ebenfalls aufgedrungenen Cicisbeo, jenem noch gepuderten Pavian, den Sie dort am Pharotisch pointieren sehen, so mitgespielt, daß er sich schon einigemal für das Cicisbeat bedanken wollte. Allein der Ehemann und die Verwandten gaben es nicht zu, aber er hat die Hölle.»

In diesem Augenblick sprang die Palatini, die gerade sang, ihre Noten hinwerfend und wild auf die Tasten des Cembalos schlagend, auf, trat vor die erschrockene Marchesa und sagte dieser: «Ich finde es höchst unartig, Signora, daß Sie sich mit Herren unterhalten, wenn ich singe.» Ich nahm schnell das Wort und sagte zu der aufgebrachten, zornglühenden Dame: «Signora, es war nur von Ihnen und Ihrem Talent die Rede.» Signora Palatini ergriff ihr Notenblatt wieder und beendigte das Morceau. Die übrige Gesellschaft, obgleich über diesen sonderbaren Auftritt erstaunt und Gruppen bildend, wo man sich in die Ohren zischelte, schien es doch nicht sehr zu befremden. Bald darauf begann der Tanz mit einer Monfarina, welche ich mit der Spinola antrat, die mich aber, nachdem wir einigemal die Tour im Saal gemacht hatten, aufforderte, die jetzt nicht tanzende Palatini zu engagieren, der sie mich abtrat.

Ich tanzte mit dem kleinen Satan, der mir gleich bei der ersten Tour eröffnete, daß er Giulietta heiße, ich ihn künftig nur bei diesem Namen nennen solle, und sich böse gebärdete, als ich es nicht augenblicklich tat. Ehe sich die Gesellschaft trennte, kam sie noch einmal auf mich zu und sagte: «Daß Sie ja das Kommen morgen nicht vergessen und sich pünktlich einfinden. Ich erwarte Sie eine Stunde vor Mittag, um mit Ihnen zu musizieren.»

«Ich werde von Ihrer gütigen Einladung Gebrauch machen und mich zur bestimmten Zeit einfinden.»

«Sie sind Zeuge», sagte sie zu ihrem Begleiter, der mit einem Schafsgesicht zuhörte, und beide empfahlen sich. Die Marchesa Spinola flüsterte mir im Weggehen zu: «Nehmen Sie sich in acht, der kleine Teufel wird Ihnen zu schaffen machen.»

«Ich werde ihn zu zähmen wissen», erwiderte ich. Kaum waren diese Worte gesprochen, trat die Palatini nochmals in den Saal zurück und rief der Spinola zu: «Auch Ihre Portandina [Sänfte] erwartet Sie, wollen Sie nicht kommen?» Sie nahm die Marchesa beim Arm, sie mit sich fortziehend.

Ehe ich mich am anderen Morgen, wie ich versprochen, zu ihr begab, ging ich zu Guercinos, um bei diesen vielleicht etwas mehr über dies sonderbare, aber dennoch pikant liebenswürdige Wesen zu erfahren. Diese wußten mir aber weiter nichts zu sagen, als daß Signora Palatini wegen ihres unbändigen Eigensinns und ihrer ausschweifenden Phantasien, die sie oft die tollsten Streiche begehen ließen, in ganz Genua bekannt sei. Ich begab mich zu der kleinen Wilden, die, als sie mich erblickte, auf mich zusprang, laut rufend: «Es ist brav, daß Sie Wort gehalten.» Sie nahm mich bei der Hand, führte mich in ein Zimmer, wo ein Flügel stand, und nötigte mich, ihr zuerst etwas vorzusingen. Dann hatten Klavierspiel und Gesang ein Ende, und ein anderes Spiel sollte beginnen; aber zweimal schlüpfte sie mir unter dem Arm durch, laut lachend, endlich aber umfaßte ich die kleine Blindschleiche, deren Taille ich mit meinen Händen umspannen konnte, hob sie in die Höhe, daß sie zappelte, und sagte lachend: «Was nun? Jetzt sind Sie ganz in meiner Gewalt, Giulietta.»

«Die Sie doch wohl nicht mißbrauchen werden?»

«Gewiß nicht, bella fanciulla [schönes Kind]», antwortete ich, sie sanft auf den Boden niedersetzend. Aber wieder ging sie mir durch, in ein zweites, drittes und viertes Zimmer, aus dem aber kein Ausgang mehr war. «Jetzt sind Sie gefangen und werden mir nicht mehr entwischen.»

«Ma – ma –» [Aber, aber], stöhnte sie bald mit hochklopfendem Herzen, und ihre Wangen waren mit jener Röte gefärbt, die einladender ist als das schönste Morgen- und Abendrot. Ich küßte sie, aber sie biß mich in die Lippen, daß es mich schmerzte und fast blutete. Ich ließ mich indessen dadurch nicht stören und fuhr zu küssen fort, sie auf ein Ruhebett bringend, bis uns beiden der Atem fast ausging.

Endlich war es Zeit, mich zu entfernen, und ich durfte es auch, indem ich baldiges Wiederkommen versprach, denn Giulietta wollte durchaus, daß ich den ganzen Tag bei ihr zubringen sollte, und hätte mich nicht der Dienst gerufen, so würde ich es mit Vergnügen getan haben, denn Langeweile hatte man bei dem unruhigen Geist auch keine Minute. Bei dem zweiten Besuch wiederholte sich die Szene des ersten, und so ging es einige Zeit fort, ohne daß ich mich weder um die Spinola noch um die Marchesa P., die ich noch nicht wieder gesehen hatte, bekümmerte. Eines Morgens aber besuchte mich die alte Guercino in meiner Wohnung und machte mir Vorwürfe, daß ich mich gar nicht nach der armen Marchesa erkundige, die jeden Tag nach mir frage und mich nur noch einmal zu sehen wünsche, sehr leidend sei und sich vielleicht nicht wieder von ihrer Krankheit erholen würde. Ich verabredete mit der darauf dringenden Guercino, der es wohl nur um die Präsente zu tun war, daß man eine Zusammenkunft veranstalten möge, wozu, wie sie mir sagte, die Marchesa Spinola schon alles vorbereitet habe.

Wir setzten nun diese Entrevue auf den Abend des nächsten Tages fest, wo ich mich ein Uhr nach Sonnenuntergang in dem bezeichneten Haus einfinden wollte. Giulietta verlassend, bei der ich den Tag wieder zugebracht hatte, begab ich mich zur bestimmten Stunde zu dem verabredeten Rendezvous in den Palazzo Spinola. Eine niedliche Cameriera [Zimmermädchen] empfing mich und führte mich über eine Hintertür in abgelegene, spärlich erleuchtete Gemächer. In dem letzten derselben fand ich eine weibliche Figur, in weiße Gewänder gehüllt, in einem Armstuhl sitzen, die, als ich eintrat, eine zusammenfahrende Bewegung machte und in deren blassen und leidenden Zügen ich dennoch die Marchesa erkannte. Ich stürzte auf sie zu, wollte ihre Hand fassen, die sie aber schnell zurückzog. «Oh, lassen Sie diese nichtssagende Flatterien. Wir sind von allem genau unterrichtet. Kommen Sie nicht eben erst von der tollen Palatini?»

«Ganz gewiß», fiel hier die Spinola ein, «seit seiner Rückkehr bringt er alle Stunden, die er ermüßigen kann, dort zu.»

«Wie freute ich mich», fuhr die andere wieder fort, «als ich hörte, daß Sie wieder in Genua angekommen seien, und hoffte von diesem Ereignis eine baldige Genesung, aber wie furchtbar bin ich enttäuscht.»

«Es ist unverzeihlich und recht abscheulich», sagte nun die Spinola, und ich stand in der Tat vor den beiden Signoras wie ein Schulknabe, der unartig gewesen. Gern hätte ich mich wie gewöhnlich durch einen Scherz lachend und spottend aus der Affäre gezogen, aber der Zustand Toninas war doch zu ernsthaft – sie litt besonders an Nervenübeln –, als daß ich es wagen durfte. Ich suchte durch ein halbes pater peccavi [Vater vergib] mich aus der Klemme zu befreien, indem ich meine Besuche bei der Palatini zwar nicht leugnete, aber behauptete, sie seien durchaus ganz unschuldiger Natur und gelten bloß ihrem musikalischen Talent, indem ich nichts treibe, als mit ihr singe.

«Wer so etwas glauben wollte», fiel mir die Spinola wieder ins Wort. «Ja, wenn die Signora nicht ganz ohne Hehl und ohne Scham selbst von ihrem Verhältnis mit Ihnen spräche! Halten Sie uns doch nicht für so einfältig.»

«Und schonen Sie doch um Himmels willen Ihre Freundin», unterbrach ich die Marchesa, «sehen Sie denn nicht, wie die Arme leidet?»

In der Tat hatte sie in diesem Augenblick Konvulsionen und Krämpfe bekommen und stöhnte. «Oh, mir ist sehr übel!» Wir sprangen ihr beide zur Hilfe, sie bekam eine förmliche Ohnmacht. ‹Sehen Sie, was Sie gemacht haben›, sagte die Spinola zu mir, meine Hilfe zurückweisend.

‹Das ist einzig und allein nur Ihre Schuld›, erwiderte ich etwas aufgebracht. ‹Sie kannten den Zustand Ihrer Freundin und führen eine solche Szene herbei. Wenn Sie dergleichen Klatschereien erfuhren, mußten Sie sie eher verheimlichen als mitteilen und bekräftigen.›

‹Nicht von mir hat es die Marchesa zuerst erfahren, ganz Genua redet von den Tollheiten Ihrer Charmanten. Sie sind samt ihr die Mär der Stadt. Wo dachten Sie hin, sich mit einer solchen Törin einzulassen und darüber Ihre besten Freundinnen zu vernachlässigen? Nein, Sie können kein Deutscher sein, so etwas tut kein Deutscher, dies verzeiht man nicht einmal einem leichtsinnigen Franzosen.›

Ich suchte die aufgebrachte Signora zu besänftigen, welche die Schläfe und Stirn der noch immer bewußtlosen Freundin mit starken wohlriechenden Wassern rieb, ihr Diebsessig [Riechmittel] unter die Nase hielt, indem sie ihren Kopf an ihren Busen legte. Als sie sich so beschäftigte, die Ohnmächtige wieder zu sich selbst zu bringen, drückte ich einen leisen Kuß auf deren Stirn, indem ich noch leiser sagte: ‹Dies wird sie vielleicht am ehesten erwecken.›

‹Was unterfangen Sie sich›, fuhr mich die Spinola zwar heftig, aber ebenfalls kaum hörbar an, ‹glauben Sie, wir würden uns von Ihnen betören lassen? Gehen Sie zu Ihrer Pazza, dort ist es besser angewandt, und lassen Sie uns in Ruhe.›

‹Nicht so böse, meine schöne Signora, Sie haben mir zuerst die Palatini bei Dorias zugeführt, ich bitte ja aufrichtig um Vergebung, werfe mich reuevoll zu Füßen.› Ich wollte nun auch ihr die Hand küssen, als Tonina plötzlich ein Lebenszeichen von sich gab und bald wieder die Augen aufschlug. Als sie sah, wie wir beide um sie beschäftigt waren, lächelte sie wehmütig, und ich bat sie innig um Vergebung, nochmals beteuernd, daß nur der Schein gegen mich sei, und jetzt unterstützte mich die Spinola in meinem Vorgeben, indem sie sprach: ‹Eine Möglichkeit ist es immer, wenn auch schwer zu glauben. Ich will ihn doch nicht ganz verdammen, denn das tolle Weib ist wohl fähig, Dinge zu sagen, die nicht sind.›

Abermals küßte ich feurig Toninas Hand, die mich jetzt mit einem bedeutenden Blick ansah und lispelte: ‹Aber wenn Sie mich dennoch betrügen?› Der Ton, mit dem sie dies sagte, ging mir durch Mark und Bein, und ich fühlte mich so zerknirscht und über mich selbst ungehalten, daß ich in diesem Augenblick vielleicht alles bekannt, wenn man mich noch weiter inquiriert hätte. Ich suchte die Leidende indessen immer mehr zu beruhigen, bekam endlich wieder den Mut, ihr meine unerschütterliche Treue zu beteuern und bei allen Göttern zu versichern, daß ich nur sie liebe und hoffentlich von meiner Unschuld klar überzeugen werde. Sie möge sich jetzt nur beruhigen und so ihre schnelle Genesung herbeiführen. Noch beinahe eine ganze Stunde brachte ich in dieser mir sehr peinlichen Lage zu. Ehe ich mich entfernte, hatte man mir das Versprechen verlangt, meine Bekanntschaft ganz aufzugeben und die Palatini nicht mehr zu besuchen, ich stellte aber den Damen vor, daß dies bei dem bekannten Charakter der Donna nicht wohl tunlich sei, ohne sich allem Möglichen von ihrer Seite auszusetzen. Ich empfahl mich bestens, froh, als ich wieder frei Luft schöpfte, dieser Szene enthoben zu sein. Die Sache war mir aber doch nicht ganz gleichgültig, denn ich kannte die Genueserinnen als die rachsüchtigsten Frauenzimmer Italiens, befand mich zwischen zwei Feuern und wußte noch nicht, wie ihnen zugleich Face und Front zu machen.

Als ich mir gerade den Kopf zerbrach, was ich wohl in dieser Verlegenheit für einen Operationsplan entwerfen müsse und mit aller Taktik und Strategie nicht zu Ende kommen konnte, zog mich ein Deus ex machina*, wenigstens für den Augenblick, aus derselben. Ich besuchte noch am selben Abend die Opera Buffa, wo ich Giulietta versprochen hatte, mich einzufinden, und traf hier den Herrn von Brüge, der auf mich zukam und mir verkündete, daß ich schon am nächsten Morgen mit meiner Kompanie in die Gebirge zur Verfolgung der immer dreister werdenen Briganten abmarschieren müsse. Gern hätte er mich zurückbehalten, allein da es ausdrücklicher Befehl vom kommandierenden General sei, daß die Voltigeurkompanien zu diesem Zweck verwendet werden sollten, müsse er mich wohl ziehen lassen.

Die Order kam mir erwünscht. Giulietta hatte mich, während der Bataillonschef mit mir sprach, unverwandt angesehen, und als ich mich in ihre Loge begeben wollte, um sie mit dem erhaltenen Befehl bekanntzumachen, kam sie mir schon auf dem Korridor entgegen und fragte mich, was denn der Kommandant so angelegentlich mit mir gesprochen und von mir gewollt habe. Ich teilte ihr den Inhalt unseres Gesprächs mit, worüber sie außer sich geriet und in die Worte «Das dulde ich nicht, ich gehe selbst zum General!» und ähnlichen Unsinn ausbrach. Ich entfernte mich jetzt unter dem Vorwand, Anordnungen treffen zu müssen, und versprach, vor dem Abmarsch Abschied von ihr zu nehmen. Statt dessen schrieb ich ihr einen Brief, mich mit der Unmöglichkeit und der übereilt befohlenen Entfernung entschuldigend, den ich ihr erst zukommen ließ, als wir schon einige Stunde von Genua entfernt waren. Ebenso benachrichtigte ich die Spinola schriftlich von diesem Ereignis mit der Bitte, es ihrer Freundin schonend mitzuteilen, und vertröstete auch sie auf baldige Zurückkunft. In der Tat war ich froh, als ich den anderen Mor-

*) Eine aus dem antiken Theater übernommene Bezeichnung für eine unerwartete Lösung.

gen Genua, aus dem ich absichtlich schon vor Sonnenaufgang mit meiner Kompanie abmarschiert war, im Rücken hatte.

Schon seit einiger Zeit war es in den italienischen Alpen sehr unruhig geworden, es hatten sich starke Banden zusammengerottet, die so verwegen wurden, daß sie in den letzten Tagen sogar einen französischen Posten von einigen zwanzig Mann überfallen und die Leute sämtlich ermordet hatten. Dies war in geringer Entfernung von Genua geschehen. Die italienischen Alpen sind in dieser Gegend ebenso unwirtsam, voll Schluchten und sicherer Zufluchtsorte für Räuber und Insurgenten, wie die Waldgebiete Kalabriens. Jeder Mann hatte sechzig scharfe Patronen und für vier Tage Brot bei dem Ausmarsch erhalten.

Eine besondere Instruktion hatte ich nicht und konnte sie nicht erhalten haben, sondern sie lautete nur im allgemeinen, die Spuren der Briganten aufzusuchen, sie zu verfolgen und tot oder lebendig einzufangen, mich dabei, so viel es sich tun ließ, der Bauern zu bedienen und Führer zu nehmen. Das weitere blieb meiner Einsicht überlassen, indem ich nach Umständen agieren müsse. Ist man einmal über die Riviera – so wird das Uferland genannt, welches den Meerbusen umgibt – hinaus, werden die Berge immer öder, steiler und kahler, Felsen türmen sich auf Felsen, seltener werden Bäume und Gebüsch, und nur hier und da sieht man noch einige Kastanien. Der Weg, dessen Rand sich oft an unabsehbaren Abgründen und Schlünden hinzieht, über welche mitunter sehr gebrechliche Brücken führen, kann nur noch durch sehr sichere Pferde und Esel betreten werden. Viele dieser Brükken waren durch die Briganten abgebrochen, so daß ich häufig wieder umkehren und andere Wege aussuchen mußte.

Als ich am zweiten Tag Ovada erreichte, erfuhr ich, daß erst vor ein paar Tagen hier drei Gendarmen überfallen und ermordet worden waren. Um an diesen Ort zu gelangen, hatte ich einen Führer aus dem Flecken Masone mitgenommen, der mich auf großen Umwegen hierher gebracht, wo ich mich auf vierundzwanzig Stunden einquartierte, um Erkundigungen über den Aufenthalt und die Spuren der Briganten einzuziehen. Ovada ist ein ziemlich großer Ort, der an der Orba liegt und etwa tausend Einwohner zählen mag. Wo ich aber auch anklopfte und forschte, niemand wollte mir Auskunft geben können. Die Stimmung der Einwohner und Landleute war uns überhaupt sehr ungünstig, allenthalben zeigten sich große Unzufriedenheit mit der Regierung, Haß gegen die französische Herrschaft und ein Geist des Aufruhrs und der Widerspenstigkeit, der unter Umständen sehr gefährlich werden konnte. Zu den zahlreichen Räuberbanden, die sich in den italienischen Alpen umhertrieben, gesellte sich fortwährend Gesindel, und alle, die irgend etwas begangen hatten, flüchteten sich zu ihnen in unzugängliche Schlupfwinkel im Gebirge. Dabei hatten sie fortwährend geheime Verbindungen zu Genua, Turin, Piemont und der Lombardei.

Was mir sehr im Wege stand, war die abscheuliche Sprache, die in dieser Gegend geredet wird. Überall wollten die Einwohner kein Italienisch sprechen und stellten sich, als verstünden sie mich nicht. In Ovada suchte ich einen Geistlichen auf, der doch den Sprachunwissenden nicht machen konnte, wenigstens meine Frage beantworten mußte, aber auch von diesem konnte ich nichts weiter herausbringen, als daß man zwar viel von den Briganten höre, aber ihren Aufenthalt nicht wisse noch erspähen könne. Überhaupt zweifle er an dem Bestehen dieser Banden, wie man sie in Genua schildere. Es seien höchstens nur einzelne Straßenräuber vorhanden, und es sei ganz vergebliche Mühe, diese suchen zu wollen, da kein Mensch ihre Schlupfwinkel kenne. Aber der geistliche Herr wußte sie gewiß.

Von Ovada marschierte ich mit ebensowenig Erfolg nach Casalecchio und von da nach den Dörfern Acquata und Isola, ganz abscheulichen Nestern, in denen alle meine Bemühungen ebenfalls erfolglos blieben, so daß ich schon verzweifelte, jemals auf die Spur der Briganten zu kommen. In Ronco brachte ich einen Tag und zwei Nächte zu und erfuhr am Morgen nach der letzten, daß in der verwichenen Nacht abermals ein Gendarm ermordet worden sei. Seinen Leichnam habe man schrecklich verstümmelt auf der Landstraße nach Fornaro gefunden. Ich machte mich nun mit meiner Kompanie eilig nach Fornaro auf, das ziemlich nahe an der Bocchetta liegt, stellte rings um das Dorf Piketts und drohte es anzuzünden, wenn mir nicht in zwei Stunden die Mörder ausgeliefert würden, denn ich hatte einige Indizien, daß es Bewohner dieses Ortes waren. Um meiner Drohung mehr Nachdruck zu geben und zu zeigen, daß es mir ernst damit sei, ließ ich von den Soldaten Brennmaterial zusammenbringen und auf einen Haufen legen. Aber vergeblich, die Einwohner heulten, schrieen und winselten, beteuerten ihre Unschuld, und von den Mördern war keine Spur zu finden.

So zog ich schon sieben Tage vergeblich in diesen Öden und zwischen Schluchten umher, wobei die Nahrung auch nicht die beste war und ich mehrere Marode zählte, die ich nach Bocchetta führen ließ, von wo sie ins Lazarett nach Genua gebracht wurden. Ich selbst fing an, höchst mißmutig zu werden und an irgendeinem günstigen Erfolg meiner Mission zu verzweifeln, als ich auf eine List verfiel, die wenigstens teilweise gelang. Ich suchte die entschlossensten und mutigsten Leute meiner Kompanie heraus, ließ sie ihre Säbel scharf schleifen und so zu zwei und drei Mann streifen, während ich mit den übrigen in einem nahen Dorf verweilte, in dessen Mitte ich ein Pikett [Feldwache] aufstellte und dessen Ausgänge so besetzte, daß sich keine Seele aus demselben ohne meine Erlaubnis entfernen durfte.

Französische Truppen in der Sierra
de Guadarrama

Das Königliche Schloß zu Madrid

Goya, Courmacher auf der Promenade

Goya, Aufstand auf der Puerta del Sol in Madrid
am 2. Mai 1808

Spanische Infanteristen

Angehöriger der Miliz
von Rodrigo

Goya, General Palafox, Verteidiger von Saragossa

Die Belagerung von Saragossa

Französischer Liniensoldat
in Spanien

Französischer Dragoner

General Dupont

Zwischen Spanien und Italien

Ausflug

Schwestern

Hudson Lowe, Kommandant von Capri

Admiral Smith

Die Leute, die ich auf die Streife ausschickte, instruierte ich dahin, daß sie sich nicht weiter von dem Ort entfernen sollten, als man das Abfeuern eines Gewehrs hören könne, und wenn sie Bauern oder sonstige Individuen auf sich zukommen sähen, sollten sie dieselben dicht herankommen lassen, dann aber ihnen das Gewehr vorhalten und sie nach ihrem Begehren fragen. Sollten jene aber Miene machen, noch weiter vorzudringen oder irgendeine feindliche Bewegung versuchen, losschießen, und wenn das Gewehr nicht mehr zur Verteidigung geschickt sei, dasselbe von sich werfen und sich mit dem blanken Säbel verteidigen, bis Sukkurs [Hilfe] käme. Würde man aber aus der Ferne auf sie schießen, so sollten sie das Feuer erwidern, doch immer nur einer nach dem anderen, um sich zu soutenieren [unterstützen]. Andere Soldaten hieß ich, nur mit dem Seitengewehr bewaffnet, ganz in der Nähe des Ortes spazierenzugehen.

Aber auch dieses Manöver hatte ich schon einige Tage umsonst versucht. Endlich hörte ich, nachdem ich zwei Stunden vor Tagesanbruch – ich marschierte nur nachts und immer unvermutet ab, damit die Briganten so wenig als möglich von ihren Spionen unterrichtet werden konnten – in dem sehr einsam im Gebirge gelegenen Dorf Ritegno angekommen war und die Streif- und Lauerposten abgeschickt hatte, plötzlich einen Schuß und gleich darauf noch acht bis zehn fallen.

Ich jagte jetzt mit einem Teil der übrigen Mannschaft nach dem Ort zu, von wo das Schießen herkam, und fand fünf meiner Leute im Handgemenge mit wenigstens zwanzig Briganten. Als mich diese kommen sahen, ergriffen sie die Flucht, bis auf drei, welche von den Voltigeurs festgehalten wurden. Einer stach jedoch einen Mann mit einem Dolchstoß nieder. Dies sehend, sprang ich hinzu und versetzte dem Kerl mit solcher Kraft einen Hieb über den Kopf, daß er einen zweiten Stoß nicht führen konnte, sondern mehrere Schritte zurücktaumelte und blutüberströmt ohnmächtig niedersank. Aber auch der Voltigeur war gefährlich verwundet. Die beiden anderen Briganten wurden unterdessen entwaffnet und festgehalten. Den Entflohenen setzten wir zwar eine Strecke nach, mußten jedoch bald umkehren, da wir jede Spur verloren.

Ich ließ alle drei, auch den Schwerverwundeten, der wieder zu sich gekommen war und nebst dem von ihm verletzten Soldaten zur Not verbunden wurde, kneben und sagte ihm, daß er ohne Absolution und Segen zur Hölle fahren solle, wenn er nicht gestände, wo sich seine Spießgesellen aufhielten und wer sie seien. Ebenso drohte ich den anderen mit augenblicklichem Erschießen, wenn sie nichts gestehen würden, und ließ jeden gehörig bewacht und von den andern getrennt abführen, so daß sie sich weder durch Worte noch durch Blicke oder Zeichen miteinander verständigen konnten. Der Verwundete ward aber mit jedem Augenblick schwächer und flehte um einen Tropfen Wasser zur Labung, den ich ihm aber verweigerte, bis er gestanden, was ich begehrte. Ich hielt ihm nochmals seine bevorstehende Höllenfahrt vor, worauf er mir mit matter Stimme erwiderte; ‹Gewiß nicht, denn ich habe schon im voraus Absolution und Vergebung aller Sünden erhalten und bin gewiß, daß ich für die Ermordung der Feinde unseres Landes sogar dem größten Teil der Pönitenz [Buße] des Fegfeuers entgehen werde.›

Jetzt fragte ich ihn, wer ihm denn solche Albernheiten glauben gemacht und reizte ihn, noch mehr zu beichten, mich über seinen Aberglauben lustig machend. Ich brachte auch noch so viel aus ihm heraus, daß er erst vor vierundzwanzig Stunden in Asconi, einem Dorf im Gebirge, gebeichtet habe. Hierauf ging ich zu einem anderen Gefangenen und sagte zu diesem: ‹Ah, Briccone, du bist auch aus Asconi?›

Er erblaßte und leugnete. Nun teilte ich ihm mit, daß mir sein sterbender Kamerad dies gestanden, worauf er versetzte: ‹Er hat gelogen, ich bin nicht aus Asconi, sondern der andere, mein Geburtsort ist Cento Croce.›

‹Du hast aber doch erst vor vierundzwanzig Stunden in Asconi gebeichtet und Absolution erhalten.›

‹Ha, der Verräter›, knirschte der Brigant. Auch den dritten nahm ich nun ad coram [Aussage] und erfuhr genug, um überzeugt zu sein, daß die Kerle in Asconi und Cento Croce zu Hause waren, und brach, nachdem ich die Verwundeten und Gefangenen nach Bocchetta geschickt, mit dem Rest meiner Leute, noch über hundert Mann, durch öde und kahle Wildnisse mit einem gezwungenen Führer nach Asconi auf, fand aber den Ort ganz verlassen und keine lebendige Seele. Auch fand sich in den erbärmlichen Hütten desselben nicht das mindeste vor, was uns hätte als Nahrung dienen können, und wir mußten uns an das mitgebrachte Brot und Wasser halten. Einige der Leute hatten noch etwas Aquavit bei sich, auch fingen wir ein halbes Dutzend Hühner und ein paar Hähne weg, die sich uns zufällig darboten und nun an Ladestöcken gebraten und mit Pulver zubereitet wurden, da wir kein anderes Salz hatten.

Gegen Abend marschierte ich unter Hörnerklang – die Voltigeurs hatten statt der Trommeln eine Art kleiner Wald- oder Posthörner – und mit möglichstem Geräusch ab, ließ aber drei Viertelstunden hinter dem Dorf hinter einer Felsenwand Halt machen und befahl den Leuten, sich möglichst ruhig und still zu lagern. Brot und Wasser war wieder unsere Kost, obgleich wir ein paar Ziegen bei uns hatten, die aber zu töten ich nicht gestattete, weil kein Feuer gemacht werden durfte, wenn mein Plan gelingen sollte.

So kampierten wir bis um zwei Uhr nach Mitternacht. Zwar hatte mir schon einer der ausgestellten Lauerposten einige Stunden nach Sonnenuntergang berichtet, daß man Licht in Asconi wahrnehme, ich fand aber für gut, noch abzuwarten, um mein Vorhaben auszuführen. Jetzt kehrten wir in aller Stille nach Asconi zurück, wo wir noch Licht in einigen Häusern sahen. Wir schlichen uns leise und unbemerkt heran. Mit der Hälfte der Mannschaft besetzte ich alle Zugänge des Ortes, während ich mit der anderen Hälfte einrückte und ein Haus, eine Art Osteria [Wirtshaus], aus dem ziemlicher Lärm ertönte, umzingelte. Wir entdeckten, daß sich einige zwanzig wohlbewaffnete Banditen nebst mehreren Weibern und Mädchen in einer großen Stube befanden. Nachdem ich meine Mannschaft auf das beste geordnet und instruiert hatte, ließ ich die Trompeter ins Horn stoßen und die Leute auf dieses Signal plötzlich die Gewehre gegen die Fenster und Türen abfeuern, die letzteren darauf mit Gewehrkolben einstoßen.

Ich drang nun mit einem Teil der Mannschaft in das Haus, während die anderen, ihre Bajonette in die Fenster haltend, dasselbe fortwährend umgaben. Die Briganten, durch diesen unerwarteten Überfall verblüfft und an vierzig Läufe gegen sich gerichtet sehend, durch das Geschrei der Weiber und Kinder noch mehr außer Fassung gebracht, dachten im ersten Augenblick nicht daran, Widerstand zu leisten, als aber einige ihre Büchsen abfeuerten, folgten die anderen diesem Beispiel, worauf meine Leute ebenfalls ein mörderisches Feuer auf sie gaben. Ich drang in das Zimmer. Dem Unterleutnant hatte ich den Befehl der Leute vor dem Haus und im Dorf überlassen, und es entspann sich ein mörderisches Gefecht in der Stube selbst, in der sich die Briganten wie Verzweifelte wehrten, und erst nachdem mehrere von ihnen tot niedergestreckt, auch viele verwundet waren und ich ihnen dann bei augenblicklichem Niederschießen gebot, die Waffen zu strecken und auszuliefern, hatte der Kampf eine Ende.

Mehrere meiner Leute waren gleichfalls verwundet, doch keiner gefährlich, und keiner war geblieben, ich selbst mit einem Dolch in den linken Arm geritzt worden. Ich ließ ihnen nun Gewehre, Pistolen, Säbel und Dolche abnehmen und sie, während sie noch vor Wut schäumten, mit Gewehrriemen binden, da ich keine Stricke auftreiben konnte, und so bis zu Tagesanbruch bewachen, während sich Unteroffiziere und Soldaten mit den hübschesten der Weiber und Mädchen, wenn auch etwas gewaltsam, vergnügten, was die Gefangenen, die es wenigstens mit anhörten, zum Rasendwerden in Wut versetzte. In ein paar anderen Häusern fingen wir noch ein halbes Dutzend von dieser Bande, sehr viele aber waren entsprungen und hatten sich durch die Flucht gerettet. Wir fanden in dem einen Haus auch noch einen ziemlich vollen Weinschlauch, gebratenes Ziegenfleisch, Polenta, Öl, woran sich die fast verhungerten Voltigeurs gütlich taten.

Mit Tagesanbruch verließ ich das Dorf mit meinen Gefangenen, deren Arme ich auf dem Rücken hatte zusammenschnallen und binden lassen. Als wir ausmarschierten, warfen sich mir die Weiber zu Füßen, um die Freilassung ihrer Männer und Geliebten flehend und sich an die Soldaten klammernd, die sie transportierten, so daß wir alle Gewalt nötig hatten, sie loszuwerden und ich nur durch die Drohung, auf sie und die Gefangenen schießen zu lassen, verhindern konnte, daß sie uns folgten. Ich zog nun nach Cento Croce, fand aber dieses Nest ganz ausgestorben, von da mit meinem Fang über Ritegno und Bocchetta, wo ich erst am folgenden Mittag ankam und die Gefangenen nebst einem ausführlichen Rapport nach Genua abschickte und mich dann in Ronco einquartierte, die Rückkehr meiner Leute erwartend. Wir bedurften der Ruhe, uns von den Strapazen und Entbehrungen zu erholen. Ich erhielt aber am anderen Tag Order, mit meiner Kompanie gleichfalls wieder in Genua einzurücken, um dort bei den Verhören der Gefangenen zugegen zu sein und die nötige Auskunft zu geben. Zugleich wurde mir aber für meine erfolgreichen Bemühungen eine Belobung und noch zwei Rasttage in Ronco gestattet.

Ungefähr sechzehn Tage hatte ich mich in diesen Gebirgen umhergetrieben, und meine Abberufung war mir daher willkommen, da bei einer solchen immer mit den größten Entbehrungen und Gefahren verknüpften Expedition doch nur wenig Ruhm zu erwerben ist, während eine weit weniger beschwerliche Waffentat gegen einen gewöhnlichen Feind im offenen Felde mit Eklat ausposaunt und belohnt wird. Dagegen ist aber wohl keine Art Krieg zu führen so unterrichtend und so reich an Erfahrungen, als gerade diese. Man lernt dadurch besonders jedes Terrain gehörig nutzen, erlangt einen großen Scharfblick und eine richtige Übersicht in allen Gefahren und weiß jeden kleinen Vorteil bestens wahrzunehmen. Die beständige Aufmerksamkeit, welche man bei allen Streifzügen in so kupiertem Terrain notwendig haben muß, schärft Blick und Verstand außerordentlich. Jeder einzelne Mann kommt da oft in die Lage, alle seine Intelligenz und Fähigkeiten aufbieten zu müssen, um nicht das Opfer irgendeiner Versäumnis oder Nachlässigkeit zu werden, die oft mit dem Leben bezahlt werden muß. Die Erfahrungen und Gefahren eines solchen Krieges machen dann auch zu allen größeren Kommandos und zum Anführen der wichtigsten Expeditionen fähig.

In Genua verfügte ich mich zuerst zu meinem Bataillonschef, Herrn von Brüge, der mich freundlich empfing und meinen Erzählungen mit vieler Teilnahme zuhörte und von diesem zum kommandierenden Divisionsgeneral Montchoisy, dem ich einen vollständigen Bericht abstattete, und wurde darauf von ihm zur Tafel geladen, ebenso bei dem Kommandanten, General Monret. Die Verhöre fanden bald statt, und zehn Briganten wurden zum Tode verurteilt, die übrigen kamen auf die Galeere.

Ich hatte eben keine große Eile, mich nach meinen Schönen zu erkundigen oder sie aufzusuchen, sondern fürchtete vielmehr, Neuigkeiten von ihnen zu hören, und wollte wenigstens eine Zeitlang das Inkognito in Genua bewahren, aber am Morgen des dritten Tages erhielt ich in aller Frühe ein Billettchen von Giulietta, in welchem sie mich in sehr gebieterischen und dringenden Ausdrücken aufforderte, sie noch an diesem Vormittag zu besuchen. Ich mußte dem Gebot wohl Folge leisten, begab mich zu ihr und erlebte einen Auftritt, der ärger war, als ihn sich meine ausschweifende Phantasie gedacht und ich gefürchtet hatte. Der kleine Satan rief mir entgegen: «Also zitieren muß man Sie, wenn man Sie sehen will», redete nur von Dolch und Gift, von Herzen durchbohren und Augen ausstechen, Gurgel abschneiden und in Stücke zerreißen und so weiter. Zuerst hielt sie mir meine Abreise ohne Abschied, wie ein Dieb in der Nacht, vor, dann aber wollte sie hinter mein intimes Verhältnis, das es denn doch nicht war, mit der Spinola gekommen sein, und schwor hoch und teuer, daß dieses blutig enden würde, wenn ich es fortsetze.

Ich suchte die Rasende zu beruhigen, indem ich ihr ebenfalls hoch und teuer schwor, daß ich noch nie ein intimes Verhältnis mit der Spinola gehabt, und das konnte ich mit gutem Gewissen. Ich wußte sie endlich so weit zu besänftigen, daß wir uns so ziemlich im Frieden, der gehörig gefeiert worden war, trennten, indem ich alles versprach, was sie versprochen haben wollte. Sie gestand mir, wie sie meine Ankunft in Genua erfahren. Ein Kammermädchen, das einen Unteroffizier des Regiments kannte, hatte denselben angehen müssen, ihr meine Zurückkunft sogleich zu melden. Nun war er aber gerade an diesem Tag auf der Wache, und sie erfuhr es doch erst achtundvierzig Stunden später.

Ich fand für gut, mich jetzt auch bei Guercino nach der Marchesa P. und der Spinola zu erkundigen, und hörte, daß erstere im ganzen etwas besser sei, aber noch immer so sehr an den Nerven leide, daß sie auch die geringste Erschütterung oder Gemütsbewegung, die sie um jeden Preis vermeiden müsse, in den traurigsten Zustand versetzte. Ich hatte bald auch eine Zusammenkunft mit der Spinola, bei der wir den Zustand der armen Marchesa bedauerten, uns gegenseitig trösteten und so gerührt waren, daß wir, ohne zu wissen wie, bald einander in den Armen lagen. Und was die Palatini nur vermutet hatte, verwirklichte sich schneller, als ich geglaubt.

Nun war aber die schwere Aufgabe, jeder von beiden glauben zu machen, daß sie die einzige Auserwählte sei. Wenige Tage vor meiner Ankunft war ein junger französischer Artillerieoffizier das Opfer der Eifersucht einer Frau geworden.

Nachdem er eine Zeitlang ein vertrautes Verhältnis mit ihr gehabt, macht er Anstalt, eine junge Französin, die Tochter eines Artillerieobersten, zu heiraten. Kurz vor dem festgesetzten Vermählungstag hatte sie ihn bei einer letzten Zusammenkunft, um die sie ihn gebeten, mit eigenen Händen erdolcht und so gut zu treffen gewußt, daß er fast lautlos niedergestürzt war, sich dann selbst als seine Mörderin angegeben und den Gerichten überliefert, die sie für eine Wahnsinnige erklärten.

Ich nahm meinen Tisch wieder bei Herrn Brüge, setzte den musikalischen Unterricht mit der kleinen Josephine fort, an der ich eine sehr fleißige und talentvolle Schülerin hatte, die mir so sehr zugetan war, daß mir diese Stunden eher eine Unterhaltung, eine Erholung, als eine Mühe waren. Öfter auch führte ich das liebenswürdige Kind spazieren und zeigte ihm Genuas Kuriositäten.

So besuchte ich eines Tages das Conservatorio Fieschino mit ihm, ein Nonnenkloster, welches ein Domenico Fiesco im Jahr 1760 stiftete und das durch die künstlichen Blumen, die die Nonnen verfertigen und die von einer seltenen Schönheit und Frische sind, nicht nur in ganz Italien berühmt ist. Von diesen Blumen, welche die heiligen Mädchen zum Schmuck der sündhaften Weltkinder verfertigten, bietet man den Fremden an, die das Kloster besuchen, und verkauft sie ihnen sehr teuer. Der Handel findet im Sprechzimmer durch ein doppeltes Gitter statt. Ich kaufte Josephinen ein solches Bukett, wobei die Nonnen das Kind so allerliebst fanden, daß sie es zu sich hinter das Gitter nahmen und es noch mit einem anderen Strauß solcher Blumen beschenkten, es auch aufforderten, sie öfter zu besuchen, was wir versprachen. Es brachte von jetzt an oft ganze Tage in diesem Kloster bei den frommen Schwestern zu, unter denen mehrere so liebenswürdig waren, daß ich das Mädchen um dieses Glück beneidete. Doch sah und lernte sie dort auch manche Dinge, wie ich später von ihr erfuhr, die eben nicht sehr klösterlich waren.

Zu dieser Zeit war der Dienst bei unserem Bataillon wegen des Einexerzierens der neuangekommenen Rekruten, fast ausschließlich Preußen, die in dem unglücklichen Krieg nach der Schlacht bei Jena, der Übergabe von Magdeburg und so weiter gefangen worden waren und Dienste genommen hatten, wieder beschwerlich, wenigstens für mich, da ich eine wahre Antipathie gegen dieses so ganz geistlose und mechanische Einochsen der Handgriffe, Wendungen und des Marschierens hatte. Auch wußte ich mich die meiste Zeit davon zu dispensieren. Selbst die Pelotons- und Bataillonsschule langweilte mich, weil sie sich in zu engen Grenzen bewegte. Ich hätte gar zu gern Heere manövrieren lassen.

Bis jetzt war es mir geglückt, mein Verhältnis mit den beiden Damen so zu verheimlichen, daß keine von ihnen daran zweifelte, daß ich den Umgang mit der anderen aufgegeben. Aber jeden Tag konnten die Karten aufgedeckt werden. In der letzten Zeit hatte ich einigemal bei Giulietta eine sehr liebenswürdige Dame, eine nahe Anverwandte, die Signora Albertina Palatini getroffen, die ganz das Gegenteil ihrer wilden Cousine und eine sehr sanfte und ruhige Frau, von blassem, schmächtigem Aussehen war. Eine geborene Venetianerin, die sich hierher verheiratet hatte. Sie besaß ganz das zierliche, feingraziöse Wesen, das die Venetianerinnen besonders auszeichnet, Schönheiten, denen das Heroische der Römerinnen, das Blühende der Florentinerinnen abgeht, die dagegen fast verklärte, oft sehr geistreiche Gesichter und die zarteste weiße, fast durchsichtige Haut haben.

Die Signorina Albertina hatte ein raffaelisches Madonnenantlitz, ihre Unterhaltung war von der Art, daß sie unwiderstehlich für sie einnahm, und nie habe ich zwei verschiedenartige Wesen kennengelernt als diese beiden Cousinen, die sich dennoch sehr gut miteinander vertrugen, und obgleich ich Albertinen eine ungewöhnliche Aufmerksamkeit in Gegenwart Giuliettas schenkte und mich, soviel es tunlich war, fast ausschließlich mit ihr unterhielt, ließ diese doch keine Idee von Eifersucht oder Mißtrauen blicken. Ein bloß geistiges Einverständnis hatte sich auch bald zwischen mir und der neuen Bekannten entsponnen, und in den Gesellschaften, in denen ich sie traf und die sie frequentierte – sie wurde weit mehr als ihre Cousine eingeladen –, unterhielt ich mich und tanzte viel mit ihr. Ein gegenseitiges Wohlwollen, ohne Drang nach sinnlicher Lust, war bald entstanden, und jedes bezeigte große Teilnahme für das, was dem anderen widerfuhr. Wie sehr dies von Albertinens Seite der Fall war, hatte ich bald Gelegenheit, auf das unzweideutigste zu erproben.

Etwa vier Wochen nach meiner Rückkehr aus dem Gebirge war wieder ein großes Fest bei Dorias, zu dem das ganze Offizierskorps der Garnison sowie die ganze schöne Welt und der Adel Genuas, den ich zum erstenmal so vollständig versammelt sah, geladen war. Im hellen Glanz strahlten die Damen, auch Albertina Palatini war zugegen, aber ganz einfach weiß, jedoch in die feinsten Spitzen gekleidet, ohne Brillanten oder Perlen, weiße Rosen im Haar. Ihre feine blasse Haut und dieser Anzug gaben ihr das Ansehen einer Halbverklärten. Ich hatte fast nur Augen für sie und war mit der ebenfalls anwesenden Spinola und Giulietta übereinkommen, daß ich beide ignorieren und ihnen nur Höflichkeitsbezeigungen erweisen würde. Ich hielt mich hauptsächlich in Albertinens Nähe auf, deren elegante Anmut beim Tanz bewundernd. Sie blickte mich einigemal so bedeutungsvoll an, daß es schien, als hätte sie mir etwas Besonderes mitzuteilen. Ich trat bald darauf eine Monfarina [Tanzfigur] mit ihr an, und nachdem dieselbe beendigt war, drückte sie mir ein Billettchen verstohlen in die Hand, indem sie mir zuflüsterte: ‹Leggete subito!› [Sofort lesen]

Ich eilte in ein entlegenes Gemach und las: «Signor, finden Sie sich eine Stunde vor Mitternacht in der Grotte der Calypso* der Villa Doria ein, wo ich Ihnen Dinge von der größten Wichtigkeit mitteilen werde, meiden Sie mich aber den Rest des Abends, damit jeder Verdacht eines Einverständnisses fernbleibt. Um der Madonna willen, verlieren Sie das Billett nicht, wenn Ihnen Ihr und mein Leben teuer ist, vor allem hüten Sie sich vor meiner Cousine und meinem Bruder. Suchen Sie die Grotte auf und plazieren Sie sich bei der zweiten Monfarina in meiner Nähe.»

So sehr ich auch über den Inhalt dieses seltsamen Schreibens erstaunt war und nachdachte, so glaubte ich dennoch aus demselben nichts weiter vermuten zu können, als einen gefährlichen Anschlag Giuliettas, die hinter meine Schliche gekommen, oder ein gewöhnliches Rendezvous. Etwas zerstreut kehrte ich in den großen Saal zurück, begegnete bisweilen den Blicken Albertinens, die ihre Augen verlegen niederzuschlagen schien. Ich suchte nun die bezeichnete Grotte auf, die in dem entlegensten Teil der Bosketts lag, mir die dahin führenden Wege merkend, und tanzte dann abwechselnd mit der Spinola, Giulietta, Teresina Doria und anderen. Bei der zweiten Monfarina plazierte ich mich neben dem Tänzer Albertinens, die mich während der Tour leise und schnell fragte: «Wissen Sie die Grotte? Haben Sie das Billett vernichtet? Verfehlen Sie die Zeit nicht!»

Ich beantwortete alles mit gleicher Heimlichkeit und begab mich eine Viertelstunde vor der festgesetzten Zeit an den bestimmten Ort. Kaum hatte ich Posto gefaßt, so hörte ich mehrere Männerstimmen, eifrig im Gespräch begriffen, und da ich fürchtete, sie möchten in die Grotte kommen, trat ich schnell aus derselben und hinter ein nahes Gebüsch. Meine Vermutung war nicht ganz falsch, denn sie blieben vor dem Eingang der Grotte stehen und schienen sich im genuesischen Jargon ziemlich heftig zu streiten. Ich verstand nur einzelne Worte il Commandante, teatro, francese [Kommandant, Theater, Franzosen] und so weiter. Gern wäre ich aus meinem Hinterhalt hervorgegangen, um Albertine aufzusuchen, aber es war unmöglich. Über eine gute Stunde mußte ich in dieser peinlichen Lage bleiben, jeden Augenblick fürchtend, die Signora kommen zu sehen, als sich die Männer entfernten, in mehrere Gruppen verteilten und auf verschiedenen Wegen wieder in den Palazzo begaben. Sobald ich sie weit genug glaubte, eilte auch ich wieder in den Saal zurück, Albertine mit scharfen Blicken im Gewühl suchend, konnte sie aber nirgends entdecken. Ich rannte nun wieder zur Grotte, aber auch hier keine Spur von ihr, ich lief durch alle Gänge und Alleen des Gartens, alles vergeblich. Eben wollte ich wieder in die Haustür treten, als mich eine Frauengestalt, in ei-

*) Weibliche Gestalt aus dem Odyssee-Epos mit der Gabe, Unsterblichkeit zu verleihen.

nen Mantel gehüllt, bei der Hand nahm und einige Schritte mit sich fortzog. Es war Albertine. Ich wollte reden, aber sie fiel mir schnell ins Wort. ‹Ich weiß alles, was Sie mir sagen wollen, und habe nur zwei Minuten Zeit, denn schon werde ich vermißt. Wenn Ihnen Ihr Leben und das aller Ihrer Kameraden teuer ist, so verfehlen Sie morgen nicht, in die Frühmesse der Annunziata zu kommen.› Mit diesen Worten verlor sie sich schnell ins Gebüsch, da man Leute kommen hörte. Es waren Gäste, die sich schon entfernten. Ich trieb mich noch eine geraume Zeit in dem Garten umher, über dieses Abenteuer und was es zu bedeuten habe nachdenkend. Als ich endlich wieder in den Saal trat, war es schon drei Stunden nach Mitternacht und die Kerzen beinahe heruntergebrannt. Die Generalität und alle Offiziere waren längst weg, ich fand nur noch wenige Nobili unter einer Fensterhalle in so eifrigem Gespräch vertieft, daß sie mich kaum zu bemerken schienen, und entfernte mich ebenfalls.

Zu Hause warf ich mich auf das Bett, meinem Bedienten befehlend, mich mit Tagesanbruch, der nicht mehr sehr entfernt war, zu wecken. Ich konnte aber nicht einschlafen, und erst gegen Morgen schloß ich die Augen, in einen leisen und unruhigen Schlummer versinkend, aus dem ich, durch einen beängstigenden Traum erschreckt, bald wieder erwachte, mich schnell ankleidete und zur Annunziatakirche eilte. Außer einigen alten Frauen und verschleierten Damen, die hin und wieder an Altären knieten, war noch niemand in der Kirche. Nach einer halben Stunde trat die heiß Herbeigewünschte ein.

Ich hatte sie an der Tür erwartet und reichte ihr das Weihwasser, worauf sie mir ein Zeichen gab, ihr zu folgen. In einer kleinen Seitenkapelle öffnete sie eine ziemlich verborgene, stark mit Eisen beschlagene Tür, die sie leise anlehnte. Ich folgte ihr unbemerkt und befand mich mit ihr in einem sehr kleinen, von hohen Mauern umgebenen Kirchengärtchen oder vielmehr Höfchen. Nachdem ich auf ihr Geheiß die Tür hinter mir zugemacht, sagte sie: ‹Signor, mein Benehmen muß Ihnen sehr seltsam vorkommen, aber das Interesse, welches Sie mir von dem ersten Augenblick, da ich Sie sah, einflößten, wird, verbunden mit dem, was ich Ihnen nun entdecken werde, mich nicht nur entschuldigen, sondern Sie mir auch für immer verpflichten. Erst aber schwören Sie mir, daß Sie weder mich noch meinen Mann noch meinen Bruder, so groß auch die Schuld des letzteren sein möge, verraten oder ins Verderben stürzen wollen.›

Lächelnd fragte ich sie, ob es wohl noch eines solchen Schwures bedürfe, und reichte ihr die Hand, mein Ehrenwort gebend. Ihre Hand ruhte zitternd in der meinigen, als sie fortfuhr: ‹Es ist eine gräßliche Verschwörung gegen Ihre Truppen und die Garnison im Werk und dem Ausbruch so nahe, daß keine Zeit mehr zu verlieren ist, wenn Sie sich retten wollen. Heute abend sollen mit dem Beginn des zweiten Akts die sich im Augustinertheater befindlichen Generale und Offiziere ermordet, zugleich auf ein Signal die Kasernen in Brand gesetzt und durch die Verschworenen die Wälle und Tore besetzt werden. Die Anstalten sind so gut getroffen und alles ist so vorbereitet, daß wohl niemand leicht entkommen kann. Mehrere tausend Briganten und Landleute vom Gebirge befinden sich schon seit gestern abend in der Stadt, noch weit mehr werden im Augenblick der Ausführung von den Bergen herunterströmen. Mehrere englische Kriegsschiffe werden sich mit anbrechender Nacht der Küste nähern und unfern der Stadt Truppen an Land setzen. Das Signal wird gleich nach dem Mord im Theater durch eine Rakete gegeben werden. Dies alles habe ich teils durch meinen Mann, teils durch eine Instruktion, die ich in der Schreibtafel meines Bruders fand, erfahren. Namen kann und werde ich Ihnen nicht nennen, auch weiß ich nicht, wer die eigentlichen Urheber und Lenker der Verschwörung sind, und erinnere Sie nochmals an Ihr Versprechen.›

‹Das ich heilig halten werden, teuerste Signora›, unterbrach ich sie. ‹Es soll Sie nicht gereuen, die Retterin so vieler tapferer Leute geworden zu sein.›

Albertine nahm mit Tränen in den Augen Abschied und entfernte sich durch eine andere Tür, während ich mich durch die Kirche nach Haus begab. Hier überlegte ich, wie ich es anzufangen habe, die Sache dem kommandierenden General zu entdecken, ohne die Palatini und ihre schuldigen Verwandten zu kompromittieren. Nach einigen Nachdenken war mein Entschluß gefaßt, ich eilte zuerst zu Herrn von Brüge, teilte ihm flüchtig mit, was ich ungefähr wußte und sagen durfte, ohne mein Wort zu brechen, sowie daß ich durch einen Zufall hinter die furchtbare Sache gekommen sei, indem ich diesen Morgen beim Spaziergang in einem Gebüsch ungesehen zehn bis zwölf Männer belauscht hätte, ohne daß es mir möglich gewesen, nur einen derselben zu erkennen. Soviel sei aber gewiß, daß noch diesen Abend der Tanz im Theater angehen solle.

Herr von Brüge ging sogleich mit mir zu dem kommandierenden General Montchoisy, dem ich dasselbe noch umständlicher wiederholen mußte. Da die Zeit so kurz war, man auch nicht ein einziges Individuum kannte, an das man sich hätte halten können, war guter Rat teuer. Der General sagte mir, warum ich denn nicht wenigstens den Männern nachgegangen sei, um zu erforschen, wer einer oder der andere gewesen. Ich entschuldigte mich mit der Dringlichkeit der Sache und daß ich sie zu schnell aus den Augen verloren hätte. Es wurde in meiner Gegenwart über die Maßregeln beratschlagt, die zu ergreifen seien, da man mit aller Vorsicht zu Werke gehen mußte, um die Verschworenen nicht ahnen zu lassen, daß man etwas von ihren Absichten wisse, weil sie sonst leicht einen Desperationscoup [Verzweiflungsstreich] ausführen könnten, dem man nicht hätte gehörig begegnen können. Ich stand wie auf Kohlen und kämpfte mit mir selbst, ob ich nicht lieber die Wahrheit gestehen und wenigstens den Corbetti, so hieß Albertinens Bruder, nennen sollte. Aber ich hatte das Ehrenwort gegeben, und dies konnte ich nicht brechen.

Nach manchen in Erwägung gezogenen und wieder verworfenen Plänen machte ich Vorschläge, die denn auch mit wenig Modifikationen vorgenommen und ausgeführt wurden, und man kam endlich überein, die Chefs der Regimenter und Bataillone sogleich in den Gouvernementspalast zu bescheiden, die verschiedenen Korps nach dem Mittagsappell mit wenigen Ausnahmen, damit die Straßen nicht ganz von Militär entblößt würden, in den Kasernen zu konsignieren, allen Zutritt zu denselben von diesem Augenblick an zu untersagen, eine Stunde vor dem Beginn des Schauspiels sämtliche Truppen unters Gewehr treten zu lassen und, sobald das Theater angefangen, die Artillerie auf den Wällen und Bastionen zu verteilen, die Kanonen gegen die Stadt zu richten, nachdem man sie scharf geladen, auch Kugeln auf dem Rost glühend zu machen, alle Wachen sowie die Hauptwache allmählich zu verstärken, die Theaterwache zu verdoppeln und gehörig mit scharfen Patronen zu versehen, sodann jedermann den Eintritt in das Schauspielhaus zu gestatten, aber keinem Zivilisten erlauben, dasselbe wieder zu verlassen, sondern beim Aufziehen des Vorhangs alle Bürger, bei denen man Waffen finden würde, zu verhaften.

Diese Maßregeln wurden mit äußerster Geheimhaltung vorbereitet, so daß selbst kein Offizier, der nicht eingeweiht war, etwas von einer Verschwörung ahnte. Die Bataillonschefs ordneten selbst die Konsignierung an, und zur gewöhnlichen Zeit strömte man ungewöhnlich zahlreich ins Theater. Ein Aide du camp [General-Adjutant] des Generals hatte mit mir die Verhaftungen übernommen, der ersten Wache am Theater war eine zweite, hundert Mann stark, gefolgt, doch wurde der freie Ausgang noch bis zum Aufziehen des Vorhangs gestattet und erst dann den jetzt doppelt aufgestellten Schildwachen geboten, denselben zu wehren. Die Ouvertüre war verhallt, und der Vorhang rollte in die Höhe, aber statt der Akteurs erblickte man eine in zwei Treffen gestellte Abteilung von Grenadieren. Ich trat jetzt mit gezogenem Degen vor, kommandierte: «Apprêtez-armes, joue!»* Auf fast allen Gesichtern las man eine große Bestürzung und auf vielen Todesblässe.

Jetzt trat der Generaladjutant vor und rief mit lauter Stimme: «Den Herren Offizieren wird im Namen des Herrn Generals befohlen, sich sofort auf die rechte und

*) «Waffen bereit, legt an!»

linke Seite des Parterres zu begeben und ihre Degen zu ziehen, die übrigen Zuschauer aber haben bei Strafe des augenblicklichen Erschießens die strengste Ruhe und Ordnung zu beobachten, denn bei der geringsten zweideutigen Bewegung wird eine Generalsalve auf die dichtesten Haufen gegeben.» Jetzt kommandierte ich wieder: «Redressez vos armes!»*, und die Grenadiere brachten ihre Gewehre wieder in die Lage des «Fertigmachens». Die Offiziere hatten getan, wie ihnen befohlen war, und zwei Genueser erdolchten sich im Parterre.

Die Bestürzung war allgemein. Die Damen wurden aufgefordert, sich zu entfernen, die Wachen traten ins Parterre, man visitierte jeden Mann streng, und alle, bei denen man Dolche, Stockdegen, Terzerole oder sonstige Waffen fand, nicht weniger als hundert und einige neunzig, wurden auf der Stelle verhaftet, die anderen entlassen. Während dies im Theater vorging, wurde draußen Generalmarsch geschlagen, die Truppen marschierten auf Plätzen und Wällen auf, die Fanale [Feuerwarten] wurden besetzt, und starke Patrouillen streiften durch alle Straßen. So wurde diese gefährliche Verschwörung, welche eine Wiederholung der Sizilianischen Vesper geworden wäre, im Moment, da sie ausbrechen sollte, erstickt. Es wurden Militärkommissionen zur Untersuchung niedergesetzt und bald darauf acht Rädelsführer zum Tode verurteilt und guillotiniert, die übrigen meist auf die Galeeren geschickt. Viele der Teilnehmer waren entwischt und zu den Briganten in die Gebirge entflohen. Der Gatte Albertinens war gar nicht vorgefordert worden, da niemand etwas auf ihn ausgesagt, er auch nicht im Theater gewesen war, aber dem jungen Corbetti hatte ich nicht nur durchgeholfen, sondern ihn sogar drei Tage lang in meiner Wohnung verborgen und ihm dann Gelegenheit verschafft, sich nach Sizilien einzuschiffen.

Alles ging bald wieder seinen geregelten Gang, und ich arbeitete an meiner Versetzung zum ersten Bataillon, denn der Aufenthalt in Genua war mir wegen meiner Verhältnisse mit verschiedenen Frauen, die nimmer einen guten Ausgang erwarten ließen, verleidet. Ich schrieb deshalb oft an Duret. Eben hatte ich wieder einen solchen Brief beendigt, als ein Lohnbedienter zu mir in das Zimmer trat und mir sagte, es seien gestern abend ein paar fremde Damen in dem Hotel «Croce di Malta» angekommen, die mich zu sprechen wünschten und bitten ließen, sie doch diesen Vormittag zu besuchen. Auf meine Fragen, wer denn die Damen seien, erwiderte der Abgesandte: «Non le conosco»**, und mehr war aus ihm auch nicht herauszubringen.

---

*) «Wieder Waffen fertig!»
**) «Ich kenne sie nicht»

Nachdem ich meine Dienstgeschäfte verrichtet, eilte ich neugierig in das «Maltheserkreuz» und fand meine Engländerinnen aus Florenz, die mir gar nicht in den Sinn gekommen waren. Sosehr ich auch überrascht war, hieß ich sie doch freundlich willkommen, frühstückte mit ihnen und versprach, gegen Abend wieder zu erscheinen. Ich überlegte, durch welche Mittel ich den sicher bevorstehenden, höchst unangenehmen Begebenheiten wohl entgehen könne, als mich eine Ordonnanz zum Bataillonschef beorderte. Dieser empfing mich ungewöhnlich freundlich und überreichte mir mehrere Papiere, indem er sagte: «Ich gratuliere von Herzen!»

Das eine war meine Ernennung zum Kapitän, das andere ein Schreiben von Duret, aus Civitavecchia datiert. Das letztere brach ich hastig auf, durchflog es und las unter anderem seine herzlichen Glückwünsche zu meinem Avancement sowie die Meldung, daß er zugleich meine Versetzung zum ersten Bataillon durchgesetzt habe, wobei ihm besonders das Vorgeben genutzt, daß das Musikkorps seit meiner Abwesenheit ganz verwahrlost und kein Offizier beim Bataillon sei, der mich in dieser Hinsicht ersetzen könne. Er schloß noch mit einer väterlichen Warnung hinsichtlich Caguenecs und daß er mich recht bald erwarte. Herr von Brüge hatte auch schon meine Versetzungsorder erhalten und bedauerte, besonders wegen seiner Tochter, mich so bald wieder zu verlieren. Auch ich tat, als sei es mir leid, war aber innerlich über das Ereignis seelenvergnügt, und zu Hause setzte ich mich an das Klavier.

Nun blieben mir noch die sauersüßen Abschiedsszenen übrig. Die Marchesa Spinola sagte ich bei Guercinos, wohin ich sie zitiert und wo ich sie auch in der letzten Zeit öfter gesehen hatte, ein zärtliches Lebewohl, der Marchesa P., die noch immer krank war, schrieb ich einen herzbrechenden Abschiedsbrief, bei den kaum angekommenen Ladys spielte ich den Verzweifelten, indem ich zu Lady Mary sagte: «Da sehen Sie, was es heißt, ein Soldat sein; auch keine Minute ist man Herr über sein Leben und seine Zeit; aber hatte ich es Ihnen nicht in Florenz gesagt, daß es so kommen würde?»

Mary war wirklich außer sich und rief: «Wie! Nachdem ich mir alle Mühe gegeben und Gott weiß was alles vorgebracht habe, um meinem immer noch in Paris weilenden Gatten plausibel zu machen, daß ich meinen Aufenthalt in Genua nehmen möchte, verlassen Sie es? Oh, wäre ich doch lieber in Florenz geblieben. Vorerst kann ich nicht daran denken, von hier wieder wegzureisen.»

«Gott sei Dank!» erwiderte ich in Gedanken und brachte noch eine recht zärtliche Nacht mit ihr zu. Auch Albertinen, der ich soviel zu danken hatte, schien meine Abreise durchaus nicht gleichgültig zu sein, sie schwamm in Tränen. Nun aber kam noch der schwierigste und von mir am meisten gefürchtete Abschied von allen, der von meiner tollen Giulietta, der ich erst am letzten Abend vor meiner Abreise, als sie mich, wie es sehr häufig geschah, in meiner Wohnung besuchte, davon erzählte. Es setzte eine zweite, womöglich noch tollere Szene, als die, bevor ich zur Brigantenjagd abging, und nur durch die Versicherung, daß ich ganz gewiß, ehe vierzehn Tage vergingen, wieder in Genua sein und in ihren Armen liegen würde, gelang es mir, sie einigermaßen zur Räson zu bringen.

Da ich noch immer bei Kasse war, auch meinen schönen Reisewagen noch hatte, beschloß ich, über Mailand nach Rom zu gehen, und rollte mit Tagesanbruch zu dem nach Alessandria führenden Tor hinaus, mit der Hoffnung, vielleicht den angenehmen Posten in Albano wiederzuerhalten.

XVI.

Reise über Mailand nach Rom – Mailand – Die Einwohner – Advokat Mazzetti – Eine Spielhölle – Ich rette Graf G. aus den Klauen falscher Spieler – Bellina – Isola Bella – Abreise von Mailand nach Rom – Die Brücke von Lodi – Ankunft in Rom – Wiedersehen – Abfahrt nach Neapel

Meine Marschroute gestattete mir wieder einen Monat Zeit, um den Ort meiner Bestimmung zu erreichen. Da ich mit Extrapost ganz bequem in fünf bis sechs Tagen und noch früher in Civitavecchia eintreffen konnte, benutzte ich die dadurch gewonnene Zeit, die merkwürdigsten Städte der Lombardei und Oberitaliens, die ich noch nicht gesehen hatte, zu besuchen, vor allem Mailand.

Die erste kurze Rast hielt ich zu Ponte decimo und marschierte von da, meiner erhaltenen Instruktion gemäß, nach Boccetta, einer großen Redoute mit einem Detachement französischer Linientruppen, von der man eine herrliche Aussicht über Genua, seine Umgegend, in das Tal des Stromes Polcevera, auf den schönen Meerbusen von Genua und in die offene See hat. In grauer Ferne erblickt man auch die Gebirge von Korsika, gegen Norden aber das größte und prächtigste Tal Europas, das Potal. Diese so schön gelegene, aus mehreren Schanzen bestehende Redoute galt früher als Schlüssel von Genua und für uneinnehmbar. Sie liegt auf dem höchsten Punkt dieses Teils der Apenninen, aber Napoleons Art, Krieg zu führen, hat auch diesen militärischen Aberglauben vernichtet, indessen ist sie, gut verteidigt, noch immer eine sehr wichtige Position.

Den ersten Halt machte ich dann zu Tortona, das in einem fruchtbaren Reis- und Maisland liegt. 1796 hatten die Franzosen ihre Festung in die Luft gesprengt, von der noch die Trümmer vorhanden waren. Die Stadt war öde und still, hatte indessen doch vierzehn privilegierte Tagediebhäuser, Klöster genannt, in denen die Mönche ein recht reguläres Faulenzerleben führten. Von hier fuhr ich über Voghera, ein niedliches Städtchen, das hauptsächlich Seidenhandel treibt, nach Pavia, wo ich fast einen Tag verweilte.

Pavia mochte etwa noch 20 000 Einwohner haben und war wenig belebt. Seine schöne lange Brücke, die von der Vorstadt Borgeo Ticino in die Stadt führt, ist mit Marmor bedeckt. Die schönste und belebteste Straße ist die, welche von der Brücke bis zum Mailänder Tor führt. Pavia hat fast gar keine alten Denkmäler aufzuweisen. Das alte Schloß der Visconti war in eine Kaserne umgewandelt, und von den hundert Türmen, welche die Stadt früher hatte, standen kaum mehr ein Dutzend. Wegen dieser Türme hatte man sie la citta delle cento torri [die hundertürmige Stadt] genannt. Von Pavia sind es noch ungefähr vier deutsche Meilen bis Mailand, der Weg dahin führt durch sehr fruchtbare, durch Kanäle bewässerte Ebenen.

Nachdem ich durch den Flecken Binasco, der ungefähr in der Mitte des Weges liegt, gekommen war, kündigte sich mir durch vermehrte Lebhaftigkeit und herrlichen Anbau die Nähe der Hauptstadt des Königsreichs Italien, Mailand, an, eine der schönsten Städte dieses Landes und Europas. Sie liegt in einer schönen, sehr fruchtbaren, wiesen- und felderreichen Ebene, die der Ticino und die Adda bewässern, und ist durch Kanäle mit diesen beiden Flüssen verbunden. Ich hatte mir vorgenommen, vierzehn Tage in dieser merkwürdigen Stadt zuzubringen, mein Aufenthalt dehnte sich aber beinahe drei Wochen aus. Der erste Gang war nach der berühmten, ganz aus weißem Marmor erbauten Domkirche, die nicht viel kleiner ist als St. Peter in Rom und ein ganzes Heer von Bildsäulen, an 5000, zählt!

Von den übrigen Kirchen Mailands besuchte ich noch mehrere, unter denen Maria della Grazie, wo sich in dem Refektorium des zu dieser Kirche gehörigen Dominikanerklosters das weltberühmte Abendmahl des Leonardo da Vinci befindet. Dieses in Öl auf die Wand des Refektoriums gemalte Bild hat sonderbare Schicksale gehabt und war mehrmals nahe daran, gänzlich vertilgt zu werden. Während meines Aufenthalts zu Mailand wurde auf Befehl des Vizekönigs Prinz Eugen dem Saal mehr Luft und Licht durch Brechung eines neuen Fensters gegeben, auch hatte er ein Gerüst aufschlagen lassen, damit man das Bild bequemer anschauen konnte. Nur Matthäus, Thaddäus und Simon waren noch ganz gut erhalten, die anderen Figuren aber sehr verdorben und zum Teil überpinselt.

Unter den vielen Palästen Mailands nahm der Palazzo reale zuerst meine Aufmerksamkeit in Anspruch. Er besitzt eine schöne Prachttreppe und herrliche Freskogemälde. Von den anderen erwähne ich den erzbischöflichen, einen Bau der Visconti*, der zwei große Höfe und eine reiche Gemäldegalerie hat; auch der Palast Diotti hat schöne Freskogemälde. Die Zecca oder das Münzgebäude ist auf das zweckmäßigste angelegt und eingerichtet. Der Palast Brera, das alte Jesuitenkollegium, ist eines der großartigsten und imposantesten Gebäude Mailands, in ihm befinden sich eine große öffentliche Bibliothek, eine Gemäldegalerie mit vielen Meisterwerken von Raffael, Guido Reni, Tizian, Dominico, Leonardo da Vinci, Canova usw., ein Medaillenkabinett, ein astronomisches Observatorium nebst einem botanischen Garten usw. Das große Hospital Mailands ist eine der merkwürdigsten Anstalten dieser Art in Europa. In seinen unermeßlichen Räumen werden die armen Kranken jeder Art auf das beste und sorgfältigste gepflegt. Es hat nicht nur die geräumigsten und gesündesten Krankensäle und große Küchen, sondern auch seine eigene treffliche Apotheke, Mühlen, Laboratorien, Magazine für Kräuter und Medikamente, Mobilien, Betten usw., seine Archive, Kontore, Wohnungen für Ärzte, Geistliche, Wundärzte, Ammen, Krankenwärter, seine Waschküchen, Trockenböden und sogar Schulen. Mailand hat noch mehrere andere wohltätige Anstalten, wie das Hospital Fate-Bene fratelli, dann das große Militärlazarett usw.

Unter den Plätzen dieser Stadt ist der prächtige Schloßplatz, damals foro [Forum] Bonaparte genannt, der schönste; auch der Waffenplatz ist geräumig; dagegen macht der sehr unregelmäßige Domplatz keinen angenehmen Eindruck. Im ganzen sind die Straßen der schönen Stadt eng, krumm und winklig, nur die auf den Korso führenden machen eine Ausnahme.

An der Spitze der Theater steht die Scala und ist nach dem San Carlo in Neapel das prächtigste, das ich gesehen habe. Es hat seinen Namen von der Kirche, an deren Stelle es erbaut ist, die eine Beatrice de la Scala, die Frau des Bernabo Visconti, gegründet hatte. Es ist seltsam, daß fast alle Theater Mailands auf den Trümmern religiöser Gebäude errichtet wurden, als wollte die Bühne die Kirche verdrängen. Im Jahr 1778 wurde dieser Tempel Thalias von einer Gesellschaft von Aktionären erbaut und für die Aufführung heroischer Opern und Ballette bestimmt. Die Logen sind alle sehr geräumig, prächtig möbliert und haben ihre Kamerini [Kleiderablage]. Es kann nahe an 4000 Zuschauer fassen.

Ich sah die «Horazier und Curiatier» und das Ballett «Die Babylonier» mit einem ungeheuren Aufwand an Dekoration, Komparsen und Kostümen, und die Auffüh-

---

*) Altes Adelsgeschlecht, das viele Jahrhunderte Mailand und die Lombardei beherrschte.

rung und Musik waren so, daß Augen und Ohren entzückt wurden, aber die ersteren fast noch mehr während der Zwischenakte, in denen ich alle Schönheiten Mailands in der ausgesuchtesten und elegantesten Toilette zu bewundern Gelegenheit hatte und die historisch berühmten Namen der Sforza, Visconti, Belgiojosa, Borromeo, Litta, Gonfalonieri usw. um mich herum lispeln hörte, deren Klang aber unter den jetzigen Umständen ziemlich hohl war, so wie die meisten Individuen selbst, die sie trugen. Tempi passati [vergangene Zeiten], dachte ich, so wird es auch bald mit unserer, der damaligen französischen Herrlichkeit heißen, und ich dachte richtig; denn noch weit eher als ich es vermutete, stürzte auch sie.

Ein zweites Theater war la Canobbiana, hauptsächlich der komischen Oper gewidmet, ganz in dem Stil der Scala, nur kleiner, aber fast zur selben Zeit, im Jahr 1779, und von den nämlichen Baumeister, Piermarini, erbaut. Mehrere kleine Theater besuchte ich nicht. Die von Napoleon angelegte Arena war nicht lange vor meinem Aufenthalt in Mailand (am 17. Juni 1807) mit öffentlichen Spielen eröffnet worden, an 40 000 Zuschauer haben in diesem modernen Zirkus Platz, in dem man nach Art der alten Römer Naumachien*, Wagenrennen und ähnliche Spiele aufzuführen beabsichtigte. Dieses Amphitheater war auf dem Platz angelegt, auf dem die 1801 demolierte Zitadelle stand.

Mailand hat wenigstens vier gute Stunden im Umfang und zählt über 150 000 Einwohner. Sein Corso ist wie der zu Rom die Hauptpromenade der eleganten Welt in den Abendstunden. Handel und Gewerbe lagen indessen sehr danieder, trotz seiner in der ganzen Welt berühmten Seidenfabrikation und obwohl es die Warenniederlage von Frankreich und Italien war. Einst, zur Zeit seiner höchsten Blüte, im fünfzehnten Jahrhundert, soll es über 300 000 Einwohner gehabt haben. Seine Umgebungen sind teilweise sehr schön und haben herrliche Villen und Landhäuser.

Das gesellige Leben war zu jener Zeit noch immer freundlich, obgleich man sich sehr vor napoleonischen Spionen fürchtete und seine Worte auf die Waagschale legte. Dennoch war man gegen Fremde zuvorkommend, artig, gastfrei und selbst dienstfertig. Ich hatte durchaus keine Empfehlungen mit nach Mailand gebracht, ging auch fast immer nur in Zivil und machte doch in den ersten paar Tagen schon im Theater und im Kaffeehaus die Bekanntschaft einiger angesehener Bürger, die mich zu sich einluden. Die Schönheit der Mailänderinnen ist sprichwörtlich, sie haben eine sehr frische Hautfarbe, einen äußerst wohlproportionierten Wuchs, schöne Augen, meistens ein rabenschwarzes, dickes, langes Seidenhaar, das freilich

*) Künstliche Darstellung einer Seeschlacht in einer mit Wasser gefüllten Arena.

273

oft sehr früh ins Graue übergeht, dabei viel Anmut und angenehme Manieren, lieben Putz und Pracht leidenschaftlich, wissen sich aber mit Geschmack und gewählt zu kleiden und trugen damals sehr die Pariser Moden, die man acht bis zehn Tage später, als sie in Frankreichs Hauptstadt erschienen, auf dem Korso und in der Scala bewundern konnte.

Auch in Equipagen, deren man Hunderte in einer Reihe begegnete, wurde großer Aufwand gemacht. Mailand war damals die Stadt Italiens, in der man die Franzosen am wenigsten ungern sah, selbst die Männer waren ihnen nicht gerade abhold. Ich war in einem Gasthof abgestiegen, den ich jedoch nach zwei Tagen mit einer Privatwohnung in der Nähe des Domplatzes vertauschte, von wo ich meine Ausflüge in alle Teile der Stadt bequem machen konnte.

Als ich das Canobbiana-Theater zum erstenmal besuchte, machte ich die Bekanntschaft eines ältlichen Mannes, der sich mir als ein Advokat namen Mazzetti zu erkennen gab und, nachdem er mich nach meiner Wohnung gefragt hatte, mir schon am anderen Tag in meiner Wohnung in den Vormittagsstunden einen Besuch abstattete. Er versicherte, daß er sehr für mich eingenommen sei, und bedauerte nur, mich nicht früher gekannt zu haben, weil er mir sonst eine Stanza [Zimmer] in seinem Hause angeboten haben würde. Über diese außerordentliche Zuvorkommenheit und teilnehmende Gefälligkeit erstaunt, deren Grund ich mir nicht wohl zu erklären vermochte, war ich auf meiner Hut. Daß es meine liebenswürdige Persönlichkeit nicht sein konnte, war mir klar, und am allerwenigsten hielt ich einen Italiener, wenn auch einen Mailänder, einer so schnell auflodernden uneigennützigen Freundschaft fähig, obgleich mich Signor Mazzetti auf corpo und anima [Leib und Seele] versicherte, daß er sich nur zu mir hingezogen fühle, weil ich ein noch mit den italienischen Sitten unbekannter Signor Cavaliere forestiere [Fremder] und in dem gefährlichen Mailand so ganz unbekannt sei. Mein offenes Wesen und meine Liebenswürdigkeit – ich müsse charmanter Eltern Kind sein – habe ihn so angesprochen, daß er sich vorgenommen, mir den Aufenthalt in seiner Vaterstadt möglichst angenehm zu machen.

Der alte Fuchs hatte inzwischen seine Späherblicke in meinem Zimmer umherspazieren lassen, meine Koffer und das Wagenkistchen wohlgefällig betrachtet und gefragt, ob ich mit eigenem Wagen und Extrapost reise, und mich dann dringend gebeten, ihn doch ja noch am selben Abend mit einem Besuch beehren zu wollen, wo ich eine angenehme und sehr unterhaltende Gesellschaft antreffen würde, namentlich auch einige sehr liebenswürdige Damen, ausgezeichnete musikalische Talente. Als ich ihm erwiderte, daß auch ich dieser Kunst nicht ganz fremd sei, versicherte er mir mit einem Faunenlächeln, daß ihn diese Entdeckung entzücke, und schmunzelte dabei satanisch unter seinen buschigen Augenbrauen. Er blieb, während ich mich ankleidete, bat mich dann, ihm doch die Ehre zu erzeigen, die Schokolade mit ihm in einem nahen Kaffeehaus nehmen zu wollen, wobei ich bemerkte, wie der alte Fuchs mit gierigem Wohlbehagen seine Augen auf die gefüllte Börse warf, die ich zu mir steckte. Während wir die Schokolade tranken, unterhielt er mich mit allerlei Stadtneuigkeiten, die mir nicht uninteressant schienen. Er hatte sich unterdessen auch nach meinem Namen und Stand erkundigt. Ersteren teilte ich ihm mit, und er machte ein Signor Federico* daraus.

Aber ich verschwieg ihm, daß ich französischer Offizier sei, und gab mich für einen zu seinem Vergnügen reisenden Sohn eines wohlhabenden Kaufmanns aus, der besonders Italien kennen zu lernen wünsche. Zur vereinbarten Stunde verfügte ich mich zu meinem überartigen Patron und fand daselbst eine, wie es mir schien, ziemlich gemischte Gesellschaft von einigen zwanzig Personen, unter denen mehrere recht hübsche Damen, eine junge Sängerin Signora Bellina, und eine reizende Tänzerin. Mein freundlicher Wirt stellte mich den Damen als einen Cavaliere forestiere von sehr guter Familie vor. Auf des Hausherrn Ersuchen, der, ohne mich noch gehört zu haben, mich seinen Gästen als einen virtuoso famosissimo [berühmten Künstler] anpries, sang ich zuerst einige französische Romanzen, dann ein komisches Duett mit der Signora Bellina.

Ich wurde nun auch mit Komplimenten bis zum Ekel überhäuft, bis endlich Signor Mazzetti, der Musik ein Ende machend, ein kleines Spielchen arrangierte, wobei eine schon ziemlich ältliche und hochgeschminkte Schöne den Bankier und ein neben ihr sitzendes konfisziertes italienisches Gaunergesicht ihren Croupier machte. Jetzt glaubte ich, den Schlüssel zu der zuvorkommenden Freundlichkeit des Advokaten gefunden zu haben, und hatte mich nicht geirrt. Man war so aufmerksam, mich zuerst zu fragen, ob ich vielleicht gern selbst Bank halten wollte. Es war der beliebte Faráone reale (Basetta)**, das gespielt wurde.

Ich dankte ergebenst für die mir zugedachte Ehre. Man gab die Kartenbücher aus, ich gewann ziemlich oft, und nur selten schlug mir eine Karte fehl, doch ließ ich mich nicht durch diesen Gewinn verführen, höher als einen Zechino zu pointieren, obgleich man mich von verschiedenen Seiten aufforderte, da ich in der Glücksader sei, es zu nutzen. Auch hatte ich bemerkt, daß der Bankier schon einigemal verstohlene Blicke mit dem Herrn des Hauses gewechsel hatte, ich aber wechselte solche mit der schönen Sängerin, um mich ebenfalls in eine Augenkor-

---

*) Hier lüftet der Autor sein Pseudonym, wenn auch nur in der italienischen Schreibung.
**) auch Pharao, Pharo oder Faro genannt. Siehe zu diesem Glücksspiel Anmerkung Seite 95.

respondenz mit dieser zu setzen, was ich auch zustandebrachte. Ich mochte ungefähr einige dreißig Zechini gewonnen haben, als mich dieses Spiel unausstehlich zu
langweilen anfing, da es mich hinderte, ein anderes zu beginnen. Ich ließ nun einige Taillen vorübergehen, ohne zu pointieren. Dem Mazzetti, der mich bereden
wollte, mein Glück zu poussieren, erwiderte ich, daß mich das Spiel langweile.

Dies schien man eben nicht sehr artig zu finden, die Dame Bankhalter und einige andere Spieler verzogen ihre Gesichter, und ihre Stirnen umwölkten sich, ich
kehrte mich jedoch nicht daran. Um aber den Herren zu zeigen, daß ich nicht aufhören wollte, um den Gewinst in die Tasche zu stecken, setzte ich, was ich gewonnen, jetzt auf eine Karte, Herzdame, und gewann wieder, ich bog ein Paroli auf die
Coeurdame und gewann abermals. Nun fing mir die Sache bedenklich zu werden
an, und ich setzte bald zehn, zwanzig und dreißig Zechinen auf verschiedene Karten, abwechselnd gewinnend und verlierend, endlich erklärte ich, daß ich für diesen Abend zu spielen müde sei, und trat mit einem Gewinn von mehr als neunzig
Zechinen ab.

Man reichte nochmals Erfrischungen, worauf einige der Damen Tanzlust bekamen, und ich tanzte mehrmals mit der Signora Bellino und der Ballerina von der
Scala. Es war längst Mitternacht vorüber, als sich die Gesellschaft trennte. Die beiden Theaterprinzessinnen fuhren zusammen in einem Wagen fort. Nachdem sie
weg waren, erkundigte ich mich bei Mazzetti nach ihren näheren Verhältnissen
und erfuhr, daß die Sängerin zwar die Geliebte eines Kommissär-Ordonnateurs
[Zahlungsanweiser] sei, der sie unterhalte, aber nichtsdestoweniger zu den Unerbittlichen gehöre. Übrigens sei sie noch sehr jung und die Tochter einer Exballe-
rina, die sie dem Kommissär als Jungfrau überliefert habe. Signora Mazzetti – der
Advokat war verheiratet –, eine reifere Schönheit, fragte mich noch beim Weggehen, wie es mir bei ihr gefallen habe, und als ich ein «Vortrefflich!» entgegnet hatte,
lud sie mich zudringlich ein, doch am folgenden und an allen Abenden, wenn mir
es angenehm, meine Besuche zu wiederholen.

Ich versprach es, zog aber am anderen Morgen durch mein altes Mittel, einen
renommierten Haarkräusler, Erkundigungen über dies Haus und seinen Besitzer
ein und erfuhr, daß meine Vermutungen nur zu begründet waren, daß nämlich aus
dem praxislosen Rabulisten Mazzetti ein Spieler von Profession geworden, der mit
einigen Helfershelfern Jagd auf bemittelte Fremde mache, diese Zugvögel in seinen
Netzen zu fangen und ihnen dann die Federn auszurupfen suche, was ihm auch
meist gelänge, indem er die verführerischsten Frauen von zweifelhaftem Ruf und
namentlich Aktricen in sein Haus ziehe. Von den ersteren ständen mehrere förmlich in seinem Sold und seien der Köder, mit dem er seine gefährlichen Angeln

umwinde, in den gar manche Gimpel so gewaltig bissen, daß sie ganz verbluteten. Ich nahm mir vor, den mir ebenfalls behagenden Köder vorsichtig abzunagen und doch nicht am Angelhaken hängenzubleiben. Bellina war es, die mich anzog. Diese sowie die Tänzerin und noch einige andere Schönen waren mit die unschuldigen Werkzeuge des verdorbenen Rechtsfeindes, das heißt, sie besuchten nur aus Koketterie und Vergnügungssucht Mazzettis Haus, in dem sie sich trefflich unterhielten und lustige Kurzweil fanden, ohne sich um die Spielangelegenheiten und den eigentlichen Zweck dieser Zusammenkünfte weiter zu kümmern, wenn sie nur ihre Privatabsichten erreichten. So von allem hinlänglich unterrichtet, konnte mir dieses Raubnest unmöglich gefährlich werden, und ich beschloß, es zu meiner Unterhaltung bestens zu nutzen und der liebenswürdigen Sängerin faute de mieux [in Ermangelung eines Besseren] den Hof zu machen, mit der ich dann auch, wenn sie im Theater beschäftigt war, erst nach demselben dort eintraf.

Ich spielte unterdessen das Königsspiel in derselben Weise, wie ich es begonnen hatte, fort, ohne zu biegen, jetzt aber mit auffallendem Unglück, so daß mich diese Abende doch ziemlich teuer zu stehen kamen und ich meine Dulzinea bald an einem anderen Ort als in dem teuren Lokal Mazzettis zu sehen suchte, wo ohnehin auch die Nebenzimmer keine ungestörte Unterhaltung erlaubten. Wir waren schnell einig, daß wir uns in der Wohnung einer anderen Schauspielerin, ihrer Freundin, trafen. Indessen fuhr ich fort, von Zeit zu Zeit die Abende Mazzettis zu besuchen, doch wenig, oft gar nicht spielend, was Ursache war, daß man mich jetzt sehr kalt aufnahm und am Ende mein gänzliches Wegbleiben gern gesehen hätte, da es der sauberen Gesellschaft klar war, daß sie eben keinen großen Fang an mir gemacht.

Eines Abends traf ich einen blondlockigen, blauäugigen jungen Mann dort, an dessen Akzent – er sprach nur sehr gebrochen Italienisch, aber ziemlich gut Französisch – ich sogleich einen Norddeutschen zu erkennen glaubte. Ich hatte mich nicht geirrt, es war ein Kurländer von sehr guter Familie. Dasselbe Manöver, das man mit mir gemacht, wurde auch bei ihm genau wiederholt, nur mit dem Unterschied, daß, da er die Karten immer bog, Paroli und Lapes machte, die Summen, die er gewann und verlor, weit bedeutender waren. Er spielte, da er anfänglich gewann, immer kühner, bald aber begann er zu verlieren. Dabei hatte ich bemerkt, daß Mazzetti, der nie selbst Bank hielt und den ich scharf beobachtete, verschiedene Zeichen gegeben hatte. Es dauerte nicht lange, so war der junge Mann schon in einem Verlust von mehr als fünfhundert Zechinen und von allem baren Geld entblößt. Dies war gegen den gewöhnlichen Gang, den man in dieser Spielhölle zu befolgen pflegte. Aber man sah, daß ich öfter mit dem Fremden sprach, auch hatte ich einigemal deutsche Worte mit ihm gewechselt, die jedoch keinen Bezug auf das Spiel gehabt, und so fürchtete man, daß ich den Fremdling unterrichten und abspenstig machen könnte.

Graf G., so nannte sich der Goldvogel, nahm nun den Wirt beiseite und bat ihn, ihm gegen Versatz eines schönen Solitärs [einzeln gefaßter Diamant] und einer Brillantnadel eine Summe vorstrecken zu wollen. Man lieh ihm hundert Zechinen darauf, und als auch diese verloren waren, noch fünfzig auf eine prächtige mit Perlen besetzte goldene Repetieruhr. Der Graf war desperat [verzweifelt], als er auch dies letzte Geld verloren hatte, und rief unwillkürlich auf deutsch aus: «Jetzt bin ich verloren!» Ich unterhielt mich jetzt in seiner Muttersprache mit ihm, und alle, besonders aber der Fuchs Mazzetti, spitzten gewaltig die Ohren. Ärger und Wut drückten sich auf dem Gesicht des letzteren aus, daß er nicht verstand, was da in einer Sprache verhandelt wurde, die kein anderer der Anwesenden sprach und einige nicht einmal kannten. Der Graf entdeckte mir, daß er jetzt aller Mittel beraubt sei, um weiter zu reisen, und daß er erst in vier Wochen im günstigsten Falle wieder neue Wechsel erhalten würde, die er in Rom vorfinden solle.

Auf meine Frage, wie er in dies Haus gekommen sei, erzählte er mir, daß er die Bekanntschaft eines der anwesenden Herren, er bezeichnete mir ihn, in einem Kaffeehaus gemacht, der ihn mit großer Artigkeit und Zuvorkommenheit hier eingeführt habe. Er wisse nun für den Augenblick keinen Rat und schämte sich vor dieser ehrbaren Gesellschaft. Ich ersuchte ihn, sich zu beruhigen, erbot mich, ihm zwanzig Zechinen zu leihen, und bemerkte, daß man mit geliehenem Geld gewöhnlich Glück habe, bat ihn aber, nicht eher fortzuspielen, als bis er auch mich pointieren sehen würde. Ich ersuchte nun den Signor Mazzetti, mir einen Augenblick Gehör schenken zu wollen, da ich ihm etwas Wichtiges unter vier Augen mitzuteilen habe.

Wir begaben uns in ein Nebenzimmer, wo ich ihm zuerst eröffnete, daß ich kein durchreisender Cavaliero, sondern ein französischer Kapitän und im Begriff sei, mich zu meinem im Kirchenstaat stehenden Regiment zu verfügen, und bat ihn sodann, mir doch die Freundschaft erweisen zu wollen, den jungen Fremden, der ein Landsmann von mir sei, sein verlorenes Geld wiedergewinnen zu lassen. Der Rabulist tat zuerst, als verstände er nicht, was ich wollte, und als ich ihm mein Begehren so deutlich auseinandersetzte, daß er nicht mehr gut ein Mißverständnis affektieren konnte, spielte er den Beleidigten, den Galant Oumo [Ehrenmann], dem man Satisfaktion für solche Schmähung schuldig sei und so weiter. Ich fiel ihm aber sehr ernst ins Wort, indem ich ihm rundheraus erklärte, daß hier alle seine Rabulistenschwänke vergeblich seien, indem ich schon längst außer allem Zweifel über das Metier sei, das er und seine Spießgesellen trieben, und daß, wenn der von ihnen in die Falle gelockte junge Mann nicht noch an diesem Abend sein Geld wiedergewönne, ich mich noch in der Nacht oder doch morgen mit Tagesanbruch zum Platzkommandanten verfügen und diesem die Sache anzeigen würde, wo dann er und seine Helfershelfer zum Galgen oder zur Galeere reif sein würden. «Sie wissen, daß wir wenig Federlesen machen», setzte ich noch hinzu, «und es uns auf ein paar Kugeln nicht ankommt.»

Der alte Gauner wollte zwar noch allerlei Umstände machen, die ich aber mit einem «Wohlan, ich gehe zum Platzkommandanten, der dann die Polizei requirieren wird» beseitigte, und gab ihm, auf die Uhr sehend, genau eine halbe Stunde Zeit, dem Grafen wieder zu seinem Verlust zu verhelfen, indem ich bemerkte, daß ich die Kunstgriffe kenne, die hier angewendet würden, um das Spiel nach Gefallen zu lenken. Dem verstockten Sündenknecht fiel jetzt das Herz in die Schuhe, er bat um Schonung und versprach, meinen Wunsch zu erfüllen, ersuchte mich aber demütig, ihm mein Wort zu geben, von der Sache gegen niemand etwas zu erwähnen, was ich auch tat. Ich kehrte mit ihm in das Spielzimmer zurück, nahm ein Libretto in die Hand, fing an zu pointieren, nachdem ich dem Grafen deutsch gesagt hatte, er möge jetzt nur ganz mir nachsetzen. Wir verloren noch dreimal, als ich aber beim drittenmal dem Mazzetti einen bedeutungsvollen Blick zuwarf, fingen wir zu gewinnen an, und ich bog nun die Karten gegen meine Gewohnheit.

In weniger als zwanzig Minuten war mein Kurländer wieder zu all seinem Geld gekommen und imstande, auch seine Pretiosen einzulösen. Ich hatte an siebenhundert Zechinen gewonnen. Wir empfahlen uns bald darauf mit einem felisissima notte [glücklichste Nacht], die hochansehnliche Gesellschaft mit langen Gesichtern zurücklassend. Den Grafen begleitete ich bis in sein Hotel, und wir schieden unter Versicherung einer unverbrüchlichen Freundschaft.

Als ich Bellina am anderen Morgen diesen Vorfall mitteilte – sie war an dem Abend nicht bei Mazzetti gewesen – und ihr dabei vorhielt, daß sie sich von dem alten Spitzbuben als Lockvogel gebrauchen lasse, versicherte sie mir mit Tränen in den Augen, daß sie dies in aller Unschuld getan, von diesen Umtrieben nicht das geringste geahnt und nur der angenehmen Unterhaltung halber diese Soireen [Abendgesellschaften] besucht habe. Daß sie die Wahrheit sprach, davon war ich schon früher überzeugt. Noch am selben Morgen machte ich eine Promenade mit ihr und bestieg die höchste Spitze des Doms in ihrer Gesellschaft, wo wir uns an der entzückenden Aussicht in die schöne Lombardei weideten.

Wir besuchten zusammen noch mehrere Orte der Umgegend, ließen uns in der Kathedrale zu Monza, einer kleinen Stadt, die aber eine große Rolle in der Geschichte der lombardischen Könige und der Herzöge von Mailand gespielt hat, die sogenannte eiserne Krone zeigen, die wegen des eisernen Reifs, der sie umfaßt und der von einem Nagel des Kreuzes Christi geschmiedet sein soll, so genannt wird und mit welcher die alten italienischen Könige gekrönt wurden.

Auch einen Ausflug an den Lago maggiore machte ich mit meiner munteren liebenswürdigen Sängerin und schiffte mit ihr nach der Isola Bella [Schönheitsinsel] über. Dieses reizende Eiland vereinigt alles, was die erfinderischste Phantasie der Dichter von den Zaubergefilden einer Armida, Alcine oder Circe träumt. Vier solcher Inseln liegen in diesem See am Eingang eines kleinen Golfs, alle vier sind wunderschön, aber die Isola Bella mit ihren Zaubergärten ist die Krone, die Königin unter ihnen. Aus einiger Entfernung scheint sie eine jener magischen Theaterdekorationen, wie man deren nur in San Carlo oder in der Scala zu sehen bekommt, und wie von einer Fee dahingezaubert.

Auf dem südlichen Teil der Isola Bella sind pittoreske Bosketts, prächtige Wälder und lachende Gärten mit immerblühenden Blumen, Stauden, Früchten und Bäumen bedeckt. Zehn Gärten, von denen immer einer über dem andern liegt, bilden ein Amphitheater, wie kein zweites in der Welt mehr zu finden sein mag, dessen eine Seite von einem Pomeranzenwald begrenzt wird; hinter demselben befindet sich ein dichtes, hohes Lorbeerwäldchen mit einem Wasserfall. Zwischen Zitronenbäumen erheben sich Statuen aus der alten Götterwelt, und an Arkaden winden sich die Weinreben in Gestalt von Festons hinauf, zwischen denen Blumen von allen Farben in ihrer höchsten Pracht schimmern und das lieblichste Parfüm aushauchen. Purpurtrauben hängen zwischen goldnen Pomeranzen, Zitronen und Fracazzani* herab. Auf der höchsten Terrasse, über 100 Fuß über dem Wasserspiegel, hat man die freie Aussicht auf die Gebirge und sieht die Gletscher des Simplon glitzern.

Auch der Zauberpalast fehlt auf dieser Insel der Schönheit nicht. Er ist an dem nördlichsten Teil derselben gelegen und mit den feinsten und seltensten Marmorarten und den reichen Vergoldungen auf das geschmackvollste und verschwenderischste verziert, hat sehr weitläufige und prächtige möblierte Gemächer, schöne Gemäldegalerien und in dem untern Stockwerk eine Reihe mit kostbarem Muschelwerk sehr kunstreich ausgelegte Grotten, viele Bildsäulen vom schönsten Marmor. Sprudelnde Fontänen unterhalten eine immerwährende Kühle. Auch eine reichausgeschmückte Kapelle, mehrere Betzimmer, große Prunksäle und sogar ein Theater enthält dieser Feenpalast, nebst allem, was nur die raffiniertesten Bequem-

---

*) Eine köstliche, goldgelbe, sehr große Feige.

lichkeiten, Luxus, Pracht und Verschwendung Schönes und Wunderbares schaffen können. Einen ganzen Tag brachte ich, vom frühen Morgen bis in die sinkende Nacht, mit Bellina auf dieser Zauberinsel in wahrhaft seligem Entzücken zu, und ich begriff nun, daß es einer Armida nicht schwer fallen mußte, ihre Helden an einem solchen Ort zu fesseln, da selbst eine Bellina mich leicht hätte verführen können, hier wenigstens einige Zeit mit ihr zu schwärmen. Wir kehrten indessen nach einer viertägigen Abwesenheit vergnügt nach Mailand zurück, wo sich am anderen Tag eine ebenso unerhört seltsame als tragische Begebenheit ereignete.

Der Kapitän eines französischen Linienregiments, als tapferer und tüchtiger Soldat bekannt, hatte seine Kompanie zu den Übungen im Scheibenschießen auf den dazu bestimmten Platz geführt. Bevor die Übungen begannen, ließ er die Mannschaft einen Kreis um sich formieren und prägte ihr ein, daß die erste und heiligste Pflicht des Soldaten unbedingter Gehorsam gegen seinen Vorgesetzten sei, er möge auch befehlen, was er immer wolle, denn auf ihm hafte ja alle Verantwortlichkeit. Nach dieser Allocution [Ansprache] ließ er die Leute wieder in die Linie treten, scharf laden, einige Schwenkungen machen, dann halten, kommandierte, sich vor die Front der Kompanie stellend, rasch und in einem Atemzug hintereinander: ‹Apprêtez-armes, joue-feu›* und stürzte, von mehreren Kugeln getroffen, tot nieder. Zwei Drittel der Leute hatten abgefeuert, die übrigen aber soviel Besinnung gehabt, nicht loszuschießen. Die Tatsache war unerhört und machte außerordentliches Aufsehen, nicht nur in Mailand, sondern unter allen Truppen, die in Oberitalien standen und sie von ihren Kameraden erfuhren.

Diese unerhörte Selbstexekution war so rasch und unvermutet ausgeführt worden, daß selbst die übrigen Offiziere der Kompanie, die en serre fil** standen, nicht zur mindesten Überlegung Zeit gehabt und erst als die Tat geschehen war, diese erkannten. Aus den nachgelassenen Papieren des Kapitäns ersah man, daß vermeintliche Zurücksetzung – ein anderer hatte den Orden der Ehrenlegion durch eine Weiberintrige vor ihm erhalten, während er ihn allerdings zehnmal eher verdient hatte – schuld an seinem Tod war. Man sollte kaum glauben, daß es möglich sei, daß dergleichen erbärmliche Dinge, ein Spielzeug, wie ein Bändchen und ein Kreuzchen, einen vernünftigen Menschen zu solchen Torheiten verleiten könnten. Drei Tage darauf kam des bereits Begrabenen Ernennung zum Ritter der Ehrenlegion mit der zum Bataillonschef zugleich an.

Bellina in meinem Wagen, trat ich vergnügt die Reise nach Civitavechia an. In

*) ‹Waffen bereit, legt an – Feuer!›
**) hinter dem letzten Glied

Lodi hielten wir uns ein paar Stunden auf, um das Schlachtfeld* und die Brücke zu sehen, welche 1796 Bonaparte und sein Heer weltberühmt machten. Einsam, Bellina am Arm, stand ich jetzt auf der Stelle, wo vor kaum zwölf Jahren diese außerordentliche Waffentat stattgefunden hatte, und der jetzt so ruhige Schauplatz, auf dem so viel Blut um nichts vergossen worden war, veranlaßte mich zu mancherlei Betrachtungen. Eine Totenruhe umgab uns, die Adda flutete so ruhig dahin, als hätte nie ein Tropfen Blut ihre Wasser gefärbt. Die Menschen sind doch recht bösartige Narren, rief ich aus, mich mit meiner lachenden Begleiterin entfernend.

Von Lodi reisten wir nach Piacenza, wo wir 24 Stunden ruhten, eine schöne, ziemlich große, aber menschenleere Stadt, die am Zusammenfluß des Po und der Trebbia in einer sehr gesunden und angenehmen Gegend liegt und sich auf der einen Seite an anmutige Hügel lehnt, während auf der andern eine sehr fruchtbare Ebene ist. Die meisten Häuser dieser etwa 20 000 Einwohner – sie könnte bequem 80 000 beherbergen – zählenden Stadt sind von Backsteinen erbaut; in Italien eine Seltenheit. Ihre Straßen sind breit und ziemlich regelmäßig, und der Corso oder die Stradona [Große Straße], auch Strada Farnese genannt, hat auf beiden Seiten prächtige Paläste, zum Teil Meisterwerke der Baukunst, von den berühmtesten Architekten aufgeführt, unter denen sich besonders der Palast Farnese oder herzogliche Palast auszeichnet. Die Zitadelle von Piacenza ist stark befestigt und durch fünf Bastionen flankiert.

Von Piacenza reiste ich nun, ohne mich mehr als eine Nacht in Parma und Modena aufzuhalten – meine ängstliche Gesellschafterin wollte durchaus nicht mehr nach Sonnenuntergang fahren – bis Bologna, wo ich mich wieder einen Tag aufhielt, meinen früheren freundlichen Wirten, die sich freuten, mich so wohlbehalten wiederzusehen, einen Besuch abstattete, worauf gegen Abend eine herzbrechende Trennung zwischen mir und meiner liebenswürdigen Reisegefährtin unter Tränen – wenigstens von einer Seite – mit einem rührenden Abschied und bei solchen Gelegenheiten immer gebräuchlichen Versicherungen ewiger Liebe, Treue und Unvergeßlichkeit stattfand und einige Souvernirs ausgetauscht wurden.

Noch in derselben Nacht setzte ich meine Reise fort, denn ich wollte gern Zeit gewinnen, um einige Tage in Rom inkognito verweilen zu können, bevor ich meine Ankunft bei dem Bataillon in Civitavecchia meldete. Ich schlug den Weg nach Florenz ein, der über den Teil der Apenninen führt, welche die Lombardei von Toskana trennen. Man hatte mich zwar in Bologna vor dieser Route gewarnt, weil sie

---

*) In der Schlacht von Lodi am 10. 5. 1796 brachte Bonaparte als Armeebefehlshaber persönlich Geschütze in Stellung und nahm selbst am Sturm auf die Brücke teil.

durch die Banditen, die in dieser Gegend ihr Unwesen trieben, sehr unsicher gemacht würde und erst kürzlich auf derselben Reisende ausgeplündert und ermordet worden seien. Ich ließ mich aber hierdurch nicht abhalten, legte meine Pistolen und Terzerolen zur Hand und hatte auch meinen gewandten und mutigen Burschen gut bewaffnet auf den Wagensitz plaziert.

Mit der keuschen Luna fuhr ich wohlgemut anfangs in raschem Trab durch das anmutige Tal; nachdem ich aber Pianora hinter mir hatte, mußte ich meine Geduld prüfen, denn nun ging es bergauf und bergab und über manche so hohe Punkte, daß man nach Padua und auf das Adriatische Meer blicken konnte; die Gegend war oft romantisch-wild genug. Auf einigen diesen Höhen wütet manchmal der Sturmwind so gewaltig, daß er Wagen und Pferde umwirft und großes Unheil anrichtet, und man kann sich um so weniger dagegen vorsehen, als in der Regel ganz unerwartet ein furchtbarer Orkan daherbraust, doch ist dies nur in der Zeit der Äquinoktien (Tagundnachtgleiche) der Fall. Als ich den anderen Tag Fontebuona passiert hatte, kam ich über die Gipfel des Berges, von dem aus ich das herrliche Florenz und seine schöne Umgebung, durch die purpurne Abendröte vergoldet, in seiner ganzen Pracht zu meinen Füßen erblickte. Noch eine Miglie von dieser Stadt bleibt Pratolino, das ehemals so berühmte Lustschloß der Medici, links liegen. In Florenz, wo ich mit Sonnenuntergang einfuhr, hielt ich mich diesmal kaum anderthalb Stunden auf.

Einige Tage später setzte ich meine Reise über Florenz fort, denn es zog mich mit aller Macht nach Rom, und je näher ich dieser Stadt kam, desto mehr brannte ich vor Ungeduld, die Cesarini wiederzusehen, da ich, seitdem ich sie verlassen, noch kein zweites ähnliches weibliches Wesen kennengelernt hatte. Ich fuhr von Florenz denselben Weg, den ich vor etwa einem halben Jahr gemacht, in der entgegengesetzten Richtung zurück, aber von den Räubern und Banditen, vor denen man mich so sehr gewarnt, sah ich keine Spur, obgleich mein Louis in jedem vorüberwandernden Bauern einen solchen wittern wollte und sich schlagfertig machte. Vor Viterbo brach die Vorderachse meines Wagens, wodurch ich genötigt war, mich beinahe drei Stunden in diesem Ort aufzuhalten, weshalb ich auch erst spät in der Nacht zu Rom ankam und mein Vorhaben, die Cesarini noch am selben Abend aufzusuchen und zu überraschen, denn ich hatte ihr zwar mein Kommen geschrieben, aber nicht die Zeit bestimmt, vereitelt wurde.

Ich stieg in einem Albergha am Spanischen Platz ab und eilte am anderen Morgen, so früh es tunlich war, zu Torlonia, der über meine unerwartete Ankunft erstaunt schien. Als ich ihm aber meine Hoffnung vertraute, die Kommandantur von Albano wieder anzutreten, teilte er mir die ganz unerwartete Nachricht mit, daß das

Bataillon schon seit zehn Tagen den Kirchenstaat verlassen und in das Regno ab-marschiert sei, so nennen sie gewöhnlich in Rom das Königreich Neapel. Dies warf mit einem Schlag meine Projekte über den Haufen, und alle meine Pläne wurden zu Wasser.

Ich erkundigte mich jetzt zuerst nach der Cesarini und hörte, daß der Fürst und seine Gattin so gut wie völlig getrennt lebten. Ich ließ ihr ein Billettchen zustellen, in dem ich ihr meine Ankunft meldete und bat, mich wissen zu lassen, wann ich das Vergnügen haben dürfe, sie zu besuchen. Eine halbe Stunde darauf fuhr ein Wagen vor mein Hotel, dem zwei schwarz gekleidete, verschleierte Damen entstie-gen, gleich darauf öffnete eine Cameriera [Zimmermädchen] meine Zimmertür, und die Cesarini lag in meinen Armen. Wir blieben einige Minuten lang im stum-men Entzücken des Wiedersehens, und war es von meiner Seite auch nicht mehr das Feuer der Liebe, das mich beseelte, so fühlte ich doch eine wahrhaftige, auf-richtige und dankbare Freundschaft für die Principessa. Aber die schlanke Nymph-entaille, die mich früher so entzückte, war verschwunden, und der Leib hatte sich gewaltig arrondiert, auch die Gesichtszüge waren weniger fein und etwas aufgedun-sen, wie dies bei den Frauen gegen das Ende einer Schwangerschaft meist zu sein pflegt. Nichtsdestoweniger schloß ich sie zum zweiten- und drittenmal in meine Arme und drückte sie fest an meine Brust, ich war ja der Urheber dieses Zustan-des. Sie fragte mich endlich lächelnd: ‹Nicht wahr, du findest mich sehr verän-dert?› Dabei sah sie mich mit forschenden Augen an. Ich erwiderte die Frage nur durch Küsse.

Nachdem endlich des Bewillkommens genug, kamen andere Dinge zu Sprache, und sie war außer sich, als ich ihr mitteilte, daß sich mein Aufenthalt in Rom nur auf wenige Tage erstrecken könne, da ich dem Bataillon nach Neapel folgen müsse. Sie brachte fast die ganze Nacht bei mir zu, und erst gegen Morgen geleitete ich sie heim. Wir sahen uns nun jeden Tag, und ich machte nirgends Besuche, um die we-nige kostbare Zeit nicht mit unnützen Dingen verstreichen zu lassen.

Die Cesarini wollte durchaus, daß ich wenigstens bis nach ihrer Niederkunft in Rom verweilen solle, und als ich ihr vorstellte, daß sich dies unmöglich tun ließe, da mir meine Marschroute einen längeren Aufenthalt nicht gestatte, das Regiment wahrscheinlich auch wieder nach Kalabrien ins Feld rücken und vielleicht gar eine Landung in Sizilien beabsichtigt würde, von der man viel sprach, es meine militäri-sche Ehre unmöglich zuließe, unter irgendeinem Vorwand zurückzubleiben. Nun wollte sie, daß ich meinen Abschied fordern, mich in Rom fixieren sollte, und meinte, um meine Existenz dürfe es mir nicht bange sein, sie wolle schon Sorge tragen, daß es mir an nichts mangele. Ihr dies auszureden, kostete mich unendliche

Mühe, und trotz aller Vorstellungen, daß ich bei meiner Jugend doch unmöglich schon ein zweckloses, träges Schlaraffenleben führen könne, auch eine große und glänzende Karriere vor mir habe, meine Familie und Eltern mich verachten würden, wenn ich mich so einem Tagediebleben ergebe, wollte sie sich nicht beruhigen.

So debattierten wir alle Tage, und zuletzt mußte ich ihr noch begreiflich machen, daß, wenn ich auch meinen Abschied fordern wollte, ich doch jedenfalls vorher zum Regiment müsse, da ich ja sonst als Deserteur angesehen würde, und daß es in Kriegszeiten nicht so leicht sei, ihn ohne die triftigsten Gründe zu erhalten. Ich sah, daß es unter diesen Umständen besser war, ihr nicht alle Hoffnung zu nehmen, und stellte mich gegen die letzten Tage so ziemlich einverstanden mit ihr, behielt aber die Ausrede, daß mir der Abschied abgeschlagen worden sei, in petto.

Schnell waren die zehn Tage verstrichen, die ich längstens in Rom verweilen durfte und durch Extrapost wieder gut machen konnte. Ich fürchtete mich vor dem Abschied, der auch wieder herzbrechend genug war. Ernstlich verbat ich mir diesmal jede Geschenke und verbot meinem Bedienten, hinter meinem Rücken etwas anzunehmen. Dennoch bestach ihn die Cesarini wieder, und in Neapel angekommen, fand ich abermals das Wagenkistchen mit allen möglichen Dingen gefüllt, auch wieder mehrere Rollen Gold vor. Wir hatten die letzte Nacht noch bis zum grauenden Morgen zusammen zugebracht. Es war heller Tag, als ich zu dem nach Albano führenden Tor hinaus und ohne mich aufzuhalten, bis nach Neapel fuhr, wo ich mich sogleich bei Duret und dann bei dem jetzigen Obersten des Regiments, Omeara, meldete. Ersterer empfing mich wie immer sehr wohlwollend und freundschaftlich und erzählte mir als Neuigkeit, daß Caguenec abermals in strengem Arrest auf dem Fort sitze, weil er wieder einen Straßenunfug im Verein mit einigen jungen Leuten, meist Kadetten, in Trunkenheit verübt habe.

XVII.

Ankunft in Neapel – Das Liebhabertheater in Giesù nuovo –
Besteigung des Vesuvs – Der Hof des Königs Joseph – Eine deutsche
Vorstellung – Helenchen Cramer – Caserta – Ruinen von Paestum –
Zweiter Feldzug in Kalabrien – Niederlage des Prinzen von
Hessen-Philippsthal – Die Brigantenhäupter Francatrippa und Benincasa –
Monteleone – Ermordung eines Kuriers – Fondaca del Fico – Gefecht mit
den Briganten – Die hübsche Kalabreserin – Belagerung der Festungen
Scilla und Reggio – Zustand der Belagerungskorps –
Rückmarsch nach Neapel – Abreise nach Genua

Oberst Omeara hielt mir, als ich mich bei ihm gemeldet, einen kleinen Sermon wegen der Geschichte in Albano und gab mir das Kommando der noch vakanten Voltigeurkompanie, die sich freute, ihren alten kreuzfidelen Kommandeur, wie die Leute sagten, wieder zu erhalten und der ich fünfzig Dukati gab, damit sie sich einen guten Tag mache. Zugleich übergab mir der Oberst auch das Musikkorps wieder, das, wie er behauptete, seit meiner Abwesenheit sehr vernachlässigt worden, und bat mich, doch einige neue Märsche zu komponieren; ich schrieb ein halbes Dutzend nieder, welche zum Geschwindschritt recht animierten, und dedizierte [widmete] sie dem Herrn Oberst, der mich dafür manchmal zur Tafel lud.

Diesmal wurde auch mir mein Quartier in Giesù nuovo angewiesen, wo ich noch die mir wohlbekannten Damen Gasqui, Alphonse, Grenet und andere antraf, die, wie es schien, ihr permanentes Hauptquartier in dem alten Palazzo der ehrwürdigen Väter Jesu aufgeschlagen hatten, während ihre Männer alle möglichen Kreuz- und Querzüge machen mußten. Das französische Liebhabertheater bestand immer noch, und man veranstaltete von Zeit zu Zeit Aufführungen, allein es fehlte ihm gerade ein erster Liebhaber. Ich wurde daher von den Damen freudig als ein solcher empfangen. Die Freude sollte aber nicht von sehr langer Dauer sein. Ich erhielt sogleich ein ganzes Dutzend Rollen aus Lustspielen von Molière, Mercier, Beaumarchais. Ich studierte meine Rollen meistens mit Madame Gasqui tête-à-tête ein, und da dieser in den meisten Stücken die Rolle meiner Geliebten zugeteilt war, so wurden unsere Proben mit vielem Feuer gehalten, dem natürlich zuletzt Ermüdung und Erschlaffung folgen mußte. In Molières Tartuffe hatte ich mich sogar an die Titelrolle gewagt.

Auch meine Signora Speziale suchte ich wieder auf und fand freundliche Aufnahme, vor allem aber war mir jetzt daran gelegen, endlich einmal den Vesuv zu besteigen, was ich früher versäumt hatte, und da ich fürchtete, es möchte abermals ein Deus ex machina oder die Marschorder dazwischen kommen, drang ich auf die Ausführung dieses Projekts, das auch von den Damen in Giesù nuovo unterstützt wurde, da sie es bis jetzt bei ihren Männern nicht hatten dahin bringen können, dem alten Feuerspeier einen Besuch abzustatten. Außer den Damen Gasqui, Grenet, Cramer, Mutter und Tochter, und deren Männern, war auch noch der junge Stock, der Neffe des Herrn Moritz, und dessen Arzt mit seiner Gattin von der Partie, so daß wir im ganzen fünfzehn Personen zählten. Wir fuhren bis Resina, wo man die Wagen verließ, um Maultiere und Esel zu besteigen, mit deren Führern der bei uns befindliche neapolitanische Doktor einen förmlichen Vertrag, jedoch nur mündlich abschloß. Er mußte dabei gewaltig debattieren, und es dauerte beinahe eine halbe Stunde, bevor er ihn zustandebrachte. Das Hin- und Herhandeln wollte kein Ende nehmen, es war ein wahres Gezänk, alle Augenblicke glaubte ich, daß man sich bei den Köpfen nehmen würde, und wollte mich einigemal ins Mittel legen, was sich aber der zu sehr knickernde Medico verbat, indem er meinte, dann wäre gar kein Ende abzusehen.

Nachdem endlich der Handel abgeschlossen war, setzte sich die nun berittene Karawane in Marsch. Die Patrone der Langohren hörten nicht auf, diese durch ihr gellendes Geschrei zum Voranschreiten aufzumuntern, und wenn sie ihre Schritte rallentando [langsamer] nehmen wollten, zogen sie sie bei den Schwänzen an, was dann einen kurzen Trab bewirkte. Gleich anfangs passierten allerlei kleine Malheurs. Der Esel, welcher das Glück hatte, Madame Grenet zu tragen, gebärdete sich sehr ungezogen und warf sich endlich nieder. Kaum hatte die Dame noch Zeit gehabt, sich loszumachen, als sich das unflätige Tier auf den Rücken legte und sich wälzte, mit greulichem Geschrei alle viere in die Höhe streckend. Das unvernünftige Tier nahm gar keine Räson mehr an, da half weder Zureden noch Stoßen, auch wollte Madame Grenet um keinen Preis mehr dasselbe besteigen, und seinem Führer blieb nichts anderes übrig, als zurückzulaufen und ein anderes, gehorsameres Tier herbeizuschaffen, was ziemlich schnell abgemacht war, da der die ganze Gesellschaft belustigende Auftritt noch ganz nahe bei Resina vorgefallen war. Ich hatte der Dame mein Maultier angeboten, das ihr aber zu hoch war. Sie bestieg jetzt nach vielem Zureden den neuen Esel, aber zwei Kavaliere mußten ihr beständig zu Seite reiten und der Patron das Tier am Zaum führen. Wir setzten uns wieder in Bewegung, der ergötzliche Vorfall hatte uns einen Aufenthalt von beinahe einer halben Stunde verursacht.

Gleich hinter Resina kamen wir auf die schwärzliche Lava, und bald schien die Natur öde und ein düsteres Trauergewand angelegt zu haben. Es war, als habe hier eine verheerende, alles verdorrende Hand gewütet. Bäume und Sträucher wurden immer seltener, bald sah man nur hier und da noch ein Stückchen angebautes Land, gleich einer Oase in der Wüste. Der Anblick des Ganzen stimmt sentimentale Gemüter leicht zur Schwermut und Melancholie. Aber hier wachsen auch die berühmten Christustränen (Lacrimae Christi), denen nicht mehr wie billig die neapolitanische Geistlichkeit und die Mönche so zugetan sind, wie dereinst die Pfaffen am Rhein der Liebfrauenmilch. Bald waren wir ganz von Lava umgeben, aber eben diese Lava ist es, welche den Boden um den Vesuv herum zum fruchtbarsten und ergiebigsten der Welt macht, der nie des Düngers bedarf und bei wenig Zoll Tiefe das Vortrefflichste und Köstlichste, was Landwirtschaft hervorbringen kann, gibt. Kein Fleck der Erde ernährt im Verhältnis seines Umfanges eine solche Seelenzahl wie dieser, und nicht mit Unrecht sagt der Neapolitaner: ‹Der Berg speit Gold aus.› Auf der hundertjährigen Lava bildet sich zuerst eine Art Moos, das sich dann in Staub und Erde verwandelt, aus welcher bei geringer Pflege erst Pflanzen, dann Sträucher und endlich Bäume hervorsprießen, und aus dem ödesten Ort wird der fruchtbarste, wenn ihn nicht neue Lavaströme verwüsten.

Wir kamen nun an Schluchten und Abhängen vorbei, über Lavabrücken zu dem Piane delle Ginestre, einer kleinen Fläche, von der aus man ein unabsehbares düsteres, schwarzgraues Schlackenmeer erblickt, wo weder das Hälmchen einer Pflanze noch der Flug eines Vogels zu sehen noch das Summen eines Insekts zu hören ist und nicht die mindeste Abwechslung das ewige Einerlei unterbricht, eine gräßliche Öde, wie sie die Edda am Ende der Eiswelt beschreibt. Jetzt gelangten wir zur Einsiedelei San Salvatore auf der Somma, wo uns der schon sechzigjährige, aber noch sehr rüstige Eremit recht freundlich empfing, und hier eröffnete sich dem ermüdeten Auge eine entzückende, unbeschreiblich schöne Aussicht.

Diese Eremitage besteht aus einigen Kammern und einer kleinen Kapelle. Wir stärkten uns durch einen guten Imbiß für die noch zu bestehenden Strapazen. Die mitgenommenen Provisionen wurden ausgepackt und unter Bäumen vor der Einsiedelei verzehrt. Der Eremit lieferte uns außerdem noch Salami, Brot, Käse, Eier und Lacrymä Christi, und zwar echten, reinen und unverfälschten, wofür wir ihn unsererseits mit ein paar Zechinen beschenkten, wodurch seine Freundlichkeit noch erhöht wurde. Der gute Greis führte gar kein übles Leben in seiner Einsamkeit, und während der langen Zeit, die er daselbst zugebracht, haben ihn gar manche hübsche Bauernmädchen und junge Bauernweiber besucht, ihn immer reichlich mit nahrhaften Lebensmitteln versehend. In der guten Jahreszeit kommen jeden Tag Fremde, die ihn beschenken, auch hatte er schon ein artiges Kapitälchen bei einem Bankier in Neapel stehen.

Bevor wir uns zur Weiterreise anschickten, brachte uns der Eremit sein Fremdenbuch, in das wir alle unsere Namen einschrieben und in dem sich Namen aus allen Weltgegenden und von allen Nationen, mitunter manche berühmte und berüchtigte, befanden. Wir ritten jetzt längs der Somma auf schmalen Höhen, Lavaschluchten zu beiden Seiten, bergan, bis wir an das Atrio del Cavallo kamen, ein zwischen der Somma und dem Vesuv liegendes Tal, den Ort, an dem man bis zum Jahr 1630 rastete, weil er zu jener Zeit mit üppigen Bäumen und Pflanzen bewachsen war, ja sogar eine fette Fütterung für Maultiere und Pferde bot. Seitdem wurde er aber von der Lava überströmt und ist jetzt nur noch ein versteinertes Lavameer.

Hier stiegen wir alle ab, da der noch übrige Teil des Weges, der jetzt sehr beschwerlich wurde, zu Fuß zurückgelegt werden mußte. Unsere von Resina mitgenommenen Führer banden uns besondere Gurte, auch den Damen, um den Leib und befestigten Stricke daran, an die sie sich selbst festbanden. So zogen sie uns durch das mit jedem Schritt immer tiefer werdende Aschenmeer. Der Boden schien unter unseren Tritten zu weichen, die Luft wurde, je mehr wir vorankamen, schwefelgeschwängerter, so daß sie bei denen, die keine sehr guten Lungen haben, zuletzt Bangigkeit und Beängstigung der Brust hervorbringt. Die Asche wurde so tief, daß die Damen genötigt waren, ihre Kleider bis beinahe über die Knie hinaufzuheben. Sie hatten sich aber alle mit grauen Unterbeinkleidern versehen. Unsere zweibeinigen Zugtiere trieften von Schweiß, auch uns, die sie zogen, standen dicke Tropfen auf der Stirn. Alle Augenblicke mußte Halt gemacht werden, damit die Damen Atem schöpfen konnten. Sie hatten sämtlich ihre sonst so süßen Gesichter in saure Falten gezogen, nur die junge Cramer, meine halbe Landsmännin, ein Offenbacher Kind, machte noch immer ein freundlich lächelndes Gesicht. Je höher wir stiegen, desto schwieriger wurde das Vorankommen und desto gewaltiger pochten die Herzen der Damen.

Dennoch konnten manche der Herren ihre boshaften Späße nicht lassen, die Waden und etwas krummen Beine einiger Frauen bekrittelnd, doch erlaubten sich nur die Ehemänner dergleichen Unziemlichkeiten. Ich machte meine Betrachtungen nur im stillen, ohne sie durch Tadel oder Spott kundzugeben, auch meinten die sich getroffen fühlenden Schönen ärgerlich, es sei jetzt keine Zeit zu solchen Scherzen, und hatten recht, denn wir waren bereits auf einem Terrain angekommen, in welches unsere Führer mitgebrachte, mehrere Zoll lange Späne steckten, die sie rauchend und endlich glühend wieder hervorzogen, so nahe waren wir dem höllischen Feuermagazin.

«Bis hierher und nicht weiter», sagten unsere Ciceroni, nachdem sie das Experiment einigemal vorgenommen hatten. Ermüdet genug, machten wir einen allgemeinen Halt. Kaum ein paar hundert Schritte von uns entfernt wogte noch flüssige Lava. Mit einigen mitgebrachten Orangen erquickte ich die nach Labung lechzenden Gaumen unserer Schönen, wofür mir vielsagende dankende Blicke wurden, und die letzte teilte ich mit dem freundlichen Helenchen Cramer, die ich als giovine principiante [junge Anfängerin] auf dieser beschwerdevollen Reise in ganz besondere Affektion nahm.

Wir standen nun nahe am Rand des flammenwirbelnden Höllenrachens, dem die glühenden Feuerregen und Fluten entströmten, die alles, was sie berühren, verheeren und vernichten. Ihr Gang ist zwar langsam und schwerfällig, aber um so sicherer erreichen sie verderbenbringend das Ziel. Hat die flutende Glut einen Baum umschlungen, so sieht man alsbald dessen grüne Blätter sich zuerst gelb, dann braun und endlich schwarzgrau färben, Stamm und Zweige fangen bald zu glühen an, und in kurzer Zeit ist der Baum in Asche verwandelt. Majestätisch, ohne sich zu eilen, wälzt sich der Strom herab, ohne jedoch eine Minute zu versäumen. Kommt die Lava an einen Gegenstand, der sie am Voranschreiten hindert, so steigt sie an demselben empor, bis sie ihn überreicht und umgeben hat, und setzt dann ihren Lauf wieder ungestört fort. Die brennenden Massen überwältigen alles, selbst Mauern und Felsen. Fliehend entgeht ihnen zwar der Mensch und das Tier, doch darf keines der anscheinenden Langsamkeit allzusehr trauen.

Hier, am Rand dieses Kraters, findet man es begreiflich, wie Dichter und Völker den Abgrund oder Eingang zur Hölle vermuten konnten. Gräßlich gezackte, mit Schwefel und Asche bedeckte Lavarinde umgibt den Schlund, dem unzählige Rauchsäulen unaufhörlich entsteigen, ihn fast immer dem Auge entziehend. Man ist geneigt, an das Dasein eines infernalischen Spuks zu glauben. Hier ist man abgeschieden von allem, was atmet und lebt, und nur ein donnerähnliches Getöse läßt sich von Zeit zu Zeit vernehmen. Wirft man einen Stein mit Kraft auf den Boden, so dröhnt es hohl wie über einem Gewölbe. Ich stand, das seltsame Schauspiel anstaunend, dicht neben Helenchen, die sich vor demselben grausend, fest an mich schmiegte, daß ich nicht umhin konnte, das geängstigte Täubchen mit meinem schützenden Arm zu umfangen.

Nachdem wir wohl zwei Stunden hier zugebracht und uns dennoch kaum satt gesehen hatten, traten wir den uns leichter werdenden Rückzug an, der fast in ein Laufen durch die Asche ausartete. An dem Ort angekommen, wo die Langohren unserer harrten, bestiegen wir wieder das liebe Vieh, und ich ritt vergnügt und heiter an Helenes Seite bis Resina, wo wir eine bestellte Cena [Abendessen] einnahmen und uns in den Wagen setzten. Ich hatte zwar versucht, mich vis-à-vis dem Fräulein Cramer zu plazieren, aber die Damen Casqui und Grenet, welche meine Absicht merkten, wußten sie zu vereiteln, und ich mußte mit ihnen und Herrn Grenet einen Wagen besteigen. Eine Stunde vor Mitternacht kamen wir in Giesù nuovo an und unterhielten uns bei Madame Gasqui, die ihrem daheimgebliebenen Gatten die gesehenen Wunder rapportierte, noch lange bis nach Mitternacht.

Am nächsten Morgen hatte unser Liebhabertheater Probe, es sollte in einigen Tagen im Beisein des Hofes auftreten. Die Vorstellung der «Phädra» fiel leidlich aus, ihre Majestäten hatten sich amüsiert, und meine Rolle des Hippolyt hatte dem König Joseph so gefallen, daß ich bald nach dieser Vorstellung eine Einladung an den Hof bekam, wo es so ziemlich ungeniert, durchaus nicht steif herging und bei weitem kein so ängstliches und oft komisches Zeremoniell beobachtet wurde, wie am Hof seines kaiserlichen Bruders.

Joseph war ein ziemlich natürliches Menschenkind, hatte sogar etwas Treuherziges in seinem Benehmen, er würde als Privatmann gewiß ausgezeichnet und ein guter Familienvater geworden sein, und man hätte dann seine Schwächen weniger oder gar nicht bemerkt. Seine Stellung auf dem Thron von Neapel war nicht die beneidenswerteste, ja fast peinlich zu nennen. Er sollte und durfte nur das gehorsame Werkzeug seines ihn tyrannisierenden Bruders sein, dessen Ab- und Ansichten selten mit den seinigen harmonierten, der auch in großer Entfernung von Neapel keineswegs den Zustand der Dinge daselbst so kannte, um ihn richtig beurteilen und leiten zu können. An Ort und Stelle fanden sich nicht zu überwindende Schwierigkeiten, die er in Paris oder seinen Hauptquartieren kaum ahnte. Er geriet aber in Wut und Zorn, wenn man sie in Neapel nicht wie er wollte, augenblicklich aus dem Wege räumte. Jospeh hatte nicht verlangt, König zu sein, ja er war es fast gegen seinen Willen geworden.

Die Königin Julie, Tochter des Kaufmanns Clairet zu Marseille, war in diesem Stück ganz mit ihrem Gatten einverstanden und eine vortreffliche, herzensgute Dame, die mit Engelsgeduld die Untreue und Schwächen ihres Gemahls nicht nur ertrug, sondern sogar entschuldigte und zu beschönigen suchte. Am Hof des Königs Joseph zu Neapel herrschte ein etwas militärischer Ton. Die königliche Tafel verlassend, stiegen Generale und Stabsoffiziere nicht selten in die Wagen oder zu Pferde, um sich nach Kalabrien zu begeben, da von dort oder aus anderen Gegenden des Reiches während der Mahlzeit schlimme und bedenkliche Nachrichten eingelaufen waren. Von Josephs Hofhaltung in ihrem Innern wurde ich damals nicht genauer unterrichtet, da auch mich das Schicksal bald wieder aus Neapel rief, nachdem ich nur einigemale am Hof erschienen und also noch ziemlich fremd war.

Auf Anstiften meines Vetters Moritz, der ebenfalls unseren Aufführungen in Giesù nuovo beiwohnte, arrangierte ich auch eine deutsche Vorstellung, und zwar «Kabale und Liebe», bei der eine Frau von Gemmingen, die Gattin eines Kapitäns, die Lady Milford, Helene Cramer die Luise und eine Madame Reisinger die Mutter, der junge Stock den Vater spielten und ich mein altes Paradepferd, den Major Ferdinand, hervorsuchte. Die Vorstellung war, obwohl sich die Liebe zwischen mir und Helenchen ins Spiel mischte, nicht sonderlich, doch wollten die sehr nachsichtigen deutschen Zuschauer, die Franzosen und Italiener räumten den Saal alle gleich nach dem ersten Akt, sich trefflich unterhalten haben.

Damit hatte es aber sein Bewenden mit dem deutschen Theater, obgleich Moritz gern noch andere ältere Stücke als angenehme Erinnerungen an seine Jugend aufgeführt haben wollte. Die Sache war zu schwierig, die Schauspieler zu schlecht, so daß ich selbst einen Degout [Widerwillen] an deutschen Vorstellungen bekam. Obgleich Helene Cramer mit großer Naivität und vielem Feuer spielte, zog ich es doch vor, außerhalb der Bühne die Liebhaberrollen bei ihr zu übernehmen, und teilte jetzt mein Herz hauptsächlich zwischen der jungen Frau eines Obersten von der Linie, der sich mit seinem Regiment in Kalabrien befand, Madame Detrée, einer kaum zwanzigjährigen Französin aus Orleans, und ihr. Infolge der strengen Aufsicht der Frau Mama hatte ich nur ein platonisches Verhältnis mit Demoiselle Cramer, während das mit Madame Detrée, die sich zu entschädigen und zu trösten suchte, vollkommen materiell war.

Madame Cramer ließ mich nicht undeutlich merken, daß ihr Töchterchen eine vortreffliche Partie für mich wäre. Aber an das Heiraten und gar an das Heiraten als Offizier, deren Weiber, um den ewigen Gelegenheiten der Verführungen zu widerstehen, ganze Engel oder Mütter Gottes sein müßten, dachte ich so wenig, als ein Kapuziner zu werden. Ohne die Mutter vor den Kopf zu stoßen, wußte ich dennoch solchen Anspielungen gehörig auszuweichen und suchte noch einige Lustpartien zu veranstalten, in der Hoffnung, dabei Gelegenheit zu finden, der Mama Argus ein X für ein U machen zu können. Ich lud die Familie zu einer Fahrt nach dem schönen königlichen Schloß zu Caserta, einem der herrlichsten Schlösser der Welt, ein. Aber auch hier kam ich nicht viel weiter. Nur einmal gelang es mir in dem mit Statuen bevölkerten Park, Mutter und Tochter auf einige Augenblicke zu trennen, daß ich letzterer zu den Füßen einer marmornen Aphrodite durch eine flüchtige, aber feurige Umarmung versichern konnte, wie liebenswürdig ich sie finde. Aber kaum hatte ich sie ein paarmal geküßt, als schon ein «Helene, wo steckst du denn?» sich ganz nahe vernehmen ließ, und mit einem «Hier, Mama» wand sie sich aus meinen Armen.

Bei der Heimfahrt war es zwar schon düster und endlich dunkel, aber Madame Cramer hatte so scharfsehende Augen, daß ich kaum von Zeit zu Zeit einen verstohlenen Händedruck wagen durfte. Mehr hoffte ich von einer zweiten Partie, die ich nach dem weiter entfernten Paestum veranstaltete, wozu mehrere Tage erforderlich waren. Nachdem Madame Cramer eingewilligt hatte, nahm ich viertägigen Urlaub, und wir fuhren ohne den Papa, der als Adjutant-Major nicht wohl abkommen konnte, den uns schon bekannten Weg über Portici und Resina, dann wie in einem Garten durch das Tal Scafati, über den Sarno, nach Nocera de Pagani.

Von hier fuhren wir über Vietri nach Salerno, das an dem Ufer des Meeres in einer freundlichen, von heiteren Hügeln umgebenen Ebene liegt und das ich schon aus unserem ersten Feldzug in Kalabrien kannte, sowie Eboli, wo wir nächtigten, aber die Mutter ihren Schatz gleich einem Drachen bewachte. Am anderen Morgen machten wir uns in aller Frühe nach den Ruinen von Paestum auf, wohin ein ziemlich einsamer Weg führte. Nachdem wir durch eine ausgedehnte Heide gekommen waren, entdeckten wir verschiedene isoliert stehende Gebäude, die, wenn man ihnen nahe ist, kolossal und imponierend hervortreten.

Hier endlich wurden wir durch die Gunst des Zufalls auf eine halbe Viertelstunde von der Mama getrennt, die sich auf kurze Zeit zu entfernen genötigt war. Ich benutzte diesen Umstand so gut als möglich, und dem aus Eboli mitgebrachten Führer befehlend, auf die Mutter zu warten, verirrte ich mich mit Helenchen hinter die dicken Neptunssäulen und versicherte sie bei dem Dreizack des mächtigen Weltbeherrschers meiner feurigsten Liebe, von der ich ihr, so viel es die Umstände erlaubten, die handgreiflichsten Beweise gab. Im Taumel der Wonne vergaßen wir Paestums und der Welt, bis uns endlich die kreischende Stimme der Mama aufschreckte, die, als wir unter den tausendjährigen Trümmern hervorkrochen, ausrief: «Aber Mädchen, was hast du denn, du bist ja so rot wie ein gesottener Hummer!»

«Nichts, Mama, das Steigen über die dicken Steine des Venustempels hat mich so erhitzt.»

Ob Mama Cramer glaubte oder nicht, ist mir ein Rätsel geblieben, jedenfalls war sie so klug zu tun, als glaubte sie es. Wir hatten wohl an drei Stunden in Paestums Ruinen verweilt und eine mitgebrachte kalte Küche unter den Vorhallen des Neptuntempels eingenommen, als wir unsere Rückreise antraten und bis Salerno fuhren, wo wir übernachteten. Am anderen Tag trafen wir wieder wohlbehalten in Neapel ein. In meinem Hauptquartier in Giesù nuovo erfuhr ich von meinem Bedienten, den ich zurückgelassen hatte, daß Madame Gasqui wenigstens schon zehnmal nach mir geschickt habe. Als ich hierauf zu ihr eilte, empfing sie mich mit einem artigen Donnerwetterchen, weil ich, ohne ihr etwas zu sagen, nach Paestum, und zwar mit deutschen Damen, gefahren sei. Nach einem ziemlich langen Hadern kam es endlich wieder zu einem wohlbesiegelten Frieden.

Das Bataillon erhielt Order, in vierundzwanzig Stunden nach Cosenza abzumarschieren, und der Stab des Regiments wurde samt dem Oberst Omeara nach Castellammare verlegt. Kaum hatte ich noch soviel Zeit, mir ein paar gute Pferde zu kaufen. Während meines diesmaligen Aufenthaltes hatten mir wieder Vetter Moritz und Stock die ihrigen zur Verfügung gestellt. Am Abend vor dem Ausmarsch machte ich meine Abschiedsronde.

Es sah neuerdings wieder sehr unruhig im südlichen Teil des Königreiches aus, obgleich man fast tagtäglich in der Hauptstadt darauf loshängte, verurteilte und hinrichtete. Als wir diesen Marsch nach Kalabrien antraten, ging es schon dem Winter zu, und die fatale Regenzeit war vor der Tür. Wir marschierten wieder über Portici und Salerno. Seit unserer ersten Expedition nach Kalabrien und nach der Schlacht bei Maida hatten sich die Engländer Reggios und des Schlosses von Scilla bemächtigt. Der Feind war abermals mit einem Armeekorps von ungefähr achttausend Mann, welches der tapfere Prinz von Hessen-Philippsthal befehligte, gelandet. General Reynier, der noch immer in Kalabrien kommandierte, hatte bei der ersten Nachricht, die er hiervon erhielt, in aller Eile so viel Truppen als möglich zusammengebracht, es waren kaum über viertausend Mann, damit das feindliche, freilich größtenteils aus Banditen und Raubgesindel bestehende Heer schon Ende Mai 1807 auf das Haupt geschlagen und so seinen Fehler bei Maida wieder gutgemacht. Selbst der Prinz von Hessen-Philippsthal hatte sich nur mit Hilfe seines schnellen Pferdes retten können und büßte beinahe seine ganze Artillerie ein. Die ihn verfolgende französische Kavallerie verfehlte ihn nur um zwanzig Minuten. Sein Heer wurde gänzlich gesprengt und ein großer Teil desselben zu Gefangenen gemacht. Der Prinz landete mit kaum hundert Mann an den Küsten Siziliens.

Dieser Sieg war sehr zur gelegenen Zeit gekommen, denn ohne ihn würde nicht nur Kalabrien, sondern sehr wahrscheinlich das ganze Königreich gegen die neue Regierung aufgestanden sein. Nun wurde gegen Reggio marschiert, dasselbe bald darauf belagert und das Schloß Scilla von der Landseite blockiert. Das letztere ist indessen außerordentlich fest, und da viel daran gelegen war, diesen die Meerenge von Sizilien beherrschenden Punkt wieder zu besitzen, um Herr der Küste zu sein, so mußte man schweres Belagerungsgeschütz von Neapel kommen lassen, um das Fort beschießen zu können. Dies war aber zu Land ohne die außerordentlichsten Anstrengungen nicht fortzubringen, weshalb man es einschiffte, wo ein Teil auf der See von den Engländern weggenommen wurde.

In Cosenza blieb das Bataillon zwei Tage, am dritten Tag marschierten wir gegen Abend nach Rogliano, wo wir den übrigen Teil der Nacht bis gegen Morgen verweilten, dann aber aufbrachen und durch ein schauerlich wildes, von steilen Felsen umgebenes Tal kamen, in dessen Umgegend jetzt der berüchtigte Banditenchef Francatrippa, der die Rolle des Fra Diavolo übernommen hatte, sein Wesen trieb. Hier mußten wir, Mann für Mann, einen ganz schmalen Felsensteig im Zickzack, wie von einem Theaterberg, zwischen steilen Felswänden hinabsteigen, wobei die bepackten Maulesel und Pferde von ihren Führern und Reitern vorsichtig an der Hand geführt wurden, sodann einen Waldstrom passieren, über den nur ein sehr schmaler und geländerloser Fußsteig führte. Dann kamen wir nochmals an furchtbaren Abgründen vorüber.

Diesen Tag führte ich wieder die Avantgarde des Bataillons, doch war an Seitenpatrouillen bei diesem Terrain nicht zu denken. Kaum waren ungefähr zwanzig Mann von meinen Leuten, an deren Spitze ich marschierte, auf dem schmalen Pfad an den Rand eines solchen Schlundes herangeschritten, als sich Briganten oben auf dem Felsen zeigten und eine Decharge auf uns abfeuerten, dann gleich Gemsen wieder verschwanden, auf ihren Sandalen davonspringend. Großen Schaden hatten sie nicht angerichtet, nur ein paar Leute hatten leichte Streifschüsse erhalten. Ich ließ indessen sogleich Halt machen, wir kletterten mit Hilfe des Gesträuchs den am Eingang der Schlucht weniger steilen Felsen hinan und hofften, so den Briganten in den Rücken zu fallen. Aber als wir hinaufkamen, war keine Spur mehr von ihnen zu sehen. In die weg- und pfadlosen Wildnisse zwischen Klippen und Gesträuch konnten wir uns nicht wagen, ohne Gefahr zu laufen, in einen Hinterhalt des Francatrippa zu geraten. Das Terrain war hier den Briganten so günstig und uns, die wir es nicht kannten, so nachteilig, daß wir gewiß verloren gewesen wären, wenn die Bewohner in Übereinstimmung gegen uns agiert hätten, selbst wenn wir hätten bedeutendere Streitkräfte entwickeln können. Leicht war es, die Truppen in Abteilungen zu überfallen und zu vernichten.

Glücklich kamen wir in Scigliano an, von wo wir nach Nicastro und von da in die Ebenen von Sanveria marschierten. Hier waren wir in der Nähe eines alten Gebäudes, das eine traurige Berühmtheit erlangt hatte, da hier gleich nach der verlorenen Schlacht bei Maida eine ganze Kompanie Franzosen von den Bewohnern der Umgegend und den sizilianischen Briganten bis auf den letzten Mann ermordet worden war. Jetzt lag wieder ein französisches Detachement in dem Gebäude; es war befestigt worden, verpallisadiert und auf mehrere Monate mit Proviant versehen. Nichtsdestoweniger trieben in der Nähe dieses Tales Francatrippa und seine Banditen ihr Wesen auf das frechste, und keine Patrouille unter zwanzig bis dreißig

Mann durfte sich auf Streifereien wagen, wollte sie nicht überwältigt werden. Die Aussicht von den dieses Tal umgebenden Höhen auf den Golf von St. Eufemia ist entzückend. Von hier aus sowie von Nicastro wurden fortwährend Abteilungen auf die Brigantenjagd abgeschickt, ohne daß sie sehr ergiebig gewesen wäre. An diesem geringen Erfolg war hauptsächlich das Einverständnis der Räuber mit den Einwohnern schuld, die ihnen allen Vorschub leisteten, während sie uns flohen und mit einem ewigen «non capisco» oder «non so niente»,* das zum Verzweifeln war, abspeisten, während unsere fast unerreichbaren Feinde die vollkommene Kenntnis des Terrains besaßen.

Nach mehreren Tagen des vergeblichen Hin- und Hermarschierens in den uns umgebenden Bergen und Wäldern brachte ich mit meinen Voltigeurs zwei Tage in dem Städtchen Pizzo zu, am südlichen Ende des Golfs. Das Bataillon hatte sich einstweilen in die zahlreichen Landsitze, die, von Pomeranzen- und Zitronenhainen umgeben, in der Nähe von Nicastro liegen, einquartiert. Die hier vorhandenen Wälder sind seit undenklichen Zeiten der Aufenthalt von Räubern und Banditen, mit denen sich die Gutsbesitzer, wenn sie einige Sicherheit genießen wollen, verständigen und abfinden müssen, indem sie ihnen von Zeit zu Zeit nicht unbedeutende Summen einhändigen. Namentlich ist der Wald von Sankt Eufemia sehr berüchtigt. In dieser Wildnis hatten auch jetzt die Briganten und ihre Banden und Spießgesellen ihr Hauptquartier aufgeschlagen und wurden noch obendrein von den Engländern und Sizilianern unterstützt und besoldet, mit denen sie beständig kommunizierten und welche in der Nacht fast gefahrlos landeten und ausschifften, was wir nicht wohl verhindern konnten, da der so nahe an der Küste gelegene Wald ein geheimnisvolles Labyrinth war. Nur die Räuber und Banditen hatten den in dasselbe führenden Faden in Händen, kannten auch alle Zu- und Ausgänge, die außerdem durch gut verborgene, mit Gesträuch und Dornen bedeckte Gruben fast unzugänglich gemacht waren. Und so bot dieser Wald die erwünschteste Leichtigkeit und Gelegenheit, uns aufzulauern.

In diesem Wald hauste damals ein alter berüchtigter Kalabrese, Benincasa genannt, der oberste Chef aller Banden, die mit ihm in genauer Verbindung standen und seine Befehle auf das pünktlichste befolgten. Es war ein wahrer Assassinen-Fürst, ein zweiter Alter vom Berge.** Schon lange Zeit vor der französischen Okkupation hatte er sein blutiges Räuber- und Mörderhandwerk in diesem furchtba-

*) «ich verstehe nicht» oder «ich weiß nichts»
**) Assassinen waren ein Geheimorden, der im Nahen Osten während des 11.-13. Jh. durch Meuchelmorde, die seine zu blindem Gehorsam verpflichteten Anhänger ausführten, Machtpolitik betrieb. Einer seiner Großmeister war Raschid ad-Din as-Sinan, genannt der «Alte vom Berge».

ren Wald getrieben, wo ihn die Arme der neapolitanischen Justiz nicht hatten erreichen können und von wo aus er die ganze Umgegend brandschatzte. Unser Bataillon erhielt nun Befehl, diesen gräßlichen Menschen und seine Banden zu zerstreuen, aus ihren Höhlen und Mordsitzen aufzuscheuchen und sie womöglich zu vernichten. Aber vergeblich blieben alle Versuche.

Die List, die ich in den italienischen Alpen und den Gebirgen von Genua angewendet hatte, die Briganten zu fangen, hätte bei diesem alten schlauen Fuchs nichts gefruchtet, und wenig fehlte, so wäre ich bei einem Versuch, in diese Wildnis zu dringen, samt meinen Voltigeurs ein Opfer der Fallstricke des listigen und blutdürstigen Benincasa geworden. Ich hatte mich bei dem Verfolgen einiger verdächtiger Individuen verleiten lassen, zu Pferde an der Spitze der Mehrzahl meiner Kompanie in den Wald zu dringen, und zwar da, wo sich scheinbar ein ziemlich breiter Eingang zeigte. Der Mannschaft einige Schritte voransprengend, fühlte ich plötzlich den Boden unter mir wanken und stürzte mit meinem Pferd in eine über sechs Schuh tiefe Grube, die wohl fünfzig Fuß breit war und wahrscheinlich darauf berechnet war, eine Abteilung verfolgender Reiterei stürzen zu machen, die man dann in der Grube leichter zusammenschießen konnte. Da ich allein hineingestürzt war, ohne daß ich noch mein Pferd bedeutend beschädigt worden wären, und meine Leute gleich herbeirannten, hatte es keine weitere Gefahr mehr für mich, nur kostete es viel Mühe, das Pferd wieder aus der Grube zu schaffen, da sie senkrechte Wände hatte, in welche die Soldaten sogleich eine Rampe gruben, daß das erschrockene Tier herausgeführt werden konnte. Dieser Vorfall war ein Warnungszeichen, besser auf der Hut zu sein.

Noch mehrere Versuche, die Banden aus dem Wald zu jagen, scheiterten ebenfalls, und Duret hielt es für das beste, mit dem Banditenfürsten zu unterhandeln, nachdem er seine Berichte gemacht, Vollmacht dazu begehrt und erhalten hatte. Aber die Unterhandlungen zerschlugen sich, obgleich man dem Benincasa und seinen Banden große Versprechungen gemacht und bedeutende Vorteile eingeräumt hatte. Wahrscheinlich traute der alte Fuchs, der selbst nie ein Versprechen gehalten, uns nicht. Sodann trat jetzt die Regenzeit in ihrer ganzen Kraft ein und machte, daß wir wenigstens auf ein paar Monate alle Versuche gegen diese aalartigen Feinde einstellen mußten, die aber gerade deshalb um so kühner aus ihren Schlupfwinkeln hervortraten, großen Schaden zufügten und mordeten und raubten, wo sie sich die Stärkeren wußten. Dabei besitzen sie eine außerordentliche Gewandheit und Behendigkeit und wissen ihre Gewehre trefflich zu gebrauchen, jedoch immer nur aus dem Hinterhalt. In offener Schlacht taugen diese Briganten nicht und halten nicht Stich gegen wohldisziplinierte Truppen, nur die neapolitani-

schen Krieger fürchten sie wenig, schätzen sie gering und werden von diesen gefürchtet.

Wir verließen, hauptsächlich durch den sich unaufhörlich in Strömen ergießen-
den Regen gezwungen, die Gegend am Golf von Sankt Eufemia und marschierten
zuerst nach Monteleone, wo wir mehrere Tage weilten und Kleider und Waffen in
möglichst besten Stand zu setzen suchten, denn beide hatten sehr gelitten. Wieder
waren es Schuhe oder doch Sohlen, die uns am meisten nottaten, und viele der
Leute gingen schon fast auf bloßen Füßen. Dies war bei dem ewigen Hin- und Her-
marschieren auf solchem Boden und in solchem Wetter kein Wunder. Tag und
Nacht wurde patrouilliert, und alle von Neapel kommenden oder zurückkehrenden
Kuriere, Adjutanten, Stabsoffiziere und so weiter mußtem von einer Stadt zur anderen eine Eskorte von wenigstens dreißig Mann haben. Dies alles machte den
Felddienst außerordentlich beschwerlich.

Auch kam es vor, daß manche Kompanien acht bis vierzehn Tage bei diesem
Regenwetter biwakieren mußten, wie es mir selbst einmal erging, so daß wir fast
ganz im Wasser und Kot lagen und schliefen. Die Lebensmittel waren dabei ebenso
schlecht wie in der ersten Kampagne und mangelten manche Tage gänzlich. Viele
Ortschaften waren ganz menschenleer und bis auf wenige Hütten zerstört. Auch
hatten wir seit unserem Abmarsch aus Neapel keinen Sold mehr erhalten, und ich
hatte schon fast meine ganze Barschaft der Kompanie vorgeschossen, ein Vorteil,
den keine andere Kompanie hatte und um den meine beneidet wurde. Aber ich
konnte auch mit meinen Leuten den Teufel austreiben, in die Hölle wären sie mir
gefolgt, während die anderen Soldaten des Bataillons, besonders Böhmen und
Österreicher, knurrten und murrten, denn an Knödel war da nicht zu denken. Polenta und Reis gab es nur, und auch nicht immer. Fleisch war eine seltene Kost.
Viele Soldaten hatten, aus der Not eine Tugend machend, das Beispiel der Kalabresen befolgt und statt der mangelnden und ganz zerrissenen Schuhe sich Sandalen
aus Ziegenfellen, oder was sie sonst haben konnten, um die Füße gewunden. Die
Offiziere waren oft noch weit schlimmer daran als der gemeine Mann, der raubte
und wegnahm, wo er etwas fand, was jene nicht konnten und froh waren, wenn ihnen der Soldat etwas von dem Geraubten mitteilte.

Meine Leute versorgten mich trefflich und ließen mir oft Eier, Käse, Brot, Speck
und dergleichen zukommen, so daß ich nur selten Mangel litt, da sie mir immer das
Beste brachten. Der französische Soldat war bei all dem Mangel und Elend doch
immer lustig und guter Dinge, machte Bonmots und war unerschöpflich in Scherzen. Eine solche Munterkeit unter allen Umständen ist in der Tat ein kostbares Geschenk des Himmels. Unsere Leute und namentlich die Russen und Polen verga-

ßen nur dann ihr Elend, wenn sie Aquavit genug haben konnten, wonach sie in einem Dorf oder einer Meierei immer zuerst forschten. Machten sie einen solchen Fund, dann war auf kurze Zeit wieder alles gut.

Da man in Sizilien glaubte, was auch die Engländer und wir selbst vermuteten, daß man eine Landung auf jener Insel beabsichtige und vorbereite, sandte die sizilianische Regierung unaufhörlich Briganten in großen Haufen herüber, die von den Engländern des Nachts an Land gesetzt, sich dann sogleich in die Wälder und Gebirge verloren und die französischen Truppen auf alle Weise verfolgten, um ihnen die Gelüste nach der reichen und schönen Insel vergehen zu machen. Wir wurden nun wieder mehr denn je von den Insurgenten beunruhigt und in Atem gehalten. Während unseres Aufenthalts in Monteleone, einer nicht unbedeutenden Stadt von etwa sechzehntausend Einwohnern, wurde bei Fondaco del Fico, einem in der Nähe befindlichen, alten, halbverfallenen, sehr weitläufigen Gebäude, welches das Aushängeschild «Osteria di Cicerone» führte, ein von Neapel kommender Kurier mit sehnsüchtig erwarteten Depeschen und Briefen für das ganze Armeekorps angefallen, beraubt und samt seiner Eskorte aus einer Abteilung von einem Sergeanten befehligter Infanterie, einigen zwanzig Mann, ermordet. Nur zwei, und davon der eine noch schwer verwundet, waren so glücklich, dem Tod durch eine schnelle Flucht zu entgehen, und brachten die Nachricht nach Pizzo und Monteleone.

Aus ihrem Bericht ergab sich, daß die Eskorte selbst mit schuld an ihrem Unglück sei, denn die Leute waren nicht beisammengeblieben und zum Teil durch eine bedeutende Strecke getrennt. In dem Augenblick, als sie überfallen wurden, waren keine zehn Mann beisammen. Ungefähr ein halbes Jahr darauf wiederholte sich derselbe Vorfall mit einem Detachement vom neunten Linienregiment, in der Gegend von Nicastro.

Ich erhielt jetzt Befehl, mit meiner Kompanie ungesäumt nach Fondaco del Fico aufzubrechen und Jagd auf die Räuber zu machen. Etwa eine Miglie davon stießen wir auf die schrecklich verstümmelten Leichen der Ermordeten. Eine Menge zerrissener Papiere, die ich sammelte, lagen nebst dem Felleisen des Kuriers umher. Aber die Waffen der Unglücklichen sowie deren Tornister hatten die Briganten fortgeschleppt, die Leichen auch zum Teil ihrer Kleider beraubt. Fondaca del Fico liegt am Eingang eines dichten Waldes.

Ich stellte zuerst die nötigen Wachen um das Gebäude herum und gegen den Wald, ließ dann die Leichen der Ermordeten durch Bauern nach Monteleone bringen, untersuchte alle Zugänge und Schlupfwinkel des Eulennestes und drang dann mit einer Abteilung meiner Leute, jedoch mit großer Vorsicht, einige hundert Schritte in den Wald vor, ohne eine Spur von Briganten entdecken zu können.

Mit einbrechender Nacht traf ich alle Vorkehrungen, um mich gegen einen Überfall sicherzustellen, und die Folgen bewiesen bald, daß meine Vorsicht nicht unnötig war. Als es dämmerte, zündeten meine Leute Feuer an und brieten das von Monteleone mitgebrachte Ziegenfleisch. Wir waren mit Lebensmitteln auf drei Tage versehen. Ich ließ fortwährend starke Patrouillen in geringer Entfernung um unser Rattennest gehen, stellte mehrere Posten nach allen Richtungen, jedoch immer à portée [Schußweite] einer vom anderen aus, und machte selbst einigemale die Runde an der Spitze einer Patrouille. Es blieb aber alles ruhig, bis kurz vor Mitternacht, da plötzlich eine ungeregelte, aber starke Decharge von Flintenschüssen auf die Posten abgefeuert wurde, deren Kugeln um ihre Ohren pfiffen. Der Angriff geschah von der Seite des Waldes, und kaum waren wir aufgesprungen, die Leute lagerten noch um das Feuer, als ein Schuß ganz in unserer Nähe, keine fünfundzwanzig Schritte entfernt, fiel, dessen Kugel einen Sergeanten mitten auf die Brust, aber glücklicherweise da traf, wo sich dessen Büffetterie [Riemenzeug] kreuzte, und ihm so keinen Schaden verursachte.

Ich brach mit etwa fünfzig Mann in Richtung gegen den Wald auf, aber es war, als seien unsere Feinde wie durch einen Zauberschlag verschwunden. Man hörte und sah nichts mehr von ihnen. Den Wald selbst durfte ich nicht zu betreten wagen, wollte ich nicht abgeschnitten werden, denn ich kannte ja die Zahl der Gegner nicht und würde bei der herrschenden Finsternis auch ohne allen Erfolg das Wagnis unternommen haben. Ich zog mich wieder auf unsere Osteria zurück, besetzte alle Zugänge des Gebäudes, ließ die ganze Mannschaft, alle Posten einziehend, einrücken und verbarrikadierte die Hauptzugänge mit Holz, Erde und Steinen. Bald nach Mitternacht gab die an einer kleinen Pforte stehende Schildwache Alarm, und wir hörten nun deutlich viele Fußtritte sowie ein Summen von verworrenen Stimmen. Da man auf ein dreimaliges Qui vive! [wer da] der Schildwache keine Antwort hörte, so feuerte diese ab, worauf sogleich eine Salve von den sich nähernden Feinden erfolgte, deren Kugeln aber an den Mauern unserer Feste abprallten. Daß die Bande sehr bedeutend sein mußte, war mir jetzt klar, denn es schienen mindestens ein paar hundert Schüsse zu sein, die zumal gefallen waren.

Ich traf daher meine Anordnungen so, daß wir uns wenigstens bis zum Anbruch des Tages in der Defensive hielten, denn in dieser Dunkelheit einen unsichtbaren Feind angreifen zu wollen, dessen Stärke und Position man nicht kannte, wäre Unsinn gewesen. Ich machte mich aber auf einen Angriff und guten Empfang von meiner Seite gefaßt. Letzteres war nicht nötig, da der erste unterblieb und sich die Briganten begnügten, von Zeit zu Zeit gegen das Gebäude zu feuern, aber jedesmal aus einer anderen, ganz verschiedenen Richtung. Die Nacht war sehr finster, stürmisch und regnerisch, und hätten die Briganten mehr Mut und Entschlossenheit gehabt, so konnten sie uns viel zu schaffen machen, besonders da die verfallenen Mauern wenig Schutz gewährten und ich sie nicht an allen Orten zugleich stark besetzen konnte. Auch ließ ich alle Lichter löschen. Bald darauf sahen wir dagegen viele Feuer am und im Wald auflodern, die der alte Fuchs Benincasa, denn kein anderer als er war es, der diese Banden in Person befehligte, hatte anzünden lassen und durch welche er mich in die Falle und aus meiner Feste zu locken hoffte. Ich erkannte aber gleich, was die Feuer zu bedeuten hatten, übersah meines listigen Gegners Absicht und verließ Fondaco del Fico nicht.

Nach anderthalb Stunden erloschen die Feuer allmählich wieder. Als aber der Tag zu grauen begann, erblickten wir zahlreiche Brigantenhaufen am Ausgang des Waldes, die, wie es den Anschein hatte, sich anschickten, uns jetzt offen und am Tage anzugreifen. Ich hielt es für besser, einen solchen Angriff nicht hinter den Mauern abzuwarten, obgleich ihre Zahl wenigstens dreimal stärker war als die unsrige. Ich formierte meine Kompanie in Sektionen und rückte dann in geschlossener Kolonne gegen die Haufen, die sich, als sie uns herankommen sahen, schlagfertig machten. Im Geschwindschritt vormarschierend, ließ ich, noch einige dreißig Schritte vom Feind entfernt, Halt machen, dreimal abfeuern, nachdem ich die Kompanie schnell in ein Peleton formiert hatte, und dann kommandierte ich: «Fällt's Bajonett, Sturmschritt, vorwärts, marsch!» Die Briganten hatten unser Feuer heftig erwidert, mir zehn Mann mehr oder weniger schwer verwundet und einen getötet. Aber auch von ihrer Seite hatten wir mehrere fallen sehen. Als wir ihnen aber schon dicht auf dem Leib waren, zogen sie sich in den Wald zurück, hinter den Bäumen hervorfeuernd. Hier konnte ich sie nicht verfolgen, da der Kampf in jeder Hinsicht zu ungleich geworden wäre, und zog mich, als ich auf meiner rechten Seite in einer ziemlichen Entfernung neue Haufen hervorbrechen sah, deren Absicht war, sich Fondacos, wo ich nur einen schwachen Posten zurückgelassen hatte, zu bemächtigen oder mich wenigstens davon abzuschneiden, schnell dahin zurück.

Der übrige Teil des Tages verstrich nun, ohne daß wir weiter beunruhigt worden wären. Als aber die Nacht wieder angebrochen war, hörten wir deutlich ein großes Getümmel im Wald, was mir anzudeuten schien, daß die Feinde große Verstärkungen erhalten haben mußten. Etwa drei Stunden nach Sonnenuntergang sahen wir plötzlich mehr als hundert Fackeln ähnliche Lichter hellodernd aus dem Walde hervorkommen und sich gegen unsere Feste zu, deren Barrikaden ich während des Tages noch hatte verstärken lassen, in Bewegung setzen. Wir erkannten bald, daß die Feuerbrände, welche ein Teil der Briganten in der Hand trug, während sie in der anderen ihre Gewehre zum Abfeuern fertig hielten, große Stücke von fettem, dürrem Nadelholz waren. Als sie sich beinahe auf Schußweite unseren Mauern genähert hatten, ließ ich Feuer auf sie geben, das sogleich erwidert wurde, worauf sie, zum Teil ihre Feuerbrände von sich werfend, einen allgemeinen Angriff auf die Südseite von Fondaco begannen.

Dieser war jedoch nur fingiert, wie ich auch vermutet hatte, da ich andere Haufen ohne Fackeln, gleich Schatten, in einer geringen Entfernung von den ersteren gesehen und recht gut bemerkt hatte, daß sich diese, von der Dunkelheit begünstigt, aber doch durch den wenn auch entfernten Fackelschein verraten, von einer anderen Seite Fondaco näherten. Ich ließ sogleich auch die anderen, nach dem Meer zu gehenden Teile der Gebäude möglichst stark besetzen und bewachen. Während wir mit den bereits herangekommenen Briganten im Handgemenge waren, wir hatten uns hauptsächlich ihrer Dolchstöße zu erwehren, denn der Kampf wurde an den Eingängen und Breschen geführt, vernahmen wir plötzlich Alarmgeschrei auf der anderen Seite, wohin ich jetzt eilte, meinem Leutnant überlassend, die fingierten, aber doch ernstlichen Angriffe zurückzuschlagen. Bald war der Kampf ringsum allgemein, und meine Voltigeurs schlugen mit den Gewehrkolben auf die Feinde los, während ich von einem Posten zum anderen sprang, die Leute zur tapferen Verteidigung aufmunternd.

Als ich so hin und her lief, vernahm ich plötzlich an einer etwas von mir entfernten Stelle, wo die Mauer sehr hoch, noch unversehrt und nicht bewacht war, ein Geräusch. Ich näherte mich leise, blieb bewegungslos stehen und entdeckte bald, wie sich zwei Briganten schon an der inneren Mauer herabließen, denen andere, die auch bereits die Köpfe über die Mauer streckten, folgen wollten. Jetzt sprang ich auf den ersten, als er beinahe den Boden erreicht hatte, zu und rannte ihm meinen Säbel durch den Leib, so daß er furchtbar brüllend zu Boden stürzte. Der ihm folgende aber kletterte eiligst wieder das Seil hinan, das jenseits der Mauer festgehalten wurde. Mit dem Säbel konnte ich ihn nicht mehr erreichen, dagegen schoß ich eine Pistole auf ihn ab, traf ihn aber nicht so, daß er am Entkommen verhindert gewesen wäre. Doch war er, nach dem Blut zu urteilen, das er verlor, stark verwundet. Der am Boden Liegende winselte und schrie: ‹Misericordia, misericordia!› [Barmherzigkeit]. Ich rief nun nach Licht, entwaffnete den schwer verwundeten Gefangenen, ließ ihn vorerst liegen und beorderte einen Korperal, so lange das Gefecht dauere, die Runde mit drei Mann fortwährend innerhalb der Mauern zu machen, um jedem Versuch eines Übersteigens sogleich zu begegnen. Und wirklich wurde noch zweimal ein solcher gemacht, während der Kampf an den teilweise eingerissenen Barrikaden fortwährte. Einer der Übersteigenden hatte sich in das Bajonett eines Voltigeurs gespießt, mit dem ihn derselbe aufgefangen hatte. Noch mehrere Stunden dauerte das verzweifelte Gefecht fort, da immer frische Brigantenhaufen in das Gebäude zu dringen suchten.

Schon waren meine Leute sehr ermüdet, sieben außer Kampf gesetzt und zwei getötet, mehrere leicht verwundet. Aber auch die Briganten hatten ziemlich viel Tote und Verwundete. Nachdem die Feinde wenigstens zehn- bis zwölfmal ihre Attacke, meist unter den stärksten Regengüssen, erneuert, auch schon einmal einen scheinbaren Rückzug gemacht und eine halbe Stunde darauf wiedergekommen waren, um mit erneuerter Wut ihre Angriffe zu beginnen, zogen sie sich endlich gegen Morgen, an einem günstigen Erfolg ihrer vergeblichen Anstrengungen zweifelnd, zurück. Was mich hauptsächlich gegen ihre große Übermacht schützte, denn es mochten wohl über tausend Mann sein, die uns gegenüberstanden, war die Regellosigkeit ihrer Angriffe, Mangel an Einheit und Zusammenwirken, da fast jeder nur auf seine Faust tat, was ihm eben das Beste deuchte, und wenig auf ein Kommando hörte. Hätten sie bei ihrer Übermacht und dem elenden Zustand unserer Befestigungen auf allen Seiten zugleich den Angriff begonnen, so würden wir einen schlimmen Stand gehabt haben. Durch die Aussagen der zurückgebliebenen Verwundeten erfuhr ich, daß Benincasa wieder die Seele dieser Expedition war und allem Vermuten nach weitere Versuche der Art machen würde.

Indessen waren die mitgebrachten Lebensmittel aufgezehrt, mein ferneres Hierbleiben also unmöglich, auch so ziemlich zwecklos. Meine Instruktion lautete ohnehin, wenn ich binnen drei Tagen nicht durch andere Truppen abgelöst würde, zurückzumarschieren, weshalb ich beschloß, nach Pizzo und Monteleone aufzubrechen. Aber auch mein Abzug war gefährlich genug, denn die Banden wurden ständig durch neu hinzukommende Briganten verstärkt und würden uns sicher jetzt auch im freien Feld überfallen haben.

Als ich überlegte, wie unser Rückzug am besten zu bewerkstelligen sei, und mich deshalb auch mit den Unteroffizieren beriet, hörten wir Trommelschlag und sahen hinter einem nahen Gebüsch unsere Karabinierkompanie, vom Kapitän Czerny angeführt, zu unserer großer Freude mit blinkenden Gewehren anmarschieren. Jetzt waren wir erlöst. Fast zu gleicher Zeit traf auch noch ein vierzig Mann starkes Detachement von Royal-Corse ein, das einen anderen, von Neapel kommenden und nach Reggio bestimmten Kurier geleitete, und als ich im Begriff war, abzumarschieren, kamen noch vier Kompanien vom neunten Linienregiment an, die zur Verstärkung des Belagerungskorps nach Scilla bestimmt waren. Letztere blieben jedoch bei Fondaco über Nacht, während ich mit meinen Voltigeurs und der Eskorte des Kuriers nach Monteleone abging.

Die Wege hatten sich durch den vielen Regen seit drei Tagen so verschlimmert, daß ich, obgleich zu Pferde, Mühe hatte, durchzukommen. Ein kleiner Bach, den wir passieren mußten und der uns beim Hermarsch kaum bis an die Waden gegangen, war schon so angeschwollen, daß uns das Wasser bis an die Brust reichte, und so reißend, daß wir wieder, Mann an Mann dicht geschlossen, durch denselben waten mußten. In der Nähe von Pizzo stießen wir auf drei gräßlich verstümmelte Leichname französischer Soldaten. Dieser Anblick versetzte uns in die größte Wut. Das Tschakoschild und die Platten der Patrontaschen, die wir in der Nähe fanden, denn die Leichname waren aller Kleider beraubt, besagten, daß es Chasseurs vom zwanzigsten Linienregiment waren, von dem eine kleine Abteilung in Pizzo lag.

Hier machte ich einen kurzen Halt und ließ Erfrischungen aus dem Städtchen holen, worauf ich, immer unter dem heftigsten Regen, nach Monteleone aufbrach. Aber kaum mochten wir fünfhundert Schritte zurückgelegt haben, als eine starke Brigantenbande, wohl an vierhundert Mann, Miene machte, uns das Weitermarschieren ersparen zu wollen. Daß die Übermacht der Kalabresen im Freien eben nicht sehr zu fürchten ist, wußte ich nun schon aus Erfahrung, sowie daß Entschloßenheit und ein herzhafter Angriff sie schnell zum Wanken bringt.

Ich besann mich daher nicht lange und marschierte im Sturmschritt auf den Schwarm zu, der, als wir nahe genug waren, Gewehre und Pistolen auf uns abfeuerte. Auch ich ließ Feuer geben, aber die meisten Gewehre versagten auf beiden Seiten wegen der durch das Regenwetter verursachten Nässe. Dennoch hielten die Briganten stand, auf die wir nun mit gefälltem Bajonett eindrangen. Nach geringem Widerstand, wobei sie ihre Dolche wenig gebrauchen und ihre Pistolen, die ohnehin meist versagten, nicht wieder laden konnten, da wir ihnen keine Zeit dazu ließen, ergriffen sie die Flucht und zerstreuten sich, Tote und Verwundete im Stiche lassend. Ich verfolgte sie zwar eine kleine Strecke, ließ jedoch bald davon ab, da es unmöglich war, sie zu erreichen. Wir setzten nun unseren Marsch nach Monteleone fort, wo wir am Nachtmittag eintrafen. Die gefangenen und verwundeten Briganten, die ich zu Fondaco und bei Pizzo gemacht, wurde noch am selben Tag auf Durets Befehl erschossen, wie alle Bewohner Kalabriens, die mit Waffen in der Hand gefangen wurden. Die Banden hörten nicht auf, alle Städte und Ortschaften, in denen sich französisches Militär befand, zu umschwärmen, und machten sich oft mit unglaublicher Frechheit bis vor die Tore der Städte, so daß es keinem einzelnen Soldaten zu raten war, sich nur auf hundert Schritte zu entfernen. Noch vierzehn Tage blieb das Bataillon, von dem aber beständig zwei Drittel detachiert oder auf Streifzügen begriffen war, in Monteleone.

Trotz des wütenden Franzosenhasses der Kalabresen, den sie auch ihren Weibern und Kindern einprägten, gelang es mir, die junge Frau eines Krämers zu Monteleone auf meine Seite zu bringen. Als ich eines Morgens aus meiner Wohnung trat, sprang gleich einem gescheuchten Reh ein junges weibliches Wesen mit feurig schwarzen Augen in dem zierlichen Kostüm dieser Gegend über die Straße hinüber zu einer Nachbarin und verlor dabei ihre große silberne, mit einem dicken Knopf versehene Haarnadel, ohne daß sie ihren Verlust bemerkte. Als glücklicher Finder nahm ich mir vor, den Fund selbst zu übergeben. Sie war aber schon in das Haus getreten, und als ich ihr folgen wollte, kam sie wieder mit aufgelösten Haaren zurück, das Kleinod ängstlich suchend, das ich ihr mit einem: ‹Ecco Signorina quel che cercate!›* überreichte, worauf mir ein ‹Grazie molto!›** mit einem wohlgefälligen Blick wurde. ‹E la buona mano?›*** fragte ich nun. ‹L'avrete!›**** erwiderte sie, sich lächelnd entfernend, mir noch einen vergnügten Blick zuwerfend, indem sie sagte, ihr Mann werde nicht ermangeln, für die buona mano zu sorgen. Was sie damit sagen wollte, begriff ich nicht.

Aber eine Viertelstunde darauf brachte mir der Mann ein kleines Körbchen mit allerlei Spezereien, womit er mich belohnen wollte. Die Gattin hatte es mit der buona mano ernst gemeint und auch geglaubt, daß es mein Ernst gewesen, als ich eine solche begehrte, worüber ich herzlich lachen mußte. Dem Überbringer aber erklärte ich, daß er ein Gegengeschenk dafür annehmen müßte, wenn ich die Sachen behalten solle, und ich gab ihm ein neapolitanisches Goldstück, das wenigstens den dreifachen Wert hatte. ‹Alle Francesi sind doch keine Diavoli›, meinte der gute Mann.

Die Feuerblicke der jungen Frau hatten indessen mein leicht entzündbares Herz in Flamen gesetzt, und ich spähte bald die Zeit aus, wann sie in die Kirche ging, wo ich aber das Weihwasser zur näheren Bekanntschaft nicht anwenden konnte, da die guten Kalabreserinnen die Galanterie nicht kannten. Das Kirchengehen hätte mich nicht weiter gebracht, wenn mich nicht ein altes armes Weib beobachtet und bemerkt hätte, daß meine Augen immer mit Wohlgefallen auf der jungen Krämersfrau ruhten. Auch hielt sie mich für einen guten katholischen Christen, da ich die hauptsächlichsten Zeremonien der katholischen Kirche mitmachte, was die wenigsten anderen Offiziere, wenn sie auch wirklich katholisch waren, taten. Ich gab dem alten Weib einige Male ein Almosen von ein paar Kupfermünzen. Sie zeigte sich dafür so erkenntlich, daß sie mir beim dritten Male ganz sotta voce [leise] sagte,

---

*) ‹Hier, Fräulein, ist, was Sie suchen!›
**) ‹Vielen Dank!›
***) ‹Und das Trinkgeld?›
****) ‹Sie werden es bekommen!›

wenn sie mir in irgend etwas dienen könne, ich es ihr nur anvertrauen möge, sie wolle es bestens besorgen, denn sie sähe wohl, daß ich ein buon christiano [guter Christ] und kein diavolo francese [französischer Teufel] sei.

Ich ließ mich in ein Gespräch mit ihr ein und erfuhr, daß die hübsche Krämersfrau Bettina Bergella hieße und die Tochter eines Seidenwebers sei, die sie als Kind gewartet und oft auf ihren Armen getragen habe, sie erhalte auch immer noch kleine Geschenke von ihr. Ich gab der Alten einen Ducato, der sie noch weit gesprächiger machte, so daß sie mir ohne weitere Umstände erklärte, sie würde die Unterhändlerin zwischen der Signora Bergella und mir machen und die Sache schnell zu einem erwünschten Ziel bringen. Ich nahm das Anerbieten dankbar an, und die alte Hexe hatte es schon in den nächsten vierundzwanzig Stunden so weit gebracht, daß ich eine Zusammenkunft in ihrer Kammer mit der jungen Frau hatte, welche sie zu bereden gewußt und versichert hatte, wie sie mir sagte, daß ich kein diavolo francese sei, wie ihr Vater, ihr Mann und ihr Beichtvater vorgaben, auch würde sie durch den Umgang mit mir weder länger im Fegefeuer oder gar in der Hölle schmachten, da ich vom Papst selbst, den ich kenne, Absolution für alle Sünden für uns beide erhalten würde.

Ich schlich mich in der Dämmerung in die Wohnung der Unterhändlerin, und bald darauf fand sich auch die artige Kalabreserin ein, direkt von ihrem Vater kommenden. Sie sträubte sich zwar anfänglich ein wenig gegen meine Liebkosungen, aber es war mehr Ziererei als Verschämtheit, und während ich sie mit kalabresischem Feuer in die Arme schloß, machte die Alte die Aufpasserin, damit wir nicht überrascht werden konnten. Ich hatte auf diese Weise wohl ein halbes Dutzend Zusammenkünfte mit Bettina während meines Aufenthalts in Monteleone. Die alte Hexe, die sich vortrefflich dabei stand und von beiden Seiten Geschenke erhielt, bot sich an, mir noch andere junge Weiber zuzuführen, wenn es mir Vergnügen machte. Aber ich verbat es mir, auch währte mein Hiersein nur noch wenige Tage, denn ich wurde nochmals mit der Kompanie, und zwar nach Mileto, detachiert, wo wir indessen nur drei Tage blieben.

Monteleone war, Cosenza ausgenommen, wohl mit der angenehmste Aufenthalt in ganz Kalabrien, und muß vor dem furchtbaren Erdbeben von 1783, welches die ganze Provinz schrecklich verwüstete und viele tausend Einwohner das Leben kostete, noch weit bedeutender gewesen sein. Noch waren hier sowie in Mileto die Spuren von diesem entsetzlichen Naturereignis sichtbar, und allenthalben stieß man auf Ruinen. Auch zählten vor diesem Unglück diese Städte mehr als das doppelte, ja dreifache Einwohnerzahl, kaum der dritte Teil der zerstörten Häuser waren wieder aufgebaut.

In dieser Gegend war es, wo vor wenigen Monaten der Prinz von Hessen-Philippsthal von Reynier geschlagen worden war. Ich besuchte das Schlachtfeld, auf welchem damals der Besitz des Königreiches entschieden wurde; denn wurde Reynier nochmals geschlagen, so war Neapel für den neuen Herrscher verloren. Von hier wurden wir sowie das ganze in Monteleone, Nicastro und so weiter stehende Bataillon nach Seminara beordert. Der Marsch dahin ging über Rosarno, und die Wege waren abscheulich. Oft war kaum durchzukommen, und wir mußten ungeheure Umwege machen, um Stellen aufzufinden, wo wir die angeschwollenen Wald- und Bergströme passieren konnten, was immer mit großer Gefahr verbunden war. In Rosarno, sodann in Gioia Tauro und Drosi wurde Nachtquartier gemacht, und zu Seminara angekommen, ein Teil des Bataillons nach Palmi detachiert. Alle diese Orte waren bei dem schrecklichen Erdbeben von 1783 fast gänzlich zerstört worden und noch weit entfernt, sich nach einem Vierteljahrhundert wieder erholt zu haben. Überall stieß man auf Trümmer, und Seminara, das vor dem Erdbeben mehr als zwölftausend Einwohner zählte, hatte jetzt kaum dreitausend, war nur an einer Stelle wieder aufgebaut, und mehr als viertausend Menschen waren unter dem Schutt der eingestürzten Häuser begraben worden. Auch Palmi, das an dem Ufer des Meeres liegt, hatte zwei Drittel seiner Bewohner verloren, war aber wieder sehr regelmäßig hergestellt.

Kaum hatten wir zweimal vierundzwanzig Stunden geruht, so wurden zwei Kompanien, darunter auch meine, vor Sciglio oder Scilla, und zwei andere vor Reggio beordert. Diese beiden Festungen war noch von Engländern und Sizilianern besetzt und wurden von uns blockiert und belagert. Scilla liegt in einer weiten Schlucht unfern dem Kap Scilla, zu der man nur von der See aus gelangen kann. Die Stadt selbst, die etwa fünf- bis sechstausend Einwohner zählte, lehnt sich an einen hohen Felsen dieser Schlucht, und auf einem zweiten, ihr gegenüber liegt das feste Schloß, welches von ungefähr fünfhundert Briganten und Sizilianern verteidigt wurde. Eine in den steilen Felsen gehauene schmale Treppe verbindet das Fort mit der Stadt, und durch die in der Meerenge liegenden englischen Schiffe unterhielt die Besatzung ihre Kommunikationen ununterbrochen mit Sizilien.

Von hier, wo noch wenig Aussicht war, sich dieser Feste zu bemächtigen, wurde meine Kompanie ebenfalls vor Reggio beordert. Die Wahrscheinlichkeit war aber ebenso gering, diese Stadt zu nehmen, da sie eine gute englisch-sizilianische Besatzung hatte. Es fehlte uns immer noch an Belagerungsgeschütz, das die Engländer größtenteils gekapert, und die bloße Blockade zu Land, da die Garnison mit allem Notwendigen von der See aus versorgt wurde, brachte uns nicht weiter. Wir waren zehnmal übler dran als die Belagerten, denn wir litten an allem Mangel. Das unaufhörliche Regenwetter machte diese Belagerung oder vielmehr Blockade zu dem unangenehmsten Geschäft der Welt. Das ganze Erdreich hatte sich in Schlamm aufgelöst, alle Waldströme waren ausgetreten. Die Wälder selbst, an vielen Orten nur auf Schußweite von der Küste entfernt, wimmelten von Briganten und Insurgenten, die nicht aufhörten, uns zu beunruhigen, ohne daß wir etwas Nachdrückliches gegen sie zu unternehmen imstande gewesen wären. Sie stürzten sich wie reißende Tiere auf jede Beute, die sich ihnen darbot und vor der sie mit Sicherheit voraussehen konnten, daß sie ihnen zuteil werden mußte. Wir Belagerer waren gewissermaßen wieder belagert und blockiert, da uns von diesen Wald- und Höhlenbewohnern oft die besten Zufuhren weggenomen oder abgeschnitten wurden.

Obwohl mehrere bedeutende Orte, wie Calanna, San Agata und andere Dörfer, in der Nähe von Reggio abwechselnd von den Truppen besetzt wurden, um sich zu erholen, mußten wir doch manchmal eine ganze Woche unter freiem Himmel und in Regen, Schlamm und Wasser kampieren, ohne daran denken zu können, die Kleider nur einmal zu trocknen. Kein Feuer brannte mehr, und die aufgeworfenen Erdhütten standen voll Wasser. Man stand oder saß im Morast, während das Wasser am Körper in Strömen herabrollte, und dabei oft kein Stück trockenes Brot, viel weniger etwas Warmes zu essen. Nur Wein und Branntwein war meist genügend vorhanden. Man sollte kaum glauben, daß Menschen nur vierundzwanzig Stunden solche Strapazen auszuhalten imstande seien. Aber wie vermag sich der Körper nicht abzuhärten! Daß ich in meiner Kindheit und bei Breidenstein so hart und rauh gehalten worden, kam mir jetzt sehr zustatten. Zwar blieb mein Fieber nicht aus, aber Chinarinde und roter Wein verscheuchten es wieder. Unsere Kranken mehrten sich übrigens bald auf eine Weise, welche Schrecken und Besorgnis einflößen mußte.

Schön ist der Anblick der Meerenge von Messina, das man mit seinem Mastenwald und dem prächtigen Hafen von der diesseitigen Küste erblickt, ebenso im Hintergrund die Rauchwolken des majestätischen Ätna. Bei einer späteren Fahrt durch diese Meerenge mit einer französischen Flotte, von Korfu kommend, hatte ich 1814 Gelegenheit, die herrlichen Küsten Siziliens ganz aus der Nähe in Augenschein zu nehmen. Der Gipfel des Ätna war jetzt mit Schnee bedeckt, aus dem der Rauch emporzuquellen schien.

Nach beinahe drei Wochen, als wir fast zwei Drittel der Leute, die nur schlecht gepflegt werden konnten, eingebüßt hatten, wurden wir endlich durch von Neapel ankommende Bataillone abgelöst. Wir marschierten, noch immer unter Regen, fast schuhlos und abgerissen, über Monteleone, Nicastro nach Cosenza zurück. Es war ein Jammer anzusehen, wie die Leute auf den grundlosen Wegen, mit den mit

Stricken an den Füßen befestigten Stücken von Ziegenfellen, die immer wieder rissen, bei der schlechtesten Kost vorwärts mußten. Auch die Gamaschen und Beinkleider hingen schon ziemlich zerlumpt um die Waden. Oft bedurfte es großer Anstrengung, die Füße aus dem Morast zu bringen, wo dann die Schuhlappen oder Felle noch steckenblieben und mit bloßen Füßen weiter marschiert werden mußte, bis man wieder etwas fand, sie zu bedecken. Erst in Cosenza wurde diesen Übelständen teilweise abgeholfen, neue Schuhe ausgeteilt und ein vierwöchentlicher Sold ausgezahlt.

Wir befanden uns wie in einem Paradies, und die Soldaten vergaßen in den Schenken alles ausgestandene Ungemach bei dem starken roten Wein. Nach einer fünftägigen Rast und bestmöglichster Restauration brachen wir nach Neapel auf. Aber die Wege waren nicht besser, wohl noch schlimmer, die Bäche und Flüsse kaum mehr zu passieren, und ehe wir nach Tarsia kamen, ertranken vier Mann in dem Fluß Crati, durch den Strom von der Masse weggespült, hinter Castrovillari wieder zwei in einem Waldbach. Endlich rückten wir Anfang Dezember, nach unbeschreiblichen Strapazen und Entbehrungen, ganz zerlumpt und mit kaum einem Drittel der ausmarschierten Mannschaft in Neapel ein, wo ich mein altes Quartier in Giesù nuovo wieder bezog und mehrere Briefe vorfand, unter denen einer, der mir die glückliche Niederkunft der Marchesa Cesarini meldete.

Schon in den ersten zwei Tagen übergab mir Madame Gasqui die Rolle des Britannicus mit der Bitte, sie doch möglichst schnell einzustudieren, da die Königin den Wunsch geäußert habe, dieses Trauerspiel von Racine aufführen zu sehen. «Aber lassen Sie mich um Gottes willen nur zu Atem kommen», bat ich die in mich dringende Schöne, und acht Tage später spielte ich wirklich den Britannicus ganz zur Zufriedenheit Ihrer Majestät, wie sie mir selbst zu versichern geruhte, und hoffte nun für die ausgestandenen Leiden ein recht vergnügtes Hofleben, ein angenehmes Weihnachtsfest und einen noch fröhlicheren Karneval in der Hauptstadt des irdischen Paradieses zuzubringen. Aber ich machte die Rechnung ohne den Wirt, denn acht Tage nach der Vorstellung eröffnete mir Oberst Omeara, daß ich neben noch sieben anderen Offizieren der beiden ersten Bataillone wieder nach Genua abgehen müsse, wo ein viertes Bataillon aus der dort im Depot angekommenen Mannschaft formiert werden solle und zu dem ausdrücklich die tüchtigsten Offiziere des Regiments versetzt werden müßten, da dasselbe eine besondere Bestimmung erhalten würde. Schon am nächsten Tag erhielten wir unsere Marschrouten nebst der Order, in drei Tagen abzureisen. Ich ordnete meine Sachen, nahm von Moritz und den anderen Bekannten und Damen Abschied, und machte mich an dem festgesetzten Tag mit meinen Kameraden auf den Weg nach Rom.

XVIII.

Ich war mit den mit mir versetzten Offizieren übereingekommen, daß wir diesmal
mit ein paar Vetturini die Reise so weit es tunlich zurücklegen wollten. Mein Pferd,
eines hatte ich verloren, ließ ich durch meinen Burschen nachbringen. Wir fuhren
ein paar Stunden vor Sonnenaufgang zu dem Tor nach Aversa hinaus und kamen
schon am Abend des folgenden Tages in Rom an. Hier weilten wir vierundzwanzig
Stunden, und ich suchte außer der Prinzessin Cesarini, die über mein unverhofftes
Kommen erfreut und erstaunt war und mit einem triumphierenden Blick mir den
Knaben zeigte, aber trostlos schien, als ich ihr meine bevorstehende Abreise verkündete, niemand auf. Ich schied von ihr, die Hoffnung aussprechend, daß wir uns
in ganz kurzer Zeit und dann gewiß auf länger wiedersehen würden. Sie erzählte
mir viel von den Unannehmlichkeiten, denen sie fortwährend hauptsächlich durch
die Verwandten ihres Mannes ausgesetzt sei, die ihr das Leben schrecklich verbit-
terten.

Wir setzten unseren Weg über Florenz fort, wo wir einen Tag blieben und fuhren dann rastlos über Pistoia, Lucca, Massa, Spezia, Chiavari, später Extrapost nehmend, bis Genua, wo wir in der zweiten Hälfte des Dezembers eintrafen und wo
uns Herr von Brüge bei den neu eingerichteten Kompanien einteilte. Nach und
nach wurden zu jener Zeit die Regimenter auf sechs Bataillone, ohne das Depot,
gebracht und erhielten dann noch einen Colonel en second [Oberst zweiten Ran-
ges]. Mir wurde die Karabinierkompanie des neuen Bataillons zuteil. Zugleich
wurde uns angekündigt, daß sich dasselbe spätestens in drei Tagen einschiffen
müsse, um mit dem ersten günstigen Wind nach Marseille abzufahren, wo wir vermutlich weitere Order erhalten würden. Die wenigen Tage unseres Aufenthalts in
Genua brachte ich meist in den Kasernen und bei Brüges zu, ohne meine früheren
Bekanntschaften aufzusuchen. Namentlich vermied ich es sorgfältig, mit der tollen
Giulietta zusammenzutreffen.

Erst am Tag vor unserem Einschiffen machte ich meinem alten Gitarrenlehrer einen Besuch und erfuhr von diesem, daß die Marchesa P. noch immer kränkle, die Spinola melancholisch sei und die Palatini sich oft nach mir erkundige. Letztere wünschte ich noch zu sehen, und die alte Guercino veranstaltete, daß ich am Abend vor unserer Einschiffung noch eine Zusammenkunft mit ihr hatte, die wegen der schnellen Trennung, mein Dasein war fast nur eine Erscheinung, recht zärtlich-traurig ausfiel. Guercinos schenkte ich eine Quadrupel. Das Geld, das ich der Kompanie in Kalabrien vorgeschossen, hatte ich mir in Neapel von Moritz geben lassen, und diesen auf die Regimentskasse angewiesen, sobald bezahlt würde, was auch einige Wochen nach unserer Abreise geschah. Erst am fünften Tag verließen wir mit günstigem Wind den Hafen von Genua, in mehreren Feluken und andere Küstenfahrer eingeschifft.

Es war zehn Uhr morgens, als wir die Anker lichteten. Der günstige Nordost blies tüchtig in die Segel, war aber auch schuld, daß die kleine Flottille bald getrennt war. Einige Fahrzeuge entfernten sich von der Küste und steuerten gegen Süden. Die Unglücklichen! Sie wurden noch am selben Tag von einer englischen Fregatte genommen, ohne den geringsten Widerstand leisten zu können. Die Feluke, auf der ich mich befand, hielt mit noch einigen anderen, die bei uns geblieben waren, in Albenga, Monaco und auf meine Veranlassung an der Insel Porquerolles an, um uns dort zu erholen. Am dritten Tag nach unserer Abfahrt von Genua liefen wir glücklich in den Hafen von Marseille ein, wo wir ein paar Tage in Quarantäne zubringen mußten. Noch fehlte das Schiff, auf welchem sich unser Bataillonschef, Herr von St. Agneau, befand, und wir glaubten es auch von den Engländern gekapert, aber vierundzwanzig Stunden später traf er ein.

Aus der Quarantäne entlassen, marschierten wir sogleich, ohne uns in Marseille aufzuhalten, nach Aix ab. Unsere Bestimmung lautete vorerst nach Perpignan. Wir kamen nun über Lambesc, Orgon, Saint Remy, Tarascon, Lunel, lauter mir schon bekannte Orte, nach Montpellier, wo wir einen Rasttag hatten. Hier besuchte ich die Herren Michel und Gayral und fand Madame Gayral ziemlich verändert. Von hier kamen wir über Gigean, Mèze, einem Städtchen von viertausend Einwohnern, nach Pézenas, das ein Schloß mit einer sehr schönen Aussicht hat und schon zur Zeit der Römer wegen seiner feinen Wolle berühmt war. In Béziers, wohin wir am folgenden Tag marschierten, hatten wir wieder Rasttag. Diese alte Stadt hatte noch Mauern und antike Türme und liegt an der Orb und dem Canal du Midi. Auch ihre Lage ist entzückend, und die Einwohner sind davon so eingenommen, daß sie ein Sprichwort haben, welches sagt: «Wollte Gott die Erde bewohnen, so würde er keinen anderen Ort als Béziers zum Aufenthalt wählen.»

Als wir in Perpignan, unserem geglaubten Bestimmungsort, ankamen, nahm ich wieder mein altes Hilfsmittel, einen gewandten Haarkünstler und Bartkratzer zur Hand, hauptsächlich, um mir ein angenehmes Quartier ausfindig zu machen, da die Einquartierungsbillette nur auf drei Tage lauteten. Mit seiner Hilfe fand ich auch schon am zweiten Tag ein solches bei der artigen Frau eines Officier payeur [Zahlmeister] namens Delongé, der bei der Armee in Deutschland stand und seine trauernde Gattin nur selten mit Nachrichten erfreute. Ich mietete sogleich auf einen ganzen Monat für achtzehn Franken, ohne zu handeln, ein paar Zimmer. Die junge Dame war aus Bordeaux gebürtig, wo ihr Vater, früher ein reicher Kaufmann, zahlungsunfähig geworden und nun eine untergeordnete Stelle in Perpignan bekleidete. Die französischen Sitten und selbst die Sprache, das languedoquer Patois, die von den italienischen so sehr abwichen, kamen mir jetzt fast sonderbar vor. Der zweijährige Aufenthalt in Italien hatte mich ganz entfremdet. Der Abstand ist so groß, als läge das Weltmeer zwischen beiden Ländern. Doch fand ich mich schnell wieder in das französische Wesen.

Meine artige Hauswirtin bat ich, mir den Mittagstisch bei ihr, versteht sich gegen gehörige Vergütung, zu geben, wozu sie sich aber nicht verstehen wollte und überhaupt gegen die Gewohnheit der militärischen und auch anderer Strohwitwen sehr spröde tat, kaum daß sie mir die Hand zum Kuß erlaubte, und wenn ich ihr dieselbe drücken wollte, gleich mit einem «Fi donc, vous me faites mal»* bei der Hand war. Drei Tage wohnte ich schon bei ihr, hatte es aber noch nicht weiter als bis zum Handkuß beim Willkomm und beim Abschied bringen können. Am vierten wurde plötzlich bei der Parade der Befehl bekanntgemacht, daß wir in zweimal vierundzwanzig Stunden nach Bayonne abmarschieren würden. Ich teilte diese Nachricht sogleich der Madame Delongé bei meiner Heimkehr mit, worüber sie ganz erstaunt zusammenfuhr und zu erschrecken schien und endlich mit einem «Vous plaisantez»** herausfuhr.

«Point du tout, c'est très serieux»*** erwiderte ich, als setze ich dies Erschrecken auf Rechnung der Miete, und fügte hinzu: «Aber seien Sie ganz ruhig, die Miete werde ich doch für den ganzen Monat berichtigen.»

Errötend ließ sie nochmals ein «Fi donc [Pfui], halten Sie mich für so interessiert?» fallen.

«Also ist es wirklich an dem, daß Ihr Bataillon schon übermorgen Perpignan verläßt?»

*) «Pfui, Ihr tut mir weh»
**) «Ihr scherzt»
***) «Keineswegs, das ist sehr ernst»

«Leider nur zu wahr», seufzte ich, ihr die Hand wieder küssend und drückend, und diesmal erfolgte kein «Fi donc», sondern man ließ das niedliche Pätschchen in der meinigen ruhen. Ich zog es nun näher an mich, drückte es, ohne Widerstand zu finden, an mein Herz und bald darauf einen Kuß auf die sich rötenden Wangen der Dame. «Sehen Sie», sagte ich ihr jetzt, «was wir für eine kostbare Zeit vertändelt haben. Daran ist allein Ihre unzeitige Sprödigkeit schuld.»

«Ja, wer hätte auch denken können, daß ...» Hier blieb sie, sich besinnend, plötzlich stecken.

«Fahren Sie doch fort, daß wir uns so schnell trennen müssen? Ist es nicht das, was Sie sagen wollten?»

«Das nicht, aber ...»

«Aber es ist doch so», ergänzte ich nochmals, zog die immer röter werdende Madame an mich, und bald lag sie umschlungen in meinen Armen, Brust an Brust. «Sehen Sie, so geht es, wenn man die Grausame zur Unzeit spielen will.» Es kam nun zu einem allerliebsten Schäferstündchen, nach dem mir die Dame offen gestand, sie habe geglaubt, mich besser zu fesseln, wenn sie mich lüsterner nach der verbotenen Frucht mache. «Denn», setzte sie hinzu, «gar bald wird man vernachlässigt, wenn man sich so schnell ergibt.»

«So, also haben Sie schon die Erfahrung gemacht», versetzte ich lachend.

«Das eben nicht, aber so habe ich immer gehört.»

«Ah, das ist etwas anderes. Aber lassen Sie uns die kurze Zeit, die uns noch bleibt, wohl nutzen.» Dies taten wir denn auch, und so wohl, daß ich die zwei Nächte, die wir noch in Perpignan blieben, fast kein Auge zu schließen vermochte. Auch hatte ich nun die Ehre, ihr Tischgenosse mittags und abends zu sein, wofür ich Antoinette, so durfte ich sie jetzt nur noch nennen, ein schönes goldenes Armband mit drei Pensées und dem eingegrabenen Datum, aber ohne Namenszug, vor der Abreise zum ewigen Andenken verehrte. Auch das sie bedienende Mädchen, das in einem Kämmerchen neben der Herrin schlief und nur durch eine dünne Bretterwand von derselben geschieden war, bedachte ich großmütig, damit sie reinen Mund halte und die Blinde, Taube und Stumme spielen möchte, wenn sie mich allenfalls in den bloßen Strümpfen in das gastfreundliche Seitengemach schlüpfen sah oder hörte. Doch glaube ich nicht mit Unrecht, daß sie die sehr Vertraute ihrer Dame war.

Eben schlummerte ich ein wenig, als am Morgen nach der zweiten Nacht die Tambours das unerbittliche Rappellieren hören ließen. Ich nahm noch einmal Abschied, warf mich in die Uniform, schnallte den Degen um und riß mich nach einem letzten Kuß aus Liebchens heißen Armen. Eine Stunde darauf befand ich mich mit dem Bataillon auf dem Marsch nach Salses, von wo es über Narbonne nach Carcassonne, der Hauptstadt des Departements Aude, die am Fluß dieses Namens und am Canal du Midi liegt, ging.

Von hier führte uns der Weg über Villepinte nach Villefranche, einem kleinen Städtchen im Departement Haute-Garonne, und von da nach Toulouse, wo mir ein Séjour [Rasttag] gestattete, diese alte berühmte Stadt wenigstens oberflächlich kennenzulernen.

Toulouse liegt an der Garonne, die sie in zwei Teile teilt, von denen der kleinere St. Cyprien heißt. Beide sind durch eine sehr schöne Brücke verbunden, zu der ein Triumphbogen führt, der im siebzehnten Jahrhundert erbaut wurde. Wälle und alte Mauern befestigen die Stadt, die breite, gutgepflasterte Straßen, zum Teil schöne Häuser, einige große Plätze und sehr schöne Promenaden hat, wozu man die herrliche Esplanada zählen muß. Auch ist hier eine gute Kanonengießerei. Die Zahl der Einwohner mag an achtzigtausend betragen. Die Lage und die Umgebungen der Stadt sind himmlisch.

Von Tarbes kamen wir nach dem Geburtsort Heinrichs IV., Pau, der ehemaligen Hauptstadt von Béarn. Bernadotte, der nachmalige König von Schweden (Karl XIV.)*, wurde hier geboren. Sie liegt am rechten Ufer der Gave de Pau, hat ziemlich breite und gut gebaute Straßen und an neuntausend Einwohner.

In Pau sollten wir bis auf weitere Order bleiben. Die ganze Umgegend, besonders nach Bayonne zu, wimmelte von Truppen jeder Waffengattung, die zum Teil auf Wagen herbeigefahren waren. Niemand konnte mit Gewißheit sagen, was die Versammlung eines Heeres in dieser Gegend bezwecke, obgleich jedermann der Meinung war, daß es auf Spanien abgesehen sein müsse und wir dem Marschall Junot** folgen würden, da schon Truppen vom zweiten sogenannten Observationskorps in Spanien eingerückt waren.

Die Weihnachten und das Neujahr 1808 hatten wir diesmal auf dem Marsch zugebracht, ohne an irgendeine Feier zu denken. Jetzt erhielt das Bataillon Befehl, nach Bayonne aufzubrechen, in dessen Nähe es verlegt werden sollte. Zu der nach Spanien bestimmten Armee hatte man besonders neu formierte Korps gebildet, welche die Benennung Legions de reserve [Reservelegionen] für die Infanterie und Regiments provisoirs [zeitweilige Regimenter] für die Kavallerie, Dragoner, Küras-

---

*) Für den erst 1809 zum König von Schweden erhobenen kinderlosen Karl XIII. wählte der Reichstag 1810 den französischen Marschall Bernadotte zum Thronfolger, der als Karl XIV. Johan das Land von 1818 bis 1844 regierte.

**) Obwohl zum Freundeskreis Napoleons gehörend, blieb Junot bis zu seinem Tod 1813 General und erhielt nicht die begehrte Marschallswürde.

siere, Chasseurs à cheval und so weiter erhielten. Die Mannschaft dazu hatte man teils aus den Depots anderer Regimenter, teils aus der antizipierten Konskription [vorgezogenen Aushebung] des Jahres 1808 genommen. Schon längst hatte ich eine Versetzung in ein französisches Regiment und das Regiment Y. zu verlassen gewünscht, aber bis jetzt vergeblich danach getrachtet, und am liebsten wäre ich zur leichten Kavallerie, namentlich den Husaren oder Chasseurs à cheval gegangen. Jetzt schien mir die Formierung des nach Spanien bestimmten Heeres eine passende Gelegenheit, dieses Projekt auszuführen und die Versetzung zu einem anderen Regiment durchsetzen zu können, obgleich ich aller Protektion dazu entbehrte. Meine Dienstzertifikatte hatte ich mir vor unserer Abreise nach Neapel ausfertigen lassen.

Ich lag mit meiner Kompanie in einem ungefähr anderthalb Stunden von Bayonne entfernten Weiler, besuchte aber oft diese Stadt, in welcher sich jetzt ein sehr glänzender und zahlreicher Generalstab befand. Hier war das große Depot für alle nach Spanien bestimmten Truppen, wo es beständig von Offizieren und Soldaten aller Waffengattungen wimmelte. So machte ich in einem Kaffeehaus die Bekanntschaft eines Stabsoffiziers vom zweiten Regiment garde de Paris, das dem zweiten Observationskorps der Gironde zugeteilt war, welches der General Dupont en Chef [als Befehlshaber] kommandierte. Durch diesen Offizier, einen Bataillonschef namens Bardin, erfuhr ich, daß unser ehemaliger Oberst, Fürst Y., ganz kürzlich als Brigadegeneral bei der ersten Division des vom Marschall Moncey befehligten Observationskorps stand. Bardin hatte den Fürsten öfter in Paris gesehen und fragte mich nach dessen Verhältnissen in Deutschland.

Wir waren beide bald darin einverstanden, daß sich derselbe niemals als ein großer Kriegsheld im Feld hervortun würde, auch riet mir Bardin, alles anzuwenden, um in ein anderes Regiment zu kommen, da das Regiment Y. sowie Latour d'Auvergne in einem schlimmen Ruf in der Armee stünden wegen der Desertionen und Exzesse, welcher sich Soldaten und Offiziere desselben schuldig machten. Ich erwiderte ihm, daß der Rat wohl gut und dies schon längst mein Wunsch sei, aber es mir durchaus an Bekanntschaften fehle, um ihn in Erfüllung zu bringen, und dies um so schwerer sei, weil ich kein geborener Franzose, sondern jetzt ein Untertan des Großherzogs von Frankfurt sei. Bardin erkundige sich nach meinen bisherigen Dienstverhältnissen, nach den Kampagnen, die ich bereits gemacht, und ersuchte mich, ihm meine Etats de services [Rangfolgen] am nächsten Tag mitzubringen, er könne vielleicht Mittel und Wege finden, mir in dieser Angelegenheit behilflich zu sein.

Mit Freuden tat ich, was er verlangte, und brachte ihm schon am nächsten Morgen die gewünschten Papiere in sein Quartier. Nachdem er sie durchgesehen, versprach er mir, sich bei General Legendre, den er persönlich kenne und der Chef vom Etat-Major [Generalstab] bei dem vom General Dupont befehligten Armeekorps von fünfundzwanzigtausend Mann sei, für mich zu verwenden und mich ihm bestens zu empfehlen. Bald versicherte er mir, daß meine Angelegenheit recht gut stünde und ich nächstens Neues erfahren werde. In der Tat wurde ich schon zehn Tage später auf Befehl des Marschall Moncey provisorisch der dritten Reservelegion zugeteilt und bald darauf vom Kriegsminister definitiv bei derselben angestellt.

Von Bayonne wurde ich nach Bordeaux beordert, wo noch eine Abteilung der Legion, bei der ich jetzt stand, lag. Ich fuhr mit der Post dahin und ließ meine beiden Pferde – ein zweites sehr gutes hatte ich in Pau gekauft – durch meinen Reitknecht nachbringen. Ohne mich irgendwo aufzuhalten, erreichte ich diese berühmte Handelsstadt Frankreichs und meldete mich bei dem das zweite Bataillon kommandierenden Bataillonschef, der mir die dritte Kompanie seines Bataillons übergab. Diese Legionen hatten weder Grenadier-, Karabinier- noch Voltigeurkompanien. Herr Marlot, so hieß mein Chef, nahm mich recht freundlich auf und teilte mir mit, daß er jeden Tag den Befehl zum Abmarsch nach Bayonne erwarte, da die vier letzten Kompanien schon völlig organisiert und marschfertig seien. Ich ließ mir schnell die bei meiner Legion notwendige neue Uniform machen und gab meinen neuen Kameraden, die sämtlich aus verschiedenen französischen Regimentern zu derselben versetzt worden waren, ein kleines Fest, nämlich ein Dejeuner, bei dem die Bayonner Schinken und die besten Bordeauxweine die Hauptbestandteile ausmachten und in Überfluß serviert wurden.

Da wir jede Stunde den Befehl zum Abmarsch erwarteten, beeilte ich mich, so schnell wir möglich die berühmte Handelsstadt und ihre Merkwürdigkeiten zu sehen. Sie ist die Hauptstadt des Departements Gironde und liegt am linken Ufer der Garonne, ist groß und meist schön gebaut, besonders das prächtige Quartier du chapeau rouge. Unter den vielen Kirchen ist die dem heiligen Andreas gewidmete Kathedrale mit ihren gotischen Türmen besonders zu bemerken. Der erzbischöfliche Palast ist ein Prachtgebäude, in welchem in der Regel die Herrscher von Frankreich ihr Quartier nehmen, wenn sie Bordeaux besuchen; er hat eine königliche Einrichtung und einen sehr schönen Garten. Der Hafen ist gut und geräumig, er hat für mehr als tausend Schiffe Platz, und mit der Flut können die größten Kauffahrteischiffe einlaufen. Von dem alten Schloß Trompette und dem Fort du Ha sind nur noch einzelne Teile vorhanden.

Obgleich die kriegerischen Aspekte in ihrer Nähe jetzt alle Gemüter in Spannung hielten, waren die Einwohner dennoch ein sehr heiteres und lebenslustiges

Völkchen und die Stadt nach Paris vielleicht die lebendigste in ganz Frankreich. Nicht leicht wird man mit einer zuvorkommenderen Freundlichkeit aufgenommen wie hier. Obgleich ohne alle Empfehlungen, hatte ich doch in der kurzen Zeit meines Aufenthalts, kaum fünf Tage, die Bekanntschaft mehrerer angesehener Einwohner gemacht und Zutritt in deren Häuser erhalten, wo man mir die feinsten französischen und spanischen Weine vorstellte, mit denen man dort sehr freigebig ist. Alle Weine des Departements der Gironde und selbst eines Teils der angrenzenden Departements werden Bordeauxweine genannt und als solche versandt.

Am sechsten Tag nach meiner Ankunft zu Bordeaux erhielten wir Befehl zum schleunigen Abmarsch, den wir am folgenden Tag in aller Frühe antraten. Durch verschiedene unbedeutende Orte kamen wir nach Bayonne, wurden aber vorerst nach Hasparren, einem Kantonsstädtchen in der Nähe von Bayonn verlegt, wo wir jedoch nur zwei Tage blieben. Es war jetzt die ganze Gegend so sehr mit Truppen aller Art angefüllt, daß nicht selten Stabsoffiziere in den elendesten Baracken einquartiert waren. Ich selbst hatte mit noch einigen Offizieren ein ziemlich leidliches Quartier bei einem Viehhändler.

Die Vereinigung einer solchen Truppenmasse auf diesem Punkt und der Zweck derselben war noch immer ein halbes Rätsel. Daß es Spanien gelten solle und wir den schon daselbst befindlichen Truppen folgen würden, war ein großes Geheimnis, das noch niemand zu enthüllen vermochte. Aber was dort tun, da ja Frankreich im tiefsten Frieden mit diesem Lande lebte und sein Herrscher der beste Freund Karls IV. schien. Daß das kleine Portugal eine solche Heeresmasse notwendig mache, wollte niemand einleuchten. Aber niemand fiel es auch nur im Traum ein, daß es auf Spanien abgesehen sei, und keiner von uns hielt damals den Kaiser Napoleon solcher heilloser Intrigen fähig, wie er sie bald darauf anspann.

Diese große Beutelschneiderei, denn wie soll man es anders nennen, durch welche er Spanien an sein Haus bringen wollte, war eine ebenso dumme wie unpolitische Büberei, ein Schurkenstreich, der bittere Früchte tragen mußte und der, als er bekannt wurde und offenbar am Tag lag, auch die eifrigsten Verehrer und Anbeter seines Urhebers tief betrübte und verletzte. Dabei wurde alles so linkisch angesponnen und angegriffen, daß es kaum zu begreifen war, wo Napoleon seinen Kopf hatte. Hätte er sich nur öffentlich gegen den mit Recht verhaßten und verachteten Friedensfürst Godoy* erklärt und dann dem spanischen Volk einige Monate Zeit gelassen, seinen angebeteten Götzen Ferdinand VII. näher kennenzulernen, so

---

*) Godoy, geb. 1767, gest. 1851, seit 1792 Aufstieg zum bestimmenden Minister am spanischen Hof, wurde nach dem Frieden von Basel 1795, der den antifranzösischen Krieg beendete, von Karl IV. zum «Prinzipe de la Paz» [«Friedensfürst»] erhoben. Er regierte im Interesse einer feudalen Kamarilla allmächtig.

hätte er das leichteste Spiel von der Welt und die ganze spanische Nation für sich gehabt, so wie seine erbärmliche Hinterlist und dummtückischen Streiche ihm dieselbe notwendig zum erbittertsten Feind machen mußten.

Der geheime Vertrag, der im Oktober 1807 zwischen beiden Kronen abgeschlossen war, besagte, daß ein Korps von vierundzwanzigtausend Mann französischer Truppen sich im November bei Bayonne versammeln und bereithalten sollte, in Spanien einzurücken, um nach Portugal zu marschieren und den Engländern, welche dieses Land unaufhörlich bedrohten, zuvorzukommen. Diesen Heerhaufen hatte man das erste Observationskorps der Gironde genannt, und es rückte schnell in Spanien vor. Hierauf wurde sogleich ein zweites, ebenso starkes formiert und nach Bayonne und Umgegend verlegt, zu dem wir gehörten. Auch dieses sollte nun schnell in Spanien einrücken, aber immer als Verbündete des Herrschers dieses Landes. Schon Anfang Dezember war ein Teil dem ersten Korps nach Spanien gefolgt, und unsere Legion erhielt noch in der ersten Januarhälfte denselben Befehl. Saint-Jean-de-Luz, ein großer Hafen im Golf der Gascogne, eine Grenzfestung gegen Spanien mit ungefähr viertausend Einwohnern, war das letzte französische Nachtquartier vor unserem Einmarsch in Spanien. Am 13. Januar 1808 gingen wir über die Bidassoa, die Spanien von Frankreich trennt, und überschritten so die Grenze. Auch dieser Fluß war ein verhängnisvoller Rubikon für Napoleon.

XIX.

Einmarsch in Spanien – Die baskischen Provinzen – Miranda de Ebro –
Der Engpaß Garganta Pancorvo – Briviesca – Burgos – Valladolid – Eine
schöne Andalusierin – Gerüchte über Napoleons Absichten – Marsch nach Segovia
– Biwak bei Segovia –
San Lorenzo – El Pardo – Glänzender Einmarsch in Madrid

Unser erstes Nachtquartier auf spanischem Boden war Irún, ein sehr altes Nest, das jetzt kaum zweitausend Einwohner zählen mochte, die größtenteils von Reisenden leben, die sich von Frankreich nach Spanien und umgekehrt begeben. Diese Stadt mit ihren schmutzigen, schlecht gebauten Straßen gab uns eben keinen guten Vorgeschmack von dem, was uns in Spanien erwartete. Hier begann in einer Hinsicht so ziemlich wieder das italienische Leben, das heißt, die Leute wurden nicht einquartiert, sondern in Kasernen oder andere große Gebäude gelegt und später auch wieder in Kirchen und Klöster. Sie bekamen ihre Rationen Fleisch, Brot, Wein, Zugemüse und so weiter und mußten sich alles selbst kochen und zubereiten. Dies ist zwar auch in Frankreich der Fall, aber der Soldat, der bei einem Bürger einquartiert ist, der ihm auch Holz und Licht geben muß, erhält nicht selten noch einen Extrabraten und andere Zutaten, wenn jener nicht zu den Schmutzfilzen gehört. Die gelieferten Rationen waren in Spanien im Durchschnitt noch schlechter als in Italien, besonders das Ziegenfleisch von keiner guten Qualität.

Wenn man die auf gemeinschaftliche Kosten Spaniens und Frankreichs erbaute und unterhaltene Bidassoabrücke passiert hat, befindet man sich in der Guipúzcoa, die nebst Biscaya und Alava die baskischen Provinzen bildet. Hier erinnert auch nichts mehr an das eben verlassene Frankreich. Charakter, Sitten, Gebräuche und selbst die Bauart und die Wohnungen sind so himmelweit verschieden, daß man glauben sollte, beide Länder wären durch viele hundert Meilen getrennt und man sei durch einen Zauberflug von dem einen in das andere versetzt worden. Das Hauptquartier unseres Armeekorps war in Valladolid, und die Legionen und Regimenter kantonierten am Duero. Die vier ersten Kompanien unserer Legion wurden in die Gegend von Burgos verlegt, wohin vorerst unsere Bestimmung lautete. Von Irún marschierten wir über Hernani nach Tolosa. Der Weg ging durch ein fruchtbares und gut angebautes, lachendes Tal, in dem Hernani liegt, ein großer von Bergen umgebener Flecken, der blendend weiße Häuser und schöne Baumgruppen hat. Tolosa ist kein unfreundliches Städtchen am Oria und Araxes, über den letzteren führt eine hübsche Brücke mit einem Turm. Die Stadt könnte ungefähr fünftausend Einwohner haben. Jeder Einwohner, jeder Bauer dieser Provinz behauptet, er sei von Adel, und wer kann ihm diese Behauptung streitig machen?

Noch zeigten sich die Bewohner der baskischen Provinzen gegen uns nicht feindselig, obgleich manche Gesichter allerdings schon Mißtrauen ausdrückten und uns mit zweideutigen Blicken ansahen. Was mich hier am meisten ärgerte, war, daß ich mich mit den Einwohnern und also auch mit den Frauen weder verständigen noch unterhalten und deshalb an keine galanten Abenteuer denken konnte. Ich hatte geglaubt, mir mit dem Italienischen helfen zu können, wenn ich an das Ende der Wörter nur ein s oder os hing. Aber dies ging nicht, namentlich in den baskischen Provinzen, wo eine ganz andere Sprache gesprochen wird. Aber auch in einem großen Teil des übrigen Spaniens konnte ich mir nicht wohl damit forthelfen, da Aussprache und Akzent himmelweit verschieden sind und man sich erst an diese gewöhnen muß, namentlich in den Provinzen, wo das Spanische schlecht oder verdorben gesprochen wird.

Ich nahm mir zwar vor, jetzt die spanische Sprache zu studieren, aber hierzu ließen mir die Kriegsbegebenheiten und Unruhen wenig Zeit, und ich konnte es nicht weiter bringen, als mich notdürftig auszudrücken, auch kamen wir, einige Fälle ausgenommen, zu wenig in nähere Berührung mit den Einwohnern. Doch konnte ich bald den Cervantes, Calderon, Lope de Vega und andere spanische Autoren im Original lesen, namentlich amüsierte und erheiterte mich Don Quichote nicht wenig.

Von Tolosa war unser nächster Marsch nach Villareal, einem Flecken, der eben nichts Königliches aufzuweisen hatte. Ein paar Kompanien mußten in dem nahen Dorf Zumárraga übernachten. Von hier kamen wir über das Städtchen Vergara an der Deva nach Mondragón, einem Ort, der nicht unbedeutende Waffenfabriken hat. Der Weg von Vergara bis Vitória ist fortwährend mit freundlichen Dörfern und vielen Landhäusern besät, die fast ununterbrochen zusammenhängen. Überhaupt sind die baskischen Provinzen sehr bevölkert und trefflich angebaut, was sie von dem übrigen Spanien sehr zu ihrem Vorteil unterscheidet und was sie ihrer viel freieren Verfassung zu danken haben, welche die Betriebsamkeit und den Handel ihrer Bewohner ansspornte. Auf diesem Weg hatten wir fast beständig den im Tal wogenden Fluß Zadorra vor Augen, der dessen reizendste Partie in Krümmungen durchschneidet. Alles kündigte hier einen gewissen Wohlstand an, die Landleute, Männer wie Frauen, waren reinlich und gut gekleidet. Von Mondragón stiegen wir auf den Berg, auf dem der Flecken Salinas liegt, von dem man noch eine Strecke über diesen Teil der Pyrenäen kommt, dann aber geht es fast beständig bergab bis Vitória, das man nun bald vor sich liegen sieht.

Über Puebla marschierend, kamen wir durch eine sehr enge Passage in das Tal des Ebro und an eine Marmorsäule, deren Inschrift besagte, daß hier die Grenze zwischen Álava und Altkastilien sei. Diesen Weg, den zu ebnen und über die Gebirge praktikabel zu machen große Anstrengungen erforderte, haben die baskischen Provinzen gemeinsam angelegt. Besonders muß es außerordentliche Mühe gekostet haben, die jähen Abhänge wegsam zu machen, Abgründe zu umgehen und Felsenriffe wegzuräumen. Nach sechs Stunden mühsamen Marsches kamen wir bei Miranda de Ebro an, welches an diesem Fluß liegt, über den hier eine acht Bogen lange Brücke führt. Noch bevor wir Álava versließen, begegneten wir einem seltsamen Leichenbegräbnis. Man begrub nämlich in einem Dorf ein kleines, weißgekleidetes Kind, dessen Köpfchen mit einem weißen Rosenkranz geschmückt war und das offen in der Bahre lag. Das Sonderbarste aber war, daß dieser kleinen Leiche eine Musikbande voranzog, welche lustige und muntere Melodien spielte und hinter der ein Kind, ein Kreuz tragend, fröhlich einherhüpfte. Man sagte mir, daß die Kinder in den baskischen Provinzen alle auf ähnliche Weise begraben würden, weil man sie glücklich preist zu sterben, bevor sie noch des Lebens Mühen, Beschwerden und Drangsale kennenlernten.

Miranda ist ein kleines, nahe an den Bergen liegendes Städtchen; auf einer Höhe sieht man noch die Trümmer eines Schlosses und mehrere Türme desselben. Das Städtchen mochte etwa zweitausend Einwohner zählen. Von hier marschierten wir über Pancorbo nach Briviesca. Miranda verlassend, hat man über eine Stunde fortwährend eine hohe Felsenwand vor Augen, von der man keinen Ausgang erblickt und die, gleich einer ungeheueren Mauer an der Welt Ende, alle Passagen zu versperren scheint. Erst wenn man dicht vor dem Felsen angekommen ist, eröffnet sich eine enge Schlucht, durch welche man nach Pancorbo gelangt. Dieser Engpaß führt durch zwei ungeheuer hohe Felsmassen, deren Spitzen sich gegeneinander zu neigen scheinen und die kaum durch einen zehn Schuh weiten Raum getrennt sind. Dieser Hohlweg ist beinahe eine Viertelstunde lang. Die Felsen wölben sich so über dem Haupt des Durchgehenden, daß man fürchtet, sie jeden Augenblick herabstürzen zu sehen und von ihnen zermalmt zu werden. Dieser Engpaß heißt Garganta de Pancorbo und ist, gehörig verteidigt, uneinnehmbar.

Es ist eine wahre Höllenschlucht, eine Kompanie kann hier das größte Heer aufhalten. Hat man ihn passiert, erblickt man das Städtchen Pancorbo am Eingang eines Tals. Durch einige elende Dörfer kommt man dann nach Briviesca.

Die Stadt liegt an der Oca, ist mit Mauern umgeben und hat vier Tore, in ihrer Nähe sind zwei tiefe mineralische Teiche, der Pozo negro und Pozo blanca genannt. Von Brieviesca führt uns der Weg über Monasterio und Quintanapalla durch ein noch ziemlich gut angebautes, mit vielen Pappeln und Weiden bepflanztes Tal, immer bergauf bis Burgos.

Die nächste Umgebung von Burgos besuchte ich zu Pferd und ritt nach dem anderhalb Stunden entfernten Kloster von Cardeña, um das Grab des Cid* und seiner Gattin Jimene zu sehen. Später, als in diesem Krieg das Kloster von Cardeña zerstört und verwüstet wurde, ließ der französische Gouverneur von Burgos die Reste des Helden und seiner Gattin in die Stadt bringen, um sie vor gänzlicher Vernichtung zu bewahren, und beiden ein Monument auf einer kleinen Insel setzen.

Der Tag unseres Abmarsches war herangekommen, und wir verließen Burgos in dem Augenblick, als ich im Begriff war, eine Intrige mit einer seiner schönen Bewohnerinnen anzuspinnen. So trat ich den Marsch über Caleda, wo zwei Kompa-

*) Eigentlich Rodrigo Diaz de Vivar, lebte im 11.Jh. und wurde seit dem 12.Jh. in der Dichtung zum idealisierten spanischen Nationalhelden.

nien übernachteten – die zwei anderen blieben in Villodrigo (zwei unbedeutenden Dörfern) –, nach Torquemada etwas übelgelaunt an. Von Burgos zum Dorf Villodrigo verliert man den Fluß Arlanzon fast nicht aus den Augen, auch sieht man noch viel gut angebautes Feld und ziemlich viel Ortschaften. Ehe man Torquemada erreicht, kommt man durch das kleine Städtchen Quintana del Puente, das an der Pizuerga liegt, über die eine schöne steinerne, achtzehn Bogen lange Brücke führt.

Torquemada selbst liegt an dem nämlichen Fluß, den man hier über eine sechsundzwanzig Bogen lange Brücke passiert. Dieses Städtchen hat eine hübsche gotische Kirche. Der Weg hierher ging über eine ziemlich kahle Ebene, in der man fast gar keine Bäume und nur selten einiges niedriges Gesträuch sah. Hier lagen nur zwei Kompanien unseres Bataillons, die anderen in Palancia. Wir erfuhren, daß wir nach einem Ruhetag nach Valladolid abmarschieren sollten, wozu der Befehl soeben von dem Hauptquartier eingetroffen sei und wo die Legion zusammentreffen würde. Torquemada ist ein trauriger Aufenthalt, ebenso die Umgegend. Von hier marschierten wir noch einige Zeit durch die langweilige Ebene und das Dorf Magaz. Zu unserer Linken sahen wir bald das große Benediktinerkloster San Isidoro in einiger Entfernung liegen, und in dem an einem Rebenhügel liegenden Dorfe Dueñas kam das ganze Bataillon wieder zusammen und setzte den Marsch fort. Von hier aus marschierten wir noch immer abwärts über ein sandiges und steiniges Terrain durch den Flecken Cabezon, in dessen Umgebung ein angenehmer, lieblicher, roter Wein wächst und von wo man nur noch zwei gute Stunden nach Valladolid hat.

Alle unsere Märsche waren ungewöhnlich stark, fast keiner unter acht bis neun, manche wohl zehn Stunden lang. Erst wenn man ganz in der Nähe von Valladolid ist, nimmt der langweilige Weg ein Ende.

Es war Anfang März, als wir zu Valladolid ankamen, in dem selbst und seiner Umgegend zahlreiche französische Truppenkorps aller Waffengattungen lagen. Die verschiedenen Armeekorps, die in Portugal und Spanien einmarschiert waren, hatten jedes seinen besonderen Chef und seinen Generalstab. Murat, damals Großherzog von Berg, hatte den Oberbefehl über das Ganze, und den Titel eines Leutnants [Stellvertreter] des Kaisers Napoleon. Wir erfuhren, daß derselbe bereits in Burgos angekommen sei und mit ihm ein Heer von Employés, Kriegskommissaren, Ordonnateuren und Offizieren aller Grade, wohl über ein halbes Tausend Individuen, von denen viele schon in Ruhestand versetzt gewesen und fast gegen ihren Willen wieder in Aktivität gesetzt worden waren, andere aber hofften jetzt in Spanien schnell Fortüne zu machen.

Nichts war den Ländern und den Heeren selbst verderblicher, als dieses Kommissarien- und Lieferantengeschmeiß und was daran hing, wahre Blutsauger der Völker wie der Truppen, von denen Kaiser Joseph II., der diese Kanaillen durch und durch kannte, schon mit vollem Recht gesagt haben soll: «Man kann einen jeden dieser Burschen» (wenn ich mich nicht irre, so meinte er die Proviantkommissare damit) «hängen lassen, ohne sich zu fürchten, eine Sünde oder einen Fehlgriff begangen zu haben.» Auch Napoelon wußte aus seinen italienischen Feldzügen, welch ein Diebsgesindel dies Geschmeiß ist, und dennoch hat es zu keiner Zeit und bei keinen Heeren ärger gehaust und gestohlen als in den napoleonischen, wo von den Generalkommissaren bis zu den Furieren in den Kompanien herab alles, was mit Proviant, Verköstigung oder Lieferungen in Berührung kam, den Soldaten wie den Bürger bestahl und beraubte. Aber in Spanien bekam es den Herren doch oft schlecht, und ein wohlverdienter Lohn, den ihnen die Vorsehung bereitete, blieb selten aus.

Noch immer wußten wir nicht, was eigentlich bezweckt wurde, wir erschöpften uns in tausend Mutmaßungen, von denen keine den rechten Fleck traf, indem die meisten darauf hinausgingen, daß es auf England abgesehen sei. Die Instruktionen, die uns fortwährend erteilt wurden, waren von der Art, daß man auf einen bevorstehenden Krieg schließen und sich auf alle Ereignisse gefaßt machen mußte, aber wo der Feind?

Napoleon selbst wurde erwartet, und das Gerücht war unter sämtlichen Truppen verbreitet, daß er sich an deren Spitze stellen würde. Ein großer Teil der Einwohner Spaniens aber betrachtete uns mit immer größer werdendem Mißtrauen, während andere hofften, daß wir sie von dem unerträglichen Joch des ihnen so verhaßten «Friedensfürsten» Godoy befreien würden, den sie sämtlich als den alleinigen Urheber aller Übel betrachteten und verfluchten. Von seiten der Kommandierenden wurden sie auch in dieser Richtung bestärkt.

Es ist unmöglich, sich einen Begriff von der Verachtung und dem Haß zu machen, den die ganze Nation gegen den freilich ganz verdienstlosen Günstling der spanischen Majestät und der Königin insbesondere nährte. Ohne alle Scheu sprach man davon, daß man diesen schändlichen Bösewicht hängen, köpfen, spießen, rädern, vierteilen und Gott weiß was alles müsse. Man wollte ihn samt der Königin lebendig verbrennen und den König, die gehörnte Schlafhaube, dazu, meinten noch andere. Die Gemäßigtsten aber forderten, daß man ihn einer strengen Justiz übergebe. Der Unglückliche selbst schlief schon lange nicht mehr auf Rosen und träumte nur von Galgen und Schafott, zitterte unaufhörlich für sein kostbares Leben und war nicht imstande, irgendeinen festen Entschluß zu fassen, sich zu helfen oder in Sicherheit zu bringen.

Nicht leicht hat ein Sterblicher so sonderbare Schicksale gehabt. Vom gemeinen Gardisten zum Günstling der Königin von Spanien und den höchsten Würden des Reiches wie in einem Zaubermärchen erhoben, protegiert durch die Heirat mit einer nahen Verwandten des königlichen Hauses, wozu er seine königliche Geliebte zu bereden gewußt hatte, die, obwohl er sich Mätressen hielt, ihm unwandelbar ergeben blieb. So war der König selbst nur noch gehorsamer Vollstrecker der Gebote des Geliebten seiner Frau.

Valladolid war die zweite Stadt Altkastiliens, aber jetzt der Hauptort der Intendanz gleichen Namens in dem Königreich Leon. Der Fluß Esgueva durchströmt sie, und die Pizuerga fließt an ihren Mauern vorbei; sie liegt in einer großen, von Hügeln mit Plateaus umgebenen Ebene. Die Stadt ist nicht übel gebaut, aber ihre Straßen sind schlecht gepflastert und unreinlich, auch lagen manche ihrer Gebäude in Ruinen.

In meiner Wohnung zu Valladolid befand sich die junge Frau eines spanischen Stabsoffiziers, der bei der Leibgarde zu Madrid stand und dessen Gattin hier bei Verwandten ihres Mannes zu Besuch war. Die Senora war eine geborene Andalusierin, und zwar aus Sevilla, von guter Familie. Ihre schwarzen Feueraugen harmonierten mit dem etwas bräunlichen Teint und den blutroten Wangen trefflich; dabei trug sie das andalusische Nationalkostüm, das reizendste, das man sich denken kann, besonders für eine Spanierin. Die ersten Tage nach meiner Ankunft hatte ich nur Gelegenheit gehabt, sie ein paarmal zu sehen und im Vorübergehen zu grüßen. Ich kannte kaum erst die gebräuchlichsten spanischen Begrüßungsformeln und Phrasen, aber glücklicherweise sprach die Senora etwas Italienisch, und dies war hinreichend, uns zu verständigen, was auch schnell der Fall war, denn in Liebesangelegenheiten rückt man in Spanien rasch voran, noch weit schneller als in Italien.

Später, als das ganze Land gegen uns aufgestanden war und wir den Spanierinnen von den Pfaffen, ihren Beichtvätern, Vätern, Ehemännern und Brüdern als wahre Ungeheuer geschildert wurden, deren Berührung allein die ewige Verdammnis nach sich ziehe, wurde es sehr schwer, ja fast unmöglich. Ich war mit meiner schönen Isabella Andeya, ohne daß es mir viel Mühe und Beteuerungen gekostet hätte, bald so weit, daß ich sie ganz mein nennen durfte und die wenigen Tage, die wir noch in Valladolid zubrachten, keine Nacht mehr allein schlief.

Ungefähr vierzehn Tage mochten wir in Valladolid und der Umgegend liegen, als der größte Teil der Truppen und mit ihnen unsere Legion Order zum Aufbruch erhielten. Murat war bereits von Burgos abgegangen und hatte seine Richtung mit einem Teil der napoleonischen Garden und dem vom Marschall Moncey befehligten Korps nebst einer zahlreichen Artillerie gegen den Somosierra, der einen Teil des Gebirges Guadarrama ausmacht, genommen. Die zweite Infanteriedivision nahm ihren Weg nach Segovia, während General Dupont mit der Reiterei und der ersten Division, zu der unsere Legion gehörte, die Richtung Guadarrama nahm. Die dritte Division blieb vorerst noch in Valladolid und Umgegend zurück. Wir waren alle der Meinung, und man hatte sie absichtlich verbreitet, daß wir direkt nach Gibraltar marschieren würden, um diese Stadt zu belagern und womöglich den Engländern abzunehmen.

Diese Meinung teilten auch die Einwohner aller Orte, durch die wir kamen, und während sich die verschiedenen Armeekorps Madrid von allen Seiten näherten, war das Gerücht von einer bevorstehenden Belagerung Gibraltars so allgemein verbreitet, daß der Herzog von Kent, Statthalter dieser Festung, seinen Vater bat, er möge ihm gestatten, sich schnell auf seinen Posten zu begeben, bevor noch die Belagerung beginne. Alle Verbindung dieser Stadt mit Spanien war schon abgebrochen, und man hatte sogar in Cadix eine große Anzahl Zelte für die französischen Truppen bestellt, die bei dieser Belagerung verwendet werden sollten. So weit trieb man die Intrige, um die spanische Nation über die wahren Absichten Napoleons zu täuschen. Auch meine Isabella hatte zwei Tage vor unserem Abmarsch ein Schreiben von ihrem Mann erhalten, worin ihr dieser meldete, daß die königlich spanischen Garden, bei denen er stand, vor Gibraltar marschieren würden.

Unterdessen wurden Vorfälle, die zu Madrid und Aranjuez stattgefunden, jetzt allgemein bekannt. Namentlich machte die Entsagung Karls IV. zugunsten des Prinzen von Asturien außerordentliches Aufsehen, der noch kurz vorher auf Anstiften Godoys verhaftet und in Escorial in den düsteren Gemächern, in denen auch der unglückliche Don Carlos vor seinem Tod geschmachtet hatte, gefangengehalten wurde, weil er ohne Wissen seiner Eltern eine Gemahlin von Napoleon begehrt hatte, wodurch aber der «Friedensfürst» samt seinem königlichen Beschützer in große Gefahr geraten und beinahe ein Opfer der Volkswut geworden wäre. Unser Marsch gegen Madrid wurde deshalb beschleunigt und war nun kein Geheimnis mehr. Da sich aber die Franzosen inzwischen der Zitadelle von Pamplona und Barcelona teils mit List, teils mit Gewalt bemächtigt hatten, erfüllte diese Art Gaunerei die Spanier jetzt mit gerechtem Unwillen und Argwohn und steigerte das Mißtrauen gegen Napoleon auf das höchste.

Von Valladolid aus marschierten wir auch schon mit all der Vorsicht und den Maßregeln, die man in Feindesland für nötig erachtet. Wir führten Lebensmittel für Wochen mit uns, biwakierten des Nachts, Vorposten und Vedetten ausstellend, und sandten auf dem Marsch beständig starke Seitenpatrouillen ab, wo es das Terrain nötig machte und gestattete. Dabei hatten die kommandierenden Generale geheime

Instruktionen erhalten, die ihnen geboten, spanische Kuriere zu hindern, ihre Wege fortzusetzen, wobei man oft zu den nichtigsten und einfältigsten Vorwänden seine Zuflucht nahm, um jede weitere Bewegung der spanischen Truppen, denen sie begegnen würden, zu stören.

Murat befand sich noch zu Buitrago, als er Bericht über das, was sich in Aranjuez zugetragen hatte, erhielt, und beeilte sich, nun nach Madrid zu kommen. Wir marschierten fast unaufhaltsam von Valladolid über Olmedo, das in einer unermeßlichen Ebene auf einer Anhöhe liegt und bei kaum zweitausend Einwohnern sieben Kirchen und eine gleiche Zahl Klöster hat, kamen dann durch verschiedene unbedeutende Orte, durch steinige, oft ganz brachliegende Gegenden und Fichtenwälder, selten sah man ein Gersten- oder Kornfeld. Nur als wir den Fluß Almarza erreichten, dessen Ufer mit Bäumen, meist Ulmen und Pappeln, bewachsen waren, sahen wir wieder mehr Getreide- und Ackerfelder. Wir passierten den Strom auf einer schönen steinernen Brücke und gelangten dann in eine ziemlich große Hochebene, in der wir einige freundliche Dörfer trafen, dann aber wurde die Gegend, je mehr wir uns dem Gebirge Guadarrama näherten, welches Alt- von Neukastilien scheidet, wieder außerordentlich öde und verlassen. Ein sehr steiler und oft gefährlicher Weg führte uns zu dem Dorf El Espinar, das auf einem Gipfel dieses Gebirges liegt.

Von dieser Höhe aus kann man auf eine große Strecke weit die beiden Kastilien übersehen und hat eine herrliche Aussicht, die sich in das Unendliche zu verlieren scheint. Wir biwakierten hier in der Umgegend von El Espinar, Villacastín, einem Städtchen, und Guadarrama, wo man Ferdinand VI. wegen der Straße, die er über dieses Gebirge machen ließ, das früher gar nicht zu passieren war, ein Monument errichtet hat, und einigen anderen Dörfern. Nach einem mehr als vierzigstündigen Biwak erhielten wir Order, nach Segovia aufzubrechen. Der Marsch dahin führte uns über San Ildefonso la Granja, einem schönen königlichen Lustschloß mit einer Villa, dem Lieblingsaufenthalt Philipps V., der auch dieses Schloß erbaut hat und in dessen Kapelle begraben liegt; es hat einen prächtigen Park mit vielen Wasserkünsten.

Von hier hatten wir nur noch zwei Stunden bis Segovia. Der Weg führte über eine Brücke des Flüßchens Valsin an mehreren Dörfern und Gebäuden vorüber. Letztere waren ausschließlich zur Schafschur bestimmt. Endlich kamen wir durch zwei tiefliegende Täler, worauf wir bald Segovia erreichten, in dessen Nähe wir abermals ein Biwak schlagen mußten und dann inspiziert wurden, besonders, um zu sehen, ob wir auch hinlänglich mit Munition versehen seien. Es sollte jeder Mann mindestens fünfzig scharfe Patronen besitzen. Fünf Tage lang währte dieses

Biwak, während welchem ich Zeit hatte, die Stadt mehrmals zu besuchen. Das Merkwürdigste in Segovia ist seine zweitausend Jahre alte Wasserleitung. Vier Stunden von Segovia, an der Quelle des Rio Frio, beginnt dieser merkwürdige Bau, welcher die Stadt so reichlich mit diesem unentbehrlichen Element versorgt, daß es von dem Platz vor der Sebastianskirche durch unterirdische Kanäle weitergeleitet werden muß. Über neunhundert Bogen zählt dieser ehrwürdige Aquädukt und ist an manchen Stellen über zweihundert Fuß hoch, dann aber sind die Bogen doppelt, das heißt, zwei stehen übereinander. Unbekümmert, wer dessen Herren waren, ob Heiden, Mauren, Osmanen, Araber oder Katholiken, spendete dieses Kunstwerk mit gleicher Freigebigkeit seinen Überfluß allen. Der ganze Bau ist von grauem Granit, ohne Speis noch Mörtel, aber die Steine sind mit großem Kunstaufwand ineinander gepaßt und ebenso die Fundamente. Was mögen die Knochen derjenigen, die sie legten, jetzt sein?

Ehedem waren der Handel Segovias sowie seine Wollmanufakturen und Tuchfabriken von großer Bedeutung, die zur Zeit ihrer Blüte mehr als fünfzigtausend Zentner Wolle jährlich verarbeiteten und über vierzigtausend Arbeiter beschäftigten.

Am sechsten Tag brach unsere Legion auf, um ein Biwak in der Gegend von Los Molinos zu beziehen. Hier, so nahe bei Escorial, konnte ich unmöglich der Versuchung widerstehen, dieses weltberühmte Monument von Philipps II. Furcht und Hochmut zu besuchen. Es liegt in einer wilden, unbebauten, felsigen Gegend, auf dem Rücken einer Gebirgskette, der Guadarrama, und imponiert durch seine Größe, wobei es eigentlich San Lorenzo heißt – Escorial ist der Name des dabeiliegenden Dörfchens –, weil es Philipp diesem Heiligen weihte, auch ist es in der Form eines großen Rostes angelegt, da bekanntlich dieser Heilige seinen Tod auf einem solchen fand. Ich war mit mehreren Kameraden vom Bataillon hierhergeritten, dieses achte Wunderwerk der Welt, wie es die Spanier zu nennen belieben, zu sehen. Unsere Pferde hatten wir in dem Dorf Escorial gelassen und gingen dann, nachdem wir eine gute Olla Potrida bei der Rückkehr für uns in Bereitschaft zu halten befohlen, zu Fuß zu diesem Kloster.

Das Gebäude ist aus grauem Granitstein, gleich der Wasserleitung von Segovia, aufgeführt und sehr regelmäßig. Acht symmetrisch gebaute Türme umgeben die Kuppel der Kirche und verleihen dem Ganzen ein ziemlich majestätisches Ansehen. Es bildet ein längliches Viereck mit vier Fassaden, deren hauptsächlichste eine Länge von 650 Fuß hat und sehr reich verziert ist. Die beiden Türme, die sie flankieren, haben jeder eine Höhe von 190 Fuß. Sie hat drei Tore, von denen das mittelste von acht Säulen umgeben ist. In dem Kloster selbst sind besonders der Kapitelsaal, das Refektorium, die Bibliotheken, die Gemächer des Priors und die alte Kirche sehenswürdig; sie haben zum Teil sehr schöne Gemälde, namentlich das Refektorium, ebenso die Kreuzgänge, die wie der doppelte Kreuzgang, der 88 Bogen hat, mit oft gar seltsam wunderlichen Gemälden versehen wird.

In der Bibliothek dieses Klosters werden mehr als hunderttausend Bände aufbewahrt, unter denen äußerst seltene und kostbare Werke und viele arabische, hebräische, chinesische, persische, indische, altkastilische, griechisch, und lateinische Bücher und Manuskripte sind; darunter auch die Bibel des Kaisers Catacuzeno. Große Sammlungen zum Teil sehr wertvoller Handzeichnungen, Medaillen usw. werden ebenfalls hier verwahrt. Die Mönche zeigten uns all diese Schätze mit zuvorkommender Gefälligkeit. In der für den König bestimmten Wohnung, der Palast genannt, befinden sich die schönsten Gemälde der größten Meister in ziemlich bedeutender Anzahl, fast jedes Gemach hat deren mehrere aufzuweisen; besonders sind die Hauptgalerie und die Infantengalerie, die nebeneinander liegen, reichlich damit versehen.

An der großen Kirche führt eine beinahe 150 Schuh breite Prachttreppe zu den Vorhallen derselben, die aus fünf großen Bogen bestehen. Die Fassade dieses Tempels ist mit einem halben Dutzend kolossaler Bildsäulen, jüdische Könige vorstellend, geschmückt und hat zwei schöne Glockentürme. Diese Kirche ist sehr groß und geräumig, und mit nicht weniger als 48 Seitenkapellen sowie mit einem halben Hundert Altären versehen, auch sie besitzt herrliche Gemälde der besten spanischen Meister und eine Bildsäule des heiligen Lorenzius in Lebensgröße. Der Chor ist über dem Haupteingang, dem Hochaltar gegenüber. Wölbungen und Wände sind mit Freskogemälden von Cambiaso bedeckt. Ganze Heere von Engeln, Heiligen und Seligen sieht man hier, die so steif in Reih und Glied dastehen wie ein russisches Grenadierregiment.

Die Sakristei ist ein 100 Fuß langes und an 30 Fuß breites Schiff. An mit allerlei Knochen angefüllten Reliquienkästchen, Kelchen, Leuchtern, Kreuzen und anderen Kirchengeräten von Silber, Gold und Edelsteinen ist großer Überfluß und ein unermeßlicher Schatz aufgetürmt. Auf einem Altar von Jaspis befindet sich ein silbernes Tabernakel, das Kaiser Leopold hierher verehrt hat, das beinahe acht Fuß hoch und mit allegorischen Figuren und kostbaren Steinen verziert ist. Die Schätze dieser Kirche waren unberechenbar; sie enthielt unter anderem eine 900 Mark schwere silberne Bildsäule des heiligen Laurentius. Vierzig Mark Gold wog eine allegorische Figur der Stadt Messina, welche in der einen Hand eine Monstranz von 50 Mark Gold an Gewicht hielt und deren Krone und Halsband aus Edelsteinen bestand. Ein sehr kostbarer Tempel en miniature von fünf Fuß Höhe mit Kuppel und Säulen war gleichfalls mit Edelsteinen geschmückt, und ein großer silberner Christus hatte einen ungeheuren Topas auf dem Haupt und einen großen Rubin an jeder Hand, einen fast daumendicken Brillant an den Füßen und war an ein großes silbernes Kreuz genagelt.

An das ungeheure Gebäude von San Lorenzo schließen sich an der Süd- und Westseite weitläufige Gärten an, die sich auf von Mauern unterstützten Terrassen amphitheatralisch erheben. Bequeme Stufen führen von einem zu dem andern. Eine Wasserleitung, die aus den nahen Bergen das Wasser hierher führt, versieht damit etwa 100 Fontänen sowie das Kloster und den Palast von San Lorenzo.

Nachdem wir alle die Herrlichkeiten gehörig bewundert und ziemlich oberflächlich gesehen hatten, denn die Zeit war karg bemessen, kehrten wir nach Escorial zurück, wohin auch aus dem Kloster ein unterirdischer Gang, la mina genannt, führt. Hier nahmen wir unsere bestellte Olla Potrida, die uns trefflich schmeckte, denn wir hatten aus Palast, Kirche und Kloster einen tüchtigen Hunger mitgebracht. Dieses Gericht wird aus Hammelfleisch, Öl, spanischem Pfeffer, Tomaten, Knoblauch, Garbanzos (eine besondere Gattung Erbsen), kleinen Zwiebeln zubereitet.

Nach dem Mahl, bei dem mehrere den Wunsch äußerten, es möge doch dem Himmel gefallen, uns die reichen, in San Lorenzo tot liegenden Schätze in die Hände zu liefern, traten wir den Rückweg zu unserem Biwak an, wo wir bereits eine Order zum Aufbruch für den kommenden Tag vorfanden. Mit der anbrechenden Dämmerung machten wir uns marschfertig und kamen noch an diesem Tag bis in die Gegend von El Pardo, einem alten königlichen Jagdschloß, das ungefähr noch dreieinhalb Stunden von Madrid entfernt liegt und bei dem sich ein großer Wald befindet. Es ist ein viereckiges, von vier Türmen flankiertes Gebäude. Hier schlugen wir abermals ein Biwak auf, indessen erwartete man jeden Augenblick den Befehl, nach Madrid aufzubrechen. Viele aber glaubten noch immer, daß wir diese Stadt gar nicht berühren, sondern um dieselbe herum nach Gibraltar marschieren würden, andere aber, und zu denen gehörte ich, waren nicht der Meinung, denn unser jetzt so langsames Vorrücken und die Stellungen, die wir einnahmen, schienen auf etwas ganz anderes als einen Marsch nach Gibraltar zu deuten. Daß wir recht hatten, zeigte sich bald.

Am 23. März in aller Frühe wurden wir noch einmal inspiziert und setzten uns dann sofort auf dem Weg, der gerade nach Madrid führt, in Marsch. Vor den Toren der Hauptstadt trafen wir einen Teil von Napoleons Garden, die noch ihre Toilette machten. Unsere Division folgte diesem Beispiel, ebenso die reitende Artillerie und zwei Kürassierregimenter, die auch eingetroffen waren. Bald darauf erschien der

Großherzog von Berg, Murat, in einer prächtigen Generaluniform und von einem zahlreichen glänzenden Generalstab umgeben, musterte noch einmal die Truppen, und unter dem Zusammenlauf unzähligen Volks, das uns mit neugierigen Blicken, aber lautlos anstarrte, marschierten wir mit klingendem Spiel in Madrid ein, das trotz seiner vielen Kuppeln und Glockentürme doch kein imponierendes Ansehen hat. Nur wenn man durch das Tor Alcala kommt, das einem Triumphbogen ähnlich sieht, zur Linken prächtige Gärten, zur Rechten eine lange, fast gleich gebaute Häuserreihe, dann den Prado erblickt und sich bald darauf das Auge in der endlosen Straße Alcala verliert, erhält man eine günstigere Meinung von der Stadt, deren Zugänge die Residenz eines großen Monarchen ahnen lassen.

XX.

Ferdinands VII. Einzug in Madrid – Der «Friedensfürst» – Aufstand
zu Aranjuez und Madrid – Karls IV. Abdankung – Napoleon wird erwartet –
Ferdinand vom Volk angebetet – Von Savary nach Bayonne gelockt –
Karl IV. protestiert gegen seine Abdankung – Donna Calvanillas
und Rosa-Maria – Theater – Tour nach Aranjuez

Fast bis zur einbrechenden Nacht mußten die Truppen in den Straßen und auf Plätzen biwakieren, bevor ihnen Quartiere in verschiedenen großen Gebäuden und Kasernen angewiesen wurden, ein Teil derselben aber lag mit den noch ankommenden Bataillonen in der Umgegend der Stadt. Für Napoleons Leutnant Murat hatte man den alten Palast von Buon Retiro eingeräumt, den er aber nicht bezog, sondern sich in das Hotel des «Friedensfürsten» einquartierte. Am Tag nach unserem Einrücken hielt Ferdinand als König seinen Einzug. Unzähliges Volk aus allen Ständen, von jedem Alter und Geschlecht, empfing ihn mit einem ungeheuren Jubelgeschrei, alle drängten und drückten sich, den geliebten jungen König zu sehen, den sie gleich einem heiligen Märtyrer verehrten. Mehr als hunderttausend Landleute waren aus der Umgegend herbeigekommen, um das Glück zu haben, den neuen Herrscher bewillkommnen zu können, und drei langer Stunden bedurfte es, bis der angebetete Fürst durch die dichten Haufen zu seinem Palast gelangen konnte.

Ein großer Teil dieser Freudenergüsse mochte wohl auf Rechnung des Hasses und der Verachtung kommen, die man dem «Friedensfürsten» zollte, den man dadurch demütigen wollte; denn Ferdinands Persönlichkeit und seine Taten – man mußte wenig mehr von ihm, als daß er eine sehr schlechte Erziehung gehabt, die eher dazu gemacht war, seine geistigen Anlagen zu unterdrücken als zu entwickeln – konnten einen solchen Empfang nicht rechtfertigen. Durch die vernachlässigte Erziehung und eine sklavische Etikette hatte der argwöhnische Godoy beabsichtigt, aus diesem Prinzen ein willenloses Werkzeug seiner Absichten zu machen. Man erwartete jetzt von dem jungen Monarchen, daß er die Schändlichkeiten der bisherigen Favoritenregierung gutmachen, die Nation rächen würde und glaubte deshalb einen Erlöser in ihm zu finden, aber man betrog sich.

Daß Murat den Palast des so verhaßten Godoy bezogen hatte, war den Spaniern eine schlimme Vorbedeutung. Die schlossen daraus, daß er den Günstling der alten Königin in Schutz nehmen wolle, und von diesem Augenblick nahm das Volk eine fast drohende Stellung an. Murat, dem dies nicht entging, ließ nun eine bedeutende Truppenmasse nebst zahlreicher Artillerie auf die Höhen von Casa del Campo, dem königlichen Palast gegenüber, Posto fassen, alle Divisionen, die bereits die Gebirge überschritten hatten, in Madrid einrücken und dieselben öfter und mit großer Ostentation die Musterung auf dem Prado passieren, um dem Volk zu imponieren. Die noch in der Stadt befindlichen spanischen Truppen mußten mit uns den Dienst versehen, um Ruhe und Ordnung zu erhalten. General Grouchy wurde zum Kommandanten der Truppen ernannt. Bald bemerkte man, daß Murat und die ganze französische Generalität wenig Notiz von dem jungen König nahmen, ja ihm nicht einmal einen Besuch machten, offenbar ein Beweis, daß man ihn von französischer Seite nicht als Souverän anerkannte. Um den Gang der Ereignisse besser zu verstehen, muß ich mit wenigen Worten hier anführen, was unserem Einmarsch in Madrid sowie zu Aranjuez vorangegangen war.

Die ebenso unerhörten als unverdienten Gunstbezeugungen, deren sich Godoy von dem königlichen Paar zu erfreuen gehabt und die er auf das empörendste mißbrauchte, hatten ihm schon längst den tödlichsten Haß des Volkes zugezogen. Als nun durch den Einmarsch der Franzosen in Spanien die Gemüter aufs neue angeregt wurden, glaubte Ferdinand, Prinz von Asturien und Thronfolger, der die erlittenen Kränkungen durch Godoy nicht vergessen hatte, und sein Anhang den rechten Zeitpunkt gekommen, den verhaßten Günstling samt seinen Beschützern zu stürzen, und wurde bei diesem Versuch vom gesamten Volk unterstützt. Nur mit unsäglicher Mühe war es den Garden gelungen, der königlichen Familie nach Aranjuez folgen zu können, da sich die Volkshaufen diesem Vorhaben mutig widersetzt hatten. Die Garden traten nun auf einmal und ganz unerwartet auf die

Seite des Volks über und prügelten sogar ihren Obersten, einen Bruder Godoys. Jetzt flüchtete der ‹Friedensfürst› in Todesängsten, so feige als niederträchtig seine königlichen Beschützer im Stich lassend, nur noch darauf bedacht, das eigene kostbare Leben zu retten, in seinen Palast und verkroch sich in dem verborgensten und geheimsten Winkel.

Der König erließ, um die aufgebrachte Menge einigermaßen zufriedenzustellen, eine Proklamation an seine Untertanen, in der er den ‹Friedensfürsten› seiner Stellung als Großadmiral und Generalissimus entsetzte und erklärte, selbst den Oberbefehl über die Land- und Seemacht nehmen zu wollen. Auch hatte er versichert, daß sich die Truppen seines teuren Verbündeten, des Kaisers Napoleon, nur in freundlichen Absichten näherten, um das beabsichtigte Ausschiffen des gemeinschaftlichen Feindes zu hintertreiben. Als man in Madrid die Vorgänge von Aranjuez erfahren, erscholl auch hier der Ruf ‹Meur e Godoy› [‹Tod dem Godoy›], und es wiederholten sich die dortigen Szenen.

Ferdinand hatte sich unterdessen zu Aranjuez an die Spitze des Aufstands gestellt, sein Vater, Karl IV., hatte zu seinen Gunsten der Krone entsagt. Ihm hatte Ferdinand das Leben Godoys versprochen. Er beruhigte das Volk, indem er demselben versprach, es solle die strengste Gerechtigkeit gegen Godoy geübt werden, den er sodann mit einer starken Bedeckung gefangen abführen ließ. Als jetzt des alten Königs Abdankung zugunsten seines Sohnes bekannt wurde, besänftigte sich das Volk endlich, und die Ruhe kehrte zurück. Ferdinand erließ nun ein Dekret an den Rat von Kastilien, wodurch alle Güter, Mobilien und Effekten des sogenannten ‹Friedensfürsten› konfisziert werden sollten, wo sie sich auch immer vorfinden würden, kündigte dem Volk an, daß er sich nach Madrid begebe, um Ruhe und Ordnung herzustellen und daß es seinen Verordnungen gegen Godoy volles Vertrauen schenken möge. Den Herzog von Infantado ernannte er zum Obersten der Garden und rief alle seine verbannten Anhänger zurück.

Unglaublich ist es, welche Freude die Nachricht von dem Sturz Godoys in ganz Spanien hervorbrachte. Wir sahen die Leute wie toll umherspringen, ausgelassen auf den Straßen jubeln und laut aufschreien. In mehreren Städten wurde sogar ein Tedeum deshalb angestimmt, und man veranstaltete öffentliche Feste. Die Büste oder das Bild des Verhaßten wurden beinahe an alle Galgen genagelt oder auf die Schindanger geworfen, Freudenfeuer loderten auf allen öffentlichen Plätzen, und man sprang und tanzte um dieselben. Unter den tausend Gerüchten, die jetzt zu seinem Nachteil in Umlauf gesetzt wurden, verbreitete man auch, er habe die Franzosen ins Land gerufen, um sich mit deren Hilfe selbst zum König von Spanien zu machen.

Ferdinand hatte sich noch am Tag der Abdankung seines Vaters als König proklamieren lassen und hoffte und erwartete jetzt, von Murat beschützt zu werden, wiegte sich deshalb in einer gefährlichen Sicherheit, welche die meisten seiner Räte teilten, da sie glaubten, Napoleons Politik heische es sogar, den jungen König anzuerkennen und in Schutz zu nehmen, der jetzt wiederholt um eine Gemahlin aus Napoleons Händen und von dessen Verwandtschaft bat. Hinsichtlich der Absichten des französischen Herrschers vollkommen ruhig, nahm Ferdinand auch nicht die mindesten Vorsichtsmaßregeln, ja die spanischen Truppen wurden zum Teil noch zur Disposition Junots gestellt, und drei spanische Granden, die Herzöge von Medinacöli, von Frias und der Graf Fernandes Munez, wurden Napoleon, den man in Spanien erwartete, entgegengesandt, ihn zu bewillkommnen und ihm zugleich Ferdinands Thronbesteigung anzukündigen.

So standen ungefähr die Sachen, als wir in Madrid ankamen und am Tag darauf der junge König in der Hauptstadt eintraf. Jetzt aber nahm schnell alles eine andere und fast jedermann unerwartete Wendung.

Murat war Augenzeuge der Anhänglichkeit des Volkes an Ferdinand gewesen und befürchtete eine neue Gärung, er ließ immer mehr Truppen nach Madrid und in die Umgegend kommen. Die Begebenheiten zu Aranjuez und ihre Folgen hatten Napoleon einen großen Strich durch die Rechnung und alle seine Kombinationen zunichte gemacht, so daß er genötigt war, seine Pläne zu ändern und ganz andere Anordnungen zu treffen. Am erwünschtesten wäre ihm eine Flucht der königlichen Familie nach Amerika gewesen, zu der er gern die Hände geboten hätte, weil ihm alsdann, so glaubte er wenigstens, das verwaiste Spanien, das er zuerst seinem Bruder Lucian zugedacht hatte, von selbst zugefallen wären. Als er die Begebenheiten erfuhr, die seine Projekte so durchkreuzten, ging all sein Trachten dahin, den durch die Anhänglichkeit des Volkes und der Truppen auf den spanischen Thron erhobenen Prinzen möglichst bald wieder herabzustürzen; daher auch das zweideutige Benehmen Murats und der französischen Generale zu Madrid.

Um das beabsichtigte Bubenstück vollbringen zu können, suchte Napoleon Karl und dessen Sohn vor seinen Richterstuhl zu ziehen, indem er sich selbst zum obersten Schiedsrichter der Vorfälle in Aranjuez aufwarf, was bei der großen französischen Heeresmacht, die bereits auf spanischem Boden stand, wohl zu bewerkstelligen war. Wir sowohl als die Spanier erwarteten den Kaiser jeden Tag in Madrid, aber vergeblich. Er hielt es für ratsamer, und es war allerdings seinen Zwecken weit dienlicher, die ganze königliche Familie nach Bayonne zu locken. Hätte Ferdinand damals die französischen Journale gelesen, die ihn als einen ungehorsamen und verbrecherischen Sohn schilderten und nur Karl IV. als König von

Spanien anerkannten, so würde er schwerlich so leicht in die Falle gegangen sein, doch ist es kaum zu begreifen, wie ihm Murats Benehmen zu Madrid nicht die Augen geöffnet, denn er hatte ja Karl IV. und seine Gattin durch einen hohen Offizier zu Aranjuez noch als Souverän Spaniens bekomplimentieren lassen, worauf sie sich nach San Lorenzo begaben.

Zugleich hatte sich ein Briefwechsel zwischen Murat und den alten Majestäten entsponnen, dessen Zweck war, Godoy dem Wohlwollen Napoleons und dessen Leutnant zu empfehlen. Man begehrte sogar französische Garden zu dessen Schutz, die sofort bewilligt wurden, auch verhinderte Murat die Abführung des alten Königs nach Badajoz, wohin ihn die neue Regierung samt seiner Gemahlin verwiesen hatte. Murat benahm sich indessen so, daß niemand das Schicksal, das dem jungen König zugedacht war, vermuten konnte, sondern jedermann deshalb in Zweifel war.

Die Königin von Etrurien, die damals auch in Madrid war, wollte dieser Ungewißheit à tout prix [um jeden Preis] ein Ende machen und veranstaltete, damit sich Ferdinand und Murat bei ihr persönlich trafen, eine Assemblee. Beide hatten die Einladung angenommen. Der Großherzog von Berg mochte etwa schon eine Viertelstunde anwesend sein, als man den jungen König von Spanien meldete. Murat, der sich damals noch mit der Hoffnung trug, daß sein kaiserlicher Schwager den Thron von Spanien ihm bestimmt habe – ein Thron war ihm jedenfalls versprochen –, nahm fast gar keine Notiz von dem eintretenden Fürsten, der es nun auch nicht wagte, ihn anzureden, oder vielleicht glaubte, sich dadurch etwas zu vergeben. Ihre ganze Begleitung hatte sich in Seitengemächer verloren, und beide fanden sich plötzlich in einem Salon allein mit der Königin von Etrurien, die ebenfalls in ein Nebenzimmer trat. Aber Ferdinand, in der größten Verlegenheit, eilte, seiner Schwester zu folgen, und Murat entfernte sich bald darauf, ohne daß beide ein Wort miteinander gewechselt hatten. So jedenfalls erzählte man es sich.

Ferdinand fuhr indessen fort, täglich mehrmals dem Volk sich zu zeigen, und ritt oder fuhr fast ohne Begleitung durch die Straßen von Madrid, wo er immer mit Vivatgeschrei empfangen wurde. Er tat alles, um sich Napoleon und den Franzosen angenehm zu machen. Wir wurden fast im Überfluß mit Lebensmitteln versehen, den französischen Offizieren wies man in der Oper und anderen Theatern besonders ausgezeichnete Plätze an, und da Murat geäußert hatte, daß der Kaiser den Degen Franz I., der seit der Schlacht von Pavia* in der Armeria Real aufbewahrt

---

*) Nach der Schlacht von Pavia 1525 hatte der in spanische Gefangenschaft geratene französische König Franz I. seinen Degen dem Sieger übergeben, der ihn in Madrid aufbewahren ließ.

wurde, gern hätte, ließ ihn Ferdinand sogleich durch den Grafen Altemira an Murat mit den Worten übergeben, daß er sich in keinen Händen besser als in denen des Helden des Jahrhunderts befinden könne.

Der Großherzog von Berg, der inzwischen von seinem Schwager weitere Instruktionen bekommen hatte, gab nun dem jungen König zu verstehen, daß es der Kaiser gern sehen würde, wenn ihm der Infant Don Carlos, Ferdinands Bruder, bis an die Grenzen des Reichs entgegenkäme. Als er dazu seine Einwilligung gab, ließ ihn Murat bald darauf durch den französischen Gesandten Beauharnais wissen, wenn sich der König Ferdinand entschlösse, Napoleon in eigener Person entgegenzukommen, würde dies derselbe sehr hoch aufnehmen und es von dem größten Nutzen für Ferdinands Sache sein. Murat bestätigte selbst die Versicherungen des Gesandten, und der junge König, noch ohne Antwort auf das Schreiben, durch welches er Napoleon seine Thronbesteigung angezeigt hatte, was ihn doch etwas beunruhigen mochte, schwankte noch zwischen Tun und Lassen, als der General Savary, Napoleons Adjutant, mit dem geheimen Auftrag zu Madrid ankam, Ferdinand zur Reise nach Bayonne zu bewegen.

Savary spielte den Fuchs und verbarg unter einer scheinbaren militärischen Offenherzigkeit den eigentlichen Zweck seiner Sendung, indem er sich stellte, als sei er nur gekommen, um den neuen König zu beglückwünschen, und machte diesen glauben, daß seine Gesinnungen gegen seine Eltern ganz mit denen des Kaisers übereinstimmten, daß derselbe die Vorfälle in Aranjuez insgeheim genehmige und ihn sicher als König von Spanien anerkennen werde. Dies alles ließ Savary nur so wie von ungefähr fallen. Er hatte nicht einmal ein Beglaubigungsschreiben aufzuweisen, dabei versicherte er, daß sein Herr bald zu Bayonne eintreffen würde, um sich von da nach Madrid zu begeben. Murat und Beauharnais stimmten in Savarys Ton ein, ohne zu wissen, was Napoleon eigentlich beabsichtige. Um diesen Aussagen noch mehr Wahrscheinlichkeit zu geben, ließ man schon Wagen mit Effekten des Kaisers über die Grenze gehen, auf allen Poststationen Relais bestellen und reitende Garden zu seiner Bedeckung verteilen.

Es war sogar schon ein kaiserlicher Furier zu Madrid angekommen, der die Wohnung, die in dem königlichen Palast für seinen Herrn bestimmt wurde, besah, sogar die Badeanstalten in demselben anordnete, so daß nun niemand mehr die Ankunft Napoleons bezweifelte. Savary fand, daß es jetzt Zeit sei, dem König die Zumutung, seinem Kaiser entgegenzureisen, zu wiederholen, da derselbe bereits von Paris abgegangen sei, was auch wirklich der Fall war, und wenn sich Ferdinand eile, so müsse er in Burgos mit ihm zusammentreffen. Nachdem dieser noch eine Unterredung deshalb mit Beauharnais gehabt, der natürlich mit Savary in ein

Horn blies, entschloß er sich zur Abreise, obgleich er wußte, daß Murat noch fort-während mit seinen Eltern im Briefwechsel stand.

Wir alle wunderten uns nicht wenig über diesen Entschluß, da selbst mehrere französische Generale sich geäußert hatten: «Der wird schwerlich zurückkehren.» Aber Ferdinands Räte schienen blind wie ihr Herr und fürchteten die Rückkehr des alten Königs und Godoys, weshalb sie sich nur unter Napoleons Schutz sicher glaubten, und äußerten, es sei eine Beleidigung, einen so großen Helden eines heimtückischen Schurkenstreichs fähig zu halten.

In Begleitung Savarys und seiner vertrautesten Ratgeber reiste Ferdinand am 10. April von Madrid ab. Auf der ganzen Route erwiesen ihm französische Trup-pen die militärischen Ehrenbezeigungen. In Burgos wußte man noch nichts von Napoleons baldiger Ankunft, man ging nun nach Vitória ab, wo es ebenso war. Hier aber übergab Savary, der unterdessen vorausgeeilt und wieder zurückgekommen war, dem hohen Reisenden ein Schreiben seines Herrn, in welchem ihm jedoch der Titel Majestät nicht gegeben wurde. Es enthielt sogar Verweise wegen der Vor-fälle in Aranjuez, und Napoleon sprach sich bestimmt als Schiedsrichter über die Angelegenheiten der königlichen Familie aus.

Trotz aller Versuche, die man zu Vitória machte, dem Prinzen endlich die Augen zu öffnen und ihn zu bewegen, nicht weiterzugehen, und trotz aller Warnungen er-klärte er, dennoch weiterreisen zu wollen, und zwar bis auf französisches Gebiet. Das Volk, besser beraten, wollte ihn nicht fortlassen, schnitt die Stränge an seinem Wagen ab, und es fehlte wenig, so wäre es zum Handgemenge mit den französi-schen Truppen gekommen, die unter Gewehr standen. Trotz alledem ging Ferdi-nand über die Bidassoa und nach Bayonne, wo sein Bruder schon angekommen war, seine Eltern bald eintrafen und wo man ihm anfänglich das Königreich Etru-rien für die Krone von Spanien bot.

Zu Madrid hatte inzwischen Murat die Freilassung Godoys von der dort seit Ferdinands Abreise eingesetzten Junta durch Drohungen ertrotzt, und er wurde den Franzosen übergeben, die auch ihn nach Bayonne sandten. Nun protestierte der alte König gegen seine durch Aufruhr erzwungene Abdankung, und Murat schickte ihn vier Tage später mit der Königin Marie Louise ebenfalls nach Bayonne.

Wir waren indessen in Madrid nicht auf Rosen gebettet, wenigstens waren diese dornig und stachlig genug. Ich hatte mir jedoch, nachdem ich zweimal gewechselt, eine ziemlich angenehme Wohnung zu verschaffen gewußt, in der sich nicht weni-ger als fünf junge und hübsche Frauenzimmer befanden, von denen noch drei ledig und zwei ausgezeichnete spanische Schönheiten waren. Leider blieb mir gar zu wenig Zeit, denselben gehörig zu huldigen. Dennoch und trotz des sich schon allenthalben äußernden Franzosenhasses gelang es mir, in nähere Berührung mit zwei Schwestern zu kommen, von denen die eine, Donna Calvanillas, verheiratet, die andere aber, Senora Rosa Maria, noch ledig war. Beide besuchten jeden Tag die ehemalige Jesuitenkirche St. Isidoro, die sich in der Nähe ihrer Wohnung befand. Wenn es mir möglich war, begab ich mich zur selben Stunde in diesen Tempel, wo ich weit mehr als im Haus selbst Gelegenheit hatte, mit den Damen bekannter zu werden. Meine Aufmerksamkeit wurde bemerkt und, wie es mir schien, nicht mit ungünstigen Augen.

Ich schrieb nun mit Hilfe eines spanisch-französischen Wörterbuchs und einer solchen Sprachlehre ein Billettchen in spanischer Sprache, in welchem ich es versuchte, so lebhaft als möglich den Eindruck zu schildern, den diese kastilischen Schönheiten auf mein Gemüt gemacht. Während sie knieten und beteten, stellte ich mich seitwärts und vor die frommen Schwestern, so daß ich sie im Auge hatte, und als ich sah, daß sie mich bemerkten und manchmal zu mir herüberschielten, hielt ich das Briefchen zwischen den Fingern der rechten Hand, so daß sie es gut sehen konnten, beobachtete auch, wie die eine die andere anstieß und beide dann leise miteinander sprachen. Ich suchte ihnen jetzt durch Zeichen verstehen zu geben, daß das Briefchen für sie bestimmt sei. An ihrem Erröten erkannte ich, daß sie mich wohl verstanden haben mußten, und beide hüllten sich tiefer in ihre Mantillas, was ihre Reize noch erhöhte.

Als sie die Kirche verließen, kam ich ihnen schnell zuvor und stellte mich an den Eingang, ihnen beim Heraustreten das Billettchen hinhaltend, beide glitten jedoch an mir vorüber, ohne Notiz davon zu nehmen, aber meinen Gruß erwidernd. Sie schritten langsam voran, eifrig miteinander sprechend. Ich folgte ihnen in geringer Entfernung, hustete mehrmals, plötzlich drehte sich die eine der Damen um, ging mir ein paar Schritte entgegen, nahm mir mit zur Erde gesenkten Blicken das Billett schnell ab und eilte zu ihrer Schwester zurück. Im Haus sah ich sie diesen Tag nicht wieder, obgleich ich mir alle Mühe gab, aber am anderen Morgen traf ich sie in der Kirche und kniete hinter ihnen an einem Seitenaltar, sie bittend, mich mit einer Antwort zu beglücken. Ohne mich anzusehen, wurde mir erwidert, ich möchte ihnen folgen. In Spanien und namentlich in Madrid dienen die Kirchen noch weit mehr als in Italien zu verliebten Rendezvous, ja die Heiligkeit des Ortes hindert nicht, daß man sich nicht selten, an den Altarstufen kniend, küßt.

Als die Donnas nach kurzem Gebet aufstanden und sich entfernten, gab mir die, welche mir das Billett abgenommen, nochmals ein Zeichen zu folgen. Sie gingen nun durch verschiedene Kreuz- und Querwege, durch enge und abgelegene Straßen in eine Calle (Gasse) unweit des Plazuela de la Costanillas, wo sie in ein kleines Haus traten, an dessen Tür sie ein wenig warteten, bis auch ich um die Ecke der Gasse gekommen war und sehen konnte, wo sie eintraten. Man gab mir nochmals einen Wink mit der Hand und verschwand. Ich folgte; eine alte Sybille empfing mich an der Haustür und führte mich durch ein kleines Vorzimmer in ein zweites, wo ich meine beiden Schönen traf. Ich war etwas verlegen, welcher von beiden ich ewige Liebe und Treue schwören sollte, denn das Billett, in dem ich am Schluß auf das dringendste um eine baldige Zusammenkunft gebeten hatte, hatte keine Aufschrift gehabt, Donna Calvanillas aber hatte es mir abgenommen. Ich war wirklich in einer seltsamen Lage, welcher ich jetzt eine Liebeserklärung machen sollte. Rosa Maria wäre mir als Mädchen allerdings die liebste gewesen, aber mit der Verheirateten war schneller zum Ziel zu kommen, wenigstens war dies meine Meinung.

Die Damen schienen meine Unentschlossenheit zu bemerken, und nachdem ich einige spanische Artigkeiten, so gut ich es vermochte, mit italienischen vermischt, gesagt, ging Rosa Maria an ein Fenster des Vorzimmers, die Straße oder Himmel beschauend und mich mit der Schwester ungestört allein lassend. Die Unterhaltung mit der Zurückgebliebenen war an Worten karg und einsilbig, denn wir hatten zu große Mühe, uns zu verständigen, dagegen war sie desto beredter durch Blicke und Mienen, und bald lag die Donna in meinen Armen. Ich bemerkte indessen, daß sich das schwarze Köpfchen der Schwester einigemal an der offen gebliebenen Tür zeigte, wohin die Senora auf Zehen geschlichen war und neugierige Blicke auf uns warf. Dies hielt mich jedoch nicht ab, an die Donna in meinen Armen die zärtlichsten Liebkosungen zu verschwenden und sie endlich einzuladen, sich mit mir auf die nicht sehr schwellenden Polster einer Art Sofa niederzulassen, wo wir eine halbe Stunde im Entzücken schwelgten. Jetzt rief meine Donna auch Rosa Maria wieder ins Zimmer.

Nun hatte ich bald eine Schwester in jedem Arm, und der Schäkereien und Tändeleien wurden mancherlei getrieben. Nachdem man sich endlich satt und matt geküßt und die liebenswürdigen Schönen wohl hundertmal ‹Corazon! Corazon!›, den Lieblingsruf der entzückten Spanierinnen, hatten hören lassen, den ich immer mit einem ‹Carissima, bellissima!›* beantwortete, denn an eine zusammenhängende Unterhaltung war nicht zu denken, machten wir endlich Anstalten, uns zu entfernen. Nur soviel hatte ich herausgebracht, daß das Haus, in dem wir waren, einer alten Amme der beiden Senoras gehörte, und daß ich mich hüten müsse, sie ferner

---

*) ‹Liebste, Schönste!›

in unserer Wohnung, auf der Straße oder auch in der Kirche anzusprechen, weil der Cortejo – ungefähr das, was ein Cicisbeo in Italien ist – der Donna Calvanillas, ein ältlicher geistlicher Herr, sie sorgsam bewache. Dagegen könnten wir uns jede Woche einigemal ohne alle Gefahr in der Wohnung der alten Amme sprechen. Nach einem zärtlichen Abschied trennten wir uns in der Hoffnung, uns bald wieder hier zu treffen, was aber nur noch einigemal der Fall und zuletzt mit Gefahr verbunden war.

Die Haupstadt Spaniens liegt am kleinen, im Sommer fast immer wasserlosen Flüßchen Manzanarez, über das aber dennoch eine große, prächtige Brücke führt. Der Umfang der Stadt, die auf unbedeutenden Hügeln erbaut ist, aber doch hoch über der Meeresfläche, in einer dürren, meist baum- und buschlosen Ebene liegt, ist drei gute Stunden. Sie hat mehr denn hundert Kirchen und Klöster, fünfzehn Tore, vor welchen sich zum Teil schöne Alleen und wohl ein halbes Hundert freie Plätze befinden, von denen einige sehr groß sind. Sie ist in acht Quartiere eingeteilt, wovon jedes wieder acht Unterabteilungen, die man Barrios nennt und jede einen Alkalden zum Polizeivorstand hat. Die Zahl ihrer Einwohner mochte etwa 200 000, Soldaten und Pfaffen inbegriffen, betragen, sie soll aber früher die doppelte gehabt haben.

Unter den Kirchen, die weder hinsichtlich der Größe und Pracht noch der Bauart und Kunstschätze mit denen Italiens wetteifern können, sind nur wenige, welche die Aufmerksamkeit der Fremden verdienen, wie die des heiligen Hieronymus, die schöne Grabmäler enthält, und die des heiligen Isidorus, eine der schönsten, deren Kuppel herrliche Freskogemälde hat.

Auch mit den übrigen öffentlichen Gebäuden Madrids ist es nicht viel besser beschaffen. Das größte derselben ist die Kaserne der Leibgarden in der Nähe des Tores San Bernardino, mit drei ungeheuer großen Höfen und Stallungen für mehr als tausend Pferde; sie hat eine schöne Fassade. Eines der schönsten architektonischen Monumente der Hauptstadt, wer sollte es wohl glauben, ist ein zum Einsalzen der Schweine bestimmtes Gebäude an der Puerta de Sancta Barbara, Saladero genannt. Hier sind alle zum Einsalzen dieser nützlichen Tiere nötigen Utensilien in großer Menge und in bestem Zustand vorhanden; aber hier werden auch alle Schweine von ganz Madrid genießbar gemacht.

Der neue Palast, die eigentliche Residenz der Könige von Spanien, liegt am Ende der Stadt auf einer Anhöhe; enge und winklige Straßen führen dahin; man zeigt ihn dem Fremden als das Nonplusultra aller Herrlichkeiten. Derselbe liegt so hoch, daß er ganz Madrid dominiert, und bildet ein regelmäßiges Viereck, von dem zwei Seiten auf das freie, vom Manzanares, wenn er nämlich Wasser hat, bewässerte Feld gehen. Das jetzige Schloß ist massiv aus Quadersteinen aufgeführt, hat große Höfe, aber keine Idee von einem Garten.

Ganz am entgegengesetzten Ende der Stadt, hinter dem Prado, liegt Buon Retiro, den man jetzt den alten Palast nennt und den Philipp IV. erbaute. Auch er bildet ein reguläres Viereck, das mit Türmen flankiert ist, aber aus Fachwerk besteht, Buon Retiro ist von unermeßlichen Gärten umgeben, die zum Teil sehr geschmacklos angelegt sind, aber doch manche schöne Partien haben. Die Armeria real, das königliche Zeughaus, ist sehr weitläufig und hat eine äußerst merkwürdige Sammlung seltener und kostbarer Waffen, die zum Teil berühmten Männern aus verschiedenen Jahrhunderten gehörten. Helme, peruanische Keulen, altamerikanische Waffen, türkische Roßschweife, Harnische, Standarten, Fahnen, Bogen, Feuerwaffen aller Art usw. sind in großer Menge vorhanden; unter den Schwertern zeigt man auch die Rolands, Cids usw.

Unter den Plätzen Madrids sind der große de la Cebada [des Getreides], der noch größere de los Canos del Peral, beide aber mit unansehnlichen Gebäuden umgeben, und der Platz der Stiergefechte, Plaza mayor, zu bemerken. Der letztere hat einen ungeheuren Umfang. Auf ihm wurden früher auch die schrecklichen Autodafés veranstaltet. Er ist mit Arkaden umgeben und dient zugleich als Marktplatz; seine Häuser sind sämtlich von fast gleicher Form, fünfstöckig und haben alle ganz gleichartige Balkone. Die Puerta del Sol ist ein großer sternförmiger Platz, auf dem fünf der schönsten Straßen Madrids zusammenlaufen; er ist der Sammelplatz aller Neugierigen, Müßiggänger und Pflastertreter, eine Art Palais-Royal, und liegt in der Mitte der Stadt, unfern der Plaza mayor.

Einige Straßen sind sehr schön, besonders die prächtige Calle de Alcala, die vom Prado bis zum Puerto del Sol führt und so breit ist, daß zwanzig Wagen nebeneinander bequem Raum in ihr haben. Ferner sind die Calle Mayor, del Principe, del Prado, de Toledo – diese jedoch bei weitem nicht so schön wie ihre Namensschwester in Neapel – Hortalesa und San Bernardo schöne Straßen.

Wenig Zeit blieb mir übrig, die Sehenswürdigkeiten Madrids kennenzulernen, denn es verging jetzt beinahe kein Tag mehr, an dem es nicht Alarm gegeben hätte. Auch die Theater besuchte ich nur wenig, kaum ein halbes dutzendmal, da mir der Dienst dies nicht öfter gestattete und ich mich auch langweilte, da ich die Sprache zu wenig verstand und meist nur Tonadillas und Sayanetes gegeben wurden, in denen es sehr frei und ungeniert auf der Bühne zuging und wollüstige Stellungen und sehr unanständiges Küssen häufig vorkamen, was nicht hinderte, daß sich Geistliche und Kutten jeder Farbe in Parterre und Logen blicken ließen und sichtbar ergötzten. Auch die italienische Oper besuchte ich, fand mich aber wenig befriedigt, da sie kaum mit den mittelmäßigsten Italiens konkurrieren konnte. Die Theater waren nicht sehr besetzt; bei einem Stiergefecht drängten sich die Spanier ganz anders hinzu.

Der Prado ist so ziemlich der einzige Spaziergang innerhalb der Stadt, wozu man noch die Straße Alcala und Puerto del Sol rechnen kann, da auch diese zum Spazierengehen benützt werden. Er ist aber der unterhaltendste, den man sich denken kann, vielleicht der angenehmste der Welt, und historisch merkwürdig. Er war von jeher auch ein Rendezvous für verliebte Intrigen und Abenteuer, und die Romanschreiber und Dichter Spaniens haben ihn weltberühmt gemacht. Bald waren es die greulichsten Mordszenen, bald politische Komplotte, Verschwörung und Verrat, die zu seiner Berühmtheit beitrugen.

Die Spanierinnen haben fast alle sehr melodische Stimmen, so daß schon ihre Rede fast wie lieblicher Gesang tönt. Ihre Sprache ist ein glühender Liebeshauch, ihre Augen und Blicke unter den nie fehlenden Schleiern erschüttern Mark und Bein und sind herzdurchbohrend. Dabei sind sie galant und verliebt bis über die Ohren. Sie sehen die Fremden sehr gern, und wären die Franzosen als Freunde geblieben, so hätten sie Spanien durch die Frauen und Mädchen erobert und gefesselt. Aber die unglücklichen Ereignisse machten, daß später das französische Militär fast in gar keine freundliche Berührung mehr mit den Einwohnern kam. Freilich besitzt der Spanier wenig Liebenswürdigkeit, ist hochmütig, gebieterisch und herrisch gegen das schöne Geschlecht, verrichtet dabei aber alle Frauendienste, ein ungeheurer Abstand gegen den galanten Franzosen, und dabei selten ein schöner Mann. In der Regel ist er eher häßlich zu nennen. Selbst sein Organ ist rauh und unangenehm und seine Aussprache hart. Vor der Mäßigkeit der Spanier im Essen und Trinken kann man sich kaum einen Begriff machen: Eine Familie von zehn Personen hat oft genug an dem, was mancher Süddeutsche oder Schweizer allein zu sich nimmt. Eine gesalzene Sardelle, ein Stückchen Knoblauch und trockenes Brot oder ein Ei und etwas Obst ist oft das ganze Mittagmahl. Eine Wassersuppe mit Öl, ein Dutzend Schnecken, Schwämme und so weiter sind schon Leckerbissen in den Dörfern.

Eine sehr große Rolle spielte zu jener Zeit noch der Aberglaube in ganz Spanien und unter allen Ständen. Wahrsager, Schwarz- und Weißkünstler, Hexenmeister gab es in jedem Dorf, und ganze Banden solchen Gesindels streiften in dem Land umher, sich von der Dummheit der Einwohner mästend. Die Barbiere sind ein entsetzlich geschwätziges Volk, höchst zudringlich und auch bei galanten Abenteuern nützlich.

Der spanische Adel ist auf sein Herkommen und seinen Stammbaum ebenso eingebildet und dummstolz als mancher hannoversche oder sächsische Kraut- und Landjunker. Ein jeder Hidalgos, wenn er auch in Lumpen gehüllt ist und kein ganzes Hemd mehr auf dem Leib hat, besitzt doch gewiß seinen wurmstichigen Stammbaum in seiner Dachkammer, oft der einzige Zierat oder besser der Unrat seiner hohen Wohnung. Dabei sind sie gegenseitig so komisch komplimentreich, daß man in Versuchung kommt, sie für Polichinellos [Possenreißer] zu halten.

Noch hatte ich Aranjuez nicht gesehen, und da sich der politische Himmel über Madrid mit jedem Tag mehr trübte, so erbat ich mir einen vierundzwanzigstündigen Urlaub, der mir nur mit Mühe bewilligt wurde, um diesen reizenden Sommeraufenthalt des spanischen Hofes zu besuchen und den Ort kennenzulernen, auf dessen Boden die Handlung von Schillers herrlichem Don Carlos beginnt. Hier erreicht man das reizende Tal von Aranjuez und dünkt sich plötzlich wie durch Zauber in ein anderes Land versetzt. Die anmutigsten Gebüsche und Baumgruppen der mannigfaltigsten Gattung, herrlich grünende Wiesen, durch welche Silberbäche dahinrieseln, rauschende Wasserfälle, duftende Blumenbeete entzücken Gesicht und Geruch, alles verkündet, daß hier Garten- und Feldbau anders gepflegt und gehandhabt wird als im übrigen Spanien.

Endlich kommt man zu Las doce Calles an, ein Platz, auf welchem zwölf prächtige Alleen in einem Rondell zusammentreffen, an dem Ende einer dieser führt eine Schiffbrücke des Tajo an das ersehnte Ziel. Ich hatte den acht Stunden langen Weg mit einem Kameraden in weniger als drei zurückgelegt; wir hatten aber Madrid schon um vier Uhr morgens verlassen. Aranjuez ist eine kleine Stadt, die am Tajo liegt, in welchen sich hier der Jarama ergießt. Sie ist regelmäßig und hübsch gebaut, hat ungefähr dreitausend Einwohner, deren Zahl sich aber während des Aufenthalts des Hofes verdoppelt.

Das königliche Schloß besteht aus einem Hauptgebäude mit zwei Flügeln, ist aus Backsteinen erbaut und entspricht nicht den gehegten Erwartungen. Auch das Innere, einige Gemälde ausgenommen, enthält nichts Außerordentliches. Die Gärten sind über alle Beschreibung reizend; wir trieben uns fast den ganzen Tag in diesen und den majestätischen, unabsehbaren Alleen, die sich in allen Richtungen kreuzen, herum. Die schönsten sind die, welche nach der Richtung von Toledo und Madrid zu laufen. Die königlichen Ställe, die am Jarama liegen, bilden ein stattliches Gebäude. Die besuchteste Promenade ist die Calle de la Reyna längs dem Garten del principe. Als wir diese entlanggingen, begegneten wir Donna Andeya am Arm ihres Gatten, was uns beide, die Donna wie mich, überraschte und ein wenig in Verlegenheit versetzte. Sie dankte errötend auf meinen höflichen kalten Gruß, was ihrem Mann nicht auffallen konnte, da wir alle Damen grüßten, die uns in diesen

Gärten begegneten. Später erfuhr ich, daß sie erst vor einigen Tagen von Valladolid zurückgekommen sei, hatte aber keine Gelegenheit weiter, sie zu sehen.

In all den Parks zu Aranjuez fehlt es nicht an pittoresken Partien, Fontänen, Kaskaden, Statuen usw. Der sogenannte Inselgarten, der nördlich vom Schloß liegt und ganz vom Tajo umgeben ist, hat herrliche Springbrunnen, unter denen die Fontänen des Herkules, von einer großen eisernen Balustrade umgeben, besonders hervorragen.

Es war gerade vor Torschluß, daß wir die Tour nach Aranjuez gemacht hatten, denn von nun an ward gar kein Urlaub mehr erteilt, da sich mit jeder Minute der politische Himmel mehr verfinsterte und die gewitterschwangeren schwarzen Wolken sich zu entladen drohten, was auch schneller geschah, als man vermutete.

XXI.

Drohende Stimmung der Einwohner zu Madrid – Aufstand zu Toledo – Der blutige Aufstand am 2. Mai zu Madrid – Wegnahme der Artillerieparks – Ich rette einem Insurgenten das Leben und werde dabei verwundet – Rencontre mit Murat – Gefährliche Zusammenkunft – Fast ganz Spanien im Aufstand – Die Junta zu Sevilla und die Provinzialjuntas erklären Frankreich den Krieg – Wir stoßen zu dem Belagerungsheer von Saragossa

---

Seit Ferdinands Abreise von Madrid schienen alle spanischen Gesichter ein ganz anderes Aussehen zu haben. Man blickte uns mit auffallend finsteren Augen an, um so mehr, da man wußte, daß wir jetzt ganz auf Spaniens Unkosten lebten und unterhalten wurden. Das Benehmen der Krieger der großen Nation war im Gefühl ihrer bisherigen Siege ziemlich arrogant, was zu öfteren Händeln Veranlassung gab, die zwischen den Einwohnern und Soldaten vorfielen, in die sich aber das spanische Militär durchaus nicht einmischte, sondern ganz neutral verhielt. Auch verschwand hier und da mancher französischer Soldat, ohne daß man herausbringen konnte, was aus ihm geworden war. Murat fuhr fort, Truppen nach Madrid zu ziehen. Dupont wurde mit seinem Stab und einem Teil seiner Division nach Aranjuez und Umgegend verlegt. Der Rest hatte unter dem Befehl Vedels Besitz von Escorial genommen. Die dritte Division lag noch bei Segovia, und viele Bataillone biwakierten in geringerer oder größerer Entfernung von der Hauptstadt.

Das Gerücht, daß Napoleon Ferdinand VII. nicht anerkenne, fand bald allgemeinen Glauben, man erfuhr, daß in Toledo schon ein Volksaufstand stattgefunden habe, bei dem die Anhänger des alten Königs und Godoys flüchten mußten. Man hatte dabei Ferdinands Bild im Triumph herumgetragen. Wer ihm begegnete, mußte seine Knie vor demselben beugen und ihm ein Vivat bringen, wollte er nicht von dem mit Säbeln, Spießen und Gewehren bewaffneten Volk mißhandelt oder gar ermordet werden. Fünf Tage darauf marschierte Dupont schon nach Toledo ab, wohin er sein Hauptquartier verlegte. Er fand keinen Widerstand bei seinem Einzug, wie er gefürchtet und weshalb er in Schlachtordnung vorgerückt war, sondern der Erzbischof, ein Bruder der Gattin Godoys, kam ihm mit dieser und einer Zahl Geistlichen entgegen. Aber das Volk maß die Ankömmlinge mit finsteren, vielsagenden Blicken.

Wir standen jetzt in Madrid wie auf einem Vulkan, von dem alle Anzeichen einen nahen Ausbruch verkündeten. Nur mit großer Mühe hatte man bei Godoys Freilassung einen Aufstand unterdrückt. Als man aber die Gewißheit bekam, daß Ferdinand Spaniens Grenze überschritten und dessen Vater gegen seine erzwungene Abdankung protestiert habe, wurde die Erbitterung allgemein und furchtbar. Die böse Stimmung der Gemüter war nicht mehr zu verkennen und stieg aufs höchste, als sich übertriebene Gerüchte hinsichtlich der Mißhandlung, die der vergötterte Ferdinand in Bayonne erlitten haben sollte, in Madrid verbreiteten. Den ganzen Tag standen Tausende um das Postgebäude, die von Frankreich kommenden Kuriere und Briefe erwartend. Man teilte sich auf der Puerta del Sol, dem Prado und an allen öffentlichen Orten und Plätzen Briefe mit, welche die Vorfälle zu Bayonne mit den schwärzesten Farben schilderten. Wut und Ingrimm machten sich auf den Gesichtern bemerkbar, und nur noch mit Mühe unterdrückten die Leute den Ausbruch ihres Zornes.

Es wurden nun allerlei Maßregeln von unserer Seite ergriffen, den bevorstehenden Sturm zu beschwören und das Verbreiten schlimmer oder falscher Nachrichten zu verhindern, aber vergeblich. Auch fing man die Sache verkehrt an. Umsonst ritt Murat täglich zu verschiedenen Stunden mit großem Prunk und glänzendem Gefolge durch die Straßen der Hauptstadt, um sich dem Volk zu zeigen und es zu besänftigen. Diese Ostentation hatte gerade die entgegengesetzte Wirkung. Das Volk hielt sie für Hohn und glaubte, man spotte seiner. Man murrte laut, und nicht selten ließ sich ein gellendes Pfeifen hören, wenn der Zug vorüberritt. Murat war durch die ertrotzte Befreiung und Abführung Godoys jetzt ebenso verhaßt wie dieser geworden. In der peinlichsten Lage befand sich jedoch die hohe Junta, welcher Ferdinand die Zügel der Regierung bei seiner Abreise übergeben hatte und die nicht mehr wußte, wer Koch oder Kellner war, daher in dieser Verwirrung keinen Faden finden konnte, der ihr den rechten Weg gezeigt hätte. Auch wollte sie es mit keiner Partei verderben.

Die wenigen spanischen Truppen, die noch in Madrid lagen, es waren kaum zweitausend Mann, wurden in den Kasernen gehalten, als die Gärung auf das höchste gestiegen war. Es gab jetzt schon blutige Raufereien zwischen den Einwohnern und unseren Truppen. Unsere Artillerie war sehr zahlreich in Buen Retiro aufgestellt, um im Fall der Not jeden Augenblick bereit zu sein. In Madrid selbst stand die kaiserliche Garde zu Fuß und zu Pferd, eine Division von der Linie, eine Brigade Reiterei und so weiter. In Aranjuez und der Umgegend lagen noch an dreißigtausend Mann. Als das Unwetter drohte, erhielten wir Order, im Prado zu biwakieren. Das Kloster des heiligen Bernhard war mit Soldaten angefüllt, die nicht aus den Kleidern kamen und Tag und Nacht unter Gewehr standen, auf das geringste Alarmzeichen passend.

Als Murat nun dem noch in Madrid anwesenden Infanten Don Antonio mitteilte, daß er von Karl IV. den Auftrag erhalten habe, die Königin von Etrurien* mit ihrem dreizehnjährigen Sohn auch nach Bayonne zu schicken, erklärte die Junta, daß sie den letzteren nicht ohne den ausdrücklichen Befehl des Königs Ferdinand abreisen lassen würde. Murat entgegnete, daß er alle Verantwortung deshalb auf sich nehme, und bestimmte den 2. Mai (1808) zum Tag der Abreise der Königin und ihres Kindes. Als dies in der Hauptstadt bekannt wurde, ließen deren Einwohner alle noch bis jetzt beobachteten Rücksichten beiseite und riefen laut in den Straßen die infamierendsten Schmähungen gegen den Kaiser der Franzosen, aus dem sie einen picaro, un cobarde ladron** machten. Da auch seit einigen Tagen die Nachrichten aus Bayonne ausblieben, vermutete man, daß dort das Ärgste vorgefallen sein müsse, und sprach von Ermordung und Vergiftung der beiden Prinzen, Don Ferdinand und Don Carlos, durch Godoys Einfluß. Auch die Weiber wurden nun wütend, und wo man eine französische Uniform sah, murmelte man: perro francés***. So war die Stimmung am 2. Mai, und die ungeheure pulverschwangere Mine erwartete nur den zündenden Funken, um alles in die Luft zu sprengen. Dieser Funke war die Abreise der Königin von Etrurien.

---

*) Marie Louise, Infantin von Spanien, seit 1801 Königin des neugebildeten Königreichs Etrurien (bis dahin Großherzogtum Toskana), nach dem Tode ihres Mannes 1804 auch Regentin, wurde 1807 mit ihrem Sohn von Napoleon unter Beibehaltung ihres Ranges nach Madrid verwiesen und das Land dem Kaiserreich angeschlossen.
**) Schurken, einen feigen Dieb
***) Verfluchter Franzose

Die vorhergehende Nacht stand die ganze Garnison unter dem Gewehr, und starke Patrouillen kreuzten in allen Richtungen. Dies hinderte nicht, daß sich schon mit Tagesanbruch eine unermeßliche Menge Volk vor dem Palast versammelte, den die Königin bewohnte. Unter diesem Haufen war eine Menge Weiber aus den untersten Klassen, und alle hatten drohende Gesichter. Die Vorbereitungen zur Abreise wurden auf das schleunigste betrieben, und es gelang, daß die Königin mit ihren Kindern noch vor neun Uhr abfuhr. Noch waren die Wagen ihres Gefolges, welches das versammelte Volk für den Infanten Don Francisco bestimmt glaubte, nicht aufgebrochen, der, wie man versicherte, sich weigere abzureisen und in Verzweiflung sei. Wie ein Lauffeuer verbreitete sich dieses Gerücht unter den Massen, worauf die Weiber laut zu heulen und zu schreien, die Männer aber zu fluchen und zu schimpfen begannen und alle Verwünschungen gegen die Franzosen ausstießen. Gerade in dem Augenblick, als die Erbitterung auf das höchste gestiegen war, kam Murats Adjutant Lagrange aus dem Palast, und eine Stimme rief laut: «Das ist der picarro, der den Infanten mit Gewalt fortschleppen will!» Man umringt sogleich den Offizier, schimpft und stößt ihn, er zieht den Degen, war aber am Unterliegen, als sich eine Grenadierpatrouille zu ihm durchschlägt und ihn dem unvermeidlichen Tod entreißt.

Dies war das Zeichen zum allgemeinen Aufstand der Bevölkerung Madrids. In wenigen Augenblicken sind alle Straßen mit bewaffneten Bürgern und Bauern angefüllt, die Piken, Dolche, Gewehre, Hellebarden handhaben. Die Trompeten schmettern, die Trommeln wirbeln den Generalmarsch, und die Sturmglocken heulen durch die Lüfte. An den noch nicht abgegangenen Wagen zerschlägt das Volk die Stränge, ohne daß es das herbeieilende Pikettbataillon, das bei Murat Wache hat, verhindern kann. Wir alle glaubten, daß dies der Ausbruch einer tiefangelegten Verschwörung sei, alle Franzosen zu morden. Aber es war nur die natürliche Folge des allgemeinen Unwillen, den der empörte Nationalstolz hervorbrachte. Die wütenden Bürger rennen jetzt mit Eisenstöcken, Knütteln, Spießen, alten Schwertern, Büchsen durch alle Straßen und schlagen alle Franzosen, denen sie einzeln oder in geringer Zahl begegnen, gleich tollen Hunden tot. Nicht besser ergeht es jenen, die sich noch hier und da in den Häusern befinden, wie Kommissäre, Offiziersbediente und andere. Adjutanten und Offiziere, welche Orders an Korpskommandanten zu überbringen haben, werden von den Pferden herabgerissen, gesteinigt und tödlich verwundet. Aus vielen Fenstern wird auf alle vorbeieilenden Franzosen geschossen oder siedendes Wasser und Öl auf sie herabgegossen, und jetzt entspinnt sich an hundert Orten zugleich der wütendste, blutigste Kampf.

Unser Bataillon, das noch in der Nähe des Tores von Segovia unter den Waffen stand, erhielt Order, sich auf die Höhen vor dem Tor Santa Vinzenz zu begeben, wohin mehrere Truppen ihre Richtung nahmen, wo Murat seinen Standpunkt gewählt hatte und von wo aus er seine Befehle nach allen Richtungen sandte. Reitende Ordonnanzen gingen ventre à terre [im gestreckten Galopp] ab, den in der Umgebung kampierenden Truppen die Befehle zu überbringen, auf das schleunigste gegen die Hauptstadt zu marschieren. Hierauf wurden die Kolonnen gegen verschiedene Straßen und Plätze der Stadt in Marsch gesetzt. Die breite Straße Alcala wurde mit Kartätschen gesäubert, die Kavallerie der Garde und die Lanciers hieben und stachen auf die Massen ein. Unser Bataillon sowie ein großer Teil der Infanterie lief, in Pelotons abgeteilt, durch die Straßen und drang in die Häuser, aus denen man geschossen hatte. In einem Haus der Calle San Bernardo hatte ich die größte Mühe, drei Frauen und einen Knaben der Wut der erbitterten Soldaten zu entziehen, um ihnen das Leben zu retten.

Immer mehr Truppen kamen jetzt in die Stadt, aber von der anderen Seite auch Tausende von bewaffneten Landleuten aus der Umgegend, die den Bürgern zu Hilfe eilten, und Geistliche und Mönche, mit dem Kruzifix in der Hand, stellten sich an die Spitze der Volkshaufen und ermutigten sie zum verzweifelten Kampf. Um elf Uhr vormittags hatte das wütendste Gefecht schon auf allen Punkten begonnen und nahm mit jedem Moment zu. Das spanische Militär stand noch immer in seinen Kasernen und hatte Befehl, strengste Neutralität zu beobachten. Ein Haufen Volk eilte, diese Truppen aufzufordern, sich mit ihm zu vereinigen; aber vergeblich. Die Kommandeure hielten sie zurück, und nur einigen gelang es, sich unter das Volk zu mischen. Dieses war so wutentbrannt, daß es sich oft blindlings mit Dolchen oder Stöcken in unsere Reihen stürzte und sich sterbend glücklich pries, wenn es ihm gelungen war, einen der Unsrigen zu verwunden. Mitten unter diesen, gleich Löwen fechtenden Haufen standen Weiber mit fliegenden Haaren, flatternden Mantillen, welche die Männer zum Ausharren im Kampf aufmunterten, ja selbst vor der im Galopp heransprengenden Reiterei nicht zurückwichen.

Als einige den Ruf «Nach dem Park, holt Waffen!» hören ließen, rannte das Volk dahin, um sich der vorhandenen Kanonen und vieler tausend Gewehre zu bemächtigen. Aber der die Wache habende Offizier, ein spanischer Artillerieleutnant, weigerte sich, dieselben auszuliefern. Als man noch deshalb hin und her stritt, kam ein anderer Offizier namens Ruez mit einer Abteilung von fünfzig Mann, die den Park schützen sollten. Doch statt dessen ließ er das Volk gewähren, öffnete ihm sogar die Türen, und es bemächtigte sich schnell der vorhandenen Gewehre, wohl über zehntausend, sowie der Munition. Auch die Kanoniere nahmen Partei für das Volk, zogen Kanonen heraus und pflanzten sie in verschiedenen Straßen, wo sie glaubten, daß die Franzosen herkommen würden, auf. In diesem Augenblick rückten unsere Kolonnen in der Straße San Bernardo vor, denn wir hatten Befehl, uns des Parks um jeden Preis zu bemächtigen. Als uns das Volk gewahr wurde und heranlaufen sah, feuerte es die Kanonen ab, und der Kommandant unserer Kolonne stürzte mit noch mehreren anderen Soldaten an der Spitze derselben tot nieder, während andere schwer verwundet wurden. Das führte dazu, daß die Kolonne zurückwich; hierdurch entstand Unordnung, und mehrere der Unsrigen fielen in die Hände des wütenden Volkes.

Doch brachte der jetzt befehlende Bataillonschef Carlier die Truppen bald wieder zum Stehen, und ein spanischer Kapitän, den die Regierungsjunta als Parlamentär abgesandt hatte, stellte sich, mit einem weißen Tuch winkend, an unsere Spitze, seinen Landsleuten zurufend, sie mögen mit dem Feuer einhalten, wir seien von der Junta abgeschickt, den Park nur zu schützen. Das Volk hörte zwar auf diesen Befehl, als wir aber weiter vorrücken wollten, rief man uns zu, um zu beweisen, daß wir als Freunde kämen, sollten wir die Waffen ablegen. Und da wir dies natürlich nicht taten, feuerten sie aufs neue. Jetzt begann ein äußerst hartnäckiges Gefecht, das damit endete, daß wir die Kanonen mit bedeutendem Verlust im Sturm nahmen und so Herren des Parks wurden. Aber der größte Teil der Waffen und des Pulvers waren schon weggenommen.

Der Kampf hatte sich nun in fast alle Gegenden und Straßen Madrids verbreitet, obgleich sich mehrere Mitglieder der Junta die unsäglichste Mühe gaben, dem Blutvergießen Einhalt zu tun, und unter Lebensgefahr durch die Gassen ritten, weiße Tücher schwingend. Immer mehr gestaltete sich die Schlacht, denn das war sie, und zwar mitten in einer Stadt, zu unserem Vorteil. Jetzt waren auch die Unsrigen bis zur Wut entflammt, da sie allenthalben auf die entsetzlich verstümmelten Leichen ihrer Kameraden stießen. Besonders waren viele Mameluken von der Garde gefallen, welche die Orders zu überbringen hatten. Sie verübten deshalb barbarische Grausamkeit gegen die ihnen in die Hände geratenen Spanier und machten unter anderem ohne Unterschied alle nieder, die sich in eine Kirche geflüchtet hatten. Bis nach drei Uhr nachmittags währten dieses schreckliche Gemetzel und der Kampf. Ich habe weder vor noch nach diesem Tag ähnliche Blut- und Mordszenen gesehen, und lange verfolgte mich die Erinnerung.

Als das Volk endlich sah, daß es überall den kürzeren zog, suchten die in die Stadt gekommenen Landleute zu fliehen. Sie wurden aber größtenteils von der Kavallerie eingeholt und niedergehauen. Einem solchen armen Teufel, einem schon ziemlich bejahrten Bauern, rettete ich das Leben, als ich mit meinem Degen den Hieb des Kavalleristen parierte, der ihm den Kopf gespalten hätte. Dagegen erhielt ich den etwas gelähmten Hieb in den rechten Arm, so daß er durch das Fleisch bis auf den Knochen ging, der jedoch nicht lädiert wurde. Dennoch brachte ich über vierzehn Tage mit der Heilung dieser Wunde zu, die mich von allen, die ich erhalten, am meisten freute, wenn ich mich an den armen Teufel erinnerte. Der Dragoner, dem ich zuredete, doch menschlicher zu sein, dankte mir zuletzt noch, ihn an der Tötung des alten Mannes gehindert zu haben, und verband mir die Wunde vorläufig.

Wieviele Tote das Volk an diesem schrecklichen Tag hatte, konnte nicht genau ermittelt werden. Während einige mehr als tausend zählen wollten, behaupteten andere, es seien kaum hundert gewesen. Keines von beiden mag richtig sein. Wir hatten jedoch etwa dreihundert Tote und über tausend Verwundete.

Noch am selben Abend wurde ein Teil der mit der Waffe in der Hand Gefangenen von einer Militärkommission zum Tode verurteilt und sogleich in der Nähe des Prado erschossen. Ebenso erging es allen, welche die Patrouillen unterwegs auffingen und bei denen man auch nur ein Messer oder sonst ein schneidendes Instrument fand. Es wurde ihnen weder die Beichte noch die Tröstungen eines Priesters gestattet. Sie mußten ohne Absolution aus dem Leben gehen. Diese Exekutionen dauerten auch noch den anderen Tag fort und machten Murats Namen sowie alle Franzosen in ganz Spanien schrecklich verhaßt. Jetzt hatten Pfaffen und Mönche gutes Spiel, und jeder Spanier suchte bald einen Franzosenmord auf dem Gewissen zu haben, um direkt in den Himmel zu kommen.

Eine Proklamation, die Murat am 3. Mai erließ, verkündete, daß jeder Spanier, der mit irgendeiner Waffe gefunden, auf der Stelle erschossen, daß jeder Ort, in welchem ein Franzose getötet, niedergebrannt würde und die Väter für ihre Söhne, die Meister für ihre Gesellen, die Äbte für ihre Mönche und so weiter haften müßten. Dies empörte die Gemüter nur noch mehr, während das fortdauernde Erschießen in den nächsten vierundzwanzig Stunden alle spanischen Herzen racheglühend machte. General Grouchy war der Präsident der Militärkommission, die diese blutigen Urteile sprach und nicht weniger als dreihundert Unglückliche sowie alle in der Infanteriekaserne gefangen sitzenden Insurgenten erschießen ließ. Viele wurden auf des Nachts aus ihren Wohnungen und Betten geholt und zum Richtplatz geschleppt.

Am 4. Mai löste Murat dieses gräßliche Blutgericht wieder auf, nachdem ihm auch die Junta die dringendsten Vorstellungen deshalb gemacht, und es wurde nun eine Amnestie verkündet, aber bei Todesstrafe geboten, alle Waffen abzuliefern. Dennoch töteten die Mameluken noch mehrere Spanier im Augenblick der Amnestie, und viele hundert Einwohner Madrids flohen, derselben nicht trauend, in die

Provinzen, wohin sie die schreckliche Neuigkeit des Blutbads in der Hauptstadt mit den schwärzesten Farben und mit Blitzesschnelle verbreiteten. Die Geistlichkeit vergrößerte diese ohnehin schon entsetzlichen Vorfälle noch hundertmal durch ihre geheimen Kanäle, und bald war kein Winkel mehr in ganz Spanien, der nicht vor Rache glühte. Am 3. Mai mußte nun auch noch der zurückgebliebene Infant Don Francisco nach Frankreich abreisen, und am 4. Mai folgte ihm der Infant Don Antonio. Jetzt waren alle Mitglieder der königlichen Familie aus dem Land.

Grabesstille war plötzlich in Madrid eingetreten. Murat stellte sich als Präsident der Junta an deren Spitze und wurde kurz darauf von Karl IV. von Bayonne aus zum Generalleutnant des Reiches ernannt.

Meine Wunde hinderte mich weder am Ausgehen noch an den Dienstverrichtungen. Ich trug nur den Arm in einer Binde. Fünf oder sechs Tage später, als ich du jour war [den Tagesdienst hatte] und ausritt, Wachen zu inspizieren, begegnete ich in der Straße de Atocha Murat mit seiner ganzen Suite zu Pferde. Nachdem ich ihm salutiert, fragte er mich, wo ich die Wunde erhalten, und als ich getreuen Bericht erstattet, sagte er: ‹Das war wohl auch der Mühe wert, blessiert zu werden, um so einem Briganten das Leben zu retten. Indessen zeugt es von Großmut, und die ist nie ohne Mut. Wie heißen Sie?›

Ich sagte ihm meinen Namen, und als er weiter fragte ‹Woher?› und ich ihm ‹Aus Frankfurt am Main› erwiderte, versetzte er: ‹Also ein Deutscher, und aus Frankfurt. Dort ist auch ein böses Volk. Das hat zu Custines Zeiten die Franzosen in den Straßen ermordet.* Wie kamen Sie in unseren Dienst?›

Mit wenig Worten teilte ich dies dem Großherzog mit, der davonsprengend mir noch zurief: ‹Es ist gut, ich werde mich Ihrer erinnern.› Dies wäre wohl schwerlich geschehen, hätte mich der Zufall nicht später wieder in seine Nähe gebracht und ihm bemerkbar gemacht.

Nach den Vorfällen des 2. Mai hatte ich noch einmal eine Zusammenkunft mit meiner schönen Donna, deren Wohnung ich infolge dieser Ereignisse verlassen, bei der sie mir ganz ohne Hehl erklärte, daß, so sehr sie mich auch liebe, sie wohl imstande wäre, mich zu vergiften oder zu erdolchen und mir das Messer im Herzen umzudrehen, wenn es die Madonna so wolle, und ich, wie fast alle Franzosen, ein Ketzer, ein Feind Christi und des heiligen Vaters zu Rom sei. Dabei sprühten ihre Augen Feuer, aber es waren Funken des Zornes. Als ich die hübsche Senora sich so gebärden und entstellen sah, fürchtete ich, daß sie eine Art Wahnsinn befallen

---

*) Frankfurt war 1792 von den Franzosen unter General Custine besetzt worden, bis Preußen und Österreicher die Stadt noch vor Jahresende zurückeroberten, wobei es zu Ausschreitungen gegen vereinzelte französische Soldaten kam.

habe, und suchte mitleidsvoll sie zu beruhigen, was mir nicht ohne die größte Mühe gelang, nachdem ich versicherte, daß ich weit entfernt, ihre Landsleute zu töten, einige sogar gerettet habe, folglich der beste Christ sei, den die Sonne bescheine und ebenso gut an Gott glaube wie sie.

‹Aber auch an die Madonna?› – ‹Gewiß, da sie wohl so schön ist wie du.› Bei diesen Worten küßte ich den kleine Satan auf die Stirn. Ich erfuhr noch von ihr, daß die Geistlichen versicherten, daß alle Frauen, die irgendeinen Kommerz mit einem französischen Ketzer hätten, mit diesem zum ewigen Schmoren im Höllenpfuhl verdammt seien. Ich suchte ihr diese Possen bestmöglichst auszureden und riet ihr, es so zu machen wie meine schöne Kalabreserin zu Monteleone, wenn sie denn doch ihre Sünden beichten müsse, nicht zu sagen, mit wem sie gesündigt habe. Dann würde sie ja doch Absolution erhalten, die immer vollgültig wäre und ihr niemand bestreiten könne. Mehrere, anfänglich halb erzwungene Küsse machten, daß sie bald wieder von einem anderen Feuer als dem des Zornes glühte. Es gelang mir, sie zu überzeugen, daß ich wahr gesprochen. Der Frieden zwischen uns wurde aufs neue geschlossen und besiegelt.

Als sie vertrauensvoll in meine Arme sank und sich an mich schmiegte, fühlte ich den Druck eines harten Gegenstandes an ihrer linken Seite. Ich griff danach und faßte einen ziemlich langen Dolch in einer mit Silber beschlagenen Scheide. Ich wollte sie jetzt verlassen, allein sie warf sich zwischen mich und die Tür und fragte mich in allem Ernst, ob ich sie angeben wolle, und auf Knien rutschend, bat sie mich um der Madonna und aller Heiligen willen, sie doch nicht zu verraten. Ich hob sie auf, küßte ihr die Tränen von den Wangen und bat sie, mir mit dem Dolch ein Geschenk zu machen, wozu ich sie nur durch vieles Bitten bewegen konnte. Bevor ich mich entfernte, sagte ich ihr noch: ‹Wie, und wenn ich nun doch ein Ketzer wäre?› ‹Unmöglich›, rief sie aus, mir um den Hals fallend, ‹unmöglich kannst du mich so unglücklich machen wollen.›

Wir trennten uns mit dem beiderseiten Versprechen, uns bald wiederzusehen. Ehe ich wieder ein Rendezvous mit ihr haben konnte, bekam das Bataillon Befehl, nach Toledo, wo Dupont noch stand, auszumarschieren, und ich sah Donna Calvanillas nicht und Madrid nur im Flug wieder.

Zu dem Toledotor hinaus, über die schöne Toledobrücke, welche über den Manzanares führt, marschierten wir durch das Städtchen Getafe nach Illescas, wo wir eine Nacht blieben, und dann über Olias am dritten Tag in Toledo ankamen. Der Weg war kahl und öde und wurde erst von Olias aus etwas baum- und pflanzenreicher. Die Dörfer, durch die wir kamen, waren meist wie ausgestorben, und auch in den Städten herrschte eine Grabesruhe, viele Häuser waren gänzlich geschlossen. Wir kamen noch ziemlich früh am Tag in Toledo an, wo wir durch das Tor Visagra einrückten und zuerst in einem Kloster und seinen Kreuz- und Quergängen einquartiert, zwei Tage darauf aber in die Umgegend verlegt wurden.

Wir lagen in recht elenden Dörfern oder in deren Nähe und biwakierten größtenteils. Die Hitze wurde mit jedem Tag größer und unerträglicher, und oft mangelte es uns an allem, sogar an frischem Wasser. Dabei wurden die aus ganz Spanien einlaufenden Nachrichten immer bedenklicher. Allenthalben hatte man die Standarte der Rebellion, wenn man die rechtmäßige Erhebung eines Volkes gegen einen fremden Räuber so nennen darf, aufgepflanzt. Die Flammen eines das ganze Reich umfassenden Brandes loderten an allen Orten zum Himmel empor, wozu die von Bayonne eingehenden Berichte, welche die Verzichtleistung Ferdinands auf den spanischen Thron verkündeten – die ganze königliche Familie war jetzt in den Klauen Napoleons –, am meisten beitrugen. Aber was den allgemeinen Zorn wie durch einen Blitz entzündete, war die Bekanntmachung, daß die Junta zu Madrid sich einen neuen König vom Kaiser der Franzosen erbat, wozu sie durch Murat gezwungen war.

Ungefähr drei Wochen mochten wir in der Umgegend von Toledo, aber nicht auf Rosen, kampiert haben, als wir Order erhielten, nach Madrid zurückzukehren, was wir auf demselben Weg, den wir gekommen, bewerkstelligten. Daselbst erfuhren wir, daß Napoleon für den 15. Juni eine spanische Junta nach Bayonne berufen habe. Auch wurde Tag und Nacht an der Befestigung der Anhöhen von Retiro gearbeitet, wodurch man die Hauptstadt im Zaum zu halten hoffte. Das Seltsamste aber war, daß das sonst so gefürchtete allerhöchste Inquisitionsgericht in seinem Unterwerfungseifer gegen Murat und Napoleon noch weiter ging als die gehorsame Junta und andere Behörden, die jetzt völlig unter französischem Einfluß standen und die Priester und Pfaffen aufforderten, den Unwillen des Volkes auf die Urheber der Exzesse und des Aufstandes vom 2. Mai zu lenken, woran sich aber die Geistlichkeit wenig kehrte. Freilich war die Sache so doppelsinnig wie ein delphischer Orakelspruch, denn wer waren die eigentlichen Urheber? Am unterwürfigsten aber hatte sich doch der Erzbischof von Toledo, der Primas von Spanien, gezeigt.

Nur ein Ruhetag wurde uns in Madrid gestattet, worauf wir den Marsch nach Aragonien antreten mußten. Die verschiedenen französischen Armeekorps in Spanien waren jetzt in Navarra, Katalonien, Leon, Alt- und Neukastilien verteilt und mochten wohl über achtzigtausend Mann stark sein. Aber es waren nur wenig gediente Soldaten dabei, die Mehrzahl bestand aus jungen Konskribierten. Wir verließen Madrid durch das Tor Alcala, kamen über verschiedene unbedeutende Dörfer und biwakierten die erste Nacht in der Umgegend von Torrejón de Ardoz, einem ziemlich großen Flecken, der links von der Straße lag. Den folgenden Tag kamen wir nach Alcalá de Henares, wo wir aber nur wenige Stunden kampierten und die Nachricht von den Aufständen in Cartagena und Valencia erhielten, die mit den grellsten Farben ausgemalt wurden. Unsere Soldaten durften nicht in die Stadt. Dies wurde nur einigen Offizieren, unter denen auch ich, erlaubt. Was Alcalá de Henares vor allem berühmt macht, ist, daß der unsterbliche Cervantes* hier geboren wurde.

Wir brachen nach kaum vier Stunden Rast wieder auf und passierten fast trockenen Fußes den Henares – die über denselben führende Brücke war schon seit fünfzig Jahren verfallen – in der Nähe von Guadalajara. Der Weg von Alcalá ging meist durch große und schöne Ebenen, war auf der einen Seite von Bergen begrenzt, während wir auf der anderen fast immer den Henares im Angesicht hatten. In einem Kloster von Guadalajara übernachteten wir. Diese Stadt liegt in einer Ebene nahe am Henares und mag an zwölftausend Einwohner haben. Hier bestätigten sich nicht nur die Nachrichten von den Aufständen, sondern man erhielt neue, die verkündeten, daß bereits der größte Teil Spaniens in vollem Aufruhr und französisches Blut schon in Strömen geflossen sei sowie daß jeder dem Volk verdächtige Spanier; namentlich alle Anhänger Godoys oder der Franzosen, ermordet würden. Auch wir begegneten überall nur finsteren, nichts Gutes prophezeienden Gesichtern.

Wir setzten indessen unseren Marsch nach Aragonien noch unangefochten fort und schlugen am dritten Tag unser Biwak bei dem Dorf Gajanejos, nachdem wir durch die verfallene Stadt Torija marschiert waren, auf, und den vierten kampierten wir bei den Dörfern Torremocha und Algora. Unser nächstes Biwak war bei dem Weiler Torre. Auf dem Marsch dahin kamen wir durch eine so enge Schlucht, daß man die Felsen auf beiden Seiten manchmal zugleich mit den Händen ergreifen konnte. Wir wurden nun in der Umgegend von Sigüenza und zum Teil in die Stadt selbst verlegt, die auf einem Hügel am Henares liegt.

Hier weilten wir mehrere Tage und erhielten die uns alle in Erstaunen setzende Nachricht, daß Napoleons Bruder Joseph, der bisherige König von Neapel, zum Herrscher von Spanien ernannt sei, aber zugleich auch die, daß ihn ganz Spanien zurückstoße und sich zu Sevilla schon eine Regierungsjunta gebildet habe, welche das Reich in Abwesenheit der rechtmäßigen Monarchen regieren wolle, die gegen die Franzosen äußerst feindselig gesinnt sei, und man überall: ‹Es lebe Ferdinand,

---

*) Cervantes, geb. 1547, gest. 1616, gelangte als Verfasser des ‹Don Quijote› zu literarischem Weltruhm.

Tod den Franzosen!» rufe. Bald darauf kam die Nachricht, daß die Junta Frankreich förmlich den Krieg erklärt habe. Auch in Altkastilien hatten die Einwohner schon zu den Waffen gegriffen, Ferdinand VII. zum König ausgerufen und Murats Proklamationen dem Feuer übergeben. In Navarra, Biscaya, Aragonien, Valencia, Tortosa, Andalusien, Murcia, zu Lerida, Badajoz und so weiter loderten die Flammen des Aufstands, und die spanischen Garden, welche Ferdinand bis an die Grenzen des Reiches eskortiert hatten und nun zu Tolosa und Hernani standen, forderten laut ihren König zurück, allen Franzosen mit dem Tod drohend. Das gesamte Volk atmete nur noch Blut und Rache.

In allen Städten, wo wir nicht die Oberhand hatten, bildeten sich schnell Provinzial-Junten, welche das unter die Waffen gerufene Volk in Korps organisierten. Vom siebzehnten bis zum vierzigsten Jahre traten alle männlichen Einwohner unter das Gewehr, und die Franzosen, welche schon längere Zeit Spanien als Privatleute oder ein Gewerbe treibend bewohnten, konnten oft dem Tod nur dadurch entgehen, daß die Behörden sie ins Gefängnis setzten. Eine der wütendsten Proklamationen war die der Junta von Valladolid, die auch ihren Zweck, die Ermordung der Franzosen, nur zu sehr erreichte. Das Niedermetzeln der Spanier vom höchsten Rang, die man den Franzosen günstig glaubte, sowie die Vorgänge zu Cadix bewiesen, welchen Grad die Wut der Geistlichkeit und des Volkes erreicht hatte. Die Junta zu Sevilla erklärte nun auf das feierlichste, daß Spanien nicht eher die Waffen niederlegen würde, als bis Ferdinand wieder auf dem Thron säße und die Franzosen alle getötet oder zum Lande hinausgejagt seien, und sie hielt Wort. Dies waren die Folgen der arglistigen und dumm gesponnenen Intrigen Napoleons und seiner kurzsichtigen Politik. In ganz Spanien erhob sich ein Freudengeschrei, als die französische Flotte zu Cadix, bei der fünf Linienschiffe waren, kapitulieren mußte, und die Bemannung, ganz gegen den Vertrag der Kapitulation, in abscheuliche Gefängnisse gesteckt und mißhandelt wurde.

Noch standen wir in der Gegend von Sigüenza, häufig die Biwaks wechselnd, aber nur des Nachts marschierend, während wir am Tage in der Sonnenhitze brieten und es immer unheimlicher um uns herum zu werden begann. Eine Zeitlang wußten wir gar nicht, woran wir waren, da wir weder weitere Orders noch irgendeine bestimmte Nachricht erhielten. Bald hieß es, Napoleon sei selbst in Madrid eingerückt, dann wieder, alle Franzosen seien dort ermordet worden, man habe die Stadt an vierundzwanzig Stellen zugleich angezündet und so weiter. So trieben wir uns unstet in der Provinz Guadalajara herum, wo alles ebenfalls einen nahen Aufstand zu verkünden schien und unsere Patrouillen schon mehrmals von Bauernhaufen, von einem Mönch oder Geistlichen angeführt, angegriffen wurden. Wir erfuhren zwar, daß Napoleon den 15. Juni die Junta in Bayonne eröffnet, daß Dupont in Andalusien Cordoba erstürmt habe und Moncey vor Valencia stünde, im Begriff, diese Stadt zu nehmen, aber bald darauf, daß sich beide wieder hätten zurückziehen müssen.

Endlich kam uns die Order, zu dem Korps zu stoßen, daß bereits unter Verdier auf dem Marsch nach Aragonien begriffen sei, um das Belagerungsheer vor Saragossa zu verstärken. Wir machten nun nächtliche Eilmärsche, am Tag biwakierend, zum Teil durch ziemlich waldreiche Gebirge. An der Grenze, die Kastilien von Aragonien scheidet, stand ein alter Turm, den wir besetzten, aber beim Aufbruch des Biwaks den Posten wieder an uns zogen. Nachdem wir das Dorf Sisamon passiert hatten, wurden die Gebirgswege immer waldiger, und gar leicht hätten wir überfallen werden und es uns gehen können wie den Römern in den kaudinischen Engpässen*, denn wir marschierten ziemlich unvorsichtig voran, konnten auch keine Seitenpatrouillen absenden und mußten Vor- und Nachhut fast immer im Gesicht behalten. So gelangten wir nach Ateca, einem großen Dorf, durch welches der Jálon fließt, über den eine steinerne Brücke führt. Hier befand sich ein Turm, der auf der einen Seite so eingesunken war, daß man jeden Augenblick dessen Einsturz hätten vermuten sollen, und doch war er schon Jahrhunderte in diesem Zustand. Von hier kamen wir wieder über Gebirge, durch bald engere, bald weitere Täler, vom Jálon bewässert. Durch mehrere elende Ortschaften marschierten wir nach Calatayud. Hier hatte noch kurz vor unserer Ankunft Palafox einige Tage verweilt und die durch den General Lefebvre-Denouette versprengten Flüchtlinge gesammelt, um sie bei der Verteidigung von Saragossa zu verwenden. Die hier befindlichen Spanier verließen die Stadt, ohne unsere Ankunft abzuwarten.

Wir fanden aber nicht für gut, in dieselbe einzurücken, sondern requirierten nur Lebensmittel und Wein gegen Bezahlung, erhielten aber dennoch schlechte Ware. Nachdem wir gehörig rekognosziert hatten, brachen wir mit der Nacht, aber jetzt sehr vorsichtig marschierend, durch erbärmliche Nester, aber an Wein und Oliven reiche Gegenden, gegen die enge Passage Puerto del Frasno auf, die wir zu unserem größten Erstaunen unbesetzt fanden. Hierauf mußten wir über das Gebirge Murato del Conde, durch eine enge Schlucht, deren gänzliche Freilassung uns wieder ein Rätsel war, da wir wußten, daß sich ganz Aragonien im Aufstand befand, und kamen endlich in das Städtchen Almunia, das in einer lachenden Gegend, mitten zwischen fruchtbaren Feldern, Weingärten und Obstbäumen liegt. Hier requi-

---

*) Um 312 v. u. Z. mußte sich ein römisches Heer in den Caudinischen Gebirgspässen (Mittelitalien) ergeben und den Weg in die Kriegsgefangenschaft durch ein aus Lanzen bestehendes Joch antreten.

rierten wir abermals Lebensmittel, marschierten weiter, biwakierten dann bis gegen Mitternacht, erreichten gegen Morgen das elende Dorf La Muela und kamen um zehn Uhr nochmals über Berge, durch Ebenen und Schluchten marschierend, bei dem Belagerungsheer von Saragossa an, wo Verdier schon seit mehreren Tagen mit seiner Division stand und den Oberbefehl hatte.

XXII.

Erste Belagerung von Saragossa – Palafox – Außerordentliche Verteidigungsanstalten der Aragonier – Vorgänge bis zur Belagerung – Saragossa als Stadt – Heldenmütige Verteidigung durch die Einwohner – Eine Heroine – Ein seltsames Stiergefecht – Furchtbarer Straßen- und Häuserkampf – Die gefangenen Nonnen – Aufhebung der Belagerung – Marsch nach Barcelona – Ich werde stark verwundet und krank – Aufenthalt zu Barcelona – Abreise zur See nach Frankreich

Als die Vorfälle vom 2. Mai zu Madrid in Aragonien bekannt wurden, erregten sie dort wie im übrigen Spanien den höchsten Unwillen und erfüllten das Volk mit tödlichem Haß gegen die Franzosen. Die Folge war, daß man auch hier die allgemeine Bewaffnung der Einwohner organisieren wollte, was aber der Generalkapitän Don Jorge de Guillelmi aus Furcht vor den Franzosen, und um abzuwarten, welche Wendung die Dinge nehmen würden, zu verhindern suchte, sogar dem Palafox, dessen ungestümen Mut und feurigen Patriotismus er fürchtete, den Befehl gab, Saragossa zu verlassen. Dieser zögerte jedoch unter allerlei Vorwänden zu gehorchen. Dies mag wohl mit die Ursache gewesen sein, daß wir die so leicht zu verteidigenden Zugänge unbesetzt gefunden hatten. Als aber die Nachricht von den Begebenheiten zu Bayonne und von Ferdinands erzwungener Abdankung in Saragossa bekannt wurde, vermochte nichts mehr das unter der Asche glimmende Feuer zu dämpfen, und die Bürger zwangen den Generalkapitän, ihnen das Arsenal zu übergeben.

Als dies geschehen, zogen sie durch die Straßen und forderten alle männlichen Einwohner auf, sich zur Verteidigung des gemeinsamen Vaterlandes in der Aljaferia (dem Arsenal) mit Waffen zu versehen, was sie mit dem Ruf «Viva España!» [Es lebe Spanien] taten. Jedermann versah sich mit Gewehren, Pistolen, Schwertern, und die Kanonen und Mörser wurden in möglichst besten Zustand versetzt.

Palafox, der Brigadier und Offizier der Leibwache war, achtundzwanzig Jahre zählte und sich in einem Landhaus bei der Stadt aufhielt, wurde von bewaffneten Haufen abgeholt, die ihm auf sein Begehren strengen Gehorsam zusagten. Das Volk empfing ihn bei seinem Eintritt in die Stadt mit großem Jubelgeschrei als den Retter des Vaterlands, erwählte ihn zu seinem unumschränkten Anführer, zwang die Behörden, ihn als Generalkapitän von Aragonien anzuerkennen, und führte ihn im Triumph in der Stadt herum. Er erließ nun sofort einen Aufruf an alle Aragonier, sich für die Sache des Vaterlands zu bewaffnen, machte der heiligen Jungfrau del Pilár öffentlich einen Besuch, küßte ihr vor allem Volk demütig die Hand, sie als seine Souveränin anerkennend, und schwur mit lauter Stimme, Gut und Blut dem Vaterland zu weihen. Den in Saragossa ansässigen Franzosen rettete er nicht ohne Gefahr das Leben, indem er sie in das Kastell und von da nach Amporta in Sicherheit bringen ließ.

Durch ein anderes Dekret machte er Napoleon, dessen ganze Familie sowie jeden französischen Offizier und Soldaten für jedes Haar verantwortlich, welches dem König Ferdinand oder den Infanten, die man auf eine so heimtückisch hinterlistige Weise nach Frankreich gelockt hatte, gekrümmt würde, und erklärte ferner alles, was in Madrid und Bayonne unter fremdem Einfluß verhandelt werde, für null und nichtig. Im Falle des Todes der Infanten von Spanien würde er den Erzherzog Karl als Enkel Karls III. zu seinem König erwählen, auch keinem Franzosen Pardon geben, wenn sich dieselben weitere Exzesse in Spanien erlaubten. Hierauf veranstaltete er eine große Prozession, ließ Messen lesen, die Kirchen außerordentlich illuminieren, die Geistlichkeit auf das freigebigste Absolution erteilen sowie direkten Einlaß in den Himmel für diejenigen, die im Kampf für die gerechte Sache fallen würden. Er berief jetzt alle schon verabschiedeten Soldaten und Offiziere, die sich in Aragonien befanden, zu den Fahnen, bildete aus ihnen und der jungen Mannschaft Tercios, das heißt Regimenter, die in zehn Kompanien eingeteilt wurden, wie dies früher in Spanien der Fall war.

Noch ehe die Belagerung begann, hatten sich so viele Streiter eingefunden, daß man nicht Waffen genug für sie herbeischaffen konnte. Einige Ortschaften hatten ganze Kompanien und einige Bezirke ganze Tercios gesandt, so daß Palafox die Familienväter wieder beurlaubte und doch über zehntausend Streiter behielt. Um auch die von Napoleon und der Junta zu Bayonne einlaufenden Berichte zu paralysieren, berief Palafox altspanische Cortes nach Saragossa, die am 9. Juni zusammenkamen, Ferdinand VII. nochmals feierlich als König von Spanien proklamierten, das ganze Volk zu den Waffen riefen, Palafox als Generalkapitän bestätigten und dann eine Junta de Gobierno [Regierungsausschuß] ernannten. Die Nachrichten, welche von der Erhebung aus allen Provinzen einliefen, trugen dazu bei, das Volk von Saragossa und Argon in Aufregung und Enthusiasmus zu erhalten. Eine Aufforderung der Bayonner Junta, die Waffen niederzulegen und ihr zu gehorchen, ließ Palafox sogar drucken und in Masse verteilen. Er wußte wohl, daß dies das Volk noch mehr begeistern und nicht die beabsichtigte Wirkung hervorbringen würde. Nach der Niederlage der Spanier bei Mallén war Palafox den anrückenden Franzosen bis nach dem drei Stunden von Saragossa liegenden Alagón entgegengegangen, mußte sich aber, um nicht abgeschnitten zu werden, zurückziehen. Viele Aragonier wurden nun in Alagón von den Franzosen niedergemacht.

Am 16. Juni stand Lefèbvre-Desnouettes mit seinem neuntausend Mann starken Korps, unter dem auch das erste und zweite Weichselregiment und die polnischen Ulanen waren, vor den Toren von Saragossa, wo sich ein Gefecht unter den Olivenbäumen entspann, bei dem die Spanier in Unordnung in die Stadt zurückgetrieben wurden. Was die Aragonier am meisten fürchteten, waren die Ulanen, da sie sich gegen deren Lanzen, eine furchtbare Waffe, die ihren Mann schon auf zehn bis fünfzehn Schritte erreicht, nicht zu verteidigen verstanden. Die Spanier wurden, wie gesagt, in Unordnung in die Stadt zurückgedrängt, aber ein französisches Bataillon, das ihnen auf den Fersen folgte und fast mit ihnen zugleich eindrang, mußte sich schnell wieder zurückziehen, als es die Verteidigungsanstalten in den Straßen sah und einen Hinterhalt fürchtete.

Unerklärlich war es, warum an diesem Morgen Lefèbvre den Fliehenden nicht mit dem Gros seines Heeres in die Stadt folgte, die er in der ersten Bestürzung mit geringem Verlust erobert hätte. Der Rückzug des kaum eingedrungenen Bataillons gab den Einwohnern und Landleuten neuen Mut, und sie setzten die Stadt nun mit unermüdlichem Eifer in den besten Verteidigungszustand. In den folgenden vierundzwanzig Stunden hatte außer den Kindern niemand ein Auge geschlossen, und Greise, Weiber und Mädchen aus allen Ständen machten die Handlanger bei den Arbeiten.

Saragossa liegt in einer großen, ziemlich fruchtbaren und gut angebauten Ebene auf der rechten Seite des Ebro, auf dessen linker sich eine Vorstadt befindet, welche durch eine steinerne Brücke mit der Stadt verbunden ist. In ihren nächsten Umgebungen sind viele Oliven- und andere Obstbäume, Gärten und Landhäuser. Das Flüßchen Huerva, eigentlich nur ein Bach, ergießt sich ganz in der Nähe in den Ebro, zwei Brücken führen über dasselbe. Saragossa beherrscht gewissermaßen die ganze Ebene, welche vom Huerva, dem Jálon, dem Gállego und dem Kanal von Aragonien bewässert wird.

Der Umfang der Stadt mochte etwa drei Viertelstunden betragen. Sie hatte zum

Teil ziemlich hohe Gartenmauern, namentlich an dem Augustiner- und anderen Klöstern, welche die Stadt umgaben. In früheren Zeiten war sie regelmäßig befestigt, aber aus ihren Werken waren längst Straßen geworden, und hier und da sah man noch einen alten Turm aus jenen Zeiten. Die Mauern, welche jetzt die Stadt umgaben und mit den Garten- und Klostermauern zusammenhingen, hatten nirgends über dreizehn Fuß Höhe bei drei bis vier Fuß Dicke und waren von Backsteinen, die Vorstadt hatte gar keine Einfriedung. Die Zahl ihrer beständigen Einwohner betrug ungefähr fünfzigtausend, und die ihrer Kirchen und Klöster ein halbes Hundert. Von den letzteren waren einige, wie zum Beispiel das von San Joseph, das auf der rechten Seite des Huerva lag, kleine Festen oder Burgen. Die Anhöhe Monte Torreco, welche ungefähr viertausend Schritte von diesem Kloster entfernt liegt und an der der Kanal von Aragonien vorbeifließt, beherrscht die nächste Umgebung. Die Aljaferia, ein viereckiges Schloß mit bombenfesten Gewölben und kleinen Türmen, liegt nahe an der Westseite der Stadt, vor dem Sortillo-Tor, ist mit einem tiefen Graben versehen und hat einige Bastionen.

Unter den vielen Kirchen dieser Stadt sind sehr prächtige, die sowie die Klöster, besonders das der Dominikaner und der Inquisitionspalast in der Stadt, große Schätze und Sehenswürdigkeiten besitzen. Diese Stadt hat auch einen sehr schief gebauten überhängenden Turm, gleich denen zu Bologna und Pisa, der sehr hoch ist und mitten auf einem freien Platz steht. Die berühmteste Kirche ist die Unserer lieben Frauen del Pilar, ein sehr prachtvolles, reiches Gebäude, das wir aber nur sowie die meisten anderen aus gehöriger Ferne bewundern konnten. Die Spaziergänge an den schönen Ufern des Ebro und des Huerva sind reizend und zum Teil mit Landhäusern und Alleen versehen. Die um die Stadt herum liegenden Gärten sind meist groß, hübsch und mit Geschmack angelegt. Die vielen Klöster, welche zum Teil in der Nähe der Tore liegen und aus Backsteinen erbaut sind, kann man gewissermaßen als Bastionen betrachten. Die mit gelblackierten glitzernden Steinen bedeckte Kuppel der Kirche der Madonna del Pilar und andere sehen von fern goldenen Dächern gleich.

Es war ein Kartätschenschuß, der zuerst unter die Reihen der in Saragossa wie zu einer Parade einmarschierenden französischen Kolonne fuhr, die vordersten Glieder blutig niederwarf und die Truppen zum schleunigen Rückzug aus der Stadt bewog. Lefèbvre-Desnouettes hatte statt eines feindlichen Angriffs und der Kanonenschüsse eine Begrüßungsdeputation erwartet. Er ließ zwar kurze Zeit darauf Angriffskolonnen formieren, um die Westseite der Stadt zu stürmen, auch war das Karmelitertor bald eingeschossen und genommen worden, aber dem weiteren Vorrücken standen die todbringenden Feuerschlünde entgegen, die wegen des zu engen Raumes nicht zu nehmen waren. Dabei wurde auch unausgesetzt aus den Häusern auf die Truppen gefeuert. Eine Abteilung von mehreren hundert Mann war zwar bis auf den Platz de la Misericordia über einen Teil der Stadtmauern vorgedrungen und wollte dem Feind in den Rücken fallen.

Aber dieser Versuch fiel schlecht aus. Von der Übermacht umringt, fielen die meisten unter den Streichen der Spanier, nur wenigen gelang es, dem Tod für den Augenblick zu entrinnen, indem sie sich in eine Kaserne retirierten, aus der sie jedoch ebenfalls bald wieder flüchten mußten, da diese von durch das Dach eindringenden Landleuten in Brand gesetzt wurde. Jetzt führte man einen allgemeinen Angriff, die Fahnen und Adler an der Spitze der Regimenter, gegen die Stadt aus und stürmte unter dem Ruf «Vive l'Empereur!» gegen die Tore. Die Kavallerie sprengte voran, wurde aber durch das Kanonenfeuer niedergeschmettert und zurückgetrieben. Nicht besser erging es der nachrückenden Infanterie, welche dem Kartätschenhagel in den Straßen und dem Kugelregen aus den Häusern ebenfalls weichen mußte.

Als es den Spanien an Kugeln und Blei zu mangeln begann, holten Weiber und Kinder solches aus den Magazinen herbei und brachten sie ihren Gatten, Vätern und Brüdern. Sogar alte Knöpfe, Nägel, Eisenblech und altes Eisen schleppten sie hinzu, damit das Kartätschenfeuer unterhalten werden konnte, ebenso Wein, Brot, Käse und Wasser zur Erfrischung der Kämpfenden, denen sie oft die Bissen in den Mund steckten, während diese luden und abfeuerten, und dabei schrieen sie unaufhörlich: «Es lebe Maria del Pilar!» In die meist dreistöckigen, von Backsteinen erbauten Häuser trugen sie schwere Steine, Balken, Eisen und so weiter, um sie den andringenden Truppen auf die Köpfe zu werfen. Eine Fahne, die ein tödlich getroffener Unteroffizier vom zweiten Weichselregiment hatte fallen lassen, holte ein zehnjähriger Knabe, unter den Kämpfenden hinkriechend, und lief mit seiner Beute jubelnd davon. Schon lagen ganze Haufen von Toten an den Toren, und noch hatten die Franzosen wenig oder gar kein Terrain gewonnen. Ein abermaliger allgemeiner Angriff hatte keinen besseren Erfolg und wurde mit großem Verlust zurückgeschlagen.

Über dreitausend Mann, sechs Kanonen und mehrere Fahnen hatte man schon vor Saragossa, einer nicht befestigten Stadt, verloren, und die Aragonier schmückten sich mit den Waffen und Kleidern der in der Stadt gefallenen Feinde. Nach der letzten Waffentat wurde die folgende Nacht ganz Saragossa, gleichsam zum Hohn des Feindes, illuminiert, und man brachte sie betend in den Kirchen zu. Während die Franzosen am anderen Tag Streifzüge in die umliegenden Dörfer machten, diese plünderten und Subsistenzmittel requirierten, warfen die Einwohner neue

Verschanzungen auf und setzten ihre Stadt in den besten Verteidigungszustand, Batterien errichtend und alle Mauern und Gebäude mit Schießscharten versehend. Sie hieben zugleich alle in der Nähe befindlichen Bäume um und machten Verhaue an allen Eingängen der Stadt, um der Reiterei das Vordringen unmöglich zu machen. Angetragene Kapitulationen wurden stolz zurückgewiesen und durch racheatmende Manifeste beantwortet, in denen es hieß, daß man alle französischen Gefangenen niedermachen würde. Die Mönche, Geistlichen und Gerichtspersonen machten Sicherheitsronden und Patrouillen, man tat sogar Ausfälle auf die Belagerer und nahm ihnen einige Kanonen weg.

Indessen war Palafox, der einen nächtlichen Marsch nach Epila mit siebentausend Mann, bei denen auch das neuorganisierte Regiment Ferdinand VII. war, unternommen, zurückgeworfen worden und hatte dabei mehrere Kanonen verloren. Wenige Tage darauf kam Verdier mit seiner Division nebst Belagerungsgeschütz von Pamplona und auch unser Bataillon vor Saragossa an. Verdier übernahm nun den Oberbefehl sämtlicher Belagerungstruppen, die Belagerten erhielten aber auch von Zeit zu Zeit Sukkurs [Verstärkung]. Kurz nach unserer Ankunft fand eine furchtbare, die Erde erschütternde Explosion in der Stadt selbst statt. Das zu einem Pulvermagazin umgeschaffene Seminar, in welches man das Pulver von Monte Torrero gebracht hatte, wurde durch Unvorsichtigkeit in die Luft gesprengt. Die Wirkung war schrecklich. Es schien, als wanke der ganze Erdboden, alle Häuser zitterten, und außer dem Seminar lagen noch einige zwanzig Gebäude in Trümmern und ihre Bewohner unter denselben begraben. Nachdem die erschrockenen Einwohner aus den Häusern gestürzt und erfahren hatten, was die Ursache dieser entsetzlichen Erschütterung gewesen, war ihre erste Sorge, neues Pulver anzuschaffen.

Wenn wir die erste Bestürzung, in die dieses Ereignis die ganze Stadt versetzt, benutzt und einen allgemeinen Sturm unternommen hätten, wären wir leicht Herr derselben geworden. So aber ließ man beinahe vierundzwanzig Stunden verstreichen, ehe man einen solchen Angriff begann. Die Einwohner hatten Zeit gehabt, sich zu sammeln und zu beruhigen, da sich noch hinlänglich Munition vorfand, und die Attacke wurde auf allen Seiten abgeschlagen. Doch nahmen wir bald darauf den von Bürgern und Bauern besetzten Monte Torrero, der die Stadt von der Südseite dominiert, nach kurzem Widerstand, da er nicht besonders gut verschanzt war. Der spanische Offizier, der dort kommandiert hatte, Oberst Falio, wurde auf Befehl der Junta vor ein Kriegsgericht gestellt, zum Tode verurteilt und erschossen. Auf dieser Höhe wurden nun Batterien gegen die Stadt errichtet und dieselbe von hier aus heftig bombardiert.

Die meisten Bomben fielen in die Mitte der Stadt und richteten manchen Schaden an, ebenso die der Batterien von San Bernardo. Das Sturmläuten der Türme währte nun Tag und Nacht ununterbrochen fort. Bei der Nacht bildeten die Bomben und glühenden Kugeln feurige Bogen in der Luft, ein furchtbar-schönes Schauspiel! Einige fielen in die Kirche Madonna del Pilar, viele auch zischend in die Fluten des Ebro, und der Schaden war nicht so groß, als wir glaubten, obgleich schon weit über tausend Bomben geworfen waren. Die in die Kirchen gefallenen Kugeln hatten fast gar kein Unheil angestiftet, und die Priester machten das Volk glauben, daß man es der Madonna zu danken habe, daß so viele feurige Kugeln in den Fluß fielen.

Unser Bataillon wurde zu einem Angriff gegen das Portillo-Tor verwendet, und als wir nahe daran waren, die Batterien, deren Kommandant schon gefallen war, zu nehmen, stürzten sich ganze Haufen bewaffneter Bürger auf dieselben, machten sie uns von neuem streitig und die Wegnahme unmöglich. Bei dieser Gelegenheit zeichnete sich ein kaum neunzehnjähriges hübsches Mädchen, das Augusta geheißen haben soll, durch einen selbst bei Männern seltenen Heroismus aus. Sie hatte nämlich ihrem Geliebten, der dort kämpfte, Essen gebracht. Aber in dem Augenblick, als sie ankam, stürzte dieser tödlich getroffen nieder. Das Mädchen warf das Essen zu Boden und sich auf den Geliebten, den sie fest umklammerte. Dann raffte sie sich aber wieder schnell und gefaßt auf, ihre Blicke verraten Schmerz, Zorn und Wut zugleich. Noch hält der Sterbende die brennende Lunte, mit welcher er die geladene Kanone auf uns abfeuern wollte, krampfhaft zuckend in der Hand. Sie entreißt ihm dieselbe, zündet das Geschütz, auf das wir im Begriff waren, einzudringen, und mehr als ein halbes Dutzend der Unsrigen sinkt tödlich getroffen nieder.

Durch das Beispiel dieser Heldin angefeuert, eilen die erst vor Staunen starren Spanier ihr zu Hilfe. Es erhebt sich ein mörderischer Kampf um die Kanonen, und wir müssen zuletzt mit bedeutendem Verlust vor den sich immer mehrenden Haufen, in deren Mitte die neue Johanna d'Arc anfeuernd kämpft, zurückweichen, die Kanone im Stiche lassend, die nun aufs neue den Tod in unsere Reihen sendet. Auch ich hatte einen Streifschuß am linken Oberarm erhalten, und zwei Kugeln waren mir durch den Hut gegangen. Hiebe und Stiche hatte ich unzählige pariert. Die Spanier erlangten nun verschiedene Vorteile und entrissen uns mehrere schon besetzte Punkte, auch ein Kloster, das wir schon genommen hatten. Erst als wir wieder unter den Oliven angekommen waren, ließ ich meine Wunde verbinden. Nachdem wir uns wieder mit frischer Munition versehen hatten, die zum Teil von Calatayud geholt werden mußte, machten wir uns zu neuen Angriffen bereit. Palafox schien ein wahrer Überall und Nirgends zu sein. Bald war er in der belagerten Stadt, bald hieß es, er sei hinter unserem Rücken mit einem bedeutenden Hilfskorps im Anzug. Bald spukte er auf dem rechten, bald auf dem linken Ufer des Ebro und so weiter, und wohin er kam, belebte er alles mit neuem Mut.

Eine der größten Schwierigkeiten war, die nötigen Lebensmittel für unser Armeekorps herbeizuschaffen. Bei diesem Geschäft wurden die zunächst liegenden Städte und Orte beständig in Requisition gesetzt, die aber alle, besonders die cinco Villas – fünf verbundene Städte in der Umgegend – sehr patriotisch und sehr feindlich gegen uns gesinnt waren und kleine Detachements bisweilen zu Gefangenen machten. Ein seltsames Verteidigungsmittel hatte eine derselben, die Stadt Ejea, ersonnen, als sie mit Gewalt Lebensmittel und andere Dinge liefern sollte. Zwei Kompanien waren dahin geschickt worden, um die Requisition beizutreiben. Sie marschierten auch ohne den mindesten Widerstand bis in die Mitte der Stadt. Kaum aber hatten sie auf einem Platz derselben das Gewehr bei Fuß genommen, als sich plötzlich die großen Tore eines langen Gebäudes öffneten und einige zwanzig wütende Stiere heraus und auf sie losprangen. Zu gleicher Zeit wurde aus allen Fenstern der umstehenden Häuser auf die Mannschaft gefeuert, die genug zu tun hatte, den unbändigen gehörnten Feind abzuwehren. Der größte Teil des Detachements wurde getötet oder gefangen, und nur einer kleinen Zahl gelang es, das Belagerungsheer zu erreichen und von dem seltsamen Überfall zu berichten.

Der Kampf in und um Saragossa währte ununterbrochen fort. Ein Bataillon aragonischer Freiwilliger, das kürzlich mit Musik einmarschiert war, machte einige glückliche Ausfälle, wobei es sogar einige unserer Batterien demolierte. Außerdem wurden wir auf unseren Flanken und im Rücken fast unaufhörlich von Guerillas beunruhigt, die wir nur mit Mühe abwehren konnten. Bomben und Granaten wurden nur noch spärlich in die Stadt geworfen, der wir durch die Arbeiten der Ingenieure immer näher zu kommen suchten. Endlich gelang es, unterhalb von Saragossa eine Brücke über den Ebro zu schlagen und so auch auf dem linken Ufer dieses Flusses Fuß zu fassen, durch welchen die Kavallerie ritt, da er sehr seicht war. Wir suchten nun auch die Vorstadt einzuschließen und so der Stadt alle Kommunikation mit der Umgegend abzuschneiden, verbrannten die Mühlen, wodurch die Belagerten gezwungen waren, Pferdemühlen in der Stadt einzurichten, um Mehl zu haben, ebenso die Fabrikation des Pulvers innerhalb ihrer Mauern vorzunehmen, von dem sie täglich einige Zentner herstellten. Die Mönche füllten die Bomben und machten die Patronen. Bei all dem konnten wir sie doch nicht so gänzlich einschließen, daß es ihnen unmöglich gewesen wäre, von Zeit zu Zeit Zufuhren und Verstärkungen einzulassen.

Unterdessen machten unsere polnischen Truppen einen Angriff auf das Kloster San Joseph, das mit vielen Schießscharten versehen war, wurden aber bei der ersten Attacke zurückgeworfen. Bei einer zweiten gelang es ihnen, dasselbe mit bedeutendem Verlust zu nehmen, wobei sie alles niedermachten, was ihnen in die Hände fiel. Noch hartnäckiger war der Kampf um das Kapuzinerkloster, wo man sich mit der größten Erbitterung von Zelle zu Zelle bis in die Kreuzgänge, die Kirche und an den Chor um den Hochalter herumschlug, und endlich wurde das Kloster von seinen Verteidigern, als sie sahen, daß sie es nicht behaupten konnten, in Brand gesteckt. Wir waren nun der Stadt von allen Seiten bis auf Büchsenschußweite nähergerückt. Das Schloß Aljaferia zu nehmen, war uns jedoch trotz der größten Anstrengungen nicht geglückt, obgleich die Batterien bald Bresche gemacht hatten. Aber es fehlte uns hauptsächlich an den nötigen Sturmleitern. Noch mehrmals wurden vergeblich Stürme auf verschiedene Tore versucht, und bei dem Kloster der Barfüßer verloren wir viele Leute, ohne es nehmen zu können.

Von dem Josephskloster aus, das jetzt in unseren Händen war, hatten wir indessen die Stadt so eingeschlossen, daß von dieser Seite alle Verbindung nach außen unmöglich war. Wütende Ausfälle, welche die Belagerten machten, um diese Kommunikation wiederherzustellen, sowie stürmische Angriffe auf die über den Ebro geschlagene Brücke wurden siegreich und mit großem Verlust auf seiten der Spanier, denen die Reiterei viele Leute tötete, zurückgeschlagen.

Napoleon, der beinahe vor Ungeduld vergehen wollte, weil das unbefestigte Saragossa so lange nicht bezwungen werden konnte, hatte seinen Adjutanten, den Ingenieuroberst Lacoste, abgesandt, die Belagerung zu leiten, der nun alle Angriffe anordnete. In der belagerten Stadt sah es indessen auch nicht zum besten aus, die Munition wurde knapp, die Toten lagen in vielen Gassen unbegraben, die Lebensmittel wurden immer teurer, seltener und schlechter; dennoch verloren die Einwohner nicht den Mut, die Frauen teilten sich sogar in Kompanien ein, um den Dienst oder die Pflege der Verwundeten zu besorgen. Eine Gräfin Burista war Kommandeur dieses seltsamen Regiments. Ein Ausfall, den die Spanier aus der Vorstadt auf dem linken Ufer des Ebro unternahmen, glückte ihnen so, daß sie sich trotz der heftigsten Gegenwehr eines Postens bemächtigten, ihn behaupteten, auch mehrere Gefangene machten, die sie im Triumph unter dem Jubelgeschrei des Volkes durch die Straßen führten. Hierbei hatte sich das von Palafox neuformierte Ulanenregiment besonders ausgezeichnet.

Lacoste ließ nun Wurfbatterien errichten und von ihnen unaufhörlich Bomben in die Stadt schleudern, ebenso Breschbatterien, von denen eine mit zehn Haubitzen vom größten Kaliber besetzt war. Nichtsdestoweniger wütete der Kampf unter

Mauern und Toren fort. Wir hatten die Nachricht erhalten, daß König Joseph, der Spanien mit einer neuen Konstitution beschenkte, in Madrid eingezogen sei, und Verdier hoffte, Saragossa würde sich nun ergeben; aber Palafox beantwortete diese mit der Neuigkeit der Schlacht von Bailén und der, daß Dupont mit seinem fünfzehntausend Mann starken Korps kapituliert und das Gewehr gestreckt habe, was Napoleon wütend machte. Palafox wollte weniger als je von einer Übergabe reden hören.

Man sprach auch viel von dem schönen Empfang, der Joseph bei seinem Einzug in Madrid geworden, erzählte sich sogar, daß er mit Steinwürfen begrüßt sei. Jetzt wurde von unserer Seite alles getan, die Stadt bald zu erobern, alle Mörser und Kanonen versah man sofort mit einem Bedarf für vierhundert Schüsse, und am 4. August spielten die Geschütze aller Batterien, welche meist auf Kirchen und Klöster gerichtet waren, auf die jetzt ein Bomben- und Kugelregen fiel. Mönche und Nonnen verließen ihre Zellen und flüchteten sich in Privathäuser, Kranke und Wahnsinnige aus dem großen Hospital Nuestra Señora de gracia, in deren Gemächer Bomben gefallen waren, hatten sich von ihren Ketten befreit und rannten mit tollen Geschrei durch die Straßen. Alle Reliquien, Monstranzen und andere heilige Kostbarkeiten wurden eiligst in feuerfeste Gewölbe geschafft. Aus den nahen Laufgräben unterhielten wir zu gleicher Zeit ein rollendes Gewehrfeuer auf alle, die sich blicken ließen.

Als endlich mehrere Breschen durch das Kanonenfeuer gelegt waren, rückten wir im Sturmschritt von zwei Seiten auf die Stadt los, und nun kam es auf den Trümmern der Mauern und Gebäude zum wütendsten Handgemenge. Die Kolonne, zu der wir gehörten, nahm gegen elf Uhr das Kloster Santa Engracia, bald darauf wurde auch die Puerta del Carmen genommen, und über die Leichen ihrer Verteidiger breiteten wir uns in den nächsten Straßen aus. Den eindringenden Truppen hatte man den Coso, die größte mitten in der Stadt gelegene Straße als Vereinigungspunkt angegeben. Wir marschierten jetzt durch die Engracia-Straße im Sturmschritt nach diesem Punkt, wo wir Befehl erhielten, uns nach verschiedenen Richtungen zu verbreiten, um den stärksten Posten in der Stadt in den Rücken zu fallen.

Aber es war unmöglich, sich durch die alten, sehr engen Gassen Bahn zu brechen, welche Haufen verzweifelter Wütender gleich gereizten Löwen verteidigten, und dabei regnete es Steine, siedendes Wasser und Öl auf uns herab. Unser Bataillon erreichte dennoch den Magdalenenplatz, wurde aber dort mit Kartätschenfeuer empfangen, und wir mußten uns, wollten wir nicht abgeschnitten werden, da aus allen Straßen bewaffnetes Volk herbeiströmte, wieder gegen die Mitte des Coso zurückziehen. Hier griff uns ein wütender Haufen, angeführt von einem Priester, der eine Kirchenfahne schwang, ganz unvermutet an, und der Anführer unserer Kolonne wurde von einem rasenden Mönch niedergestochen. Ich übernahm jetzt das Kommando und zog mich fechtend auf das Kloster Santa Fé zurück, von wo aus ich die Feinde mit Vorteil angriff und mich dann in der Kaserne Minones, die neben dem Kloster lag, festsetzte.

Wir glaubten nun endlich die Stadt genommen und daß die Einwohner zu Kreuz kriechen würden. Dies würde sicher auch der Fall gewesen sein, wenn sich unsere Leute nicht so früh der Plünderungswut überlassen hätten und in die Häuser gedrungen wären, ohne daß es möglich gewesen, sie davon abzuhalten. Die wenigsten kamen wieder lebendig heraus, sondern fanden den Tod in denselben. Ich hatte zuletzt kaum mehr zweihundert von der an tausend Mann starken Kolonne beisammen; sobald die Offiziere den Rücken drehten, liefen zehn und zwanzig in ein Haus.

Den Moment für günstig haltend, bot Verdier, der sein Hauptquartier in dem Kloster Santa Engracia aufgeschlagen hatte, nochmals eine Kapitulation an, auf die durch Palafox mit den Worten «Krieg bis in den Tod!» geantwortet wurde. Zugleich ließ er auf den schiefen Turm der Stadt zwei Fahnen pflanzen, die eine blutrot und die andere weiß mit einem roten Kreuz, um den Spaniern in der Vorstadt und der Umgegend zu beweisen, daß er noch Herr der Stadt sei. Bald rückten auch neue Verstärkungen an und über die Brücke in die Stadt, aus deren Häusern man jetzt die getöteten oder noch halb lebenden Soldaten von den höchsten Stockwerken hinabwarf. Der Kampf in den Straßen wurde noch heftiger, und aufgetürmte Leichen bildeten nicht selten eine Brustwehr. Die Kompanie hatte sich hinter lauter getöteten Kapuzinern und Karmelitern verschanzt, andere machten sich Bollwerke aus in Häusern weggenommenen Matratzen. Bald sah ich ein, daß ich mich nicht lange mehr in Santa Fé würde halten können, suchte mich daher kämpfend dem Coso zu nähern und mußte dabei über ganze Haufen von Toten steigen. Hier hielten wir noch das Franzikanerkloster und dessen Kirche.

Das Bombardement währte beständig fort sowie das Sengen, Brennen und Morden, und die Leichen gingen bei der großen Hitze schnell in Fäulnis über und verpesteten die Luft. Nach diesem furchtbaren Tag brachten wir auch noch die von den Flammen der brennenden Gebäude hellgelichtete Nacht unter Waffen und zum Teil fechtend zu. Mit Tagesanbruch erhielten die Spanier abermals bedeutende Verstärkungen, welche durch die Vorstadt, die wir nie ganz hatten einschließen können, gedrungen waren und die reichliche Munition für die Belagerten brachten.

So waren wir außerstande, die Stadtteile länger zu behaupten, in deren Besitz wir waren, besonders da die Feinde die hinteren Mauern der Häuser einschlugen und so ein Haus nach dem anderen kämpfend und mit großem Verlust geräumt werden mußte. Zugleich wurde ein furchtbares Feuer von allen Dächern und aus allen Fenster auf die aus den Häusern flüchtenden sowie überhaupt auf alle Soldaten in den Straßen unterhalten. Mehrere Stunden währte dieser mörderische Häuserkampf fort. Noch waren wir im Besitz des Franziskaner- und des San-Diego-Klosters sowie von Santa Engracia. Jetzt erhielt Verdier die Nachricht, daß Palafox, der während der Nacht die Stadt verlassen, mit sechstausend wohlbewaffneten Aragoniern im Anzug sei. Wir mußten eiligst alle unsere auf dem linken Ufer stehenden Truppen zurückziehen und stellten eine starke Reserve auf dem Monte Torrero auf. Dies gab Veranlassung zu einer komischen und galanten Episode der Belagerung.

Um unsere Kommunikation mit den noch von uns besetzten Teilen der Stadt zu unterhalten, mußten wir ein Nonnenkloster wegnehmen. Hier fanden wir ungefähr dreißig Schwestern nebst einer Äbtissin, die gefangen abgeführt wurden und unter denen sich zwei sehr artige Novizen und ein halbes Dutzend noch ganz junger und hübscher Nönnchen befanden. Mir wurde der Auftrag zuteil, die frommen Kinder in Sicherheit zu bringen. Nachdem ich die verzweifelten Schönen so gut als möglich zu beruhigen gesucht, eskortierte ich sie selbst, und zwar nicht ohne Gefahr, daß eine oder die andere verwundet oder gar getötet würde, denn die Kugeln hörten nicht auf zu sausen, nach dem Monte Torrero. Trotz meiner kräftigsten Versicherungen, daß ihnen nichts zuleide geschehen solle, weinten sie dennoch unaufhörlich und schienen trostlos.

Als sie aber sahen, daß man fortfuhr, sich so artig und galant gegen sie zu benehmen und ihnen alle mögliche Aufmerksamkeit und Zuvorkommenheit erwies, fingen sie endlich an, sich in ihr Schicksal zu ergeben, ihre Tränen zu trocknen und nahmen etwas Speise und Trank zu sich. Man räumte ihnen die besten Erdhütten ein, welche die Soldaten noch besonders bequem für sie einrichteten und verwahrten, und nach zweimal vierundzwanzig Stunden waren sie schon ziemlich dieses Kampagneleben gewöhnt. Sie fingen an, mit uns zu lächeln, wohl auch zu schäkern und ließen sich bald halb gezwungen, halb freiwillig ein Küßchen rauben; die meisten waren aus angesehenen spanischen Familien. Da sie sahen, daß wir keine Eisenfresser waren, und da die spanischen Nonnen überhaupt noch unendlich mehr Freiheit haben als die italienischen, wurden sie immer vertrauter.

Eine der Novizen, kaum fünfzehn Jahre alt, ein wahres Madonnengesicht, schön wie eine Verklärte, fand ich für gut, mit noch zwei jüngeren Schwestern unter meine besondere Protektion zu nehmen und ihnen ein eigenes Lokal einzuräumen; sie hatten alle getrennt und zu zweit und zu dritt in unsere Baracken einquartiert werden müssen. Ich ließ auch Matratzen für sie herbeischaffen, die ich aus noch von uns besetzten Häusern nahm, sorgte dafür, daß ihnen immer mit den delikatesten Speisen, die zu haben waren, aufgewartet wurde, ließ sie durch meinen Burschen bedienen und übergab sie der Sorgfalt eines zurückbleibenden Unteroffiziers, wenn ich sie verlassen mußte. Zum Abschied erlaubte ich mir, sie zu küssen. Den heiligen Mädchen standen die Tränen in den Augen, so oft ich sie verließ; sie baten mich, ja recht bald wiederzukomen.

Als wir den dritten Tag nach Wegnahme dieses Klosters Saragossa räumen mußten, um wieder Posto vor der Stadt zu nehmen, konnte ich mich gegen zehn Uhr in der Nacht wieder bei meinen Schützlingen einfinden, die vergnügt waren, mich wiederzusehen. Die Nonnen schienen mit der Behandlung, die ihnen bis jetzt zuteil geworden, alle sehr zufrieden, und selbst die schon betagte Äbtissin schickte sich darein. Ich beredete meine drei liebenswürdigen Gäste noch zu einem Spaziergang, unter die nahen Oliven, wo wir unter freiem Himmel in der schönsten spanischen Sommernacht das Firmament bewunderten, ich aber, da alle drei hübsch und jung waren und um keinen Neid bei den anderen zu erregen, sie alle liebkoste und küßte, doch die Novizin mit großer Vorliebe.

So saßen oder lagen wir vielmehr alle vier recht traulich unter den Bäumen, als wir in einiger Entfernung mehrere schwarze Gestalten auf uns zuschreiten sahen, in denen wir, als sie näher kamen, noch drei Offiziere und zwei Nonnen erkannten, die ebenfalls im nächtlichen Promenieren begriffen waren; ich trat eine der meinigen einem Kameraden ab, und wir spazierten nun, ich mit der Novizin und einer Schwester am Arm, unter den Oliven. Bald verloren sich die verschiedenen Paare aus dem Gesicht, und ich hatte mich mit meinen beiden Schönen wieder an einem etwas entfernteren Ort niedergelassen, wo wir uns ganz vortrefflich unterhielten, vergnügten und auf das freundschaftlichste miteinander fertig wurden. Nur ein paar Tage dauerte noch der Umgang mit den liebenswürdigen Kindern, welche auf höheren Befehl alle, samt der Äbtissin, jetzt in das Kloster eines benachbarten Städtchens gebracht wurden. Dieser Befehl kam ein wenig spät, läßt sich aber durch die weit wichtigeren Dinge, mit denen sich die kommandierenden Generale vor allem zu befassen hatten, wohl entschuldigen.

Nachdem Palafox mit seiner Verstärkung in Saragossa eingerückt war, beschränkten wir uns fast nur noch darauf, die Stadt zu bombardieren, Verdier, der selbst verwundet worden und das Kommando deshalb wieder an Lefèbvre abgetreten, hatte nochmals durch gefangene Mönche eine Kapitulation angetragen, die gleich den früheren zurückgewiesen wurde, mit dem Bedeuten, man würde sich, wenn es nötig sei, von Haus zu Haus bis zum letzten schlagen und unter dessen Trümmern begraben. Dazu kam es nicht. Man murmelte seit vierundzwanzig Stunden, und die Generale wußten es gewiß und hatten geheime Instruktionen erhalten, daß Joseph Madrid bereits wieder verlassen habe, weshalb jetzt Vorbereitungen zur Aufhebung der Belagerung gemacht wurden. Den 12. August kam endlich in der Nacht vom Hauptquartier zu Burgos der bestimmte Befehl an, die Stadt zu räumen, wenn wir schon im Besitz derselben seien, und wenn dies nicht, die Belagerung sofort aufzuheben.

Um unsern bevorstehenden Rückzug zu decken und zu verbergen, wurden jetzt noch einmal mit großer Ostentation alle Anstalten zu einem allgemeinen Angriff gemacht und die Stadt heftig bombardiert. Die Magazine, Gebäude auf dem Monte Torrero und anderen Orten, die wir besetzt hatten, wurden angezündet. Auch das Kloster Santa Engracia wurde mit all den Leichen seiner heiligen Märtyrer vor unserem Abzug in die Luft gesprengt, und die furchtbare Explosion erfolgte in der Mitternachtsstunde. Das mit so großer Mühe herbeigeschaffte Belagerungsgeschütz wurde in die Wellen des Ebro und die Wasser des Kanals geworfen, da wir nur das Feldgeschütz mitnehmen konnten. Auch den gefangenen Nonnen und Mönchen gab man ihre völlige Freiheit, wobei es mit den ersteren etwas bunt hergegangen sein soll. Durch einen Offizier, der die zweite, noch furchtbarere und grausamere Belagerung von Saragossa mitgemacht hatte, erfuhr ich später, daß sich manche der frommen Christusbräute in der Hoffnung befunden, aber nicht bestraft wurden, da sie Gewalttätigkeit vorgeschützt und unter französischen Schutz niedergekommen seien.

Unser Abzug wurde nicht im mindesten durch die Belagerten gestört, die sich aber des ins Wasser geworfenen Geschützes, ein halbes Hundert Kanonen, Mörser, Haubitzen, Feldschlangen und so weiter, bemächtigten, das ihnen bei der zweiten Belagerung gute Dienste tat.

Was unseren Abzug so sehr beschleunigt hatte, erfuhren wir erst auf dem Marsch; es war nämlich ein spanisches Armeekorps, vierzehntausend Mann stark, zur Entsetzung Saragossas im Anmarsch und schon bei Muela angekommen. Wir hatten mindestens achttausend Mann bei dieser vergeblichen Belagerung eingebüßt, die Spanier vielleicht noch mehr, denn durch das Einstürzen und Sprengen der Gebäude verloren unzählige Menschen, auch Frauen und Kinder, das Leben. Unser Abmarsch wurde in der Stadt sogleich durch eine große Prozession und ein Dankfest gefeiert, wobei man besonders die Jungfrau del Pilar und Palafox hochleben ließ.

Die Belagerung von Saragossa hatte gezeigt, was die Bevölkerung einer Stadt vermag, jetzt fing ich an, die fast fabelhafte Verteidigung mancher Städte des Altertums zu glauben. Hätten sich Magdeburg und andere preußische Festungen in dem unglücklichen Krieg von 1807 nur zum hundertsten Teil gleich der Hauptstadt Aragoniens verteidigt, wie zum Beispiel Kolberg, so hätte Napoleon schwerlich Berlin und noch weniger Königsberg gesehen; doch die herbe und derbe Lektion mußte sein, sollte es in Preußen gut werden. Schon vierundzwanzig Stunden nach unserem Abmarsch kam das Entsatzkorps in Saragossa an. Der größte Teil des Belagerungsheeres schlug den Marsch über Alagòn nach Tudela ein, um sich später mit der französischen Hauptarmee, die sich an den Ufern des Ebro zusammenzog, zu vereinigen. Ein kleiner Teil, der dem auch unsere sehr zusammengeschmolzene Legion war, erhielt Befehl, den Weg nach Barcelona zu nehmen, um sich mit dem in Katalonien stehenden Armeekorps zu vereinigen, welches das Beobachtungskorps der östlichen Pyrenäen formierte und bei dem viel italienische Truppen standen. Bei der furchtbaren Stimmung und dem eingefleischten unversöhnlichen Haß der Katalonier gegen die Franzosen, der schon aus früheren Zeiten datierte, war es höchst notwendig, auch dieses Korps zu verstärken, das ebenfalls schon sehr vermindert war und namentlich bei der Belagerung von Gerona sehr gelitten hatte.

Unser Marsch war wieder höchst beschwerlich und ermüdend. Wir vermieden sogar alle bedeutenden Orte, da die Bataillone meist keine dreihundert Mann mehr stark, um so mehr den Angriffen der Feinde ausgesetzt und in ganz Katalonien jetzt nur noch Barcelona und das Fort von Figueras in den Händen der Franzosen waren. Miquilets, in Bataillone zu zehn Kompanien, jede hundert Mann stark, eingeteilte und wohlbewaffnete Katalonier, schwärmten zu Tausenden umher. Sie trugen runde Jacken und Federhüte, katalonische Nationaltracht. Katalonien hatte einige vierzig solcher Bataillone, Tercios de Miquelets genannt, gestellt und bewaffnet. Außerdem gab es noch eine Art Landsturm, Somantenes genannt, deren Einrichtung schon Jahrhunderte bestand und zu der alle Katalonier vom sechzehnten bis zum fünfzigsten Jahre gehören, sobald das Vaterland in Gefahr ist.

Alle größeren Städte, und namentlich Lérida, wo die Junta von Katalonien ihren Sitz hatte, vermeidend, machten wir sehr ermüdende und gefährliche Nachtmärsche. In kleineren Orten requirierten wir Lebensmittel, was sich in Aragonien noch ziemlich gefahrlos tun ließ; als wir aber einmal über Fraga, eine Stadt, die am Cinca liegt und über viertausend Einwohner zählt, hinaus waren, wurde es immer schwieriger, sich Nahrungsmittel zu verschaffen. Das Dorf Alcarrás war der erste Ort, den wir in Katalonien betraten. Es liegt nur in geringer Entfernung von Lérida.

Unser nächstes Biwak hielten wir bei dem Dorf Mollerussa, von wo wir noch unangefochten, aber oft auf abscheulichen Seitenwegen bis in die Gegend von Cervera marschierten, das auf einer ansehnlichen Höhe in einer großen fruchtbaren Ebene liegt, mit Mauern umgeben und durch seine Lage ziemlich fest ist. Wir wagten uns nicht an dieselbe, da wir von den guten Gesinnungen der Einwohner gegen uns wußten sowie daß ein Bataillon Miquelets und viele Somatenes in derselben lagen.

Wir marschierten nach gehöriger Rekognoszierung in das Dorf Hostalfranes, wo wir alles mitgehen hießen, was wir als verdauungsfähig erkannten. Die Stadt Igualada, die über zehntausend Einwohner zählte und nicht besser gesinnt war, umgingen wir gleichfalls, uns fortwährend mit dem Nötigsten in den Dörfern versehend. Oft bestand unsere Nahrung für einen ganzen Tag in einer Zwiebel oder etwas Knoblauch mit einem Stück Brot, und dabei die strapaziösesten Märsche durch kahle Gegenden. Bayern oder Österreicher würden schlecht dabei gefahren sein. Im Grunde war es ein Unsinn, uns in so geringen Abteilungen nach Katalonien, das in vollem Aufstand war, zu senden, aber der General Duhesme, der dort kommandierte, hatte auf das dringendste Verstärkung verlangt, da was ihm von Perpigan zukam, nicht reichte.

Nach mancherlei Strapazen und großen Entbehrungen kamen wir endlich bei dem Städtchen Martorell an, wo wir über die Noya gingen und dann den nur noch drei Stunden entfernten berühmten Berg Monserrat * erblickten, den zu besteigen jetzt niemand Lust verspürte. Von weitem sieht er aus wie eine ungeheure Burgruine. Wir fühlten uns jetzt sicher genug, um uns nach Martorell wagen zu können, wo wir uns seit zehn Tagen zum erstenmal wieder sattessen konnten. Kaum war dies geschehen, als wir Nachricht erhielten, daß sich ein großer Haufen Somatenes in geringer Entfernung zeige.

Wir griffen eiligst zu den Waffen und verließen die Stadt. Hier sahen wir einen Haufen bewaffneter Bauern, etwa zwölf- bis fünfzehnhundert Mann stark, die sich jedoch nicht an uns zu wagen schienen und uns ruhig ziehen ließen. Bald hatten wir sie auch aus den Augen verloren. Als wir aber bei San Feliu, einem ziemlich bevölkerten Ort, der nur noch zwei Stunden von Barcelona liegt, ankamen, zeigten sich auf einmal die Somatenes wieder, mit einem halben Tercios Miquelets verstärkt, und machten Miene, uns den Weg zu sperren, indem sie sich vor dem Eingang von San Feliu aufstellten. Es blieb uns nichts anderes übrig, als ihn zu erzwingen und zu versuchen, uns durchzuschlagen. Die Miquelets fochten wie Verzweifelte, und selbst nachdem wir ihre Reihen durchbrochen hatten, mußten

*) Nach mittelalterlicher Legende der Sitz der sagenhaften Gralsburg Montsalvatsch.

wir fortwährend kämpfend weiterziehen, da sich uns immer neue Haufen entgegenwarfen, die kleine, uns unbekannte Umwege im Lauf machten und sich dann wieder vor uns aufstellten. Endlich hatten wir mit einem Verlust von einigen dreißig Mann jenseits des Ortes die nach Barcelona führende Straße erreicht, als sich abermals ein großer Trupp Somatenes zeigte, Feuer auf uns gab und dann davoneilte.

Ich ritt gerade an der Spitze des zweiten Bataillons, als ich einen Büchsenschuß in den rechten Schenkel erhielt, den ich im ersten Augenblick gar nicht spürte, der mir aber bald unter großem Blutverlust heftige Schmerzen verursachte, so daß ich vom Pferd steigen und mich von acht Bauern bis Barcelona tragen lassen mußte. An den Toren von Barcelona wurde sogleich eine Sänfte herbeigeschafft, in der man mich ins Lazarett brachte, wo die Wunde untersucht und die Kugel herausgezogen wurde. Sie lag nicht sehr tief und war schon ziemlich matt, als sie den Weg in mein Fleisch fand, denn die Bauern hatten aus großer Entfernung geschossen. Dennoch bekam ich ein heftiges Wundfieber. Vom Lazarett, wo ich nicht bleiben wollte, wurde ich in ein Gemach in der Zitadelle gebracht. Während ich so mit Wunde und Fieber zu tun hatte, war der Rest der Legion schon wieder mit anderen Truppen ausgerückt, um gegen die immer kühner werdenden Miquelets zu kämpfen, fiel aber in einen Hinterhalt und wurde größtenteils niedergemacht oder gefangen, so daß kaum fünfzig Mann und ein einziger Offizier zurückkamen. Wären wir nicht im Besitz der Zitadelle von Barcelona gewesen, der sich Duhesme gleich bei seinem Einmarsch in Spanien durch Arglist und Gewalt bemächtigt hatte, so wäre es uns sicher schlimm ergangen.

Barcelona ist auch auf der Landseite wohl befestigt und auf beiden Flanken durch die Zitadelle und das Fort Montjuich gedeckt. Auch von der Seeseite ist es fast unangreifbar. Die Engländer kreuzten im Verein mit den spanischen Schiffen unaufhörlich vor dem Hafen, fast alle Kommunikation zu Wasser abschneidend. Wäre der spanische Generalkapitän von Katalonien, Palacios, ein zweiter Palafox gewesen, so hätte er uns viel zu schaffen machen können, da Duhesme sehr oft mit der Elite der Garnison in den Gebirgen umherstreifte, um gegen die Miquelets, die Palacios mit noch anderen Truppen befehligte, zu kämpfen, und während seiner Abwesenheit Stadt und Zitadelle nur schwach besetzt ließ. Auch waren die Einwohner sehr aufgebracht, da sich der italienische General Lecchi, der in Duhesmes Abwesenheit kommandierte, alle möglichen Vexationen [Quälereien] gegen sie erlaubte und die Stadt außer den zu liefernden Lebensmitteln, Montierungsstücken in großen Massen, viele Schuhe und noch zwanzigtausend spanische Piaster [über einhundertzehntausend Franken] wöchentlich bezahlen mußte. Freilich waren die angesehensten Einwohner als Geiseln in der Zitadelle eingesperrt.

Strapazen, Wunde und Fieber hatten mich tüchtig zusammengerüttelt, so daß ich bald nur noch einem Schatten glich, doch versuchte ich abends, wenn die größte Hitze vorüber war, kleine Spaziergänge in der Stadt zu machen, besuchte Kirchen und so weiter.

Diese Hauptstadt Kataloniens ist mit die beträchtlichste Spaniens und hat fast hundertfünfzigtausend Einwohner. Die Stadt hat einen großen Umfang, ist aber schlecht gebaut und hat mit wenigen Ausnahmen sehr enge und krumme Straßen, namentlich die Altstadt, auch ihre Plätze sind klein. Die Häuser sind sehr hoch, meist fünf Stockwerke, und haben große Balkone. Unter den Palästen ist der des Herzogs von Medinaceli der schönste. Kirchen und Klöster zählt man wohl anderthalb hundert. Noch sind einige Altertümer aus den Römerzeiten vorhanden. Die Kathedrale ist ein großes schönes Gebäude, dessen Fassade aber noch nicht ausgebaut ist. Der alte Palast der Grafen von Barcelona diente zum Teil Klarissinnen zur Wohnung, während im anderen Teil das Inquisitionstribunal seinen Sitz und seine Kerker hatte. Er hat ein ungeheures Mauerwerk, furchtbare Gewölbe und ist nur durch eine enge Straße von der Kathedrale getrennt. Das Schauspielhaus ist ein schönes und geräumiges Gebäude, das an einer Promenade liegt. Noch ist auch ein alter merkwürdiger Palast des Hauses Alba vorhanden. Von den Promenaden innerhalb der Stadt – die außerhalb liegenden konnte ich nicht besuchen – ist die Esplanade zwischen Zitadelle und Stadt die größte. Sie hat drei Reihen Alleen, wird aber wenig besucht. Die Rambla ist ein auf ehemaligen Festungswerken angelegter Spaziergang mitten in der Stadt, die sie gewissermaßen in zwei Teile trennt.

Barceloneta ist ein kleines Städtchen, das eigentlich eine Vorstadt von Barcelona bildet und zwischen dem Hafen und der Mole liegt, wird aber fast nur von Schiffern und Matrosen bewohnt. Die Zitadelle an der Nordostseite der Stadt wurde erst im achtzehnten Jahrhundert erbaut; sie ist groß, und ihre bedeutenden Werke waren noch im besten Zustand. Der Hafen, der unter ihr und zwischen der Stadt und Barceloneta liegt, ist im Grund nur ein großes Bassin, dessen Einfahrt ziemlich schwierig ist; er ist schön und sehr besucht. Der Montjuich ist ein Berg auf der Südwestseite der Stadt mit einem Fort, der weit besser Stadt, Hafen und Umgegend beherrscht als die Zitadelle und selbst diese noch dominiert.

Gern hätte ich den so naheliegenden Monserrat mit seinem berühmten Kloster und seinen merkwürdigen Einsiedeleien besucht, aber mein krankhafter Zustand machte es mir unmöglich. Mein Fieber wollte gar nicht nachlassen und keinem Mittel weichen, obgleich die Wunde fast ganz zugeheilt war. Die Ärzte schrieben meinen Zustand der feuchten Luft Barcelonas zu, sie hielten für das beste, meinen Aufenthalt zu wechseln und mit dem südlichen Frankreich zu vertauschen, etwas, das aber nicht so leicht zu bewerkstelligen, da zu Land und zu Wasser die Kommunikation mit Frankreich sehr schwierig war. Unter den jetzigen Umständen allein oder selbst in Gesellschaft mehrerer über die Pyrenäen zu kommen, daran konnte man nicht denken, und vor dem Hafen kreuzten englische Fregatten und spanische Kriegsschiffe. Ich sprach deshalb mit dem kommandierenden General Lecchi, der mir mitteilte, daß er dieser Tage ein kleines Küstenfahrzeug nach Frankreich absenden müsse und ich mit diesem, dessen Kapitän ein Franzose aus Agde sei, gehen könne. Das Schiff sei erst vor wenigen Tagen, den Engländern eine Nase drehend, in den Hafen eingelaufen.

Ich suchte den Kapitän selbst auf, der mir zuredete, mich ihm anzuvertrauen, und sagte, er stehe dafür ein, mich glücklich an die französischen Küsten zu bringen. Ich fürchtete nichts mehr, als in englische Gefangenschaft zu geraten, aber auf sein Zureden entschloß ich mich, das Wagnis zu bestehen, ließ mir die nötigen Papiere und Zertifikate ausfertigen und schiffte mich in einer dunklen Nacht ein. Wir verließen den Hafen mit sehr günstigem Westwind, segelten von den feindlichen Schiffen unbemerkt längs der Küste hin und hatten, als der Tag anbrach, schon die Höhen von Roses passiert. Die Fahrt wurde mit gleichem Glück bis zu den Küsten Frankreichs fortgesetzt, an Perpignan und Narbonne vorüber, und am dritten Tag erreichten wir glücklich den Hafen von Agde.

XXIII.

Ankunft zu Montpellier – Ich werde zum 29. Regiment versetzt –
Murat, König von Neapel – Ermordung einer Kompanie Voltigeurs – Der neue
König macht sich beim Volk beliebt – Einnahme der Insel Capri –
Ich werde dekoriert – Helenes Hochzeitsfeier – Castellammare – Dritter
Feldzug in Kalabrien – Rückkehr nach Neapel, wo ich das Ehrenkreuz
erhalte – Ich werde nach Nola detachiert und daselbst beinahe erschossen –
Eine durch eine beabsichtigte Leichenberaubung entdeckte Verschwörung –
Murats Politik und Reformen – Abmarsch nach dem Kirchenstaat

Die kleine Seereise war mir trotz mancher Unbequemlichkeiten und schlechter Lagerstätte doch ziemlich gut bekommen. Von Agde, einem kleinen Seehafen im Departement Herault, fuhr ich sogleich über Frontignan, wegen seines trefflichen

Muskatweins berühmt, nach Montpellier ab, wo ich in einem guten Gasthof abstieg, dann den Herren Michel und Gayral meine Ankunft meldete, die mich mit allem, dessen ich bedürftig war, bestens versahen. Nachdem ich mich bei dem jetzt hier kommandierenden General Sissé gemeldet, teilte mich derselbe einstweilen dem hier liegenden Depot eines Infanterieregiments bis zu meiner völligen Genesung zu, und das gesunde Klima von Montpellier stellte mich bald wieder her. Ich schrieb an den Kriegsminister und bat den General, bei dem ich öfter zu Tisch war, um dessen Verwendung, damit ich möglichst bald wieder in Aktivität kommen möge. Die Legion, bei der ich gestanden, war so gut wie vernichtet und aufgelöst. Ich wünschte sehr, wieder in Italien verwendet zu werden. Spanien hatte mich, trotz seiner wunderbaren Schönheiten und seiner romantisch-heroischen Berühmtheit, nicht besonders angesprochen. Wir standen den Einwohnern viel zu schroff gegenüber, als daß man an ein nur leidliches Verhältnis denken konnte.

Mein Begehren wurde mir gewährt und ich zum 29. Infanterieregiment versetzt, das im Königreich Neapel stand. Die Marschroute dahin erhielt ich ausgefertigt, fand Gelegenheit, mich in Sète auf einer nach Civitavecchia bestimmten Kanonierschaluppe einzuschiffen, und kam ohne Unfall nach sieben Tagen, immer längs den Küsten fahrend, glücklich in diesem Hafen an, von wo ich sogleich nach Rom abging. Nachdem ich Torlonia und die Cesarina besucht, die auf einer nahen Villa wohnte, setzte ich mich mit einem Vetturino die Reise nach Neapel fort, wo ich gegen Ende September ankam, als auch die neue Königin von Neapel, Murats Gattin und Napoleons Schwester, die schöne Karoline, ihren Einzug in die Hauptstadt hielt. Murat hatte Spanien schon früher verlassen, da ihn sein Schwager zum König von Neapel dekretiert, um ihn für das Nichtbesteigen des spanischen Thrones zu entschädigen. In den ersten Tagen des September hatte er mit ungeheurem Pomp, unter dem Zulauf des staunenden Volks Besitz von seiner Hauptstadt genommen.

Das Regiment, dem ich jetzt angehörte, lag zum Teil in Neapel, zum Teil in Cosenza und Umgegend und war eines von denen, welche die meiste Erbitterung gegen die Neapolitaner und besonders gegen die Kalabresen hegten, denn man hatte vor einiger Zeit eine Voltigeurkompanie desselben gemordet. Dieselbe hatte durch den Silawald marschieren müssen, um sich von Catanzaro nach Cosenza zu begeben, sich aber auf dem Marsch verirrt und kam in die Nähe des Dorfes Parenti, das ein Hauptschlupfwinkel der Briganten war und namentlich derer, die zu der Bande des Francatrippa gehörten. Die Einwohner, die im besten Einverständnis mit den Räubern standen, steckten ihnen sogleich das Verirren dieser Truppe und beschlossen, derselben eine Falle zu legen, in welcher sich der die Kompanie kommandierende Kapitän auch nur zu leicht fangen ließ.

Als sich die Truppen dem Dorf näherten, kam ihnen Francatrippa entgegen, gab sich für den Kommandanten der Guardia Civica oder Nationalgarde aus und lud den Kapitän, seine Offiziere und sämtliche Mannschaften ein, einige Erfrischungen in dem Ort zu nehmen. Ohne alles Mißtrauen wurde das Anerbieten dankbar angenommen, und die Offiziere ließen sich, durch die Gastfreundlichkeit der Kalabresen verführt, unvorsichtig in ein ansehnliches Haus nötigen, um die vorgestellten Speisen einzunehmen. Der Kapitän ließ seine Leute die Gewehre in Pyramiden vor das Haus stellen, und man brachte nun den Soldaten reichlich Wein, Brot und Käse. Als es sich nun alle recht sorglos wohlschmecken ließen und die gastfreien Bewohner des Ortes rühmten, fällt plötzlich ein Schuß aus einem Fenster, und in demselben Augenblick werden auch die drei Offiziere in dem Zimmer, in dem sie sich befinden, ermordet. Zu gleicher Zeit wird aus allen Fenstern und Türen der umliegenden Häuser auf die entwaffneten Truppen geschossen, und es regnet eine solche Masse von trefflich gezielten Kugeln, daß die meisten Soldaten tödlich getroffen niederstürzen, noch ehe sie Zeit gehabt, zu ihren Gewehren zu greifen. Alle bis auf sieben wurden niedergemacht; diese entkamen glücklich nach Cosenza, wo sie über die Greueltat berichteten.

Die Sorglosigkeit des Kapitäns in einem so feindlich gesinnten Land, das von Insurgenten wimmelte, war unverzeihlich; mir wäre dies wenigstens nicht passiert, denn ich hätte jedenfalls Vorsichtsmaßregeln genommen, die eine solche Überrumpelung unmöglich gemacht hätten. Sobald diese Tat in Cosenza bekannt war, wurden sogleich vierhundert Mann nach Parenti abgeschickt, mit dem Befehl, das Dorf niederzubrennen und alle Einwohner über die Klinge springen zu lassen; aber man fand auch keine lebende Seele in dem Ort, die Einwohner hatten sich vor Annäherung der Truppen in die unzugänglichsten Wildnisse geflüchtet. Ihre Wohnungen wurden in Asche gelegt. Wären die sieben Soldaten nicht entkommen, so wäre diese Kommpanie spurlos verschwunden, ohne daß man je erfahren, was aus ihr geworden.

Mir war bei dem Regiment das Kommando der Karabinierkompanie des zweiten Bataillons übergeben worden, deren Kapitän vor kurzem an den in Kalabrien erhaltenen Wunden gestorben war. Bald darauf wurde ich aber zum ersten Bataillon versetzt, weil auch die Musik des Regiments wieder unter meinen Befehl gestellt wurde. Von dem Regiment Y., bei dem ich früher stand, war das erste Bataillon nebst dem Stab noch immer in Castellammare, das zweite aber, bei dem Herr von Gasqui, Caguenec und andere standen, nach Tarent abmarschiert und daselbst eingeschifft worden, um nach der Insel Korfu gebracht zu werden, wo es auch mit Armes et bagages [Waffen und Ausrüstung] und seinen Frauen glücklich ankam.

Auch ich sollte später die Insel kennen lernen. Helene Cramer war noch mit ihren Eltern in Castellammare, aber die Braut eines neapolitanischen Bataillonschefs. Das Liebhabertheater in Giesù nuovo war durch das Abgehen der Madame Gasqui, die nach Korfu, der hübschen Oberstin, die nach Paris gereist, und anderer gesprengt, auch hätte es durch die Veränderung des Regenten und des Hofes für den Augenblick das frühere Interesse nicht mehr gehabt.

Murat beschäftigte sich in der ersten Zeit seiner Regierung fast ausschließlich mit den inneren Angelegenheiten seines Königreichs. Unter dem Namen Joachim I. hatte er den Thron von Neapel bestiegen. Als die Nachricht von seiner Ernennung zum König dieses Reichs bekannt wurde, erfüllte dies die Gemüter der Bewohner mit Furcht und Schrecken, denn es ging ihm von Spanien, besonders wegen der Vorfälle von Madrid vom 2. und 3. Mai, ein entsetzlicher Ruf voraus, so daß man sich ein blutdürstiges Ungeheuer unter ihm vorstellte, was er nicht war. Übrigens war man mit Josephs Regierung, den man spottweise Don Pepe nannte, so unzufrieden gewesen, daß man sich damit tröstete, es könne nicht schlimmer werden.

Ein Dutzend Damen und deren Anhang, diejenigen Personen ausgenommen, die unter Josephs Deckmantel rauben und sich bereichern durften, wurde dessen Abgang aus Neapel von niemand, weder vom Zivil noch dem Militär bedauert. Auf die törichtste Weise hatte er, gleich seinem Bruder Hieronymus in Kassel, die Staatsgelder vergeudet, während das Heer ein ganzes Jahr im Rückstand mit seinem Sold war. Murat dagegen war wenigstens von den Franzosen, die ihn als einen tapferen General schätzten, geachtet und geliebt, und gern verziehen sie ihm seine Liebe zu Prunk und auffallender Kleidung.

Die ersten Handlungen seines Regierungsantritts waren geeignet, ihm auch die Herzen der Neapolitaner zuzuwenden. Er zeigte sich überaus leutselig und liebenswürdig, auf den Rat Salicetis, der zugleich Kriegs- und Polizeiminister war, hob er die sehr verhaßten Militärgerichte, die die Leute so schnell in die andere Welt expedierten, auf, allen Deserteuren wurde ein Generalpardon verkündet, wodurch mancher Neapolitaner seine Familie wiedergegeben ward, und es wurden Maßregeln ergriffen, den verwirrten und höchst traurigen Zustand der Finanzen zu verbessern. Einigen hundert Individuen, die bloß als verdächtig oder gefährlich in die Kerker geworfen worden waren, gab er die Freiheit wieder und rief Verbannte zurück. Als die liebenswürdige Karoline, Napoleons Schwester, ihren Einzug in die Hauptstadt hielt, wurde sie deshalb von den Neapolitanern mit großen Freudensbezeigungen empfangen. Murat zeigte sich täglich dem Volk, und selbst seine phantastische Pracht und Kleidung schien diesem zu gefallen.

Der neue König glaubte nun auch seinen Regierungsantritt mit einer glänzenden

Waffentat bezeichnen zu müssen und wählte dazu die am Eingang des Golfs von Neapel liegende Insel Capri, welche die Engländer schon seit drei Jahren im Besitz und so befestigt hatten, daß sie sie Klein-Malta nannten. Diese Insel ist ringsum von sehr hohen und steilen Felsen umgeben und hat nur einen einzigen Zugang. Zwischen zwei großen Felsen liegt ein sehr fruchtbares, malerisch schönes Tal, welches vortrefflichen Wein liefert und ein sehr gesunder Aufenthalt ist. Capri, das ungefähr fünftausend Einwohner zählt, ist gewissermaßen der Schlüssel Neapels zur Seeseite, und so lange es in feindlichen Händen ist, ist die Einfahrt in den Hafen unsicher und gefährlich. Die Insel diente schon seit dem Einmarsch der Franzosen allen Unzufriedenen, Übeltätern, Unruhestiftern als Zufluchtsort, von wo aus sie neue Komplotte unter englischem Schutz schmiedeten und ausführten. Hudson Lowe war Kommandant derselben.

Es war am 3. Oktober (1808) gegen Abend, als man die Karabiniers und Voltigeurs der Garnison von Neapel in den verschiedenen Forts unter das Gewehr treten ließ, wobei auch meine Kompanie war. Nach sieben Uhr marschierten wir an den Hafen, wo sich sämtliche zu dieser Expedition bestimmten Truppen versammelten. Hier fanden wir etwa fünfzig kleine Transportschiffe vor, deren Vorderteil mit Brustwehren von zwei Schuh dicken Matratzen versehen waren und die zwölf bis zwanzig Ruderer hatten. Wir schifften uns ein, und eine Fregatte, ein paar Korvetten und eine ziemliche Zahl Kanonierschaluppen, auf denen sich ebenfalls ein Teil der Truppen befand, machten die Bedeckung aus. Der Divisionsgeneral Lamarque kommandierte die Expedition und unter ihm die Brigadegenerale Prinz Pignatelli, Montferras und Detrées; wir mochten etwa zweitausend Mann in allem stark sein.

Murat, der beim Einschiffen zugegen war, sah mich scharf an, als ich mit meiner Kompanie ein Boot besteigen wollte, und sagte: «Kapitän, mich deucht, ich habe Sie schon irgendwo gesehen?»

«Sire, es sind noch nicht fünf Monate, daß ich die Ehre hatte, von Eurer Majestät in der Straße zu Madrid angeredet zu werden; ich war damals verwundet.»

«Ah ja, ich entsinne mich, Sie waren der Offizier, der einem Insurgenten das Leben rettete!»

Er fragte mich nun, wie ich nach Neapel gekommen, was ich ihm in wenigen Worten mitteilte, worauf er mir sagte: «Wohlan, Sie haben hier eine treffliche Gelegenheit, sich auszuzeichnen.»

«Sire, was an mir liegt, wird geschehen.»

Es war neun Uhr vorüber, als wir so geräuschlos wie möglich abfuhren. In Capri konnte man keine Ahnung von dieser Expedition haben. Auf der See stießen noch sechshundert Mann, die von Salerno kamen, zu uns, zu denen die als treffliche

Schützen bekannten korsischen Jäger gehörten. Die Überfahrt ging schnell und glücklich vonstatten, gegen drei Uhr nach Mitternacht waren sämtliche Schiffe unter den Felsen und Batterien der Insel angekommen. Der Angriff sollte auf der südöstlichen Seite stattfinden, gerade wo er wegen der steilen Ufer am gefährlichsten war, aber deshalb auch vom Feind am wenigsten erwartet wurde. Die Landung mußte mit Sturmleitern, von denen mehrere aneinander gebunden wurden, weil sie nicht hoch genug waren, unter dem fortwährenden Feuer einer Batterie bewerkstelligt werden, auch waren schnell einige Kompanien Engländer und Sizilianer auf den Felsenhöhen, die wir erklimmen mußten, versammelt und stießen die zuerst Ankommenden wieder hinab, so daß sie an den Klippen zerschmetterten und in die Boote oder in die See fielen.

Der Bataillonschef Livron, später General im Dienst des Vizekönigs von Ägypten, war der erste, der festen Fuß faßte. Jetzt wurden Leitern von allen Seiten angestellt, die zum Teil auf dem Rand der Schiffe ruhten und mithin einem immerwährenden Schwanken unterworfen waren. Die Karabiniers von der Garde, mehrere andere Kompanien Grenadiere und Voltigeurs, darunter auch die meinige nebst den korsischen Jägern, stürmten jetzt unter dem Pass de Charge [Sturmschritt] der Trommeln und Hörner und dem Kugel- und Steinregen der Feinde. Einige Leitern brachen oder stürzten um und mit ihnen die Mannschaft.

Ein solches Schicksal hatte die Leiter, die der, auf welcher ich mich befand, zunächst stand, doch fielen die meisten in eine Kanonierschaluppe und kamen mit leichteren oder schwereren Verletzungen davon. Ich war ungefähr der sechste Mann auf unserer Leiter und der dritte, der die Höhe erreichte. Mit dem linken Arm hielt ich mich an den Sprossen fest, meinen Säbel hatte ich zwischen den Zähnen, und mit dem rechten parierte ich die von oben herabstürzenden Soldaten, da ich bemerkt hatte, daß ein fallender Angreifer gewöhnlich zwei bis drei mit sich herabriß. Als ich eben auf die Krone des Felsens springen wollte, legte ein englischer Soldat auf mich an, ich ergriff jedoch hastig das Bajonett, das ich mir dabei ziemlich tief in den Daumen stieß, aber ich hatte so die Richtung des Gewehrs, das auf meine Brust zielte, verrückt, und der Schuß ging mir unter dem rechten Arm durch, ohne mich zu verwunden. Nun packte ich aber das Gewehr, welches der Soldat nicht losließ, fest, schwang mich mit dessen Hilfe auf den Felsen, der nach mir folgende Karabinier schoß meinen Gegner nieder, und ich machte mir nun mit meinen Säbel Platz und Luft. Jetzt kamen immer mehr oben an, und bald war der Feind in die Flucht gejagt.

Wir hatten sehr viele Leute verloren. Kaum hatten wir uns gesammelt, wurde Befehl erteilt, auf Anacapri loszurücken, dessen Anhöhen wir ebenfalls unter dem hartnäckigsten Widerstand und dem unausgesetzten feindlichen Musketen- und Kartätschenfeuer ersteigen mußten. Aber auch diese die ganze Insel beherrschende Anhöhe wurde endlich gestürmt, und die Engländer zogen sich in die befestigten Posten Santa Michel, Santa Constanz und die anderen Forts zurück, um Entsatz abzuwarten, der ihnen von See kommen sollte. Jetzt aber wurden alle anderen Teile der Insel, über die der Feind hätte Hilfe erhalten können, besetzt, bei welcher Gelegenheit wir in dunkler Nacht eine in Felsen gehauene, aus mehr denn sechshundert schmalen Stufen bestehende Treppe Mann für Mann, ebenfalls unter fürchterlichem Kartätschenfeuer und Leuchtkugeln hinabsteigen mußten. Wir hatten diesen Posten und die anderen Teile der Insel noch nicht lange eingenommen, als sich der feindliche sehr bedeutende Entsatz zeigte, aus vier Fegatten, einigen Briggs, Bombardiergallioten, Kanonierschaluppen, Kuttern und so weiter bestehend. Bald wurde die ganze Insel von diesen Schiffen umringt.

Murat, der vom Vorgebirge Campanella aus nebst vielen tausend Zuschauern alles beobachtet hatte, gab sogleich den Befehl, daß noch alle im Hafen von Neapel liegenden Kriegsfahrzeuge und Kanonierschaluppen unter Segel gehen und den Feind angreifen sollten. Da ein außerordentlich starker Landwind wehte, mußten die großen englischen Schiffe bald die hohe See suchen, und die kleineren ergriffen die Flucht, als sie die Flottille von Neapel kommen sahen, der sie nicht gewachsen waren. Einige zwanzig Transportschiffe brachten uns im Angesicht des Feindes zu rechter Zeit frischen Proviant. Am 16. Oktober kapitulierte der englische Kommandant Hudson Lowe. Wer hätte wohl damals vermutet, daß sieben Jahre später Napoleon dessen Gefangener auf der Insel Sankt Helena sein würde?

Die Kapitulation enthielt die Bedingung, daß die Garnison zwar nach England gehen, aber weder gegen Napoleon noch gegen dessen Alliierte dienen dürfe. Höchst wichtig war die Eroberung Capris für Neapel, sowohl wegen der Ruhe des Staates als für den Handel. Die Insel war bis jetzt eine lästige Fliege auf unserer Nase gewesen. Murat bedachte bei dieser Gelegenheit den heiligen Januarius sehr reichlich und verehrte ihm unter anderen Kostbarkeiten einen brillantenen Heiligenschein.

Nach unserer Rückkehr wurden vorerst einige dreißig Kreuze des Ordens beider Sizilien an diejenigen Offiziere und Soldaten verteilt, welche sich am meisten ausgezeichnet hatten, wobei auch mir eins zuteil ward. Die Dekoration bestand aus einem goldenen Stern von fünf Spitzen mit rubinrotem Email, über welchem ein goldener Adler an einem himmelblauen Bändchen hing. Auf der Vorderseite war das Wappen mit der Inschrift: Renovata patria, auf der anderen Seite: Joseph Siciliarum rex instituit. Er brachte jährlich fünfzig Dukaten ein. Der Eid, den man als Ritter ablegen mußte, besagte, daß man sein Leben der Verteidigung des Staates und der Krone weihe. Nach Murats Sturz wurde auch dieser Orden wieder aufgehoben.

Einige Tage nach unserer Rückkehr von Capri sollte die Hochzeit Helenens mit ihrem neapolitanischen Bräutigam, dem Bataillonschef Ritucci, gefeiert werden. Ich besuchte Cramers zu Castellammare und fand Helene eben nicht sehr erfreut darüber. Das Mädchen hatte keine Neigung zu dem Mann, der schon ein Vierziger war und auch durchaus nichts besaß, was ein junges hübsches Mädchen zu fesseln vermag; die Mutter, die das Mädchen gern à tout prix unter die Haube bringen wollte, hatte diese Heirat betrieben, und als die Tochter äußerte, daß sie keine Neigung für den Mann empfinde, erwiderte sie ihr: «Dumme Gans, wenn er dir nicht gefällt und du bist einmal verheiratet, so hast du ja die Wahl unter Dutzenden.» Auch ich suchte das hübsche Mädchen, das ich schon als Knabe in Offenbach kennengelernt hatte, zu trösten, ihr Mut einsprechend; wir erinnerten uns mit Vergnügen an die Partie nach Paestum und gaben uns dem süßen Andenken an dieselbe hin. Ich stand auf dem vertrautesten Fuß mit der schönen Braut, mit der ich mich manche Stunde auf das angenehmste unter vier Augen unterhielt, da die Mutter die Gefälligkeit hatte, uns öfter allein zu lassen und der Bräutigam nur wöchentlich ein- oder zweimal von Neapel kam.

Der Hochzeitstag war bereits festgesetzt, und ich hatte von dem lieben Mädchen das Versprechen erhalten, daß sie mich an diesem Tag ganz glücklich machen wolle und ich das droit du seigneur* haben solle, wenn es irgend möglich zu machen sei, aber auch nicht früher, denn kein Mensch könne für noch nicht geschehene Dinge einstehen. Das Wohlwollen der Mama hatte ich mir durch das Versprechen eines schönen Hochzeitsgeschenkes erworben. Am bestimmten Tag fand ich mich schon vor Sonnenaufgang ein, während der Bräutigam noch fest in Neapel schlief. Die Braut empfing mich, wie wir verabredet hatten, in dem an ihrer Wohnung sich befindenden Gärtchen in einem reizenden schneeweißen Morgenanzug. Hier brachten wir eine Stunde zu, welche ihr den reinsten Vorgeschmack von dem, was ihrer in der Hochzeitsnacht bevorstand, geben mußte. Wir schwammen diese Stunde im seligsten Entzücken, worauf sie wieder unbemerkt in ihr Kämmerchen schlüpfte. Die Trauung, zu der ich als Zeuge geladen war, ging mit aller Formalität um die Mittagsstunde vor sich und nach derselben das Hochzeitsmahl, nach welchem das junge Ehepaar gegen Abend nach Neapel fuhr, wohin ich es nebst noch einigen anderen Offizieren reitend eskortierte. Ich war mit Helene übereingekommen, daß wir uns öfter bei ihren Eltern in Castellammare sehen würden, wo sie

---

*) Recht des feudalen Grundherrn siehe dazu Anmerkung S. 83.

dieselben bisweilen besuchen wollte, und nahm Urlaub, sooft es der Dienst zuließ. Hier hatten wir dann die beste Gelegenheit, uns so recht con amore [mit Lust] der beseligendsten Liebe und ihren Wonnegenüssen in der Einsamkeit der dortigen Villen hinzugeben.

Castellemmare ist eine kleine Seestadt, die eine reizende Lage und die herrlichste Umgebung hat; sie ist zugleich auch ein Kurort mit mehreren Mineralquellen und zählt etwa zehntausend Einwohner. Die königliche Villa ist so schön, daß die Einwohner sagen: «Qui si sana per forza.»* Herrliche Kastanienalleen führen durch dieselbe und romantische einsame Fußpfade in die nahen Gehölze, die wir heimsuchten. Der Ort und seine Umgegend sind so reizend, daß Murat, als er ihn zum erstenmal sah, ausrief: «Et tout cela m'appartiendra!»** Oft machte ich den Weg hierher zu Wasser, man legt ihn dann in einer gutrudernden Barke in weniger als drei Stunden zurück; fährt man mit mehreren Personen, so zahlt man nur eine Carlini. Der Weg zu Land ist länger und umständlicher.

Wir befanden uns beide recht wohl bei unserem Einverständnis und waren noch im Taumel der Flitterwochen der Liebe, als uns das Verhängnis, das auch kein noch so inniges Verhältnis berücksichtigt, plötzlich trennte. Das Bataillon, bei dem ich stand, erhielt unerwartet Marschorder nach Cosenza. Ich nahm in Neapel Abschied von Helene und ihrem Mann. Erstere konnte kaum ihre Betrübnis und der andere kaum seine Freude verbergen; denn obgleich weit entfernt zu ahnen, wie ich mit seiner Frau stand, war ihm deren Bekanntschaft mit mir doch nicht sehr angenehm, und es schien, als fürchtete er, was schon nicht mehr zu fürchten war.

Noch immer war der Brigantenkrieg mit all seinen Abscheulichkeiten in vollem Gang, und es war besonders darauf abgesehen, die Bewohner des Kantons Longobucco, die in fast unzugänglichen Waldgebirgen hausten und Abgaben zu zahlen sich weigerten, den Steuererheber getötet und sich empört hatten, zu züchtigen, nachdem alle Versuche, sie in Güte zur Räson zu bringen, gescheitert waren. Unser Bataillon marschierte in aller Stille nach dem aufrührerischen Kanton ab, während ein anderes sich zu gleicher Zeit von Rossano aus dahin begab. Mit Hilfe sicherer und reichlich bezahlter Führer gelangten die Truppen über große Umwege durch nur von Hirschen und Rehen bewohnte Wildnisse und Wälder ziemlich unbemerkt in die Gegend, in der die widerspenstigen Dörfer lagen. Als aber endlich einem derselben unsere Annäherung bekannt ward, wurde dort sogleich die Sturmglocke gezogen, um den Alarm in der Umgebung zu verbreiten und Briganten und Bauern

*) «Hier wird man notgedrungen gesund.»
**) «Und dies alles wird mir gehören!»

herbeizuläuten. Das Läuten wiederholte sich nun von Dorf zu Dorf, und schnell befand sich eine große Menge bewaffneter Insurgenten auf den höchsten Gipfeln des Waldgebirges. Unsere Kolonnen rückten nun Tambour battant [mit klingendem Spiel] im Sturmschritt und mit gefälltem Bajonett, lauten Hallo und en avant [Vorwärts] gegen die Briganten, die aber nicht den Angriff abwarteten, sondern die Flucht ergriffen.

Mit dem sinkenden Tag kamen wir bei dem Städtchen Longobucco an, das in einem tiefen und schauerlichen Waldtal an dem zwischen Felsenmassen dahinbrausenden Trionto liegt und der eigentliche Feuerherd der Insurgenten war. Der Ort, der etwa vier- bis fünftausend Einwohner zählt, hat eine Lage, die sich vortrefflich zu einer Raub- und Mordhöhle qualifiziert und ist von Felsenmassen und waldigen wildverwachsenen Anhöhen umgeben. Die Bewohner sind meist Kohlenbrenner, Nagelschmiede und dergleichen, die durch ihr rußiges Aussehen ohnehin schon Höllenbewohnern gleichen. Wir fanden für gut, nicht in diesen Ort hinabzusteigen, sondern schlugen auf den Höhen rings um denselben ein Biwak auf und zündeten während der Nacht ein paar hundert Wachtfeuer an. Dieses versetzte die Einwohner in große Angst, sie fürchteten, uns jeden Augenblick herabsteigen und ihre Stadt mit Feuer und Schwert vertilgen zu sehen. Wir hörten fortwährend ein Schreien, Tumultieren im Tal. Die Leute suchten ihr Hab und Gut und ihre Person in Sicherheit zu bringen. Erst mit Tagesanbruch wurden zwei Kompanien hinabgesendet, sie fanden aber den Ort bis auf wenige Greise, ein paar alte Weiber und einen Pfarrer gänzlich verlassen.

Letzterer bat fußfällig um Gnade und Schonung, die ihm unter der Bedingung versprochen wurde, daß die Bewohner zurückkehren und ihre sämtlichen Waffen ausliefern, im entgegengesetzten Fall wir aber mit der gänzlichen Zerstörung der Stadt beginnen und fortfahren würden, bis kein Stein mehr auf dem andern wäre. Der Pfarrer beteuerte, sein Möglichstes tun zu wollen, unserem Begehren zu entsprechen. In der Tat kamen auch bald darauf viele Einwohner zurück und legten ihre Waffen nieder.

Die Rädelsführer aber hatten sich mit anderen Haufen tiefer in das Waldgebirge zurückgezogen, wollten von keiner Unterwerfung etwas wissen und hatten ein auf einem der steilsten Felsengipfel gelegenes, noch obendrein mit einer ziemlich hohen Mauer umgebenes Dorf besetzt, in dem sie anzugreifen wir nun Anstalt machten. Ein halbes Bataillon stark, bei dem auch meine Kompanie, setzten wir uns gegen Abend in der Richtung von Bocchigliero in Marsch. Nachdem wir den größten Teil des Wegs zurückgelegt und die Nacht völlig hereingebrochen war, machten wir eine Wendung und marschierten in aller Stille auf das Dorf zu, in dem sich die

Insurgenten befanden, die glücklicherweise keine Kunde von unserer Annäherung erhalten hatten. Mit Tagesanbruch standen wir ganz unerwartet vor ihnen und forderten sie auf, sich zu ergeben, die Aufforderung wurde aber mit Gewehrschüssen beantwortet.

Der Ort schien uns anfänglich unangreifbar, denn er hing gleich einem Adlernest an dem Abhang der Felsenmasse. Nach näherer Untersuchung entdeckte ich aber, daß er von der anderen Seite, wo er sich an den Felsen anlehnte, zugänglicher war. Die Voltigeurs erkletterten nun diesen Felsen, und so gelang es ihnen bald vorzudringen. Als wir dieses inne waren, wurde sogleich ein Sturm angeordnet, und trotz des heftigen Gegenfeuers, das die Insurgenten von der Mauer herab unterhielten, wobei viele unserer Leute stürzten, drangen wir bis an das Tor, das wir einschlugen, und sofort in das Dorf vor, wo alles niedergemacht wurde, was uns in den Weg kam. Beinahe alle männlichen Bewohner und Insurgenten verloren das Leben, der Ort wurde den Flammen übergeben und in demselben gehaust, wie es in durch Sturm eroberten Orten zu gehen pflegt und die Kriegsgesetze gestatten. Aber auch mehr als ein Soldat wurde während der Umarmung eines Mädchens oder einer Frau von deren Vater, Bruder oder Gatten noch niedergestochen, ja wohl gar von seinem Opfer selbst erdolcht. Viele Weiber hatten sich nebst Kindern und einigen Greisen in die Kirche geflüchtet, wo es den Offizieren nur mit Mühe gelang, sie vor den Soldaten zu schützen. Die Gassen des Orts lagen voll Leichen, mehrere der Insurgenten, die hier über dreihundert Mann verloren, hatten sich den Felsen hinab in die grauenvollsten Abgründe gestürzt.

Einige der Anführer waren aber mit einem Teil ihrer Leute entkommen und hatten sich nach Bocchigliero geflüchtet, wo sie Schrecken und Bestürzung verbreiteten, da sich die Einwohner dieses ziemlich bedeutenden Fleckens nicht schuldlos wußten. Um das sie bedrohende Unwetter abzuwenden, sandten sie den anrückenden Truppen eine Deputation entgegen, die um Gnade und Barmherzigkeit flehte. Wir behielten diese, welche aus den angesehensten Einwohnern des Orts bestand, als Geiseln zurück und forderten vor allem die Auslieferung der Waffen und Rädelsführer. Erstere lagen, ehe eine Stunde verging, in einem großen Haufen vor uns, die anderen aber waren schon wieder weiter entflohen. Die Steuern wurden nun nebst einer starken Brandschatzung erhoben, und bis dies geschehen, blieben in all den Ortschaften starke Militärabteilungen liegen. Wir marschierten jetzt nach Cosenza zurück, wo sich schon wieder ein Befehl des Kriegsministers vorfand, der unser erstes Bataillon nach Neapel zurückbeorderte. Dort ward mir eine Überraschung zuteil, die mir zu jener Zeit viel Freude machte: Oberst Billiard übergab mir nämlich, als ich mich bei ihm meldete, das Kreuz der Ehrenlegion, das für

Große Truppenparade vor Napoleon
im Hof der Tuilerien

Napoleons Schwester Pauline

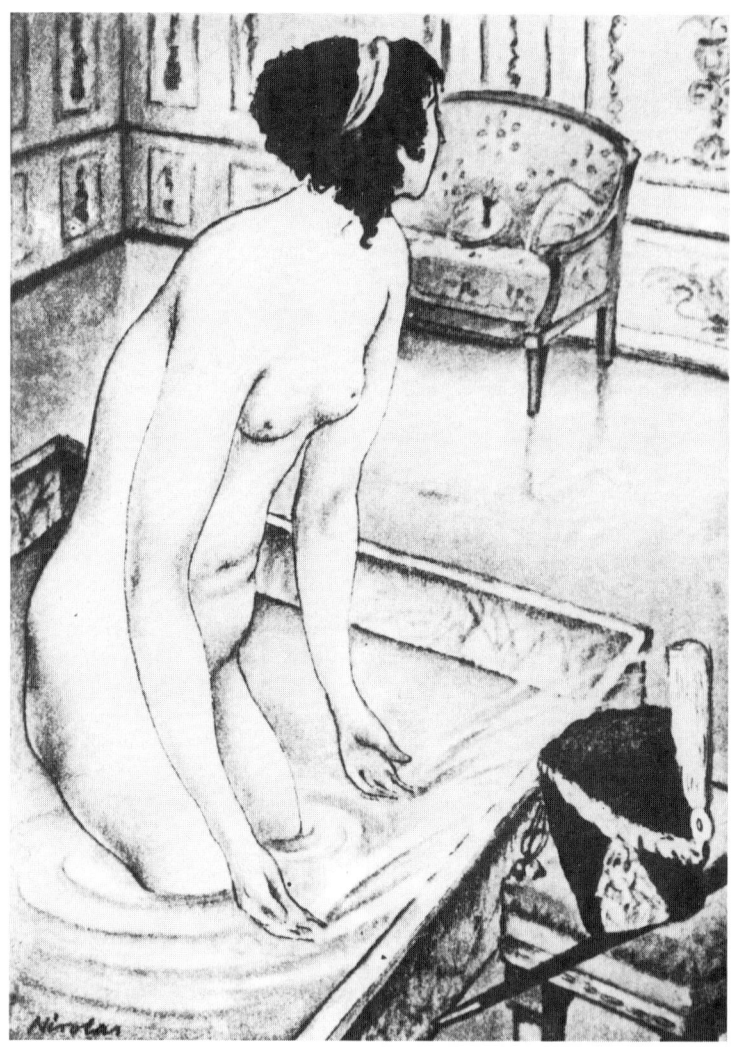

Verhandlungen für den General

Kaiserin Josephine

Napoleons Eheschließung

Kaiserin Marie-Louise

Napoleons Kriegsminister Clarke

Marschall Lannes

Pariser Leben

General Rapp

Rue de Rivoli in Paris

Unterricht

Griechen

Schiffshäuser, Zeugen der
venezianischen Herrschaft auf Korfu

Auf Ithaka

Fußartillerist

Dragoner der Kaiserlichen Garde

Rückfahrt nach Frankreich

mehrere der sich bei der Einnahme von Capri hervorragend beteiligten Militärs von Paris angekommen war.

Mein erster Besuch in Neapel galt Helene, wo ich es so gut traf, daß sich ihr Mann gerade im Dienst abwesend zu Gaeta befand. In ihrer Begleitung besuchte ich ihre Eltern in Castellammare, wohin wir eine angenehme Wasserfahrt machten, obgleich das Meer etwas stürmisch war und wir tüchtig geschaukelt wurden. Ritucci kam erst nach zehn Tagen zurück, die wir gut zu benützen wußten. Ich wurde gleich darauf mit achtzig Mann in das nahe Städtchen Nola detachiert, wo sich die Einwohner gleichfalls weigerten, die ihnen auferlegte Kriegssteuer zu zahlen und ich so lange weilen sollte, bis dies geschehen. Jeder Mann sollte, so lange dieser Aufenthalt währte, zwei, die Sergeanten vier Carlini, der Offizier, der noch bei mir war, zwei und ich vier Ducati täglich erhalten, außerdem mußten die Soldaten bei widerspenstigen Einwohnern einquartiert werden.

Nola ist ein kleines, ungefähr fünf Stunden von Neapel entferntes, am Fuß einer bis zum Vesuv reichenden Hügelreihe liegendes Städtchen, das an siebentausend Einwohner zählen mag.

Ich kam gegen Abend zu Nola an. Die Leute wurden einquartiert, ich ließ eine Wache von einem Korporal und sechs Mann aufziehen und begab mich, nachdem ich alles gehörig angeordnet hatte, in das mir in einem entlegenen Teil der Stadt und ziemlich weit von der Wache angewiesene Quartier, einem kleinen Häuschen, das nur eine dürftig möblierte Parterrewohnung hatte und in dem ich mich ganz allein mit meinem Burschen befand. Nachdem ich etwas zur Nacht gegessen, setzte ich mich in eine Ecke auf einen hölzernen Stuhl und las in Dantes «Comedia divina», die ich mitgebracht hatte, während mein Bursche noch in demselben Zimmer mit der Reinigung einiger Effekten beschäftigt war. Es mochte ungefähr fünf Uhr in der Nacht (etwas nach zehn) sein, als plötzlich ein Schuß fiel, der ganz in der Nähe losgegangen sein mußte. Mein Bursche Louis sprang schnell auf, riß Fenster und Laden auf und schrie: «Qu'est-ce que cela veut dire?»* Aber in demselben Augenblick fielen noch drei bis vier Schüsse, beinahe zu gleicher Zeit, deren Kugeln durch das geöffnete Fenster in die Stubenwände drangen, ohne daß weder Louis noch ich verwundet wurden. Ich hatte aber durch das Blitzen des Feuers ziemlich deutlich bemerken können, daß sie aus dem Fenster eines gegenüberliegenden Hauses gekommen waren. Der Bursche schlug nun krachend die Laden und Fenster zu, und ich sprang nach meinen Pistolen und meinem auf dem Tisch liegenden Säbel und beschloß, wenn es, wie ich befürchtete, auf eine allgemeine

*) «Was bedeutet das?»

Metzelei des Detachements abgesehen wäre, mein Leben teuer zu verkaufen. Ich dachte an das Schicksal der schon erwähnten Kompanie, hatte aber in einer so nahe bei Neapel liegenden, sonst ziemlich friedlichen Stadt so etwas am wenigsten vermutet.

Mich vor das Haus bei dunkler Nacht ohne die mindeste Lokalkenntnis zu wagen, war nicht ratsam, denn ich konnte niedergemetzelt werden, ohne im mindesten dem Detachement nützlich zu sein. Ich setzte mich unter diesen Umständen mit dem Rücken gegen den Pfeiler, der die beiden Fenster meiner Stube trennte, und legte meine scharf geladenen Pistolen und den blanken Säbel auf den vor mir stehenden Tisch, während Louis sich mit seinem geladenen Gewehr in die Ecke setzte, die sich der Tür und den Fenstern gegenüber befand, damit er bei etwaigem Einbrechen gleich losschießen könne. Die Haustür verbarrikadierten wir außerdem mit Stühlen. So brachten wir wachend die ganze Nacht bis zum Morgengrauen zu, ohne daß sich weiter das mindeste regte. Die Nacht schien uns gar kein Ende nehmen zu wollen, bis das erste Tageslicht durch die Fenster schien.

Ich öffnete das eine, sah mich auf dem Platz vor dem Haus um und erblickte keine Seele. Jetzt verließ ich meine Wohnung und suchte die von derselben entfernt liegenden Wache auf, die ich im besten Zustand antraf und deren Kommandant mir rapportierte, daß sie zwar in ziemlicher Entfernung mehrere Schüsse hätte fallen hören, worauf sie aber, da nachher alles wieder ruhig und still blieb, nicht weiter geachtet hätten. Ich ließ nun einen Tambour holen und sogleich Generalmarsch schlagen. Eine halbe Stunde darauf war das ganze Detachement mit Sack und Pack versammelt, auch nicht ein Mann fehlte zu meiner großen Beruhigung bei dem Appell, denn ich hatte mich des Gedankens, daß es auf eine kleine sizilianische Vesper abgesehen gewesen, die ganze Nacht nicht erwehren können. Es war aber, wie es schien, nur auf mich, als den Kommandanten der zur Exekution bestimmten Truppen, also auf eine dumme, zu nichts führende Rache abgesehen.

Ich machte meinen Bericht, requirierte einen Wagen und sandte einen Sergeanten mit demselben an die Kommandantur nach Neapel, ließ sodann den Sindico holen, dem ich das Vorgefallene mitteilte sowie daß ich einstweilen, bis ich neue Verhaltungsbefehle aus der Hauptstadt habe, mit meinen Leuten das Rathaus in Besitz nehme, was ich auch sofort vollzog. Der Mann zog die Achseln, mit einem «Non so niente»*, und als ich ihm das Haus bezeichnete, aus dem, wie ich glaubte, die Schüsse gefallen seien, meinte er: «Impossibile, son bravissimi gente.»**

*) «Ich weiß nichts»
**) «Unmöglich, das sind hochanständige Leute.»

Noch am selben Tag kam ein Offizier mit sechzig Mann Verstärkung von Neapel an und brachte mir eine Instruktion, nach welcher ich so ziemlich carte blanche [unbedingte Vollmacht] hatte und die auferlegten Tagegelder für die Offiziere und Truppen nun verdoppelt wurden, mir auch an die Hand gegeben wurde, daß es mir frei stehe, bei den Zivilbehörden fünfzig bis hundert Mann mehr anzugeben, als ich wirklich habe. Ich ließ nun den alten gefährlichen Palazzo sogleich zu einer Kaserne einrichten, requirierte Betten und Gerät für die Mannschaft und zeigte dem Sindico an, daß jeden Tag, solange wir hier seien, für zweihundert Mann Brot, Fleisch, Wein, Gemüse und so weiter durch einen Fournisseur zu liefern seien sowie die durch das Generalkommando bestimmten Tagegelder. Ich hatte nur einhundertvierzig Mann und ließ mir die Lebensmittel für die nicht vorhandenen sechzig vom Fournisseur bar zu einem Franken per Mann bezahlen. Ich hätte hundert mehr rechnen dürfen, so daß ich mit dem Geld nun eine bare Einnahme von mehr als zweihundert Franken täglich hatte, von denen ich jedoch die Hälfte meinen beiden Offizieren überließ.

Die Täter, die geschossen hatten, waren nicht zu ermitteln, mit völliger Bestimmtheit konnte ich auch das Haus nicht angeben, denn es war Nacht gewesen, und ich konnte mich irren. Die von der Stadt zu zahlende Kontribution wurde jetzt verdoppelt. Aber nicht bloß mit guten Lebensmitteln mußte uns der Fournisseur versehen, sondern auch mit anderen Dingen, und namentlich hübsche Landmädchen mußte er den Offizieren zuführen, was er auch zu unserer vollkommensten Zufriedenheit besorgte, damit uns die Langeweile nicht plagte. Mich hatte er mit einem recht artigen Bürgermädchen, das sich Chiaretta nannte, versehen, die während unseres Aufenthalts Wohnung und Tisch mit mir teilte.

Nach vierzehn Tagen hatte die Stadt den größten Teil der Kontribution und auferlegten Strafgelder entrichtet und brachte es dahin, daß sie die ungebetenen und teuren Gäste los ward. Wir beschenkten bei unserem Abmarsch reichlich unsere bisherigen Gesellschafterinnen und entließen sie in Gnaden. Ich brachte für meinen Teil über tausend Ducati von dem Kontributionsgeld mit nach Neapel, wo wir kurz vor Weihnachten eintrafen. Ich machte nun in fast allen Kirchen die Runde, um die Vorbereitungen zu diesem hier sehr hehren Fest zu sehen.

Den noch immer beschwerlichen Dienst abgerechnet, führte ich ein ziemlich angenehmes Schlaraffenleben, besuchte die prächtigen Festini der großen Theater und traf bei dieser Gelegenheit auch einmal auf meine hübsche Apothekersfrau, was ein maskiertes Rendezvous zwischen uns veranlaßte, dem noch mehrere folgten. Ich war zu dieser Zeit wieder in dem Torrione del Carmine kaserniert, wo auch vier Kompanien vom ersten Bataillon des Regiments Y. lagen. Vor wenigen

Tagen war ein Neapolitaner aus einer angesehenen Familie, die ihr Familienbegräbnis in der kleinen Kapelle im Hof der Karmeliterburg hatte, daselbst begraben worden, und wie es hier Sitte, war der mit einigen Kleinodien geschmückte Leichnam kurze Zeit im offenen Sarg zur Schau gestellt worden. Einige Tage darauf verbreitete sich das Gerücht unter den Soldaten im Fort, es spuke in der Kapelle und man höre gegen Mitternacht ein Getöse, welches einem entfernten Klopfen auf Steine glich.

Niemand achtete anfänglich darauf, man hielt die Sache für ein gewöhnliches Soldatenmärchen, bis sich ein paar Offiziere wegen der wiederholten Beteuerung der Schildwachen von der Wahrheit dieses Getöses überzeugten, auch ich, der über die Sache gelacht hatte. Wir berichteten dem Kommandanten des Forts darüber, dem zugleich rapportiert worden war, daß der Kirchendiener eines Morgens einen großen Grabstein aus seinen Fugen gehoben und mehrere Fensterscheiben eingeschlagen gefunden habe. Man hielt die Sache vorerst möglichst geheim, und in der kommenden Nacht begab sich der Kommandant mit mehreren Offizieren in die Kapelle. Wir vernahmen bald ein entferntes dumpfes Getöse und glaubten sogar ein verworrenes Gemurmel von Männerstimmen zu hören. Erst geraume Zeit nach Mitternacht wurde es wieder still. Der Kommandant ließ nun ohne Ausnahme sämtliche Truppen in dem Fort konsignieren.

Nach der Wachtparade wurden Sappeure beordert, das Gewölbe in der Kapelle zu öffnen, worauf der Kommandant mit mehreren Offizieren und Laternen tragenden Unteroffizieren hinabstieg. Ein widriger Moder- und Leichengeruch kam uns entgegen, und beim weiteren Vordringen erloschen bald die Lichter in den Laternen, so daß wir zum Rückzug genötigt waren. Es wurden nun Kohlenpfannen, Weinessig und Pechfackeln herbeigeholt, mit Essigdampf gehörig geräuchert, und wir stiegen dann zum zweitenmal unter hellem Fackelschein in die Gruft hinab, aber dennoch nasse Tücher vor den Mund haltend, um uns gegen den noch immer starken pestartigen Geruch zu verwahren. Unten schritten wir über verweste Körper und Haufen von Menschenknochen. Die Fackeln voran, sahen wir nur ein durch Mauern beschränktes, nicht sehr großes Gewölbe; schon machten wir Anstalt, uns wieder zu entfernen, als einer der Sappeure hinter einem dicken Mauerpfeiler eine über zwei Schuh breite Öffnung entdeckte, die erst ganz frisch in die Mauer gebrochen zu sein schien. Dicht an dieser Öffnung fanden wir ein kleines Fäßchen, das wir bei näherer Untersuchung zu unserem großem Erstaunen mit Pulver gefüllt fanden.

Jetzt traten wir einer nach dem anderen durch die Öffnung und befanden uns in einem sehr geräumigen, von vielen Pfeilern gestützten Souterrain, das sich in allen

Richtungen unter dem Karmeliterfort ausdehnte, und fast bei jedem Pfeiler stand ein solches Fäßchen. Nachdem wir uns in diesem Gewölbe umgesehen, entdeckten wir abermals einen größeren bogenförmigen Durchbruch in der Mauer, die in der Richtung des Karmeliterklosters lag, und dann befanden wir uns in den Grüften und Gewölben der großen Klosterkirche, wo wir sehr viele Leichen verstorbener Mönche fanden. Daß hier ein gräßliches Vorhaben ausgeführt werden sollte, war klar. Der Kommandant stellte sogleich in diesem unterirdischen Labyrinth Wachen aus, mit dem Befehl, sobald sich jemand sehen ließen, ihn festzuhalten. An einer Treppe, in deren Höhe wir eine eiserne Falltür wahrnahmen, die ohne Zweifel von dem Kloster aus in diese Gruft führte, wurden rechts und links zwanzig Mann mit geladenen Gewehren postiert. Ein Offizier erhielt die Aufsicht. Wir kehrten nun zur Oberwelt zurück, auf den Ausgang dieser mysteriösen Sache höchst begierig.

Der Kommandant meldete die Entdeckung sogleich höheren Orts, es wurde augenblicklich ein Ministerkonzil zusammenberufen, in dem man übereinkam, die Eingänge des Karmeliterklosters und der Kirche durch verkleidete französische Militärs und ergebene Polizeiagenten bewachen zu lassen, ohne vorerst Lärm zu machen, und noch eine halbe Kompanie in die Gewölbe zu beordern, welche der kommandierende General nebst dem Kriegs- und Polizeiminister untersuchten. Sie ließen die Pulverfässer sogleich wegschaffen. Gegen Abend wurden alle Posten in der Stadt verdoppelt und die Truppen in den Kasernen zum Ausrücken bereitgehalten. Man hoffte, einige der Rädelsführer oder doch in das Geheimnis eingeweihte Individuen, die ihre Arbeiten wohl nur in der Nacht verrichteten, in den Gewölben zu fangen, um so der Sache auf die Spur zu kommen und die nötigen Vorkehrungen treffen zu können. Hätte man sogleich mit der Besitznahme des Klosters und der Verhaftung der Mönche begonnen, so hätten leicht die Hauptanführer der Verschwörung, deren Verzweigung man nicht kannte, entwischen oder gar einen allgemeinen Aufstand veranlassen können, was man um jeden Preis verhüten mußte.

Es mochte etwa eine Stunde vor Mitternacht sein, als die an der Treppe postierte Mannschaft die äußeren Riegel der Falltür zurückschieben und den Schlüssel in einem Schloß umdrehen hörte. Sogleich wurden die Blendlaternen, welche die Wachtmannschaften bei sich hatten, geschlossen, und die Leute versteckten sich unter den Bogen der gewölbten Treppe und hinter den Pfeilern. Jetzt drehte sich knarrend die eiserne Pforte in ihren Angeln, und mehrere Mönche, denen eine Anzahl Arbeiter folgte, mit ein paar verkleideten Männern an der Spitze, stiegen vorsichtig die Treppe herab. Sobald der letzte unten war, traten die hinter der Treppe versteckten Grenadiere sowie die übrigen aus ihren Schlupfwinkeln hervor und umzingelten den ganzen Haufen. Man kann sich die Bestürzung und das Erschrecken der Verschwörer denken, von denen sich sogleich einer einen Dolch in die Brust stieß und tot niederfiel. Die übrigen wurden festgehalten und gebunden in die Kasernengefängnisse gebracht. Unter ihnen befand sich ein Duca und ein Marchese.

Das Kloster wurde nun auch mit Wachen umstellt, niemand weder hinein- noch herausgelassen und mehrere verdächtige Personen, die sich am anderen Morgen in dasselbe begeben wollten, sofort verhaftet. Alle Gefangenen wurden am kommenden Tag in verschlossenen Wagen unter starker Bedeckung nach der Vicaria abgeführt. Viele Personen, die in diese ausgedehnte Verschwörung verwickelt waren, flüchteten, als sie diese durch die Maßregeln, die man bei den Karmelitern genommen, für entdeckt hielten.

In der kommenden Nacht, wenn ich nicht irre vom 30. auf den 31. Januar, wurde plötzlich Generalmarsch geschlagen, alles eilte zu den Waffen, und ganz Neapel kam in gewaltigen Alarm, alle Einwohner zeigten sich an den Fenster und auf den Terrassen, durch alle Straßen ritten Kavallerieabteilungen, und reitende Artillerie kreuzte jagend nach allen Richtungen; es war ein Lärm, als sollte das Jüngste Gericht beginnen. Eine ungeheuer donnernde, die halbe Stadt erschütternde Explosion hatte die Veranlassung gegeben, der Palazzo des Kriegsministers Saliceti war in die Luft gesprengt worden, des Ministers hochschwangere Tochter wurde samt ihrem Gatten nebst dem Minister selbst wie durch ein Wunder unversehrt unter den Trümmern hervorgezogen, während fast alle anderen Hausgenossen durch die Steinmassen erschlagen worden waren. Die Hälfte des Zimmers, in dem des Ministers Tochter schlief, war mit deren Bett stehengeblieben. Bald hatte man herausgebracht, daß der Sohn des Apothekers Viscardi, Onoffrlo, dessen Haus an das des Kriegsministers Saliceti grenzte, dasselbe in die Luft gesprengt. Alle Viscardi wurden bis auf einen, der Mittel gefunden hatte, sich nach Sizilien zu flüchten, eingezogen und hingerichtet. Der Minister selbst starb noch im selben Jahr an Gift.

Höchst sonderbar war es aber, daß das Ministerium die Untersuchung gegen die in den Gewölben des Karmeliterklosters Gefangenen, von denen man nie erfuhr, was aus ihnen geworden, sehr geheim betrieb und bald ganz niederschlug. Ein Gerücht war damals im Umlauf, die Saliceti hätten selbst um die beabsichtigte Sprengung des Torrione del Carmine gewußt, wären aber von den Verschworenen nur als Werkzeuge gebraucht worden, damit diese um so sicherer ihre Pläne hätten durchsetzen können, und würden dennoch beim Ausbruch den Minister, der wegen seiner Gewaltstreiche und Erpressungen allgemein verhaßt war, mit seinen Anhängern in die Luft gesprengt haben. Nun bleibt mir noch mitzuteilen übrig, durch welche sonderbaren Umstände man zuerst auf die Spur der beabsichtigten Sprengung des Forts gekommen war.

In einer Kompanie, die im Carmine lag, befanden sich zwei Ungarn, die dem Versenken der erwähnten Leiche in der kleinen Kirche beigewohnt und bemerkt hatten, daß der Verstorbene mehrere Ringe von Wert und ein mit Steinen besetztes Kreuz mit in die Gruft nahm. Nach ihrer Meinung waren diese Dinge den Lebenden nützlicher als den Toten. Sie beschlossen demnach, sich dieselben zuzueignen, und ließen sich deshalb eines Abends, in der Kapelle hinter einem Beichtstuhl versteckt, von dem halbblinden Kirchendiener einschließen. Als alles ganz ruhig war, begannen sie gegen Mitternacht einen Gruftstein, durch den man die Leiche hinabgesenkt, mit eisernen Stangen, die sie mitgebracht, zu lüften, bald aber vernahmen sie das unterirdische Getöse, und in dem Glauben, die Toten stünden auf, ihre Kostbarkeiten zu verteidigen, ließen sie schnell den Stein wieder fallen und machten sich durch die Kirchenfenster, von denen sie einige Scheiben eingedrückt, davon. Durch sie wurde zuerst das Gerücht von dem unterirdischen Spuk in der Kaserne verbreitet, und man erfuhr durch sorgfältige Nachforschungen dessen Ursprung. Für diesmal sah man den beiden Soldaten wegen der Rettung der ganzen Garnison und vielleicht des Königreichs durch die Finger.

Obwohl Murat den Pomp, Feste und Vergnügungen sehr liebte, versäumte er doch nichts, was nach seiner Meinung dazu beitragen konnte, die Regierung seines Reiches zu festigen und sich beliebt zu machen. Er führte den Code Napoléon ein, was nicht sehr politisch war, da dieses Gesetzbuch nicht wie das Zeug zu einem Kleid einem jeden Individuum jedem Volk angepaßt werden kann und große Mängel bei manchem Guten hat, am allerwenigsten aber für Neapel oder Spanien paßte, Nationen, die noch so weit in der Kultur zurück waren. Er suchte auch das Unterrichtswesen zu verbessern, errichtete eine Nationalbank, tat manches für Kunst und Wissenschaften, ohne selbst viel davon zu verstehen, gab der Nationalgarde eine neue Organisation u. a. m. Die Küsten ließ er jetzt fast ausschließlich durch französische Truppen besetzen, von denen noch etwa zwanzigtausend Mann in seinem Reich lagen. Die neapolitanischen Truppen, die er in einem erbärmlichen Zustand antraf, suchte er zu disziplinieren, er vermehrte seine Garde mit zwei Regimentern und ließ viele französische Offiziere mit erhöhten Graden in neapolitanische Dienste übertreten, um einen besseren Geist in das Militär zu bringen und dasselbe an Ordnung zu gewöhnen.

Ich verspürte indessen keine Lust, mich dazu zu melden, da das neapolitanische Militär zu wenig geachtet war, auch galt diese Erhöhung, die selbst eine Zurücksetzung für Neapolitaner war, nur für Subalternoffiziere bis zum Grad eines Kapitäns, diese wurden aber im Fall eines Übertritts nicht zu Stabsoffizieren ernannt, sondern mit gleichem Grad bei der Garde angestellt. Der höhere Grad und sehr glänzende Uniformen verlockten manchen zum Übertritt. Gioachimo, wie ihn die Neapolitaner nannten, errichtete auch eine besondere Ehrengarde, welche aus den Söhnen der vornehmsten und reichsten Familien vom Adel, der Gutsbesitzer, Angestellten und Kaufleute formiert wurde. Alle Wochen hielt er mit viel Prunk und Ostentation [Schaustellung] Musterungen der verschiedenen Truppenkorps, wobei ihn ein sehr reich gekleideter Stab und großes Gefolge umgaben. Aber die Franzosen in Neapel, die sich sehr viel von seinem Regierungsantritt versprochen hatten, waren keineswegs mit ihm zufrieden und fanden sich in ihren freilich sehr sanguinischen und nicht wohl zu erfüllenden Hoffnungen getäuscht.

Murat ließ jetzt eine Volkszählung vornehmen, und es fanden sich ungefähr fünf Millionen Seelen. Reynier, den er zum Kriegs- und Marineminister ernannte, führte eine Konskription ein, durch welche von tausend Einwohnern zwei militärdienstpflichtig waren. Es wurden neue Regimenter errichtet und deren Fahnenweihe mit großer Feierlichkeit in der Villa Reale vorgenommen. Zu diesem Zweck war ein Thron unter freiem Himmel aufgeschlagen worden, von welchem der König die Zeremonien mit ansah. Der Erzbischof weihte die Fahnen. Die ganze Garnison, über zwanzigtausend Mann, stand bei dieser Gelegenheit unter den Waffen. Unter dem Donner der von allen Forts abgefeuerten Kanonen wurde ein Tedeum [Chorwerk] gesungen, worauf die Truppen vor dem zufrieden lächelnden Herrscher defilierten. Hierauf setzten sich die aus französischen und neapolitanischen Regimentern erwählten Abgeordneten und Legionäre an eine mit dreitausend Gedecken belegte Tafel, an der sie bei diesem Fest gespeist wurden, nieder, wo man sie trefflich auf Kosten der Munizipalität bewirtete. Das Ganze konnte einen Begriff von einer altrömischen Volksspeisung geben. Die Gäste ließen unter Sang und Klang und dem Akkompagnement [Begleitung] von Artilleriesalven Napoleon und Murat und ihre splendiden Wirte hochleben. An tausend Legionäre traten noch am selben Tag in wirkliche Kriegsdienste.

Murat hatte außer der öffentlichen Huldigung, die er dem heiligen Januarius besonders wegen Capri dargebracht, auch noch die hohen Diener des Heiligen und die Prälaten der Schatzkapelle, welche schwere goldene Medaillen erhielten, bedacht. Sogar nach Loreta hatte der fromme Monarch einen goldenen, mit Brillanten und Rubinen besetzten Pokal der Madonna verehrt, nachdem derselbe vorher dem Volk von Neapel zur Schau ausgestellt worden war, damit es erkennen möge, welch gut katholischen Christen es zum gnädigen Herrscher habe!

Noch eine andere Gelegenheit benutzte Gioachimo I., seine geliebten Untertanen durch Festivitäten zu erfreuen. Als nämlich die Brücke beendet war, welche die Hauptstraße des Landes, die ein tiefes Tal zerschnitt, vereinigte, ließ er sie Napoleonsbrücke taufen und mit großer Pracht und viel Zeremonien einweihen, auch stattete er an seinem Geburtstag hundert heiratslustige und junge Mädchen aus, die er auf großen vierspännigen Wagen, auf denen Napoleons mit Lorbeer gekrönte Büste stand, im Hochzeitsschmuck und mit Musik durch die Hauptstraßen Neapels unter dem großen Jubel des Volks fahren ließ. Bald darauf zog er aber viele der reichsten Klöster ein, verbot das Begraben der Toten in den Kirchen der Stadt, bestimmte durch Dekret den öffentlichen Begräbnisplatz an der Grotte von Pozzuoli, wodurch er sich Pfaffen, Mönche und viele Fromme unter dem Volk, das jenen weit mehr anhing, als er glaubte, zu heimlichen Feinden machte.

Auf der anderen Seite machte er auch das französische Militär mißmutig, indem er Reklamationen und Klagen darüber oft mit fast parteiischer Vorliebe anhörte, um sich, wie er vermeinte, dadurch beliebter bei den Einheimischen zu machen. Die ihn umgebenden Neapolitaner, seiner Eigenliebe schmeichelnd, machten ihn glauben, daß die Aufregung in den Provinzen hauptsächlich daher rühre, weil man französische Militärkommandanten eingesetzt, die mit großer Willkür und sehr despotisch handelten, was zum Teil auch an dem war. Er nahm nun denselben diese Kommandos ab und besetzte sie mit Einheimischen. Dies brachte die Franzosen auf, welche jetzt ihren Dienst oft vernachlässigten, so daß die Insurgenten bald ihr Haupt drohender erhoben. Hierzu kam noch, daß das Desertieren der Unteroffiziere und Soldaten französischer Regimenter, um bei den neugebildeten neapolitanischen Truppen angestellt zu werden, von oben begünstigt wurde, so daß in kurzem mehr als viertausend Mann, über dreihundert von unserem Regiment, die französischen Adler verließen, um die schönere neapolitanische Uniform anzuziehen.

Alle Beschwerden der Obersten blieben fruchtlos, und als Murat und seine Minister erfuhren, daß sie sich deshalb an den Kriegsminister nach Paris wandten, wurden sogar deren Depeschen auf der Post geöffnet und zurückbehalten, wenn sie solche Beschwerden enthielten, weshalb die Obersten nun ihre Briefe auf Umwegen über die Grenze von Neapel mit der römischen Post schickten. Napoleon selbst schien über dieses Treiben seines Schwagers sehr ungehalten, der aber jetzt, da er König war, auch die Idee hatte, als selbständiger Regent herrschen und sich der Vormundschaft des Kaisers entziehen zu wollen. Gern hätte er alle französischen Truppen und Generale aus dem Land geschickt, wenn er es hätte möglich machen können.

Ich habe die Karnevalszeit diesmal recht froh und lustig in Neapel zugebracht und allerlei Intrigen angesponnen, die ich auch in der stillen Fastenzeit noch fortzusetzen für unterhaltend fand, als unser Bataillon plötzlich den Befehl erhielt, nach dem Kirchenstaat aufzubrechen, wohin wir den wohlbekannten Weg über Capua, Fondi, Terracina bis Velletri zurücklegten.

XXIV.

Besetzung des Kirchenstaates – Ende der weltlichen Herrschaft
des Papstes – Die Kommandantur zu Velletri – Der Bischof und der
Fournisseur – Gewaltsame Entführung Pius' VII. – Als Kurier nach Wien –
Ich übergebe Napoleon meine Depeschen – Kurze Unterredung mit demselben –
Parade in Schönbrunn – Wien – Volksstimmung daselbst –
Das Napoleonfest in Österreichs Hauptstadt – Quartierfreuden –
Liebenswürdige Wirtinnen – Rückreise nach Italien

Als wir in dem Kirchenstaat angekommen waren (gegen Ende April 1809), wurden viele Kompanien in verschiedene Städte detachiert, nach Piperno, Porte d'Asturo, Ardea und so weiter, deren Hauptleute Platzkommandanten wurden. Ich erhielt mit der meinigen das Kommando zu Velletri, während der Rest des Bataillons nach Albano, Corneta verlegt wurde. Daß hier wieder etwas Ungewöhnliches ausgeführt werden sollte, ging aus allen Anstalten hervor, die gemacht wurden. Rom selbst war schon seit länger als einem Jahr durch General Miollis besetzt, ungefähr zur Zeit, als wir in Spanien einrückten. Der Vorwand dazu war an den Haaren herbeigezogen. Nämlich, weil Pius VII. nicht den Code Napoléon in seinen Staaten einführen und England nicht förmlich den Krieg erklären wollte. Der Papst hatte auf diese Zumutungen erklärt, daß das französische Gesetzbuch Ehescheidungen gestatte, was gegen die Dogmen der katholischen Religion, und daß er ein Mann des Friedens sei, dem die Engländer nichts zuleide getan hätten.

Ende Januar 1808 war eine starke Truppenabteilung jeder Waffengattung aus dem Toskanischen in Eilmärschen in den Kirchenstaat eingerückt, die in der Ebene von Baccano vierundzwanzig Stunden biwakiert hatte und um Mitternacht weiter aufbrach, am 2. Februar im Sturmschritt, die trabende Artillerie mit brennenden Lunten an der Spitze, in Rom einzog und mit gefälltem Bajonett auf Monte Cavallo stürmte, dort die Wachen besetzte, während Pius VII. in der Kapelle des

Quirinalpalastes mit den Kardinälen Messe las. Die päpstlichen Truppen waren bei der Ankunft der Franzosen in aller Stille, nachdem sie sich hatten ablösen lassen, abgezogen. Drei geschlossene Kolonnen waren in Rom eingerückt und hatten allmählich alle Posten in Besitz genommen, die ihnen, wie es schien, die Soldaten Seiner Heiligkeit nicht schnell genug übergeben konnten.

Der Papst, der sich als Märtyrer betrachtete, beschloß, alles auf das äußerste ankommen zu lassen, sich in sein Schicksal zu ergeben, aber doch nur der Gewalt weichen zu wollen. Er hatte zwar einen Aufruf an die modernen Römer im Stil und nach dem Muster der alten Weltbeherrscher erlassen, denselben gedruckt verteilen und an die Straßenecken anschlagen lassen, aber auf Befehl des französischen Gesandten mußte das Haupt der Sbirren [Polizeidiener] denselben eigenhändig wieder abreißen, und von dem zitierten altrömischen Geist hatte sich keine Spur vorgefunden. Auch Wunder, die hier und da ein Madonnenbild verrichtete, das Blut geschwitzt oder Tränen vergossen haben sollte, wie die Pfaffen versicherten, halfen nichts, und die Römer lachten wohl selbst darüber. Ein einziger Mönch war kühn genug gewesen, in einer Predigt eine Anspielung auf die Makkabäer zu machen, die alle ihre·Feinde erschlugen, und dabei zu sagen: ‹Anche noi siamo in tempo de Maccabei!›* Er wurde aber dafür sogleich in die von den Franzosen schon besetzte Engelsburg gesperrt.

Die Römer trösteten sich damit, daß alles eine Schickung Gottes sei, der Napoleon zu seiner Zuchtrute für die sündhafte Menschheit erwählt habe, und Pius selbst nannte es die unerforschlichen Gerichte des Allmächtigen. Er hatte sich nun in seinen Palast eingeschlossen und seine täglichen Spazierfahrten eingestellt, auch die Erlaubnis zur Feier des bevorstehenden Karnevals verweigert mit dem Bemerken, daß es jetzt nicht an der Zeit sei, an irdische Vergnügungen zu denken.

Der Gouverneur, General Miollis, gab jedoch Bälle in dem Palast Doria, denen manche der vornehmsten Römer beiwohnten. Das Volk aber war mit der Unterlassung seines Hauptvergnügens nicht zufrieden, murrte und ließ sich einstweilen die Gallinacci, gemästete Puter, die um diese Zeit in Herden zu Tausenden in die Stadt getrieben und von ihren Hütern mit langen Schilfrohren zusammengehalten werden, seine Favoritspeise, trefflich schmecken. Miollis erließ eine Order nach der anderen, Ruhe und polizeiliche Ordnung in der Stadt einzuführen. Niemand durfte sich mehr zur Nachtzeit ohne Laterne in den Straßen blicken lassen. Alle Kutschen mußten damit versehen sein, was besonders die Eminenzen und die höhere Geist-

---

*) ‹Auch wir befinden uns in makkabäischen Zeiten!› Bezugnahme auf den von dem Priestergeschlecht der Makkabäer geführten jüdischen Befreiungskampf zwischen 167 und 130 v. u. Z.

lichkeit vexierte, die jetzt ihre Mätressen nicht mehr unerkannt abholen konnten. Die Stadttore wurden von Mitternacht bis zum anbrechenden Tag geschlossen, und nachdem noch mehrere Messerstiche ausgeteilt und Mordtaten begangen waren, wurden bei Strafe des sofortigen Erschießens das Tragen jeder Art von Waffe, Dolche, Stilette oder auch nur Messer verboten. Alle bisherigen Freistätten für Mörder, wozu außer den Kirchen ganze Distrikte, wie das Quartier, in dem das Inquisitionsgericht seinen Sitz hatte, der Spanische Platz und so weiter gehörten, wurden für aufgehoben und als nicht mehr schützend erklärt.

Nachdem mehrere Individuen, die trotz Verbots noch ein Messer bei sich getragen, in den nächsten vierundzwanzig Stunden kriegsrechtlich öffentlich erschossen worden waren, fand man für tausend Zechinen kein Messer mehr bei den Leuten, und das Morden hörte auf. Früher erhielt man für einen halben Scudi die Erlaubnis, jede beliebige Waffe zu tragen, und fast jede Woche fiel ein Dutzend Mordtaten vor, nach denen sich die Täter in eine Kirche oder in ein sogenanntes Freiquartier flüchteten, wo sie so lange in Sicherheit waren, bis ihnen Verwandte oder gute Freunde durchhalfen oder hohe Protektoren Gnade auswirkten.

Indessen hatte man doch bald eine Verschwörung entdeckt, an deren Spitze der Principe Altieri und der Duca Bracchi, beide Anführer der päpstlichen Nobelgarde, standen. Miollis ließ diese Garde sogleich entwaffnen, und kaum hatten die Rädelsführer noch Zeit gehabt, sich durch die Flucht der Verhaftung zu entziehen. Miollis erließ auch einen Befehl an die Kardinäle, Rom binnen dreimal vierundzwanzig Stunden zu verlassen, aber der Papst verbot ihnen, diesem Befehl zu gehorchen, und befahl, nur der Gewalt nachzugeben, damit die Welt wisse, daß sie nur rohe Übermacht von dem päpstlichen Busen losgerissen habe. Dennoch mußten die Kardinäle fort.

Die beiden Doria begaben sich nach Genua, in ihre Vaterstadt, und von Paris kam ein Befehl, daß sich alle Eminenzen in diejenigen Staaten zu begeben hätten, deren geborenen Untertanen sie seien. Pius VII. rief nun auch seinen Gesandten zu Paris zurück, was Napoleon als eine Kriegserklärung auslegte, die ohnehin schon geschehen, weil sich Rom nicht, gleich den übrigen italienischen Staaten, gegen den allgemeinen Feind, England, habe verbünden wollen. Die Provinzen Urbino, Ancona, Macerata und Camerino wurden unwiderruflich auf ewige Zeiten (diese Ewigkeit währte fünf Jahre) durch ein Dekret dem Königreich Italien einverleibt. Auch wurde allen Kardinälen und römischen Beamten aus diesen Provinzen bei Strafe der Konfiskation ihres Vermögens geboten, sich in ihre Heimat zu verfügen, so daß dem Papst außer dem Gebiet der Stadt Rom wenig mehr blieb. Trotz all dem beschäftigte sich jetzt Pius noch mit der Heiligsprechung der Königin Klothilde von Frankreich.* Was die Römer am meisten schmerzte, war das Ausbleiben der Fremden, besonders der Engländer, wodurch ihnen ein bedeutender Verdienst entging.

Napoleon hatte indessen beschlossen, der weltlichen Herrschaft des Papstes ein Ende zu machen und Rom selbst seinem großen Reich einzuverleiben. Daher die abermaligen Truppenmärsche im April und Mai 1809 in den Kirchenstaat. Ein großer Staatsstreich sollte ausgeführt werden, während er sich in dem von ihm eroberten Wien befand. Er dekretierte vier Tage vor der Schlacht von Aspern, am 17. Mai 1809, das Ende der päpstlichen Herrschaft, und daß er, da sein großer Vorfahr, Karl der Große, den römischen Bischöfen verschiedene Distrikte nur als Lehen überlassen habe, um der päpstlichen Halsstarrigkeit den Hals zu brechen, dieselben wieder einziehe, den Kirchenstaat mit seinem Reich vereinige und Rom zu einer freien (?!) kaiserlichen Stadt erklärte. Miollis nahm am 1. Juni feierlich Besitz von Rom, und die neu errichtete Consulta, deren Präsident er war, erließ eine Proklamation, die mit folgenden hochtrabenden Worten begann:

«Römer! Der Wille des größten der Helden (risum teneatis amici) vereinigt Euch mit dem größten der Reiche» und so weiter. In derselben wurde auch gesagt, daß das Elend und die Ungesundheit der römischen Städte nun der Glückseligkeit Platz machen müsse, die ihnen zuteil würde, und daß Rom fortdauernd der Sitz des sichtbaren Oberhauptes der Kirche bleiben solle, wo dasselbe nun über alle irdischen Interessen und Betrachtungen erhaben, der Welt das Schauspiel der reinsten Religion im höchsten Glanz geben würde.

Von dieser Proklamation wurden mir einige tausend Exemplare nach Velletri geschickt, um sie daselbst und in der Umgegend zu verbreiten, was ich pflichtschuldigst tat, damals ein ebenso verblendeter Narr wie die anderen, und den Rest auf der Jagd in den Pontinischen Sümpfen verpuffte. Es wurden nun allenthalben die päpstlichen Wappen abgerissen und durch napoleonische Adler ersetzt, alle Urkunden im Namen des Kaisers ausgestellt.

Ich hatte einstweilen in Velletri ein sehr friedliches und behagliches Leben geführt und außer einigen Intrigen mit ein paar hübschen Villanellen, die hier wie in Albano ein sehr malerisches Kostüm haben, auch außer einem kleinen Renkontre mit einem Prälaten keine Fata von einiger Erheblichkeit gehabt. Die Einwohner, bei denen Caguenecs tolle Streiche noch in frischen Angedenken, waren mit mir zufrieden. Jener hatte sich unter anderem von seinen Soldaten, nachdem er mit

---

*) Chlotilde, burgundische Königstochter, war Christin und seit 492 Gattin des fränkischen Königs Chlodwig, an dessen Übertritt zum Christentum sie bedeutenden Anteil nahm.

denselben in der Stadt herumgezogen, um guten Wein zu requirieren, und sie betrunken gemacht, auf russische Weise auf dem Marktplatz der Stadt prellen lassen. Das heißt, die Russen in seiner Kompanie wollten ihrem Kapitän eine Ehre in russischer Manier antun, legten ihn auf große wollene Decken und schleuderten ihn dann in die Luft, fingen ihn wieder auf, was sie ein halbes hundertmal wiederholten, dabei ein großes Feuer auf dem Platz anzündeten, so daß den Einwohnern angst und bange wurde. Dabei tanzten die Soldaten um die Flammen und schrien aus vollem Hals: «Hurra, unser braver Kapitän!» Zuletzt hatte er gar eine Kontribution von mehreren tausend Scudi auf seine Faust ausgeschrieben. Was Marschälle und Napoleon im großen tun, dürfe er ihnen wohl im kleinen nachmachen und bedachte nicht, daß man große Diebe laufen läßt und die kleinen hängt. Ablösung, scharfer Festungsarrest, noch bevor die Kontribution erhoben war, gegen die man in Rom Beschwerde führte, waren die Folgen

Meine Affäre mit dem Prälaten, einem Bischof, war indessen nicht so ganz unbedeutend und hätte leicht eine ähnliche Geschichte wie die in Albano werden können, wenn mich jetzt die Erfahrung nicht besonnener gemacht hätte. Dem Fournisseur, der die Lebensmittel für uns lieferte, einem jungen und rechtlichen Mann, eine Seltenheit bei einem Lieferanten, wollte der Prälat ein junges Mädchen, das von dem heiligen Mann so fruchtbar überschattet worden war, daß sich die Spuren davon auf das unwiderlegbarste zeigten und sie die beste Hoffnung hatte, einen kleinen Bischof zu bekommen, als eheliches Gespons aufhängen. Bianconi, so hieß der Fournisseur, war in die Falle gegangen, die man ihm schlau gelegt. Aber hinter den Zusammenhang der sauberen Geschichte kommend und einsehend, daß er einen bischöflichen Deckmantel abgeben sollte, zog er sich zurück, verweigerte dem Mädchen, das übrigens recht hübsch war, seine Hand und wurde nun auf deren Anklage vorerst ins Gefängnis gesteckt, um ihn so zu zwingen. Ich erfuhr die Sache durch meinen Furier, ließ das Mädchen zu mir kommen und brachte bald durch Drohungen die Wahrheit und das Geständnis heraus, daß der hochwürdige Herr der Papa des zu hoffenden Kindes sei. Ich behielt das Mädchen in meiner Wohnung, begab mich zuerst in das Gefängnis, um auch den jungen Mann zu vernehmen, und von diesem zum Prälaten, der mich sehr artig empfing, mich fragte, womit er mir dienen könne, worauf ich mir die augenblickliche Freilassung des Gefangenen ebenfalls sehr artig erbat.

Der fromme Mann wollte mich anfangs gar nicht verstehen, sich auf nichts einlassen, beteuerte seine Unschuld, schrie über abscheuliche Verleumdung, bis ich ihm nun in sehr ernstem Tone andeutete, daß, da die Sache unseren Lieferanten betreffe, ich genötigt sein würde, sie an das Generalkommando nach Rom zu berichten. Jetzt spannte der hochwürdige Herr andere Saiten auf, versicherte mir, daß er ganz allein aus Achtung für meine Person den Mann freigeben und die Sache näher untersuchen wolle. Ich aber klopfte ihm vertraulich auf die Schulter und sagte ihm mit lächelnder Miene: «Lassen wir unter uns alles Komödienspiel beiseite, wir sind ja beide Männer und arme Sünder, geben Sie der Dirne eine kleine Aussteuer, und sie wird dann schnell einen gutmütigen Deckmantel finden, wodurch aller Skandal verhütet wird.» Der geistliche Herr endigte damit, meinen Rat vortrefflich zu finden, bat mich um Bewahrung des Geheimnisses und ein gutes Glas Wein mit ihm zu leeren. Ich gestand beides zu, und wir schieden als die besten Freunde. Mit dem Befehl zur Freilassung des armen Teufels in der Tasche ließ ich den Bianconi sogleich aus seinem Kerker holen.

Anfang Juli bekam ich in aller Frühe Befehl, sogleich mit meiner Kompanie nach Albano abzumarschieren, wo sich eine bedeutende Truppenmasse versammelte. Nachdem wir dort zwei Tage zugebracht, ohne zu erfahren, worauf es eigentlich abgesehen sei, erhielten alle hier und in der Umgegend liegenden Truppen am 5. Juli gegen Abend Order, sich marschfertig zu halten, und wurden vor dem nach Rom führenden Tor versammelt. Die leichte Infanterie bildete die Avantgarde, dann kamen die Linie und Reiterei, und die Artillerie machte den Abschluß. In dieser Ordnung marschierten wir nach Rom ab. Vor dem Tor San Giovanni wurde halt gemacht und scharf geladen. Es mochte ungefähr eine gute Stunde vor Mitternacht sein, als wir in der größten Stille in Rom einmarschierten. Selbst die Hufe der Pferde und die Räder der Kanonen hatte man mit Stroh umwickelt, daß sie keinen Lärm machten. So marschierten wir gegen Monte Cavallo, in den Straßen auf starke Patrouillen der französischen Garnison stoßend. Ein Teil der Infanterie und die Kavallerie wurde in die zum Quirinal führenden Straßen verteilt, und die Kanonen, welche die entgegengesetzte Richtung vom päpstlichen Palast erhielten, mit brennenden Lunten zur Seite aufgepflanzt. Die Patrouillen bedeuteten den Einwohnern, die hier und da die Fenster öffneten oder sich an der Tür blicken ließen, sich sofort zurückzuziehen, widrigenfalls man Feuer auf sie geben würde.

Es herrschte nun eine feierliche Stille, und wir waren alle in einer seltsamen Spannung, was wohl geschehen würde. Ich stand mit meiner Kompanie noch auf dem Campo Vaccino, als mir eine Ordonnanz die Order überbrachte, mich mit zwanzig ausgewählten Grenadieren sogleich zum General Miollis zu verfügen. Er befand sich zu Fuß mit mehreren Generalen und Chefs, unter denen auch der Gendarmeriegeneral Radet, am Piedestal der Kolosse auf dem Monte Cavallo. Radet, dem ich von meinem Oberst besonders empfohlen worden war, nahm mich beiseite, und eröffnete mir, daß diese Anstalten getroffen seien, falls sich der Papst weigern würde, die Entsagungsakte über alle weltliche Herrschaft, Macht und Ansprüche auf den Kirchenstaat zu unterzeichnen, dann sollte seine Gefangennahme erfolgen, die vom Kaiser und auch von Murat befohlen sei. Er habe mich auf Empfehlung meines Obersten erwählt, tätigen Anteil an dieser Expedition zu nehmen, die er sogleich anführen werde und wozu er noch einige Offiziere und Mannschaften erwarte.

Ich gestehe, daß mir diese Eröffnung nicht gerade die angenehmste war, da ich Pius VII. als einen würdigen und achtenswerten Mann und Souverän kennen gelernt und durch meine frühere Audienz ihn persönlich schätzte. Aber hier befahl der Dienst und war keine Einwendung zu machen. Es währte nur noch wenige Minuten, bis die zu dieser Expedition vorgesehene Mannschaft beisammen war; etwa acht bis zehn Offiziere, hundertzwanzig Mann aus Elitekompanien und ein halbes Dutzend Sappeurs. Radet führte das Kommando an. Wir mußten mit Leitern über die hohen Gartenmauern steigen, da der Papst schon früher die Eingänge des Palastes hatte vermauern lassen. Aber auch die inneren, in den Garten gehenden Türen mußten die Sappeurs erbrechen. Wir stießen zuerst auf die einige vierzig Mann starke Schweizergarde, die sich nicht zur Wehr setzte, sondern auf die an sie ergangene Aufforderung die Hellebarden streckte. Wir durcheilten mehrere Gänge und Säle, Radet erwischte einen Kammerdiener, den er zwang, uns in die Gemächer des Papstes zu führen und uns das Zimmer zu öffnen, in welchem sich Pius VII. befand. Wir traten ein. Der wirklich ehrwürdige Oberpriester saß noch völlig angekleidet an einem Tisch und war mit Schreiben beschäftigt. Radet näherte sich ihm, redete ihn französisch an, das Pius geläufig sprach, und machte ihn mit seinem Auftrag bekannt, wobei er ihm die zu unterschreibenden Akte mit der Erklärung überreichte, daß er im Weigerungsfall strenge Order habe, Seine Heiligkeit gefangen abzuführen. Des Papstes Antwort war: «Mi taglierete piuttosto in mille pezzi!»*

Da Radet sah, daß alles Zureden vergeblich war, ließ er die Sappeurs eintreten, ein auf die Straße gehendes Fenster einschlagen, hieß sodann den Papst und den Kardinal Pacca auf zwei Armstühle setzen, sie fest auf denselben anbinden und beide durch das Fenster auf die Straße hinablassen. Der General selbst aber eilte schnell auf dem Weg, den er gekommen war, mit uns hinab, empfing den Papst und den Kardinal unten und nötigte beide, sich in einen mit vier Pferden bespannten Wagen zu setzen, auf dessen Bock er stieg, und jagte so mit einer starken Reitereskorte im gestreckten Galopp davon. Die Truppenabteilungen, welche zur Garnison Roms gehörten, verfügten sich in ihre Quartiere, die aber von Neapel gekom-

*) «Eher ließe ich mich in tausend Stücke reißen!»

men waren, marschierten gegen Morgen nach Albano zurück und erfuhren erst nach einigen Tagen, was eigentlich vorgegangen war.

Roms Bewohner waren nicht wenig bestürzt, als sie am anderen Tag erfuhren, ihr Souverän sei abgereist. Aber es blieb alles ruhig, und man redete sich nur mit einem «Il Papa é via!»* an. Es wurden einige Proklamationen erlassen, während Pius den Weg nach Frankreich machen mußte. Noch denselben Morgen wurde ich zu General Miollis beordert, wo mir dieser mitteilte, daß er mich auf Empfehlung meiner Oberen und Radets dazu bestimmt habe, dem Kaiser die Depeschen, welche die Berichte über das Vorgefallene enthielten, als Kurier nach Wien zu überbringen, eine Mission, die ich mit großer Freude annahm. Was den General noch mehr dazu bewogen hatte, mich mit dem Auftrag zu beehren, war, daß ich der deutschen Sprache mächtig, worauf man besonders deshalb Gewicht legte, weil das Gerücht ging, daß die österreichischen deutschen Länder und namentlich Tirol in vollem Aufstand seien und ich wohl im Fall der Not als reisender Privatmann noch ungehindert durchkommen könne, weshalb man mich auch mit dem Paß eines deutschen Barons, der von Rom nach Wien reise, versah.

In einem ziemlich bequemen Wagen fuhr ich wenige Stunden nach der Abreise des Papstes mit unaufhaltsamer Eile, meist vier Postpferde vorgespannt. Über Florenz, Bologna, Rovigo, wo ich die Nachricht von dem zu Wien abgeschlossenen Waffenstillstand erfuhr, Padua, Mestre, Undine, Villach, Klagenfurt, Friesach, Judenburg, Leoben, Wiener-Neustadt, Gumpendorf und nach Wien, wo ich, obwohl ich mir kaum ein paar Stunden zum Essen gegönnt, erst am siebenten Tag nach meiner Abreise von Rom morgens um vier Uhr eintraf. Im Flug hatte ich die ganze Strecke, wohl über zweihundert Meilen, zurückgelegt und den Wagen nur zur höchsten Notdurft verlassen, fast alle Mahlzeiten in demselben zu mir genommen und da, wo die Wege schwierig waren, oft sechs Pferde vorspannen lassen.

Ich hatte zwar die Reise in Zivilkleidern zurückgelegt, aber durchaus keine Unannehmlichkeiten gehabt und war nirgends angehalten worden, wobei mir allerdings das Deutsche gut zustatten kam. So ermüdet ich auch war, erlaubte ich mir doch keine Stunde Ruhe, sondern machte sogleich nach meiner Ankunft Toilette, rasierte mich, steckte mich in meine große Uniform und eilte, mich bei General Andréossy, damals französischer Kommandant zu Wien, zu melden, dem ich den Zweck meiner Reise mitteilte und der mich sofort, von einem Adjutanten begleitet, nach Schönbrunn zur Übergabe meiner Depeschen absandte. Es war noch nicht acht Uhr, als wir ankamen und beim Kaiser gemeldet wurden. Nach einer kleinen

*) «Der Papst ist fort!»

Viertelstunde wurden wir vorgelassen, und als wir in das kaiserliche Gemach traten, stand Napoleon von seinem Arbeitstisch auf, auf dem mehrere Papiere und Karten lagen, tat ein paar Schritte vorwärts und redete mich mit den Worten an: ‹Vous m'apportez des nouvelles de Rome?›*

‹Oui, Sire.›**

Ich hatte die Depeschen in der Hand und wollte sie ihm überreichen, als er hastig selbst danach griff, sie öffnete und, öfter das Gesicht verfinsternd, las, während ich Zeit hatte, ihn genau zu beobachten. Endlich legte er sie wieder zusammen, warf sie auf den Tisch und befragte mich nach verschiedenen näheren Umständen und dem Hergang der Verhaftung. Ich mußte in die kleinsten Details eingehen, wurde mehrmals von ihm durch Fragen unterbrochen, wobei sich seine Stirn umwölkte, wenn ihm die Antwort nicht sehr angenehm schien. Namentlich erkundigte er sich, wie sich das Volk in Rom verhalten habe und wie dessen Stimmung sei. Ich gab ihm, soweit ich es imstande war, die gewünschte Auskunft mit der Bemerken, daß ich wenige Stunden nach der Begebenheit Rom verlassen habe. Nachdem ich dies alles abgemacht und sich der Kaiser herabgelassen hatte, sich nach meiner Person und nach meinen Dienstverhältnissen zu erkundigen, und nachdem ich ihm auch hierauf mit wenig Worten geantwortet hatte, fragte er mich noch, ob ich als Deutscher mit meinem Dienst zufrieden sei, was ich bejahte und zugleich dachte: Jetzt stehst du vor der Schmiede, du mußt es benutzen. Mein innigster Wunsch war nämlich damals, zu der Garde Napoleons versetzt zu werden, und ich ließ ihn Sr. Majestät blicken, wurde aber sofort mit einem ‹C'est bon, nous verrons›*** allergnädigst entlassen.

Ich ging nun im Park von Schönbrunn spazieren, die Parade, die um zehn Uhr sein sollte, abwartend. Den Platz vor dem Schloß hatte man so eingerichtet, daß die Truppen dort kampieren konnten. Der Garten war noch auf holländische oder französische Art angelegt. Schönbrunn liegt nur eine halbe Stunde von Wien entfernt.

Punkt neun Uhr kam Napoleon mit seinen Marschällen, Generalen und einem glänzenden Gefolge die Stufen der Schloßtreppe herab, die Musterung zu passieren. Sich hier und da bei einem der Soldaten aufhaltend, dessen Gewehr und Tornister nachsehend, ließ er dann die Truppen nach einigen Handgriffen defilieren, und sprach mehrmals mit dem General Rapp. Als die Parade vorüber war, ging ich nach Wien zurück, wo ich bei der Kommandantur Erlaubnis eines längeren Auf-

*) ‹Ihr bringt mir Neuigkeiten aus Rom?›
**) ‹Jawohl, Sire (eigentlich: Eure Majestät)›
***) ‹Gut, wir werden sehen›

402

enthalts erwirkte, um mich von den Strapazen gehörig ausruhen zu können. Man hatte mir ein Quartier bei einem ziemlich wohlhabenden Bürger in einer entlegenen Gasse der Vorstadt Gumpendorf gegeben, das ich aber schon den zweiten Tag mit einem anderen in der Josephsstadt bei einer hochadligen älteren Dame vertauschte, einer geborenen ungarischen Gräfin, deren Mann mit dem österreichischen Hof geflüchtet war. Hier befand ich mich nicht nur sehr wohl, sondern fand auch bald die angenehmste Unterhaltung und Zerstreuung.

Die Dame hatte zwei schöne Töchter, von denen die eine neunzehn Jahre zählte und an einen Rittmeister, der mit seinem Regiment bei der österreichischen Armee stand, verheiratet, die andere, noch ledig, kaum siebzehn Jahre, aber die Braut eines österreichischen Stabsoffiziers, der sich auch auf flüchtigem Fuß befand. Besser konnte ich es unmöglich treffen. Die beiden jungen Komtessen waren musikalisch, sangen recht artig, und die alte Gräfin war vergnügt, wenigstens einen Deutschen im Quartier zu haben. Zuerst hatte man mir das Essen auf die Stube geschickt, nach zwei Tagen aber hatte ich schon die Ehre, Tischgenosse der Damen zu sein. Diese hatten außerdem noch zwei der artigsten Exemplare der berühmten Wiener Stubenmädchen, die diesem Korps in jeder Hinsicht alle Ehre machten, zu ihrer Bedienung.

Die ersten Tage brachte ich damit zu, die sich damals durch die feindliche Besetzung in sehr peinlichen Umständen befindende Hauptstadt Österreichs zu besichtigen. Namentlich die Burg, Sankt Stephan, die Bartholomäuskirche, den Prater, den Augarten und so weiter.

Die Franzosen, die kein Deutsch verstanden, hielten während ihres damaligen Aufenthalts das Wiener Volk für sehr aufgebracht gegen sich und fürchteten ähnliche Auftritte wie in Madrid. Ich mußte über diese Befürchtungen lächeln. Die guten Wiener dachten an nichts weniger als an Aufstände, sondern gingen, besonders seitdem der Waffenstillstand geschlossen war, wieder ihren gewöhnlichen Vergnügungen nach. Die Stimmung vieler Einwohner war eher der damaligen Regierung Österreichs feindlich gesinnt. Sie beschuldigten dieselbe laut der drückendsten Willkür und schrieben ihr durch ihre Mißgriffe und Dummheiten das jetzige Unglück Wiens und des Staates zu. Die Bürger sagten laut: «Wir zweifeln, daß selbst diese derbe Lektion unsere Regierung bessern wird, unser guter Kaiser ist blind gegen die Urheber seines Unglücks, und wenn die Franzosen wieder fort sind, ist's halt wieder die alte Leier.» Dabei ließ man sich aber nichts abgehen, und ich hatte allenthalben Gelegenheit, die berühmte Eß- und Trinklust der Wiener zu bewundern. Als nach dem 18. Juli der Zugang in die Gärten zu Schönbrunn, den Prater und den Augarten wieder erlaubt war, eilte halb Wien in den Prater, und nach Verlauf von einer Stunde war in den Garküchen und Buden auch für Gold kein Stückchen Brot mehr zu haben.

Der Waffenstillstand sollte anfänglich nur einen Monat, mit vierzehntägiger Aufkündigung dauern. Durch die hinausgezogenen Friedensunterhandlungen verlängerte er sich aber über drei Monate. Am 31. Juli hatte Erzherzog Karl, der einzige österreichische Feldherr von Bedeutung, mit dem Benehmen der Regierung und des Hofes höchst unzufrieden, das Kommando der Armee niedergelegt, das nun Kaiser Franz selbst, eigentlich Fürst Lichtenstein, übernahm.

Wien mußte unterdessen ungeheure Lieferungen an Naturalien an die Franzosen leisten, worunter über zweihunderttausend Ellen Tuch, noch mehr Leinwand, an vierhundert Zentner Leder, ungeheure Quantitäten Fourage, Stroh, Holz und so weiter sowie zehn Millionen bares Geld Kriegssteuer bezahlen. Dabei waren die sonst so barschen und durch ihre gemeinen Grobheiten berühmten österreichischen Unterbeamten, die sie sich gegen jeden nicht in höherem Amt und Würden Stehenden erlauben, so geschmeidig und niederträchtig kriechend gegen das französische Militär und die Employes, daß es wahrhaft ekelerregend war.

Was die Wiener am meisten freute, war, daß jetzt in den Theatern auf Veranlassung mehrerer Offiziere alle die Stücke aufgeführt wurden, die unter dem österreichischen Gouvernement verboten waren, sowie mehrmals in den Zeitungen bekanntgemacht wurde, daß alle durch eine engherzige und beschränkte Zensur verbotenen Bücher zu haben seien, indem die Zeit erschienen, in welcher man den Geist nicht mehr in Fesseln schlagen dürfe! Und doch war Napoleon derjenige, der ihn, wie nie ein Tyrann vor ihm, in Fesseln zu schlagen versuchte. Eines der verboten gewesenen Stücke, das am meisten Beifall fand, waren Kotzebues ‹Kreuzfahrer›, die man ‹An der Wien› aufführte. Die ganze Stadt wollte das Einmauern einer Nonne, Kloster, Kirche und Nonnen auf dem Theater sehen, und das Haus hatte nicht Raum genug für die drängenden Massen. Auch Stücke, die bisher, durch eine erbärmliche Zensur auf das unsinnigste beschnitten, gräßlich verstümmelt gegeben worden waren, wurden nun unbeschnitten und wie sie der Autor geschrieben, zum Beispiel ‹Wilhelm Tell›, unter großem Jubel aufgeführt, und man lachte über die literarischen Henkersknechte, die sie ihrer besten Stellen beraubt hatten. Aber aus den Archiven, Bibliotheken und Kunstsammlungen wurde das Beste und Seltenste nach Paris geschafft.

In dem eigentlichen Hof- oder Burgtheater, das man auch Nationaltheater, eine wahre Satire, nannte, wurden während meiner Anwesenheit französische Stücke aufgeführt.

Am 15. August wurde das Napoleonfest in Österreichs Hauptstadt mit großem

Pomp gefeiert, alle Schiffe auf der Donau waren bunt beflaggt und bewimpelt, der Donner der Kanonen kündigte nach allen Weltgegenden hin das hohe Fest des Diktators des europäischen Festlands an. In Schönbrunn war große Parade, das Schießen und Glockengeläut schien gar kein Ende nehmen zu wollen. In Sankt Stephan, wohin sich die ganze Generalität, mit Vizekönig Eugen an ihrer Spitze, begab, wurde ein feierliches Hochamt gehalten und das Tedeum gesungen. Die Bürger mußten Spaliere mit den Truppen bilden, bei dem Gouverneur war großes Diner. Mit einbrechender Nacht wurde ganz Wien mit allen seinen Vorstädten beleuchtet, und ein prächtiges Feuerwerk prasselte in die Lüfte. Unter den vielen, selbst von Wiener Bürgern illuminierten und passend angebrachten Transparenten las man auf einem «Zur Weihe An Napoleons Geburtstag!» War man aber nicht ganz in der Nähe, so las man «ZWANG!», weil die anderen Buchstaben so klein waren, daß sie schon in einer geringen Entfernung verschwanden. Ohne sich eine starke Blöße zu geben und sich zu blamieren, konnte man nicht wohl dem Mann, der so illuminierte, etwas anhaben.

Napoleon kam indessen nur wenig, meist im strengsten Inkognito und bei Nacht in Zivil, gewöhnlich von Duroc und Berthier begleitet, nach Wien, und so besah er auch die ihm zu Ehren gemachte Illumination. Zeigte er sich am Tag zu Pferde oder wurde man ihn gewahr, so war er schnell von einer ungeheuren Volksmasse umringt. Auch der Wiener Adel suchte in seine Nähe zu kommen und gab sich unsägliche Mühe, ihm vorgestellt zu werden oder wenigstens den Vorstellungen zu Schönbrunn beiwohnen zu dürfen, zu denen der Zutritt nicht jedermann gestattet war.

Trotz der Friedensunterhandlungen benutzte Napoleon die Zeit des Waffenstillstands auf das beste und ließ Wien und seine nächsten Umgebungen in einen furchtbaren Verteidigungszustand setzen. Namentlich waren es die Werke am Spitz, welche ihn beschäftigten und zu deren Gunsten man die schönsten Häuser demolierte. Vor dem Brückenkopf wurden sechs große Redouten angelegt, die gewissermaßen ein verschanztes Lager bildeten. Am Spitz und am Tabor wurden Magazine für Pulver und Lebensmittel gebaut sowie ein Artilleriepark mit achtundvierzig Geschützen. Auch Minen, Lünetten, Tambours, Blockhäuser und so weiter fehlten nicht, wo man sie für nötig erachtete, und in dem Lager an dem Spitz hatte man Baracken aus den Balken, Brettern, Türen und Fenstern niedergerissener Häuser, Ställe und Scheunen erbaut.

Unterdessen war ich in meinem angenehmen Quartier recht heimisch geworden und fand meine Wiener Damen für den Sinnengenuß sehr empfänglich. Zu der Mama der beiden Komtessen war ich, eingedenk des Sprichworts «Wer die Töchter haben will, muß der Mutter den Hof machen!» recht artig und gefällig, lebte jetzt in dem Haus wie der Vogel im Hanfsamen, war der Hahn im Korb bei fünf Hühnern, die alte Henne und die zwei hübschen Kammerkätzchen inbegriffen, die alle vergnügt waren, daß ich deutsch sprach, da die Mädchen gar nicht und die Komtessen nur ein sehr schlechtes, gebrochenes Französisch sprachen, obgleich sie mehrere Jahre die französische Sprache studiert hatten. Die Mama hatte den Kindern und dem Gesinde empfohlen, ja recht artig gegen mich zu sein, damit es keine Unannehmlichkeiten mit der Einquartierung setze, und dieser weise Rat ward von den gehorsamen Töchtern und Mädchen bestens befolgt. Während die jüngere Tochter, Komtessa Elisa, mit der Mama morgens die Kirche besuchte, musizierte ich mit der älteren, Gräfin Eleonora.

Schon am zweiten oder dritten Morgen, das Kammerkätzchen Therese hatte soeben das Zimmer wieder verlassen, drückte ich ihre niedliche Hand an meine Brust, schloß die Besitzerin derselben halb mit Gewalt in meine Arme und bedeckte ihren Mund mit Küssen. Röter und röter färbte sich die Glut ihrer Wangen, da rollte ein Wagen vor, und die gnädige Mama, mit der jüngeren Tochter aus der Kirche kommend, trat bald darauf ins Zimmer, wo sie uns beide so emsig am Klavier musizierend fand, daß sie ihre Freude daran hatte. Komtessa Elisa stellte sich neben uns. Wir spielten und sangen nun noch eine Weile und kamen dann überein, daß ich die Damen diesen Abend in Zivilkleidern in das Theater begleiten dürfe. Ich ging auf mein Zimmer, schrieb ein Billettchen an die Gräfin Leonore, in welchem ich ihr die Glut meiner unendlichen, ewigen Liebe mit den feurigsten Worten schilderte und sie am Schluß um Erhörung und eine ungestörte Zusammenkunft bat. Das Billett ließ ich ihr beim Dessert – ich saß immer zwischen ihr und der gnädigen Mama – unvermerkt auf den Schoß fallen, sie dabei mit den Knien anstoßend. Sie deckte es mit der Serviette zu und wußte es dann ebenso unvermerkt in den Busen zu bringen. Bald nach Tisch entfernte ich mich unter einem Vorwand, um ihr Zeit und Gelegenheit zu geben, es zu lesen, und kam in einer Stunde zurück, die Damen zu einer Spazierfahrt einladend. Als wir heimkamen und ich mich auf mein Zimmmer begab, begegnete ich Therese, dich mich lächelnd grüßte. Ich fragte, warum sie lache.

«Oh, das werden Euer Gnaden halt schon g'merkt haben.»

Ich nahm sie bei der Hand, und ihr diese drückend, sagte ich: «Du bist ein Schelm, aber sei hübsch verschwiegen, dann soll es dein Schaden nicht sein» und küßte sie dabei.

«Ihr Gnaden sind's halt doch än loser Vogel», meinte sie.

Ich drückte ihr nun ein paar Gulden in die Hand, sie nochmals küssend, ihr

Stillschweigen empfehlend und sie bittend, mir bei ihrer Herrschaft das Wort ein wenig reden zu wollen.

«Oh, das ist gar nit notwendig», platzte sie jetzt heraus, «Ihr Gnaden haben meiner Herrschaft gleich g'fallen, und wie Sie den ersten Tag z'uns ins Quartier kommen sind, hat d'gnädig Frau g'sagt: ›'s doch ein ganz ander Ding, so a französ'scher Offizier, als uns're steifen Holzblöcke, mit denen gar nix anz'fangen is, so aner draht sich halt zehnmal rum bis unser einer den Fuß nur lupft, 's is halt ka Wunder, wenn's so von ihnen klopft werd'n; und dann fragt's mi in am weg, was Sie schaffen tun, ob's z'Haus sind un so mehr.›»

Ich küßte nun das liebe Mädchen noch ein paarmal, ging dann auf mein Zimmer und nach Verlauf von ein paar Stunden wieder zu meinen gastfreundlichen Wirtinnen hinab, bei denen ich noch einige andere Wiener Damen vom hohen Adel traf, die sich, als sie hörten, daß ich ein Deutscher und zwar aus dem Reich wäre, wie sie alle nicht zu Österreich gehörenden Länder nannten, bitter beschwerten, daß die deutschen Truppen, namentlich die Bayern, weit ärger als die Franzosen selbst in den kaiserlichen Erblanden hausten. An den letzteren aber hatten sie hauptsächlich auszusetzen, daß sie sogar keinen Unterschied zwischen dem hohen Adel und dem Bürgerpack machten, es ihnen gleich sei, ob sie eine hübsche Bürgersfrau oder eine Gräfin aus uraltem Haus vor sich hätten, und wenn sie lange in Österreich blieben, das Volk am Ende auch von solch verruchten Grundsätzen angesteckt würde. Schon merke man, daß die Wiener nicht mehr wie früher mit derselben ehrfurchtsvollen Untertänigkeit den hohen Herrschaften begegnen. Dies sei ein abscheulicher Jakobinismus und so weiter.

«Halten zu Gnaden, meine Gnädigen,» sagte ich endlich, «wir sind aber doch am Ende alle aus demselben Teig geknetet.»

«Das sind sehr schlimme Grundsätze», meinte eine der Damen, «die noch allen Respekt über den Haufen werfen werden.»

Gräfin Leonore suchte nun der Unterhaltung eine andere Wendung zu geben, lenkte die Sprache auf die Musik, und wir sangen den Damen etwas vor. Unter dem Gesang fragte ich sie, ob sie mir keine Antwort auf mein Briefchen zu geben habe, konnte aber nur ein «Stille!» von ihr herausbringen. Die Zeit für das Theater war herangekommen, die fremden Damen entfernten sich. Das Haus war zum Erdrücken voll, meine Wirtinnen fanden großen Gefallen an der Vorstellung, doch meinte die Mama, es sei sündhaft, Kirche, Klöster und Nonnen in der Komödie nachzumachen. Bei der Heimfahrt saß ich Leonoren en face [gegenüber] und machte gehörigen Gebrauch vom Kutschenrecht, ihr die Knie zusammendrückend, während ich meiner Nachbarin zur Linken, der Komtesse Elisa, das zarte Händchen drückte. Als ich um zehn Uhr den Damen eine gute Nacht wünschte, um mich auf mein Zimmer zu begeben, begegnete ich Therese abermals. Ich küßte sie wieder, zog sie trotz ihres scheinbaren Widerstrebens durch meine Stubentür und ließ die hübsche Soubrette kaum zu Worte kommen. Endlich aber sagte sie: ‹Ihr Gnaden, nur jetzt nit, lassen's mi aus, die gnäd'ge Gräfin kann ja jeden Augenblick rufen oder gar selbst kommen, dann gäb's än schönen Spektakel, und Sie haben nix davon.›

‹Gut, ich will dich jetzt lassen, aber ich besuche dich heute nacht, wo ist deine Kammer?›

‹Aber i schlaf ja nit allein, die Toni (das Kammermädchen der alten Gräfin) schlaft ja mit mir in der nämlichen Stube.›

‹So komm du zu mir.›

‹Wenn's aber die Toni merkt?›

‹Sie wird nichts merken, wenn du es klug anfängst.›

‹Na, so lassen's mi nur jetzt aus, wann ich's halt machen kann, so komm i, die Hand drauf.›

Sie gab mir die Hand, ich küßte sie nochmals, und husch war sie zur Tür hinaus. Noch zwei gute Stunden blieb ich, den dienstbaren Geist in meinem Zimmer vergeblich wartend, auf, als aber die Geisterstunde geschlagen hatte und er dennoch nicht erschien, da warf ich mich in mein Bett.

Am anderen Morgen begab ich mich zur Parade abermals nach Schönbrunn. Zurückgekehrt, fand ich Leonore wieder allein und begann damit, ihr, den guten Morgen durch eine Umarmung wünschend, ihre Grausamkeit, die mich zur Verzweiflung bringen müsse, vorzuhalten, worauf ich sie bat, doch Mitleid mit meinem Zustand zu haben, wenn sie nicht wolle, daß ich vor Gram und Kummer vergehen solle. Nach noch einigem Zieren drückte sie mir endlich ihr Mitleid durch Erwiderung meiner Küsse aus, und ich bat nun um Erhörung meiner heißesten Wünsche, womit ich jedoch noch ganze vierundzwanzig Stunden hingehalten wurde. Mutter und Schwester kehrten zurück, ehe wir uns noch an das Instrument gesetzt hatten, auch musizierten wir diesen Morgen nicht. Als ich vor Tisch auf mein Zimmer ging, fand ich Therese wieder am Ende des Korridors, die mir mit der Hand winkte, ich aber stellte mich, als wollte ich es nicht merken. Sie näherte sich nun und nickte dabei so freundlich mit dem Köpfchen, daß ich unmöglich widerstehen konnte und mich mit den Worten näherte ‹Daß du mich gestern abend so lange vergeblich warten ließest, verzeihe ich dir nimmermehr.›

‹Schauen's, Ihr Gnaden›, flüsterte sie mir zu, ‹es tut's halt nit, daß ich auf Ihre Stube komme, denn die gnäd'ge Mama und die jüngste Komtesse schlafen ganz in der Nähe und hören, wenn sich ein Mäusel rührt; 's wird halt doch besser sein, Sie kommen zu mir.»

«Aber Toni?»

«Tut nix, die schläft wie än Ratz, wenn ich's Licht ausblase, sie verrät nix, sie waß schon warum, aber kommen's nit vor Mitternacht.»

Ein Kuß bekräftigte den Vertrag, und husch war das lose Mädchen verschwunden. Nach Tisch fuhr ich mit der Komtesse allein im Prater spazieren, und hier gelang es mir, die Erlaubnis auszuwirken, in der kommenden Nacht einen Besuch abzustatten. Am selben Abend verließ ich unter dem Vorwand von Kopfweh die Damen bald nach Tisch und war dann unschlüssig, ob ich erst die Komtesse oder Therese besuchen solle. Doch entschied ich mich bald für die Dame. Die Zofe, dachte ich, bleibt dir immer, und dann hat sie dich ja vergeblich warten lassen.

Kurz vor Mitternacht, als im Haus alles still geworden war, schlich ich mich an die Tür der Gräfin, fand sie offen, und die Dame bei einer Nachtlampe in dem verführerischsten Nachtgewand, wie es schien, sehr fest schlafend, denn ich hatte Mühe, sie zu wecken, was erst gelang, als ich schon ziemlich handgreiflich wurde. Es war gegen Morgen, als ich das gräfliche Zimmer verließ. Am anderen Tag sahen wir uns fast nur bei Tisch, denn wir waren beide ziemlich müde. Ich machte es ärger als es war, und klagte über starkes Kopfweh, denn ich wollte die kommende Nacht mit der niedlichen Zofe zubringen. Diese traf ich nach Tisch wieder vor meinem Zimmer, wo sie mich boshaft lächelnd fragte: «Nun, wie haben denn Euer Gnaden die Nacht zugebracht?»

«Sehr ruhig, denn ich war sehr unwohl.»

«So», versetzte sie keck, «glauben's, Sie können mich so anplauschen? Was denken's? I weiß recht schön, wo Sie g'west sind. Schauen's, mir können's nix vormachen. I merk alles, bei der Herrschaft sind's gewesen, und wann i's nit schon so g'wußt hätt', so hätt' i's doch beim Bettmachen gemerkt. Aber Sie brauchen's so halt gar nit vor mir zu schenieren, wir können deshalb doch gute Freunde bleiben. I werd' niemand was davon sagen, nit ämol der Toni.»

Ich drückte nun dem schnippischen Mädchen einen Dukaten in die Hand, küßte das vorlaute Mäulchen und sagte: «Aber heut abend darf ich doch kommen, nicht wahr?»

«Ja, wenn's wollen, aber was wird meine Herrschaft sagen?» – «Ich habe Kopfweh.»

«Aber wenn's mi wieder anführen!»

«Gewiß nicht, du bist selbst schuld daran gewesen, wärst du das erstemal gekommen, so ...»

An diesem Abend machte ich mich unter dem Vorwand der Kopfschmerzen wieder bei Zeit vom Tisch auf und schlich um Mitternacht auf den Zehen zur Kammer der Zofen, die ich leise öffnete und in der es stockfinster war. Nachdem ich mich einige Augenblicke mäuschenstill verhalten hatte, aber nicht einmal atmen hörte, hüstelte ich ein-, zwei- und dreimal, und hörte endlich ein Gekicher auf der linken Seite, dem ich nachging und so im Dunkel tappend an ein Bett kam, wo ich flüsterte: «Therese, bist du's?»

Da ertönte ein Lachen von der entgegengesetzten Seite, wohin ich nun so schnell, als es mir die Finsternis gestattete, eilte. Hier erwischte ich einen Kopf, an dessen Hals ich hinabglitt und sagte: «Jetzt sollst du mir nicht mehr entgehen.»

«Ach, ich bin ja nicht die Therese, ich bin Toni», und hinter der Rednerin kicherte es wieder.

«Was, zum Henker, ihr liegt in einem Bett?» Am anderen Morgen kam ich, was ich noch nie getan, erst zum Mittagessen zu den Damen, noch immer über Kopfweh klagend, was auch mein Aussehen nicht Lügen strafte.

Mein Schlaraffenleben in Wien, während die anderen französischen Truppen daselbst bei Tag und Nacht keine Ruhe und den beschwerlichen Dienst hatten, konnte aber nicht ewig dauern, und es war hohe Zeit, daß ich an die Rückkehr nach Italien dachte; zumal ich auch noch kurze Zeit in Venedig, das ich nicht gesehen, und einigen anderen Städten verweilen wollte. Einige Versuche und Schritte, die ich bei Duroc, Ney und anderen Generalen machte, um eine Versetzung zur Garde zu bewirken, waren vergeblich gewesen. Ich ermannte mich nun, riß mich aus den Armen meiner Schönen, ließ Postpferde bestellen und befand mich bald wieder auf dem Weg nach Italien.

Als ich von Wien abreiste, sprach man schon viel von dem nahen Friedensschluß, gegen den sich manche Schwierigkeiten erhoben und der erst im Oktober zustande kam. Ich wollte anfänglich über Linz, Salzburg, Innsbruck gehen. Da mir aber auch dieses noch viel Zeit geraubt haben würde, reiste ich auf dem Weg zurück, den ich gekommen war. Doch in Mestre schiffte ich mich samt meinem Gepäck auf einer Barke nach Venedig ein, denn ich hatte mir vorgenommen, in dieser seltsamen, merkwürdigen Stadt auf meiner Rückreise einige Tage zu verweilen.

XXV

Venedig – Der Markusplatz – Die Venezianerinnen – General Menou – Dessen
religiöse Ansichten – Ein Mordversuch – Abreise von Venedig – Unfall bei
Ravenna – Velletri –
Jagd in den Pontinischen Sümpfen – Abreise nach Paris

Es war gegen Abend, die feurigen Strahlen der untergehenden Sonne beleuchteten die aus den Fluten majestätisch hervorragende Beherrscherin der Meere, die alte Dogenstadt und den Markusturm. Je mehr ich mich näherte, desto wundersamer wurde ich von ihrem Anblick ergriffen. Erst kürzlich hatte ich ihre seltsame und außerordentliche Geschichte wieder gelesen, und all diese grausen und abenteuerlichen Begebenheiten schwebten mir während der kurzen Überfahrt vor Augen. Einst so mächtig, frei und reich, machte sie mehr als einmal den von aller Welt gefürchteten Halbmond zittern, und jetzt beugte sie sklavisch ihr Haupt unter dem Joch des eisernen Szepters des Korsen. Was ist aus ihren Schätzen, ihrer Macht, ihren Siegen geworden? Die Namen Byzanz, Candia, Morea sind nur noch ein hohlklingender Schall. Jenes Venedig, vor dem sich ein Kaiser gedemütigt, in dem selbst die Macht der gefürchtetsten Päpste nur ein Schatten war, das die Jesuiten in vierundzwanzig Stunden zum Tempel hinausjagte, das Monarchen zu seinen Prunkfesten einlud, ihnen nach Gutdünken die Ehre, in seinem goldenen Buch zu stehen, erzeigte oder verweigerte, jenes Venedig war längst nicht mehr, und die jetzige Stadt schien nur noch das prächtige Grabmonument der Verblichenen. Wer weiß, wie lange es dauert, so ist auch dieses ungeheure Prachtmonument der Marmorpaläste in den Fluten versunken, aus denen es emporstieg. Verödet waren seine Gebäude, in noch halbvergoldeten Marmorsälen hockte jetzt in einem Winkel oft ein halbverhungerter Schuhflicker. Hier und da sah man noch einen verstümmelten geflügelten Löwen, der gleichsam wie ein Warnungszeichen das Buch des unerbittlichen Schicksals in der Tatze hielt. Die vielen schwarzen Gondeln erschienen mir wie schwimmende Särge.

Ich fuhr bei der Dogana vor, und nachdem ich mich gehörig legitimiert hatte, in die Stadt, wo ich in einem Albergo [Gasthof] abstieg. Für diesen Abend war es zu spät, mich noch bei der Kommandantur zu melden und so ein Quartier zu erhalten. Aber kaum installiert, begab ich mich auf den Markusplatz, wo ich den ersten Abend promenierend oder an einem Kaffeehaus sitzend zubrachte.

So war ich denn endlich in der Stadt, so berühmt und so gefürchtet durch ihre furchtbare Staatsinquisition, durch das mysteriöse und geheimnisvolle Verschwinden ihrer Individuen, wie durch ihre Banditen, ihre Folterkammern, Bleidächer, Pozzi, Verbrechen und durch die galanten Abenteuer ihrer schönen Frauen. Schon als Kind hatte ich mir immer gewünscht, einmal die Stadt zu sehen.

Am andern Morgen meldete ich mich in aller Frühe und machte auch dem Gouverneur, General Menou, meine Aufwartung, der mich nicht nur äußerst freundlich aufnahm, sondern mir selbst zuredete, meinen Aufenthalt auf vierzehn Tage auszudehnen, da ich ja nichts zu versäumen habe und mir die Kommandantur von Velletri nicht entgehe. Von ihm ging ich zu den Gebrüdern Heinzelmann, deutsche Bankiers, an die ich Empfehlungsschreiben von Haus hatte und für eine kleine Summe akkreditiert war. Die ersten Tage meines Aufenthalts brachte ich fast nur damit zu, die seltsame Stadt kennenzulernen. Seltsam ist der richtige Ausdruck, denn alles ist sonderbar, ja einzig in ihr. Ihre Lage, ihre Geschichte, ihre Bewohner, ihre Sitten und so weiter, alles hat einen ganz eigenartigen Charakter. Man trifft dies nicht zum zweiten Male in der Welt an.

Nachdem ich durch die bedeutendsten Kanäle gefahren war, ging ich auch zu Fuß durch einen Teil der Stadt und kam durch so enge und finstere Gäßchen, daß zwei Personen oft nur mit großer Mühe ausweichen konnten und die himmelhohen Häuser kaum ein Dämmerlicht durchdringen ließen. Das Ende meiner Streifereien war immer der Markusplatz, der einzige Ort in Venedig, wo man längere Zeit weilen kann. Es ist einer der schönsten Plätze Europas und immer voll Leben. Die vielen Kaffeehäuser sind beständig mit Leuten angefüllt. Das Treiben beginnt mit Tagesanbruch und endet erst lange nach Mitternacht. Noch wehten hier die Trophäen der vergangenen Herrlichkeit auf drei hohen Mastbäumen, nämlich die Siegesstandarten von Morea, Candia und Cypern. Was den Platz so schön macht, sind seine herrlichen Gebäude mit den ihn umgebenden Säulengängen. An der Seite des Turms schließen ihn neun Paläste, die aber nur einen einzigen zu bilden scheinen und eine marmorne Fassade und drei Säulenreihen, eine dorische, jonische und korinthische, übereinander haben. Diese Paläste werden die Procuratie nuove (neue) genannt, zur Zeit der Republik waren sie von den Prokuratoren bewohnt. Ihnen gegenüber liegen die Procuratie vecchie (alte), von fünfundfünfzig Pilastern und toskanischen Säulen getragen. Den Hintergrund dieser prächtigen Schaubühne bildet die pittoreske Fassade des Markustempels, den hohen Glockenturm zur Rechten.

Was diesen Platz äußerst unterhaltend macht, ist, daß er beinahe der einzige Spaziergang der Bewohner Venedigs und aller Fremden ist, auf dem sich das ganze öffentliche Leben dieser Stadt konzentriert. Hier sieht man alle möglichen Trachten und hört die Sprachen aller Nationen. Nur Frauen und Mädchen aus den höheren Ständen sucht man, den Karneval ausgenommen, vergeblich hier, da es nicht Sitte ist, daß Damen die Kaffeehäuser besuchen; man kann sie nur in den Kirchen, den Theatern und den Abendgesellschaften sehen. Der Zutritt zu den letzteren ist aber für Fremde, wenn sie nicht ganz besonders einer Familie empfohlen sind, nicht so leicht wie an anderen Orten Italiens.

Die venezianischen Damen, die, wenn sie einmal donne maritate [verheiratet] sind, sich einer fast zügellosen Freiheit erfreuen, sind in ganz Italien wegen ihres höchst einnehmenden und verführerischen Wesens berühmt und haben die Kunst einer fast unwiderstehlichen Koketterie bis zur höchsten Vollendung gebracht. Obgleich den meisten, selbst in den höchsten Ständen, gründliche wissenschaftliche Bildung fehlt, ist doch ihre Unterhaltung nicht nur äußerst angenehm, sondern in der Regel auch sehr geistreich, lebhaft und ungezwungen, und der venezianische Dialekt verleiht ihrer Sprache etwas überaus Liebliches. An verliebten Intrigen fehlt es hier weniger als in irgendeiner anderen Stadt, und das Cicisbeat war hier noch in vollem Gang.

Zwei Tage nach meiner Ankunft bezog ich eine Privatwohnung, die ich mir durch die Vermittlung eines dienstwilligen barbiere-parrucchiere [Barbier-Friseur] verschafft hatte. ‹Illustrissimo eccellenza finden daselbst donne giovine belle e oneste›*, sagte mein Figaro, ‹eine honette Bürgersfamilie, durch Unglück herabgekommene Kaufleute, deren Haupt jetzt den Makler macht. Es sind zwei junge Frauen in dem Haus, die eine ist die Gattin des Signor Ludolli und die andere die Frau eines Signor Odellino, der sich aber schon seit Monaten in Geschäften in Triest befindet; auch ein paar blutjunge Ragazze [Mädchen] von dreizehn und vierzehn Jahren, Anverwandte des Odellino, wohnen bei diesen. Illustrissimo werden sehr gut daselbst aufgehoben sein!›

‹Und auch geprellt?› sagte ich, das Faktotum forschend ansehend.

‹Behüte der Himmel, gente onestissime.›**

‹Gut, bring mich hin.› Wir bestiegen eine Gondel und waren in wenigen Minuten an dem Palazzo, das war das Haus wirklich, allein einer von jenen verlassenen, öden, mit verwischten Vergoldungen. Die Damen empfingen mich als einen Signor Uffiziale francese mit zuvorkommender Freundlichkeit. Es waren echt venezianische Gesichtchen, und man wies mir eine freilich nicht sehr elegante, dagegen sehr

*) ‹Hochverehrteste Exzellenz (finden daselbst) junge schöne und rechtschaffene Frauen vor›
**) ‹Es sind hochanständige Leute.›

ökonomisch möblierte Wohnung an, aus fünf Zimmern und einem großen Salon bestehend, deren Fußböden alle von rotem Terrazzo waren, für den Spottpreis von vier venezianischen Talern den Monat. Ohne zu handeln, erlegte ich das Geld antizipando [im voraus], und da mir die Frauen gefielen, fragte ich auch, ob sie mir den Tisch geben könnten.

«Oh, wir leben gar zu einfach», wurde mir bescheiden erwidert, «Illustrissimo würden sich nicht mit unserer Kost begnügen; die meiste Zeit essen wir nur Fische, Muscheln, Austern oder Frittole.»

«Ich bin die Genügsamkeit selbst, und freundliche Gesichter bei der Tafel sind mir lieber als die größten Leckerbissen.»

Auch daraüber waren wir bald einig, indem die Damen sagten, ich möchte das Essen erst versuchen, und dann könne ich selbst den Preis machen. Ich war es zufrieden, mein Figaro hatte ja den Damen versichert, ich sei un uomo generosissimo*.

Am dritten Tag nach meiner Ankunft erhielt ich eine Einladung zu Tisch vom Gouverneur, General Menou, dem ich von den Begebenheiten zu Rom und Wien viel erzählen mußte. Er schien so zufrieden, daß mir die Ehre, an seiner Tafel zu speisen, sehr oft zuteil ward. Menou war ein Mann, der schon hoch in den Sechzigern stand und eine seltsame Karriere gemacht hatte. Aus einer alten Familie der Touraine, hatte er es bei dem Ausbruch der Revolution schon zu dem Grad eines Maréchal de Camp gebracht. 1789 wurde er von dem Adel der Touraine zum Deputierten erwählt. Hier vereinigte er sich mit dem dritten Stand, trug viel zu energischen Maßregeln zur Verteidigung des Vaterlands bei und bewirkte hauptsächlich die Vereinigung Avignons mit Frankreich. Nach dem Schluß der Sitzungen befehligte er en second in dem Lager, das man bei Paris gebildet hatte, und wurde dann in die Vendée gesandt, wo er sich sehr gemäßigt benahm. Am Prairial 1795 war er es, der gegen die aufgestandene Vorstadt Sankt Antoine marschierte und so den Konvent rettete. Er war bei der Expedition von Ägypten und wurde nach Klebers Tod Obergeneral des französischen Heeres. Aus Politik wurde er jetzt ein Muselmann, nahm den Turban, nannte sich nun Abdallah und heiratete ein hübsches türkisches Mädchen aus Rosette. Dies hinderte nicht, daß er bei Alexandria von dem englischen General Abercromby am 2. Mai 1801 geschlagen wurde. Napoleon hat ihn später zum Statthalter von Piemont und dann zum Gouverneur von Venedig ernannt.

Nachdem wir gut getafelt und ziemlich viel Cypernwein getrunken, brachte einer

---

*) ein überaus großmütiger Mann.

der Gäste, ein Bataillonschef, die Sprache auf den Islamismus und äußerte dabei, es sei doch eine recht einfältige Religion, man müsse von Sinnen sein, so tolles Zeug zu glauben, wie sie lehre, und ihr Prophet Mohammed sei ein recht pfiffiger Gaudieb gewesen, der den Leuten die Köpfe zu berücken gut verstanden habe.

Menou, der nicht zuviel getrunken hatte, sondern nüchtern war, erwiderte demselben: ‹Nicht so sehr, als Sie glauben, mein Herr!› Seine Stimme etwas erhebend, fuhr er fort: ‹Ich weiß recht gut, daß in der Armee und in Frankreich gar viel über meinen Übertritt zum Islamismus räsonniert, geklatscht und gespöttelt worden ist, ich mache nicht das geringste Hehl, daß diese Handlung durchaus nur die Politik zum Grunde hatte, indem ich hoffte, dadurch Ägypten Frankreich zu erhalten, eine fehlgeschlagene Hoffnung, wie so manche andere. Aber aufrichtig, meine Herren, was müssen andere Völker und auch die Osmanen, über deren Religion wir uns so oft lustig machen, weil sie an Mohammeds wunderbare Himmelsreisen und ähnliche Dinge glauben, von uns denken, daß wir einen Gott verehren, den die Juden kreuzigten, eine Mutter Gottes, die ein Kind bekam und dennoch Jungfrau blieb, eine Dreieinigkeit, Gott Vater und Sohn in einer Person, eine Legion von Heiligen, die alle mehr oder weniger komische, unglaubliche und lächerliche Wunder verrichteten, daß wir Reliquien verehren, für deren ganzen Plunder ein Trödeljude kaum ein paar Taler geben würde, wahre Fetische. Was müssen sie von einem Gott halten, der kein anderes Mittel weiß und kennt, die sündigen Menschen zu bessern und zu erlösen, als seinen Sohn Mensch werden und ihn kreuzigen zu lassen, was von dem Gott der Bibel, der ein rach- und zornsüchtiges, leidenschaftliches Wesen ist, das bis ins vierte Glied an Unschuldigen die Sünden der Väter heimsucht, bestraft, der den Juden zehnmal verzeiht; was von Gott und seinen Heiligen denken, welche die Hilfe ohnmächtiger Menschen bedürfen, ihre Anbetung und Erkennung in der Welt zu verbreiten! Das erste, was gewöhnlich die zu einer anderen Religion sich bekennenden Individuen, die wir die Sucht bekehren zu wollen haben, antworten, wenn wir sie mit den Grundlagen der unsrigen bekannt machen, ist: Aber wie konnte man einen Gott kreuzigen? Wie kann ein Mädchen Mutter werden und doch eine Jungfrau bleiben? Wie sind drei Dinge eines und doch drei? Und was erwidern wir ihnen?›

Nach weiteren Bemerkungen dazu gab man der Unterhaltung eine andere Wendung. Es war vom entführten Papst, vom Krieg und Frieden mit Österreich, von den schönen Venezianerinnen, die man auch hochleben ließ, die Rede. Mit zum Teil schweren Köpfen trennte man sich bei schon ziemlich vorgerückter Nacht, verlor sich in die Theater, Kasinos. Ich ließ mich in meine Wohnung gondolieren, wo ich die Damen musizierend und venetianische Lieder singend antraf und ihnen bis Mitternacht noch Gesellschaft leistete. Auch Signor Ludolli war gegenwärtig und benahm sich sehr freundlich, nur damit war er nicht ganz einverstanden, daß mir die Damen auch die Kost zugesagt hatten. Ich suchte ihn deshalb zu beruhigen, indem ich ihm versicherte, daß ich nur äußerst selten Gebrauch von diesem Zugeständnis machen würde.

Bald hatte ich herausgebracht, daß die Signora Odellino, deren Mann wirklich als Buchhalter in einem Triester Haus konditionierte, eine Donna mantenute [ausgehaltene Frau] war, die ein noch ziemlich wohlhabender Nobile, ein gewisser Contarino, unterhielt, der sich rühmte, Dogen unter seinen Vorfahren gehabt zu haben. Ich kam selten oder nie nach Haus, ohne den Damen einige Geschenke mitzubringen, was mir dieselben hoch anrechneten. Zum Mittagessen fand ich mich nur selten ein, desto mehr zur Cena, wo es dann immer munter herging. Eines Tages, es war der vierte oder fünfte, daß ich in dem Haus wohnte, kam der Patron della Casa [Herr des Hauses] zu einer ungewöhnlichen Stunde in großer Unruhe heim und rief seiner Frau beim Eintreten zu: ‹Nun, da haben wir die Bescherung, ich hab' es vorausgesehen, soeben hat mich Contarino auf dem San Marco angepackt und mir den Handel gekündigt, wenn der maledetto francese nicht schnell ausziehst.›

Ich zahlte gut, hatte erst diesen Morgen einen Korb mit Cyprier der Dame in die Küche geschickt, war freigebig und stand also in hoher Gnade bei derselben. Sie nahm auch sogleich meine Partei und antwortete ihrem Mann: ‹Es ist der Mühe wert, daß der filzige Contarino einen solchen Lärm um nichts macht, er gibt uns kaum fünf Zechinen monatlich, davon kann die Odellino nicht leben, hol ihn der Henker, und überdies denkt der Franzose gar nicht an sie, die Mädchen stecken ihm eher im Kopf, wenn er ja auf eine von uns reflektiert. Der Offizier bezahlt uns allein für ein altes Cembalo, das wir ihm gestern verschafft haben und uns drei Lire kostete, zwanzig; vom Ausquartieren kann gar keine Rede sein, denn er hat einen Monat bezahlt.›

Eine halbe Stunde darauf erfuhr ich die ganze Unterredung von dem ältesten hübschen Mädchen, Karoline, einer Cugina [Base] der Odellino, und als ich diese fragte, woher es käme, daß sich Contarino nie im Hause sehen lasse, erzählte mir das Mädchen naiv: ‹Fanno l'amore nel suo casino*, doch kommt er auch manchmal des Nachts zu meiner Muhme, aber nur verstohlen, denn er ist un uomo maritato, ho paura di lui.›** Das ho paura wiederholte mir das Mädchen wohl zehnmal. Ich suchte ihr diese Angst zu nehmen, sie auf die Stirn küssend, und es schien mir

*) ‹Sie lieben sich in seinem Kasino,›
**) ‹... ein verheirateter Mann, ich habe Angst vor ihm.›

416

zu gelingen, als die Signora Ludolli ins Zimmer trat, mir ebenfalls ihre Verlegenheit wegen des Contarino mitteilte und meinte, es könne sogar gefährlich werden. Scherzend suchte ich ihr dies auszureden und lud sie, ihre Schwester und die Mädchen zu einer Spazierfahrt auf den Lagunen ein, wozu sie aber nicht zu bewegen war, denn dann würde es erst ein rechtes Donnerwetter geben, meinte sie. Ich ging nun auf den Markusplatz, wo ich meinen Wirt in einem sehr heftigen Wortwechsel mit einem anderen Venetianer sah, aber nicht von ihm bemerkt wurde. Bald erfuhr ich, daß es der gefürchtete Contarino war, mit dem er so gewaltig haderte. Ich ließ sie nun nicht mehr aus den Augen, bis sie auf die Piazette gingen und sich daselbst einschifften. Erst in der Dämmerung begab ich mich wieder heim, um mich für das Theater umzukleiden, das ich in Uniform besuchen wollte. Ich traf niemand als Signora Ludolli, die meine Frage ängstlich zu beantworten schien, was ich auf Rechnung ihrer Furcht vor Contarino schrieb.

Ich ging längs den Fundamenti, so werden hier die sehr schmalen, längs den Häusern hinlaufenden Gänge genannt, hin, das Haus verlassend. Es war schon völlig Nacht. Jetzt wollte ich die erste freie Gondel besteigen, als ich bemerkte, daß mich zwei in Mäntel gehüllte Gestalten verfolgten, die ihren Gang mit jeder Sekunde mehr beflügelten. Als sie nur noch wenige Schritte von mir entfernt waren, machte ich rasch rechtsum kehrt, ging ihnen festen Tritts entgegen, und da ich an sie herankam, drückten sie sich an die Mauern eines Hauses und ließen mich ganz friedlich vorüber. Ich wandte mich nochmals um und ging wieder an ihnen vorbei. Es kam mir vor, als sei einer von ihnen mein Hauswirt, und ich bemerkte, daß sie leise, aber eifrig miteinander sprachen. Bald sah ich, daß sie mich von neuem verfolgten, ich ließ sie abermals herankommen, wandte mich wieder gegen sie um, und als ich im Begriff war, sie zu fragen, was sie wollten, streckte der eine schnell seine Hand gegen mich aus, um mich bei der Brust zu packen, indem er zugleich ein Stilett blinken ließ. Ich wich einen Schritt zurück, zog den Degen und rief ihm zu: ‹Ah birbante, adesso tocca a me!›*

Klirrend schlug ich ihm das Stilett aus der Hand, sprang auf beide zu; einer stand hinter dem anderen, denn der Gang am Kanal war keine drei Fuß breit, und den ersten packend, den anderen aber für meinen Wirt erkennend, sagte ich zu demselben: «Wie, Sie sind so ein Patron?» Beide waren so verblüfft, daß sie regungslos dastanden. Der hintere stieß endlich ein ‹Ajuto!› [‹Hilfe›] aus, ich sagte ihm aber, er möge sich um Himmels willen ganz ruhig verhalten und keinen Lärm machen, weil ich sonst genötigt sein würde, sie beide zum Platzkommandanten

*) ‹Ha, Schurke, jetzt faß mich nur an!›

bringen zu lassen. Ich fragte sie nochmals, was sie eigentlich von mir wollten und weshalb sie mir auf eine so unerhörte Weise nachstellten, und da sie noch immer stumm blieben, sagte ich: ‹Der, den ich hier festhalte, ist wahrscheinlich der saubere Contarino›, und als mein Wirt dies bejahte, fuhr ich fort: ‹Ich bedauere nur, daß Sie sich wegen Hirngespinsten zu solchen Schurkenstreichen verleiten lassen und in Gefahr begeben; längst glaubte ich, daß mit der Republik auch solche Banditenstreiche aus Venedig verbannt seien. Ihre Eifersucht ist ebenso lächerlich als grundlos. Ich habe noch keine zwei Worte mit Ihrer Geliebten gewechselt und werde sie Ihnen sicher nicht abspenstig machen. Venedig hat schöne Frauen genug. Ich verzeihe Ihrer blinden Leidenschaft. Nehmen Sie Ihre Geliebte einstweilen aus dem Haus, das ich nicht verlassen werde, solange ich noch hier verweile.›

Contarino bat mich nun recht demütig wegen seines unbegründeten Argwohns um Vergebung, nannte mich ein Mal über das andere einen generosissimo [hochherzigsten] Signore, wobei Ludolli einfiel: ‹Ich habe es Ihnen ja immer gesagt, allein Sie wollten meinen Worten keinen Glauben schenken.›

Wir schieden nun als gute Freunde. Ich begab mich nach Fenice, und als ich nach beendigtem Theater nach Hause ging, kamen mir die Damen mit einem Benvenuto [Willkommen] entgegen. Sie waren schon unterrichtet, gaben mir indessen doch zu verstehen, daß ich nur durch ein halbes Wunder dem Bad im Kanal entgangen sei. Wir soupierten und blieben bis nach Mitternacht bei einem Glas Punsch beisammen. Die Frauen dankten Gott, daß alles so abgegangen sei, Ludolli versicherte mir wohl zehnmal, daß sonst der Contarino doch ein galantissimo noumo* sei. Wir trennten uns endlich vergnügt mit einer felicissima notte**, wobei mir vergönnt war, die sämtlichen Damen zu küssen, die mir Glück gewünscht hatten, Zutritt in Contarinos Haus zu erhalten, wo man sich sehr gut unterhalte, dessen junge Frau eine der liebenswürdigsten und hübschesten Damen Venedigs sei und mich warnten, ihr nicht zu tief in die Augen zu sehen.

Am kommenden Morgen hatte ich noch nicht lange das Bett verlassen, als mir Contarino angemeldet wurde, den Ludolli sofort bei mir einführte. Es war ein Mann von einigen dreißig Jahren und ziemlich untersetzter Statur. Nochmals entschuldigte er sich tausendmal wegen des Vorgefallenen; ich suchte ihn völlig zu beruhigen, worauf er mich bat, mich noch diesen Vormittag seiner Frau vorstellen und in das Kasino einführen zu dürfen, dessen Mitglied er sei. Ich nahm beides an, wir verließen meine Wohnung gegen Mittag, nahmen Schokolade in einem Café

---

*) ein höchst ehrenwerter Mann
**) glückliche Nacht (soviel wie angenehme Nachtruhe)

und fuhren dann nach dem Palazzo des Signor Conte, wo ich seine Gattin, eine Dame, welche meine Erwartungen noch übertraf, kennenlernte.

Sie war noch nicht neunzehn Jahre alt, hatte ein wunderliebliches Gesicht, die feinsten und geistreichsten Züge, einen blendend weißen Teint, den zierlichsten Wuchs und die schlankeste Taile, genug, es war eine ganz venetianische Schönheit, die von Geburt der Familie Mocenigo angehörte. Der Graf bat sie, mich als seinen besten Freund zu betrachten und zu jeder Zeit, wenn ich ihr die Ehre meines Besuchs schenken wolle, freundlich anzunehmen. Die Signora sagte, daß sie sich eine Pflicht daraus mache, ihrem Mann zu gehorchen, und so stand mir eines der ersten Häuser Venedigs offen, in dem ich bald Gelegenheit hatte, den reichen venetianischen Adel kennenzulernen. Ich wunderte mich, daß der Graf bei einer so hübschen Gattin eine Odellino vorziehen mochte, aber bekanntlich ist ja die Ehe das Grab der Liebe.

In dem Kasino, in dem er mich einführte, langweilte ich mich; außer dem Spiel war wenig oder gar keine Unterhaltung anzutreffen. Contatino veranstaltete nun selbst öfter Wasserpartien mit den Frauen und Mädchen, bei denen ich wohnte. Wir besuchten entferntere Kirchen und Klöster auf den Inseln San Giorgio, San Helena, San Clemente, fuhren nach Murano und so weiter, wobei ich absichtlich der jungen Carolina recht eifrig den Hof machte, damit die Eifersucht des Nobile nicht wieder erwachen möge. Das Mädchen war auch hübsch genug, daß ich das in allem Ernst tun konnte. Contarino zeigte sich außerordentlich gefällig und dienstwillig.

Indessen hatte ich in der Tat doch der Signora Lucietta, so hieß Contarinos Gattin mit ihrem Taufnamen, zu tief in die Augen gesehen und fühlte etwas mehr als bloßes Wohlwollen für die Schöne. Diese hatte aber einen alten Abbate zu ihrem Cavalliere servente [dienenden Ritter], der den ihm anvertrauten Schatz wie ein Argus bewachte und dem mein Erscheinen in der Familie eben keine sonderliche Freude zu machen schien. Schwerlich wäre ich mit der Dame je in eine nähere Berührung gekommen, hätte mich nicht der Zufall, dieser mächtige Gehilfe des Schicksals, begünstigt und den Herrn Abbate auf das Krankenlager geworfen. Jetzt traf ich Signora Lucietta fast immer allein, koste, musizierte und küßte bald mit ihr. Der Signor Marito bekümmerte sich weit weniger um seine reizende Gemahlin als um die Mätresse, und ich suchte erstere deshalb nach besten Kräften zu trösten, was mir um so eher gelang, als sie bereits Wind von seinem Verhältnis hatte. Ich teilte ihr nun unter dem Siegel der größten Verschwiegenheit mit, was wegen derselben zwischen ihrem Gatten und mir vorgefallen war, worauf sie lachte und sagte: «Nun, ich will's ihm vergelten.»

Jetzt waren wir bald nur eine Seele, und ich bedauerte nichts, als Venedig, wo ich mir immer mehr gefiel, bald wieder verlassen zu müssen. En passant [nebenbei] machte ich auch noch einer hübschen Seconda Donna vom Theater Fenice den Hof und brachte ein paar Abende mit ihr zu, scherzte dabei recht artig mit Carolinchen und hielt hinsichtlich der Odellino streng mein Wort bis zur Nacht vor meiner Abreise, wo ich mich gegen Morgen in ihr Schlafzimmer stahl und sie zur Untreue gegen ihren Protektor verführte.

Der Tag meiner festgesetzten Abreise war angebrochen, ich hatte über drei Wochen in der Dogenstadt verweilt, und mit dem frühen Morgen fuhr ich noch einmal durch einen Teil des Canals grande, zum letztenmal die öden Marmorpaläste bewundernd, deren Fenster manchmal sogar mit Dielen verwahrt sind und die unfehlbar in Ruinen zerfallen werden, da ihre Eigentümer nicht die Mittel haben, sie zu unterhalten.

Auf Contarinos Rat fuhr ich in einer Barke nach Fusina, wohin ich meinen Wagen kommen ließ, um von da weiter nach Padua zu fahren. Ehe ich die Küste erreichte, warf ich noch einen letzten scheidenden Blick auf die alte entthronte Meereskönigin, ihr ein ewiges Lebewohl sagend. Auch auf dieser Überfahrt hatte ich wieder jene wehmütige Empfindung, die mich befällt, wenn ich einen Ort verlassen muß, an dem mir es wohl ging und wo ich der Freuden viel genoß. Zu Fusina nahm ich Postpferde und fuhr längs der herrlichen wegen ihrer Fruchtbarkeit, Schönheit und Mannigfaltigkeit berühmten unabsahbaren Ebene hin. Überall herrscht reges Leben, und die Fluten sind noch mit Barken, Gondeln und anderen Schiffen bedeckt. Ich kam über Dolo, wo ich einige Prachtgebäude bemerkte. Man kann den Weg von Venedig bis Padua auch zu Wasser machen, der noch angenehmer sein mag, aber auch länger ist. Obgleich von ganz anderer Art als die Ufer des Rheins, des Ebro und der Donau, sind die der Brenta doch nicht minder unterhaltend und abwechselnd. Verlassene und oft schon halb verfallene Villen ersetzen hier die Ritterburgen des Rheins und sind Überbleibsel und Denkmäler der gesunkenen Größe der Inselstadt, deren Bewohnern die meisten gehörten, andere aber den Einwohnern von Padua. Noch vor Mittag kam ich in dieser Stadt an, wo ich ein paar Stunden verweilte. Sie liegt unfern der Brenta, an der Bacchiglione, und ist von so freundlichen, lachenden angebauten Hügeln umgeben, daß sie manche Reisende ein irdisches Paradies genannt haben.

Mit einbrechender Nacht setzte ich meine Reise fort, kam in der Nähe von Arqua vorüber, wo Petrarcas* irdische Reste ruhen, passierte die Adige bei dem Flek-

---

*) Francesco Petrarca, geb. 1304, gest. 1374, berühmter Dichter und Humanist der Frührenaissance.

ken Boara, fuhr durch Rovigo und, ohne mich weiter aufzuhalten, bis Ferrara. Eine leichte Unpäßlichkeit war die Veranlassung, daß ich hier ein paar Tage verweilen mußte. Die Stadt, die in der Nähe eines Armes des Po liegt, war sehr öde und zählte kaum achtzehntausend Einwohner mehr, die sich in ihren großen, weitläufigen Straßen, in denen das Gras hoch und das Unkraut dicht stand, verlieren. Sie hat eine gute, regelmäßige und feste Zitadelle. Das Schloß der alten Herzöge von Ferrara liegt mitten in der Stadt und ist ringsum mit Wasser umgeben und von vier dicken Türmen flankiert, sein Anblick ist nichts weniger als erfreulich. Die ungesunde Luft, welche die naheliegenden Moräste verursachen, und die häufigen Überschwemmungen, denen die Umgegend ausgesetzt ist, mögen viel zur Entvölkerung der Stadt beigetragen haben.

Wieder hergestellt, reiste ich von hier nach Ravenna ab, denn ich wünschte die alte berühmte Hauptstadt der Ostgoten kennenzulernen. Der Weg dahin, den ich meist in der Nacht zurücklegte, war unangenehm, und bei Argente, in der Nähe der Sümpfe oder Valli von Comacchio, warf mich der Postillon um, wodurch mir das Degengefäß so heftig in die linke Seite gestoßen wurde, daß ich eine Quetschung davontrug, die mich nun gegen meinen Willen in Ravenna zurückhielt. Da es noch finstere Nacht war, kostete es viele Mühe, bis der Postillon, mein Bedienter und ich, der arge Schmerzen hatte, den Wagen wieder aufrichteten, und es verging fast eine Stunde, bevor ich weiterfahren konnte. In Ravenna schickte ich sogleich nach einem Militärarzt, der mir etwas zum Einreiben verordnete und auflegte. Sechsunddreißig Stunden mußte ich nun im Bett zubringen. Von Venedig hatte ich ein paar Empfehlungen von Contarino für hier, die ich durch meinen Bedienten abgeben ließ und hierauf mehrere Besuche erhielt. Darauf verweilte ich noch zwei Tage in Rimini und setzte meinen Weg, ohne mich ferner irgendwo aufzuhalten, nach Rom fort, wo ich wohlbehalten ankam, mich bei dem General Miollis meldete, Torlonia besuchte und erfuhr, daß die längst getröstete Cesarini noch immer auf dem Land lebe. Von Rom begab ich mich nach einigen Tagen zu meiner Kompanie nach Velletri, wo ich die Kommandantur des Platzes wieder antrat und, um mich zu zerstreuen, mit einigen Einwohnern fast täglich auf die Jagd ging, die hier außerordentlich ergiebig ist.

Velletri ist an und für sich ein häßliches Nest, das auf einer Anhöhe am Abhang des Albaner Berges liegt. Ich hatte meine Residenz in dem Palast aufgeschlagen, der dem Kardinal Borgia gehört hatte. Auf dem ziemlich großen Marktplatz steht die Bildsäule Urbans VIII. Öfter machte ich auch kleine Ausflüge nach Anzio, Piperno, um dort Kameraden zu besuchen, sowie Jagdpartien in die Pontinischen Sümpfe, in denen es von Geflügelwild wimmelte, namentlich wilden Enten und

Wasserhühnern. Wenn man einen Schuß in die Schilfrohre tat, erhob sich eine schwarze Wolke von Vögeln. Auf einer solchen Jagd hatte ein paar Jahre früher ein Leutnant namens Erny aus Darmstadt das Leben eingebüßt, indem er in einem überwachsenen Sumpf ertrank oder vielmehr erstickte. Man fand seinen Leichnam nur mit Hilfe seines zu ihm führenden, treuen, winselnden Hundes.

Von Velletri aus hat man die Gegend der Pontinischen Sümpfe immer im Angesicht; sie beginnen noch vor Treponti und erstrecken sich bis Terracina. Es gibt Plätze, an denen die Luft so giftig ist, daß sie in wenigen Tagen töten kann. Diese aria cativissima ist wahrscheinlich durch die vielen Überschwemmungen entstanden, welchen diese Gegend so häufig ausgesetzt ist. Das einzige Vieh, das hier gut gedeiht, sind die Büffel, von denen man großen, wohlgemästeten Herden in Masse begegnet. Diesem Vieh scheint überhaupt nur im Morast, Unrat und Schlamm ganz wohl zu sein. Durch diese Sümpfe ging auch die berühmte Appische Straße*, die in gerader Linie bis Terracina führt. Eine neue Straße geht ihrer ganzen Länge nach, etwa zehn Stunden, durch diese Sümpfe und ist auf beiden Seiten mit hohen Ulmen und Gebüsch begrenzt. In gehöriger Entfernung liegen Posthäuser mit geräumigen Stallungen, die Pferde sind aber meist halb wild, schwer zu zügeln und gehen gern durch. Das Austreten der Flüsse und Bäche, deren Wasser in die Ebene hinabströmte, hat diese Moräste gebildet. Napoleon hatte die Absicht geäußert, diese Gegend austrocknen zu lassen, aber es unterblieb.

Da Anfang November die fatale Regenzeit eintrat und was sich aus Rom hier aufhielt, nun dahin zurückkehrte, fing ich an, mich bei meiner obgleich ziemlich einträglichen Kommandantur gewaltig zu langweilen. Ich erbat mir deshalb öfter Urlaub nach Rom, wohin ich wegen der größeren Entfernung nicht wie von Albano aus tägliche Abstecher machen konnte. Das Haus, welches ich am meisten aufsuchte, war immer wieder Torlonia, wo ich auch den General Miollis traf, mit dem ich dort näher bekannt wurde. Eines Abends äußerte Miollis gegen Torlonia, daß er eine Mission nach Paris habe, für die er einen gewandten und zuverlässigen Offizier brauche. Torlonia meinte, in mir würde er wohl finden, was er suche, und er eröffnete mir die Äußerung des Gouverneurs.

Ich griff sogleich diese Sache mit dem größten Eifer auf, denn schon längst war es mein sehnlichster und heißester Wunsch gewesen, Frankreichs berühmte Hauptstadt, von der alle Teufeleien, Moden und die Welt erschütternde Befehle ausgingen, kennenzulernen, und ich bat Torlonia, seinen ganzen Einfluß aufzubie-

---

*) Via Appia. Unter Appius Claudius Caesus am Ende des 4. Jh. v. u. Z. in Angriff genommene Straße von Rom nach Süditalien, galt mit ihrer Steindecke als Muster antiker Straßenbaukunst.

ten, den General zu bewegen, mich zu dieser Sendung zu verwenden. Wobei ich auch noch Gelegenheit zu finden hoffte, zur kaiserlichen Garde versetzt zu werden, ein anderer nicht minder eifriger Wunsch, den ich längst in meiner Brust nährte. Torlonia versprach sein Bestes in dieser Angelegenheit zu tun, und schon am nächsten Tag erfuhr ich zu meiner Freude von ihm, daß sich Miollis durchaus nicht abgeneigt gezeigt habe, mich zu dieser Mission zu gebrauchen, durch die er, wie es schien, auch die Erreichung einiger Privatzwecke beabsichtigte, wozu er mich für ganz geeignet halte. Der Aufenthalt in Paris dürfte aber mehrere Monate währen. «Je länger, desto besser», erwiderte ich vergnügt.

Noch am selben Tag wurde ich zum Gouverneur beordert, der mit mir über diese Angelegenheit sprach und mir mitteilte, daß sie weit schwieriger als die Sendung nach Wien sei, wo ich nur Depeschen abzugeben gehabt. Er lud mich zur Tafel, und ich hatte mich so gut bei ihm zu insinuieren gewußt, daß eine zweite Unterredung, die er auf den anderen Morgen festsetzte, damit schloß, ich möge mich bereithalten, gegen Mitte des Dezember abzureisen. Ich aß nun noch öfter beim General, brachte auch manchen Abend mit ihm zu und hatte bald heraus, daß meine offizielle Mission eigentlich nur Vorwand war und gewisse Privatangelegenheiten Miollis, die zu besorgen er mich für tüchtig hielt und die ich betreiben sollte, die Hauptsache ausmachten, weshalb ich auch außerdem noch vor meiner Abreise mit den besten Empfehlungsschreiben an die einflußreichsten Personen zu Paris und den Kriegsminister versehen wurde.

Am 10. Dezember verließ ich Rom, schiffte mich in Civitavecchia auf einer Kanonenschaluppe ein und landete trotz Stürmen und kreuzender Engländer schon am neunten Tag zu Marseille, von wo ich nach einer kurzen Quarantäne über Aix, Avignon, Lyon, ohne mich irgendwo aufzuhalten, nach Paris fuhr, wo ich noch vor Neujahr glücklich eintraf. Es war aber schon beinahe Nacht, als ich die letzte Station vor Paris verließ und so den ersten Anblick der großen Hauptstadt des damals so mächtigen Kaiserreichs entbehren mußte. Ich stieg in einem Hotel ab, wo ich für diese Nacht weiter nichts als ein bequemes Bett verlangte, denn seit Marseille hatte ich keines mehr zu Gesicht bekommen und war an allen Gliedern wie gerädert. Dies hatte die Eile und der Wunsch, Paris möglichst bald zu sehen, gemacht, denn ich hatte mir keinen Moment Rast gegönnt.

XXVI

Paris im Jahr 1810 – Das Palais Royal – Unvermutetes Zusammentreffen mit dem Fürsten Y. – Meinungen über Napoleons Ehescheidung – Unerwartete Begegnung einer früheren Bekannten – Eine Interimsehe – Spielhöllen im Palais Royal – Eine Wache wirft einen jungen Menschen in die Seine – Der Pariser Karneval – Die Ochsenprozession – Nachricht von der bevorstehenden Vermählung Napoleons mit Marie Louise – Ein verfänglicher Calembourg aux francais

Hoch war es am Tag, als ich am anderen Morgen in der ungeheuren Stadt erwachte, von der jetzt alle Blitze, furchtbarer als die des Vatikans, und nicht zu widerstehende Vollstreckungsbefehle über fast ganz Europa ausgingen und in der der Gebieter mit eisernem Willen und Szepter thronte. Fast kam es mir wie ein Traum vor, mich in dem Zentralpunkt zu finden, von dem seit zwanzig Jahren so viel Teufeleien und welterschütternde Umwälzungen ausgingen, die der ganzen Erde eine andere Gestalt zu verleihen schienen, und doch:

‹Wir sind nun in der Stadt Paris,
wo man den König köpfen ließ,
wo man die Welt so lang gedreht,
bis auf dem altem Fleck sie steht!›

sagt das Guckkastenlied. Napoleon sprach aus eigener Erfahrung: ‹Es ist nur ein Schritt vom Erhabenen zum Lächerlichen!› und hatte vollkommen recht. Obgleich an allen Gliedern noch wie gerädert, machte ich mich doch bald nach dem Erwachen aus dem Bett, nahm mein Frühstück ein, und da es noch etwas zu früh war, eilte ich zuerst in das ganz nahe gelegene weltberüchtigte Palais Royal*, das mich eben in kein so großes Erstaunen versetzte, obgleich es gewissermaßen eine kleine Stadt für sich bildete. Selbst das öffentliche Leben und Treiben in Paris, das Gewühl auf den Boulevards und in den Straßen war außerordentlich, schien mir jedoch nicht ungewöhnlich. Ich begab mich in das damals so berühmte Café des mille colonnes, das wegen der sich in seinen Trumeaux [Wandspiegeln] tausendfach widerspiegelnden Säulen so genannt wurde und in dem eine etwas korpulente Schönheit, eine cidevant limondière [ehemaliges Limonadenmädchen] als Dame du Comptoir am Zahltisch thronte und mit Brillanten überladen war.

*) Siehe dazu Anmerkung S. 62.

Von hier fuhr ich zum Kriegsminister, an den ich Briefe und Depeschen von General Miollis nebst einem Empfehlungsschreiben hatte. Ich bekam ihn aber vorerst nicht zu sehen, sondern hinterließ meine Adresse. Dann fuhr ich noch zu verschiedenen anderen hohen Militärpersonen und Angestellten, denen ich ebenfalls Briefe und Empfehlungen zu geben hatte. Hierauf nahm ich einen Fiaker à Theure [Mietdroschke] und ließ mich, um rasch mit den Lokalitäten bekanntzuwerden, über alle Boulevards, dann an dem Louvre und den Tuilerien vorbei, in die elysäischen Felder (Champs-Élysées) fahren und kehrte über den Konkordienplatz (Place de la Concorde) zurück, auf dem so lange die Zwietracht ihr scheußliches Haupt geschüttelt hatte.

Ich hatte mich wenigstens oberflächlich in der unermeßlichen Stadt orientiert und nahm mir vor, später alle Merkwürdigkeiten einzeln zu besuchen, was ich auch nach und nach vollbrachte, und namentlich die Schätze des Louvre, welcher damals die aus ganz Europa zusammengeraubten Meisterwerke der ersten Künstler enthielt, sowie andere Museen, die Kirchen, die Tuilerien, das Pantheon, den Pflanzengarten, den noch stehenden Temple, die Conciergerie, in der Marie Antoinette ihre letzten Kummertage zugebracht, sowie alle historisch merkwürdigen Orte besuchte.

Als ich mich am dritten oder vierten Tag zum Frühstück in das Palais Royal begab, begegnete ich zu meinem großen Erstaunen Sr. Durchlaucht dem Fürsten Y., und zwar in Generaluniform. Ich hatte ihn, seitdem er das Regiment zu Montpellier verlassen, nicht wieder gesehen. Er war zum Brigadegeneral avanciert. Ich grüßte ehrerbietig und wollte mich an ihm vorüberdrücken. Er hatte mich aber erkannt und die Gnade, mich mit den Worten «Mein Gott, Fröhlich, wie kommen Sie hierher?» anzusprechen. Ich mußte ihm nicht nur dieses, sondern meine ganze seit jener Zeit durchlaufene Karriere mit wenig Worten mitteilen. Er war nun so gnädig, mich fast mit Gewalt in das Café Foy zu nötigen und daselbst mit dem feinsten Likör zu regalieren, erzählte mir, daß er bestimmt gewesen, in Spanien bei dem Armeekorps des Marschall Moncey zu agieren und dessen erste Division zu kommandieren, daß ihn aber das sich jetzt immer häufiger einstellende abscheuliche Podagra verhindert habe, Beweise von seinem militärischen Genie und seiner Tapferkeit abzulegen.

Die Geschichte zu Montpellier wurde mit keiner Silbe erwähnt, aber ich erlaubte mir, Sr. Durchlaucht im Lauf des Gesprächs einige Bemerkungen über die Zusammensetzung und Administration seines Regimentes zu machen, namentlich, daß so mancher Schofel dabei angestellt gewesen. Son Altesse [Seine Hoheit] geruhten die Achsel zu zucken, tranken ein Gläschen Crême de Mocca mehr, luden mich ein, sie den kommenden Morgen in ihrer Wohnung in der Rue Saint George zu besuchen, und während meines Aufenthaltes zu Paris ihr Haus als das meinige zu betrachten. Ja, der Fürst bot mir sogar ein Zimmer in seiner Wohnung an, wofür ich jedoch herzlich dankte, dagegen den Besuch versprach. Als wir den Kaffeesaal endlich verließen und ich mich zu Gnaden empfehlen wollte, lud er mich ein, noch einen Spaziergang mit ihm zu machen. Als wir über den Place de la Concorde kamen, stand er still und sagte seufzend: ‹Dies ist der schönste Platz in Paris, aber auch ein fürchterlich merkwürdiger Platz!›

‹Jawohl, Ihre Durchlaucht›, erwiderte ich, ‹denn hier fielen die Häupter des unglücklichsten Königspaares unter dem Beil des Henkers. Dieser Platz ist es, auf dem bei den Vermählungsfeierlichkeiten Ludwigs XVI. und Marie Antoinettens über hundertfünfzig Menschen das Leben verloren und an tausend mehr oder minder beschädigt und verstümmelt wurden – ein schreckliches Fest! Hier wurde 1792 die Bildsäule des stupiden Wüstlings Ludwigs XIV. der frisiert, mit Lorbeern gekrönt und in römischer Tracht dargestellt war, umgestürzt. Hier fielen während der Schreckenszeit unzählige freisinnige und rechtliche Bürger als Opfer der blutigsten republikanischen Tyrannei, und da, wo wir stehen, war der Boden von dem vergossenen Blut schon so durchtränkt und schlüpfrig, daß man nicht mehr darauf gehen konnte, ohne auszuglitschen, und die Guillotine mußte weiter gebracht werden.›

‹Lassen Sie auch uns weitergehen›, sagte Fürst Y. etwas kleinlaut, und wir eilten nach den Champs Élysées, wo ich äußerte, daß ich gern nach Norte-Dame, da ich diese Kirche noch nicht besucht, gehen möchte.

‹Ich will Sie dahin begleiten›, sagte der Fürst, und wir fuhren zusammen in einem Fiaker zur großen Seine-Insel, die für sich eine sehr bedeutende Stadt bildet. Bei Notre-Dame stiegen wir aus. Am 3. Dezember 1804 ließ sich hier Napoleon von Pius VII., den er jetzt gefangen hielt, krönen.

Fürst Y. hatte die Güte, bei der Besichtigung mein Cicerone zu sein. Er lud mich, als wir uns trennten, nochmals dringend ein, ihn doch ja am nächsten Morgen zu besuchen und zum Dejeuner um Mittag bei ihm zu sein. Ich versprach, mich zur bestimmten Zeit einzufinden, und hielt Wort, wurde äußerst freundlich empfangen und brachte wieder ein paar Stunden mit ihm hin. Aber das böse Zipperlein plagte ihn so gewaltig, daß er, auf einer Ottomane ausgestreckt, nach Römersitte das Frühstück zu sich nahm. Noch am selben Tag mietete ich mir eine Wohnung, streifte noch immer in der großen Stadt umher, um sie genauer kennenzulernen, und machte hier und da einige nicht uninteressante Bekanntschaften unter den Offizieren in Restaurationen und Kaffeehäusern.

Damals war ganz Paris voll von Napoleons Ehescheidung von Josephine. Dieser Gegenstand gab fortwährend den Hauptstoff der Unterhaltung an öffentlichen Orten und in Privathäusern. Und wie groß auch das Spionenwesen zu jener Zeit in Frankreich und Paris sein mochte, so daß jedes nur zweideutige Wort von der geheimen Polizei aufgefangen wurde, nahm man dennoch bei dieser Veranlassung kein Blatt vor den Mund, besprach diese Scheidung öffentlich und tadelnd, nannte sie ebenso unpolitisch und unklug als lieblos. Ebenso rücksichtslos sprach man über den Kaiser hinsichtlich des spanischen Krieges, ja über das Spioniersystem selbst. Freilich hätte man ganz Paris und halb Frankreich einstecken oder stumm machen müssen, wenn man alle Individuen, welche sich dies herausnahmen, hätte bestrafen wollen.

Was die Köpfe aber am meisten beschäftigte, war die Wahl, die Napoleon treffen würde, um sich eine zweite Gemahlin zu geben. Die meisten Franzosen waren der Meinung, daß es eine Französin aus einer guten Familie sein werde. Ist es klug, sagten viele, so nimmt er sich eine liebenswürdige Frau aus einer honetten Bürgerfamilie, um seine Nachfolge zu sichern. Dadurch wird er die Nation durch ein Band mehr an sich knüpfen und zeigen, daß er über die alten Vorurteile und Schnurrpfeifereien erhaben ist. Aber so klug war er nicht. Die kaiserliche Krone war zu schwer für ihn und lastete drückend auf seinem Hirn, denn seit er sie sich auf den Kopf gesetzt, sah er nicht mehr klar und befolgte in jeder Hinsicht eine jämmerliche, kindische und kleinliche Politik, die ihn notwendigerweise ins Verderben stürzen mußte, wie er überhaupt als Politiker noch tief unter der Mittelmäßigkeit stand. Wenige Menschen glaubten, daß er sich eine auswärtige Prinzessin, und am allerwenigsten, daß er sich eine österreichische zulegen würde.

Über die Ehescheidung selbst waren die Meinungen sehr verschieden. Denn so sehr auch Josephine im allgemeinen beliebt war, sagte man doch, daß es zum Wohle Frankreichs nötig sei, daß Napoleon Leibeserben erhalte, und entschuldigte ihn deshalb sowie wegen seiner meist sehr flüchtigen Nebenamouretten, da Josephine während seiner Abwesenheit in Italien, wo er als Oberfeldherr des dortigen Heeres weilte, und wenn sie Bäder besuchte, sich ebenfalls keiner allzu großen ehelichen Treue rühmen konnte.

Als ich eines Tages, nachdem ich mehrere Aufträge für das im Kirchenstaat stehende Armeekorps besorgt und Lieferkontrakte abgeschlossen, heimkehrte, fand ich eine Order vom Kriegsminister* vor, die mich auf den nächsten Morgen zu

---

*) Kriegsminister des Kaiserreichs war von 1807 bis 1814 General Henri Clarke, Herzog von Feltre, Graf von Hüneburg, geb. 1756, gest. 1818.

demselben beschied. Ich wurde sogleich in sein Kabinett eingeführt und sehr artig von ihm empfangen. Er fragte mich besonders viel über die römischen Zustände, erkundigte sich nach den Einzelheiten bei der Verhaftung des Papstes und was bis zu meiner Abreise noch in Rom besonders vorgefallen und so weiter.

Nach dem, was mich Miollis hatte merken lassen, schien es, als suche er eine Versetzung nach Paris und in Napoleons Nähe, nach Clarkes Äußerungen aber war es der Marschallstab, der ihm im Kopf steckte, und jetzt ging mir erst ein Licht auf, warum er mir Empfehlungen an verschiedene Personen mitgegeben hatte, die in näherer Berührung zu der an den Prinzen Borghese vermählten Schwester Napoleons, der schönen Pauline, standen und von der er sich einbildete, daß sie große Gewalt über ihren Bruder habe. Bei mir hatte er sich geäußert, wenn man ein Anliegen beim Kaiser habe, werde es durch diesen Kanal am besten vorgebracht. Auch ich müßte versuchen, diese Gelegenheit zu nutzen, um mich in die Gunst dieser Dame zu setzen und so eine recht brillante Karriere zu machen, dabei aber auch seine Angelegenheit nicht vergessen. Da aber Pauline noch gar nicht in Paris war, konnte für den Augenblick nicht operiert werden.

Clarke eröffnete mir, daß ich täglich vierundzwanzig Franken Diäten erhalten werde. Meine Reisekosten wurden mir natürlich ohnehin reichlich vergütet. Dazu kam noch, daß ich von den Kaufleuten und Fabrikanten, mit denen ich Kontrakte abschloß, nicht unbedeutende Geschenke erhielt. Dagegen aber bekam ich fortwährend Aufträge von Offizieren meines Regiments und anderer, die im Römischen standen, silberne und goldene Epauletten, Hüte, Federbüsche, Handschuhe, Tücher, Stiefel und Gott weiß was alles zu kaufen und zu schicken, daß oft kaum meine Kasse hinreichte, all diese Kommissionen zu besorgen. Auch erhielt ich später kaum ein Drittel meiner Auslagen wieder, da viele der Offiziere blieben oder starben, bevor sie mich bezahlten, andere nicht daran dachten, dies zu tun.

Indessen stand ich mich dennoch im ganzen in finanzieller Hinsicht sehr gut in Paris und erhielt sogar noch einiges Geld von Haus. Fürst Y., der mich jetzt, ich weiß nicht warum, in ganz besondere Affektion genommen hatte und dem ich bisweilen aus französischen oder deutschen Werken, wenn ihn das böse Zipperlein plagte, vorlas, bestand darauf, daß ich wenigstens den Tisch bei ihm nehmen müsse und stellte sogar eine Equipage und ein Reitpferd zur Verfügung, wofür ich ihm sehr erkenntlich war, da dies in Paris nicht zu verwerfen und keine Kleinigkeit ist. Ich machte besonders Gebrauch von letzterem, indem ich fast täglich über die Boulevards und in die Champs Élysées ritt, den Wagen aber nur selten benutzte und mich lieber in einen Fiaker setzte.

Der Neujahrstag war diesmal (1810) ganz besonders glänzend und feierlich in

Paris begangen worden, die Gratulationsdeputationen nahmen kein Ende. Zu seinem Leidwesen konnte sich Fürst Y. nicht seiner Schuldigkeit in dieser Hinsicht entledigen, da ihn das Podagra den ganzen Tag an das Faulbett fesselte, was ihn sehr mißmutig machte. Die Buden in dem Palais Royal, auf den Boulevards, der Straße Saint Honoré und so weiter waren überaus reich und prächtig, wie es um diese Zeit immer geschieht, mit den kostbaren Waren ausgestattet; besonders aber waren es die Bijouterie-, Gold- und Silber-, Mode- und Konditorläden. So geschmackvoll mit den kostbarsten Gegenständen versehen, hatte ich sie noch nirgends bemerkt.

Diese Tage sind hauptsächlich für die sich auszeichnenden Pariser Theaterprinzessinnen ergiebig, die mit Geschenken überschüttet werden. Auch Se. Durchlaucht hatten sich reich mit dergleichen versehen, wenigstens für zwanzig- bis fünfundzwanzigtausend Franken an Wert, die sie einigen Theaterhoheiten zum Geschenk machte. Da Fürst Y. über acht Tage das Zimmer hüten mußte, beauftragte er mich mit der Überbringung. Namentlich erhielten Demoiselle Mars und die schöne Tänzerin Gardel ein Paar Brillantohrringe von mindestens viertausend Franken, die mit großer Freundlichkeit angenommen wurden. Man bat mich auf das höflichste, Seiner Durchlaucht ihre wohlwollenden Gesinnungen zu versichern und auch meine Besuche zu wiederholen, was ich nicht verschmähte.

‹Mais soyez sage›,* hatte mir Fürst Y. nachgerufen, als ich ihn verließ. – ‹Monseigneur, ça va sans dire›,** hatte ich geantwortet und wenigstens diesmal Wort gehalten.

Als ich bald nach Neujahr eines Nachmittags durch die Tuilerien ging, begegnete ich im Garten einer weiblichen weißverschleierten, hübsch gewachsenen Figur, deren Gesicht, soviel ich durch den Schleier sehen konnte, mir sehr bekannt vorkam. Die Dame hatte mich aber nicht bemerkt, sondern war mit zu Boden gesenktem Blick an mir vorübergeglitten. Ich drehte mich um, musterte die zierliche schlanke Gestalt, deren Anzug jedoch gerade nicht nach dem neuesten Schnitt und ziemlich ärmlich war. Meine Neugier war rege geworden, ich folgte ihr in einiger Entfernung, überholte sie dann, um sie noch einmal ins Auge zu fassen. Am großen Bassin angekommen, drehte ich mich um und ging ihr mit langsamen Schritten gerade entgegen, blieb aber noch im Zweifel, wer sie sei, da mich der faltenschlagende Schleier die Züge wieder nicht genau erkennen ließ. So viel war mir jedoch klar, daß ich sie kennen mußte. Ich wollte Gewißheit haben, überflügelte sie zum zwei-

*) ‹Aber verhalten Sie sich besonnen›
**) ‹Durchlaucht, das versteht sich von selbst›

429

ten Male, und ihr zum dritten Male begegnend, grüßte ich sie so, daß sie es wahrnehmen mußte. Jetzt ertönte ein: «Oh dio mio!»* aus ihrem Mund, sie blieb vor mir stehen, und da sie bemerkte, daß ich noch ungewiß über ihre Person sei, schlug sie den Schleier zurück und sagte: «Ma Signore, non mi conoscete?»**, und jetzt erkannte ich die zu Rom entführte Nonne in ihr und rief aus: «Ach, Madame Bonnier.»

«Die bin ich.»

«Und Ihr Gatte, Signora?»

«Steht bei der Armee in Spanien.»

Ich begleitete nun die Dame, die über das Zusammentreffen ebenso erfreut schien, wie ich selbst, lud sie zu einem Spaziergang ein und bat sie, mich von dem, was ihr seit ihrer Abreise von Rom begegnete, zu unterrichten. Um uns ungestörter unterhalten zu können, nahm ich einen Fiaker, mit dem wir vor die Barriere von Neuilly fuhren. Sie teilte mir nun mit, daß noch große Schwierigkeiten zu überwinden gewesen, bis sie Bonniers rechtmäßige Gattin geworden, und sie noch vor der Trauung schon einigemal bereut, diesen Schritt getan zu haben, später aber weit mehr. Sie habe sich schon oft wieder in das ruhige friedliche Leben des Klosters zurückgesehnt, wo man von dem Treiben und den Kabalen der bösartigen Welt nichts wisse und nicht von ihr beunruhigt werde und wogegen die kleinen klösterlichen Trakasserien [Verdrießlichkeiten] Kinderreien seien. In Frankreich und Paris gefalle es ihr gar nicht. Sie habe noch mit keiner einzigen Familie ein vertrauliches Verhältnis anknüpfen können, und mit ihrer eigenen sei sie zerfallen, ihr Mann schon bald ein Jahr von ihr getrennt, und so stehe sie einsam und verlassen in der großen Stadt, wo sie außer ein paar italienischen Offiziersdamen, deren Männer gleichfalls bei der Armee in Spanien stünden und die sich ungefähr in demselben Verhältnis wie sie befänden, keine Seele kenne. Bei dieser im Ton des Schmerzes gemachten Erzählung kamen ihr öfter die Tränen in die Augen, und sie flößte mir die größte Teilnahme ein. Obgleich leidend und etwas abgehärmt, war Angelika doch noch sehr schön.

Ich suchte ihr allen möglichen Mut einzusprechen, und da sie sich hauptsächlich beklagte, weil ihr Mann ihr so selten Nachricht von sich gebe, stellte ich ihr vor, daß dies von Spanien aus jetzt nicht anders sein könne, da die Kommunikationen oft so schwierig, ja nicht selten ganz abgeschnitten seien. Es waren bereits über fünf Monate, daß er ihr zum letztenmal, und zwar von der portugiesischen Grenze

*) «Oh, mein Gott!»
**) «Aber mein Herr, erkennen Sie mich nicht?»

aus, geschrieben hatte. Was sie am meisten zu quälen schien war, ob ihr Bonnier auch wohl treu geblieben. Ich lächelte über die Naivität der guten Exnonne.

«Ach, die Männer, und noch obendrein die Offiziere, taugen alle nicht viel.»

«Wie, haben Sie schon solche Erfahrungen gemacht?»

«Man hört es ja jeden Tag von den Herrn selbst. Mein Mann hat mir genug davon erzählt.»

Ich bat sie jetzt, mir zu erlauben, sie heimbegleiten und bisweilen besuchen zu dürfen. Etwas verlegen suchte sie das erste abzulehnen und das zweite hinauszuschieben.

«Aber Sie werden mir doch das Vergnügen machen, eine Suppe in einer Restauration mit mir zu nehmen?»

Dies akzeptierte sie nach einigen Komplimenten, und wir fuhren nach dem Palais Royal zu den frères provençaux*, wo ich ein vollständiges und sehr leckeres Diner nebst den feinsten Weinen servieren ließ. Madame Bonnier wurde nun munterer und zutraulicher, und als ich sie nochmals bat, sie nach Hause bringen zu dürfen, gestand sie mir offenherzig, daß sie sich schäme, mich in ihrer Wohnung zu empfangen, weil diese gar zu schlecht sei. Sie offenbarte, daß nur daher ihre Weigerung gerührt habe. Sie habe nur ein kleines Dachkämmerchen, zur höchsten Not möbliert, nebst einem Alkoven zum Schlafen, und zwar im ersten Stock eines Hauses, wenn man vom Himmel herabsteige. Diese Bedenklichkeit wußte ich bald zu beseitigen, und nachdem wir getafelt und den Kaffee eingenommen, fuhren wir in die damals noch sehr entlegene und wenig bewohnte Straße Lazare, wo wir an einem unansehnlichen Haus ab- und fünf Treppen hinaufstiegen. Die Dame öffnete ein schlecht verschlossenes Mansardenzimmer, das allerdings auch nicht den mindesten Anschein von Wohlhabenheit, sondern Dürftigkeit und Mangel verriet. Zwei wackelnde Stühle, ein Tisch in demselben Zustand, ein Stück von einem Spiegel, ein alter Koffer machten das ganze Mobliar aus. Erötend sagte Madame Bonnier: «Hatte ich es Ihnen nicht gesagt, daß ich eigentlich keinen honetten Menschen hier empfangen kann?»

«Jedes Gemach, das Sie bewohnen, wird zum Prachtsaal», antwortete ich ihr. «Ihre Gegenwart würde selbst die Hölle zum Himmel umschaffen.» Dabei erlaubte ich mir, sie auf die Stirn zu küssen. Die Nahrung und das übrige Leben der armen Frau standen den im Einklang mit ihrer Wohnung. Doch war weniger Mangel an Mitteln schuld, denn ihr Mann ließ ihr monatlich neunzig Franken von seinem Gehalt zurück, die ihr in Paris ausgezahlt wurden. Und wenn man keine großen

*) Seinerzeit bekanntes Pariser Restaurant mit einem vornehmlich pikanten Speisenangebot

Sprünge damit machen konnte, so war es doch hinlänglich für eine Person, die sich einzurichten verstand, um auszukommen, ohne Not zu leiden, besonders wenn man eine so wohlfeile Wohnung hatte. Aber die Dame wurde von allen, mit denen sie zu tun hatte, bestohlen und betrogen. Kaum daß sie zur Not den Wert des Geldes kannte. Sie hatte eine sogenannte femme de menage [Aufwärterin], die sich jeden Morgen einfand, ihre kleine Aufwartung und Kommisionen besorgte, aber alles doppelt und dreifach bezahlen ließ und ihr dazu noch die schlechtesten Viktualien lieferte, nur Ausschuß, und außerdem ein Teufel von einem alten Weib war, die sich nicht das Geringste sagen ließ, sondern die arme Frau, die sich nicht zu helfen wußte, mißhandelte und beschimpfte, wenn sie es wagte, ihr irgendeine Bemerkung zu machen.

Dies alles sah ich bald ein und tat Madame Bonnier den Vorschlag, vor allem eine andere Wohnung zu suchen. Da sie mir einwandte, daß dies ihre Mittel nicht erlaubten, erwiderte ich: «Lassen Sie mich dafür sorgen.» Sodann riet ich ihr, sich des alten Drachens, der sie so schlecht bediene und zudem betrüge, zu entledigen. Aber sie fürchtete sich vor dem Weib und wagte nicht, ihr zu kündigen. Dies nahm ich auch auf mich, und als die böse Sieben wieder schlechte Ware zu hohem Preis gebracht und noch obendrein Händel anfing, ging ich ihr derb zu Leibe, ihr das schändliche Benehmen gegen Madame Bonnier vorhaltend. Sie entschuldigte sich damit, daß ihr Charakter einmal so sei. Ich versetzte darauf: «Jedermann hat seinen eigenen Charakter, der meinige ist, daß ich solche Kanaillen zur Tür hinauswerfe», und damit machte ich die Tür auf und hieß sie sich packen.

«Ich habe noch einen Monat zu bleiben, und eher gehe ich nicht.»

«Das wird sich gleich finden, was hast du noch zu fordern?»

Madame Bonnier sagte: «Sie erhält fünfzehn Franken monatlich von mir.» Ich warf sie ihr hin.

«Ich habe auch noch siebenundzwanzig Franken für Auslagen zu fordern.»

Auch diese gab ich ihr, hieß sie nun sich trollen und verbot ihr das Wiederkommen. Aber noch wollte sie nicht gehen und schimpfte. Nun riß mir die Geduld. Ich packte sie beim Arm, warf sie zur Tür hinaus und die Treppe hinab. Sie schimpfte noch bis auf die Straße und wollte klagen, indessen hörte ich nichts weiter von ihr. Ich beurlaubte mich von der Dame mit einem Abschiedskuß, den sie mir dankend erwiderte, und mietete in der nahen Straße Montblanc eine ziemlich geräumige möblierte Wohnung mit zwei Schlafzimmern und einem hübschen Salon, nebst einem Salle à manger [Speisezimmer], alles für hundertsechsundzwanzig Franken monatlich. Nachdem dies geschehen, holte ich Madame Bonnier ab und fragte sie, ob sie mir wohl erlauben wolle, das eine Schlafzimmer zu beziehen.

Errötend antwortete sie mir: «Ma ella è il Padrone.»*

«Und dann trennt uns ja der Salon», versetzte ich lächelnd. Ich ließ nun gleich ihre wenigen Sachen hierherbringen, sorgte auch für ein Pianino und eine Gitarre, und in den nächsten vierundzwanzig Stunden waren wir beide in der neuen Wohnung installiert, in der wir auch bald wie Mann und Frau lebten. Ich ließ eine Couturière [Schneiderin], eine Modistin und eine Lingère [Wäschehändlerin] kommen und bat sie, ohne Umstände das zu bestellen, was sie am nötigsten bedürfe, indem wir später schon abrechnen würden. Nur mit der größten Bescheidenheit machte sie von diesem Anerbieten Gebrauch, so daß ich genötigt war, selbst dafür zu sorgen, daß sie an Kleidern, Putz und Wäsche wenigstens das Unentbehrlichste erhielt. Wir führten jetzt eine artige Haushaltung, das Essen ließ ich von einem Restaurateur bringen, oder wir aßen auch bei einem solchen und verlebten die Flitterwochen recht vergnügt, da ich mit meiner Interimsgattin die Promenaden, die Theater, Konzerte und sonstigen Vergnügungsorte besuchte, der nun auch das Pariser Leben besser zu gefallen begann. Eines Tages erhielt ich eine Einladung zur Tafel vom Kriegsminister, die ich mit großem Vergnügen annahm, weil ich hoffte, daß mir dies Gelegenheit geben würde, mein Privatanliegen, die Versetzung zur Garde, zur Sprache zu bringen. Dies war aber nicht der Fall; es waren viele Generale und Stabsoffiziere bei Tisch, ich konnte kaum ein paar Worte mit Clarke wechseln, welche Miollis betrafen, und mußte unaufhörlich Fragen zur Verhaftung und Entführung des Papstes beantworten.

Ich hatte Madame Bonnier vorgeschlagen, den Versuch zu machen, sich mit ihrer Familie wieder auszusöhnen. Sie aber meinte, das würde sehr schwer sein. Ich schrieb nun in dieser Angelegenheit an Miollis, meldete ihm den Erfolg meiner bisherigen Bemühungen und meine Hoffnung für die Zukunft und bat ihn, sich doch nachdrücklich bei der Familie der Madame Bonnier zu Pesaro für diese unglückliche Dame verwenden zu wollen. Dies hatte einen so günstigen Erfolg, daß sie auch bald nachher einen Wechsel von tausendfünfhundert Franken und das Versprechen von ihren Verwandten erhielt, daß man ihr von Zeit zu Zeit kleine Unterstützungen zukommen lassen wolle. Angelika war nun außerordentlich vergnügt und schien ihren Mann, der vielleicht in den Armen einer hübschen Andalusierin oder Kastilianerin schwelgte, in den meinigen ganz zu vergessen.

Während der Flitterwochen meiner Interimsehe war ich nur wenig zum Fürsten Y. gekommen und mußte daher manche nicht gerade freundliche Vorwürfe von ihm hören, da er sehr oft unwohl war und die Gicht ihm die meiste Zeit Stubenar-

---

*) «Aber Ihr seid der Herr.»

rest gab. Nach den ersten vierzehn Tagen meiner Vermählung fing ich jedoch an, ihm und anderen Dingen etwas mehr Zeit zu widmen. Ich ritt auch wieder mehr aus und entsprach den Wünschen Sr. Durchlaucht, indem ich ihm einige Stunden vorlas und öfter kleine Soupers fins arrangierte, zu denen ich die ausgezeichnetsten Künstler und Künstlerinnen von der Oper einlud und die daher äußerst unterhaltend und vergnügt waren, aber auch viel Geld kosteten, woran dem Fürsten jedoch nichts lag. Eines Tages nahm ich Madame Bonnier mit zu einem solchen Abendessen, indem ich sie, wie ich mit ihr verabredet hatte, für eine italienische Sängerin ausgab, die hier Engagement suche. Der Fürst war ganz entzückt von ihr und verlangte, daß ich sie öfter einladen solle. Ich wich dem Gesuch jedoch aus, indem ich Seiner Durchlaucht sagte, daß die Künstlerin bereits wieder nach Italien abgereist sei, indem sie hier ihren Zweck nicht habe erreichen können.

Wenn Seine Durchlaucht wohl waren, geruhten sie bisweilen die Spielsäle im Palais Royal zu besuchen. Ich ging auch manchmal allein dahin, um das interessante Treiben zu beobachten, und pointierte hier und da einmal. Eines Abends, als ich aus dem Theater kam, trat ich im Vorbeigehen noch in einen Spielsaal und warf, nachdem ich einige Mal rouge oder noir besetzt hatte, einen doppelten Napoleon auf eine Nummer des Rouletts. Es war Fünfundreißig; sie kam heraus, und ich erhielt sechsunddreißigmal den Satz. Ich rollte das Gold zusammen und sagte, es auf der nämlichen Nummer stehen lassend: «Aut Caesar, aut nihil!»*, und die rollende Kugel fiel abermals auf dieselbe Nummer! Jetzt erhielt ich die Summe von einundfünfzigtausendachthundertvierzig Franken in Gold! Statt mich klüglich mit diesem Kapital zu entfernen, fuhr ich fort, zu setzen, und noch ehe eine Stunde vergangen, war mein ganzer Reichtum wieder zu Wasser geworden, und mit kaum einigen zwanzig Franken in der Tasche verließ ich lange nach Mitternacht das Palais Royal. Ich tröstete mich leicht über den Verlust. Das Geld hatte zu jener Zeit keinen oder wenig Wert für mich, und wer weiß, wozu es gut war, denn ungefähr um diese Zeit, einige Wochen später, fiel eine greuliche Geschichte vor, welche ein ähnlicher Spielgewinn hervorgerufen hatte.

Ein junger Mensch hatte eines Abends über dreißigtausend Franken in Gold gewonnen und entfernte sich darauf nach ein Uhr in der Nacht aus dem Spielsaal. Er war der Sohn eines nicht unbemittelten Mannes, der jenseits der Seine in der Gegend des Pantheons** wohnte. Das Palais Royal verlassend, glaubte er bald darauf sich von ein paar verdächtigen Kerlen verfolgt zu sehen. Es war schon sehr einsam

---

*) Wörtlich: «Entweder Caesar oder niemand!» (soviel wie alles oder nichts)
**) Pariser Kirche, die von 1791 bis 1805 als Ruhmestempel der Nation, seit 1806 daneben auch wieder religiösen Zwecken diente.

in den Straßen, und er beeilte sich, die Pont-Neuf* zu erreichen, was ihm auch glücklich gelang. Hier war zu jener Zeit ein kleiner Wachposten von einem Korporal und drei Mann aufgestellt. Bei diesem angekommen, ging er in die Wachstube und bat den Korporal, er möge ihm doch einen Mann zur Bedeckung mitgeben, da er viel Geld bei sich habe und sich von ein paar verdächtigen Individuen verfolgt glaube. Er wolle die Eskorte gut belohnen.

Der Wachkommandant schien erst einige Schwierigkeiten zu machen, indem er vorwandte, daß seine Mannschaft zu gering sei, als daß er einen Mann entbehren könne, besann sich jedoch bald eines anderen, hieß den jungen Menschen einen Augenblick warten, verließ dann das Wachzimmer und gab vor, daß er sich mit der Schildwache noch besprechen wolle. Er rief dann noch einen der beiden anderen Soldaten heraus, mit dem er einige Zeit darauf zurückkam, und nach diesem auch den dritten Mann, der dem Fremden unterdessen Gesellschaft geleistet hatte. Mit diesem kehrte er nach mehreren Minuten ebenfalls in das Zimmer zurück, und alle drei fielen nun auf ein von dem Korporal gegebenes Zeichen über den jungen Menschen her, verstopften ihm schnell den Mund und knebelten ihn, so daß er keinen Laut von sich geben konnte, nahmen ihm dann das Geld ab und stürzten ihn über die hohe Brücke in die Seine hinab.

Der junge Mann war aber ein guter Schwimmer, erreichte glücklich das nahe Ufer und lief jetzt auf den nächsten größeren, von einem Offizier kommandierten Posten, dem er, was ihm soeben geschehen war, erzählte. Dieser sandte sogleich eine starke Patrouille unter dem Kommando eines Sergeanten ab, der die Wache samt der Schildwache umzingelte, das saubere Kleeblatt mit der Teilung des Goldes beschäftigt fand und es verhaftete. Alle passierten das Kriegsgericht, der Korporal wurde erschossen und die Soldaten lebenslänglich auf die Galeere geschmiedet. Der Vorfall gab ganz Paris auf vierundzwanzig Stunden Stoff zur Unterhaltung.

Der unterdessen herangekommene Karneval gewährte uns manche Unterhaltung. Ich besuchte teils in Gesellschaft Angelikas, teils mit dem Fürsten Y. inkognito verschiedene Belustigungsorte. Die Masken, die sich auf den Boulevards zeigten, waren aber nicht sehr elegant, ja zum Teil sehr lumpig, und konnten sich denen zu Rom und anderen Städten Italiens nicht an die Seite stellen, wie auch das hiesige Karnevalstreiben ein ganz anderes ist. Die gemeinen Franzosen machen wohl manche witzige Späße, arten aber nur zu oft in Plattitüden und rohe Gemeinheiten aus, während die Italiener, auch die der untersten Klassen, noch immer eine gewisse Dezenz [Zurückhaltung] bei dieser Gelegenheit beobachten. Der Boeuf

*) Berühmte, weil eine der ältesten Brücken von Paris über die Seine.

gras ist der Kulminationspunkt des ganzen Festes. Ein kolossaler, bis zum Zerplatzen gemästeter Ochse, der Mühe hat, seine ungeheure Fleischmasse fortzubewegen, wird von einem Kind, den Fleischerkönig darstellend, geritten und von der ausgelassensten und sonderbarsten Eskorte begleitet, die aus Deputationen aus allen Weltgegenden, allen Zeiten und allen Ständen besteht. Gelehrte Franzosen behaupten, daß sich der Ursprung dieser grotesken Zeremonie noch von den Galliern herschreibt, die einem Stier göttliche Verehrung zollten. Während der Revolution war diese Prozession unterblieben, erst unter dem Kaiserreich wurde sie wieder hervorgeholt.

Während des Karnevals waren alle Kneipen und Schenken zu Paris und vor den Barrieren mit Masken und seltsam kostümierten Individuen beiderlei Geschlechts gefüllt, die ein tolles Treiben vollführten. Diese in die barocksten Anzüge gehüllten Menschen, die unaufhörlich durcheinander schreien und brüllen, pfeifen, mit Gläsern und Flaschen klirren, die Fäuste aufschlagen und mit Füßen stampfen, daß Wände und Tische zittern, unter dem ohrenzerreißenden Gekratze von Bierfiedlern oder dem Spielen falscher Orgeln und Heulen der Dudelsäcke, haben kaum noch durch ihre Gestalt etwas Menschliches an sich.

Mit Angelika besuchte ich zu dieser Zeit nur die Theater, besonders die französische und italienische Oper, wo wir die Meisterstücke der ersten Komponisten in hoher Vollendung aufführen sahen.

Unterdessen hatte sich einige Zeit nach der Scheidung Napoleons von Josephine plötzlich das Gerücht verbreitet, ersterer würde eine österreichische Prinzessin heiraten, dem man aber anfänglich wenig Glauben schenken wollte. Ja, viele Franzosen betrachteten es als unmöglich. Da aber das Gerücht bald zur unleugbaren Gewißheit wurde, machte diese Neuigkeit einen unbeschreiblichen Eindruck in ganz Frankreich und dessen Hauptstadt. Im ersten Augenblick war man vor Überraschung stumm. Als der erste Eindruck und die Bestürzung vorüber waren, machte sich die fast allgemeine Mißbilligung hinsichtlich dieser Ehe in den unangemessensten und unvorsichtigsten Ausdrücken Luft. Wie und darum von der besten und liebenswürdigsten Frau geschieden, um eine österreichische ... zu heiraten. Hat die Erfahrung nicht gelehrt, was die Österreicherinnen*, die auf dem französischen Thron saßen, für namenloses Unglück über Frankreich gebracht? – Sind wir denn in Frankreich so arm an edlen Jungfrauen, die würdig wären, den französischen Kaiserthron zu zieren und der Nation Regenten zu schenken? Eine Französin hätte

---

*) Anspielung auf die der Habsburger Dynastie entstammenden Anna von Österreich (Gattin Louis XIII.), geb. 1601, gest. 1666 und Marie-Antionette (Gattin Louis XVI.), geb. 1755, gest. (hingerichtet) 1793. Letztere war die Großtante der neuen Kaiserin Marie-Louise gewesen.

hundertmal eher diese Ehre gebührt als dieser autrichienne [Österreicherin], die Napoleons und unser Unglück machen wird.

Unglaublich, welche Stimmung diese Neuigkeit unter allen Ständen hervorbrachte, selbst beim Heer. Dabei war nichts Komischeres als die Verblendung des österreichischen Gesandtschaftspersonals zu Paris, das sich einbildete, die Franzosen fühlten sich überaus glücklich und hochgeehrt durch die Wahl des Kaisers, und die Herren trugen jetzt die Nasen um einige Zoll höher. Niemand aus Napoleons Umgebung getraute sich jedoch, ihn mit dieser Stimmung des Volkes bekanntzumachen und ihn aus der beglückenden Unwissenheit zu reißen. Hätte er sie genau gekannt, so würde er schwerlich die Ehe mit Marie-Louise vollzogen haben. Selbst der gemeine Soldat und der Tagelöhner sprachen nur wegwerfend und verächtlich von dieser Verbindung, und als seine Mitteilung an den Senat dieserhalb bekannt wurde, gab dies zu den bittersten Satiren, zu beißendem Spott Anlaß, der sich sogar in heimlich gedruckten Spottliedern Luft machte. Die Dankadresse des Senats, die Absendung von Neuchâteau, die Trauung per procura* zu Wien, dies alles mußte Stoff zu Satire, Spöttereien und gehässigen Anmerkungen geben, die der sonst so wachsame Fouché wenn nicht gar zu nähren, doch zu ignorieren für gut fand. Ich muß gestehen, daß auch mir, der ich diese Stimmung genau kannte, nicht ganz wohl zumute war. Mit Josephine schien auch Napoleons Glücksstern von ihm gewichen.

Damals geschah es, daß man eine Orange mit einem Zettelchen auf die Bühne warf, in die Orange selbst aber hatte man einen Louisdor mit dem Gepräge Louis' XVI. gesteckt. Das Publikum forderte die auf der Bühne befindlichen Schauspieler zum Lesen des Billetts auf. Da diese Anstand nahmen, dem Begehren Folge zu leisten, so gab es einen bedeutenden Lärm und großen Tumult, der immer ärger wurde und erst endete, als einer der Schauspieler an die Rampe trat und andeutete, das er zum Lesen bereit sei. Jetzt wurde alles still, und er las: ‹Gardez le Louis et jettez l'ecorce!›** Es lautete aber auch ‹Gardez le Louis et jettez le Corse!›*** Von mehreren Seiten wurde Beifall geklatscht, der jedoch schnell verstummte und wahrscheinlich nur in aller Unschuld von Personen gezollt wurde, welche den Calembourg [Kalauer] gar nicht verstanden hatten oder nur aus Gewohnheit klatschten. Die Sache machte großes Aufsehen in Paris, und der Akteur, der in aller Un-

---

*) Wörtlich: Durch Vollmacht, was bei fürstlichen Eheschließungen bedeutete: Durch einen bevollmächtigten Vertreter, der für den abwesenden Bräutigam die Eheurkunden unterschrieb.
**) Wörtlich: ‹Behaltet den Louisdor und werft die Schale weg!›
***) Durch Aussprache identisch mit: ‹Schützt Ludwig und trennt Euch von Korsika!›, wobei mit diesem Wortspiel der Korse Napoleon gemeint war.

schuld das Billett gelesen hatte, erhielt einen tüchtigen Wischer und wurde entlassen.

Unterdessen dachte auch ich jetzt an eine Scheidung von meiner liebenswürdigen Angelika, der ich zwar immer sehr wohl wollte, aber die Flitterwochen waren vorüber, der Reiz der Neuheit verschwunden, und dies Zusammenleben fing an, mir lästig zu werden. Wenn man so ewig umeinander ist, bleibt die Langeweile nicht aus. Als ich ihr unsere bevorstehende Trennung unter dem Vorwand, daß es der Dienst heische und ich doch vielleicht Paris bald verlassen müsse, ankündigte, war sie darüber untröstlich. Auch mich hatte es einige Überwindung gekostet, der guten Frau diese Mitteilung zu machen. Ich suchte ihren Schmerz möglichst zu mildern, indem ich ihr versprach, so lange ich noch in Paris verweile, sie täglich zu besuchen, daß mir aber das fernere Beisammenwohnen große Unannehmlichkeiten und Nachteile von seiten Napoelons zuziehen würde, der mir selbst den Befehl zum Ausziehen gegeben habe. Mit meinen Verhältnissen und dem Leben überhaupt so ganz unbekannt, schenkte die gute Angelika diesen Worten vollkommen Glauben. Die Wohnung bezahlte ich drei Monate voraus und mietete mir eine andere in der Nähe des Palais Royal, besuchte aber meine Geschiedene noch oft, bis ich nach und nach seltener wurde und sie sich mehr und mehr wieder an das Alleinsein gewöhnte, doch führte ich sie bisweilen noch in die Theater und an andere öffentliche Orte und sorgte auch sonst auf das beste für sie.

Häufiger fand ich mich nun wieder bei dem Fürsten Y. ein, der mich fast in allen Dingen um Rat fragte und immer mehr Geschmack an den Soupers fins fand, da er nicht oft imstande war, auszugehen. An Präsenten ließ er es nicht fehlen, und so kam man gern, und da die Damen wußten, daß ich dabei zu Rate gezogen wurde, so machten sie mir sogar den Hof.

XXVII

Ankunft der jungen Kaiserin – Zivile und religiöse Vermählungsfeierlichkeiten Napoleons und Marie-Louises – Großes Volksfest – Pauline – Feste dem kaiserlichen Ehepaar zu Ehren – Unglückliches Fest, von dem österreichischen Gesandten gegeben – Lannes Leichenfeier – Die Errichtung der Siegessäule auf dem Place Vendôme – Exzesse der holländischen Garden in Paris – Gerüchte über Marie-Louises Schwangerschaft – Ich werde zu Murats Garde zu Pferde versetzt – Abreise nach Neapel

Die immer näher heranrückende Zeit der Vermählung Napoleons mit Marie-Louise, zu der man alle möglichen Vorbereitungen machte, ließ schnell alle anderen Dinge ins Meer der Vergessenheit sinken. Die erwartete neue Kaiserin nahm wenigstens auf einige Zeit alle Aufmerksamkeit der guten Pariser in Anspruch. Man hörte an allen öffentlichen Orten sowie in den Familien nur noch von dieser reden und erzählte sich die seltsamsten Dinge und Märchen, und es gibt fast keine Abgeschmacktheit, die man nicht zugunsten der jungen Erzherzogin erfunden und in Umlauf gebracht hätte. Bald sollte sie keine drei zählen, bald für sechs essen können, sich nur in Milch baden, nur Mehlspeise und Gebackenes zu sich nehmen; auch wollte man durchaus nicht gestatten, daß Kaiser Franz ihr wirklicher Vater sei, und war so freigebig, ihr wenigstens ein halbes Hundert verschiedener Väter anzudichten: Der eine machte einen Baron Braun, der andere gar einen Daun dazu! Auch über ihre Gestalt, ihren Wuchs, ihre Züge, ihren Anzug, ihre Toilette, ihre Haltung setzte man die lächerlichsten Dinge in Umlauf, erfand Hunderte von Anekdoten, die sich an Unwahrscheinlichkeit und Absurditäten überboten, und stellte Vergleiche zwischen ihr und Josephine an, die natürlich immer zum Vorteil der letzteren ausfielen.

Endlich kamen die bei alledem von den Parisern herbeigewünschten Tage, an welchen die neue Kaiserin durch ihr Erscheinen die Neugierde des ungeduldigen Volkes befriedigen sollte. Napoleon war ihr in Murats Begleitung, der sich auch schon eingefunden hatte, bis Compiègne entgegengefahren. Nach dem Programm sollte die erste Zusammenkunft in dem mittelsten der drei Zelte stattfinden, die zu diesem Zweck auf dem Weg nach Compiègne aufgeschlagen waren. Das Programm schrieb vor, daß beide Majestäten zu gleicher Zeit von zwei entgegengesetzten Seiten in das mittlere Zelt treten, Marie-Louise aber vor ihrem Gatten niederknien, der sie jedoch sogleich aufheben und umarmen würde, worauf sich beide niedersetzen sollten.

Aber Napoleons Ungeduld machte alle von ihm selbst vorgeschriebenen Zeremonien und Etikette überflüssig, indem er ganz inkognito in seinem grauen Überrock das Schloß von Compiègne durch eine kleine Pforte verließ, sich in eine unansehnliche Kalesche warf und in dem Augenblick zu Courcelles ankam, als die Kuriere der jungen Kaiserin die Pferde bestellten. Hier stellte er sich, da es heftig regnete, unter die Halle einer Kirche, und als die Wagen der Ersehnten ankamen, man die Pferde wechselte, lief er an den Schlag der Kutsche, in der Marie-Louise saß, stieg schnell ein, fiel seiner jungen, höchst erstaunten Gattin um den Hals und fuhr mit ihr nach Compiègne zurück, wo er, die Nacht als Ehemann mit ihr zubrachte.

Am anderen Tag ließ er um Mittag das Frühstück vor dem Bett der sehr müden Kaiserin servieren. Als dies zu Paris bekannt wurde, fand man es sehr genial. Viele Personen waren dem hohen Paar entgegengefahren, auch ich war bis an die Grenze des Departements geritten, wo dasselbe von dem Präfekten und den Autoritäten des Departements empfangen und bekomplimentiert wurde.

Am 1. April fand die Zivilvermählung des kaiserlichen Paares zu Saint-Cloud statt, der über zwanzig Könige, Königinnen und fürstliche Personen beiwohnten. Ich hatte mich ebenfalls dahin begeben, aber mit tausend anderen der feierlichen Handlung nicht beiwohnen können. Der ganze Hof, alle Minister, Gesandte, Kardinäle, Großoffiziere und Senatoren hatten sich in größter Gala in den Galerien von St. Cloud versammelt, wo die Armsessel für beide Majestäten auf einer Erhöhung unter einem prachtvollen Thronhimmel angebracht waren. Das Gefolge des Paares bestand aus Königen und Königinnen, Prinzen und Prinzessinnen, Großwürdenträgern der Kronen Frankreichs und Italiens, Palastdamen und so weiter. Man hat berechnet, daß die Hofdamen beider Kronen, unter denen auch eine Visconti, eine Montecuccoli, eine Mocenigo, eine Pallavicini waren, für mehr als zwanzig Millionen Schmuck trugen. Der Fürst Erzkanzler des Reichs sprach die Vermählung nach den von dem Code Napoléon vorgeschriebenen Gesetzen aus.

Nachdem die Zeremonie vorüber war und sich das ganze Gefolge entfernt hatte, gelang es mir, in die Galerie zu kommen, wo die Vermählung stattgefunden hatte. Am Abend war der Park von St. Cloud auf das prächtigste erleuchtet, was besonders bei den Kaskaden, die in Brillantstrahlen herabfielen, eine unbeschreibliche Wirkung machte. Vor allem war es die große Kaskade, die sich feenhaft ausnahm; man wähnte sich in einem der Zaubergärten der orientalischen Märchen der Tausendundeine Nacht. Der illuminierte Park, in dem mancherlei Spiele stattfanden, war so mit Menschen überfüllt, als sei ganz Paris nach St.-Cloud gewandert.

Am folgenden Tag, dem 2. April, hielt das kaiserliche Ehepaar seinen feierlichen Einzug in die Hauptstadt zur religiösen Trauung. Mit Tagesanbruch wimmelte der dick mit Sand bestreute Weg, auf dem sich der Zug bewegen sollte, von Menschen jeden Alters und Standes, auf beiden Seiten waren Spaliere von Truppen aufgestellt. Das Wetter war sehr trübe, es hatte einen großen Teil der Nacht und besonders gegen Morgen viel geregnet, man fürchtete sogar, daß die Feier wegen des schlechten Weges verschoben werden müsse. Als aber gegen Mittag die Sonnenstrahlen sich Bahn durch die Wolken zu brechen begannen, fingen die Kanonen zu donnern an, die die Abfahrt des kaiserlichen Paares und seines Gefolges verkündeten. Die Behörden der Stadt Paris verfügten sich eilig unter den großen Triumphbogen, den die Stadt zu Ehren der Neuvermählten hatte errichten lassen.

Dieser Triumphbogen, der später in Marmor ausgeführt werden sollte, war in aller Eile zusammengezimmert und mit grober, bunt bemalter Leinwand wie eine Theaterdekoration ausgeschlagen worden. Seine vier Fassaden waren mit acht ebenso vergänglichen Trophäen geschmückt, sein Durchgang ungefähr fünfzig Fuß und das Ganze einhundertvierzig Fuß breit. Die Symbole der Kraft und der Klugheit waren an demselben angebracht; auf dem Kranz oben las man die Worte «A Napoléon et à Marie Louise, la ville de Paris»*. Außerdem waren unter der Wölbung und sonst noch verschiedene Basreliefs, Allegorien und Medaillen angebracht. So las man zum Beispiel unter Napoleons Porträt «Le bonneur du monde est dans ses mains»**. Man muß gestehen, daß es sich in keinen schlechteren Händen befinden konnte. Unter einem frische Zweige treibenden Lorbeer stand: «Il a fait notre gloire, il la rendra eternelle»***, unter einem britischen Leoparden: «Il risit de notre discorde il pleure de notre union»**** und so weiter.

Auf den vier Fassaden waren die Gesetzgebung, die Nationalindustrie, die Verschönerungen von Paris, die Ankunft der Marie-Louise und so weiter und viele abstoßende Schmeicheleien gepinselt. Dieser ebenso fragile [gebrechliche] Triumphbogen hatte gleiches Schicksal mit dem zu jener Zeit dekretierten Riesenelefanten, von dem auch nur das Modell verfertigt wurde. Ersterer wurde bald in Stücke zerschlagen und verbrannt, der andere, ein kolossaler Springbrunnen – der Elefant hatte wenigstens zehnmal die Größe eines natürlichen –, welcher auf dem Bastilleplatz errichtet werden sollte, wurde der behagliche Aufenthalt von Millionen Ratten.

---

*) «Für Napoleon und für Marie Louise von der Stadt Paris»
**) «Das Glück der Welt liegt in seinen Händen.»
***) «Er hat unseren Ruhm begründet, er wird ihn ewig machen»
****) «Er lachte über unsere Zwietracht, er weint über unsere Einheit!»

Der fortwährende Kanonendonner verkündigte die Annäherung des Hochzeits-
zuges, der sich nur sehr langsam durch die unermeßlichen Menschenmassen fort-
bewegte, die den ganzen Weg von St.-Cloud bis Paris besetzt hatten und aus fünfzig und mehr Lieues in der Runde herbeigeströmt waren. Das Volk von Paris hatte
sich von den Tuilerien über die Place de la Concorde nach den Champs Élysées in
Bewegung gesetzt. Alle Fenster bis unter die Dächer der Häuser, an denen der Zug
vorüberkommen sollte, waren mit eleganten Damen besetzt, und auf den Dächern
und Bäumen wimmelte es von Knaben; wo es nur möglich war, hatte man Gerüste
zum Schauen aufgestellt, wo man horrende Preise für die Plätze bezahlte. Für die
von dem Präfekten von Paris eingeladenen Personen waren amphitheatralische
Sitze zu beiden Seiten des Triumphbogens errichtet. Hier hatte auch ich durch
Clarkes Verwendung einen Platz erhalten.

Gegen Mittag war der ungeheure Raum von den Tuilerien bis vor die Porte
Maillot auf beiden Seiten hinter den Spalieren der Truppen bis zum Erdrücken gefüllt, und obwohl sich die Bevölkerung der Hauptstadt für diesen Tag wenigstens
um die Hälfte vermehrt hatte, hörte man doch nichts von einem Unfall. Die polizei-
lichen Anstalten waren vortrefflich. In dem Garten der Tuilerien waren die napoleonischen Garden aufgestellt und auf den anderen Plätzen Linieninfanterie. In einer
gewissen Entfernung standen immer wieder Kavallerie- und Infanterie-Piketts bereit, sich augenblicklich an jeden Ort zu begeben, wo eine Störung entstehen sollte.
Gegen ein Uhr wurden das Gedränge, der Lärm und endlich das Vivatgeschrei immer lauter, die Kanonen donnerten fort und fort. Tausende von Trommlern wirbelten, die an verschiedenen Orten aufgestellten Orchester, wohl ein paar Dutzend,
spielten, und das ‹Vive l'Empereur›* artete in rasendes Geschrei und Toben aus.

Jetzt erblickte man den sich gravitätisch nähernden Zug, den die neuerrichteten
Lanciers der Garde eröffneten, deren glänzende Uniform, Bewaffnung und schöne
Haltung zuerst aller Augen auf sich zogen. Ihnen folgten die Gardedragoner und
Chasseurs, an deren Spitze Musikchöre ritten, dann kamen die Wappenherolde zu
Pferd, diesen folgten die Hofwagen, einige dreißig an der Zahl, alle reich vergoldet,
von gleicher Form und jeder mit sechs Pferden bespannt. In den ersten saßen die
Großoffiziere des kaiserlichen Hauses und die Großwürdenträger des Reichs, hin-
ter ihnen kamen die Könige, Königinnen, Prinzen und Prinzessinnen vom kaiser-
lich napoleonischen Geblüt, dann Marie-Louisens Oheim, der Großherzog von
Würzburg, sodann der Wagen der Kaiserin, mit acht Pferden bespannt, endlich der
ebenfalls mit acht Pferden bespannte Krönungswagen Naopleons, in welchem die

*) ‹Es lebe der Kaiser›

Neuvermählten, Marie-Louise zur Linken ihres Gatten, saßen. Auf beiden Wagen standen hinten und vorn reich gekleidete Pagen, um sie herum ritten die Marschälle des Reichs, die Chefs der Garden, die Oberstallmeister und so weiter im Prachtkostüm, die Pferde mit Gold behangen. Ihnen folgten die Wagen, in denen das kaiserliche Gefolge saß, den Zug schlossen endlich die Gardegrenadiere zu Pferde und die Gendarmerie d'Elite. Überall boten junge, weißgekleidete Mädchen der Kaiserin Körbe mit Blumen dar.

Als der Krönungswagen in die Nähe des Triumphbogens kam, war es heller Sonnenschein. Kanonensalven aus hundert Feuerschlünden, das Geläut aller Glocken der ungeheuren Stadt und das in wildes Toben ausgeartete Geschrei des Volkes verkündeten die Ankunft des kaiserlichen Paares unter dem Triumphbogen. Da wurde es plötzlich still, und der Seine-Präfekt an der Spitze der Munizipalität von Paris beglückwünschte Napoleon und seine Gattin im Namen der Hauptstadt, am Ende richtete er auch einige Worte an Marie-Louise, die sehr geistreich antwortete, daß sie die Stadt Paris liebe, weil sie wisse, daß diese auch den Kaiser liebe.

Als dieser Akt der Komödie vorüber war, setzte sich der Zug unter erneutem Vivatgebrüll, Kanonaden, Geläute, Trommeln, Trompeten wieder in Bewegung. Am Eingang des Tuileriengartens war wieder ein kleiner Triumphbogen errichtet, dessen Material nicht dauerhafter als das des großen war. Auf diesem sah man die Namenszüge Napoleons und Franz' und die Wappen von Frankreich und Österreich schimmern sowie die allegorischen Figuren des Friedens und Überflusses, beides war aber nicht vorhanden. Auf einem dritten Triumphbogen vor dem Eingang des Palastes der Tuilerien war eine Tribüne in Form eines Zeltes errichtet, an dessen beiden Seiten wieder zwei Orchester plaziert waren. Bald nach seinem Eintritt in den Palast zeigte sich das hohe Paar abermals dem Pariser Volk auf einem Balkon, nahm nochmals dessen Jubelgeschrei in Empfang und zog sich dann in die inneren Gemächer zurück, um sich mit dem schweren Kaisermantel behängen zu lassen, worauf es sich mit dem ganzen Zug in der Ordnung, in der man gekommen war, in die Kapelle des Louvre begab, die zu dieser religiösen Feierlichkeit besonders hergerichtet worden war.

Der Weg ging durch die lange Galerie, welche die Tuilerien mit dem Louvre verbindet und in der die besten Meisterstücke der größten Maler aufgestellt waren. Ein kostbarer Teppich, über eine halbe Million an Wert, deckte den Fußboden des über eine halbe Viertelstunde langen Ganges. Zu beiden Seiten bildeten über viertausend elegante und reichgeschmückte, zum Teil sehr schöne Damen in prächtigen Toiletten das Spalier, hinter ihnen standen ebensoviele Herren en grand costume [in großer Uniform], unter denen ich mir auch vermittelst einer Eintrittskarte ein Plätzchen verschaffte, aber nur mit großer Mühe von dem Triumphbogen aus hierher hatte gelangen können. Das Kleid der Kaiserin war mit Diamanten übersät, und ihr Diadem blendete alle Augen. Die Damen vom höchsten Rang trugen die Schleppe ihres Mantels, und deren Schleppen wiederum wurden von den hochgestellten Beamten getragen. Es war eine wahre Schleppenträgerei, über die sich einige graziöse Pariserinnen mokierten, hinter denen ich Posto gefaßt hatte. Der Anblick dieser mit so schön geputzten Damen und Gemälden geschmückten Galerie war unbeschreiblich und außerordentlich prächtig.

Drei Uhr war es schon, als sich die Pforten an der Seite der Tuilerien auftaten und die Wappenherolde den Hochzeitszug eröffneten. Alle Zuschauer standen unbeweglich auf ihren Plätzen, bis er vorüber war. Er bewegte sich langsam und feierlich unter der Musik und dem Vivatgeschrei in die prächtig dekorierte Kapelle. Die ganze Zeremonie währte ungefähr eine gute halbe Stunde. Nach ihrer Beendigung trat der Zug wieder in derselben Ordnung den Rückweg an, und die jetzt auch kirchlich Vermählten zeigten sich nochmals dem Volk, worauf alle Garden und sämtliche Truppen unter fortwährenden Vivatrufen vorüberdefilierten.

Hierauf wurde ein Bankett in den Tuilerien gehalten, wo Kaiser und Kaiserin mitten unter Königen und Königinnen, kaiserlichen und königlichen Prinzen und Prinzessinnen saßen und um sie herum die Prinzen, Großwürdenträger, Reichsmarschälle, Palastdamen und so weiter standen. Nach dem Bankett zeigten sich die Majestäten noch einmal der noch immer vor dem Schloß stehenden unzählbaren Volksmenge von dem Balkon des Marschallsaals. Nun begann ein Monsterkonzert. Alle Theater der Hauptstadt und in ganz Frankreich waren zwei Tage gratis dem Publikum geöffnet. Nach dem Konzert gab ein losgelassener Feuerdrache das Signal zum Beginn der Feuerwerke, und in einem Nu schien das ganze unermeßliche Paris in Flammen zu stehen. Dies war wirklich ein grandioses Schauspiel, wie ich noch kein ähnliches gesehen. Wohl an fünfzigtausend Raketen stiegen jetzt zugleich in verschiedenen Stadtteilen empor. Dies war aber nur das Vorspiel des feurigen Schauspiels, das die wunderbarsten Gegenstände, Zauberpaläste und Tempel in der Luft erscheinen ließ. Fast ebensoschnell waren jetzt alle Paläste, Gebäude und Häuser der Stadt illuminiert und prangten unter teilweise recht sinnigen Transparenten. Die Feuermassen auf den höchsten Türmen, Kuppeln, Kirchendächern und Glockentürmen schienen in der Luft zu schweben.

Für das Volk waren überall, namentlich in den Champs Elysées, Spiele, Belustigungen und Unterhaltungen gratis angestellt. Da gab es unzählige mâts de cocâgne [Klettermasten], mit allen möglichen zu erkletternden Kostbarkeiten beladen, Seiltänzer und Springer, ein paar hundert Schaubuden, zu denen der Eingang gratis war. Franconi* mußte mit all seinen Roßkünstlern seine tour de force [Schaustücke] produzieren, wobei er über fünfhundert Menschen, über hundert Pferde, Hirsche und so weiter verwendete. Tanzböden waren alle paar hundert Schritte aufgeschlagen, ebenso Karussells, Schaukeln, kleine Theater und Marionettenbuden. Alles erhielt das Volk gratis, das Gouvernement und die Stadt zahlten alles, und bis zum anbrechenden Tag währte der allgemeine Taumel.

So endete ohne besondere Unfälle die Feier des 2. April. Außerdem waren alle rückständigen Steuern erlassen worden, die Polizei hatte alle Inhaftierten freigelassen, alle Arreste beim Militär der ganzen Armee waren aufgehoben worden, und sechstausend Mädchen wurden mit ebensovielen Soldaten verheiratet und auf kaiserliche Unkosten ausgesteuert.

Am 3. April empfing das kaiserliche Ehepaar die Glückwünsche und Huldigungen des Senats, des gesetzgebenden Körpers, des Staatsrats, der Gesandten und so weiter, worauf es sich dann, von den vielen Strapazen etwas ermüdet und abgespannt, auszuruhen geruhte, um zu den noch bevorstehenden großen Festivitäten, die ihm zu Ehren die Stadt Paris, die Garden, Gesandtschaften und so weiter veranstalten wollten, neue Kräfte zu sammeln. In der Academie impériale hatte man eine große Prachtoper in Szene gesetzt und häufig wiederholt; an der Musik war aber nicht viel. Gegen Ende April trat Napoleon mit seiner jungen Frau eine Reise in die Norddepartements an.

Einstweilen lebte ich so recht sorgenlos in Paris in den Tag hinein, frequentierte die Theater und ihre liebenswürdigsten Prinzessinnen, hie und da die Spielsäle, den Tisch des Fürsten Y., wenn es mir gerade gelegen war, und machte mit dem Beginn der schönen Jahreszeit häufig Exkursionen in die Umgegend von Paris, besuchte den Bois de Boulogne, Vincennes, St. Denis, Auteuil, St. Germain, St. Cloud und andere Orte, meist in lustiger Gesellschaft. Einigemal machte ich auch einsame Landpartien mit Angelika.

Von Rom erhielt ich unterdessen häufig Briefe von Miollis, dessen Geduld zu ermüden begann, da seine Sache nicht vorangehen wollte. Ich schrieb ihm, daß die Verzögerung nicht meine Schuld sei, ich würde, sobald der rechte Zeitpunkt gekommen, alle Tätigkeit anwenden und keine Bemühungen scheuen. Erst gegen die Mitte des Monats Mai gelang es mir, in dem Hôtel der Prinzessin Pauline Borghese** Eingang zu erhalten und dieser schönen Schwester Napoleons vorgestellt

---

*) Antonio Franconi, geb. 1757 gest. 1836, Kunstreiter italienischer Herkunft und Zirkusbesitzer in Paris.
**) Marie Paulette Bonaparte, genannt Pauline, geb. 1780, gest. 1825, 1797 verheiratet mit dem General Leclerc (gest. 1803), 1803 mit dem Fürsten Borghese, der 1806 zum Herzog von Piacensa-Guastalla und 1808 zum Generalgouverneur von Piemont erhoben wurde, 1815 geschieden.

und empfohlen zu werden. Sie war gerade im Begriff, ihren Aufenthalt zu Paris mit dem im nahen Neuilly zu vertauschen, wohin sie mich beschied und verbindlichst einlud. Dies meldete ich Miollis nach Rom.

In Neuilly ließ ich nicht lange auf mich warten, sondern fand mich bald in diesem anmutigen Ort ein. Hier besaß Prinzessin Pauline ein sehr schönes Landhaus mit äußerst geschmackvoll angelegten Gärten. Ich ließ mich gegen Mittag anmelden, wurde sogleich vorgelassen und fand die schöne Frau in einem eleganten Morgenanzug in der reizendsten Attitüde. Nur eine einzige ihrer Damen, Madame Farigliano, war in ihrer Gesellschaft. Nachdem sie mich mit großer Naivität über manche Dinge, mich selbst betreffend, befragt hatte, brachte ich Miollis Anliegen etwas verblümt vor sowie daß er ganz besonders auf ihren mächtigen Schutz zähle. Die Fürstin platzte jedoch gleich ohne Schminke heraus: «Aber mein Gott, Miollis muß doch wissen, wie wenig Einfluß ich in diesen Dingen auf meinen eigensinnigen Bruder, den Kaiser, habe.» Dabei fixierte sie mich stark und fuhr nach einer Pause fort: «Doch ich will überlegen, wie sich die Sache etwa machen ließe und durch welchen Kanal wir operieren können.»

Ich wollte mich nun wieder empfehlen, aber sie geruhte noch verschiedene Fragen an mich zu tun, meist Rom und Italien betreffend, und endigte mit der, ob ich ihre Gärten schon gesehen hätte; da ich dies verneinte, forderte sie mich dazu auf, und ich machte dankbar von dieser Erlaubnis Gebrauch. Als ich im Begriff war, den Garten zu verlassen, begegnete ich der Prinzessin mit ihrer Gesellschafterin in einer Allee, wo sie mich nochmals anredete und mir befahl, sie einige Gänge zu begleiten. Sie fragte mich nun nach meinem Vaterland, nach meinem Alter und so weiter, und nachdem ich genügende Antwort gegeben, sagte sie: «Mais vous êtez encore bien jeune.* Wenn Ihnen mein Garten gefällt, so steht es Ihnen frei, denselben so oft zu besuchen, als es Ihnen Vergnügen macht. Wie lange werden Sie in Paris bleiben?»

«Hoheit, vermutlich so lange, bis ich irgendein Resultat zugunsten des Generals Miollis erlangt habe.»

«Mein Gott, ich wollte Ihnen sehr gern behilflich sein, aber seitdem der Kaiser diese Österreicherin geheiratet hat, ist gar nichts mehr mit ihm anzufangen.» Sie setzte sich nun wieder in Bewegung und gebot mir, ihr zu folgen. Durch ihre naive Leutseligkeit ermuntert, ließ ich es sie nun auch merken, daß mein höchster Wunsch wäre, zur Garde versetzt zu werden.

«Ah, la Garde», sagte sie lachend, «diese eblouiert [blendet] euch Herren alle.

*) «Aber Sie sind noch recht jung.»

Nun, ich werde sehen, was sich später tun läßt, wenn mein Bruder von der Reise zurück und der Taumel der Honigmonate vorüber sein wird. Haben Sie meinen Bruder schon einmal gesprochen?»

«Vor ungefähr einem Jahr zu Schönbrunn, als ich ihm die Depeschen von Rom überbrachte.»

«Nun, und was sagte er zu Ihnen?»

«Er entließ mich mit einem ‹Nous verrons›» [Wir werden sehen].

Die Prinzessin lachte und wiederholte: «Nous verrons; doch sagen Sie mir, wie gefällt Ihnen die neue Kaiserin?»

«Hoheit, ich erlaube mir kein Urteil über eine so erhabene Person.»

«Oh, bei mir brauchen Sie sich nicht genieren, sagen Sie ohne Fasson, was Sie von ihr halten.»

«Ich sah Ihre Majestät nur erst einigemal im Vorübergehen am Vermählungstag.»

«Aber was spricht man von ihr zu Paris, was sagen die Leute von ihr? Nicht wahr, sie hat gar nicht gefallen? Ja, wen könnte auch dieses frostige, ausdruckslose Marmorgesicht ansprechen? Niemand kann meinen Bruder begreifen; auch nicht ein Mensch, der diese Österreicherin liebenswürdig fände.»

Pauline sprach wahr, die Persönlichkeit Marie-Louises vermochte das vorgefaßte Vorurteil gegen sie nicht zu verwischen. Weder ihr Äußeres noch ihr Benehmen waren geeignet, ihr die Herzen zu gewinnen. Sie war damals ungefähr neunzehn Jahre alt, schien aber einige zwanzig zu haben, hatte blondes Haar und mattblaue Augen, die ihr ein fades Aussehen verliehen, ihr Gesicht hatte zwar jugendliche Frische, aber war ohne allen Ausdruck. In ihrem Benehmen bewies sie gegen jedermann eine hochmütige Zurückhaltung, was vielleicht mehr von einer Art Schüchternheit und Furcht als übelangebrachtem Stolz herrühren mochte, vielleicht hielt sie dies auch für ein unentbehrliches Requisit der Majestät. Im übrigen hatte sie keinen anderen Willen als den Napoleons. Bei jedem Vergleich mit Josephine mußte sie unendlich verlieren. Statt der Anmut, Lieblichkeit und Milde, wodurch jene bezauberte, entzauberte diese durch ihre frostige, zurückstoßende Kälte, war höchst einsilbig, geschmacklos selbst in ihrer Toilette und würde sich ohne den besseren Geschmack ihrer Kammerfrauen oft wunderlich gekleidet haben.

«Doch von was anderem», fiel Pauline endlich plötzlich ein, «werden Sie heute in Neuilly zubringen?»

«Nein, Hoheit, ich gehe nach Paris zurück, denn ich wüßte nicht, wie ich meine Zeit herumbringen sollte.»

«Gut, kommen Sie morgen um diese Stunde wieder, vielleicht kann ich Sie durch Madame Farigliano», sie warf einen Blick auf diese, «schon etwas Näheres wissen lassen. Finden Sie sich wieder an dieser Stelle ein, hören Sie?»

Wir standen gerade vor einem ziemlich hohen gewölbten Felsen, ich versprach, dem Befehl genau Folge zu leisten, und empfahl mich mit ehrerbietigen Verbeugungen. Ich wußte, in welchem Ruf Pauline stand, und war nicht Neuling genug, um nicht bemerkt zu haben, daß ihre Blicke mehrmals mit Lüsternheit auf mir geruht hatten. Wohlan, dachte ich, mußt du auf diesem Weg zum Ziel gelangen, so ist es nicht der schlimmste. Ich fuhr nach Paris zurück und dachte über die Unterredung nach und was die Folgen wohl sein könnten, indem ich mir allerlei prächtige Luftschlösser baute und ausmalte.

Am nächsten Tag brauchte ich nicht lange zu warten, als eine Dame, eine andere als die, welche ich den Tag vorher in Paulines Gesellschaft gesehen, erschien, mich freundlich willkommen hieß und mich durch eine Seitentür in das Innere des Felsens führte, in dem sich mehrere Gemächer und Galerien, unter anderen auch ein sehr schönes Bad in einem prächtigen Salon, befanden. Das Abenteuer kam mir sehr romantisch, beinahe märchenhaft vor, und ich dachte eben über den Ausgang nach, den es wohl haben könnte, als eine in den feinsten Battist gehüllte Frauengestalt durch eine Seitentür in den Badesaal trat, in dem man mich warten geheißen, auf mich zuging und mich lächelnd fragte, wie es mir hier gefalle.

Ich erkannte sogleich Napoleons schöne Schwester, deren üppige und vollkommen plastische Formen sich bei jeder Bewegung durch die Falten ihres Gewandes ausdrückten. Sie reichte mir die Hand zum Kuß, hieß mich hier willkommen und auf einem schwellenden Ruhebett neben sich niederlassen. Hier war ich sicher nicht der Verführer, sondern der Verführte, denn Pauline ließ alle ihre durch das Chiaroscuro [wörtlich: Helldunkel] noch erhöhten Reize spielen, mein Blut in Wallung und meine Sinne in Aufregung zu bringen, was ihr denn auch vollkommen gelang, und bald waren die Polster Zeugen, wie wir unsere gegenseitige Glut löschten, wobei sie sich als eine sehr erfahrene Lehrerin zeigte, denn sie wußte mehr als ich. Nachdem wir das Feuer hinlänglich gekühlt, zog Pauline die Glocke und befahl ihren eintretenden Frauen, ein Bad zu bereiten, zu dem sie mich ebenfalls einlud. In Bademäntel von den feinsten Linnen gehüllt, blieben wir beinahe eine Stunde in dem kristallhellen bläulichen Wasser, worauf sie ein köstlich erquickendes und restaurierendes Mahl in einem Seitengemach servieren ließ, bei dem wir bis zur Abenddämmerung noch miteinander zubrachten. Beim Abschied mußte ich das baldige Wiederkommen versprechen und verlebte nun manchen Nachmittag auf ähnliche Weise in Neuilly. Indessen hatte ich eben nicht Ursache, sehr stolz auf diese Eroberung zu sein, denn viele andere hatte sie schon vor mir beglückt.

Unterdessen waren die Vorbereitungen zu verschiedenen großen Festen, die dem kaiserlichen Ehepaar nach seiner Rückkehr gegeben werden sollten, ziemlich vorangeschritten. Am 1. Juni traf das hohe Paar wohlbehalten wieder in St. Cloud ein, und am 10. dieses Monats gab die Stadt Paris ein Fest, zu dem über viertausend Personen eingeladen wurden, und ich ebenfalls eine Karte erhalten hatte. Um die Feier noch zu erhöhen, hatte man einen Sonntag dazu gewählt. Die öffentlichen Belustigungen waren so ziemlich eine Wiederholung des Festes vom 2. April, Spiele, Tänze, Theater usw., die Champs Elysees der Haupttummelplatz derselben. Auf einer ungeheuren Schaubühne wurde von der Troupe des jeux gymnastiques ein großes Ballett, «Mars und Flora» betitelt, aufgeführt. Mit der Nacht war wieder allenthalben Erleuchtung, und um 9 Uhr kündigte ein Ballon, der sich in der Luft seines Feuerwerkes entlud, die nahe Ankunft des Kaisers und seiner Gemahlin an, die mit Fackelschein unter Begleitung einer unermeßlichen Menge sich über die Place de la Concorde nach dem Stadthaus begaben, daselbst von der Munizipalität und zwölf erwählten Damen gebührend empfangen und in den sogenannten Thronsaal geleitet wurden, in dem sich schon die Könige, Prinzen usw. befanden. Von hier begaben sie sich in die Galerie, die auf dem Platz vor dem Hôtel de ville errichtet war, um von da aus das Feuerwerk bequemer sehen zu können. Napoleon und Marie-Luise gaben selbst durch das Anzünden zweier Dragons das Zeichen zum Abbrennen.

Das Feuerwerk war in drei Abteilungen geordnet. Die erste stellte einen Angriff auf zwei Forts dar, wobei Tirailleurs feurige Sterne warfen. Unter dem Schall einer kriegerischen Musik warfen die Forts unschädliche Bomben und Feuerkugeln aus, die sich in allerlei Feuerwerk verwandelten, und endlich gingen die beiden Festen selbst in Feuer auf. Die zweite Abteilung stellte den Tempel des Friedens dar und die dritte den Hymens*. Das Ganze war mit viel Geschmack und Kunst arrangiert; allgemeine Bewunderung erregten die vielen bunten Feuer von jeder Farbe, aus denen sich zuletzt Hymens Tempel bildete. Hierauf fand ein großes Konzert statt, in dem Festkantaten zu Ehren der hohen Gäste gesungen wurden. Darauf wurde der Ball mit zwei Quadrillen eröffnet, bei denen die junge Kaiserin selbst nebst dem König Hieronymus, die Königin Caroline von Neapel, die Prinzessin Pauline, der Vizekönig Eugen usw. figurierten, nach deren Beendigung wurden andere Kontretänze aufgeführt. Zuerst sah Napoleon von dem für ihn errichteten Thron dem Tanz zu, geruhte aber bald darauf von demselben herabzusteigen und sich unter die Gäste zu mischen, hier und da einen derselben anredend. Gegen Mitternacht

---

*) Eigentlich Hyménaios, im alten Griechenland der Gott der Hochzeit (und der Ehe)

entfernten sich die allerhöchsten Majestäten, der Ball hatte aber seinen ungestörten Fortgang, bis um 2 Uhr die Tafel für die Damen, an zweitausend Gedecke, serviert wurde, worauf auch die Herren abgespeist wurden. Erst um 5 Uhr morgens, am hellen Tag, endete das Fest.

Auch Pauline hatte sich vorgenommen, ihre kaiserliche Schwägerin in ihrer Villa zu Neuilly zu bewirten, und gab ihr in vier Tagen, den 14. und 17. Juni, zwei Feste, die mit viel Geschmack und sinnreich angeordnet waren. Eine komische Oper, das Konzert betitelt, durch die Künstler des Théâtre Feydeau aufgeführt, eröffnete die Feier. In dem Garten selbst waren mehrere Gebäude und Monumente aus der Umgegend Wiens ziemlch täuschend nachgeahmt, namentlich auch Laxenburg. Allegorische Bildsäulen wurden plötzlich lebendig, streuten Blumen auf die Wege, die Marie-Luise mit ihrem Gatten wandelte, und führten beide zu den Tempeln des Ruhms, der Liebe und der Hoffnung. Auf einmal fiel zwischen Bäumen ein Vorhang nieder, und man erblickte das Schloß Schönbrunn mit seinem Park.

Als Napoleon zu dem prächtig erleuchteten Tempel des Ruhms kam, wurde er von der Göttin Gloria selbst gekrönt, und von da führten ihn und seine Gattin tanzende Genien zum Tempel der Venus. Hierauf wurde ein allegorisches Hochzeitsfest aufgeführt. Der ganze Garten war auf das prächtigste illuminiert, und das Feuerwerk stellte wieder einen Tempel Hymens dar, in dem die Majestäten sinnbildlich gekrönt wurden. Über tausend Personen waren eingeladen und köstlich bewirtet worden. Auf dem Ball, mit dem das Fest endigte, ließ mich Pauline zweimal zum Tanz auffordern.

Als sich Napoleon in der großen Oper mit seiner Gemahlin sehen ließ, wurde das neue prächtige Ballett «Perseus und Andromeda» gegeben. Das Schmettern der Trompeten, das Toben der Pauken und Fanfaren, das Geschrei «Vive l'Empereur!» und «Vive l'Impératrice!»*, letzteres aber sparsamer, wollte gar kein Ende nehmen. Im Théâtre français hat aber bald darauf das kaiserliche Ehepaar zwei Stunden auf sich warten lassen und das Publikum deshalb seine Unzufriedenheit ziemlich laut zu erkennen gegeben. Am anderen Tag enthielt das «Journal de l'Empire» einen Verweis für die Schauspieler, weil sie nicht zur gehörigen Zeit angefangen hatten; hätten sie es aber getan, würde ein ganz anderes Donnerwetter über ihren Kopf gekommen sein. Um diese Zeit fuhr Napoleon mit Marie-Louise zum erstenmal nach Versailles, wo er ihr das Schloß, den Park, die beiden Trianons zeigte und äußerte, er wolle dies alles in seiner früheren Pracht und Herrlichkeit wiederherstellen lassen und noch neue Anlagen hinzufügen. Es blieb bei der Äußerung.

*) «Es lebe die Kaiserin!»

450

Der Kriegsminister gab den Neuvermählten ein großes Fest, wobei auch ein Gelegenheitsstück und ein Ball gegeben wurde. Eines der merkwürdigsten Feste war jedoch das, welches die Garden gaben, zu dem jeder Gardist sechs, ein Korporal zwölf, jeder Sergeant vierundzwanzig, jeder Sergeant-Major sechzig, ein Leutnant sechshundert, ein Kapitän fünfzehnhundert und die Stabsoffiziere drei- bis sechstausend Franken beitrugen. Der Marschall Bessières war als Kommandant der Gardekavallerie Anordner, das ungeheuere Marsfeld der Hauptschauplatz und dazu besonders hergerichtet worden.

Dieses Fest begann an einem Sonntag, dem 24. Juni. Wenigstens drei Viertel der Bevölkerung von Paris wohnten ihm bei. Monate hatte man an den Vorbereitungen gearbeitet. Um Mittag wurde die ganze übrige Garnison der Stadt Paris, fast dreißigtausend Mann, von den Garden unter Zelten bewirtet, und jetzt erschien das Marsfeld als ein endlos fröhliches Lager. Um drei Uhr verschwand das Lager, und nun begannen Spiele und Tänze aller Art. In den Alleen, welche den Platz umgaben, waren Zelte mit Büfetts, die alle möglichen Erfrischungen enthielten, Marionettenbuden und so weiter aufgeschlagen. Nach sieben Uhr, nachdem bereits der Kaiser mit seiner Gemahlin eingetroffen war und nebst ihrem höchsten und hohen Gefolge in einem zu diesem Zweck errichteten Pavillon Platz genommen hatte, begannen die Wettrennen der Pferde und Wagen, welche dreimal die innere Bahn des Marsfeldes in Gegenwart von etwa vierhunderttausend Zuschauern zurücklegten. Mehrere Wagen vollendeten in weniger als sieben Minuten ihren Kreislauf, die Pferde in noch kürzerer Frist, und die Sieger erhielten schöne Preise.

Als es Nacht wurde, zündete Marie-Louise einen zur Entzündung des Feuerwerks bestimmten Drachen vermittels einer Feuerlanze an, und augenblicklich stand ein ungeheurer Wald, den das Feuerwerk in einem weiten Halbkreis vorstellte, in Flammen, in der Tat ein wunderartiger Anblick. Zwei schöne Seiltänzerinnen, als Genien gekleidet, bestiegen nun ein auf hohen Masten gespanntes Seil und schienen so zwischen Feuer, Rauch und Wolken in den Lüften zu schweben, während Tausende von Raketen und Leuchtkugeln sie umgaben, was eine höchst magische Wirkung hervorbrachte. An einem Feuerpalast las man die Worte «A Napoléon et Marie Louise»*. Eine große Girandole [Feuerrad], von der Artillerie der Garde, die überhaupt das ganze Feuerwerk besorgt hatte, ausgeführt, beendigte das feurige Zauberspiel, und nun begann der Ball.

Zwei Säle hatte die Garde zu diesem Zweck in den zwei Höfen der Militärschule aufbauen lassen; der auf der linken Seite war zum Tanz und der auf der rechten

---

*) «Für Napoléon und Marie-Louise»

zum Bankett bestimmt, beide auf das zierlichste ausgeschmückt. In dem Tanzsaal war ein Thron für die kaiserlichen Majestäten errichtet. Ringsherum waren amphitheatralische Sitze für nicht weniger als viertausend Damen auf sieben Stufen angebracht, hoch hinter diesen war wieder eine Galerie für Herren. Sechsunddreißig reich drapierte, mit Festons von Lorbeeren und Myrten umwundene faisceaux [Gebinde], die in schimmernden Stahlhelmen mit weißen Federn endigten und jede einen Wappenschild hatte, trugen des Saales Decke. Sechs große Gemälde stellten Napoleons Vermählung, dessen Triumph, die Triumphe Trajans, Augustus, Cäsars und Alexanders Einzug in Babylon vor. Die vier letzten kontrastierten seltsam mit den beiden ersten und gaben zu manchen noch seltsameren Bemerkungen Anlaß. Schon der Kostüme wegen schockierte diese Zusammenstellung; sie waren sämtlich vom Dekorationsmaler der Großen Oper gemalt. Zweihundert kristallene Kronleuchter, jeder mit über fünfzig Kerzen, dienten zur Beleuchtung dieses Lokals, und die zehntausend Lichter spiegelten sich millionenmal in zahllosen Spiegeln wider.

Unter den Festen, die Napoleon selbst in St. Cloud oder den Tuilerien gab, bei denen prächtige Quadrillen aufgeführt wurden und seine Schwestern eine Hauptrolle spielten, war besonders eines durch das Kostüm berühmt, welches Pauline, Italien repräsentierend, trug und wobei sie einen leichten goldenden Helm mit schneeweißen Straußenfedern, mit Agraffen von Diamanten, an deren Kiele die kostbarsten Perlen gereiht waren, auf dem Haupt hatte, dabei deckte ein kleiner Panzer von Goldschuppen mit einem brillantenen Gürtelschloß ihren Busen, eine weiße, goldgestreifte Tunika von indischem Mousseline fiel über die Knie herab, purpurne goldgestickte Halbstiefelchen deckten die Füße, und die Arme waren bloß. Man wußte nicht, sollte man eine Minerva, eine Venus oder eine Jeanne d'Arc aus ihr machen, auf jeden Fall war es aber eine ideal schöne Erscheinung, besonders für die, welche sie nicht genauer kannten.

Die Reihe dieser Feste beschloß das höchst tragische, welches der österreichische Gesandte, Fürst Schwarzenberg*, am 1. Juli der Tochter seines Souveräns und deren Gatten gab. Auch zu diesem hatte ich mir durch hohe Protektion eine Einladung verschafft. Ich fuhr in die Straße Montblanc (Chausée d'Antin), in welcher Fürst Schwarzenberg das alte Hotel Montesson bewohnte, ein geräumiges Gebäude mit einem großen Garten und Hof. Da sich aber in demselben kein Saal befand, der die zahlreichen Gäste hätte aufnehmen können, hatte der Fürst einen großen

---

*) Karl Philipp Reichsfürst zu Schwarzenberg, geb. 1771 gest. 1820, Heerführer und Diplomat, war von 1810 bis 1813 mit Unterbrechungen österreichischer Botschafter in Paris, vom Sommer 1813 bis 1814 Oberkommandierender der verbündeten Streitkräfte im Kampf gegen Napoleon.

Ballsaal nebst einer Galerie aus Holz eigens zu diesem Fest erbauen lassen; der Saal war sehr reich mit Stoffen, Blumen und anderen Verzierungen dekoriert und drapiert.

Alle in Paris anwesenden königlichen und fürstlichen Personen sowie die übrigen Gäste, weit über tausend, unter denen namentlich viele Österreicher in zwar sehr reichen, aber ziemlich geschmacklosen Kostümen, waren bereits versammelt, als die Gardegrenadiere, die für diesen Abend hier eine starke Wache lieferten, unter das Gewehr traten, aux champs [Marschsignale] schlugen und dadurch die Ankunft des kaiserlichen Paares verkündeten, das von Schwarzenberg und Metternich am Eingang empfangen wurde. Der Ball wurde mit Kontertänzen eröffnet, die der Vizekönig von Italien, König Hieronymus, Fürst Esterhazy, die Königin von Neapel, die Fürstin Pauline von Schwarzenberg und andere aufführten, worauf eine Ecossaise folgte, während welcher das kaiserliche Paar in dem Saal herumspazierte.

Ich stand so ziemlich in der Mitte der Kolonne, mit einer Hofdame der Königin von Neapel tanzend, als plötzlich eine Flamme an einer Draperie aufloderte, und kaum sah man sich danach um, so brannte auch schon ein Teil der Decke, noch wurden einige Pas gemacht, als die Musikanten bereits die Flucht ergriffen, und ehe man sich versah, brannte es hier, da und dort, vor und hinter einem, links und rechts und in allen Ecken, überall schlugen die Flammen hoch empor, und es entstand eine Verwirrung, ein Tumult, ein Geschrei, ein Drängen und Drücken, das unbeschreiblich war. Viele Offiziere umgaben schnell Napoleon und zogen ihre Degen, weil sie fürchteten, daß dies das Signal zum Ausbruch einer großen Verschwörung sei. Was man auch sagen mag, so habe ich die Überzeugung, daß dieses Feuer geflissentlich angezündet wurde, denn nur zu deutlich nahm ich wahr, daß die Flammen an drei bis vier Orten zugleich emporschlugen, und zwar an ganz entgegengesetzten Winkeln, und es war sehr leicht, die Draperien an einer oder der anderen Stelle unbemerkt anzuzünden, während jedermann seine Augen auf die zuerst auflodernde Flamme gerichtet hatte.

Eine Verschwörung war es nicht, aber ich habe die Überzeugung und würde darauf schwören, daß der Vorfall dem Haß gegen Marie-Louise und gegen diese Heirat seinen Ursprung zu verdanken hatte. Diese Meinung, welche viele mit mir teilten, ließ man natürlich nicht aufkommen, sondern von der Regierung wurde alles aufgewandt, einen solchen Verdacht zu unterdrücken sowie überhaupt die Meinung, daß das Feuer absichtlich angezündet worden, was bei den Fesseln, in denen damals die Presse und die freie Rede lag, leicht war.

Marie-Louise hatte ihren Sitz schon wieder eingenommen, als der Brand ausbrach, Napoleon war schnell zu ihr geeilt und führte sie durch die Gartentür fort. Kaum hatte er den Saal verlassen, stieg die Unordnung auf das höchste, alle und jede Rücksichten verschwanden, jedermann war nur noch auf seine Rettung bedacht, und Könige und Königinnen mußten Rippenstöße hinnehmen, wurden zurückgedrängt oder auf die Seite geschoben, und ehe noch die Hälfte der Anwesenden den Saal verlassen hatte, stand dieser schon in hellen Flammen, die Kronleuchter stürzten einer nach dem andern herab, denen schnell Dielen und Balken folgten. Zwar wurden große Wassermassen auf den Brand gegossen, diese lösten sich aber augenblicklich in Dampf und Dunst auf, und es war an keine Rettung des Baues mehr zu denken.

Auch ich hatte mich rücksichtslos hinaus und in den Garten gedrängt, von wo aus sich das gräßliche Feuerwerk furchtbar schön ausnahm, hier aber waren Verwirrung und Tumult womöglich noch größer als im Saal selbst, aus dem brennende Damen flüchteten oder herausgeschleift und dann mit kotigem Wasser begossen wurden. Alles lief und rannte durcheinander, seine Angehörigen suchend, sie nicht findend und von niemand eine tröstliche Antwort erhaltend. Dabei drängten sich die Hilfe leistenden Diener und Pompiers, alles, was ihnen in den Weg kam, weder Krone noch Sterne achtend, rücksichtslos auf die Seite stoßend, durch die wehklagenden Massen, und die Damen rannten mit Brandflecken oder halbverbrannter Kleidung umher, ihre Männer oder Väter suchend. Das Flammen- und Rauchmeer wütete fort, und in kaum einer kleinen halben Stunde war die ganze prächtig zusammengezimmerte und ausgeschmückte Herrlichkeit ein Raub des Feuers, das trotz aller Hilfe der Spritzen schon das Haus des Gesandten selbst ergriffen hatte.

Napoleon war unterdessen, nachdem er seine junge Gattin in Sicherheit gebracht, auf den Schauplatz des Unglücks zurückgekehrt, und nur der äußersten Anstrengung der Spritzenleute und der jetzt auf zwei Bataillone verstärkten Garden gelang es, das Gebäude vor der gänzlichen Zerstörung zu retten. Der Kaiser leitete nun selbst die Löschanstalten, befahl die Entfernung aller müßigen Zuschauer und ging mit dem vor Todesangst schwitzenden Polizeipräfekten, dem Grafen Dubois, eben nicht zum glimpflichsten um. Der durch den Mordkriegsrat*, dem er präsidierte und der den Herzog von Enghien erschießen ließ, bekannte General Hülin mißhandelte in Gegenwart Napoleons, wahrscheinlich um dessen Zorn von sich abzuleiten, den armen Spritzenmeister, der ein Gott hätte sein müssen, wenn er die Flammen nach des grimmigen Kaisers Willen hätte bezwingen können.

*) 1804 hatte ein Kriegsgericht auf Weisung Napoleon Bonapartes den außerhalb Frankreichs entführten Emigranten Louis-Antoine de Bourbon-Condé, Herzog von Enghien, als Verschwörer gegen den Ersten Konsul unschuldig verurteilt und erschießen lassen, um damit die Bourbonen zu treffen.

Das Schrecklichste aber waren die verbrannten, zum Teil tödlich verwundeten Personen, die hier verunglückt waren.

Die Fürstin Pauline von Schwarzenberg hatte, wahrscheinlich ihre Tochter suchend, in den Flammen den Feuertod gefunden und wurde lange vergeblich von ihrem trostlosen Gatten und den Dienern gesucht, die Königin von Neapel hätte um ein Haar ein gleiches Schicksal gehabt, der Großherzog von Würzburg war ihr Retter; die schöne Vizekönigin von Italien, Prinzessin Auguste von Bayern, rettete sich auch glücklich mit ihrem Gemahl durch eine kleine Tür, als schon die halbe Decke des brennenden Saales eingestürzt war. Die Fürstin von der Laien und die Generalin Toussaint starben kurze Zeit nach dem Unglück unter den fürchterlichsten Schmerzen an ihren Brandwunden. Ein gleiches Schicksal hatte die Gemahlin eines russischen Konsuls, und der russische Gesandte selbst, Fürst Kurakin, dankte seine Rettung nur dem damals schon durch seine außerordentlichen Kuren berühmten Doktor Koreff, der ihn auch völlig wiederherstellte, denn er war so beschädigt, daß man lange an seinem Aufkommen zweifelte. In allem waren mehr denn sechzig Personen, besonders Damen, mehr oder minder schwer verwundet und verbrannt.

Dieses gräßliches Trauerspiel endigte würdig mit einer entsetzlichen Naturerscheinung, nämlich mit einem so furchtbaren Gewitter, wie ich mich nicht entsinne, ein ähnliches erlebt zu haben. Blitz auf Blitz und Schlag auf Schlag folgten so allgewaltig, daß der unaufhörlich rollende Donner die Welt zu erschüttern schien. Endlich entlud sich dasselbe in einem Wolkenbruch ähnlichen Platzregen, der nach und nach den Rest der Feuerglut löschte, als bereits der Tag anbrach. Napoleon war, sobald dem Feuer Einhalt getan und die weitere Gefahr beseitigt war, zu seiner besorgten Gattin nach St. Cloud zurückgekehrt. Die Garden hatten unterdessen auf der Brandstätte ihr Biwak aufgeschlagen und verzehrten mit gutem Appetit die köstlichen Speisen und Schüsseln, die den Gästen zugedacht gewesen und die sie ohne dies Unglück nimmer gekostet haben würden. Den anderen Morgen fand man unter den Brandtrümmern eine Menge Schmuck, Degen, Armbänder, Geschmeide, Diademe, Brillantschnallen, Knöpfe und so weiter, aber der gräßlichste Fund war die ganz verbrannte, halbverkohlte Leiche der Fürstin Schwarzenberg, die der Doktor Gall in des Platzkommandanten Gegenwart auffand und die man nur an einem Halsband erkannte, das die Namen ihrer Kinder trug.

Welches Aufsehen diese schreckliche Begebenheit in Paris machte, ist unbeschreiblich. Ich war bis zum hellen Tag auf der Brandstätte geblieben, hatte löschen helfen und ermüdet an dem Biwak der Garden teilgenommen. Welch ein Fest! Der Aberglaube sah es wenigstens als eine sehr schlimme Vorbedeutung an, und das große Unglück, das bei den Vermählungsfeierlichenkeiten* Ludwigs XVI. und Marie-Antoinettes stattgefunden, kam jedermann ins Gedächtnis. Die feierlichen Begräbnisse der Verunglückten, beinahe ein Dutzend, diejenigen inbegriffen, die noch später unter unsäglichen Schmerzen an ihren Brandwunden starben, erfüllten die Gemüter aufs neue mit Trauer. Napoleon selbst war durch diese Begebenheit sehr angegriffen und gab sich düsteren Ahnungen hin.

Dies war das Ende der Vermählungsfeste, man hatte genug daran. Außer dem Fest, das die Stadt Paris dem Kaiser gegeben, hatte sie ihm auch noch sehr kostbare Hochzeitsgeschenke gemacht, nämlich ein Tafelservice von Vermeil [in Feuer vergoldetes Silber] von ungeheurem Wert, das später Ludwig XVIII. als dem Kronschatz zugehörig erklärte. Marie-Louise erhielt eine Toilettengarnitur von erstaunenswerter kunstreicher Arbeit.

Kurze Zeit nach der unglücklichen Begebenheit verbreitete sich plötzlich das Gerücht zu Paris von der Abdankung des Königs Ludwig von Holland**, das eben nicht geeignet war, die etwas getrübte Stimmung der Franzosen zu erheitern, denn dieser Bruder Napoleons war auch in Frankreich geachtet und geliebt. Nach und nach gewann aber der Pariser Leichtsinn wieder die Oberhand, man vergaß die traurigen Begebenheiten und unterhielt sich mit Anekdoten und Erzählungen von der neuen Kaiserin. Sie war übrigens fast nur das Echo ihres Gatten, den sie, so sehr es sich tun ließ, in allen Stücken nachahmte. So fragte sie, dessen Beispiel befolgend, die Personen, die ihr vorgestellt wurden, jedesmal: «Sind Sie verheiratet? Haben Sie Kinder?» Diese Fragen hatte sie sich so angewöhnt, daß sie den nämlichen Personen, so oft diese Audienz bei ihr hatten, dieselben wiederholte. Ein Gesandter äußerte deshalb einmal: «Die Kaiserin sollte doch endlich wissen, daß ich nicht verheiratet bin und keine Kinder habe, denn sie hat mich heute zum zehntenmal danach gefragt.»

Noch immer bombardierte mich Miollis mit Briefen und wollte endlich durchaus wissen, woran er sei. Auf seine Veranlassung und Briefe hatte ich noch eine ziemlich lange Unterredung mit dem Herzog von Feltre, den ich endlich fragte, ob er nicht glaube, daß durch die Prinzessin Borghese, mit der ich bekannt sei, der Kaiser für das Gesuch des Gouverneurs von Rom zu stimmen sei. Clarke erwiderte

---

*) Am Vermählungstag des Thronfolge- und späteren (seit 1774) Königspaares im Mai 1770 war es in Paris während eines Feuerwerkes unter den Zuschauermengen zu einem solchen Gedränge gekommen, daß eine Panik ausbrach und mehrere hundert Menschen erdrückt und getötet wurden.
**) Louis Bonaparte, geb. 1778, gest. 1846, seit 1802 mit Hortense Beauharnais, der Stieftochter seines Bruders verheiratet, war von diesem 1806 zum König von Holland erhoben worden. In seinen Fähigkeiten beschränkt, hatte er sich dennoch geweigert, die Befehle Napoleons widerspruchslos auszuführen. 1810 legte er die Krone nieder.

mir lächelnd: «Ich und alle Minister haben strenge Befehle, kein Gesuch seiner schönen Schwester zu berücksichtigen; und was Ihren persönlichen Wunsch, zu den Garden versetzt zu werden, anbelangt, so würden Sie, wenn ich es durchsetzte, dennoch einen sehr schwierigen Stand haben. Sie müßten sich mindestens durch das ganze Korps der Leutnants des Regiments, dem Sie zugeteilt würden, schlagen und würden, so gut Sie auch den Degen führen mögen, endlich doch Ihren Mann finden und noch andere Unannehmlichkeiten treffen. Ich rate Ihnen deshalb als Freund, von diesem Gesuch abzustehen.» Bei der ersten Gelegenheit teilte ich Pauline mit, was mir der Minister über sie gesagt hatte. Lachend erwiderte sie: «Aber das wußte ich schon längst. Müssen es denn gerade die Garden des Kaisers sein?» fuhr sie fort. «Suchen Sie doch lieber zu denen meines Schwagers Murat zu kommen, die sind ja weit schöner und prächtiger und die Offiziere meist Franzosen; wenn Sie dies wollen, das kostet mich nur ein paar Worte an Murat, und die Sache ist im reinen.»

Anfänglich wollte mir zwar dieser Tausch nicht sehr zusagen, bald betrachtete ich aber die Sache in einem anderen Licht. Schön war die Garde des Königs von Neapel, und der Aufenthalt dort in mancher Hinsicht dem zu Paris vorzuziehen. Ich bequemte mich, die französischen Dienste zu verlassen, und bat die Prinzessin, die nötigen Demarchen zu machen, wozu sie sich sogleich bereitwillig fand. Sie selbst war indessen wegen einer kleinen Unart, die sie sich gegen Marie-Louise erlaubt hatte, bei ihrem kaiserlichen Bruder in Ungnade gefallen, so daß sie noch weit weniger für mich bei ihm hätte wirken können. Sie hatte nämlich eines Tages der Kaiserin hinter ihrem Rücken allerlei Grimassen gemacht und unter anderm zwei Finger ihrer rechten Hand, den Zeigefinger und den kleinen, hörnerartig in die Höhe gestreckt, um so anzudeuten, daß sie Hörner tragen werde. Marie-Louise sowie auch ihr Gatte hatten dies in einem großem Spiegel bemerkt. Napoleon untersagte nun voll Zorn seiner Schwester das Erscheinen in den kaiserlichen Gemächern.

Eines Abends bemerkte ich in der Oper in einer benachbarten Loge ein recht freundliches Frauengesicht, das mir sehr bekannt vorkam, ich wußte aber nicht, wo ich es schon gesehen hatte. Ich lorgnettierte die Dame, wurde endlich auch von ihr bemerkt, und sie nickte mir lächelnd zu. Ich begab mich nun während eines Zwischenakts in jene Loge und fand Madame Viriot, dieselbe, die ihr Gemahl vor ungefähr fünf Jahren in Nancy entführt hatte. Schnell war die alte Bekanntschaft erneuert; ihr Gatte war wieder in den Militärstand getreten, stand jetzt als Kapitän bei der Armee in Spanien, und sie lebte bei einer reichen Tante zu Paris und hatte ein niedliches vierjähriges Mädchen. Ich begleitete sie noch am selben Abend nach

Haus, wurde auf den anderen Tag zum Besuch eingeladen, wobei sie mich der Tante als einen alten Freund ihres Mannes vorstellte. Ich suchte mich bei der alten Dame durch Artigkeiten zu insinuieren [einzuschmeicheln] und war bald im Haus gern gesehen und Hahn im Korb, solange ich noch zu Paris verweilte.

Ende Juli hatte Napoleon für gut befunden, den Parisern zur Abwechslung auf seine Vermählungsfeierlichkeiten ein höchst pomphaftes und prunkendes Trauerfest zu geben, nämlich die Leichenfeier des bei Eßlingen gebliebenen Marschalls Lannes, dessen irdische Reste im Pantheon beigesetzt wurden. Das Gepränge dieser Zeremonie war außerordentlich. Mehrere Tage wehte eine schwarze, weiß eingefaßte Fahne von der Kuppel des Pantheons, in dem Tempel selbst war ein Katafalk in Form einer hohen Pyramide errichtet, an deren vier Ecken die Bildsäulen der Mäßigkeit, der Klugheit, der Gerechtigkeit und der Stärke angebracht waren, ihre Spitze krönte eine Urne mit einer eisernen Krone. Medaillen, die Taten des Marschalls darstellend, wurden von Genien gehalten, unter der Pyramide stand der Sarkophag, die Leiche des Verblichenen aufzunehmen. Auf den Stufen ringsherum brannten unzählige Kerzen auf silbernen Kandelabern. Die ganze Kirche war mit schwarzen Teppichen belegt und behängt, auf der schwarz drapierten Kanzel saß ein kolossaler Adler. Auch alle Fenster waren schwarz behangen, mit weißem Saum.

Von dem endlosen Zug aller Zivil- und Militärbehörden gefolgt, wurde die Leiche des Marschalls vom Hôtel des Invalides mit großer Feierlichkeit und mit imponierender Trauermusik in das Pantheon gebracht; auf dem Sarg lagen der Marschallstab, das Wappen und Lorbeerkronen. Überall waren Trophäen von eroberten Waffen und Fahnen angebracht. Die Waffen des Toten nebst Siegespalmen hielten zwei über dem Altar schwebende Renomeen in der Hand. Über ihnen las man die Worte: Napoléon à la memoire du Duc de Montebello, mort glorieusement aux champs d'Essling, le 22. Mai 1809.*

Der ganze Generalstab mit dem Fürsten von Neuchâtel und Wagram, denen die Generalität, alle Stabsoffiziere und andere Offiziere folgten, waren an der Spitze des militärischen Zuges. Bei dem religiösen Zug, der sich vor dem militärischen bewegte, befand sich die ganze hohe und niedere Geistlichkeit von Notre-Dame und aller Kirchensprengel von Paris. Vier Marschälle hielten die Zipfel des Bahrtuchs, auf beiden Seiten des Wagens trugen Lannes Adjutanten Standarten. Der Ehrenzug bestand aus des Marschalls leerem Wagen, zu dessen beiden Seiten wieder

*) «Napoléon in Erinnerung an den Herzog von Montebello, ruhmvoll gestorben auf den Schlachtfeldern von Essling, am 22. Mai 1809»

zwei seiner Adjutanten ritten; diesem folgten vier Trauerwagen für die Familie des Verblichenen, diesen die Wagen der Prinzen, Großwürdenträger, Marschälle, Generalobersten, Minister und höchsten Behörden. Sämtliche Züge schloß eine starke Abteilung der Gardekavallerie mit Trauermusik zu Pferde.

Solange die Zeremonie währte, läuteten alle Glocken von Paris, und in kleinen Zwischenräumen fielen jedesmal dreizehn Kanonenschüsse. Als der Sarg in die Gruft gesenkt wurde, gab sämtliches Militär Gewehrsalven, und die Legionäre übergaben ihre Ehrenkreuze dem Großalmosenier, der sie durch den Erzpriester mit hinabsenken ließ. Davout hielt eine kurze Rede, in welcher er die tiefe Trauer des Heeres über diesen Verlust aussprach, und nachdem der Erzkanzler eine zum Andenken an diese Totenfeier geschlagene Medaille dem Sarg folgen ließ, war sie beendigt. Die Truppen zogen mit lustig klingendem Spiel wieder ab. In ganz Frankreich, Italien und wo französische Truppen standen, wiederholte sich diese Totenfeier, durch welche Napoleon der Welt beweisen wollte, wie sehr er seine Helfershelfer zu ehren wisse, hauptsächlich um dadurch auf das Militär zu wirken.

Wenige Tage später gab die am Napoleonfest, dem 15. August 1810, erfolgte Vollendung der Siegessäule auf dem Place Vendôme, die man zum Ruhm der französischen Armee im Jahre 1806 begonnen hatte und die eine Nachahmung der Trajanssäule* zu Rom ist, den Parisern abermals Stoff zur Unterhaltung und zu Festivitäten. Die zweihundertundzwanzig Fuß hohe Säule wurde aus eintausendzweihundert, den Österreichern und Russen 1805 abgenommenen Kanonen errichtet und stellte nach Art der römischen die hauptsächlichsten Taten der Franzosen aus dem Feldzug von 1805 dar. Sie steht auf der Stelle, wo die während der Revolution zertrümmerte Bildsäule Ludwigs XIV. stand. An zwei Millionen Pfund Erz sind zu dieser Säule verwendet worden. Auf einer in ihrem Innern angebrachten Wendeltreppe gelangt man zu ihrer Spitze, auf die Napoleons zehn Fuß hohe Statue gestellt wurde.

Am 25. August, an dem man früher das Fest des heiligen Ludwigs feierte, fand jetzt das der Marie-Louise statt und wurde zum erstenmal mit außerordentlicher Pracht und großer Ostentation begangen. Einige Tage darauf hielt Napoleon im Bois de Boulogne Musterung über die holländischen Garden, die er nach Paris beordert hatte und die hierauf in dem Gehölz so gut bewirtet und namentlich mit Wein so reichlich versehen wurden, als sie nur Lust zu trinken hatten, was für die Pariser abermals ein neues Schauspiel war, das aber wieder ein sehr schmutziges

---

*) Siehe Anmerkung S. 198. Die zu Ehren des Princeps (Kaisers) Marcus Ulpius Trajanus, geb. 53 (56) u. Z., gest. 117, errichtete 33 Meter hohe Säule besaß auf einem 200 Meter langen Band Reliefs mit Szenen aus Trajanus' Kriegen an der Donau.

Ende nahm. Die Holländer betranken sich, fingen dann zuerst Stänkereien und Streit unter sich selbst und dann mit den Zuschauern an, und als ein Gewitter und starker Regen die letzteren schnell verscheuchte, hielten die Soldaten alle Frauen und Mädchen an, während sie die sie begleitenden Männer mißhandelten. Einige der Zuschauer hatten sich nach St. Cloud geflüchtet und daselbst die fatale Mär hinterbracht. Napoleon geriet in Zorn über die Brutalität der Holländer und gab Order, sogleich Patrouillen abzusenden, welche die Betrunkenen zur Räson bringen sollten.

Ich hatte mich ebenfalls zu Pferde in das Boulogner Wäldchen begeben, die holländischen Garden tafeln zu sehen, und es gelang mir, einige Mädchen aus den Klauen dieser Trunkenbolde zu befreien. Als die Patrouillen ankamen, war es schon fast Nacht, und sie würden vielleicht wenig ausgerichtet haben, wenn sich nicht plötzlich das Gerücht unter den Soldaten verbreitet hätte, Napoleon selbst sei soeben angekommen, was die Burschen etwas nüchterner und gelassener machte. Die unmittelbaren Folgen dieses Gerüchts waren aber, daß sich die Holländer Hals über Kopf aus dem Staub machten und eiligst in ihre Kaserne zu kommen suchten, indessen wurden einige fünfzig verhaftet, und mehrere, die man en flagrant délit [auf frischer Tat] ertappt hatte, wurden streng bestraft.

Um diese Zeit oder bald darauf verbreitete sich auch das Gerücht von der Schwangerschaft Marie-Louises, und da schon beinahe sechs Monate verflossen waren, ehe, man etwas davon hörte, so glaubte man allgemein den Hauptzweck von Napoleons Ehescheidung und Wiedervermählung verfehlt und war um so mehr über diese Trennung und Ehe ungehalten. Ein Teil des Publikums hielt Napoleon für impotent, während der andere seiner Gattin Unfruchtbarkeit zur Last legte; ja viele Personen wollten durchaus nicht an diese Schwangerschaft glauben oder hielten sie für fingiert und unterstellten, daß der Kaiser damit umginge, ein fremdes Kind unterzuschieben und zu seinem Thronerben zu machen. Selbst nach der Geburt des Königs von Rom gab es noch viele, die denselben für untergeschoben halten wollten und diese Meinung im Volk zu verbreiten suchten. Die Ursache, warum Marie-Louise nicht früher guter Hoffnung geworden, soll der zu häufige Gebrauch von Bädern gewesen, die ihr nun untersagt wurden.

Es war Anfang September, als ich meine Entlassung aus den französischen Diensten und mein Patent als Kapitän bei der neapolitanischen Garde zu Pferd, Cavalli leggieri [leichte Kavallerie], erhielt. Ich hatte besonders darum gebeten, bei der Reiterei angestellt zu werden, mich deshalb während der letzten Zeit meines Aufenthalts zu Paris noch mehr mit den Manövern dieser Waffengattung vertraut gemacht und allen Kavallerieübungen zu Pferde beigewohnt. Da jetzt mein Schicksal entschieden war, eilte ich nun, Paris zu verlassen. Ich machte meine Abschiedsvisiten, empfahl mich besonders dem noch immer leidenden Fürsten Y., durch den ich doch manche vergnügte Stunde gehabt, und ging meiner neuen Bestimmung entgegen, den Weg über Orléans einschlagend, das ich noch gern besuchen wollte. An Miollis hatte ich schon geschrieben, ihm die Äußerung hinsichtlich der Prinzessin Pauline gemeldet und daß durch diesen Kanal nichts zu machen sei.

XXVIII.

Reise von Paris nach Neapel – Turin – Ankunft zu Neapel – Murats Garden und Hofstaat – Fehlgeschlagene Expedition gegen Sizilien – Grausame Maßregeln zur endlichen Vertilgung der Briganten in Kalabrien – Entstehung der Carbonari – Die Königin Caroline – Der Karneval zu Neapel – Ein Pistolenduell – Ein Schiff mit englischen Nachtgeschirren von der Douane weggenommen – Ein Abenteuer in den Gärten zu Caserta – Ein silbernes Ei – Dreifacher Mord – Weihnachtsfeier – Verbrennung der englischen Waren – Ich falle in allerhöchste Ungnade und werde nach Tarent beordert

Ein wenig sonderbar war es mir doch zumute, als ich Frankreichs Hauptstadt, in der ich so manches Abenteuer bestanden, so manches Vergnügen genossen, verließ.

In Orleans hielt ich mich einen halben Tag auf, besuchte die Kathedrale, eines der schönsten und prächtigsten gotischen Monumente Frankreichs, mit sehr zierlichen Türmen. Eine schöne Brücke verbindet die Stadt mit der Vorstadt Olivet. Orleans ist groß und weitläufig gebaut, hat über 40 000 Einwohner und ist jetzt die Hauptstadt des Departements Loire.

Von Orleans setzte ich nun ohne Rast meine Reise über Lyon bis Turin fort, das in einer herrlichen, vom Po bewässerten Ebene an dem Fuß der Alpen liegt. Ich kam mit Sonnenaufgang vor der schönen Stadt an, was mich freudig stimmte. Hier beschloß ich Rasttag zu halten, um meinen etwas zusammengerüttelten und steif gewordenen Knochen einige Ruhe zu gönnen. Ich fuhr durch die schnurgeraden Straßen in ein Albergo, wo ich mich sogleich niederlegte und erst erwachte, als Mittag längst vorüber war. Ich machte meine Toilette und schickte mich an, die Sehenswürdigkeiten der schönen Stadt zu besuchen. Sie hat an zwei Stunden im Umfang, an 100 000 Einwohner und mehr als 100 Kirchen. Die Neustadt ist vielleicht die schönste Stadt Europas. Von allen Städten, die ich kenne, kann sich nur ein Teil von Berlin und Nancy mit ihr messen. Mannheim und Karlsruhe haben zwar auch gerade und breite Straßen, aber die Häuser sind wahre Baracken im Vergleich mit den Palästen von Turin. Zur Nachtzeit werden Schleusen losgelassen, welche die Straßen reinigen, die dann wie abgewaschen sind. Die Kathedrale, dem San Giovanni Battista geweiht, ist ein sehr ausgezeichnetes Gebäude.

Das Arsenal der Stadt hat eine Kanonengießerei. An dem Ufer des Po liegt ein kleines, 1560 erbautes Schloß. Als ich mich in Turin befand, war die neue über diesen Fluß erbaute prächtige Brücke ihrer Vollendung nahe. Die Festungswerke sind bedeutend; die Zitadelle, ein regelmäßiges Fünfeck, ist eine der stärksten Festen, die es gibt. Übergroße Müdigkeit und Bedürfnis nach Ruhe machte, daß ich Turins Herrlichkeiten nur sehr oberflächlich sah und die meiste Zeit in meinem Zimmer auf einem Ruhebett zubrachte.

Am dritten Tag nach meiner Ankunft setzte ich meine Reise fort. In Pésaro suchte ich die Eltern der Madame Bonnier auf, denen ich die Briefe, die mir ihre Tochter mitgegeben, überlieferte. Sie wollten anfänglich wenig von ihr wissen und sagten, die Sünde ihrer Tochter, das Kloster verlassen und geheiratet zu haben, sei ein ewiger Schimpf für die ganze Familie, eine untilgbare Schande. Ich suchte die Leute zu beruhigen, aber meine Bemühungen halfen wenig, obgleich ich ihnen sagte, daß ich als Helfershelfer bei der Geschichte gern die ganze Sünde auf mich nehmen wolle. Indessen brachte ich es endlich doch dahin, daß mir der Vater versprach, wenn sich eine passende Gelegenheit fände, wolle er sein ungeratenes Kind kommen lassen. Ich erwiderte, daß es gewiß besser sei, wenn jemand von der Familie nach Paris reise, die Dame abzuholen, worauf mir aber ganz trocken geantwortet wurde, daß dies die Umstände nicht gestatteten.

Ich empfahl mich nun ziemlich frostig, schrieb sogleich an Angelika das Resultat meiner Bemühungen und gab ihr den Rat, nicht weiter zu ihren Anverwandten zu verlangen, da dies herzlose Menschen seien, die ihr das Leben zur Hölle machen würden. Sie befolgte diesen Rat, wurde bald darauf Witwe, ihr Gatte, den sie nicht wieder gesehen, blieb in der Schlacht bei Salamanca. 1814 fand ich sie in Lyon als die Geliebte des Generals Albert, der früher als Augereaus Adjutant eine Anverwandte der Familie d'Orville, eine Mademoiselle Fuchs, in Offenbach geheiratet hatte.

In Rom erstattete ich General Miollis mündlich Bericht über alle in seinen Interessen getanen Schritte und setzte ihm die Unmöglichkeit auseinander, durch die mir eröffneten Kanäle und Instruktionen die gewünschte Absicht zu erreichen. Andere Demarchen, die er zu demselben Zweck durch einen Bataillonschef in Paris machen ließ, hatten noch schlimmeren Erfolg, denn vom Generalstatthalter in Rom wurde er nun erster Leutnant des Gouverneur général de Rome. Ich fuhr, ohne mich weiter in Rom umzusehen, nach Neapel ab, wo ich Ende September glücklich ankam.

Mein erstes war, mich bei dem Baron Cäsar Dery, Generalleutnant und Kommandant der Gardekavallerie, zu melden und dann bei dem Baron Livron, Oberst des Regiments. Bei beiden wurde ich wohl aufgenommen, worauf ich bei alten Bekannten meine Privatvisiten machte. Helene befand sich mit ihrem Mann jetzt auf der Insel Capri, wo ich sie einigemal besuchte, auch kam sie fast jede Woche nach Neapel zu einer Freundin, wo wir dann intime Zusammenkünfte hatten. Bei dem Regiment waren die meisten Offiziere Franzosen, namentlich in den höheren Graden, nur wenige Neapolitaner waren in demselben sowie bei der Garde überhaupt angestellt. Diese, die Casa militare del Re* genannt, bestand damals aus dem Stab, einem Generalkommandanten der Infanterie, einem der Reiterei, einem Gardegrenadierregiment, einem Regiment Veliten zu Fuß, einem Bataillon Voltigeurs, der Ehrengarde, den Veliten zu Pferde, den Cavalli leggieri, bei denen ich stand, der Gensdarmeria scelta, der reitenden Gardeartillerie, dem Train d'Artillerie, dem Genie und der Gardemarine; auch waren noch Gardeveteranen und Hellebarden vorhanden.

Der Dienst dieser Truppen war im ganzen angenehm und nicht sehr beschwerlich, die Garden standen im guten Ansehen, da sie meist aus Fremden, hauptsächlich Franzosen, zusammengesetzt waren, auch sehr reiche und kostspielige Uniformen hatten. Die Equipierung kostete viel Geld, und denjenigen Offizieren, die nicht hinlängliche Mittel hatten, half Murats Großmut. Er machte ihnen reiche Geschenke an Pferden und Geld.

Auch der Hofstaat des Königs von Neapel war jetzt überaus prächtig und glänzend eingerichtet. Er bestand aus einem Großmarschall des Palastes mit vier Palastpräfekten, unter denen der Herzog von Circella war, einem Gouverneur der königlichen Päläste, Palastadjutanten, Marescallo degli alloggi; Großkammerherr war der Fürst Colonna mit einem halben Hundert Kammerherren, meistens Principi, Marquis, Grafen und Barone; ein Großstallmeister mit zwanzig Unterstallmeistern, gleichfalls Principi und so weiter. Ein Pagengouverneur mit einem Untergouverneur, ein Dutzend Professoren, unter denen sogar ein Lehrer der deutschen Spra-

---

*) das Hausmilitär (die Haustruppen) des Königs

che, ein gewisser Moser, war, einige dreißig Pagen, ein Großjägermeister mit einem halben Dutzend Oberjägermeistern, ein Großzeremonienmeister nebst Zubehör, ein Kardinal-Großalmosenier, ein Bischof von Nola, Oberalmosenier, dreißig Almoseniere und Kaplane, aber noch bei weitem nicht genug, um all die vielen und großen Sünden des Hofes zu absolvieren.

Die Königin Caroline hatte außerdem ihren eigenen Almosenier, den Erzbischof von Tarent. Ihr Ehrenkavalier war Fürst d'Angri, eine besondere Ehrendame, eine Dame d'Atour, und ein Viertelhundert Palastdamen, unter ihnen die berühmtesten Namen Italiens, die Doria, Colonna, Imperiali, Spinelli, Carignani und andere, die wunderschöne Herzogin von Atri (Giuglietta Colonna) und die nicht minder schöne Marchesa Cavalcanti, auch eine Catharina von Medici. Die königlichen Kinder hatten ihre Gouverneure, Gouvernanten und so weiter, und in diesem Verhältnis war das zahlreiche Unterpersonal des Hofes organisiert. Zu den größten Hoffesten und Bällen wurde außerdem der zahlreiche neapolitanische Adel, die angesehensten Bürger der ganzen Stadt, alle Garde- und andere anwesende Offiziere gezogen. Außerdem hatte Murat einige dreißig Adjutanten und Ordonnanzoffiziere, unter den letzteren viele Italiener. Das Hofleben war in hohem Grad rauschend, üppig, pompös, und die Toiletten der Damen zeigten eine orientalische Pracht und Verschwendung, wobei die Königin den Ton angab und in mehr als einer Hinsicht das Muster war, nach dem sich ihre Damen und die vornehmen Frauen der Residenz richteten.

Meine Equipierung kostete mich fast zehntausend Franken, drei Pferde inbegriffen. Glücklicherweise hatte ich einen ziemlich vollen Beutel von Paris mitgebracht, und wenn es fehlte, half Vetter Moritz aus; übrigens war das Gehalt ansehnlich.

Murat selbst war, als ich in Neapel ankam, noch mit einem Teil der Garde in Kalabrien. Er hatte geraume Zeit vor mir Paris verlassen, projektierte eine Landung in Sizilien und hatte deshalb bedeutende Streitkräfte in der Sohle des italienischen Stiefels und der Gegend von Reggio versammelt. Nachdem es den Engländern zum Trotz gelungen war, eine hinlängliche Anzahl Schiffe in der Nähe des Lagers zu vereinigen und Stürme den Feind genötigt hatten, sich in die Häfen von Sizilien zurückzuziehen, bestimmte Murat die Nacht vom 17. zum 18. September zur Landung in Sizilien. Die ersten Truppen landeten gegen zwei Uhr Morgens. Obwohl sie zunächst erfolgreich vordrangen, blieb ihr Angriff wegen fehlender Reserven bald stecken und mußte abgebrochen werden. Ihr Rückzug wurde zur Flucht und nur ein geringer Teil der gelandeten Truppen kehrte zurück.

Mit einem Verlust von wenigstens eintausendfünfhundert Mann und vielen Verwundeten nahm der erste Landeversuch auf Sizilien einen schlimmen Ausgang und entmutigte Murat und die Truppen. Kurz darauf machte ein Tagesbefehl dem Heer bekannt, daß Napoleons Absicht nur gewesen sei, die Streitkräfte der Engländer auf diesen Punkt zu ziehen, um Verstärkungen unangefochten nach der Insel Korfu schicken zu können, und daß vorerst die Expedition nach Sizilien verschoben werde. Wenige Tage darauf wurde das Lager abgebrochen, die Schiffe und die Garden kehrten nach Neapel zurück, wo auch Murat etwas verstimmt und ungehalten ankam. Über die Ursache der so schnellen Aufgabe dieses Unternehmens wurden mancherlei Vermutungen ausgesprochen, viele wollten sie einem geheimen Befehl Napoleons zuschreiben, der nicht gern sehe, daß sein Schwager allzu mächtig würde und den er schon mit mißtrauischen und neidischen Augen betrachte. Soviel ist sicher, daß seit jener Zeit ein Mißverständnis zwischen den beiden Schwägern bestand.

Um den noch immer in Kalabrien wenigstens teilweise bestehenden Brigantenunfug zu steuern und ihn endlich auszurotten, nahm die Regierung Murats ein System an, welches die Einwohner Kalabriens selbst für die in dem Gebiet ihrer Kantone von den Briganten begangenen Untaten verantwortlich machte. Die regulären Truppen wurden jetzt nur noch dazu verwendet, die Einwohner zu zwingen, die Insurgenten selbst zu bekämpfen, zu fangen und auszuliefern, widrigenfalls man sie als deren Helfershelfer ansehen und bestrafen würde. Um diese Maßregeln durchzusetzen, wurden zehn- bis zwölftausend Mann in alle Teile Kalabriens verlegt. Das Dekret war sehr streng und grausam und ließ auch Spielraum zu ungestrafter Befriedigung der Privatrache. Es wurden Listen mit Namen von verdächtigen Familien angefertigt, und ein jeder, der ein solches Individuum tötete oder gefangen ablieferte, erhielt eine Belohnung von zwanzig bis fünfundzwanzig Dukati, war es aber ein Brigantenchef, so empfing er fünfhundert Dukati. Wer den Insurgenten oder ihren Helfershelfern irgend etwas, sei es an Nahrung, Kleidung, Munition oder Geld zukommen oder sie entwischen ließ, wurde augenblicklich erschossen.

Der General Manches, ein sehr harter und heftiger Mann, wurde mit der Vollziehung dieses Dekrets beauftragt und vollzog es ohne alle Schonung. Die Folgen waren, daß viele Tausende der Einwohner nach Sizilien entflohen. Aber diese harte Maßregel hatte so ziemlich den erwünschten Erfolg: Das Brigantenunwesen hörte fast gänzlich auf, und man konnte endlich ziemlich sicher in ganz Kalabrien umherreisen. Freilich waren zahlreiche Familien das Opfer für ein einziges ihrer Mitglieder geworden, denn Eltern, Geschwister und andere Anverwandte mußten das Vergehen des einen büßen. Aber das Land war doch endlich nach fünf Jahren ziemlich ruhig. So lange hatte der grausame Brigantenkrieg gewährt.

Eines der gefährlichsten Brigantenhäupter war zuletzt der sogenannte Briganten-fürst Baron Bittigloni gewesen, der mit großer Verwegenheit in Salerno sein Wesen trieb, ohne daß jemand geahnt hatte, daß er einer der Haupturheber der Briganten-streiche war. Endlich kam man diesem schlauen Fuchs, der alle Gestalten annahm, doch auf die Spur. Er wurde nebst mehreren seiner Offiziere aufgehoben und samt seinem ganzen Anhang zum Tode verurteilt. Viele Individuen aus den ersten Fami-lien zu Neapel waren mit in diese Geschichte verwickelt, und ihre Häupter traf das-selbe Urteil. Murat verwandelte jedoch die Todesstrafe in lebenslängliches Gefäng-nis oder Kettenschleifen, zehnmal schrecklicher als der Tod. Mit der Rückkehr des alten Königshauses wurden aber 1815 die noch Lebenden wieder frei und sogar belohnt.

Ungefähr zu dieser Zeit bildete sich in Kalabrien die berüchtigte Sekte der Car-bonari, hauptsächlich durch die erwähnten strengen Maßregeln sowie durch die abscheulichen Grausamkeiten des General Manches hervorgerufen, welche die Einwohner zwangen, sich so geheim als möglich zu verbinden, um dieser Tyrannei das Gleichgewicht zu halten und ihr womöglich die Spitze zu bieten. Bald hatte sich dieser geheime Bund im ganzen südlichen Italien verbreitet und wurde sogar von dem Polizeiminister Maghella, einem geborenen Genueser, der früher an der Spitze der Polizei der ligurischen Republik gestanden, unter der Hand geduldet, wenigstens wollte er durchaus das Bestehen des Bundes ignorieren oder die Sache mindestens als eine unbedeutende Kinderei dargestellt wissen. Irrig ist es aber, daß er der Stifter des Karbonarismus gewesen, wie mehrfach behauptet wurde. Noch immer gab es viele zersprengte Reste der früheren Brigantenbanden, die sich in die unzugänglichsten Wald- und Bergschluchten, von denen sie allein genaue Kenntnis besaßen, geflüchtet hatten. Diese wurden nun förmliche Raubmörder und die Plage der Gegenden, in deren Nähe sie sich aufhielten.

Die schon bestehenden Carbonari, deren Zweck jetzt war, das Land von der fremden Herrschaft zu befreien und ihm eine möglichst demokratische Verfassung zu geben, wurden von den Engländern in Sizilien und der dortigen Regierung mög-lichst unterstützt, die ihnen rieten, sich der noch in den Wildnissen vorhandenen Briganten zu ihren Zwecken zu bedienen. Den Namen Carbonari (Kohlenbrenner) erhielten sie, weil sich die ersten Männer als solche verkleidet in Wäldern verbar-gen und ihrer Sicherheit wegen und dem Anschein nach dieses Gewerbe trieben. Deshalb hatten sie auch ihre Embleme, Benennungen und geheimen Erkennungs-zeichen von dem Gewerbe der Kohlenbrennerei entnommen, nannten ihre Ver-sammlungsorte Baracca vendita und so weiter, teilten sich nach Art der Freimaurer in verschiedene Grade ein und machten den heiligen Theo zu ihrem Schutzpatron.

Eine Verordnung, welche Murat zu jener Zeit erließ, um sich damit unabhängiger von Napoleon und selbständiger zu machen, besagte, daß in Zukunft alle Ausländer, die in neapolitanische Dienste treten oder in diesen bleiben wollten, das neapolitanische Bürgerrecht erwerben müßten. Als dies der Kaiser der Franzosen erfuhr, wurde er wütend und dekretierte sogleich, daß allen Franzosen, als Murats Landsleuten, dieses Bürgerrecht von selbst zuständе und sie es nicht erst zu erwerben hätten, um Zivil- und militärische Anstellungen im Königreich Neapel bekleiden zu können. Der Schlag war geschehen und der Grund zur Feindschaft und zum Haß zwischen den beiden Schwägern gelegt. Murat legte jetzt sein französisches Ehrenkreuz und das große Band desselben ab, und zwischen ihm und seiner Gemahlin, welche leidenschaftlich die Partei ihres Bruders ergriff, gab es häufig sehr heftige und ärgerliche Auftritte.

Die Kluft wurde immer größer. Murat wußte, daß ihn sein Schwager in seinem Zorn wegen der oft phantastischen Pracht seines Kostüms einen Theaterkönig nannte sowie daß man ihm wegen seiner Reiterkünste den Namen des Franconi* der Armee beigelegt. Als sich der Hof mit dem Beginn des Sommers 1811 nach Caserta begab, zog sich Murat maulend nach Capo di monte zurück, um sich dem Anblick der ihm jetzt verhaßten Franzosen zu entziehen. Täglich ließ er sich Polizeiberichte über das Treiben der Fremden einreichen, die er sehr sorgfältig prüfte und wodurch sich sein Mißmut noch steigerte. In der Tat war er freilich nur ein Vasall oder Präfekt des großen Reichs. Von der Königin glaubte er, daß sie geheime Instruktionen von ihrem Bruder habe, nach denen sie handle.

Murats Kleidung war allerdings phantastisch genug, ja bisweilen karikaturartig. Bald war er als Araber, bald à la Henri IV. gekleidet. Bald trug er ein reiches polnisches Kostüm, bald war sein Anzug aus allen möglichen Ländertrachten aus den verschiedensten Zeiten zusammengesetzt und so weiter, aber nie durften diamantene Agraffen und die prächtigsten und kostbarsten Federn fehlen, nie hat man ähnliches auf irgendeinem Theater gesehen. Sein Säbel oder Schwert hing in goldenen, mit Brillanten besetzten Ceinturen herab, sein großes stolzes Streitroß hatte meistens einen türkischen Sattel und eine reichgestickte, mit Edelsteinen bedeckte Schabracke von der kostbarsten Arbeit, ebensolches Zaumzeug, Gebiß und Steigbügel von Gold. Seine Federn und Federbüsche kosteten oft über fünfzigtausend Franken in einem Jahr. Da er eine schöne Gestalt hatte, vortrefflich ritt und seine persönliche, an Tollkühnheit grenzende große Tapferkeit allgemein bekannt war, verglichen ihn seine Schmeichler oft mit Achilles, ja nicht selten mit dem Kriegs-

*) Siehe Anmerkung S. 445.

gott Ares selbst, und seine Gegenwart brachte vor dem Feind immer eine ungewöhnliche Wirkung hervor, so auch bei vielen Damen, die ihn wie einen Halbgott verehrten; doch gab es auch andere, selbst an seinem Hof, die ihn als eine großartige Karikatur betrachteten.

Wenn, wie es zur Herbst- und Winterszeit fast täglich der Fall war, in den Nachmittagsstunden die Königin mit ihrem Hofstaat aus den Schloßtoren zur Promenade ausfuhr und diesem Wagen dann Murat zu Pferde mit einer zahlreichen Suite und einer Abteilung der Garde zu Pferde folgte, so war es, als wenn das wilde Heer den Palast verließ, denn wie ein Sturmwind jagte der ganze Zug aus den Pforten über den Schloßplatz, sauste meist durch Toledo oder nach der Villa Reale zu, und selten, daß nicht ein oder ein paar Reiter stürzten, über welche dann die anderen hinwegsetzten. Um die Stunde, in welcher diese höllischen Abfahrten stattfanden, war jedesmal eine große Menge Volk auf dem Platz vor dem Palast versammelt, das grausig-prächtige Schauspiel anzustaunen. Ein einziges Mal war auch mir ein Pferd, jedoch nur auf die Knie gestürzt, erhob sich aber sogleich wieder, und ich raste dem wilden Zug nach.

Die Königin Caroline, damals achtundzwanzig Jahre alt, war noch sehr hübsch, obgleich sie schon vier Kinder gehabt, außerordentlich ehrgeizig, dabei sehr lebenslustig, spann aber ebenso gern politische wie verliebte Intrigen, hatte viel Verstand, aber wenig Kenntnisse, große Charakterstärke und Energie, aber ihre Unwissenheit war ebenso groß. Bei den ersten Szenen zwischen ihr und ihrem Gatten ging es eben nicht sehr königlich zu, beide warfen sich gegenseitig ihre Abenteuer vor, Murat schimpfte auf seinen Schwager Napoleon, und Caroline nahm ihren Bruder in Schutz und verteidigte ihn mit großer Heftigkeit, die nicht selten ins Gemeine ausartete. Dieses Benehmen hatte auf den ganzen Hof, dem es wohl bekannt war, einen verderblichen Einfluß, die meisten Herren nahmen Partei für die Königin und die Damen für ihren Gatten, und es gab Anlaß zu tausend Unannehmlichkeiten und Intrigen.

Murat sagte, daß er nicht unter dem Pantoffel stehen wolle, und Caroline schrie, daß sie, eine Schwester Napoleons, sich nicht mißhandeln und unterdrücken lassen werde. Da viele hohe Staats- und Hofchargen von Franzosen bekleidet wurden, welche die Königin an sich zu ziehen gewußt, hatte dies zur Folge, daß Murat sie zu entfernen und durch ihm ganz ergebene Individuen zu ersetzen suchte, was aber seine Frau nicht zugeben wollte. Dagegen waren manche der Hof- und Palastdamen der Königin ein Dorn im Auge, namentlich die schöne Herzogin von Atri und einige andere, die sie entfernt wissen wollte, was wieder Murat nicht zugab. Napoleon charakterisierte seinen Schwager in einem Brief, den er an Caroline schrieb, ziemlich treffend, indem er sagte: «Dein Mann ist auf dem Schlachtfeld der Tapferste, aber wenn er den Feind nicht vor Augen hat, schwächer als ein Weib oder ein Mönch, er hat durchaus keinen moralischen Mut.»

Kurz nachdem Murat von der verunglückten Expedition gegen Sizilien aus Kalabrien zurückgekommen war, bedankte ich mich in einer Audienz bei ihm für meine Anstellung. Es fand sich dabei Gelegenheit, ihm in Erinnerung zu bringen, daß ich ihn schon zu Madrid und bei der Einnahme von Capri gesprochen habe, und er entließ mich mit den Worten «Eh bien j'espère que vous ferez votre chemin chez nous.»* Da mir jetzt der Dienst in der Residenz ziemlich viel Muße ließ, widmete ich mich wieder mehr der Musik und den schönen Wissenschaften, las und studierte den Machiavelli und so weiter.

Der Karneval von 1811 war äußerst belebt und glänzend, das Volk überließ sich dem Taumel dieses Vergnügens in vollem Maß. Es ist Tatsache, daß zu Neapel der Karneval im ganzen weit lebendiger und lärmender ist als der zu Rom. Murat versäumte nichts, der Vergnügungssucht der Neapolitanier zu frönen. Sämtliche Theater empfingen während seiner Regierung Unterstützungen, und San Carlo wurde ganz besonders gehegt und gepflegt, die besten Sänger und Sängerinnen Italiens mit ungeheurem Gehalt engagiert und Unsummen Geldes auf Kostüme, Dekorationen, Maschinerie und so weiter verwendet. Lange hatten die hiesigen Bühen keine solche Glanzepoche gehabt wie jetzt.

Über alle Beschreibung prächtig waren die großen Maskenbälle, welche Murat damals in dem schönen Theater San Carlo gab und zu welchen er an viertausend Einladungskarten austeilen ließ. Bei diesen Ballfesten durfte man nur in Charaktermasken oder mindestens bunten Dominos – schwarze waren gleich Zivilkleidern ganz verpönt – erscheinen. Man denke sich das schönste und herrlichste Theater der Welt, in dem jeder Palcho einen kleinen, höchst elegant möblierten Salon, mit Trumeaus, Diwans, Armleuchtern, kleinen Lüstern und kostbaren Draperien versehen, bildet, in dem mehr als viertausend Kerzen sind, alle an Armleuchtern vor Spiegeln an den festonnierten Pilastern oder Karyatiden, welche die Logen trennen, brennend, und diese Lichter durch den tausendfachen Widerschein der Spiegel millionenmal vermehrt, dazu die reichen, geschmackvollen Vergoldungen und Verzierungen des Saales, die ungeheure Bühne in einen transparenten Feengarten, Tempel oder Saal verwandelt, in sämtlichen Logen die reichsten, prächtigsten und elegantesten Masken, die Damen mit Diamanten und Rubinen, Smaragden und anderen Edelsteinen übersät, so daß das Blitzen und Flimmern der Agraffen und des

---

*) «Nun, ich hoffe, daß Sie Ihren Weg bei uns machen werden.»

Kopfputzes die Augen blendete; Murat selbst mit seiner imponierenden, phantastisch gekleideten Figur sowie die Königin mit ihrem zahlreichen Hofgefolge im höchsten Putz und Schmuck, dann das Wogen eines Federn- und Blumenwaldes der sich drängenden und tanzenden Masken unten im Saal, alles von einer unaufhörlich rauschenden, wohl an zweihundert Instrumente starken Musik begleitet, und man wird es natürlich finden, daß die meisten Personen, die zum erstenmal dieses Schauspiel sahen, kaum in einer halben Stunde von ihrer Betäubung und Verblendung wieder zu sich kommen konnten, denn man war verblendet und betäubt zu gleicher Zeit. Was war dagegen ein Pariser Ball in der Großen Oper und das Haus selbst! – Gleich nach Mitternacht wurde in allen Logen ein schwelgerisches Souper, alles auf königliche Kosten, serviert, und in den illuminierten Lauben auf der Bühne wurden fortwährend alle möglichen Erfrischungen und jedem gereicht, was er begehrte.

Bei einem dieser wirklich magischen Feste hatte ich einen Zug und eine Quadrille, Masettos Hochzeit aus dem Don Juan darstellend, arrangiert und dabei, so wie wir eintraten, das Champagnerlied von den rauschenden Orchestern spielen lassen, was eine nicht zu beschreibende Wirkung auf alle Anwesenden hatte und mit daran schuld war, daß ich bald darauf die Aufführung von Mozarts Meisterwerk durchsetzte. Ich hatte ein allerliebstes Zerlinchen, die Marchesa Cavalcanti am Arm; Donna Octavia, Donna Elvira, Donna Anna, Don Gußmann und selbst der Geist fehlten nicht; Leporello trug mein fast mannsdickes Register unter dem Arm, und mehr als dreißig reich gekleidete Lakaien umgaben uns mit beinahe drei Schuh hohen Champagnergläsern, in deren jedes der Inhalt einer Flasche ging, andere trugen die zierlichen lackierten Flaschenkörbe, und unaufhörlich wurde der Champagner, Rosé und Ai, den Ballgästen in diesen Gläsern kredenzt, bis sich der Zug in eine Quadrille auflöste.

Auf diesem Ball hatte ich noch ein ganz eigenes Abenteuer zu bestehen. Ich hatte mein hübsches Zerlinchen, die Marchesa Cavalcanti, deren Gatte einer der königlichen Stallmeister war, beredet, das Fest auf eine halbe Stunde mit mir zu verlassen, um in einem nahen Kaffeehaus in einem Kabinett ein Glas tête-à-tête mit mir zu nehmen. Wir entfernten uns, nachdem wir ein paar Dominos übergeworfen, heimlich zu Fuß, glaubten uns aber, nachdem wir San Carlo verlassen hatten, verfolgt, und zwar von einer Maske, die wir für den Marchese hielten. Ihr zu entgehen, bog ich schnell um eine Ecke, wo eine einzelne Schildwache stand, der ich mich als einen Offizier von der Garde zu erkennen gab und sie bat zu gestatten, daß ich die bei mir habende Maske nur auf zwei Minuten in dem Schilderhaus verbergen dürfe, und ohne des Soldaten Antwort abzuwarten, ließ ich die Dame ins

Schilderhaus treten und folgte ihr. Kaum waren wir darin, als die uns verfolgende Maske vorüberrannte.

Nachdem wir sie entfernt genug glaubten, wollte ich das Schilderhaus wieder verlassen, aber in demselben Augenblick kam eine Offiziersronde, die, nachdem sie die Schildwache angerufen, erkannt und dann herangekommen war, auf einmal sagte: ‹Kerl, da regt sich ja was im Schilderhaus!› – Die Marchesa hatte niesen müssen. – Der Soldat versetzte ganz verlegen: ‹Ich glaube, Sie irren sich.› – ‹Das wollen wir doch sehen›, erwiderte der Offizier und trat an das Schilderhaus, aus dem ich aber sogleich heraustrat, den Offizier beiseite nahm, mich ihm zu erkennen gab, ihm, natürlich ohne einen Namen zu nennen, mitteilte, was vorangegangen, worauf er sich lachend entfernte. Wir fanden jedoch für gut, auf den Ball zurückzukehren und uns daselbst recht bemerkbar zu machen, so daß der zurückgekehrte Marchese, denn er war es allerdings gewesen, seine Frau ganz erstaunt anblickte und ein ‹Das geht nicht mit rechten Dingen zu!› ausstieß. – ‹Ei was denn, mio caro marito*?› fragte ihn die Marchesa. – ‹Nun, ich werde schon noch dahinter kommen›, erwiderte der Herr Gemahl, und dabei blieb es denn, er kam nicht dahinter, indem wir, gewarnt, spätere Zusammenkünfte weit vorsichtiger veranstalteten.

Auch die Hoffeste, zu denen ich eingeladen wurde, waren überaus prächtig. Eines Tages, als ich zum erstenmal zur Tafel gezogen wurde und in einem offenen Wagen in großer Uniform, weißen Kaschmirbeinkleidern und gelben Stiefeln längs den Kais nach dem Palast fuhr und das Meer sehr aufgeregt und stürmisch war, schlug der Schaum einer Welle in den Wagen und machte mich von oben bis unten naß. Jetzt war guter Rat teuer, ich hatte die Zeit sehr präzis abgemessen, konnte aber doch unmöglich in diesem Zustand im Schloß erscheinen, ließ also auf der Stelle umwenden, fuhr nach Giesù nuovo, wo mehrere Offiziere von meinem Regiment wohnten, lieh von einem und dem anderen, was ich bedurfte, kleidete mich Hals über Kopf um, jagte in voller Karriere nach dem Palast, wo ich noch zu rechter Zeit ankam. Ich erzählte meine Aventüre einigen Hofdamen, die mich bedauerten, und Murat, der sie auch erfuhr, lachte dazu.

Um gerecht zu sein, muß ich jedoch eingestehen, daß Murat trotz seiner Vergnügungs- und Prunksucht vieles Gute und selbst Treffliches während seiner kurzen Regierung in Neapel veranlaßte. Er ließ der Universität eine neue und weit bessere Organisation geben, führte das Dezimalsystem in Maß und Gewicht ein, unterstützte den Ackerbau und namentlich den Tabakanbau, hob die Industrie, gründete

*) mein lieber Gatte

471

mehrere Wohltätigkeitsanstalten und brachte mehr Leben in das sonst so träge neapolitanische Volk. Das Heer brachte er bis auf fünfzigtausend Mann unter den Waffen, die gut eingeübt wurden, und obgleich er ein großer Freund der Damen war, so konnte sich doch keine rühmen, eine ausschließliche Herrschaft auf ihn auszuüben oder auch nur politischen Einfluß auf die Staatsangelegenheiten zu haben, obgleich er ihnen sonst nicht leicht etwas abschlug und jede Privatbitte gewährte, wenn es in seiner Macht stand.

Indessen fielen doch öfter ziemlich eklatante Skandalosa bei Hof vor, und auch Caroline hatte fortwährend Intrigen, namentlich waren ihr die Stallmeister und Kammerherren nicht gleichgültig. Ihr Hofleben zu Caserta war eben nicht das musterhafteste und hatte großen Einfluß auf das ohnehin schon sehr sittenlose neapolitanische bürgerliche Leben. Die geheimen und galanten Hofgeschichten zu Caserta würden allein dicke Bände füllen. Murat hatte sehr viel für die Verschönerung dieses herrlichen Schlosses getan. Auch die Königin liebte sehr den Putz und die Moden, von denen sie die neuesten immer per Kurier aus Paris kommen ließ; ihre Dame mußten immer in der elegantesten Toilette erscheinen. Der Hofintrigen waren unzählige, auch nicht eine der jüngeren Damen, von der ersten Palastdame bis zur Cameriera, die nicht ihren Liebhaber gehabt hätte. Die dem Karneval folgende Fastenzeit war nicht ohne Unterhaltung; bei Hofe gab es Konzerte und musikalische Soireen, in welchen Dilettanten sich hören ließen.

Nach den Fasten begab sich der Hof nach Caserta, aber Murat, der mit seiner Gattin und seinem Schwager fortwährend schmollte, ging, wie ich schon erwähnte, nach Capo di monte. Zu Caserta merkte man wenig von den Mißhelligkeiten des königlichen Ehepaars. In dem herrlichen Garten dieses Schlosses hatte ich nun öfter geheime Zusammenkünfte mit der schönen Marchesa Cavalcanti. Eines Morgens früh traf ich sie daselbst in einer Allee in einem ziemlich lauten Wortwechsel mit einer anderen Hofdame, ihrer Vertrauten, und hörte noch die Worte «Nein, diese Unverschämtheit ist zu groß, so etwas würde sich kein Franzose erlauben haben.» Als sie mich erblickte, eilte sie auf mich zu und empfing mich mit den Worten «Stellen Sie sich vor, welche Impertinenz mir soeben der Duca de Laviani* gemacht. Unter dem Vorwand, mir eine wichtige, die Königin betreffende Sache mitteilen zu müssen, hatte er mich hierher beschieden, und während ich nun ganz Ohr bin, um zu hören, was es sei, das Ihro Majestät betrifft, nimmt er mich plötzlich beim Kopf und will mich mit Gewalt küssen, der unausstehliche häßliche alte Pavian. Ich springe zurück, verteidige mich, so gut ich es vermag, und schreie um

*) Ebenfalls ein Stallmeister des Königs und Eskadronchef – Anmerkung des Autors.

Hilfe; glücklicherweise kommen ein paar Kammerfrauen herbeigesprungen, die sich in der Nähe befanden, und der Signor Duca läuft brummend und fluchend dadavon.

Ist das wohl ein Betragen für einen Offizier und Edelmann? Was sagen Sie dazu?»

«Daß es die empfindlichste Strafe und Genugtuung forderte und wenn Sie es mir gestatten, so übernehme ich die Ausführung beides.»

«Ja, Sie sind ein Franzose oder Tedesco, gleichviel, sagen Sie ihm tüchtig die Meinung!»

«Mit der Meinung allein ist es nicht genug, ich werde noch ein anderes Wort mit ihm sprechen.»

Während ich, mit der Marchesa redend, die Allee hinabgehe, wird diese plötzlich ganz bleich, zittert und ruft aus: «Eccolo!» [Da ist er!] Ich erblickte nun ebenfalls den Laviani am Ende des Baumgangs eiligst um eine Ecke biegend, setzte ihm auf der Stelle nach, donnerte ihm ein «Halt!» zu und brachte ihn so zum Stehen.

Ich ersuchte ihn nun, mir zur Marchesa zu folgen, und da er sich nicht gleich gutwillig dazu verstehen wollte, zwang ich ihn dazu, indem ich ihm sagte: «Wohlan, so werden Sie mir sogleich an einen anderen Ort folgen.» Bei der Dame angekommen, hielt ich ihm in deren Gegenwart sein Benehmen gegen sie in ziemlich derben Worten vor und ersuchte ihn, dieselbe in meiner Gegenwart um Verzeihung zu bitten. Da er Ausflüchte suchte, erklärte ich ihm in dürren Worten, er habe nur die Wahl, die Signora um Vergebung zu bitten oder mir Satisfaktion zu geben, da ich mich einmal der Sache angenommen und er sich zu hüten habe, daß sie vor den König komme. Dies wirkte, Laviani wurde sehr geschmeidig und bat die Dame mit den Worten um Verzeihung, die ich ihm vorsagte, worauf er sich, noch etwas in den Bart brummend, entfernte. Als er weg war, sagte die Marchesa zu mir: «Seien Sie jetzt auf Ihrer Hut, Laviani ist ein ebenso rachsüchtiger und heimtückischer als feiger Mensch.»

Wir spazierten noch einige Zeit in den Gärten von Caserta herum, und ich empfahl mich endlich mit einem : «A rivederci!» [Auf Wiedersehen!] Einige Tage darauf erfuhr ich durch den Kapitän d'Arlincourt, der ebenfalls Ordonnanzoffizier und Stallmeister war, daß Laviani den Vorfall zu Caserta ganz zu seinen Gunsten erzähle und unter die Offiziere und Hofbeamten zu bringen suche. Ich schrieb ihm nun sogleich ein Billett, in welchem ich ihn mit einigen derben Epitheten [Beiworten] beehrte, und ließ es, bevor ich es absandte, von einigen Offizieren lesen.

Um fünf Uhr des Morgens befanden wir uns schon an dem unfern vom Jägerhaus liegenden Weiher, dem für das Duell bestimmten Ort, etwa zwanzig Minuten später traf mein Gegner mit dem Kapitän Duca della Regina Capece, auch Ordonnanzoffizier, ein. Wir begaben uns tiefer in den Wald, und es wurden fünfzehn Schritte abgemessen, da Pistolen zur Waffe beliebt worden waren, weil Laviani geäußert hatte, daß ich ihm mit der Klinge überlegen sei. Da ich den ersten Schuß hatte, so drückte ich ab und streifte, wie es meine Absicht gewesen, meinem Gegner die linke Schulter, denn ich wollte ihn weder töten noch kampfunfähig setzen. Er zielte nun ziemlich lange, aber, wie ich bemerkte, zitternd, auch war er, als ich meine Pistole angeschlagen, leichenblaß geworden, endlich drückte er ab, und die Kugel flog über mich hinaus.

Ich ergriff nun eine zweite Pistole, zielte absichtlich etwas länger ihm gerade auf die Brust, weidete mich so einen Augenblick an seiner Todesangst und schoß dann in die Luft. Laviani stotterte nun, er wolle mir seinen Schuß schenken, ich aber rief ihm zu: «Dergleichen Geschenke akzeptiere ich nicht, Sie werden schießen.» Jetzt legten sich jedoch die Sekundanten ins Mittel, behauptend, es sei der Ehre genug geschehen, ich habe volle Satisfaktion. Ich begnügte mich endlich damit, jedoch mußte Laviani noch vorher das «Ich schenke Ihnen den Schuß» zurücknehmen und eingestehen, daß er die Unwahrheit gesagt.

So war die Sache für jetzt beigelegt. Eine Einladung von Laviani zu einem Frühstück schlug ich aus und eilte nach Caserta, wo ich an diesem Morgen aber nicht fand, was ich suchte, dagegen der schönen Herzogin von Atri mit der Marchesa di Misuraca in dem Garten begegnete, diese Damen um die Erlaubnis bat, sie begleiten zu dürfen, was mir freundlichst zugestanden wurde. Die Unterhaltung wurde bald recht animiert, die Herzogin machte mir Komplimente über mein Schauspielertalent, indem sie mir sagte, daß sie mich immer mit großem Vergnügen auf der Bühne sehe. Eine gute Stunde hatte ich mich angenehm mit den Damen unterhalten, als diese fanden, daß es Zeit sei, sich zu entfernen, sich empfahlen und im Schloß, bis wohin ich sie begleitet hatte, verschwanden, mir aber beim Abschied erlaubten, diese Promenaden von Zeit zu Zeit mit ihnen wiederholen zu dürfen, was ich schon am nächsten Morgen, aber vergeblich, versuchte und niemand in den Alleen begegnete.

Einige Tage darauf war ich jedoch glücklicher und traf die Damen wieder. Diesmal war die Unterhaltung schon vertraulicher; wir kamen auch auf den Don Juan zu sprechen, der, wie ich hoffte, jetzt bald in der Großen Oper in Szene gesetzt werden sollte, wobei mir die Herzogin sagte: «Neapel ist nicht so groß, daß man nicht erführe, was gewisse Leute treiben, besonders bei Hofe ...» Dabei drohte sie mit dem Finger. Ich stellte mich jedoch, als verstünde ich nicht, was sie damit meinte, küßte ihr die Hand und wandelte noch eine geraume Zeit an ihrer Seite, als

wir die Marchesa Cavalcanti mit ihrer Vertrauten in einer Allee auf uns zukommen
sahen. «Ah, jetzt kommt die Rechte», meinte die Herzogin, «werden Sie nur nicht
rot.»

«Illustrissima*, ich wüßte nicht …»

«Schon gut.» Wir gingen auf die Damen zu, und als wir in ihrer Nähe waren,
sagte die Atri zur Marchesa: «Hier führe ich Ihnen einen Kavalier zu, der Sie schon
lange sucht.»

«Das bezweifle ich», versetzte diese etwas ironisch, «er war in zu guter Gesellschaft.» Die Unterhaltung wurde nun allgemein, bis sich sämtliche Damen wieder in
den Palast entfernten, worauf ich nicht sehr befriedigt nach Neapel zurückritt.

Damals trug sich ein komisch-politischer Vorfall zu: Die Douaniers an der Küste
von Kalabrien hatten eine von Sizilien kommende Barke mit Nachtgeschirren gekapert, lauter englische Ware, als man nach Mitternacht landete, um seine verbotene
und doppelt gefährliche Ware einzuschmuggeln. Es waren dies nämlich keine gewöhnlichen, sondern bemalte Nachtgeschirre, in deren Grunde sich Napoleons
Porträt mit weitaufgesperrtem Mund befand. Dergleichen Geschirre bedienten sich
schon länger in England die eingefleischten Feinde des französischen Kaisers und
hatten sie auch nach Spanien und Sizilien versendet und zum Teil daselbst ver-
schenkt. Als die Sache vor Murat kam, befahl er, die Geschirre sämtlich zu zerschlagen und die Trümmer ins Meer zu werfen, die Schiffer aber, die sie gebracht,
sollten vor ein Kriegsgericht gestellt und erschossen werden. Glücklicherweise waren sie entwischt. Bald aber kam die Polizei der Tatsache auf die Spur, daß schon
mehrere solcher Geschirre eingeschmuggelt worden seien und es selbst in Neapel
Personen gäbe, die sich solcher bedienten.

Das Polizeiministerium wollte nun die Sache näher untersuchen und Haussuchungen bei Verdächtigen anstellen.

Murat war aber so klug, dies zu untersagen und die Sache niederzuschlagen, obgleich behauptet wurde, daß auch dergleichen Geschirre mit seinem Bild vorhanden seien. Eines mit dem Napoleons habe ich selbst als eine Kuriosität bei Moritz
gesehen, auch versicherte man, daß sich die alte Königin von Neapel sowie der
ganze Hof in Sizilien ihrer bediene. Als aber die Sache auf dem Festland ruchbar
wurde, fanden die Besitzer derselben für geraten, dieses gefährliche Eigentum zu
zertrümmern. Hätte Murat die Sache nicht niedergeschlagen, so hätte es einen großen Skandal gegeben, der hundertmal mehr geschadet als genutzt haben würde.

Ich brachte den Sommer abwechselnd in Caserta und Capo di monte zu. Im er-

*) «Hochverehrteste …» (soviel wie: Hochverehrte Dame)

steren Ort hatte ich nun öfter Gelegenheit, die hübsche Herzogin von Atri zu sehen und zu sprechen und kam endlich so weit mit ihr, daß ich auch nächtliche Promenaden in den reizenden Gärten Casertas mit ihr machte, wobei sie jedoch immer ihre vertraute Freundin, die Marchesa Misuraca, begleitete, die oft den Lauerposten übernahm. Eines Abends, es war beinahe Mitternacht, als wir eben recht vertraulich in einer Laube saßen und die Marchesa Schildwache stand, damit wir vor Überraschung sicher seien, stürzte sie plötzlich mit den Worten «Ecco la regina!» [Achtung, die Königin!] herein. Ich war mit einem Satz hinter der Laube und eilte der entgegengesetzten Seite zu, von der ich die Königin kommen wähnte, aber kaum hatte ich einige dreißig Schritte gemacht, so stand ich ihr, die von einigen Damen und Kavalieren begleitet war, gegenüber. Ich konnte ihr nicht mehr unbemerkt entwischen, und sie stellte mich mit den Worten «Ei, was machen Sie denn noch so spät zu Caserta?» zur Rede.

«Majestät, die herrlichen Nächte haben mich in diesem entzückenden Aufenthaltsort zurückgehalten.»

«Und vielleicht noch etwas anderes», versetzte die Königin.

«Oh, nicht doch, Majestät», sagte ich nun sehr laut, damit es meine beiden Damen hören sollten, um der Königin entgehen zu können, «nur das Paradiesische dieses Ortes, dessen Zaubergärten ich auch einmal des Nachts durchwandern wollte, haben mich hierhergezogen.»

«Lassen Sie das künftig bleiben», sagte die Königin etwas scharf betonend, «hören Sie?»

«Wie Ihre Majestät befehlen», erwiderte ich mit einer tiefen Verbeugung und entfernte mich mit ihrer Erlaubnis. Ich wollte nun meine Damen noch aufsuchen, konnte sie aber nicht mehr finden und machte mich nach Neapel auf, überlegend, was diese Begebenheit wohl für Folgen haben könne. Caroline sah es nicht gern, daß man sich zur Nachtzeit in den Gärten von Caserta umhertrieb, denn diese waren auch der Tummelplatz ihrer verliebten Intrigen und galanten Abenteuer. Am anderen Morgen schrieb ich sogleich ein Billett an die Marchesa Misuraca, um dieser meine kurze Unterredung mit der Königin mitzuteilen, damit sich die Herzogin Atri und sie danach richten konnten. Eben war ich im Begriff, das Billett meinem Reitknecht, einem pfiffigen Burschen, zu übergeben, als ein Kammermädchen der Misuraca bei mir auftauchte und mir mündlich im Namen ihrer Herrschaft zu wissen tat, ich möchte mich an diesem Abend nach Sonnenuntergang in der Villa Reale einfinden, wo man mich zu sprechen wünsche.

Hier traf ich, nachdem ich einigemal auf und ab gegangen war, zwei verschleierte Damen an, die mir ein Zeichen gaben. Es war die Marchesa mit einer

Cameriera. Erstere teilte mir mit, die Königin wisse, daß ich in jener Nacht mit Damen im Garten zu Caserta ein Rendezvous gehabt, und sie habe andere Damen beauftragt, sich alle Mühe zu geben, um zu erforschen, wer jene gewesen seien. Dies habe aber nichts zu sagen, und ich würde dennoch ihre Freundin am sichersten und unbemerktesten in Caserta sprechen können, nur müsse dies nicht mehr im Garten selbst, sondern in dem angrenzenden dichten Ulmen- und Eichenwald geschehen. Auf diese Weise setzten wir auch unsere Zusammenkünfte den ganzen Sommer ungestört fort.

Damals wurde unter den Offizieren und überhaupt den höheren Ständen zu Neapel hoch und viel gespielt, namentlich war das Haus des Prinzen Pignatelli eines der berüchtigsten Spielhäuser, und ich habe einen Abend über tausend Dukati gewonnen, von denen ich aber bald sagen konnte: Wie gewonnen, so zerronnen. In manchem dieser Häuser ging es auch eben nicht zum ehrlichsten her, und die neapolitanischen Adligen rupften die Offiziere und Angestellten nicht übel, sich allerlei Spielkunstgriffe und Kniffe erlaubend. Eines Abends, es war nicht lange vor meinem plötzlichen Abmarsch von Neapel, pointierte ich stark im Pharo. Ein gewisser Martin, ein Franzose, hielt die Bank. Ich verlor ansehnliche Summen, aber der König, der hinter mir stand, encouragierte [ermutigte] mich fortwährend, zu dublieren, und als ich schon über dreitausend Franken verloren und kein Geld mehr bei mir hatte, sagte er mir: «Nur zu, ich repondiere [hafte] für alles.» Ich verspielte nun noch sechstausend Franken auf Parole. Murat versprach mir, sie an Martin zu bezahlen, was er diesem auch zurief und dem ich einstweilen einen Schein darüber zustellte. Murat vergaß es, und ich fiel bald darauf in Ungnade, wurde nach Korfu geschickt, und die Schuld blieb hängen.

Anfang des Winters dieses Jahres veranstaltete Murat ein seltsames Fest, zu dem die Gäste Einladungskarten für ein Festino und Souper suspendu [hängendes Abendessen] im Saal von San Carlo erhielten. Jedermann zerbrach sich den Kopf, was dies wohl für ein Souper sein möge, und die meisten meinten, daß man dabei wohl hungrig nach Hause gehen würde. Dem war aber nicht so. Als um Mitternacht der Tanz suspendiert wurde, lud man sämtliche Damen ein, sich auf die den Olymp vorstellende Bühne zu begeben, auf welcher eine große Tafel in Hufeisenform gedeckt war, die aber völlig leer blieb. Man sah verwundert einander an, die Damen fragten die hinter ihnen stehenden Herren, was denn dies zu bedeuten habe, als sich plötzlich der Theaterhimmel dicht und stark bewölkte, dann aber verteilten sich die Wolken wieder, und zwischen Himmel und Erde schwebten unzählige silberne Schüsseln, aus denen der Geruch der köstlichsten Speisen dampfte. Die Schüsseln wurden nun bis beinahe vor die Nasen und Mäuler der harrenden Gäste herabgelassen, als aber einige danach greifen wollten, entschlüpften sie ihnen schnell wieder in die Höhe, ließen sich dann wieder herab, um abermals den hungrigen Mäulern durch das Hinauffahren zu entgehen.

Dies Manöver wurde so lange wiederholt, bis es schien, als wollten die Gäste endlich die Geduld verlieren. Jetzt wurden alle Speisen und mit ihnen die köstlichsten Weine, Liköre und andere Getränke herab und auf die Tafel niedergelassen, wo sie unwandelbar stehen blieben und mit dem heitersten Humor verzehrt wurden, worauf man wieder bis gegen Morgen tanzte.

Ende Oktober kehrte der Hof nach Neapel zurück und installierte sich wieder im Palazzo Reale. Ich setzte mein Verhältnis mit der Marchesa Cavalcanti und der Herzogin von Atri fort. Meine Zusammenkünfte mit der Herzogin waren jetzt sehr romantisch, denn sie fanden meist um Mitternacht auf der in einen Garten verwandelten Terrasse eines Hauses statt, zu der ich nur durch ein anderes drei Häuser davon entferntes Gebäude kommen konnte. Dieses Verhältnis mußte aus mehreren Gründen äußerst geheim gehalten werden, weil ich seit kurzem einen sehr mächtigen Nebenbuhler hatte und der kein anderer als Seine Majestät selbst war, aber, wie mir die Herzogin feierlichst versicherte und beschwor, von ihr nicht erhört würde. Ich zweifelte, denn ich wußte längst, was es mit diesen feierlichen Versicherungen und Schwüren auf sich hat. Sie aber meinte: «Wir müssen unser Einverständnis um so geheimer halten, weil der König sonst leicht auf den Gedanken kommen könnte, ich schöpfe die ganze Kraft meines Widerstandes in den Armen eines anderen Geliebten.»

Eines Abends stellte sie mir ein ziemlich schweres Päckchen zu, in ein Papier gewickelt, mit der Bitte, es zu öffnen. Ich tat es und fand ein sehr zierlich gearbeitetes silbernes Ei von der Größe eines Enteneis, an einer venetianischen Kette befestigt, das sich durch einen leichten Druck in der Mitte öffnete, wo sich dann ein goldener Dotter zeigte; auch dieser öffnete sich, und man erblickte nun ein Herz von Rubinen, das durch eine blitzende Flamme von Diamanten entzündet und von einem Smaragdband umgürtet war. Das Kleinod war von bewundernswürdiger Arbeit. Mariana, so der Taufname der Atri, sagte mir, sie habe das prächtige Geschenk diesen Morgen gefunden, ohne den Geber zu kennen, der aber wohl kein anderer als der König sein könne. Ich entdeckte jetzt, daß sich auch das Rubinenherz öffnete und fand ein mit Rosen verschlungenes brillantenes und gekröntes M.

«Was soll ich nun damit anfangen?» fragte sie mich. «An ein Zurückgeben ist wohl nicht zu denken, da ich nicht einmal weiß, wer es überbracht und niemand von meinen Leuten etwas davon wissen will. Meinem Mann mag ich auch nichts davon sagen, dies wäre ganz unnütz.»

Ich riet ihr mit etwas mißtrauischen Blicken, es zu behalten, bis sie Gewißheit über den Geber habe. Dies Geschenk war jedoch Ursache, daß es einiges Schmollen zwischen uns setzte.

Eine sehr tragische Begebenheit, die um Weihnachten vorfiel, machte damals großes Aufsehen und setzte ganz Neapel und besonders die Geistlichkeit in Alarm. Ein Neapolitaner, der seine Gattin und deren Beichtvater in Flagranti ertappte, hatte beide ermordet. Das in große Unruhe versetzte Heer der Pfaffen wollte, daß der Mann eine exemplarische Strafe, wenigstens den Feuertod, erhalten oder geviertelt werden sollte. Das gewöhnliche Hängen, Erschießen oder Guillotinieren war ihnen viel zu gelinde. Aber nachdem die Sache gehörig untersucht war, begnadigte Murat den Mörder, setzte ihn mehrere Monate in einen Kerker der Festung Gaeta, ließ ihn dann aber wieder frei. Bald nachher fand man ihn ermordet in seiner Wohnung zu Neapel, ohne daß es möglich war, den Mörder ausfindig zu machen. Bei der Untersuchung hatte sich herausgestellt, daß der Pfaffe schon vor der Verheiratung der Gattin einen vertrauten Umgang mit derselben gehabt und der Stifter dieser Ehe gewesen war.

Weihnachten ging auch dieses Jahr recht vergnügt für mich vorüber, die Buden der Toledostraße waren auf das eleganteste herausgeputzt und mit künstlichen und natürlichen Kostbarkeiten überladen. Aber weit anständiger wurde die Weihnachtsfeier und besonders die Mitternachtsmesse hier als in Rom begangen, wo die Römer meist einen bacchantischen Tumult in den Kirchen machen und alle möglichen Profanationen begehen. Auch die Neujahrsgratulationen wurden mit der gehörigen Feierlichkeit ausgeführt und dargebracht und waren besonders bei Hof außerordentlich glänzend. Nur bei meinem Vetter Moritz war es diesmal anders. Er hatte durch eine unglückliche Baumwollspekulation, und zwar durch die Schuld der französischen Regierung, welche in Livorno Beschlag auf seine Schiffe gelegt hatte, bedeutend verloren. Der Verdacht, mit England gehandelt zu haben, erwies sich zwar als völlig unbegründet, aber bis dies ausgemittelt war, worüber mehrere Monate vergingen, war die Baumwolle um vierzig Prozent gefallen. Moritz verlor über eine halbe Million und hatte nicht die mindeste Vergütung zu hoffen.

Einer der tollsten und unsinnigsten Gewaltstreiche der Art war ohne Zweifel die Verbrennung aller englischen Waren auf dem Kontinent, eine Maßregel, ebenso lächerlich als fruchtlos, die alle Gemüter, selbst die der ergebensten Satelliten des Kaisers, erboste. Auch wurde sie an vielen Orten, namentlich in Neapel, mehr zum Schein als in der Wirklichkeit vollzogen, da man die größten Vorräte verbarg und die Behörden selbst gern durch die Finger sahen; doch hatte, was hier wirklich verbrannt wurde, immer noch einen Wert von mehr als zehn Millionen und in ganz

Europa weit über mehrere hundert Millionen. Überall knirschte trotz Polizei und Spionen das Volk mit den Zähnen, murrte und fluchte, als die Flammen die kostbaren Waren verzehrten und diese in Rauch aufgingen. Wieviel Armen und Unglücklichen hätte man damit aus größter Not helfen können! Die Sache hätte dann wenigstens noch eine Art Entschuldigung, wenn auch absurd genug, gefunden; aber so war das gelindeste Urteil, das man aus dem Mund des Volkes hörte, welches sich die Sache gar nicht zu erklären wußte: «Der Napoleon muß ein Narr geworden sein!»

Das erste Festino in San Carlo, welches der Hof dieses Jahr gab, besuchte ich in einem prächtigen Don-Juan-Kostüm, einer meiner Kameraden machte den Leporello. Den Anzug hatte ich von dem Theaterschneider dazu machen lassen. Der Mantel von purpurfarbigen Thronsammet war überaus reich und künstlich mit Gold und Perlen gestickt, hatte Bouillonfransen und war mit weißem Atlas, mit goldenen Bienen besät, gefüttert. Auf dem Hut waren fünf tadellose prächtige weiße Schwungfedern, durch eine brillantene Agraffe zusammengehalten und die Kiele derselben mit Zahlperlen bis an die Spitze besetzt; der übrige Anzug harmonierte vollkommen mit dieser Pracht. Auf den Schuhen blitzten brillantene Rosetten, und die Halskette war von kostbaren Edelsteinen. Alle diese Kleinodien hatte ich bei verschiedenen Damen geliehen. Den Saal mit meinem Leporello durchstreichend, fragte mich dieser bei jeder schönen weiblichen Maske: «Signor Don Giovanni, soll diese auf das Register?» Und wenn ich bejahend zunickte, schrieb er sie sogleich in das mitgeführte Buch ein.

Dieser Scherz zog mir aber schon auf dem Ball einige Verdrießlichkeiten zu, sollte aber noch ernstere Folgen haben, auch schien Murat die Sache sowie meinen ganzen zu brillanten Anzug eben nicht sehr zu goutieren [billigen], und er war, als ich ihn einigemal anredete, ganz gegen seine Gewohnheit kalt und kurz angebunden; auch merkte ich, daß meine Feinde zu meinem Nachteil sehr tätig waren. Indessen lief auf dem Ball noch alles gut ab, und ich verließ ihn, zufrieden mit der Rolle, die ich gespielt hatte, gegen Morgen.

Als ich aber, nachdem ich ein paar Stunden geruht, erwachte, empfing ich ein Billett von einem Bataillonschef der Gardegrenadiere namens Colard, der sich beleidigt fand, daß ich auch seine hübsche junge Frau auf mein Don-Juan-Register hatte setzen lassen, mich deshalb zur Rede stellte und Auskunft verlangte. Ich begab mich auf der Stelle selbst zu ihm, erteilte ihm mein Ehrenwort, daß die ganze Sache durchaus nichts als ein erlaubter Maskenscherz gewesen sei, erklärte mich aber zu gleicher Zeit bereit, ihm jede Satisfaktion, die er nur wünschen könne, zu geben. Der Mann war aber mit meiner Erklärung zufrieden, lud mich ein, mit ihm zu dejeunieren, was ich annahm, seine liebenswürdige Frau erschien bei dem Frühstück, wo wir über den ganzen Vorfall scherzten, und wer weiß, ob Madame Colard nicht wirklich auf mein Register gekommen wäre, wenn mich nicht ein schon im Anzug befindliches Ungewitter im Sturm aus Neapel entfernt und weit über das Meer geschleudert hätte.

Damals begann man schon von einem neuen bevorstehenden Krieg, an dem das neapolitanische Heer und sein Herrscher tätigen Anteil nehmen sollte, zu murmeln, und da man wohl wußte, daß sich das Ungewitter im Nordosten zusammenziehe, freute ich mich schon darauf, endlich einmal Deutschland wiederzusehen und mich in meiner Heimat und bei meinen Verwandten in meiner militärischen Glorie präsentieren zu können. Aber einige Tage nach diesem Fest erhielt ich in aller Frühe eine Order von dem Kriegsminister, mich bereitzuhalten, binnen vierundzwanzig Stunden mit einem Detachement neapolitanischer und französischer Truppen nach Tarent abzumarschieren, wo mich weitere Verhaltungsbefehle erwarteten.

Beim Durchlesen dieses Befehls hielt ich das Ganze anfänglich für einen Irrtum, eilte in das Kriegsministerium, wo ich durch einen der Bureauchefs erfuhr, daß kein Irrtum möglich, der Befehl vom König selbst gekommen sei, und zwar mit dem ausdrücklichen Beisatz, ihn augenblicklich zu vollziehen. Nun war ich wie vom Donner gerührt und wußte mir die Sache nicht zu erklären. Noch vor wenigen Tagen hatte ich aus guter Hand erfahren, daß der König die Absicht habe, mich nächstens zum Stabsoffizier zu befördern und unter die Zahl seiner Adjutanten aufzunehmen, und nun diese plötzliche allerhöchste Ungnade! Ich eilte in den Palast, konnte aber nicht vor Murat kommen, sondern nur soviel von dem diensttuenden Kammerherrn herausbringen, wenn der Kriegsminister eine solche Order bekomme, habe es auch seine Richtigkeit damit. Ich sprach noch die Cavalcanti, die aber von allem nichts wußte, und einige andere Bekannte, die mich mit ein paar bedauernden Worten und Achselzucken entließen, und empfand so, was es heißt, in königliche Ungnade zu fallen. Ich sah nun wohl ein, daß mir hier nichts anderes übrigblieb, als Order zu parieren, ließ packen und machte mich zum Abmarsch bereit.

Noch aber wollte ich die Herzogin von Atri sprechen und begab mich deshalb zu ihrer intimen Freundin, diese zu bitten, eine letzte Zusammenkunft zu veranstalten. Die Marchesa Misuraca fuhr sogleich zur Atri, kam jedoch sehr schnell wieder zurück und entdeckte mir, daß diese seit vierundzwanzig Stunden äußerst streng von ihrem Gatten bewacht würde, so daß sie keinen Schritt ohne denselben zu tun vermöge, und daß dies durch den Einfluß einer allerhöchsten Person geschehe. Der König sei jedenfalls dabei im Spiel . Durch ein späteres Schreiben dieser Dame erfuhr ich, daß ich mir Murats Ungnade sowohl durch meine Bekanntschaft mit der Herzogin von Atri wie durch meine zu große Vertraulichkeit mit der ersten Tänzerin, auf welche Seine Majestät ebenfalls ein Auge geworfen hatte, zugezogen.

Ich meldete mich nun bei dem Bataillonschef, der die nach Tarent bestimmten Truppen befehligte und mir eine Kompanie zur Führung übergab. Nach einer fast schlaflosen Nacht marschierte ich in aller Frühe mit diesen Truppen aus Neapel in einer höchst düsteren und melancholischen Stimmung ab. So traurig hatte ich bis jetzt noch keine Garnison verlassen. Noch vierundzwanzig Stunden vorher sah ich mich auf dem Gipfel des Glücks, hoffte bald ein Oberstpatent in meinem Portefeuille zu haben, sah mich als Murats Adjutant, ein Generalspatent konnte dann auch nicht lange mehr ausbleiben, dem der Marschallstab bald folgen mußte, mit dem jetzt immer ein Herzogstitel, vielleicht auch ein Herzogtum verbunden war, wenn mir das Glück in einem Feldzug günstig sein würde, vielleicht gar einmal das Großherzogtum Frankfurt, und während ich so à la Milchmädchen träumte und Pläne machte, brach auch mein Topf, und eine einzige Order vernichtete alle. Aber wie bald sollte es nicht hundert anderen und selbst Murat und Napoleon ebenso ergehen.

Erst in Tarent sollte ich völlige Gewißheit über mein Schicksal erhalten, und bis dahin plagte mich obendrein eine peinliche Unruhe, das Schlimmste von allem. Indessen wer weiß, wozu es gut war; wäre es nicht so gekommen, hätte ich mit nach Rußland gemußt, vielleicht in dessen Eisfeldern mein noch junges Leben ausgehaucht. Bald darauf brachen Murat, seine Garden und seine Armee nach Deutschland auf, um sich dem großen, sich daselbst versammelnden Heer anzuschließen, das Rußland nicht eroberte.

XXIX

Marsch von Neapel nach Tarent – Eine Zusammenkunft zu Caserta –
Die caudinischen Engpässe – Avellino – Tarent – Einschiffung nach Korfu –
Seegefecht auf der Höhe von Tunis – Ankunft zu Korfu – Beschreibung
der Ionischen Inseln – Seltsame Zusammensetzung der Garnison – Pallea
Castrizza – Erdbeben – Ein giftiger Schlangenbiß – Das Sankt Spiridionsfest –
Capo d'Istria – Die Entführung einer Braut – Ein Seeturnier –
Der leukadische Felsen – Fano

Kaum hatte ich noch soviel Zeit, vor meinem Abmarsch meinen besten Freunden und Bekannten in Neapel ein Lebewohl im Vorübergehen zu sagen. Bei ziemlich trübem Wetter, das mit meiner Stimmung harmonierte, marschierten wir ab. Unsere erste Etappe sollte Nola sein. Als wir auf halben Weg dahin haltmachten, kam ein zweirädriges Kabriolett in großer Hast gefahren und hielt, als es die Truppen erreicht hatte. Ein Mensch in Zivilkleidern sprang heraus, erkundigte sich nach mir und übergab mir ein Billett, in dem mich die Duchessa d'Atri dringend aufforderte, mich sogleich nach Caserta zu begeben, wo sie mich noch einmal zu sprechen wünschte. Sie habe jetzt nach meiner Abreise ihre Freiheit wieder erhalten. Dem Überbringer möge ich Antwort mitgeben. Ich ging zum Bataillonschef, um von diesem die Erlaubnis zu erhalten, mich auf sechs bis acht Stunden entfernen zu dürfen. Dieser wagte es jedoch nicht, die Verantwortung auf sich zu nehmen, und verstand sich nur dazu, meine Abwesenheit ignorieren zu wollen, solange dieselbe unbemerkt bleiben würde. Ich schrieb nun mit Bleifeder auf ein Blättchen, daß ich in einigen Stunden zu Caserta an dem mir angegebenen Ort eintreffen würde. Das Detachement marschierte weiter, ich blieb mit einem Bedienten zurück, ritt in gestrecktem Trab über Marigliano und Acerra nach Caserta und legte den sechs Stunden langen Weg in weniger als zwei zurück. Die schweißtriefenden Pferde ließ ich einstellen und eilte in den Garten, wo ich niemand fand.

Bereits wartete ich an dem von Neapel kommenden Weg beinahe eine Stunde, als ich endlich ein Mietfuhrwerk sah. Ich stellte mich hinter die Gemäuer, um den Wagen ungesehen vorüberfahren zu lassen, und erblickte in demselben zwei hübsche und sehr nett gekleidete Landmädchen, die ich aber bald für die Duchessa und ihre Freundin erkannte. Ich eilte ihnen nach und schloß die heftig weinende und mir um den Hals fallende Atri in die Arme, die mir schluchzend sagte, wie sehr ihr diese ganze unerwartete Trennung zu Herzen gehe, daß sie untröstlich und überzeugt sei, daß der Schlag vom König selbst käme, ihn aber unsere gemeinschaftlichen Feinde herbeigeführt hätten. Ich suchte nun alle möglichen Trostgründe hervor, daß Tarent nicht aus der Welt liege, ich später gewiß wieder nach Neapel zurückkommen würde und ähnliches. Aber dies alles fruchtete wenig, sie behauptete, daß wir uns jetzt zum letztenmal sähen, und hatte recht.

Die beiden Damen waren, um ganz unbemerkt nach Caserta zu kommen, aus einem Casino in der Nähe von Neapel abgefahren, in welchem sie sich als Landmädchen verkleidet und wohin sie den Mietwagen hatten kommen lassen. Wir brachten noch ein paar selige Stunden zu und versicherten uns beim Abschied mit tränenden Augen ewige Liebe. Meine teure Geliebte gab mir beim Abschied eine in Gold gefaßte Locke nebst einem Ring, wogegen ich ihr ein Büschelchen von meinen Haaren abschneiden mußte. Nach einem reichlichen Tränenbad von seiten der Damen stiegen diese in ihren Wagen, um nach Neapel zurückzukehren, während ich im Galopp auf dem entgegengesetzten Weg davonjagte, aber mich verirrte und statt nach Nola in die Valla Caudina*, jene berühmten Engpässe, geriet.

Ich ritt in diesen Engpässen hin und her und fand sie durchaus nicht so unübersteigbar, daß sich ein Heer, besonders nach Benevento zu, wo sich das Tal sehr erweitert, nicht hätte einen Ausgang bahnen können. Während ich mich vergeblich nach einem nach Nola führenden Weg umsah, brach die Nacht herein. Nach langem Umherirren kam ich endlich in ein elendes Dorf in der Nähe von Benevento, wo ich mich entschloß, einen Teil der Nacht zuzubringen, da sowohl die Pferde wie ich zum Umfallen ermüdet waren. Zwei Stunden nach Mitternacht stand ich jedoch auf und machte mich, ohne viel geruht zu haben, wieder auf den Weg, denn ich fürchtete, daß der Bataillonschef meine Abwesenheit melden möchte, was die schlimmsten Folgen haben konnte.

Da ich wußte, daß das zweite Nachtquartier in Avellino bestimmt, und sicher war, das Detachement müsse bereits von Nola abmarschiert sein, beschloß ich, gerade nach Avellino zu reiten und meine lange Abwesenheit mit meiner Verirrung zu entschuldigen. In Benevento nahm ich einen berittenen Führer mit, den ich gut bezahlte, und traf noch vor unseren Quartiermachern in Avellino ein, wo ich das Bataillon mit Sehnsucht erwartete. Es kam erst den Nachmittag an; ich meldete mich sogleich bei seinem Kommandanten, dem ich die Fatalität meiner Verirrung mitteilte. «Es ist die höchste Zeit, daß Sie sich einfanden», versetzte er, «denn sonst hätte ich Sie melden müssen.»

---

*) Caudinische Pässe vergleiche dazu Anmerkung S. 355.

«Also noch nicht gemeldet!» rief ich aus, und ein Stein fiel mir vom Herzen. Ich erzählte nun dem braven Mann, wie es mir ergangen, und bemerkte lächelnd, wenn ich gewußt hätte, daß ich in die Engpässe geriet, ich mich gar nicht entfernt haben würde, indessen sei es mir als Soldat doch lieb, diese geschichtlich so bedeutsame Position kennengelernt zu haben. Der gute Mann wußte aber gar nicht, was ich damit sagen wollte. Er ließ sich den Unfall der Römer von mir erzählen, hörte mir mit großem Vergnügen zu und hielt mich von jetzt an für einen grundgelehrten Mann und tüchtigen Militär, so daß er mich auf dem ganzen Marsch bei allen Kleinigkeiten um Rat fragte und ich auf dem besten Fuß mit ihm stand. Am nächsten Tag marschierten wir nach Dentecane und zwar bei einer für diese Gegend grimmigen Kälte. Die Quartiere der Offiziere waren erschreckend, selbst für bares Geld nichts zu haben, und die Soldaten lagen wieder in den Kirchen.

Am vierten Tag erreichten wir Ariano bei fortwährend steigender Kälte und starkem Schneegestöber. Wir kamen halb erfroren und halb verhungert an, hatten einen Rasttag, um uns zu restaurieren, aber die Quartiere waren nicht viel besser als in Dentecane. Da ich meist ritt, hatte ich mir beinahe die Füße erfroren und konnte nur mit aller Mühe einige Paar wollene Halbstrümpfe auftreiben, mich vor der Kälte zu schützen. Solches Wetter hatte ich im südlichen Italien noch nicht erlebt, ich trug in der Regel gar keine Strümpfe in den Stiefeln. Ariano liegt auf einem sehr hohen Hügel, der die ganze Umgegend beherrscht. Man übersieht von hier aus nicht nur die großen Ebenen der Puglia, sondern man erblickt auch das Tyrrhenische und Adriatische Meer sowie eine lange Kette der Apenninen. In einem der Klöster machte ich die Bekanntschaft einiger nicht ganz unwissender Mönche, die aus ihrem ziemlich leichtfertigen Klosterleben kein Hehl machten.

Nach zwei Tagen brachen wir bei fortwährend sehr ungünstigem Wetter über Bovino, Ordona, Cerignola, kleinen und schmutzigen Orten, nach Barletta auf, einer nicht unbedeutenden Stadt von mehr als fünfzehntausend Einwohnern, die am Adriatischen Meer im Golf von Manfredonia liegt. Hier hatten wir wieder einen Rasttag. In Bovino betraten wir das Gebiet des alten Apulia, welches jetzt die Provinzen Bari, Otranto und die Capitanata umfaßt. Das Land ist im ganzen eben und sandig, aber dabei doch sehr fruchtbar, seine Weine sind vorzüglich und sehr beliebt, ebenso das Öl, das Schlachtvieh und die Angurien, eine Art köstlicher roter Wassermelonen. Ich war über die vielen an der Küste des Adriatischen Meeres liegenden, ziemlich gut gebauten Städte, die meist wohlhabend sind und Handel mit Landesprodukten treiben, erstaunt. Die Bewohner dieser Gegend sind ein heiteres, lebenslustiges Volk, ganz verschieden von den wilddüsteren Kalabresen. Von hier marschierten wir über Trani, Bisceglie, das auf einem wegen seines vortrefflichen

Weins berühmten Felsen liegt, Molfetta, durch seine Fabriken und seinen Schiffs-bau bekannt, Giovinazzo mit einem festen Schloß, lauter bedeutenden, an dem Meeresufer liegenden Städten, nach Bari, wo wir abermals einen Tag rasteten. Es war gerade Karneval, als wir hier waren, und eine Menge Masken zogen zu Fuß und in Wagen durch die Straßen der Stadt.

Von hier aus verließen wir wieder die Küste und marschierten nun durch eine fast ganz wüste Gegend und abscheuliche Nester und Wege nach Tarent. Es war Tauwetter eingetreten, der Boden beinahe grundlos, so daß man bei jedem Schritt steckenblieb und die Leute die Schuhe oft mit den Händen aus der Erde graben mußten. Die erste Nacht brachten wir in einzeln stehenden Gebäuden und Höfen zu. Die Märsche wurden jetzt immer beschwerlicher, der Boden seichter, und die Entfernungen schienen endlos. Um sieben Uhr des Morgens hatten wir jenes Ge-höft verlassen, und erst abends nach sechs Uhr, bei schon dunkler Nacht, kam ein Drittel der Mannschaft in Gioia, einem ärmlichen Städtchen, an. Der Rest des Ba-taillons hatte sich in Marode und Nachzügler aufgelöst und kam einzeln bis nach Mitternacht angehinkt. Selbst in Kalabrien entsinne ich mich keines so abscheuli-chen Marsches, die Pferde sanken oft bis über die Knie ein, und ich hatte fast den ganzen Weg zu Fuß gemacht.

Schon war Mitternacht vorüber, und noch immer fehlte die Nachhut nebst dem Bagagewagen, auf dem sich auch mehrere Offiziersfrauen befanden, deren Männer jetzt in großer Angst waren. Höchst besorgt rafften sich einige Leute zusammen, sie zu suchen. Sie fanden endlich den Wagen am Saum eines Gehölzes bis an die Ach-sen im Kot steckend, die Damen aber einige hundert Schritte davon entfernt, tiefer im Wald um ein lustig brennendes Feuer, welches die Fuhrknechte angezündet hatten, trübselig und zähneklappernd sitzen. Von der ganzen Arrieregarde [Nach-hut] war nur noch der Offizier, ein Sergeant und ein Tambour vorhanden, die ab-wechselnd bei dem Wagen und dem Feuer wachten, die übrige Mannschaft hatte sich zerstreut oder verirrt und kam erst am anderen Tag in Gioia an. Die Damen wurden nun auf Pferde gesetzt und kamen so gegen Morgen in das Quartier.

Vier oder fünf Tage mußten wir in dem erbärmlichen Gioia bleiben. Ich hatte ein Quartier bei einer sehr hübschen jungen schwarzäugigen Bürgersfrau, deren Mann eine gute Haut war, sich gern zu Kommissionen gebrauchen und verschik-ken ließ, wo ich dann seine Abwesenheit gut zu nutzen verstand. Während unsres Aufenthalts kamen sämtliche Offiziere jeden Morgen in einer Art Kaffeehaus zu-sammen, wo dann bei einem Eierkaffee – Milch gab es keine – Konseil gehalten wurde, ob wohl an ein Weitermarschieren zu denken sei. Ich widerriet dem so oft als möglich, meiner liebenswürdigen Wirtin zu Gefallen, endlich mußte aber doch der Sache ein Ende gemacht werden, und am fünften Tag bestimmten das Konseil und der Kommandant, daß wir am kommenden Morgen nach Tarent aufbrechen würden, wo wir nach zweimal vierundzwanzig Stunden ziemlich wohlbehalten eintrafen und zu unserem nicht geringen Erstaunen ein französisches Geschwader auf der Reede vor Anker liegen sahen, das schon etwa vor acht Tagen von Toulon gekommen war.

Hier fand sich auch ein Befehl zu unserer Einschiffung vor sowie unsere Bestimmung, die Insel Korfu. Ich wurde dem zweiten daselbst in Garnison stehenden Régiment étranger [Fremdenregiment] zugeteilt. Einen Brief von meiner geliebten Atri, in einem anderen der Marchesa eingeschlossen, fand ich poste restante [postlagernd] vor, wie wir es verabredet hatten. Derselbe enthielt nebst zärtlichen Beteuerungen ewiger Liebe die ausführliche Geschichte der Intrige, die mich so plötzlich und unerwartet aus Neapel gebracht und die niemand anders gesponnen hatte, als mein Busenfreund Laviani im Verein mit Longchamps und dem Sekretär Montfort. Er war nämlich meinem Verhältnis mit der Atri auf die Spur gekommen, und da er wußte, daß auch Murat ein Auge auf die Dame hatte, bestach er eine Kammerfrau der Herzogin, die ihm Briefe und Billetts von mir auslieferte, welche dem König in die Hände gespielt worden waren. Daher die plötzliche allerhöchste Ungnade, die mich aus allen meinen Himmeln in die bodenlosen Gründe Apuliens gestürzt hatte. Jetzt war mir alles klar. Die Geschichte gab indessen der neopolitanischen schönen Welt hinlänglichen Stoff zu sehr unterhaltenden Klatschereien. Da der Wind nicht günstig war, so konnten wir auch nicht sogleich abfahren, sondern verweilten noch ungefähr acht Tage im Golf von Tarent.

Diese uralte Stadt, ehedem eine der bedeutendsten von Großgriechenland und hochberühmt in der Geschichte, mochte jetzt etwa 20 000 Einwohner zählen, deren größter Teil von der hier sehr ergiebigen Fischerei lebt. Außerdem ist ihr Handel mit Wolle, Öl, Korallen, Thunfischen, Sardellen usw. bedeutend. Sie liegt auf einer Felseninsel an dem großen Golf, dem sie ihren Namen verleiht, und ist durch eine Brücke mit dem Festland verbunden. Von dem alten Tarent sieht man noch Ruinen in der Nähe der heutigen Stadt, die den Raum einnimmt, auf welchem das Kastell der alten stand. Sie hat auch ein festes, fast uneinnehmbares Schloß. Ihr Hafen ist sehr versandet und kann nur von leichteren Schiffen besucht werden; alle größeren müssen im Golf vor Anker liegen. Die Austern sind hier vortrefflich und die schmackhaftesten, die es gibt; für einen Gran, etwa einen Kreuzer, erhält man ein ganzes Dutzend. Die Zeit, während welcher uns die widrigen Winde noch zurückhielten, wurde mir gewaltig lang, obgleich ich jeden Nachmittag bis zur Nacht in der Stadt zubrachte und die Kirchen besuchte.

Endlich war uns der Wind günstig, und am achten Tag nach unserer Ankunft verließen wir unter vollen Segeln den Golf von Tarent. Ich war mit der Kompanie, die ich befehligte, auf dem «Boreas», einem Linienschiff von achtzig Kanonen, mitsamt meinen drei Pferden. Das Einschiffen dieser Tiere war komisch genug; nachdem man ihnen Gurte um den Bauch gebunden, wurden sie von einer Barke in die Höhe gewunden, so daß sie bald mit allen vieren zwischen Himmel und Wasser schwebten, wobei es ihnen sonderbar zumute gewesen sein mag und sie festen Fuß zu fassen suchten, daß es recht jämmerlich-ergötzlich anzusehen war. Als die Anker gelichtet waren, fuhren wir in aller Frühe davon, aber gegen Abend erhob sich ein gewaltiger Sturm, der die Nacht durch wütete und die ganze Flotte aus vier Linienschiffen und mehreren Fregatten trennte und zerstreute, so daß wir mit dem anbrechenden Tag nur noch eine unserer Fregatten in weiter Ferne sahen. Da der Sturm noch immer währte, waren längst alle Segel eingezogen und das Schiff dem Spiel der Wellen und den tobenden Winden preisgegeben. Zweimal vierundzwanzig Stunden hielt dieses Wetter an, und wir befanden uns, als es nachließ, vor der afrikanischen Küste auf der Höhe von Tunis.

Gegen Mittag meldeten die Wachen auf den Masten, daß sie am Horizont gegen Norden mehrer Schiffe wahrnähmen. Bald sahen wir diese auch vom Verdeck. Man hielt sie für feindlich und hatte in kurzer Zeit die Gewißheit, daß es drei englische Fregatten waren, die mit vollen Segeln auf uns zufuhren. Der Kapitän des «Boreas» war ein sehr tapferer und erfahrener Seemann, von großer Entschlossenheit. Er ließ das Schiff sogleich in den besten Angriffs- und Verteidigungszustand setzen, alle Kanonen wurden angezogen, sämtliche Mannschaft an ihren Posten aufgestellt. Die Landtruppen, soweit sie fähig waren, den Dienst mit den Matrosen zusammen zu versehen, wurden, soweit nicht seekrank, ebenfalls eingesetzt. Ich stand an der Spitze derselben auf dem Verdeck. Die englischen Schiffe kamen jetzt heran, fuhren pfeilschnell an uns vorüber, schossen eine volle Breitseite, die wir sogleich erwiderten. Mehrere Kugeln hatten das Schiff von verschiedenen Seiten durchbohrt und die herumfliegenden Splitter des Holzes viele Soldaten und Matrosen verwundet. Als die dritte englische Fregatte vorüberfuhr, riß eine Kettenkugel einen Artilleriesergeanten nebst drei Mann, kaum vier Schritte von mir entfernt, nieder und schleuderte sie fort.

Ich gestehe, daß mir bei diesem Gefecht, bei dem wir nur eine passive Rolle spielten, eben nicht sonderlich zumute war. Die Größe der Gefahr, die Löcher, die das Schiff erhielt, das Getöse, Gepfeife, Gebrüll durch die Sprachrohre, der Lärm der Matrosen war uns ganz neu. Die Engländer wiederholten noch einigemal ihre Manöver, ohne daß wir ihnen einen bedeutenden Schaden hätten zufügen können, denn die Fregatten waren jedesmal wieder weiter, bevor wir unsere Ladung gaben. Auch wendeten sie wohl viermal, bevor wir einmal wenden konnten, und feuerten dann wieder von der anderen Seite. Ihre Manöver waren den unseren in allen Dingen weit überlegen. Schon hatte das Gefecht beinahe eine Stunde gedauert, ohne daß etwas Entscheidendes geschehen wäre, jedoch hatte es allen Anschein, daß wir unterliegen würden, als mehrere größere Schiffe mit vollen Segeln auf uns zukamen und Signale gaben, in denen wir die Linienschiffe der zu uns gehörenden Flotte erkannten, welche der Sturm verschlagen hatte. Nun fanden es die Engländer für gut, das Weite zu suchen, und segelten in aller Eile davon.

Die Ankunft unserer Schiffe war ein großes Glück für uns, denn wir würden sicher am Ende den kürzeren gezogen haben; an ein Ergeben wäre nicht zu denken gewesen, unser Kapitän hatte geschworen, das Schiff eher in die Luft zu sprengen. So befreit, segelten wir nun mit den bei uns ankommenden Schiffen weiter, es waren zwei Linienschiffe und eine Fregatte, verließen die afrikanische Küste, kamen an der südlichen Spitze von Sizilien vorüber und suchten baldmöglichst unsere Bestimmung zu erreichen, was am zehnten Tag nach unserer Abfahrt von Tarent der Fall war. Gegen Mittag bekamen wir die Festen und Türme der Stadt Korfu zu Gesicht, auf deren Reede wir noch am selben Abend die Anker warfen.

Gleich beim Landen fiel mir auf, daß außer dem Militär nur sehr wenige europäische und fast nur griechische, albanische, türkische und andere orientalische Trachten zu sehen waren. Besonders frappierten mich die albanesischen Soldaten, von denen ein ganzes Regiment, meist Überläufer der Miliz des furchtbaren Ali Pascha von Janina, in französischem Sold stand, mit ihrem Nationalkostüm, ihren kostbaren Waffen und ihren ungeheuren großen silbernen oder goldenen Schnallen in Tellerform, mit silbernen Ketten belastet, welche bei jedem Tritt klirrten und rasselten.

Die neuangekommenen Truppen wurden sogleich in die Fortezza Vecchia untergebracht; die Offiziere erhielten Quartiere in der Stadt, die aber nur aus einem fast ganz kahlen Zimmer bestanden, in welchem ein paar Blöcke mit einigen Brettern, eine dünne Matratze, zwei Bettücher von Baumwolle, eine Decke von gleichem Stoff, das Bett und zwei Holzstühle mit einem kleinen Tisch das ganze Mobiliar bildeten. Dies alles wurde durch das Quartieramt geliefert. Auch die Stabsoffiziere waren nicht viel besser logiert, nur daß sie ein paar Zimmer und Stühle mehr hatten. Die Soldaten schliefen auf den kahlen hölzernen Pritschen und hatten nicht einmal Strohsäcke, noch weniger Decken. Nur im Lazarett erhielten sie eine dünne Matratze. Diese Art zu kasernieren hatte wenigstens das Gute, daß die Leute unter dem Ungeziefer, namentlich den Flöhen, weniger zu leiden hatten.

Ich war zu dem 2. Régiment étranger versetzt worden, von dem zwei Bataillone in Korfu in Garnison lagen und bei dem ich viele alte Bekannte traf, denn es war zum Teil aus dem ehemaligen Regiment Y. gebildet, das wie das Regiment Latour d'Auvergne und andere Regimenter der Art zu mehreren Régiments étrangers, die numeriert wurden, verschmolzen worden war. Ich wurde dem zweiten Bataillon zugeteilt, das erste stand noch in Italien, welches der Bataillonschef von Brüge, mit dem ich schon in Genua in sehr freundschaftlichen Verhältnissen gestanden hatte und dessen Tochter Josephine jetzt zu einem blühend schönen vierzehnjährigen Mädchen herangereift war, kommandierte. Außer dieser Familie fand ich noch Madame Gasqui, die unter der Zeit Witwe und Geliebte des Gouverneurs der Ionischen Inseln, des Generals Donzelot, geworden war, und mehrere andere bekannte Offiziere und Damen vor.

Die Ionischen Inseln waren durch den Frieden von Tilsit 1807 an Frankreich gekommen, die Engländer hatten sie aber alle bis auf das feste, mit Gewalt fast uneinnehmbare Korfu und das kleine Paxo wieder abgenommen. Nichts läßt sich mit dem Zauber der ionischen Sommernächte vergleichen, und hier währt der Sommer fast volle neun Monate. In keinem anderen Land Europas, weder in Italien noch in Spanien, noch im südlichen Frankreich sind die Sommernächte so reizend und erwecken so hohe Empfindungen und Gefühle als auf den Ionischen Inseln. Nirgends wirkt die Natur so beseligend wie in den Tälern von Korfu oder auf den Olivenhügeln von Zante. Ewig unvergeßlich sind mir die paar Jahre, die ich hier zubrachte.

Die Insel Korfu, welche zur Zeit der französischen Okkupation etwas über sechzigtausend Einwohner, die zehn- bis zwölftausend Mann starke Garnison nicht inbegriffen, zählen mochte, hat einen Umfang von beinahe dreißig deutsche Meilen. Ihre größte Länge ist zehn, ihre größte Breite vier Meilen. Sie ist ziemlich bergig und hat namentlich sehr hohe und steile Felsmassen, dabei aber auch die anmutigsten Täler, unter denen besonders das Tal Roppa in dem Kanton Liapades, das vom Flüßchen Ermones bewässert wird, sich durch seine äußerst malerische Lage auszeichnet. Gleich Adlernestern liegen Dörfer auf den höchsten Felsmassen, und schmale, in die Felsen eingehauene Staffeln führen zu ihnen, so daß es unbegreiflich scheint, wie man sich da anbauen konnte, aber oben angekommen, wird man nicht selten durch eine ziemlich große und mit Oliven und Weinreben bepflanzte Ebene überrascht. Die Bewohner dieser Orte führen meist ein fast patriarchalisches, mitunter auch halbwildes Leben. Ihr Hauptreichtum besteht in Oliven, Bökken und Ziegen, die ihnen Öl, Milch und Käse liefern. Kühe und Ochsen sind auf dieser Insel unbekannte Tiere. Das Ziegenfleisch aber sowie die Milch dieser Tiere, die sich hier von lauter aromatischen Kräutern nähren, schmecken vortrefflich. Butter kennt man nicht, das köstliche Olivenöl ersetzt sie reichlich. Fleischspeisen sind bei den Landleuten sehr ungewöhnlich, nur an hohen Festtagen wird ein Ziegenlämmchen im Freien am Spieß gebraten, und die Familie sitzt singend und scherzend um das Feuer, bis der Braten fertig ist, der sodann unter fröhlichen Gesprächen verzehrt wird, wobei gemischter Wein in irdenen Krügen herumgereicht wird. Ein berauschter Grieche ist auf den Ionischen Inseln ein weißer Rabe.

Auf der ganzen Insel ist jetzt nur noch eine Stadt, die Hauptstadt Korfu, die außerordentlich gut befestigt und von zwei durch Gewalt uneinnehmbaren Zitadellen oder Forts beschützt wird. Die Stadt zählt zwölf- bis fünfzehntausend Einwohner, die übrigen Bewohner der Insel leben teils in hundertdreißig Flecken und Dörfern, teils in einzelnen Häusern und Hütten, die auf der ganzen Insel zerstreut liegen.

Die Venezianer hatten die ganze Insel in sieben Kantone eingeteilt, und diese Einteilung wurde unter der französischen Herrschaft auch beibehalten. Eigentlichen Ackerbau kennt man so wenig wie Gemüsegärten. Der Weinstock wächst längs anderen Baumstämmen wild hinan oder auf den zu diesem Zweck amphitheatralisch angelegten Terrassen der Berge. Die Natur tut hier fast alles, der Mensch wenig mehr, als das, was sie ihm bringt, zu sammeln und zusammenzuraffen. Die Oliven werden nicht einmal von den Bäumen gepflückt, sondern man wartet, bis sie abfallen, recht [harkt] sie dann zusammen und läßt sie durch ein Pferd oder ein Maultier zwischen zwei großen Mahlsteinen zermalmen. Mühlen kennt man so wenig als Keltern. Nur einige alte Windmühlen, die aber längst nicht mehr im Gange waren, entsinne ich mich vor dem Flecken Castrades an dem Ufer der See gesehen zu haben.

Der Korfiote schläft in der Regel von der zehnten Stunde des Morgens bis zur fünften oder sechsten des Abends, vom Monat März bis Ende Oktober, und ruht dann des Nachts meistens unter freiem Himmel von den Strapazen, das heißt vom Schlafen des Tages und dem Essen aus. Letzteres ist freilich sehr mäßig, und ich glaube nicht, daß sich ein Österreicher von mittelmäßigem Appetit mit dem begnügen würde, was zehn Griechen verzehren. Vor dem Schlafengehen, das heißt um neun Uhr morgens, ist ein Stückchen Brot, etwas Knoblauch oder Zwiebel oder ein Stückchen weißer Ziegenkäse das Mahl, mit dem er zu Bette oder vielmehr zu Boden geht, denn Bettstellen sind auf dem Land ganz unbekannte Dinge, und der Korfiote schläft mit seiner Familie auf einer groben wollenen Decke auf dem ungedielten Boden seiner Hütte, der aus der kühlen Erde, wie sie die Natur geschaffen hat, besteht. Beim Wiedererwachen wird das Mittagsmahl eingenommen, dessen Zubereitung in der Regel keiner Brennmaterialien bedarf. Etwas Kräuter, mit Seesalz, Öl und Zitronensaft angemacht, ein Stückchen Brot, ein gesalzenes Fischchen, nicht viel größer wie eine genuesische Sardelle, und ein Schluck Mischwein reichen hin, jedes Glied der Familie zu sättigen.

Hierzu kommt noch, daß der Grieche fast ein Drittel des Jahres Fasten hat, welche er auf das genaueste und strengste beobachtet und während deren er sich nicht nur aller Fleischspeisen, Eier und dergleichen enthalten muß, sondern sich auch keiner Art von Fett bedienen darf, folglich auch des Öles nicht; ja nicht einmal Milch oder Käse darf er genießen. Es bleibt ihm nun nichts übrig, seinen Hunger zu stillen, als Kräuter, Gemüse, die er roh oder abgesotten mit Salz und Zitronensaft verspeist, und Brot oder Zwieback. Dabei sind die Leute kerngesund, kräftig, wissen nicht viel von Krankheiten und ebensowenig von Nahrungssorgen. Anders ist es freilich in der Stadt, deren Einwohner wenigstens zu einem Fünftel aus Italienern, meistens Venezianern, bestehen, die Abkömmlinge venezianischer Familien sind, welche Spekulation oder auch Verbannung nach Korfu führte. Unter ihnen sind manche berühmte und bekannte Namen venezianischer Nobili, wie die Grafen Monzenigo, Dandolo, Conlarini und so weiter.

Die reichen Einwohner der Stadt Korfu werden nach der Quantität Öl geschätzt, die sie alljährlich machen; und wie man zu Paris sagt, er hat so und so viel tausend Franken Einkünfte, sagt man zu Korfu, er hat so und so viel hundert Krüge Öl zu verzehren. Ebenso bekommt eine Braut eine gewisse Zahl Olivenbäume zur Aussteuer mit. Diese Bäume sind hier von einer ungewöhnlichen Größe und Schönheit, so wie man sie in keinem anderen Land Europas, weder in Spanien noch in Italien, sieht, und machen den Reichtum der Insel aus. Das Öl, besonders das von Paxo, ist vortrefflich, kristallhell und hat oft die Farbe des reinsten Quellwassers. Dieses Öl ist so wohlschmeckend, und man gewöhnt sich so sehr daran, daß, als ich wieder nach Deutschland zurückkam, ich auch die beste Butter unangenehm schmeckend fand und mich erst wieder daran gewöhnen mußte.

Die Besitzer der Olivenwälder sind große Herren und verzehrten früher einen Teil ihrer Einkünfte in Venedig, wo sie meistens den Winter zubrachten. Während der französischen Herrschaft schmolzen ihre Revenuen jedoch fast auf nichts zusammen, da man das Öl nicht ausführen konnte, indem Korfu beständig von den englischen Schiffen blockiert wurde, so daß alle Schiffahrt und Versendungen aufhörten, und nur mit großer Mühe und Gefahr die Kanonierschaluppen der Regierung in finsteren Nächten es wagten, nach Otranto zu segeln, um die Verbindung mit dem festen Land einigermaßen zu unterhalten, und dennoch fielen auch diese nicht selten in die Hände der Engländer. So kam es denn, daß der Wert des Öles, für das man keinen Absatz mehr finden konnte – das meiste ging früher nach Venedig und Triest – fast auf Null herabsank, und der Adel und die Wohlhabenden in Korfu, deren Reichtum fast ausschließlich in diesem Produkt bestand, sich in der größten Not und Geldverlegenheit befanden, so daß viele von ihnen ihre Olivenbäume umhauen, Kohlen daraus brennen ließen und diese verkauften, um leben zu können; ein ungeheurer Nachteil und Verlust, da, wie bekannt, der Olivenbaum einer langen Reihe von Jahren bedarf, bevor er so weit ist, daß er Früchte bringt.

Alles Getreide der Insel, worunter der Calambochio und Mais das meiste liefert, reicht bei aller Mäßigkeit der Korfioten kaum für den Bedarf von vier bis fünf Monaten. Das fehlende Getreide wurde gegen Öl eingetauscht. Da dieses aber während der französischen Herrschaft nicht möglich war, war bisweilen das Brot so teuer, daß die Bewohner der Stadt das Kommißbrot mit fünf bis sechs Piaster bezahlten und verhältnismäßig teurer den Schiffszwieback, wenn kein Brot zu haben war.

Der Wein auf der Insel Korfu ist sehr stark, meist schwarz und dick. Die weißen Weine sind süß, feurig und dem Zypernwein sehr ähnlich; doch gibt es auch herbe und rauhe. Würden die Weinberge sorgfältiger bebaut und wäre die Behandlung des Weines anders, müßte hier ein ganz vorzügliches Getränk gezogen werden. Es lag aber in der Politik der venezianischen Regierung, daß die Insel Korfu kein Weinland werden sollte, weil sie einen ungeheuren Gewinn am Öl machte, von dem sie wenigstens zwanzig bis dreißig Prozent zog. Deshalb hatte sie auch das Anpflanzen korinthischer Weinstöcke auf Korfu bei schwerer Strafe untersagt und nötigte so die Korfioten, sich auf den Ölbaum zu beschränken.

In der ganzen Stadt Korfu ist auch kein einziges Gebäude, das besonders erwähnt zu werden verdient, und selbst der Gouvernementspalast ist sehr mittelmäßig. An geräumigen Kasernen und Magazinen ist zwar kein Mangel, aber sie sind weder bequem noch mit Sorgfalt eingerichtet. Unter den vierzig griechischen Kirchen und Kapellen ist keine einzige in architektonischer Hinsicht von Bedeutung und nur zwei haben Türme, von denen der eine, der des Sankt Spiridion, ein Glockenturm ist. Die Glocken aller anderen Kirchen sind an einigen Seitenportalen angebracht oder hängen auch frei auf dem Dach.

Die beiden großen Forts, Fortezza-Vecchia und Fortezza-Nuova genannt, von denen das erste sehr viel große Wohngebäude, den Regierungspalast, Kasernen, Magazine usw. enthält und wieder eine besondere auf zwei hohen Felsen liegende Zitadelle hat, zu der nur ein einziger enger, durch einen Felsen gehauener gewölbter Gang führt, die Ost- und das andere, die Fortezza-Nuova die Westseite der Stadt beschützt. Die Westseite wird außerdem auf der Landseite durch sehr hohe Wälle und Bastionen verteidigt, von der Seeseite aber durch die Insel Vido, die sich in geringer Entfernung längs der Stadt hinzieht und dieser ein treffliches, mit mehreren Redouten befestigtes Bollwerk abgibt. Auf der Landseite liegen dicht vor den Mauern der Stadt noch die Forts Abraham, San Salvator und andere große Verschanzungen. Die alte Festung ist außerdem noch durch einen Kanal, über den eine Brücke führt, von der übrigen Stadt gänzlich getrennt, auf deren Seite sich längs diesem Kanal ein großer breiter, beinahe eine Miglie langer Platz, eine Art Esplanade hinzieht, der sich zu den Manövern und Revuen trefflich eignet.

Das Arsenal, die Waffenmagazine, die Werkstätten für die Waffenschmiede, die ungeheueren Vorräte an Zwieback, gesalzenem Fleisch, Käse, Speck, Reis, Bohnen, Erbsen usw. für den bald eintretenden Fall einer Belagerung befanden sich ebenfalls in dieser Fortezza sowie mehrere Kirchen und die furchtbarsten Gefängnisse und in Felsen gehauene Kerker. Auch viele griechische Viktualienhändler hatten sich hier etabliert, die den Soldaten schlechte Nahrungsmittel teuer verkauften und sonst noch allerlei Kommerz trieben. Was aber in all den Festen sowie in der Stadt selbst mangelt, ist frisches Wasser, und dieser Mangel könnte am Ende wohl bei einer Belagerung, bei der die Kommunikation zur See und zu Land abgeschnitten wäre, die Stadt Korfu mitsamt allen ihren Forts zur Übergabe nötigen. Das Wasser wird in der kurzen Regenzeit, um November und Dezember, für das ganze Jahr in den in Felsen gehauenen Zisternen gesammelt und aufbewahrt.

Die Reede von Korfu ist gleichfalls durch die erwähnte Insel Vido und durch die Batterien der Fortezza Nuova und Vecchia geschützt und bildet mit der Bucht von Manducchio den sichersten und größten Hafen in der ganzen Levante, in welchem die größten Kriegsschiffe und die größten, viele hundert Segel starken Flotten bequem vor Anker liegen können. Alle vor den Mauern der Stadt liegenden Forts und Redouten sind durch bedeckte oder unterirdische Gänge mit derselben verbunden. Sämtlich Werke und Befestigungen wurden während der letzten Okkupation der Franzosen nicht nur in besten Stand gesetzt, sondern mit vielen neuen vermehrt, und die Parapetts aller Wälle und Bastionen noch um die Hälfte erhöht.

Wenn man die Stadt durch das Tor Porta Reale verläßt, so kommt man auf eine sehr breite und schöne Heerstraße, die sich nach einer Länge von etwa dreihundert Schritten in verschiedenen Richtungen nach allen vier Weltgegenden teilt. Aber diese Straßen nehmen schon nach wenigen hundert Schritten alle eine Ende, und man kommt nun an steile, ganz unbequeme, schmale Feldwege, die über Felsen und Berge in das Innere der Insel führen. Diesen Anfang von vier Prachtchausseen ließen die Franzosen anlegen; sie weiter zu führen verbietet das Terrain. Etwa eine Stunde von der Stadt kommt man an der kleine Flüßchen Potamo, welches das meiste frische Wasser liefert und die einzigen Süßwasserfische hat.

Gegen Ende der französischen Okkupation fingen mehrere Einwohner an, französische Gewohnheiten anzunehmen und sogar französische Kleidungsstücke anzulegen. Solche Individuen metamorphosierten sich jedoch nicht plötzlich, sondern nur nach und nach wurde eines der griechischen Kleidungsstücke mit einem französischen vertauscht. So war es in der Regel das griechische Mützchen, das gegen einen runden Hut vertauscht wurde, dann folgten Stiefel, dann ein Gilet, endlich ersetzte ein Überrock die runde kragenlose Jacke, aber die anliegenden engen Pantalons waren immer das letzte Stück, durch das man die weiten ungespaltenen kurzen griechischen Pumphosen ersetzte, und es kostete große Mühe, bis man sich dazu entschloß. War aber erst diese Schwierigkeit überwunden, dann war der griechische Franzose wenigstens dem Äußeren nach fertig, und nun suchte man sich auch französische Manieren usw. anzueignen. Dies taten jedoch nur einige reiche junge Leute aus adligen Familien. Der gemeine Mann blieb dem Kostüm und den Sitten seiner Voreltern treu.

Bald nach meiner Ankunft zu Korfu wurde das Bataillon, bei dem ich stand und welches in der Zitadelle der alten Festung kaserniert gewesen, nach Sankt Theodor, einem ehemaligen griechischen Mönchskloster, beordert. Dieses Kloster lag eine kleine halbe Stunde von der Stadt in einem Olivenwald hinter dem großen Flecken Castrades.

Meinen Tisch hatte ich auf Einladung der Madame Brüge wieder bei dieser Familie genommen und es auch übernommen, bei deren hübschen Tochter den Unterricht im Klavier und Gesang fortzusetzen, den ich vor vier Jahren in Genua mit ihr anfing. Indessen war sie weit vorangeschritten, da sie seitdem in Italien bei guten Lehrern ihr musikalisches Talent ausgebildet hatte. Die Stimme meiner jungen Schülerin war stark und wohlklingend geworden, und so machten mir diese Unterrichtsstunden großes Vergnügen. Auch mit dem Tisch hatte ich große Ursache zufrieden zu sein, da in Korfu auch nicht eine einzige gute Speiseanstalt war und die unverheirateten Offiziere Menage zusammen machten, wozu ein Soldat als Koch diente. Man kann denken, wie da gekocht wurde. Doch machten einige dieser Menagen eine Ausnahme, indem sie zufällig auf ein Küchengenie gestoßen waren.

Das Leben der Garnison in Korfu war übrigens ein rechtes Schlaraffenleben. Sie war wohl über zwölftausend Mann stark, aus allen möglichen Nationen zusammengesetzt und bestand aus dem 6. französischen Linien- und dem 14. leichten Infanterieregiment, jedes über dreitausend Mann stark, zwei Bataillonen vom 2. Fremdenregiment, einem Bataillon königlich italienischer und einem anderen neapolitanischer Truppen, den Ruderas des Regiments Chausseurs de Porient, das mit der französischen Armee aus Ägypten zurückgekommen war, einem Bataillon

Septinsulaner, so genannt, weil sie unter den Venezianern einen Teil der Garnison der sieben Ionischen Inseln ausmachten und aus Dalmatinern, Slavoniern, Venezianern und einigen Griechen zusammengesetzt, einer Eskadron Chasseurs à cheval, etwa hundert Mann stark, die aber kaum sechzig Pferde hatten, dem Regiment undisziplinierter Albaneser, die nie in Reih und Glied zu bringen waren, und endlich einer sehr zahlreichen französischen und neapolitanischen Artillerie nebst mehreren Pionierkompanien, dem Ingenieurkorps, Sappeurs und Mineurs. Die ganze Marine bestand aus zwei in dem Hafen stationierten Fregatten, einigen Briggs und etlichen zwanzig Kanonierschaluppen. Dieses gewiß seltsame Gemisch, zu dem sogar Afrikaner und Asiaten gehörten, bildete die Garnison von Korfu.

Sämtliche Infanterie war zugleich für den Artilleriefestungsdienst eingeübt worden, um sie im Fall einer Belagerung die Geschütze bedienen zu lassen, da die vorhandenen Artilleristen kaum für den sechsten Teil derselben ausgereicht hätten. Der Dienst wurde aber, wenigstens von den Offizieren, ziemlich nachlässig versehen, und zwar so, daß sich dieselben erlaubten, zur Nachtzeit die Wachen zu verlassen und sich erst gegen Morgen wieder auf denselben einfanden. Viele Offiziere sowie auch Unteroffiziere und Soldaten waren hier förmliche Handelsleute, Krämer, Handwerker und so weiter geworden, trieben alle möglichen Geschäfte und erschienen fast nur bei den Revuen unter Waffen und in Uniform. Zahlreiche Offiziere machten allerlei kleine Handelsspekulationen, namentlich die der Septinsulaner, welche sich besonders auf den Schmuggel legten. Andere hatten Bäckereien angelegt, noch andere sich mit dem Wasserhandel eingelassen, ließen die Wasserfäßchen durch Soldaten hereinbringen und billiger als Griechen und Albaneser verkaufen. Die Garnison hatte in der Regel anderthalb bis zwei Jahre Sold gut, und man sah ihr deshalb manches durch die Finger.

Ein anderes Übel war, daß sich Generale bis zum Tambour Mätressen zulegten, meist arme Griechinnen, die sie mit Bewilligung ihrer Eltern zu sich nahmen, sie unterhielten und die oft sehr schön waren. Manche tauschten ihre Mätressen gegenseitig aus, worauf der eine oder der andere noch einige Pokale Wein zum besten geben mußte. Dies alles mußten sich die armen Geschöpfe gefallen lassen, sie waren manchmal auch mit dem Tausch ganz zufrieden. Diese Mädchen sprachen außer dem Korfiotischen neugriechisch, gewöhnlich etwas gebrochen venezianisch, lernten aber bald einige französische Worte plappern. Keine konnte schreiben oder lesen, selbst nicht die aus wohlhabenden Familien. Die Offiziere und Sergeantmajors, die eigene Zimmer hatten, nahmen sie meist zu sich.

Obwohl der Sold so lange rückständig war und ausblieb, lebten die Soldaten doch nicht schlecht, manche sogar viel besser als ihre Offiziere, da sie mit allerlei

Arbeiten, die hier sehr gut bezahlt werden, viel Geld verdienten. Außerdem stand die ganze Garnison fortwährend auf dem Feldetat und erhielt folglich täglich außer dem Brot ihre Portionen Fleisch, Wein, trockene Zugemüse, Salz, Holz, Essig, das freilich oft schlecht genug geliefert wurde. Oft fehlte es auch gänzlich an frischem Fleisch, und man teilte dann gesalzenes oder Speck aus den Magazinen aus. Die Soldaten wurden von den Korfioten nicht selten geprellt, wenn sie etwas verzehrten oder kauften. Man kann sich kaum einen Begriff von der Verschlagenheit, List und Schlauheit der Griechen im Betrügen machen, worin sie Meister sind. Man mag sich stellen, wie man will und noch so sehr in Obacht nehmen, immer wird man von ihnen übervorteilt. Wollte man in Korfu nicht oder wenigstens nicht so sehr hintergangen werden, so ging man zu den Juden, um etwas einzukaufen.

Die in Korfu lebenden venezianischen Familien hatten so ziemlich die Sitten und Gebräuche des Mutterstaates beibehalten und brachten die Tage und Nächte meist in ihren Kasinos und Kaffeehäusern zu, wo sie wie auf dem Markusplatz zu Venedig kannegießerten und politisierten. Auch gestatteten sie ausnahmsweise Fremden Zutritt zu ihren Häusern. Ich hatte bald die Bekanntschaft eines Grafen Mocenigo, eines äußerst interessanten, wissenschaftlich gebildeten Mannes, gemacht, dessen Familie aus Venedig stammte und der mich bat, sein Haus wie das meinige zu betrachten, mir auch seine Bibliothek zur Verfügung stellte und mir über alles, was ich von der Insel Korfu zu wissen wünschte, die beste Auskunft gab. Der Mann hatte einen großen Teil Europas, die asiatische Türkei und auch einen Teil von Deutschland bereist, nämlich Österreich. Er führte mich in ein venezianisches Kasino ein, wogegen ich ihm Zutritt in dem französischen Liebhabertheater verschaffte, das ihm viel Unterhaltung gewährte.

Das behagliche Leben in Korfu war mir zwar nicht unangenehm, aber ich fand es viel zu ruhig und zwecklos, als daß es mich hätte befriedigen können. Auch mußte ich gar manches, und namentlich Journale, Zeitungen und neue Literatur überhaupt entbehren, da die Kommunikation mit dem Festland äußerst schwierig war und immer seltener Schiffe aus Italien ankamen; aus Frankreich aber fast gar keine. Ich entsinne mich nur einer einzigen Fregatte aus Toulon, die die ersten Kartoffeln, eine auf der Insel noch unbekannte Pflanze, zum Anbauen brachte, da jedes Regiment und jede Kompanie brachliegende Ländereien in der Nähe der Stadt zugewiesen bekommen hatte, um sie zu ihren Nutzen mit Gemüse zu bepflanzen. Kleidungsstücke, Stiefel, Schuhe, Hüte und so weiter waren ungeheuer teuer. Ein Paar Suworowstiefel bezahlte man mit sechzig bis siebzig Piastern, für einen Hut ebensoviel. Andere Luxusgegenstände waren kaum zu erschwingen, weil die Engländer Korfu fast beständig und namentlich in den letzten Jahren –

1812 bis 1814 – in immerwährendem Blockadezustand hielten und die Insel umschwärmten. Mehrere englische Linienschiffe, Fregatten, Briggs, Schaluppen und so weiter kreuzten fortwährend zwischen Korfu und Italien.

Die Kommandanten der französischen Schaluppen hatten scharfen Befehl, sobald sie sich in Gefahr befänden, in Gefangenschaft zu geraten, den Briefsack, an dessen beiden Enden Kanonenkugeln befestigt waren, in das Meer zu versenken, ebenso das Geldkistchen, in welchem sich in der Regel eine halbe Million Franken in Gold und mehr zur Bezahlung des Soldes der Garnison und der Festungsarbeiten befand. Auf diese Art fanden, während Korfu von den Franzosen besetzt war, wohl fünfzehn bis zwanzig Millionen ihr Grab im Grunde des Meeres.

Die Überfahrt von Otranto stieß auf große Schwierigkeiten, und man mußte die äußerste Vorsicht anwenden, sollten die Schaluppen nicht in englische Gefangenschaft geraten. Zur Abfahrt wurde eine finstere mondlose Nacht gewählt, in welcher der Maestro, ein stark wehender Nordwind, aus vollen Backen blies. Mit diesem Wind fuhr man, sobald es völlig Nacht geworden, mit vollen Segeln von Otranto ab und kam dann am anderen Morgen, wenn alles glücklich abgelaufen war, in Korfu an. Bei der Ankunft eines solchen Seekuriers gab es allemal große Freude und Jubel in der Garnison und ein paar fröhliche Tage, denn er brachte Geld, Neuigkeiten und Nachrichten aus der lieben Heimat und auch Avancements mit. Öfter währte es auch wohl drei Monate und länger, bis ein solches Schiff durchwischen konnte. In der letzten Zeit blieben sie fast ganz aus.

Unterdessen hatte ich die Bekanntschaft der Signora Mariana Recupido, Primadonna der Opera Seria, gemacht, einer sehr geistreichen, munteren und reizenden jungen Frau aus einer guten florentinischen Familie. Ihr Vater war ein Conte Luciano, aber in Dürftigkeit geraten, daher die Tochter von ihrem nicht alltäglichen Talent und ihrer schönen Stimme den besten Nutzen zu ziehen suchte und, einmal beim Theater, einen der besten Tenöre Italiens in Bologna geheiratet hatte. Bald stand ich in einem sehr vertrauten Verhältnis mit dieser Primadonna, ging ihre Partien mit ihr durch und führte sie auch bei der Familie Brüge ein, wo ich das Vergnügen hatte, sie Duette mit meiner Schülerin Josephine singen zu lassen. Während ich mit Mariana Recupido, die ihrem Zunamen alle Ehre machte, im Vollgenuß der Liebe schwelgte, vergnügte ich mich noch bei den Präliminarien mit Josephine.

Herr von Brüge brachte, seitdem er in Korfu war, die heiße Jahreszeit in der Regel auf dem Land zu. Für diesem Sommer hatte er Pallea Castrizza [Paläokastritsa], ein altes griechisches Kloster, gewählt. Dieser Ort hatte eine wunderschöne, äußerst romantische Lage auf einer kleinen Erdzunge an der Westseite der Insel, war befestigt, und eine hohe Zypressenallee führte zu der Hölle, auf welcher das Kloster lag, zu dem man nur über eine Zugbrücke gelangen konnte. Am Fuß des Berges befand sich der kleine, zum Landen sehr bequeme Hafen Sankt Nicola. Um diesen zu schützen und Landungsversuche der Engländer zu verhindern, hatte man eine Batterie auf dem Berg im Garten des Klosters angelegt und eine Abteilung Infanterie von etwa achtzig Mann hierher beordert. Herr von Brüge wünschte, daß ich den Sommer daselbst mit seiner Familie zubringen möchte und veranlaßte deshalb, daß mir das Kommando dieses Postens auf die Dauer seines Aufenthalts übergeben und durch meine Kompanie besetzt wurde. Mir war dies ganz willkommen, denn ich befand mich nicht wohler als in Gesellschaft meiner jungen Schülerin und vermißte die in der heißen Jahreszeit ohnehin nicht sehr angenehme Stadt gern.

Pallea Castrizza liegt ungefähr vier Stunden entfernt von Korfu. Der Weg dahin führt durch sehr malerische, bald felsige, bald waldige und immer sehr gebirgige Gegenden und ist, wie die ganze Insel, sehr uneben. Für Frau von Brüge, Josphine und das Kammermädchen wurden Maultiere herbeigeschafft. Herr von Brüge, ich und noch ein Offizier ritten den Damen zu beiden Seiten. Vier Soldaten trugen mit vier anderen abwechselnd das Pianoforte meiner Schülerin, andere Maultiere deren Effekten und Matratzen. So bildeten wir mit den Truppen einen abenteuerlichen, halb militärischen, halb patriarchalischen Zug. Die Landleute, durch deren Orte wir kamen oder die uns begegneten, konnten sich keine Vorstellung von dem machen, was das für ein vierbeiniges Ding sei, das die vier Soldaten trugen. Auf dem halben Weg bei dem Flecken Liapadhes machten wir einen Halt, und da die Hitze schon sehr groß war, brachen wir erst gegen Abend wieder auf, und mit der Dämmerung rückten wir in das burgähnliche Kloster ein, dessen bisherige Besatzung in der Nacht abmarschierte.

Das große Gebäude war nur noch von zwei griechischen Mönchen bewohnt, von denen der eine eine Art Abt und der andere sein dienender Bruder war. Die Kirche mitten im Klosterhof war nach griechischem Brauch reich ausgeschmückt und gut erhalten. Wir teilten uns die Zimmer ein, die keine Glasfenster, sondern nur hölzerne Fensterläden und äußerst schlecht schließende Türen hatten und nur mit einigen hölzernen Bänken und ein paar Tischen möbliert waren. Herr von Brüge nahm ein Dutzend in Beschlag, die in einer Reihe lagen, und mir wurden zwei anstoßende zugeteilt.

Außer den Linientruppen und den Artilleristen befand sich auch noch ein Detachement von ungefähr hundert Albanesen mit zwei Offizieren in Pallea Castrizza. Diese hatten ihr Quartier in einer großen offenen Halle aufgeschlagen, welche am Abhang eines steilen Felsens am Meer lag und auf beiden Seiten durch Palmen beschattet wurde. Alle diese Truppen standen direkt unter meinem Kommando. Nachdem wir uns gehörig installiert hatten, nahmen wir ein Abendessen, dessen Hauptbestandteile frische Seefische und Langusten ausmachten. Den Wein dazu mußte der alte Klosterpapa liefern.

Da in der Bucht von Pallea Castrizza eine bedeutende Fischerei war, so ließ sich Frau von Brüge jeden Morgen die frisch gefangenen Fische präsentieren und wählte die delikatesten aus, die dann zum zweiten Frühstück zubereitet wurden. Nie habe ich köstlichere Fische gegessen wie hier. Auch hatte Frau von Brüge einen trefflichen Koch mitgenommen. Der Fischfang war so ergiebig, daß jeden Tag für viele hundert Piaster nach Korfu getragen und verkauft wurden. Die Hummern und Langusten hatten ein sehr wohlschmeckendes und zartes Fleisch, so auch das Muschelwerk. Frisches Fleisch, aber nur Ziegenfleisch, Wein, Hülsenfrüchte, Salz, Essig, Brot für das Detachement lieferte ein Bauer aus dem nahegelegenen Dorf Spagus auf Kosten der Lieferanten in Korfu. Wir erhielten Ochsen- oder Kuhfleisch, weißes Brot und andere Viktualien aus der Stadt. Wein, Öl und andere Ingredienzien für die Offiziere mußte das Kloster in hinreichender Quantität und guter Qualität geben, weshalb auch die Besatzung dessen Abt ein Dorn im Auge sein mochte.

Unser Tagewerk in Pallea Castrizza war so ziemlich jeden Tag dasselbe. Morgens stand ich vor fünf Uhr auf. Um sechs Uhr machte ich eine Promenade mit den Damen den Berg hinab, längs dem Meeresufer oder auf eine der ringsumliegenden Höhen, öfter zu den Ruinen eines alten Schlosses, Castello San Angelo genannt, das auf einem hohen Felsenberg unserem Kloster gegenüberlag und wo ein Telegraph, der mit der Stadt korrespondierte, angebracht war. um alle sich von dieser Seite nähernden feindlichen Schiffe sogleich signalisieren zu können. Besuchten wir nahe Dörfer, so waren wir bald von deren Bewohnern umringt, die uns als Wilde oder Wundertiere anstaunten, mit denen wir uns nicht verständigen konnten, da niemand von uns das Neugriechische sprach, von dem ich kaum ein paar Worte aufgefangen hatte. Gegen neun Uhr kamen wir zurück, denn es fing dann schon an, glühendheiß zu werden, und setzten uns zu einem delikat zubereiteten Frühstück, bei dem frische Fracazanifeigen, Wassermelonen und andere Südfrüchte nie fehlten.

Nach dem Frühstück erteilte ich Josephine ein paar Stunden Unterricht, aber jetzt nicht ohne Unterbrechungen, wenn sich die Gelegenheit darbot, denn ich gab ihr nun auch Unterricht in der Liebe, und zwar in der praktischen, während sich Papa und Mama bald nach dem Frühstück zur Siesta niederlegten und die große Hitze in ihrem Schlafgemach verschliefen. Wir begaben uns dann erst gegen Mittag jedes in sein Zimmer zur Ruhe. Während wir Akkorde auf dem Piano anschlugen, harmonierten wir oft mit minutenlangen Glutküssen, endlich verstummten Klavier und Gesang ganz, und wir lagen einander wonnetrunken in den Armen, während die Eltern einer süßen Ruhe pflegten. Das Mädchen war wegen der großen Hitze äußerst leicht in ein Gewand von Cambridge oder Musselin gekleidet, unter dem sie höchstens, und das nicht immer, noch ein linnenes Unterröckchen über dem Hemd trug, so daß sich ihre schönen Formen sehr deutlich zeichneten und das Kleid einen antiken Faltenwurf annahm. Indessen wagten wir viel, denn wie leicht hätte uns Papa oder Mama in einem so Gott und die Welt vergessenen Zustand überraschen können. Später schlichen wir uns öfter in die vergitterten Frauenstühle der Klosterkirche.

Gegen Abend, wenn alles wieder aufgestanden war und Toilette gemacht hatte, fanden wir uns wieder zusammen, musizierten bis zum Mittagessen, das um sechs Uhr eingenommen wurde, worauf wieder Promenaden folgten, nach denen man bis lange nach Mitternacht im Klosterhof weilte, dem Gesang der Albaneser zuhörend, die recht schöne Melodien und mehrstimmige Lieder in ihrer Sprache sangen und mit Zithern und Lauten begleiteten. Bisweilen las ich den Damen etwas vor.

Öfter ritt ich nach Korfu, um allerlei Kleinigkeiten für die Damen zu besorgen und einzukaufen. Da Josephine auch recht artig zeichnete, kamen wir auf den Gedanken, ein kleines Puppentheater zu malen, um mehr Abwechslung in unsere Unterhaltung zu bringen. Als ich nach Korfu geritten war und mich zu einem Farbenverkäufer begeben wollte, hörte ich plötzlich ein starkes Getöse, ein Geräusch, dem gleich, wenn ein Paar Pferde mit einem Wagen auf dem Straßenpflaster durchgegangen sind. Da es aber in Korfu, den Artillerietrain ausgenommen, gar kein Fuhrwerk gab, so war dies wohl nicht anzunehmen. Zugleich sah ich alle Leute mit angstvollen Gesichtern vorüberspringen, trat deshalb in eine offen stehende Kantine, um zu fragen, was dies bedeute, wo ich aber Pokale und Gläser auf den Tischen wankend und klirrend fand. Die Leute schrien: ‹Terramuoto, terramuoto!› [Erdbeben, Erdbeben!], stürzten, mich über den Haufen stoßend, nach der Tür, um nach der nächsten Kirche zu laufen. Ich begriff jetzt erst, lief eiligst nach der nahen Esplanade. Aber bevor ich sie noch erreichte, hatten das Geprassel und die Erschütterung schon aufgehört, denn alles währte nur wenige Sekunden. Noch lange nachher waren aber Straßen und Kirchen voll Menschen, die inbrünstig zum Schutzheiligen beteten.

An das Farbenkaufen war für diesen Tag nicht mehr zu denken, da alle Buden schnell geschlossen wurden und es den ganzen Tag blieben. Die Garnison hatte ausrücken müssen und biwakierte zweimal vierundzwanzig Stunden auf der Esplanada, da sich solche Erdstöße auf den Ionischen Inseln nicht selten in den nächsten vierundzwanzig Stunden wiederholen. Das Erdbeben war sehr stark und bedeutend gewesen. Mehrere Häuser waren eingestürzt, und ihre Bewohner, die sich nicht schnell genug hatten retten können, waren erschlagen worden. Auch mehrere noch von der letzten türkischen Belagerung als Ruinen stehende Gebäude waren nun völlig zusammengefallen. Viele Personen hatten sich auf die Schiffe geflüchtet, auf denen man die gleiche erschütternde Bewegung wie auf dem Lande verspürte. Noch am selben Nachmittag jagte ich nach Pallea Castrizza, wo ich alles in größter Bestürzung und die Besatzung vor dem Kloster kampierend fand. Nur die beiden Mönche und einige Griechen lagen noch betend in der Kirche. Ich mußte nun Bericht über das, was in der Stadt vorgefallen war, erstatten, und nicht ohne Angst, was da kommen könne, begab man sich gegen Morgen zur Ruhe. Nach ein paar Tagen war alles wieder im gehörigen Gleis. Ich ritt abermals nach Korfu, die Farben zu holen, die ich diesmal glücklich mitbrachte, und wir begannen nun Dekorationen zu malen.

Als wir uns eines Morgens nach der Musikstunde der großen Hitze wegen in ein altes halbzerfallenes Kellergewölbe flüchteten, in das ich vorantrat, wand sich eine dicke eiskalte Schlange, die sich von der Türwölbung herabließ, um meinen nackten Hals, und Josephine tat einen lauten Schrei. Ich aber packte das eisige Tier mit beiden Händen, wobei es mich in die Hand biß. Ich riß es mit aller Gewalt herab und trat ihm mit beiden Füßen auf den Kopf, so daß ich denselben zerquetschte. Niemand wußte, zu welcher Schlangengattung es gehörte. Aber einer der hinzukommenden Albanesen wollte es für eine der giftigsten Nattern erkennen, setzte jedoch sogleich hinzu, daß ich nichts zu fürchten habe, da er ein untrügliches Mittel besitze, den Biß unschädlich zu machen und die Wunde zu heilen. Er preßte das Blut heraus, sog es mit seinen Lippen ein, brannte dann mit einem Schwefelfaden die blutige Stelle, legte hierauf etwas von der geschabten frischen Wurzel eines Krautes darauf und verordnete mir recht viel Zitronenwasser. Frau von Brüge hatte ohnehin jeden Tag eine große Bowle Limonade im Speisezimmer stehen. Zitronen und Limonen kosteten ja nichts, ebenso die bitteren Pomeranzen, welche die Soldaten hier zu Schuh- und Stiefelwichse benutzten, und das damit frottierte Leder bekam völlig den Glanz des blanken Stahls. Das angewandte Mittel war probat, denn der Biß hatte nicht die geringsten unangenehmen Folgen für mich. Ob aber die Schlange wirklich so giftig war, als der albanesische Äskulap vorgab, muß ich dahingestellt sein lassen.

Was noch einige Abwechslung in unser sonst ziemlich einförmiges Leben zu Pallea Castrizza brachte, wo wir jetzt viele Zeit mit der Dekorationsmalerei für das

Puppentheater hinbrachten, waren die Feste in den umliegenden Dörfern, zu denen wir immer feierlich eingeladen wurden und wo es recht fröhlich zuging. Dies ist fast der einzige Tag, wo der Grieche etwas Warmes und gebratenes Fleisch zu sich nimmt. Jeder schneidet sich von einem am Spieß gebratenen ganzen Hammel oder Schwein nach Belieben ab. Das Schweinefleisch und namentlich der Schinken von den mit ausgepreßten Oliven gemästeten Schweinen haben einen ganz vorzüglichen Wohlgeschmack. Wir vergüteten die Einladung und das Genossene reichlich, indem wir gar manchen Para, wohl auch Piaster an den klebrigen Mauern hängen ließen. Am abergläubischsten zeigten sich hierbei die Albanesen, die oft einen ganzen Monat ihres Soldes an diesen Mauern hängen ließen. Eines dieser wilden Bergkinder, das schon hundertdreizehn Jahre alt, dennoch bei jeder Musterung wohl bewaffnet erschien und gleich den anderen im Trab defilierte und seine Pistolen und Gewehre abfeuerte, hatte über fünfzig Piaster angeklebt oder fallen lassen. Hundertjährige Albanesen sind keine große Seltenheit, wozu wohl die große Abhärtung, ein Schafsmantel ist ihr Bett, ihr Obdach, ihre Bekleidung und Regenschirm, sowie die außerordentlich mäßige Lebensweise beitragen.

Da während unseres Aufenthalts zu Pallea Castrazzi in Korfu das Sankt Spiridionsfest gefeiert wurde, redete mir Herr von Brüge zu, mich während dieser Zeit in die Stadt zu begeben, was mir ganz recht war, da ich bei diesem den Aberglauben und die Pracht der Korfioten und ihrer Frauen in ihrem ganzen Glanz erblikken sollte. Ich nahm Urlaub auf sechs Tage, in denen ich die feierliche Narrheit mit aller Bequemlichkeit zu beobachten Gelegenheit fand, und schloß mich sogar eine ganze Stunde lang der Prozession an, worauf ich aber genug hatte. Ich begab mich mit einem Bekannten namens Capo d' Istria in die reich und prächtig geschmückte Sankt Spiridionskirche, wo wir die Rückkehr des Heiligen abwarteten, während griechischer Gottesdienst gehalten wurde und die Musik der verschiedenen Regimenter abwechselnd spielte. Am Eingang gegenüber der Vorhalle der Kirche, in welcher die Musik des 14. Regiments spielte, hörte und sah ein allerliebstes Madonnenköpfchen mit großem Vergnügen dem militärischen Spektakel zu. Capo d'Istria, den ich darum fragte, sagte mir: ‹Ach, dies ist die hübsche Signora Enrichetta Viletta, die Braut des Advokaten Profalenti, sie hat dreißigtausend Talari Aussteuer. Sie hatte viele Freier, unter anderen auch den jungen reichen Dandola, aber ihr erzliederlicher Bruder, der alles verspielt, hat sie dem widerlichen Profalenti verhandelt.›

Hinter einem Fenster des Vestibüls hatte ich Gelegenheit, die Reize des jungen Mädchen unbemerkt mit aller Muße bewundern und sie selbst beobachten zu können. Capo d'Istrias Mitteilungen hatten mir die schöne Braut des Advokaten dop-

pelt interessant gemacht, und wie ich aus seinen Reden entnehmen konnte, schien
sie ihm auch nicht gleichgültig zu sein. «Ein Meisterstreich wäre es», sagte ich zu
Capo d'Istria, «wenn man dem Profalenti die schmucke und reiche Braut wegfi-
schen könnte.»

«Ach ja», erwiderte er seufzend, «aber es ist unmöglich.»

«Unmöglich», versetzte ich, «solange die Hochzeit noch nicht vollzogen, ist immer noch die Möglichkeit vorhanden. Ich gebe nichts auf als die Toten. Sie sehen
das Mädchen gern?»

«Freilich.»

«Und Sie wissen, daß sie den Profalenti nicht leiden mag?»

«Allerdings.»

«Dann müßte es mit dem Teufel zugehen, wenn wir sie ihm nicht aus den
Klauen reißen sollten. Wann soll die Hochzeit sein?»

«In sechs Wochen.»

«Noch überflüssige Zeit, die Sache rückgängig zu machen und das Opfer dem
Rachen der Bestie zu entziehen.»

Wir verließen nun Arm in Arm die Kirche, grüßten im Vorübergehen die holde
Enrichetta ehrerbietig und erhielten einen freundlichen Dank, gingen aber nur um
die Kirche herum und auf der entgegengesetzten Seite wieder hinein, uns abermals
hinter das bewußte Fenster der Vorhalle plazierend. Ich sagte jetzt meinem neuen
Freund, er möge ein Briefchen schreiben, in welchem er Enrichetta seiner Liebe
versichern und ihr erklären solle, daß er sie heiraten wolle. Es kostete mich aber
große Mühe, ihn dazu zu bewegen. Auch fürchtete er die Rache des Bruders und
Bräutigams, wenn diese dahinterkämen.

«Pah, wenn man einem Mädchen nachstellt, muß man nichts in der Welt
fürchten», sprach ich und fuhr fort: «Wenn Sie mir die Leitung der Intrige überlassen wollen, so stehe ich für alles. Schreiben Sie nur das Billett und dann sorgen Sie
für eine alte Hexe, die für ein paar Zechinen selbst an den Teufel verkuppeln
würde.» Capo d'Istria, durch mich ermutigt, verstand sich endlich zum Schreiben.
Ehe vierundzwanzig Stunden vergingen, war das Geschriebene in den Händen der
Braut. Die Überbringerin, eine alte Griechin, die auch das Venezianische gut
sprach, brachte wenigstens eine mündliche Antwort und erzählte etwas umständlich, welche Mühe sie gehabt, die Signora allein zu sprechen, sie zur Annahme des
Briefchens zu bewegen, daß es ihr aber endlich sogar gelungen sei, sie zu überre-
den, den Antrag des jungen Herrn anzunehmen.

«Hier bleibt nichts übrig als eine Entführung», entschied ich schnell. Vor dieser
aber scheute er wieder und willigte erst ein, als ich ihm erklärte, ich wolle auch die

Ausführung und die Gefahr derselben übernehmen. Die Hauptsache sei vorerst, sich der Einwilligung des Mädchens zu versichern. Die alte griechische Hexe, die bereits zwei Zechinen für ihre Bemühungen erhalten hatte, war auch bereit, ihr möglichstes zu tun, die Signora Enrichetta dazu zu vermögen.

Das Sankt Spiridionsfest war vorüber, und ich sollte nun nach meinem einsamen Pallea Castrizza zurückzukehren. Aber ein anderes, weit wichtigeres Fest war vor der Tür, das Napoleons, der 15. August, und sollte recht prächtig gefeiert werden. Namentlich durch ein Seeturnier, welches die Offiziere der Marine in der Reede von Korfu zu geben beabsichtigten. Sodann war Souper und Ball bei dem Gouverneur nebst Feuerwerk und was dazu gehört. Ich erbat mir noch einen vierzehntägigen Urlaub, mehr wegen der beabsichtigten Entführung, ritt aber noch vorher nach Pallea Castrizza, wo ich mit Sehnsucht erwartet wurde. Da ich aber auch an dem Seeturnier gleich mehreren Offizieren von den Landtruppen tätigen Anteil wollte, teilte ich dies Herrn von Brüge mit dem Bemerken mit, daß ich schon am nächsten Tag wieder in die Stadt müsse, wozu aber die Damen und besonders Josephine nicht das freundlichste Gesicht machten. Von der projektierten Entführung ließ ich kein Wörtchen fallen; beides wurde indessen auf das emsigste betrieben.

Ich war zwar ein guter Schwimmer; dies war aber nicht hinreichend, um Ehre bei dem Turnier einlegen zu können. Die stechenden, ganz in buntes Papier gekleideten Ritter mußten auf einem kleinen, sehr schmalen runden Brett, das an dem Hinterteil einer Barke, wenigstens einige dreißig Fuß hoch angebracht war und durch zwei schmale Balken gehalten wurde, Posto fassen, während das Schiffchen durch vierundzwanzig Ruderer pfeilschnell getrieben wurde. Sie hatten mit einer langen hölzernen Lanze auf den Schild des anfahrenden Gegners einen kräftigen Stoß zu tun und ihn in das Meer zu stürzen. Wir probierten nun mehrere Tage dieses Manöver, aber auf gewöhnlichen Barken, dabei waren wir ganz nackend, hatten vier Schuh hohe Schilde und zehn Schuh lange Lanzen. Bei diesen Proben lief alles ziemlich gut ab. Ich fiel nur selten einmal in das Wasser und stieß meine Gegner mehrmals hinab. Aber dies war nur eine Finte der Marineoffiziere. Diese Seeratten hatten sich verschworen, die Landratten – so titulierten sich gegenseitig die Marine- und Landtruppen –, die es wagten, mit ihnen in die Schranken treten zu wollen, tüchtig heimzuschicken.

Während der Zwischenzeit ritt ich indessen oft am Abend nach Pallea Castrizza und kehrte am Morgen nach Korfu zurück, wo ich mich dann mit Capo d'Istria in die Vorhalle der Sankt Spiridionskirche begab und wir uns an der Tür derselben blicken ließen. Wir korrespondierten nun vermittels der Finger- und Zeichensprache mit der mit uns einverstandenen holden Enrichetta, und die Entführung, zu der sie endlich, durch Briefe und Zureden der Alten bestürmt, eingewilligt, wurde auf den 15. August festgesetzt, und zwar sollte sie auf dem Ball, den der Gouverneur an diesem Tag gab, vollführt werden, da man die Abwesenheit der Signora nicht sogleich bemerken würde. Um jedoch sicher zu sein, daß sie dem Ball beiwohnte, begab ich mich zum Chef d' Etat major [Stabschef] Rauduy, um zu erfahren, ob die Vilettas mit den anderen venezianischen Familien, die man gewöhnlich zu diesem Fest heranzog, eingeladen seien, und wenn dies nicht der Fall wäre, dies zu veranlassen. Zu meiner Freude fand ich sie auf der Liste der Geladenen, und daß sie kommen würden, war die Sache der Signora.

Der 15. August war endlich herangekommen und alles sowohl zu dem Turnier wie zur Entführung gehörig vorbereitet. Herr von Brüge kam gleichfalls am frühen Morgen in die Stadt, der Parade und der Feier beizuwohnen. Nachdem alles militärische Gepränge vorüber war, schickte man sich zu dem Seeturnier an, das um vier Uhr nachmittags beginnen sollte. Der Senat von Korfu hatte auf Kosten der Stadt mehrere Preise für die Sieger ausgesetzt, von denen der erste eine Brillantnadel war. Auf der Reede zwischen Korfu und Vido bildeten eine bedeutende Zahl Schiffe jeder Gattung und verschiedener Größen, alle beflaggt und bewimpelt, einen großen Halbkreis, der mit seinen beiden Enden an das Ufer anschloß, auf dem ein Amphitheater für die Zuschauer errichtet war. Für die Generalität, Stabsoffiziere, Damen der Garnison und vornehme Korfiotinnen war eine eigene mit Teppichen behängte Loge eingerichtet. Zwei Fregatten schlossen die Mitte des Halbkreises. Auf diesen hatten die Kampfrichter sowie die Musikchöre, die Admiralität und nichttätigen Seeoffiziere Platz genommen. Auf den anderen Schiffen waren ebenfalls viele Zuschauer plaziert.

Die vierundzwanzig Kampfbarken waren, je zwölf auf beiden Seiten, in Schlachtordnung aufgestellt. Aber es waren ganz andere, als auf denen wir die Proben gehalten hatten, und die runden Brettchen, auf welchen kaum ein Mann Platz hatte, waren so hoch, daß sie bei der geringsten Bewegung schwankten und man auch ohne einen Stoß schon Mühe hatte, sich zu halten, wenn man nicht wie die Marine an ein solches Schwanken gewöhnt war. Die Barken rechts waren rot und weiß, und die links blau und weiß gestrichen. Die Ritter waren meist in spanischem Kostüm und trugen goldene und silberne Helme mit hohen Federbüschen. Alles war von Papier, aber so gut und täuschend nachgemacht, daß man schon in einer Entfernung von wenigen Schritten nichts bemerken konnte. Es war nötig, daß die Kleider aus diesem fragilen Stoff bestanden, damit er sich sogleich auflöste, wenn man ins Meer fiel und ungehindert schwimmen konnte.

Als ich auf meinem Brettchen Posto gefaßt hatte und sich die Barke in Bewegung setzte, war es ganz anders als bei den Proben, wo wir kaum drei Schuh über dem Wasser gestanden, und ich hatte größte Mühe, nicht von dem in der Luft schwebenden Brettchen hinabzustürzen. Jetzt donnerte die Kanone los, alle Tambours und die Musik fielen ein, alle Ruder auf einen Schlag in das Wasser, und die vierundzwanzig Barken fuhren pfeilschnell gegeneinander. Nur mit der größten Mühe gelang es mir noch, meine Lanze gehörig einzulegen. Aber bald schwindelte mir, es wurde mir ganz schwarz vor meinen Augen, Hören und Sehen verging mir, und kaum von meinem Gegner berührt, stürzte ich fast bewußtlos in die See hinab, wo mich ein zu diesem Zweck bereitstehender Nachen auffischte und in das Garderobenschiff brachte.

Glücklicherweise war ich nicht der einzige, dem es so ergangen war. Alle Landoffiziere, acht an der Zahl, hatten das gleiche Schicksal gehabt, und keiner verspürte Lust, sich nochmals anzukleiden, wie es die herabgestoßenen Seeoffiziere machten, um das Spiel von vorn zu beginnen, sondern wir versteckten uns hinter den übrigen Zuschauern, nachdem wir unsere gewöhnliche Kleidung wieder angelegt, und sahen dem noch über zwei Stunden dauernden Kampf nun recht behaglich zu, bis endlich ein auf dem Admiralitätsbüro angestellter Beamter, der zuerst zwölf Gegner hinabstürzte, den ersten Preis errungen hatte. Die beiden anderen Preise erhielten zwei Marineoffiziere, welche nach ihm die meisten Ritter in das Meer warfen.

Als dies Turnier beendet und die Preise unter Vivatgeschrei und dem Schmettern der Trompeten und Pauken verteilt waren, begannen die Matrosen noch ein Wettspiel, welches darin bestand, auf einem langen Mastbaum, der horizontal von dem Hinterteil eines Schiffes etwa zwanzig Fuß lang in das Meer ging und mit Seife sehr glatt gemacht war, mit bloßen Füßen und nackt dessen äußerste Spitze zu erreichen und den daran hängenden Hut wegzunehmen, worauf eine Belohnung von fünfhundert Franken gesetzt war. Vier solcher Maste und Hüte waren ausgesteckt, aber viele hundert Matrosen purzelten ins Meer, bevor es einem gelang, den Hut zu erhaschen. Bis in die sinkende Nacht amüsierte die Soldaten, Seeleute und den Janhagel von Korfu dieser letzte Teil des Schauspiels, bei dessen Beginn sich die meisten anderen Zuschauer und Damen entfernten.

Ich war ebenfalls weggegangen und hatte mich in meine Wohnung begeben, um mich zum Ball und zu der Entführung bereitzumachen. Da mit der Retraite alle Wasser- und Landtore geschlossen wurden, war ich mit Capo d'Istria übereingekommen, die Entführte bis Tagesanbruch in meinem Quartier, wo man sie sicher nicht suchen würde, zu beherbergen, und wo sie griechische Mannskleidung anlegen und dann mit dem Öffnen der Tore auf einem Maultier die Stadt verlassen sollte, um sich, von Capo d'Istria und mir begleitet, in das Dorf Spagus zu begeben. Wir hatten Mitternacht zur Stunde der Entführung bestimmt, damit unsere Abwesenheit nicht zu früh bemerkt werden konnte. Auf dem Ball tanzte ich mehrere Kontertänze mit ihr, und die Montfarinen tanzte sie abwechselnd mit ihren beiden Bräutigamen. Als der entscheidende Moment nahte, war ihr doch nicht ganz wohl bei der Sache, und ich hatte alle Mühe, ihr während des Tanzes Mut einzusprechen. Gleich nach dem letzten Kontertanz, nach dem Profalenti eine Montfarine mit einer französischen Offiziersdame tanzte und seine Braut nicht in den Augen haben konnte, mußte der Schritt getan werden. Halb gutwillig, halb mit Gewalt zog ich Enrichetta durch einige Seitenzimmer an eine Hintertreppe des Gouvernementspalastes. Capo d'Istria folgte uns auf dem Fuß, und so liefen wir in meine Wohnung, in der die Signora Viletta beinahe ohnmächtig auf einen Stuhl niederfiel und wir alle Mühe hatten, sie zu beruhigen.

Capo d'Istria mußte jedoch schleunigst wieder auf den Ball zurückkehren, damit er selbst gesehen wurde und so kein Verdacht auf ihn fallen konnte, sobald man das Mädchen vermißte, bei der ich nun allein blieb und mein möglichstes tat, sie zu trösten und zu beruhigen, wobei ich es an den hierzu notwendigen Liebkosungen nicht fehlen ließ. Die griechischen Mannskleider lagen bereit. Sie mußte sich bequemen, sie anzulegen, wobei ich ihr behilflich war, und dabei mußte ich natürlich in allerlei Berührungen mit ihr kommen, die mir das ohnehin schon heiße Blut noch vollends in Wallung brachten. Minutenlang fühlte ich ihr Herz an meiner Brust klopfen, und wer weiß, was geschehen wäre, wenn man nicht gerade an der Haustür geklopft hätte.

Es war Capo d'Istria, der fast atemlos hereinstürzte und uns ankündigte, daß das Verschwinden der Braut bereits wahrgenommen worden sei und man allenthalben nach ihr suche. Er selbst habe noch mit Profalenti gesprochen, um allen Verdacht von sich zu wenden. ›Wenn wir nur jetzt schon glücklich zur Stadt hinaus wären‹, meinte er und war dabei in einer solchen Aufregung, daß er kaum bemerkte, daß sich das Mädchen bereits in einen holden griechischen Knaben verwandelt hatte. Mein Bursche, den ich auf die Lauer gestellt hatte, um mir Rapport zu machen, sobald das Stadttor geöffnet würde, kam endlich. Wir verließen nun alle drei meine Wohnung, kamen unangehalten durch die Porta Reale, eilten nach Castrades, wo wir ein Maultier fanden, auf dem sich Capo d'Istria samt seiner schönen Beute davon und auf den Weg nach Spagus machte. Ich blieb noch bis gegen Abend in der Stadt und hörte, daß diese Entführung, deren Urheber man noch nicht kannte und bei der man den einen oder anderen Offizier der Garnison in Verdacht hatte, ein gewaltiges Aufsehen machte, da die Entführte eine reiche Braut war.

In Pallea Castrizza erzählte ich die Sache der Familie Brüge, die nicht zum Ball geblieben war, als eine große Neuigkeit, ohne zu erwähnen, welchen Anteil ich an derselben gehabt. Längere Zeit wußte niemand, was aus der Entführten geworden war, mit der sich Capo d'Istria in aller Stille hatte trauen lassen. Nach mehreren Wochen wurde das Geheimnis jedoch entdeckt, und man wußte allgemein, daß Capo d'Istria der Entführer gewesen. Dieser entschloß sich, auf das feste Land nach Albanien zu flüchten, um vorerst den Dolchen der Viletta und Profalenti zu entgehen. Als man herausbrachte, daß ich bei der Geschichte sein Helfershelfer gewesen, erhielt ich von Seiner Exzellenz dem Gouverneur General Donzelot einen Wischer. Bevor Capo d'Istria die Insel verließ, gab er seine junge Frau auf meinen Rat Frau von Brüge zur Obhut, welche sich auf meine Verwendung dazu bequemte, die Hütung der hübschen Signora zu übernehmen. Josephine hatte nun eine angenehme Gesellschafterin und ich eine Unterhaltung mehr, denn es gelang mir bald, es da fortzusetzen, wo ich am Abend der Entführung unterbrochen worden war. Aber Josephine merkte Unrat und brachte es bei ihrer Mutter dahin, daß die junge Frau zu einer nahen Anverwandten ihres Mannes gebracht wurde, wo ich indessen öfter Gelegenheit fand, sie zu besuchen.

Längst hatte ich gewünscht, von den übrigen Ionischen Inseln doch wenigstens das Vaterland des Odysseus*, die Insel Thiaki [Ithaki] kennenzulernen. Aber dieses schien unausführbar, da unsere Erzfeinde, die Engländer, schon längst im Besitz derselben sowie aller anderen Inseln, Korfu und das kleine Paxo ausgenommen, waren. Der Graf Mocenigo meinte aber, daß das Projekt dennoch ausführbar sei, wenn ich die Insel inkognito und als Grieche oder Albanese verkleidet besuche. Ich teilte Herrn von Brüge mein Vorhaben mit, der meinte, es sei ein sehr gewagtes Unternehmen, indem ich leicht den Engländern in die Hände fallen könnte. Ich ließ mich dadurch jedoch nicht abhalten, erbat mir einen vierzehntägigen Urlaub vom Gouverneur, angeblich, um Paxo und Parga zu besuchen, da mir nach Thiaki natürlich keiner bewilligt werden konnte. Doch wußte der General Donzelot um mein Vorhaben, das er aber ignorierte, und meinte, die Folgen, die es haben könnte, hätte ich mir selbst zuzuschreiben. Ich fuhr nun, als ein ziemlich armer Grieche gekleidet, auf einer Barke nach Paxo, das nur wenige Miglien südlich von Korfu liegt, und brachte daselbst eine Nacht und halben Tag zu.

Diese kleine Insel ist sehr bergig, lieferte aber das beste Öl aller Inseln und viel sogenanntes Johannisbrot. Sie zählt etwa sechstausend Einwohner, die sich erst

---

*) Griechische Sagengestalt, seine abenteuerliche Irrfahrt und Heimkehr nach der Belagerung von Troja wird von Homer in dessen Odyssee erzählt.

kürzlich, von englischen Agenten verführt, gegen das französische Gouvernement empört und eine kleine englische Besatzung aufgenommen hatten. Wir eroberten aber die kaum sechs Stunden im Umfang habende Insel mit drei Kompanien wieder, das englische Detachement, etwa achtzig Mann, gefangen nehmend. Zwölf Paxioten, welche die Rädelsführer bei der Sache gewesen, wurden vor ein Kriegsgericht gestellt und auf der Esplanada von Korfu erschossen, nachdem sie die Nacht vorher noch in einer der Kirchen auf diesem Platz zugebracht hatten.

Von Paxo fuhr ich nach Parga, das an der albanesischen Küste, auf einem hohen Felsen, Paxo gegenüber liegt, eine Garnison von einigen hundert Mann und einige Artillerie hatte und etwa fünftausend Einwohner zählte. Der Kommandant, dem ich mein Vorhaben mitteilte, riet mir, einen zuverlässigen landeskundigen Albanesen von der Garnison mitzunehmen, der außer dem Neugriechischen auch etwas Venezianisch sprach und den er mir mitgeben wolle. Mit Dank nahm ich dieses Anerbieten an und fuhr den folgenden Tag auf einer Fischerbarke längs der Küste bis nach Prevesa, einer Stadt mit einem Fort, die etwa sechstausend Einwohner zählt. Von da schifften wir nach Vonitza über, einer auf einem steilen Felsen liegenden Festung, von der wir unsere Reise zu Fuß, immer längs der Küste hin, fortsetzten, durch verschiedene türkische Flecken kommend, wo mir mein Albanese treffliche Dienste leistete. Denn ich wüßte nicht, wie es mir ohne ihn ergangen wäre.

Endlich kamen wir an einen Thiaki gegenüber liegenden Ort, von dem wir in einer Barke nach dem ehemaligen Reich des Odysseus, das kaum fünfzehn Stunden im Umfang hat, übersetzten. Jetzt mochten etwa neun- bis zehntausend Menschen auf der mit vielen Oliven-, Zypressen-, Orangen- und Granatbäumen besetzten Insel wohnen, deren vorzüglichstes Produkt Korinthen sind, die hier von außerordentlicher Güte reifen und von denen jährlich über hundert Zentner ausgeführt werden. Ich durchstrich die Insel mit meinem Begleiter, dem ich täglich zwei türkische Piaster gab, nach allen Richtungen, bei jedem Tritt denkend: Hier mögen wohl auch Odysseus und Telemach* gewandelt und gehandelt haben. Nachts brachten wir gewöhnlich im freien Feld, manchmal auch in einem griechischen Kloster zu. Der größte Ort auf der Insel heißt Vathi. Er liegt an einem Meeresbusen und hat nicht übel gebaute zweistöckige Häuser, die ziemlich gut unterhalten sind. Die Frauen und Mädchen hier haben ein blühendes Aussehen, sind meist gut gewachsen und werden auch nicht so eingesperrt gehalten wie auf den übrigen Inseln. Um den Ort herum liegen Weinberge, Olivenbaumstücke und auf den Anhöhen mehrere achtflügelige Windmühlen. Vathi hat auch einen Hafen.

*) Eigentlich Telemachos, Sohn des Odysseus

Nachdem ich des Helden Odysseus Heimat gehörig untersucht, ohne daß es mir gelungen wäre, mich mit meinem Homer in der Hand gehörig orientieren zu können oder auch nur Wahrscheinlichkeiten ausfindig machen zu können, schickte ich mich den dritten Tag nach meiner Ankunft nicht sehr befriedigt – die Insel ist sehr bergig und im allgemeinen ziemlich kahl, hat aber viele zerstreut liegende Klöster und Kirchen – an, sie wieder zu verlassen. In einiger Entfernung von Vathi füllten wir unsere mitgebrachten Gurden mit frischem Trinkwasser, das aus dem Felsen entspringt.

Wir fuhren in einer gemieteten Barke ab, und da ich meinem Begleiter den Wunsch geäußert hatte, womöglich auch noch Santa Maura [Leukas], das alte Leukadien, zu besuchen, so redete mir dieser zu, das Wagestück zu unternehmen. Dies war es allerdings wegen der englischen Besatzung. Nach einigen Stunden landeten wir etwas oberhalb dem Kap Ducato auf Santa Maura, von wo wir uns in das Innere der Insel begaben, die etwa fünfundzwanzig Stunden im Umfang haben mag. Sie war mit ziemlich viel Gehölz bedeckt und leidlich angebaut; besonders mit Baumwoll-, Oliven-, Korinthen-, Mandel- und Feigenbäumen. Eine Nacht brachten wir in einem sehr elenden Dorf zu, wo unser ganzes Mahl aus einem halben Dutzend wilder Artischocken mit Zitronensaft bestand.

Den folgenden Morgen begaben wir uns in die Hauptstadt, welche die Maurioten Amarchi, auch Amakuli nennen, und die in einem tiefen, mehrere Stunden langen Sandfeld liegt. Als ich hier so vielen englischen Uniformen begegnete, ward mir doch etwas unheimlich. Ich wagte mich nicht in die Festung Santa Maura, die nicht unbedeutend ist. Aber weder Stadt noch Festung enthalten irgendeine Merkwürdigkeit. Woran mir mehr gelegen, war, den berühmten leukadischen Felsen[*] aufzusuchen, von dem sich die verliebten altgriechischen Narren und die Sappho[**] herabstürzten. Aber mein Albanese wußte so wenig davon wie alle Maurioten, die er danach fragte. Ich wandte mich nun selbst an einen halb italienisch gekleideten Einwohner, der venezianisch sprach und von dem ich erfuhr, daß der von mir gesuchte Ort das Kap Ducato wäre, in dessen Nähe wir gelandet hatten. Wir hatten vier starke Stunden zurückzulegen, bis wir wieder dahinkamen. Dies versetzte meinen Begleiter, der gar nicht begreifen konnte, was ich an dem einsamen Felsen suchte, in ziemlich üble Laune. Ein paar Extrapiaster gaben ihm aber schnell seinen guten Humor wieder.

---

[*] In der antiken Dichtung steiler Felsabsturz an der Südspitze der Insel Leukas als Ort für Hinrichtungen und Selbstmorde.
[**] Durch den Wohlaut ihrer Verse berühmte griechische Dichterin von der Insel Lesbos, lebte um 600 v. u. Z.

Ich bestieg das hohe und steile Vorgebirge und den Gipfel des Felsens, von dem herab die von Phaon* verlassene, närrisch gewordene Dichterin in die Meeresfluten gesprungen war. Beinahe wäre mir ein gleiches Los, wenn auch nicht aus verliebter Raserei, wie jener unglücklichen Närrin, sondern aus Tücke des Schicksals zuteil geworden. Mein Begleiter und ich sahen plötzlich aus noch ziemlicher Ferne vier wohlbewaffnete Männer, von einem englischen Offizier angeführt, mehr laufend als gehend gegen unseren Felsen zueilen, von denen wir nicht ohne Grund vermuteten, daß sie nicht in der besten Absicht kämen. Und so war es in der Tat. Ihnen zu entrinnen, daran war nicht mehr zu denken. Wir hätten denn den halsbrechenden leukadischen Sprung machen müssen, wozu wir beide aber keine große Lust verspürten. Und lebendig fangen zu lassen, schien mir ebensowenig ratsam, denn wir riskierten, als ein paar Spione ohne weiteres gehängt zu werden.

Nach einer kurzen Besinnung sah ich ein, daß uns nichts anderes übrig bleibe, als, da wir gut bewaffnet waren – jeder hatte zwei Pistolen und einen langen Dolch bei sich, der Albanese außerdem noch seine Flinte –, uns unserer Haut bestens zu wehren. Ich teilte diese Ansicht meinem Begleiter mit, ihm versichernd, daß ein Strick sein unvermeidliches Los sein würde, wenn man ihn lebendig finge, und machte ihm begreiflich, daß, wenn wir auch nur zwei gegen fünf seien, wir doch den ungeheuren Vorteil der Position für uns hätten und folglich auch den des Ausgangs des Kampfes. Dies begriff mein Reisegefährte sehr wohl, versetzte aber unwillig: «Das Unheil habt Ihr mit Eurem verfluchten Narrenfelsen über uns gebracht. Daß wir uns so sehr danach erkundigten, hat die Engländer aufmerksam auf uns gemacht, die uns jetzt verfolgen, und zuletzt müssen wir doch noch unterliegen, denn ewig könenn wir hier nicht bleiben.»

Diese Logik war für einen halbwilden Albanesen so übel nicht. «Ja, wenn noch Schätze hier zu holen gewesen wären», fuhr er fort, «dann ließe es sich noch begreifen; aber so ein kahler Stein.»

«All dies Räsonnieren hilft jetzt zu nichts, die feindliche Patrouille ist keine fünfzig Schritte mehr entfernt und schickt sich an heranzuklimmen», fiel ich ihm ins Wort und rief dem sich bereits am Fuß des Felsens befindlichen Feind ein donnerndes «Halt!» zu, während mein Albanese sein Gewehr anlegte. Ehe er aber losdrückte, rief ich dem Leutnant auf englisch zu, daß, wenn er es auf uns abgesehen habe, er uns wenigstens nicht lebendig fangen würde und sein und seiner Leute Leben auf dem Spiele stehe, denn wir seien trefflich bewaffnete Schützen …

---

*) Sagenhafter, durch seine vollendete Schönheit ausgezeichneter Jüngling, in den sich die alternde Sappho unsterblich verliebt haben soll.

«Und Spione», antwortete der Offizier, uns noch ein «Ergebt euch!» zurufend. «Das sind wir nicht», erwiderte ich, «sondern Ehrenmänner.»

Wir parlamentierten weiter, und ich gestand ihm zwar, daß ich ein Franzose sei, sagte jedoch nicht, daß ich in Militärdiensten stehe, sondern daß ich einzig und allein gekommen sei, um dem berühmten leukadischen Felsen einen Besuch abzustatten, was ihm als einem gebildeten Englishman gewiß sehr natürlich erscheinen müsse, da er ohne Zweifel von der Geschichte desselben und namentlich der der Sappho unterrichtet wäre. Ich suchte ihn noch bei der Ehre anzugreifen, mich auf die allgemein bekannte englische Loyalität berufend, und gab ihm zu gleicher Zeit mein Ehrenwort, daß ich nicht gekommen sei, das verächtliche Handwerk eines Spions zu treiben. Nach noch einigem Hin- und Herreden gelang es mir denn auch, ihn in seiner Muttersprache, was gewiß nicht wenig dazu beitrug, von seinem ungerechten Verdacht und meiner Unschuld zu überzeugen. Er gab mir nun seinerseits das Ehrenwort, daß, wenn ich herabsteigen wolle, weder mir noch meinem Begleiter das mindeste Leid geschehen solle, und wenn wir beweisen würden, daß wir keine Spione seien, man uns ungehindert ziehen lassen werde.

Ich traute dem Engländer, der gegen seine Leute äußerte, daß er uns für keine Spione halte, und stieg den Felsen hinab. Er lud mich jetzt ein, ihm zum Kommandanten zu folgen, was ich jedoch ablehnte, ihn beiseite nahm und ihm die Wahrheit und die Ursache, die mich nach Santa Maura geführt, offen gestand. Er war nun seinerseits zuvorkommend artig und teilnehmend, und als ich äußerte, ich wünschte möglichst bald wieder das feste Land zu erreichen, hatte er die Gefälligkeit, uns bis an das dem Festland gegenüber liegende Ufer zu geleiten, wo wir eine Fischerbarke in Beschlag nahmen, in der wir übersetzten, nachdem ich mich bei meinem edlen Führer bedankt und wir gegenseitig unsere Adressen ausgetauscht und Abschied genommen hatten, worauf er sich eiligst entfernte.

Kaum waren wir aber zwanzig Schritte vom Ufer abgestoßen, als sich mehrere bewaffnete Insulaner an demselben zeigten und den zwei uns rudernden Schiffern in griechischer Sprache befahlen, umzukehren. Wir fanden aber für gut, denselben zu befehlen, nicht zu gehorchen, sondern schnell das Weite zu gewinnen. Als dies die auf dem Land stehenden Griechen sahen, feuerten einige auf uns, während die anderen längs dem Ufer hinabliefen, ein Fahrzeug zu suchen, das sie aber glücklicherweise nicht fanden. Bald waren wir aus dem Bereich der Schußweite und kamen nach anderthalb Stunden, nicht ohne große Anstrengung, an der jenseitigen Küste an.

Wir fuhren nun weiter nach Prevesa. Von da legten wir den Weg bis Butrinto zu Land zurück, wo ich dann ein Schiffchen mietete, das uns glücklich wieder nach

Korfu brachte. Ich entließ meinen getreuen Begleiter, indem ich ihm noch ein kleines Geschenk machte, meldete meine Ankunft und begab mich dann wieder nach Pallea Castrizza, wo ich Herrn von Brüge und seinen Damen die gehabten Abenteuer mit allen Details erzählen mußte.

Eine Kanonenschaluppe, die glücklich von Otranto angekommen war, hatte unserem Regiment auch einen Colonel en second zugeführt, und zwar den Bruder des bekannten Schriftstellers und Verfassers des «Goldenen Kalbes», Benzel-Sternau, der jetzt Finanzminister des Großherzogs von Frankfurt war und dessen Bruder bisher in russischen Diensten gestanden hatte. Er sollte nun das Kommando der beiden in Korfu stehenden Bataillone des 2. Fremdenregiments, das bisher Herr von Brüge gehabt, übernehmen. Aber der neue Oberst war ein äußerst gutmütiger und ziemlich indolenter Mensch, der sich hier auf einem ihm ganz fremden Terrain befand und Herr von Brüge nach wie vor ganz gewähren ließ. So lange wir noch in Pallea Castrizza waren, kam er jede Woche einige Male, uns zu besuchen und sich Rat zu holen, da er den französischen Dienst ganz und gar nicht kannte.

Überhaupt hatten wir in der letzten Zeit fast täglich Gäste aus der Stadt, die sich unsere köstlichen Seefische, Langusten, den guten Wein des Klosters trefflich schmecken ließen. Nach der Tafel wurde musiziert. Es wurde auch manchmal getanzt, wenn mehrere Damen unter den Gästen waren, und so ging der Rest der heißen Jahreszeit munter und vergnügt zu Ende. Bevor wir das gastfreundliche Kloster verließen, machten wir noch einen Ausflug oder besser eine Ausfahrt nach der kleinen Insel Fano, die am nördlichen Kap von Korfu liegt und, wie die Sage will, dieselbe Insel ist, welche die Göttin Kalypso bewohnte, deren Grotte man den Fremden noch zeigt, die aber weder göttliche noch selbst irdische Pracht aufweist, sondern eine gewöhnliche geräumige und feuchte Höhle mit mehreren Abteilungen ist. Diese Insel hat ungefähr fünfhundert Einwohner, Fanioten genannt. Auch wir hatten eine Besatzung von ungefähr hundert Mann auf Fano. Hier, wie zu Korfu, zu Paxos und Santa Maura, war noch allenthalben das in Stein gehauene venezianische Wappen, der geflügelte Löwe des Sankt Markus angebracht, sein aufgeschlagenes Buch in der Tatze, grimmig, aber ohnmächtig umherblickend. Ende September verließen wir endlich unseren pittoresken Sommeraufenthalt, um uns wieder unter den Schutz der Mauern von Korfu zu begeben, wo mir bald darauf eine interessante Mission nach Janina zuteil ward.

XXX

*Mission nach Albanien – Govino – Rocca Timono – Ein Soldat erschießt
einen Fregattenkapitän – Die Prima Ballerina Guiseppina Panzieri –
Die Feuerprobe – Parga geht an die Engländer über – Schlimme Neuigkeiten –
Murats Abfall – Napoleons Abdankung – Rückkehr der Bourbonen – Ankunft
der englischen und französischen Flotten – Übergabe Korfus an die
Engländer – Unanständiges Benehmen englischer Offiziere –
Einschiffung der französischen Garnison*

Da die Kommunikation mit Italien jetzt immer schwieriger und auch die Fahrt
nach Otranto durch die englischen Lanzen fast ganz unterbrochen wurde, sandte
man öfter kleine Detachements nach Albanien ab, wohin wir ohnehin häufig auf
die Jagd gingen, um Transporte von Lebensmitteln – Reis, Mais, Ochsen, Ziegen –,
die für die Garnison von Korfu gegen gute Bezahlung ziemlich schlecht von Ali Pascha von Janina* geliefert wurden, zu eskortieren. Mir wurde nach meiner Rückkehr von Pallea Castrizza zuerst ein solches Kommando zuteil.

Als ich bei Butrinto mit meinen Leuten ans Land stieg, empfing mich ein Abge-
ordneter Alis, der uns bis vor Janina begleitete. In allen Orten, welche das Kommando passierte, wurde es von der staunenden Menge, die zum erstenmal europäische Soldaten sah, angegafft, und Greise, Weiber und Kinder drängten sich um
meine Leute, befühlten und betasteten sie; und alles, was sie an sich hatten, bis auf
die bleiernen Knöpfe, die sie für silberne hielten, war ein Gegenstand ihrer Bewunderung. Als wir vor Janina angekommen waren, mußte ich haltmachen, und der
Albaneser, der uns bis hierher begleitet hatte, begab sich in die Stadt, um unsere
Ankunft zu melden. Kaum war es daselbst ruchbar geworden, daß französische
Soldaten von Korfu angekommen seien, als eine unzählige Menge Volks herbeiströmte, die Wundertiere zu sehen. Beim Besehen blieb es aber nicht, sondern sie
mischten sich unter die Soldaten, betasteten deren Säbel, Gewehre, Patrontaschen-
schilder, alles was blinkte und das sie für edles Metall hielten, da es bei ihnen Gebrauch ist, alle ihre Waffen, aus denen oft ihr ganzes Vermögen besteht, mit Silber
oder Gold beschlagen und verzieren zu lassen. Manche öffneten sogar die Patro-

---

*) Ali Pascha, geb. um 1744, gest. 1822, seit 1788 Statthalter von Janina, 1819 vom türkischen Sultan als
Rebell geächtet.

nentaschen und befühlten die Tornister auf eine Weise, daß ich zu tun hatte, meine Leute, die sich dies nicht gefallen lassen wollten, ruhig zu erhalten. Am neugierigsten und dreistesten waren die Frauen und Kinder.

Glücklicherweise kam der Albaneser, einer von Alis Garden, mit einem Offizier des Paschas zurück, der das Volk im Nu auseinanderjagte. Er kündigte mir an, daß wir kein Quartier in der Stadt erhalten würden, sondern bis nach Ablieferung der Lebensmittel vor derselben unter Zelten, die man in einer Stunde für uns aufschlagen würde, lagern müßten; es sei indessen den Leuten erlaubt, einzeln und ohne Bajonette in die Stadt zu gehen, übrigens würde man für unsere Bedürfnisse in jeder Hinsicht reichlich Sorge tragen und der Pascha uns in ein paar Stunden selbst mit seinem Besuch beehren.

Bald darauf kündigte ein unordentlich im Galopp dahersprengender, sehr reich gekleideter Trupp albanischer und türkischer Reiter Alis Ankunft an. Ich ließ die Mannschaft ins Gewehr treten, präsentieren und die Tambours aux champs schlagen; sogleich ließ Ali durch den Dolmetscher fragen, was dies zu bedeuten habe, und als er vernommen, daß dies die höchste militärische Ehrenbezeigung sei, gab er sein Wohlgefallen durch beifälliges Lächeln zu erkennen. Ich ließ hierauf, nachdem ich seine Zustimmung erhalten, noch einige Handgriffe und Wendungen vornehmen, mehrmals abfeuern, Peloton-, Glieder- und Rottenfeuer machen, was sowohl vom Pascha als seiner Umgebung mit Beifallsbezeigungen aufgenommen wurde. Was ihn am meisten ansprach, bat er mich durch den Dolmetscher zu wiederholen, erkundigte sich bis zu den kleinsten Details nach der Garnison von Korfu, und nachdem er mich seiner Zufriedenheit und seines Wohlwollens hatte versichern lassen sowie daß noch vor Abend für alle unsere Bedürfnisse gesorgt werden würde, verließ er uns.

In der Tat war er kaum weg, als Lebensmittel aller Art, Wein nebst mehreren türkischen Zelten herbeigebracht wurden, denen vier Sänften, von Sklaven getragen und albanesischen Wachen umgeben, folgten. Vier türkische Frauen oder Sklavinnen befanden sich in denselben, die ihre besonderen Zelte erhielten und die der besorgte Pascha zu meiner Privatunterhaltung bestimmt hatte. Ich machte ihnen, nachdem ihre Zelte aufgeschlagen waren, einen Besuch, um meine Neugierde zu befriedigen, und fand vier ziemlich robuste, wohlgenährte, korpulente Schönheiten, die gerade nicht mehr in der ersten Blütezeit standen. Ich verließ sie bald wieder und gestattete den Unteroffizieren und Soldaten, sie zu besuchen, denn sie zurückzuschicken würde der Pascha als große Beleidigung angesehen haben. Als ich aber erfuhr, daß mir Ali ein Geschenk mit diesen Schönheiten machen wolle, die ich mit nach Korfu nehmen solle, ließ ich ihn am Tag unseres Abmarsches wissen, daß ich

sehr bedaure, dies nicht annehmen zu dürfen, indem es mir die französischen Ge-
setze verböten und ich bei meiner Rückkehr großen Unannehmlichkeiten ausgesetzt sein würde, wenn ich vier Weiber mitbrächte.

Am anderen Morgen schickte er wieder Geflügel, türkischen Tabak nebst türkischen Pfeifen von roter Erde und vergoldet für das ganze Kommando. Am Nachmittag kam er abermals selbst und ließ sich wieder einige Manöver vormachen.
Diese Besuche wiederholte er noch einigemal und beschenkte die Leute reichlich
mit Tabak. Des Morgens durchstrich ich die ungepflasterten Straßen Janinas und
besah deren bunte Häuser, Moscheen und so weiter. Auch hatte ich zweimal Audienz beim Pascha in dessen Palast, wo er mich mit einem Kistchen von Sandel-
holz, welches zwei Dutzend Fläschchen köstlichen Rosenöls enthielt, einem Päckchen von den im Serail verfertigten Pastillen und mehreren ausgezeichnet schönen
türkischen Pfeifen, deren Rohre mit Kaschmir überzogen waren, und zwei kasch-
mirnen Schals von Wert beschenkte. Meine von Zeit zu Zeit später abgeschickten
Nachfolger waren nicht so glücklich, und als erst das Mißgeschick des französischen Heeres in Rußland bekannt wurde, zog der Pascha von Janina ganz andere
Saiten auf, und bald nachher traten zwischen ihm und dem Gouverneur von Korfu
Mißhelligkeiten ein.

Einige Notizen über Janina dürften hier wohl an ihrem Platz sein. Ihr Anblick ist
ganz orientalisch und über alle Beschreibung schön. In den See zieht sich eine
Halbinsel mit schroffen Felsen, auf der das alte Serail des Paschas oder sogenannte
Fort und ebenfalls eine von Zypressen umgebene Moschee liegen. Eine hohe
Mauer trennt sie von der Landseite. Von dieser Halbinsel kann man die ganze
Stadt gut übersehen. Ihr gegenüber liegt eine kleine Insel, auf der sich noch ein Palast des Paschas befand. Janina hat einen sehr großen Umfang, viel offene Plätze
und Moscheen. Die Basars sind mitten in der Stadt und nehmen zwölf Straßen ein.
Ein jeder ist für ein besonderes Gewerbe bestimmt, der eine für Juweliere, der andere für Waffenschmiede. Hier hängen die Gebäude auch ziemlich zusammen, die
Häuser der Reichen sind sehr geräumig und haben alle Galerien. In den Straßen
begegnete man bewaffneten Arnauten, Mohren, Tartaren, Türken und Griechen,
alle zu des Paschas Scharen gehörend.

Ende Oktober wurde ich mit meiner Kompanie nach Govino oder Gonin detachiert oder vielmehr nach einer diesem Ort gegenüber errichteten Batterie, ebenfalls angelegt, um hier eine mögliche Landung der Engländer zu verhindern. Diese
Gegend war im Sommer so ungesund, daß die Truppen wenigstens alle vier Tage
abgelöst werden mußten, und dennoch erkrankten viele Leute. Ehe man aber diese
Erfahrung gemacht, hat man sie teuer bezahlen müssen, denn von einer ganzen

Kompanie, die man zuerst im Sommer einen ganzen Monat hatte dort liegen lassen, waren samt dem Kapitän bis auf siebzehn Mann und den Oberleutnat, hundertneunzehn Mann im ganzen gestorben. Auch die am Leben gebliebenen waren noch jahrelang kränklich.

Der Kapitän Roy, den ich ablöste, hatte eine hübsche junge Griechin als Mätresse bei sich, sollte sich aber in kurzem mit der Tochter eines reichen Griechen verheiraten, nachdem ihm eine hübsche junge Französin, der er den Hof gemacht und um die er geworben, einen Korb gegeben, weil er seine Mätresse nicht abgeschafft hatte. Die Griechin war nicht so empfindlich oder ignorierte die Sache und erhielt eine Aussteuer von vierundzwanzigtausend Talari, was jene nicht hatte. Als er mir den Posten übergab, bat er mich, doch auch zugleich seine Geliebte, Tonina, mit übernehmen zu wollen, da er in ein paar Tagen Hochzeit machen müsse und sie folglich nicht länger bei sich behalten könne. Ich tat ihm den Gefallen unter der Bedingung, das Mädchen nicht länger als vier Wochen zu behalten, was man einging.

Tonina war hübsch, nicht ohne Geist und hatte viel Scharfsinn. Schon über ein Jahr hatte sie mit Roy gelebt. Als sie zuerst vernommen, daß sich Roy verheiraten und sie verlassen werde, war sie so wütend geworden, daß sie nach ihm biß und kratzte, sich auf die Erde warf, abscheuliche neugriechische Flüche ausstieß und sich auf dem Boden wälzte. Ich machte sie aber gleich damit bekannt, daß sie nur eine provisorische Stelle bei mir habe. Sie fügte sich zwar darein, machte aber doch Umstände, als die vier Wochen um waren, und ich bedurfte alles Ernstes, sie mir wieder vom Halse zu schaffen. «Du heiratest ja nicht», meinte sie.

Von Govino aus machte ich Streifereien zu Fuß in die nächste Umgebung, nach dem romantisch gelegenen Potamo, der einzige Ort auf der Insel, der, die Stadt ausgenommen, einen Kirchturm und einige Ähnlichkeit mit dem bei Frankfurt gelegenen Bornheim hat. Der Aufenthalt in Govino war mir nicht unangenehm. Gegen Abend ritt ich gewöhnlich in die Stadt, wo ich damals ein vertrautes Verhältnis mit der zweiten Tänzerin Chiaretta Gaspari hatte, eine von jenen schlanken Graziengestalten, deren Wuchs und Bewegungen so verführerisch wollüstig sind, und der auch der Payeur général nachstellte, dem ich aber zuvorgekommen war. Gewöhnlich ritt ich erst mit der Morgendämmerung beim Aufschluß der Tore wieder zurück. Eines Abends aber, einem düsteren, regnerischen Novembertag, verließ ich die Stadt bei Torschluß, hielt mich noch eine kleine Stunde in der Vorstadt Mantucchio auf, wo ich eine Bestellung zu machen gehabt, und ritt dann bei stockfinsterer Nacht weiter.

Der Weg bis zum Dorf Govino verläuft längs der Meeresküste. Dann aber mußte ich hinter demselben herum und eine kurze Strecke durch den Wald, um auf meine Batterie zu kommen. Auf diesem Teil des Weges verirrte ich mich gänzlich, und obgleich ich ihn mehr als hundertmal am Tag gemacht, war es mir nicht möglich, mich bei dieser Finsternis, man sah keine Hand vor den Augen, wieder zurechtzufinden. Ich irrte schon lange umher, als sich plötzlich mein Pferd weigerte, weiter voranzugehen. Obgleich ich es auf das kräftigste antrieb, war es doch nicht zu bewegen, einen Schritt vorwärtszutun, sondern setzte sich im Gegenteil auf die Hinterfüße, sich hoch bäumend. Ich stieg nun ab, um zu untersuchen, was für ein Gegenstand das Tier am Weiterschreiten hindern könne, und fand, daß ich an einem jähen Abhang stand. Hätte das Pferd nicht bessere Augen als der Reiter gehabt, so wären beide in die Tiefe hinabgestürzt.

Ich führte es jetzt am Zügel und konnte lange keinen Weg mehr finden, bis ich endlich in weiter Ferne ein Licht schimmern sah, auf das ich zuging und ein kleines Häuschen fand, in dem ein Grieche mit seinem Weib und ein paar Kindern die einzige Stube, Küche und Stall, alles in einem, bewohnte. Als ich ihm zu verstehen gab, er möge mir den Weg nach Govino zeigen, sagte er zu mir, dies sei über zwei gute Stunden entfernt, ich möge bis zum Tag bei ihm bleiben, dann wolle er mit mir gehen, und erbot sich, mir ein Lager von Blättern in einem Winkel seiner Hütte zu machen. Es blieb mir nichts übrig, als dies Anerbieten anzunehmen; ich band mein Pferd an einen Baum und schlief ganz gut auf dem ziemlich feuchten Lager. Als der Tag graute, weckte mich mein Wirt, indem er sich erbot, mich nun nach Govino zu führen. Wir brauchten zwei Stunden bis dahin, wo ich meinen gastfreundlichen Führer mit ein paar Piastern entließ, die ich ihm zur Belohnung in die Hand drückte, was ihn sehr zufrieden machte.

Eines Tages besuchte mich der Chef d'état major der Garnison von Korfu, Oberst Bauduy, auf meinem Landhaus in Begleitung einer hübschen jungen Dame. Beide kamen nebst einem Bedienten geritten. Die junge Dame war eine Pariserin, Bauduys Geliebte, und sehr geistreich. Sie war die Gattin eines Pariser Bankiers, die er entführt hatte und die nun mit ihm lebte. Ich begleitete gegen Abend beide in die Stadt zurück und wurde eingeladen, sie manchmal zu besuchen. Der Oberst bewohnte ein zwischen Ruinen aus der letzten Türkenbelagerung ziemlich einsam liegendes Haus hinter dem Gouvernementspalast in der alten Festung. Ich machte bald von der Einladung Gebrauch, und zwar mehr als dem Herrn Oberst lieb war. Nicht sehr weit davon hatte ein Offizier von unserem Regiment, der Kapitän Stahl, sein Quartier. Diesen besuchte ich jetzt öfter und nahm so die Zeit wahr, wenn Bauduy ausging, um der hübschen Madame Guidon, so nannte sie sich, einen Besuch abzustatten.

Bald erhielt ich Order, mit einem Detachement von siebzig Mann nebst dreißig Albanesern nach Rocca Timono aufzubrechen, einem wüsten Felsen an der Westseite der Insel, in der Gegend von Pallea Castrizza, an dessen Fuß der Hafen Affiona lag, eine kleine Bucht, die ebenfalls bequem zu einer Landung war. Höchst mißmutig brach ich nach Rocca Timono auf, vielleicht dem ödesten Ort der ganzen Insel. Auf einem hohen Felsen, zu dem man nur zu Fuß unter Lebensgefahr an dem steilen Rand eines tiefen Abgrundes, Mann vor Mann kletternd, gelangen konnte, war eine kleine Reiserhütte, mit Laub bedeckt, von den Soldaten erbaut, die zwei Abteilungen, eine für den Offizier, die andere für die Soldaten, hatte und in die Wind und Regen von oben und allen Seiten drangen. Da es gerade in der Regenzeit war, schwamm man beständig im Wasser und hatte weder bei Tag noch bei Nacht einen trockenen Fleck am ganzen Leibe.

Dabei hatte ich die strengste Order erhalten, mich unter keinem Vorwand, welcher er auch immer sei, von diesem Posten zu entfernen. Dies Kommando hatte ich der Protektion meines Gönners, des Chefs d'état major Bauduy, zu verdanken, wie ich später erfuhr, der mich gern aus seinem Bereich und Gehege vertrieb. Einen ganzen Monat mußte ich auf dem rattenkahlen Felsennest, wo man kein Grashälmchen sah, zubringen und buchstäblich im Wasser liegen. Dies war der verdrießlichste Monat meines ganzen Lebens. Endlich, nachdem ich wohl ein Dutzend Briefe an Benzel-Sternau und Herrn von Brüge geschrieben, wurde ich erlöst.

Noch immer hatte ich den Tisch bei Herrn von Brüge und gab dabei Josephine Unterricht, jetzt auch im Deutschen und der Geschichte. Einmal wurde ich jedoch von der Frau Mama in einer ziemlich zweideutigen Situation ertappt, von der wir nun einen fast stundenlangen Sermon anhören mußten. «Ach, die Mama hat es auch nicht besser gemacht, wie der Papa sagt», sprach Josephine, als wir endlich wieder einen Augenblick allein waren. Um die Frau Mutter wieder zu besänftigen, schickte ich ihr einen prächtigen, mit Oliven gemästeten Truthahn in die Küche nebst einigen Pfunden Mandelkonfekt. Es war gerade um Weihnachten, welche die Griechen besonders mit diesen Leckerbissen feiern.

Gleich nach Neujahr 1813 fiel eine tragische Begebenheit vor, die ungemeines Aufsehen in der Garnison erregte. Der Kapitän einer im Hafen stationierten Fregatte hatte einen Marinesoldaten wegen eines unbedeutenden Vergehens mit Strikken, eine bei den französischen Matrosen damals gebräuchliche Strafe, schlagen lassen. Dieser hatte sich aber verzweifelt gewehrt und geschimpft, indem er sagte, eine solche entehrende Züchtigung gehöre keinem französischen Soldaten und der sie verordne, sei ein infamer Büttel und so weiter, er mußte sich aber zuletzt natürlich der Gewalt ergeben und die Strafe erdulden. Einige Tage darauf, als er wieder

Wache auf dem Schiff bezog, tauschte er mit einem Kameraden, der Posten vor des Kapitäns Kajüte stand, und als der Offizier am Abend aus dem Theater kam, schoß ihn der Soldat mit den Worten: «Canaille, voilà pour toi!»* nieder, hierauf ausrufend: «Me voilà content, qu'on me fasse fusiller à mon tour.»** Dies fand auch kurze Zeit darauf statt, nachdem er durch ein Kriegsgericht zum Tode verurteilt worden war. Er wurde auf einem eigens dazu errichteten Floß mitten in der Reede, im Angesicht der ganzen Marine und der Landtruppen erschossen.

Um die Exekution besser mit ansehen zu können, war ich mit einigen Kameraden zur Insel Vido hinübergefahren; kaum war der Soldat erschossen, als sich ein so gewaltiger Sturm erhob, daß es schlechterdings unmöglich war, wieder nach Korfu zurückzufahren, und zu gleicher Zeit ließ sich auch ein Erdstoß verspüren, der jedoch nicht sehr bedeutend war. Desto heftiger aber stürmten die entfesselten Winde, und der Sturm wütete so arg, daß für diesen Tag an die Überfahrt nicht mehr zu denken war; auch die Barken, welche auf zwei Tage die Lebensmittel für die etwa achthundert Mann starke Besatzung nach Vido brachten und um Mittag kommen sollten, blieben aus. Mit Sehnsucht warteten alle, daß sich der Sturm legen würde, denn der geringe Vorrat an Brot und sonstigen Viktualien war schnell aufgezehrt und bald kein Stückchen mehr für Geld zu haben. Die Nacht kam heran, der Sturm tobte fort, und die Wellen türmten sich mehr und mehr. Lachend soupierten wir noch bei einigen Hühnern, die der auf der Insel Vido befehligende Bataillonschef zum besten gab. Aber auch die ganze Nacht, die wir in Erdhütten zubrachten, denn andere Wohnungen gab es in Vido noch nicht, währte der Sturm und wurde womöglich am kommenden Morgen noch toller, so daß man an keine Kommunikation mit der Stadt denken konnte. Jetzt ging es an ein Schlachten aller vorhandenen Katzen und Hunde, die man mit schwerem Geld bezahlte, und da auch diese bei weitem nicht ausreichten, die hungrigen Mägen zu füllen, so machte man sich auf die Rattenjagd.

Um diese Zeit fing man zu Korfu an, ganz insgeheim von dem unglücklichen russischen Feldzug und der schrecklichen Retirade der großen Armee zu munkeln, auch wurden wir durch die Engländer immer enger blockiert. Die Lebensmittel wurden seltener und stiegen sehr im Preis. Doch waren wir noch weit entfernt, das Mißgeschick Napoleons und seines Heeres in seinem ganzen Umfang zu kennen und dessen ungeheuren Verluste zu ahnen. Man wußte nicht, wie die Sachen eigentlich standen, und erfuhr nur, was eine in Korfu gedruckte Zeitung, welche ein-

---

*) «Lump, das ist für dich!»
**) «Jetzt bin ich zufrieden, soll man mich doch jetzt erschießen.»

mal wöchentlich erschien, für gut fand, uns wissen zu lassen; zudem war sie immer um einige Monate zurück und druckte meist nur das, was der kaiserliche Commissair aus den Pariser Zeitungen, die ebenfalls zwei bis drei Monate nach ihrem Erscheinen erst nach Korfu kamen, rot anstrich.

Im Frühjahr 1813, das heißt im Januar, halfen die im vorigen Jahr gepflanzten Kartoffeln etwas aus. Man bezahlte aber das Pfund noch mit einem Piaster oder mehr, wofür man sie den Soldaten abkaufte. Da die Lebensmittel immer seltener und teurer wurden, namentlich frisches Fleisch fast gar nicht mehr aufzutreiben war, erließ der Gouverneur eine Order, durch welche er den Offizieren und Soldaten streng verbot, sich ferner noch mit der Unterhaltung von Frauen und Mädchen zu befassen, denn dies hatte zuletzt überhand genommen.

Die Frechheit der Engländer ging jetzt so weit, daß sich ihre Linienschiffe und Fregatten bis auf Schußweite den Festungswerken näherten. Eines Tages kamen zwei dieser Schiffe bis fast unter die Batterie des Meerschlosses, so daß sie von den auf sie geworfenen Riesenbomben beinahe in den Grund geschossen worden wären. Sie suchten schnell das Weite. Ein anderes Mal wagte sich eine englische Brigg sogar bis in den Hafen von Govino und zündete dort mehrere kleine Schiffe an. Unsere Kanonierschaluppen suchten ihr zwar den Rückweg abzuschneiden, aber ehe diese noch segelfertig waren und die Anker gelichtet hatten, war die Brigg schon wieder in der weiten See. Die französischen Marine hatte wenigstens eine Stunde mit Vorbereitungen zugebracht, so daß wir alle, die wir dem Skandal von den Wällen zusahen, höchst entrüstet über dieses lendenlahme Verfahren waren, fluchten und schimpften. Es war wirklich unverantwortlich: Mehr als zwanzig Kanonierschaluppen lagen im Hafen von Mandrachio, und keine brachte es dahin, flott zu werden, während die Brigg ihr Unwesen im Hafen trieb, was wir von Korfu genau beobachten konnten. Die Marineoffiziere mußten sich deshalb herben Spott gefallen lassen, es gab Reibereien und in deren Folge Duelle. Das Duellieren hatte überhaupt zuletzt unter der Garnison von Korfu, und zwar unter den Unteroffizieren und Soldaten, so sehr überhand genommen, daß fast keine Woche verging, in der es nicht einen Toten gab, der im Zweikampf gefallen war, so daß endlich der Gouverneur eine sehr strenge Order erließ, um diesem Unfug Einhalt zu tun.

Trotz der immer steigenden Teuerung, die bei den ärmeren Einwohnern bald Mangel verursachte, und der schlimmen Nachrichten vom Festland, mit denen man sich herumtrug, wurde der Karneval 1813 noch sehr fröhlich nach venezianischer Weise begangen. Die große Esplanade war seit drei Uhr nachmittags mit Masken jeder Art angefüllt, die sich bis in die Nacht hinein mehrten, doch außer dem stummen Auf- und Abgehen und einigen Neckereien wenig Unfug trieben.

Oft exerzierte ein oder das andere Regiment zu gleicher Zeit auf diesem Platz und kam durch seine Schwenkungen mitten unter die Maskenhaufen, die es dann jubelnd auseinanderjagte. Den Abend war das Theater sehr besucht und nach demselben zweimal in der Woche Cavalchini oder maskierte Festini.

Damals machte die Primaballerina Giuseppina Panzieri allgemein Furore. Sie war eine geborene Mailänderin, noch nicht lange von Venedig gekommen, wo sie der Impressario Delungo selbst geholt, und eine von jenen Schönheiten, die da sagen können: «Veni, vidi, vici.»* Sie hatte, was in Italien selten ist, blonde Haare und blaue Augen, aber keine von jenen schmelzenden, schmachteten, wie man sie so häufig im Norden antrifft, sondern feurig-blaue, ein niedliches Gesichtchen mit schelmischen Zügen und einen Wuchs, wie man ihn nur von einer Tänzerin verlangen kann. Unter den mancherlei Köpfen, die durch ihre Kreiswendungen und Trillersprünge verwirrt wurden, waren auch der eines fünfzigjährigen sehr reichen Lieferanten namens Mastracha und der des kaiserlichen Kommissars Lesseps, letzterer mochte einige vierzig Winter zählen. Beide Nebenbuhler pochten auf ihre außerordentlichen Verdienste, die bei dem ersten in dem Besitz von vielleicht anderthalb Millionen Piaster bestehen mochten und bei dem anderen darin, daß er die erste Zivilautorität und letzte entscheidende Instanz in allen bürgerlichen Angelegenheiten zu Korfu war und gewissermaßen Napoleon repräsentierte. Daß es dem gewichtigen Mann unter solchen Umständen auch nicht an Geld mangelte, kann man sich denken.

Beide boten alles auf, um die Gunst der schönen Tänzerin zu erlangen. Mastracha scheute keine Kosten, er sandte der Angebeteten an ihrem Namenstag einen prächtigen Blumenstrauß, dessen Stengel aus einer Rolle von hundert Zechinen fabriziert waren und zwischen dessen natürlichen Blumen siebzehn diamantene Sternblümchen hervorblitzten. Demungeachtet trug Lesseps den Sieg davon, sei es nun, daß seine hohe Würde oder sein noch kräftigeres Alter Peppina verführten. Nach wenigen Wochen bezog sie eine Wohnung, die ihr Geliebter dicht neben seinem Palazzo gemietet und auf das prächtigste für sie und ihre Mutter eingerichtet hatte. Um aber die Sache bequemer zu haben, hatte er eine Tür durch die Mauer brechen lassen, welche beide Häuser trennte.

Bald danach wurde das Bataillon, bei dem ich stand, nach San Theodor, einem ehemaligen griechischen Kloster, das eine halbe Stunde von der Stadt entfernt hinter Castrades zwischen Oliven liegt, beordert, und wir bekamen ziemlich geräumige

*) «Ich kam, sah und siegte.» Eine Julius Ceasar für das Jahr 47 v. u. Z. zugeschriebene Mitteilung nach Rom über seinen Sieg in der Schlacht bei Zela.

Zimmer angewiesen. Es lag sehr romantisch, und auf einer nahen Höhe hatte man eine hübsche Aussicht auf die Bai von Castrades und den Kanal, der Korfu von der Türkei trennt. Ganz nahe dabei, unfern der Bai von Paläopolis, lag eine alte griechische Kirche, deren noch ganz gut erhaltene Fassade von einem alten heidnischen, wahrscheinlich dem Apollo geweihten Tempel herstammte. Hinter der Kirche befand sich eine Grotte, und in dieser ein großes Loch, dessen Tiefe man selbst mit einem Senkblei nicht hatte ergründen können. Einige Aspiranten von der Marine ließen sich mit Stricken und Lichtern herab, da aber eine böse Luft letztere bald löschte, so gaben sie schnell das Zeichen, sie wieder hinaufzuziehen. Noch einige Male wurde dieses Experiment mit ebenso wenig Erfolg versucht, und das Loch blieb unergründet.

Um die Stadt Korfu und ihre Festen noch mehr gegen einen feindlichen Angriff von der Landseite zu schützen, den man jetzt immer mehr zu fürchten begann, beschloß der Gouverneur ein verschanztes Lager anlegen zu lassen, welches die Stadt und alle ihre Außenwerke und Redouten von dem übrigen Teil der Insel trennte. Dasselbe wurde an der Bai von Paläopolis begonnen, bis an die Mündung des Flüßchens Potamo geführt und vor demselben noch ein breiter und tiefer Graben angelegt. Bei dieser Arbeit fand man die Trümmer von prächtigen Gebäuden, Säulenhallen, Bädern mit Mosaikfußböden von Marmor, auf denen Abbildungen der verschiedenartigsten Seefische usw. künstlich eingelegt waren, Altäre, Opfergefäße, Lampen usw. Auch fand man bei dieser Gelegenheit eine große Menge goldener, silberner und kupferer Münzen sowie Vasen, Urnen und andere Dinge aus der grauen Vorzeit, deren Bestimmung man zum Teil nicht mehr kannte.

Eines Tages trug es sich zu, daß an der Stelle, wo ein italienisches Bataillon arbeitete – die ganze Garnison von Korfu wurde zur dieser Arbeit verwendet –, einer der Soldaten, mit seiner Hacke einen kräftigen Hieb führend, ein unter der Erde verborgenes Gefäß von Ton spaltete, aus welchem eine Menge glänzender Goldstücke herumsprangen. Der Soldat, der diesen köstlichen Hieb getan hatte, war so verblüfft, daß er das Gold wie verzaubert anstarrte, während seine Kameraden rechts und links darüber herfielen und er kaum einige Stücke davon für sich behielt. Hätte man bei diesen Arbeiten, statt die vorgezeichnete Linie für die Werke verfolgend, den Spuren der Ruinen nachgegraben, wer weiß, welch herrliche Kunstschätze man noch aufgefunden hätte.

Herr von Brüge wäre mit dem Beginn des Sommers 1813 gern wieder nach dem durch fortwährende Seewinde fast immer kühl erhaltenen, herrlich gelegenen Pallea Castrizza gezogen, aber die immer bedenklicher werdenden Umstände ließen es nicht zu, und er bezog ein kleines Landhäuschen, das sich in dem kaum eine

Stunde von Korfu liegenden Dorf Viro befand, wohin ich nun einigemal in der Woche ritt, um meinen Musikunterricht bei der immer schöner und blühender werdenden Josephine fortzusetzen.

Auch diesen Sommer wurde, trotz der schlimmen, aber überzuckerten Nachrichten, die von dem Kontinent und der großen Armee einliefen, aber nie die Vorfälle der Wahrheit gemäß enthielten, der 15. August mit großem Pomp gefeiert. Am Abend war wieder ein großer Ball bei dem Gouverneur, und gegen Mitternacht wurde das Feuerwerk abgebrannt, zu dem diesmal eine griechische Dame den Drachen anzündete und losließ, wobei sie sich aber ein Loch in das Kleid brannte. Einige tausend Raketen flogen in die Luft, und alles ging glücklich ab; aber ein paar Stunden darauf, als wir noch recht vergnügt tanzten, ertönte auf einmal der Ruf: «Feuer!» Wir sprangen an die Fenster und sahen längs der Esplanade ungeheure Rauchwolken und Feuersäulen gen Himmel lodern, der uns selbst bald ganz glutrot erschien. Es war jetzt, als trenne eine ungeheure hohe, an fünfhundert Schritte lange Feuerwand die alte Festung von der Stadt. Im ersten Augenblick wußte sich niemand zu erklären, was dies für ein Feuer sein könne, alles lief bestürzt durcheinander.

Jetzt fand man, daß es das seit fünf bis sechs Jahren längs der Esplanade aufgetürmte Reserveholz der Garnison sei, wohl über tausend Klafter, welches in Brand geraten war. Durch das lange Lagern in der großen Hitze war es so ausgedörrt, daß es wie Stroh flackerte. Ob vielleicht brennende Raketenstöcke oder Bosheit dasselbe angezündet hatten, war schwer auszumitteln, doch das letzte am wahrscheinlichsten, da die Flammen in dieser großen Ausdehnung fast zu gleicher Zeit emporloderten. Fest und Ball waren nun natürlich schnell beendigt. Wir rannten in seidenen Strümpfen und Eskarpins [Tanzschuhe] zum Feuer, aber die Hitze war so stark, daß man sich nicht nähern konnte, und an ein Löschen mit Wasser war ohnehin nicht zu denken, da Spritzen und Feuereimer in Korfu nicht zu haben waren. Es blieb jetzt nichts anderes übrig, als so nahe wie möglich Erde und Sand aufzuwerfen, damit einen Wall gegen das Feuer zu bilden und dessen Glut allmählich zu ersticken. Der Schaden war aber unermeßlich, weil das Holz hier ein sehr teurer Artikel ist und nach dem Gewicht verkauft wurde. Indessen war es gleich, weil es zehn Monate später doch in die Hände der Engländer gefallen wäre.

Immer trüber wurde jetzt der politische Horizont, das Geld immer seltener, frische Lebensmittel auch; man schränkte sich von allen Seiten auf das äußerste ein. Die Nachrichten, die uns jetzt vom Krieg in Deutschland zukamen, waren oft so widersprechend, daß man nicht wußte, was man davon denken und glauben sollte. Die Wahrheit aber wurde uns absichtlich verhehlt. Zeitungen kamen gar keine

mehr, und nur über Janina und Albanien erfuhr man zuweilen etwas Neues, was
die von dort kommenden Griechen nur sehr geheim und vorsichtig mitzuteilen
wagten. Immer enger wurden wir von den Engländern eingeschlossen, die selbst im
Kanal von Albanien auf alle Barken Jagd machten. Das frische Brot wurde so selten und teuer, daß mich Moncenigo, Capo d'Istria und Mesulam ersuchten, ihnen
doch manchmal einen Laib Offiziersbrot für drei Piaster zukommen zu lassen. Was
ich an Brot ersparen konnte, gab ich ihnen umsonst, aber bekamen auch wir fast
nur noch Zwieback sowie abwechselnd gesalzenen Speck oder Käse.

Eines Tages, es war schon gegen Ende 1813, als wir aber noch nichts von der
Schlacht bei Leipzig wußten, kam plötzlich die Nachricht nach Korfu, daß Ali Pascha an der Spitze von dreißigtausend Mann vor Parga stehe, dasselbe zur Übergabe auffordernd und mit gänzlicher Vertilgung drohend, wenn diese nicht in kür-
zester Frist stattfände. Die Parganioten aber seien fest entschlossen, sich eher unter
den Trümmern der Stadt begraben zu lassen, als sich an diesen Wüterich zu ergeben. Sie ließen den Gouverneur bitten, ihre Weiber, Kinder und Greise nach Korfu
schicken zu dürfen, um sich besser verteidigen zu können. Dies wurde ihnen nicht
nur gestattet, sondern der Gouverneur ließ in der ganzen Stadt Wohnungen in Privathäusern für die Flüchtlinge in Bereitschaft setzen, die er selbst besichtigte und
möglichst bequem einzurichten befahl.

Ein paar Tage darauf kamen über zweitausend dieser Unglücklichen auf vielen
kleinen Schiffen im Hafen an und wurden sogleich untergebracht. Unter ihnen waren auch die Frauen vieler Türken, die so wenig wie ihre Männer in Alis Hände
fallen wollten. Aber während die Parganioten ihr Teuerstes in Korfu wußten, unter-
handelten sie heimlich mit den Engländern, die ihnen Anträge gemacht und versichert hatten, daß es ohnehin mit der französischen Herrschaft in Korfu wie überall
zu Ende ginge. Sie waren bald über die Bedingungen einig geworden, und in einer
Nacht ließen sie durch Verrat und Gewalt die Engländer in die Stadt, deren Kommandant samt drei- und vierhundert Mann französischer Garnison, die aber fast
nur aus Italienern bestand, nun englische Kriegsgefangene wurden.

Als Ali am anderen Morgen die englische Flagge auf den Wällen der Festung
wehen sah, zog er wutentbrannt und unverrichtetersache ab, denn mit den Engländern wagte er nicht anzubinden, während er die Franzosen nach dem russischen
Feldzug und besonders nach der Schlacht bei Leipzig zu fürchten aufgehört hatte.
Es kamen nun englische Parlamentäre nach Korfu, um wegen der Zurückgabe der
sich hier befindenden Einwohner aus Parga zu unterhandeln, die ihnen gegen eine
bedeutende Zahl Ochsen, Ziegen, Schafe und anderer Lebensmittel bewilligt
wurde. So erhielten wir wieder auf eine Zeitlang frisches Fleisch.

Man hatte auch den Versuch gemacht, das in französischen Diensten stehende Regiment Albaneser nach Italien einzuschiffen, um es dann als Plänkler bei der französischen Armee zu verwenden. Diese aber erklärten, sie hätten sich nur für den Dienst auf der Insel verpflichtet, und als man Anstalten machte, sie zum Einschiffen zu zwingen, nahmen sie eine so drohende Stellung ein, daß man eiligst alle Wachen verdoppeln mußte, ihre offenbare Empörung fürchtend, und für gut fand, sie in Korfu zu lassen. Man hätte sie zwar leicht überwältigen und am Ende mit Kartätschen niederschießen können, was man aber nicht tun mochte. Der Winter ging sehr still und trübselig herum, und erst geraume Zeit nach dem Neujahr 1814 erfuhren wir das Nähere über die Leipziger Schlacht. Auch der Karneval ging still genug vorüber. Um diese Zeit erhielten wir auch die unglaublich scheinende Nachricht von Murats Abfall, und die zu Korfu befindlichen neapolitanischen Truppen wurden nun entwaffnet und kriegsgefangen erklärt. Jetzt erfuhren wir fast gar nichts mehr vom festen Land, da auch Otranto feindlich geworden war.

Eines Morgens, es war am Pfingstfest, wurden wir zu San Theodor plötzlich durch ein anhaltendes Knallen geweckt und erblickten auf dem Fort Neuf einen starken Pulverdampf. Das Knallen wollte gar kein Ende nehmen, ich eilte nach Castrades, wo mir die Einwohner Korfus in Scharen entgegen kamen. Alle waren verstört, mit todesbleichen Gesichtern, zitternd und händeringend, und sagten aus, man erwarte mit jedem Augenblick, daß die ganze Fortezza nuova und mit ihr die ganze Stadt in die Luft springe, denn das Pulvermagazin sei angegangen.

Dies konnte natürlich nicht sein, weil sonst das Fort samt dem in seiner Nähe liegenden Judenviertel längst in die Luft gesprengt wäre, aber ich konnte mir nicht erklären, was es eigentlich sei. Das Knallen und der Rauch ließen endlich nach, und ich erfuhr, und zwar durch einen Artillerieoffizier, daß ein Kanonier, der im Laboratorium, das dicht am Pulvermagazin war, nebst anderen gearbeitet, bei dem Füllen von Bomben so unvorsichtig gewesen sei, mit einem Stein an eine derselben zu klopfen, wodurch die eben gefüllte Bombe Feuer gefangen und zerplatzt sei und sich dadurch nach und nach über fünfhundert bereits gefüllte Bomben entzündet hätten, ohne weiteren Schaden zu verursachen, als einige Arbeiter, die sich geflüchtet, zu verletzen. Glücklicherweise war das Laboratorium durch eine sehr dicke Mauer von dem Pulvermagazin geschieden, sonst wäre sicher die halbe Stadt mit in die Luft gegangen, da es bis oben mit Pulverfässern gefüllt war. Die geängstigten Einwohner kehrten erst gegen Abend, als alles längst vorüber war, in ihre Quartiere zurück.

Allmählich fing man in Korfu an, obgleich man alle Augenblicke große Siegesnachrichten verbreitete, sich mit allerlei sonderbaren Gerüchten herumzutragen.

Man munkelte sogar von einer Einnahme von Paris und dergleichen, aber niemand wollte solchen Nachrichten Glauben schenken, bis eines Mittags ein Schiff mit zwei weißen Flaggen – die eine als das Zeichen eines Parlamentärs, die andere konnte man sich nicht erklären – einlief und mehrere hohe englische und französische Offiziere landeten und sich zum Gouverneur begaben.

Noch am selben Tag klärte ein Tagesbefehl zum ebenso großen Erstaunen als zur Bestürzung der Garnison die Sache auf. Er verkündete nicht nur Napoleons Abdankung, die Einnahme von Paris durch die Alliierten, sondern auch die Wiedereinsetzung der Bourbonen auf den französischen Thron und befahl den folgenden Tag die Annahme der weißen Kokarde und die Abnahme der dreifarbigen, ferner die nahe bevorstehende Übergabe Korfus an die Engländer und so weiter. Wir waren fast alle wie aus den Wolken gefallen, denn so etwas hätte sich niemand auch nur im Traum einfallen lassen. Noch zwei Tage vorher hatte man einen großen Sieg Napoleons über die Heere der verbündeten Mächte, die alle in völliger Auflösung begriffen seien, bekanntgemacht, und nun eine solche Gewißheit! Man fragte sich, ob es auch wahr, ob es möglich sei, ob man nicht träume?

Die Sache kam mir um so ungelegener, als ich erst vor ein paar Wochen von dem Gouverneur beim Kriegsminister zum Bataillonschef vorgeschlagen worden war. Die erwartete Ernennung ging nun in die Brüche sowie alle Träume von künftigen Generalsepauletten, Marschallstab und so weiter. Zwei Tage nach der Ankunft dieses Parlamentärs legte sich die englische Flotte, aus einigen dreißig Segeln bestehend, auf der Reede von Korfu vor Anker. Einige Tage später kam auch die französische Flotte von Toulon an, endlich erschienen mehrere italienische und neapolitanische Kriegsschiffe, von Genua, Neapel und Venedig kommend, um die Truppen dieser Länder abzuholen. Die französische Flotte hatte links von der englischen und die Italiener rechts von derselben Anker geworfen. Alle Schiffe waren in zwei Linien der Stadt gegenüber aufgestellt und gewährten einen sehr imposanten Anblick. Jeden Morgen spielte die Musik der Linienschiffe der Reihe nach, und den ganzen Tag wimmelten Hafen und Reede von unzähligen kleinen Booten, die von einem Bord zum anderen fuhren.

Weit über zehn Millionen hatten die neuen Festungswerke und die Wiederherstellung der alten die französische Regierung gekostet, und fast eine ebeso große Summe hatte sie zu anderen nützlichen Zwecken für die Stadt und Insel verwendet, von der sie während ihres siebenjährigen Besitzes auch keine Obole zog, nur in den letzten Monaten, als die Not am dringendsten geworden, verordnete der Gouverneur eine Zwangsanleihe. Mit der Übergabe der Stadt und Festungswerke beeilte man sich nicht sehr, sie fand nur allmählich statt. Von der Aufsteckung der weißen Kokarden, welche der französische Kommissar von Toulon in hinlänglicher Quantität mitgebracht hatte, wollten die französischen Truppen zuerst gar nichts wissen und traten sie mit Füßen, auch ging es nicht ohne Reibereien zwischen den französischen und englischen Offizieren ab, wozu das sehr arrogante Benehmen der letzteren meist Veranlassung gab und die manchmal blutig endigten. Zwei französische und drei englische Offiziere fanden den Tod im Zweikampf.

Das Betragen dieser Rotröcke* war in der Tat oft von der Art, daß es die Franzosen nicht wohl ungerügt lassen konnten. Wir waren, da man uns über fünfzehn Monate Sold schuldete, natürlich sehr geldarm, während Albions Söhne goldgefüllte Taschen hatten und uns dies bei jeder Gelegenheit durch Prahlsucht und lächerliche Verschwendung fühlen lassen wollten. Eines Tages trat ein englischer Marineoffizier in das Militärkaffeehaus auf der Esplanade, ließ sich ein Glas Rosolio reichen und gab dem Aufwärter einen Markustaler, um zu bezahlen. Als ihm derselbe den ihm zukommenden Rest, meist in venezianischen Gezettis und türkischen Paras bestehend, brachte, nahm er das Geld und warf es zu Boden, indem er sagte: «Mit solchem Quark darf ein englischer Offizier seine Taschen nicht beschmutzen.» Einige Gazettis fielen unglücklicherweise auf die Füße eines französischen Kapitäns von den Chasseurs de l'orient, der den ägyptischen Feldzug unter Bonaparte mitgemacht hatte. Dieser sprang sogleich auf und gab dem Engländer eine derbe Ohrfeige, der nun rasch seinen Dolch zog, um den Franzosen niederzustechen, welcher aber zurückweichend ebenso schnell seinen Degen gezogen. Die übrigen anwesenden Offiziere sprangen hinzu, verhinderten, daß es zu weiteren Tätlichkeiten kam. Es folgte eine unmittelbare Herausforderung, und das Duell fand noch in der nämlichen Stunde in dem Olivenwäldchen hinter Castrades statt. Der Engländer kam mit einer gefährlichen Wunde schlecht weg.

Endlich mußte man jedoch, nachdem man lange genug gezögert hatte, in den sauren Apfel beißen, und ein Posten nach dem anderen wurde von den Engländern besetzt. Zuerst die Außenwerke, dann die Stadttore, das neue Fort und zuletzt die alte Festung samt der Zitadelle. Noch eine bittere Unannehmlichkeit entstand für die Franzosen, welche die besten Kanonen und Mörser bei Nachtzeit heimlich eingeschifft hatten. Da dies nun gegen der Vertrag und den Engländern verraten worden war, mußten die Geschütze bei Tage wieder ausgeschifft werden, wobei sich die französischen Artilleristen absichtlich so ungeschickt benahmen, daß mehrere Stücke in die Tiefe des Meeres fielen.

---

*) Seit Mitte des 17.Jh. war rot die vorherrschende, seit 1742 die vorgeschriebene Farbe für die Uniformröcke der Infanterie und Kavallerie in der britischen Armee.

Der Gouverneur Donzelot und der Kommissar Lesseps, der sich jetzt General-kommissar nannte, erließen rührende Abschiedsproklamationen an die Einwohner, von denen die des letzteren durch ihren Lakonismus merkwürdig war. Der englische Generalleutnant James Campbell, der nun Besitz von Korfu im Namen des Prinzregenten[*] von England, als Protektors der Ionischen Inseln, nahm, erließ ebenfalls eine Proklamation, in der er den Korfioten gewaltig viel Gutes versprach, das nie erfüllt wurde. Als nun endlich alles in Ordnung, der letzte Posten abgelöst und der letzte Mann der französischen Garnison eingeschifft war, sank die französische Fahne von der höchsten Spitze der alten Feste, wurde sogleich durch die sich rasch erhebende englische ersetzt und letztere mit allen Kanonen der englischen Flotte salutiert. Endlich lichtete die französische Flotte die Anker und steuerte der albanesischen Küste zu. Nicht ohne Wehmut sahen wir die sich unseren Augen immer mehr entziehende Insel schwinden, auf der wir manche Freuden genossen hatten und die uns manche angenehme Erinnerungen ließ. Auch die Korfioten sahen uns nicht gleichgültig ziehen, sie hatten jedoch gewünscht, unter russische Protektion zu kommen.

XXXI

Überfahrt nach Marseille – Das Schiffsleben – Die Meerenge von Messina –
Fata Morgana – Haie – Nopoleon auf der Insel Elba – Das Pestlazarett und
die Quarantäne zu Marseille – Stimmung der Einwohner – Abmarsch nach
Avignon – Meuterei in Aix – Die Familie Giraud – Die rasenden Weiber
von Avignon attackieren uns – Ankunft Louis Philipps zu Avignon –Lyon –
Einzug des Grafen Artois (Karl X.) – Fontainebleau – Paris – Preußische
Vergeltung – Die zurückgekehrten Emigranten – Ich lasse mich auf
halben Sold setzen – Abreise über Reims nach Straßburg
– Der Herzog von Berry –
Abreise nach Frankreich – Ankunft

Die Schiffe der französischen Flotte waren, um mehr Raum zu gewinnen, alle des-

---

*) Der spätere (seit 1820) König Georg IV., geb. 1762, gest. 1830, übernahm als Prinz von Wales bereits 1811 die Regentschaft in Großbritannien für seinen irrsinnig gewordenen Vater Georg III, geb. 1738, gest. 1820.

armiert; man hatte die Geschütze, bis auf wenige Alarmkanonen, in Toulon zurückgelassen. Das Einschiffen war keine Kleinigkeit, denn es befanden sich sehr
viele Beamtenfrauen und Kinder unter den Abfahrenden, die manche Habseligkei-
ten, die sie nicht hatten veräußern können oder notwendig brauchten, mitnahmen.
Der Zudrang von nicht verheirateten Frauen und Mädchen war außerordentlich;
viele von ihnen wurden unbarmherzig zurückgewiesen und schrien dann, sich die
Brust zerschlagend, jämmerlich am Ufer. Das Regiment der Albaneser war zurückgeblieben und in englischen Sold getreten. Ihr rückständiges Gehalt hatte man ihnen in Lebensmitteln aus den Magazinen gezahlt, wir aber hatten für unsere Guthaben Anweisungen auf die französische Regierung erhalten, die manche Offiziere
noch in Korfu mit einigem Verlust versilberten. Die von den Truppen urbar gemachten Ländereien hatte man um einen Spottpreis an die Einwohner verkauft,
die anfingen, sich allmählich an die Kartoffeln zu gewöhnen. Obgleich auch viele
Transportschiffe von Toulon gekommen waren, fehlte es dennoch an Raum. Alle
Kranken aus dem Lazarett hatten wir ebenfalls eingeschifft, so daß kein lebendiger
französischer Soldat zurückblieb.

Noch zwei Tage lagen wir auf der Reede von Korfu, bevor wir abfuhren. In dieser Zeit machte ich einige Besuche auf englischen Linienschiffen und bewunderte
die außerordentliche Reinlichkeit und Bequemlichkeit. Man hätte von den Fußböden der Verdecke essen können, so spiegelglatt und sauber waren sie gehalten,
während auf den französischen Schmutz und Unreinlichkeit zu Hause war.

Ich war zuerst auf dem «Romulus», einen Zweidecker von vierundsiebzig Kanonen, eingeschifft, den ich aber wieder verlassen mußte, um mich an Bord der «Da-
nube», ebenfalls mit vierundsiebzig Kanonen, zu begeben, auf der auch Herr von
Brüge mit seiner Familie, der Payeur général [Stabszahlmeister], der die niedliche
seconda Ballerina Chiaretta Gaspari, mit der er mehrere Kinder gezeugt, bei sich
hatte, der Kapitän Stahl mit seiner jungen Frau und andere embarkiert waren. Obwohl die Schiffe desarmiert, waren wir doch furchtbar zusammengedrängt, denn es
befanden sich auf einem Zweidecker wenigstens achtzehnhundert Menschen. An
Hängematten für die Soldaten war nicht zu denken, die mußten auf dem platten
Boden liegen.

Wir waren etwa hundert Menschen, ein Drittel Frauen und Kinder, die hier un-
tereinander hausten und zum Teil in Hängematten, zum Teil auf einer Art ganz
niedriger Bettstellen, mit grober Leinwand überzogen, schliefen. Die Verheirateten
hatten eine solche dreifache Schlafstätte für sich inne, um die sie ein Tuch spann-
ten und so wenigstens nicht gesehen werden konnten. Nun denke man sich die
Ausdünstungen so vieler Menschen bei der Nacht, das Geschrei der Kinder und

Frauen, deren Bedürfnisse, wozu sich auch schnell die Seekrankheit und mit ihr unaufhörliches Erbrechen gesellte, und man wird mir eingestehen, daß dies einen Vorgeschmack von der Hölle geben konnte. Auch hielt ich es die erste Nacht kaum eine halbe Stunde in diesem Behälter aus und begab mich auf das Verdeck, wo ich mich in ein Boot legte und diese und alle folgenden Nächte, die wir eingeschifft waren, unter freiem Himmel – es war der Juni- und Julihimmel des Mittelländischen Meeres – zubrachte.

Waren die Lagerstätten schlecht, so war der Tisch dagegen vortrefflich, für jeden Offizier bewilligte die Regierung fünfundsechzig Franken Tafelgelder, und wir wurden dafür sehr gut genährt. Es gab fast alle Tage frisches Fleisch, Braten, oft Geflügel, man schlachtete Ochsen, Hammel an Bord, buk jeden Tag Weißbrot, nur das frische Wasser ging uns ab; das noch einmal an der Küste von Albanien eingenommene wurde jeden Tag schlechter, zuletzt gar nicht mehr trinkbar, schwarz, übelriechend und voll Gewürm; man filtrierte es zwar durch Löschpapier, aber dies nahm ihm doch den schlechten Geschmack nicht. Dabei hatte man immer großen Durst, da auch viel gesalzene Speisen genossen wurden, der Wein aber den Durst nicht löschte. Fünf- bis sechsmal setzte man an, schüttelte sich und mußte doch endlich den bitteren Kelch mit zugedrückten Augen leeren. Wir speisten wohl an hundert Personen an einer Tafel, die in Form eines Hufeisens aufgestellt wurde; die Sitze und Tische waren auf dem Boden mit Tauen befestigt.

Am 24. Juni hatten wir die Anker gelichtet, und die ersten Tage gingen bei der sehr langsamen Fahrt noch ziemlich fröhlich vorüber. Gegen Abend spielte die Musik auf dem Hinterteil des Verdecks, man tanzte mit den jungen Damen, der Kapitän war so gelant, Erfrischungen in Orangeade, Limonade und so weiter reichen zu lassen, dabei ging es recht munter zu, und ich walzte mit Josephine, Madame Stahl und anderen. Diese Unterhaltungen nahmen jedoch bald ein Ende, da die meisten Tänzer und Tänzerinnen schnell auf der Nase lagen, obgleich wir meist große Windstille hatten und nur sehr langsam vorwärts kamen. Am 26. Juni hatten wir noch einmal vor den Küsten Albaniens Anker geworfen, am 30. erblickten wir die wilden pittoresken Küsten Kalabriens.

Um nur ein wenig vorwärts zu kommen, mußte man die Landwinde nutzen, welche in der heißen Jahreszeit morgens und abends an den Küsten wehen. Am 2. Juli sahen wir erst den Rauch des dampfenden Ätna und erblickten bald darauf die reizenden Küsten Siziliens, in der Gegend des Kap Grosso. Wir segelten nun durch die Meerenge von Messina. Vor Messina machte die ganze Flotte halt, und wir warfen so nahe bei der Stadt Anker, daß wir deutlich die am Meer spazierenden Menschen erkennen und uns sogar mit ihnen unterhalten konnten. Fast einen ganzen

Tag brachten wir vor Messina zu, wo wir Lotsen nahmen, die uns sicher durch die Meerenge bringen sollten. Jedes Schiff erhielt seinen eigenen in einer Barke von vier bis sechs Ruderern, in der sich auch noch ein Sanitätsbeamter befand, um zu beobachten, daß niemand in Berührung mit der Schiffsmannschaft käme.

Am folgenden Tag hatten wir noch Sizilien auf der einen und Reggio auf der anderen Seite und hatten das seltsame Schauspiel einer Fata Morgana vor Augen, eine eigene, zauberartige Erscheinung, die sich nicht nur im Wasser, sondern auch wie in der Luft schwebend zeigt und die sonderbarsten, wunderlichsten und mannigfaltigsten Gebilde hervorbringt. Wir erblickten unabsehbar Kolonnaden, Bogenhallen, Alleen, seltsame Bäume und Gesträuche, Herden weiden. Als sich aber der Landwind mehr und mehr erhob, verloren sich diese Gebilde. Wir segelten jetzt längs den mir bekannten Küsten Kalabriens hinauf, noch lange den rauchenden Ätna im Auge. In der nächsten Nacht erreichten wir die Liparischen Inseln. Stromboli warf fortwährend Feuer aus. Am 7. Juli erblickten wir den Vesuv, Capri, Ischia und Neapel. Diese Seereise wurde täglich langweiliger und wegen der großen Hitze unausstehlich.

Alles, was nicht zur Marine gehörte, war sehr abgespannt und durch die Seekrankheit ermattet, namentlich die Frauen. Ich las oder schrieb fast den ganzen Tag. Bisweilen unterbrachen die Matrosen das ewige Einerlei durch einen Schiffstanz. Der Fang eines Haies brachte auch einiges Leben an Bord, und die Mannschaft ließ sich das Ungeheuer trefflich schmecken. Wir hatten schon vier bis fünf Leichen gehabt, weshalb eine ganze Herde Haie jedem Schiff folgte. Fiel jemand lebendig ins Wasser, wie dies auf einem Schiff der Fall war, war er verloren. Ein solches Ungeheuer schnappte ihn sogleich auf und begrub ihn in seinem Bauch. Eines Tages fiel einem unserer Soldaten ein großer Schiffsnagel von einem Mastkorb auf den Kopf und tötete ihn auf der Stelle. Auch er fand eine Stunde später sein Grab in den Wellen.

Den Schiffsdienst versahen wir mit der Marine zusammen, soweit dies die Landtruppen imstande sind, die Offiziere hielten die Quart, eine vierstündige Wache oder Aufsicht, die in einer gewissen Zeit immer wiederkehrt. Jeden Tag zog eine Wache auf, und es war Wachtparade, öfter Inspektion usw.

Am 12. Juli befanden wir uns auf den Höhen von Rom und Civitavecchia, und am 13. kamen wir an den Inseln Giannutri und Giglio vorüber und begegneten einem französischen Linienschiff, das den Herzog von Orléans, Louis Philipp, nach Palermo bringen sollte, der daselbst seine Gemahlin abholte. Durch dieses Schiff erhielten wir auch zuerst die Nachricht von dem zu Paris abgeschlossenen Frieden. Am 14. kamen wir an den Küsten von Toskana und der Insel Elba vorüber, von welcher bereits der abgedankte Kaiser Besitz genommen hatte. Wir segelten an Portoferraio vorbei, und hätte Napoleon geahnt, welche günstige Stimmung für ihn auf der vorüberfahrenden Flotte herrschte, so hätte er vielleicht damals schon mit derselben nach Frankreich zurückkehren können. Als wir nach Portoferraio mit trefflichen Fernrohren hinübersahen, erblickten wir ihn auf den Mauern. Jetzt wurden auf den Schiffen Offiziere, Soldaten und Matrosen, alles unruhig, und plötzlich ertönte der Ruf «Vive l'Empereur!» Man konnte nicht verhindern, daß die ganze Mannschaft auf das Verdeck strömte, Hüte und Tücher schwenkte, wie ausgelassen tobte und schrie und verlangte, daß die Musik spielen solle. Der Kapitän und die Kommandanten befanden sich in keiner geringen Verlegenheit und dankten dem Himmel, als wir endlich über die Insel Elba hinaus waren. Hätte Napoleon nur einige Winke gegeben, so würde sich ganz gewiß die ganze Mannschaft empört und zu seinen Gunsten revoltiert haben.

Wir segelten nun bald am Kap Bianco der Insel Korsika vorüber und hatten nach und nach die meisten Schiffe der Flotte aus dem Gesicht verloren. Am Golf von Genua vorüber kamen wir am 17. Juli auf der Reede von Toulon an, wo wir einen garde de santé [Quarantänewächter] an Bord nahmen, da von diesem Augenblick an unsere Quarantäne begann. Ein stürmischer Nordwind, der sich plötzlich erhoben, hatte uns gezwungen, hier einzulaufen. Am 22. trafen wir zu Marseille, unserer vorläufigen Bestimmung, ein und bezogen vorerst Quarantäne im Pestlazarett, das eine Stadt für sich mit verschiedenen Quartieren bildet.

Diese Anstalt ist sehr groß und bewunderungswürdig. Man findet Wohnungen für hohe Herrschaften und Privatleute, Kasernen und Gasthäuser, in denen man alles, freilich sehr teuer, haben kann, Krankenhäuser und so weiter. Das ganze Lazarett ist in sieben Abteilungen oder Quartiere eingeteilt, die sämtlich durch hohe Mauern voneinander getrennt sind, deren Tore bei Nacht geschlossen werden. Drei dieser Abteilungen sind allein für Waren bestimmt und haben geräumige Hallen. Für wirkliche Pestkranke sind ganz besondere Räume vorhanden. Die Polizei im Lazarett wird mit großer Strenge gehandhabt, um jeden Kontakt mit einer anderen Abteilung zu verhindern. Und wer etwas in dem Wirtshaus der Quarantäne kaufen will, wird von einem garde de santé begleitet, der mit einem zehn Fuß langen Stab oder Spieß bewaffnet ist. Wenn man einem anderen Quarantänär mit seinen Wächtern begegnet, wird man vermittels dieser Stäbe immer zwanzig Schuh weit auseinandergehalten. Alles Geld, das man bezahlt, wirft man in eine mit Weinessig gefüllte Schüssel, welche vor dem Gitter steht, das das ebenfalls abgeschlossene Wirtshaus, eine kleine Feste, umgibt.

Diese Anstalt hat eine eigene Sanitätsverwaltung und Polizei. Ein Kommandant, der Lazarettkapitän genannt, steht an der Spitze und hat seine Leutnants oder Adjutanten. Wir lagen damals an 8 000 Mann zu gleicher Zeit in der Quarantäne, und zwar in verschiedenen Abteilungen, da die Garnison von Korfu nicht zu gleicher Zeit angekommen war, nämlich des 6. Linienregiment, das 14. leichte Infanterieregiment, zwei Bataillone von unserem Regiment, Artillerie, Pioniere, Sappeure, Mineure usw. nebst einem Heer von Beamten.

Wir hatten je zwei Offiziere ein Zimmer oder vielmehr Kämmerchen, nur die Verheirateten hatten ein besonderes. Mein nächster Nachbar war der Kapitän Stahl, der seine junge Frau mit einer fast wütenden Eifersucht hütete, weshalb es schon auf dem Schiff manche Neckereien und Unannehmlichkeiten gesetzt hatte, so daß er oft gar nicht mit ihr zu Tisch kam. Die Frau verdroß dies so sehr, daß sie mehr als einmal zu mir äußerte: «Gerade weil er es so macht, muß er Hörner tragen, die ich ihm bei der ersten Gelegenheit aufsetzen werde.» Diese fand sich dann auch bald genug, und zwei Tage, nachdem wir die Quarantäne verlassen hatten, wußte die verschmitzte Frau schon ihr löbliches Vorhaben auszuführen, wozu ich ihr bestens an die Hand ging. Während Stahl sie mit Madame Roy in der Kirche glaubte, wohin er beide Frauen begleitet und sich dann zum Hafen in Dienstangelegenheiten begab, brachte sie eine süße Stunde in meinen Armen zu.

Alle Griechen und griechischen Frauen, die mit von Korfu gekommen waren, konnten sich nicht genug über die Größe, Pracht und schönen Gebäude von Marseille wundern. Marseille ist aber auch eine der schönsten Städte Frankreichs. Es machte mir großes Vergnügen, den Damen von Korfu Marseille zu zeigen und mich an ihrem Staunen zu ergötzen. Namentlich waren es Madame Cange und Coste, deren ständiger Begleiter ich war. Auch das Leben und Treiben in Frankreich, die Freiheit, welche alle französischen Frauen genießen, die Sitten und Gebräuche waren eine neue Welt für sie.

Da ich das deutsche Haus Ellenberger und Imer kannte, an das ich schon früher, als wir in Toulon lagen, empfohlen war, und durch welches ich mir noch in der Quarantäne allerlei Lebensmittel und Weine hatte schicken lassen, ließ ich mir ein paar hundert Franken gegen Anweisung auf Frankfurt geben und hatte so einige Mittel in Händen. Auch wurden uns, ehe wir die Quarantäne verließen, zwei Monate rückständiger Sold ausgezahlt, den die Kaufleute von Marseille vorgeschossen, um den von Korfu ankommenden Truppen Mut zu machen und sie für die Bourbonen günstig zu stimmen. Marseille sowie die ganze Provence und Languedoc waren auf das äußerste gegen Napoleon erbost, da hier aller Handel und die Gewerbe während seiner Herrschaft stockten und fast auf Null herabgesunken waren. Ihre Anhänglichkeit zur zurückgekehrten Dynastie sprach sich enthusiastisch aus. Das

Volk von Marseille hatte sogar kurz vor unserer Ankunft ein Artilleriebataillon auf dem Paradeplatz umstellt und dasselbe gezwungen, seine Adler abzunehmen. Einige Offiziere waren mißhandelt worden. Einem Obersten, der noch kaiserliche Abzeichen an sich hatte und diese auf das Geheiß des Pöbels nicht sogleich abnehmen wollte, rissen sie die Epauletten von den Schultern.

Marseille liegt in einer weiten, von Bergen umgebenen Ebene, an dem Golf, der seinen Namen führt, und hat über 100 000 Einwohner und 14 000 Häuser, viele große Vorstädte, weit mehr Kirchen als Paris und über dreißig, zum Teil sehr große Plätze. Die Stadt selbst wird in die Altstadt und das Quartier neuf eingeteilt, in dem die reiche und vornehme Welt wohnt. In der Umgebung der Stadt, die sehr öde ist, liegen wohl einige tausend Bastiden, weiß angestrichene Landhäuser, die in der Regel aus einem Salon, ein Paar Nebenstuben, einer Küche usw. bestehen und von einem kleinen Garten umgeben sind, in welchem sich die Besitzer in den Sommermonaten eine sehr bescheidene Erholung erlauben; ein jeder nur einigermaßen bemittelte Bürger hat eine solche Bastide.

Wir blieben nur kurze Zeit in Marseille. Schon in der dritten Woche nach unserer Ankunft erhielt unser Regiment Order, nach Avignon zu marschieren. In Aix aber brach eine förmliche Meuterei unter unseren Leuten aus, die nicht weiter marschieren wollten, bis man ihnen den rückständigen Sold ausgezahlt hatte. Die Soldaten wollten sich an ihre Offiziere und Chefs halten, stießen unzweideutige Drohungen aus, von ihnen den rückständigen Sold fordernd. Um sie im Zaum zu halten, ließ man die Nationalgarde von Aix unter die Waffen treten und in starken Abteilungen durch alle Straßen patrouillieren. Dies und die Auszahlung von noch einem Monat Sold, den die Stadt Aix vorschoß, beschwichtigte die Murrenden. Am vierten Tag marschierten wir nach Avignon ab, wo sich aber schon ein Befehl des Kriegsministers vorfand, welcher das Regiment nach Avesnes im Departement du Nord beorderte, wo die Leute ihr ganzes Guthaben und diejenigen, die nicht länger in Frankreich dienen wollten, ihren Abschied und eine Marschroute bis an die Grenze erhalten sollten. Die dabeibleibenden Offiziere wurden auf halben Sold gesetzt. Man zählte damals etwa dreißigtausend Offiziere, die auf halben Sold gesetzt wurden, worunter alle die, welche aus russischer, preußischer, spanischer und englischer Gefangenschaft zurückgekehrt waren. Ich hatte wegen eines Fiebers, das mich überfiel, in Avignon zurückbleiben müssen. Die lange Seereise, auf der ich nie die eigentliche Seekrankheit gehabt, dagegen aber immer Unbehagen und Übelkeit verspürte, hatte mir wohl diese Krankheit zugezogen.

Ich wollte nun meine Genesung, die auch bald erfolgte, in Avignon abwarten und mietete mir eine angenehme Wohnung bei einem ziemlich wohlhabenden Bürger namens Giraud, der sich in Ruhestand gesetzt und ein liebenswürdiges, sechzehnjähriges Töchterchen hatte. Von hier aus schrieb ich an meine Eltern und erhielt neue Empfehlungen an das Haus Aymard, das einen Sohn als Volontär in Frankfurt hatte und sich daher meiner annahm. In kurzer Zeit war ich wieder von meiner Krankheit genesen, brachte aber noch ein paar Wochen in Avignon zu, wo mich die hübsche Tochter meines Hauswirts, Marguerite Giraud, fesselte.

Die Einwohner von Avignon waren ebenso erbitterte Feinde Napoleons wie die zu Marseille und in den anderen Städten der Provence. Sie nannten den abgesetzten Kaiser nur ‹le vieux Nicola›*, hatten ihn im Bild verbrannt und einen Napoleon vorstellenden Strohmann lange in dem Straßenkot herumgeschleift. Hier würde ihm sowie in Orgon und anderen Orten übel mitgespielt worden sein, hätte man ihn bei seiner Durchreise erwischt. Auch hatte er sich schnell Hals über Kopf weitergemacht, als er die entstandene Gärung wahrnahm. Die Weiber der niederen Klassen tanzten noch täglich die Farandole beim Schall einer Baskotrommel, sich an Taschentüchern aneinanderhaltend, in allen Straßen und auf öffentlichen Plätzen, sangen dabei Spottlieder auf den ‹père Nicola›**, wie sie ihn nannten, und waren berauscht.

Eines Abends ritt ich mit dem Chirurgienmajor Colombe vom 6. Linienregiment, das mit uns in Korfu gewesen und jetzt in Avignon garnisonierte, zum Rhônetor hinaus spazieren, in dessen Nähe ein Bataillon dieses Regiments exerzierte. Kaum waren wir vor dem Tor, als ein Troß solcher toller tanzenden Weiber uns umringte und im dortigen Patois zurief, wir sollten ‹Vive Louis XVIII., vive les Bourbons›*** schreien. Ich erklärte ernst und kurz, daß ich auf kein Kommando schreie, aber Colombe wollte Bravaden zeigen und schrie aus vollem Halse ‹Vive Napoleon!›**** Nun fielen ihm die wilden Weiber gleich in die Zügel, rissen ihn vom Pferd, während ich mich frei machte und den Degen zog, mein Pferd sich bäumen ließ und mich so in Verteidigungsstand setzte. Sicher würde es Colombe ergangen sein wie dem armen Sänger Orpheus, diese modernen Bacchantinnen würden auch ihn in Stücke gerissen haben, wenn nicht glücklicherweise das in der Nähe exerzierende Bataillon sogleich eine Patrouille abgesandt hätte, den unglücklichen Chirurgienmajor zu befreien. Das Spazierenreiten war ihm nun vergangen, und er begab sich heim, sein Roß demütig am Zügel führend.

Schlimmere Folgen hätte beinahe meine Bekanntschaft mit Marguerite Giraud

*) ‹den alten Nikolaus›
**) ‹Vater Nikolaus›
***) ‹Es lebe Louis XVIII., hoch leben die Bourbonen›
****) ‹Es lebe Napoleon!›

gehabt. Ich hatte jetzt auch den Tisch bei den guten Leuten, und eine alte Tante, die das Hausregiment führte, hatte es auf eine Heirat zwischen mir und Marguerite abgesehen. Eines Morgens nahm ich mir vor, die guten Leute mit einem deutschen oder vielmehr Frankfurter Frühstück zu regalieren [bewirten], das man in Frankfurt in der Regel nur in der Fastnacht genießt und das aus in Rahm und Milch zerlassener Butter und ganz heißem Weiß- oder Milchbrot besteht, warme Wecken genannt, und so heiß als möglich genossen wird.

Allein es gehört ein sehr guter Magen dazu, um es ohne Beschwerden verdauen zu können. Dem alten Herrn Giraud mundeten diese warmen Wecken außerordentlich, er aß deren beinahe ein halbes Dutzend hintereinander, aber gleich darauf wurde es ihm so übel, daß er glaubte, er müsse den Geist aufgeben. Dem Geistlichen des Hauses, der auch von der Partie gewesen und tüchtig mitgegessen hatte, wurde ebenfalls übel, dann kam die Reihe an die alte Tante, und selbst Marguerite befand sich nicht ganz wohl danach. Die Tante fing nun auf einmal an, wie besessen zu schreien «Ach, wir sind vergiftet, wir sind alle vergiftet!» Ich vermochte sie nicht zu beruhigen, obgleich ich ihr vorstellte, daß ich am meisten von dieser Speise genossen hätte. Sie schickte nach einem Arzt, der auch schnell kam und die noch übrige Butter, Milch und Brot untersuchte, während sich die Patienten bald auf dem Wege der Besserung befanden. Als ich ihm die Sache auseinandersetzte, meinte er lächelnd: «Ja, zu deutscher Kost gehört auch ein deutscher Magen.»

Einige Gläser Likör brachten die verdorbenen Mägen wieder in Ordnung, doch niemand spürte mehr Lust, sich noch ferner à l'allemande* von mir regalieren zu lassen, und man gestand, daß man nicht ganz von dem Verdacht einer absichtlichen Vergiftung frei gewesen sei. Als ich bei Aymards die Geschichte erzählte, wollte man sich halbtot lachen. Aber ein ganz anderes Donnerwetter zog sich über meinem Haupt zusammen, als ich eines Tages bei Tisch zufällig erwähnte, daß ich ein Protestant, und zwar ein Lutheraner, sei. Man lachte anfänglich dazu und meinte, ich scherze, denn auch diese Leute stellten sich unter einem Lutheraner eine Art Ungeheuer vor, bis ich ihnen ganz ernstlich versicherte, daß ich die Wahrheit gesagt und sie auch durch Erkundigungen herausgebracht hatten, daß ich wahr gesprochen.

Marguerite, mit der ich auf einem sehr vertrauten Fuß gestanden hatte, doch so, daß kein Unglück daraus entstehen konnte, kam eines Morgens auf mein Zimmer und bat mich, ich möge doch katholisch werden, weil ich sonst dem Teufel mit Haut und Haar verfallen sei und sie mit, da sie das Unglück gehabt, einen Luthe-

---

*) nach deutscher Art (Gewohnheit)

raner zu lieben. Ich konnte das arme Kind nicht zu einer vernünftigen Ansicht bringen, und trostlos verließ sie das Zimmer. Sie hatte mir gestanden, daß ihr der Beichtvater gesagt, ihre Bekanntschaft mit mir könne ihr die ewige Verdammnis zuziehen, wenn sie mich nicht bekehre. Das ganze Haus war in größten Alarm geraten, und die Frauen weinten unaufhörlich. Ich suchte sie zu beruhigen, aber ich glaube, der Teufel selbst hätte ihnen jetzt keine größere Furcht einflößen können als mein Anblick. Alle bekreuzigten sich und gaben mir zu verstehen, ich möge doch das Zimmer verlassen.

Ich bezog nun auf die wenigen Tage, die ich noch in Avignon verweilte, ein Zimmer in einem Gasthof und habe nie wieder jemand von Girauds gesehen. Hier mußte ich gleich den ersten Tag, als ich an der Table d'hôte speiste, einen heftigen Streit zwischen einem Offizier und einem Bürger von Tarascon mit anhören. Letzterer schimpfte so wütend über Napoleon, nannte ihn ein Mal über das andere einen hergelaufenen Vagabunden, einen Spitzbuben, Schurken, infamen Betrüger und so weiter, so daß es kaum zum Anhören war. Der Offizier, der seinen ehemaligen Souverän verteidigen wollte, wurde überschrien und stand endlich vom Tisch auf. Ich war in Zivil, hatte mich in die ganze Sache nicht eingemischt und mußte noch eine geraume Zeit das Schimpfen und die schlechten Streiche, die sie dem Exkaiser vorwarfen, mit anhören. Am anderen Tag ließ ich mir auf dem Zimmer servieren, um solchen Dingen nicht mehr ausgesetzt zu sein. Damals war es im ganzen südlichen Frankreich höchst gefährlich, sich günstig über Napoleon zu äußern. Was den Provençalen aber mit einen so großen Haß eingeflößt, war besonders die Konskription, allerdings wurden ihre Kinder sowie die aller Franzosen zu Hunderttausenden zur Schlachtbank geführt, um der Herrschsucht eines einzigen Menschen zu frönen.

Kurz vor meiner Abreise war noch der Herzog von Orléans, Ludwig Philipp, von Sizilien zurückkommend, mit seiner Gattin in Avignon an das Ufer gestiegen, wo ich der erste Offizier war, der ihn bei seiner Ankunft begrüßte. Er wurde sehr freundlich von den Einwohnern empfangen, und ich hatte die Ehre, ihn bis an das Hotel zu begleiten. Damals fiel es wohl niemandem ein, daß er einst Herrscher von Frankreich werden würde. Er hielt sich in Avignon nicht lange auf, sondern fuhr nach ein paar Stunden weiter.

Auch ich machte jetzt Anstalt zu meiner baldigen Abreise, und da ich keine Lust hatte, zu dem ohnehin bis fast auf die Offiziere und einige Unteroffiziere zusammengeschmolzenen Regiment zu gehen, ließ ich mir eine Marschroute nach Paris geben, um bei dem Kriegsminister zu versuchen, eine passende Anstellung zu erhalten. Ich reiste mit noch einigen Offizieren – auch einem Spanier namens Andeja, der seine Mätresse von Korfu mitgebracht –, nachdem ich meine Pferde in Avignon verkauft hatte, in einer Patache, einer Art Landkutsche, nach Lyon ab, wo ich ungefähr acht bis zehn Tage verweilte und wo gerade der Graf Artois – später Karl X. – einzog, weshalb große Feierlichkeiten in der Stadt veranstaltet wurden. Viele Knaben, à la Henri IV. kostümiert, und weißgekleidete Mädchen mit Blumenkränzen und Girlanden, Nationalgarden zu Pferd und eine große Menge Volk gingen Monsieur entgegen und begleiteten ihn bei seinem Einzug in die Stadt mit Vivatgeschrei , das jedoch nicht allgemein war. Es wurden Ansprachen gehalten, in denen vom Glück, die Bourbonen endlich wieder auf dem französischen Thron zu sehen, gesprochen wurde. Der Graf Artois war sehr gnädig und herablassend und teilte eine Unzahl silberner Lilien mit einem weißen Bändchen an das Militär aus, von denen mir auch eine zuteil ward. Später wurden sie für die Offiziere in Lilienkreuze umgewandelt. Monsieur sah indessen aus wie eine Vogelscheuche mit einem Perückenstock und machte auf das Militär, das ihn mit ziemlicher Geringschätzung behandelte, keinen guten Eindruck. Selbst die bourbonisch gesinnten Bürger wußten nicht viel zu seinem Lob zu sagen. Die Stadt gab ihm zu Ehren einen großen Ball, auf dem Artois, wie ein abgelebter Schneider aussehend, von seinem Fauteuil [Armsessel] dem Tanz mit zusah. Auch ein großes Feuerwerk wurde abgebrannt, doch hatte die ganze Festlichkeit etwas Düsteres und war ohne Leben.

Einige Tage nach dem Ball reiste ich mit noch ein paar Offizieren, von denen der eine, ein Bataillonschef, zu der Garnison von Korfu gehört hatte, mit Extrapost nach Paris ab. Wir fuhren, ohne uns irgendwo aufzuhalten, Tag und Nacht bis Fontainebleau, wo wir einen halben Tag verweilten, um das Schloß und die Gärten zu besehen. Ersteres war uns doppelt merkwürdig, weil hier erst vor wenigen Monaten Napoleons Abdankung stattgefunden hatte.

Wir sahen die Gemächer, die Marie-Louise bewohnt hatte, sowie die, welche Pius VII. während seines erzwungenen Aufenthalts zum Kerker gedient, endlich das Gemach, in dem Napoleon seine Abdankung unterzeichnet hatte. Nach einem ziemlich splendiden Diner setzten wir unsere Reise fort und kamen gegen Morgen in Paris an, wo wir in einem Hôtel garni [Gasthof] abstiegen und uns ermüdet niederlegten. Gegen Mittag erwachte ich, eilte zum Frühstück ins Café des mille colonnes, wo ich heftige Debatten über Napoleon, die Alliierten, die zurückgekehrten Bourbonen, Ludwig XVIII. und so weiter anhörte. Man stritt, als wollte man sich eben bei den Köpfen nehmen; dann war von den Russen, den Kosaken, den Preußen, Engländern und Österreichern zu Rede, man lobte den Kaiser Alexander als einen großmütigen Monarchen und äußerte: «Es gibt nur einen braven Russen, und der ist der Kaiser, alle anderen taugen nichts.» Auf Wellington und die Engländer schimpfte man. Sie hatten allerdings etwas wild in der Umgegend von Paris gehaust.

Nicht minder aufgebracht war man auf Blücher und seine Preußen, die indessen nicht den hundertsten Teil dessen getan, was sich die Franzosen in Preußen hatten zuschulden kommen lassen. Sie übten nur ein geringes Vergeltungsrecht und dies oft sehr großmütig, wie folgende Anekdote beweist.

Ein Oberst der preußischen Garden war bei einer vornehmen reichen Dame in Faubourg Sankt Honoré einquartiert. Nachdem er sein Billett abgegeben, fand er die ihm eingeräumten, obgleich sehr schön und gut möblierten Zimmer viel zu schlecht, befahl, daß man ihm bessere Gemächer einräumen solle, und zwar in einem höchst arroganten und barschen Ton. Man gehorchte und gab ihm die besten im Haus, aber auch die waren ihm nicht gut genug, er warf sich mit Stiefeln und Sporen auf die kostbaren Sofas, und als man ihm das Frühstück und Mittagessen brachte, fand er alles abscheulich, kaum für Schweine gut genug, und warf mehrere Schüsseln den auftragenden Dienern vor die Füße. Seine Bedienten machten es nicht viel besser und hausten, daß es zum Erbarmen war. Die arme Dame wußte sich gar nicht zu raten und zu helfen, faßte sich endlich ein Herz und begab sich selbst zu dem Obersten, um diesen zu bitten, er möge ihr doch nur sagen, was er wünsche und verlange, es solle ja alles geschehen, was in ihren Kräften stehe. Der Oberst hörte die Dame ganz ruhig an, bat sie auf das höflichste, doch Platz nehmen zu wollen, und sagte dann im besten Französisch auf das artigste: «Madame, ich habe Ihnen nur eine kleine Probe davon geben wollen, wie es Ihr Herr Sohn während drei Wochen, die er bei meinen Eltern in Berlin einquartiert war, gemacht hat, doch seien Sie ruhig, von jetzt an werden Sie sich nicht im mindesten mehr über mich oder meine Leute zu beklagen haben, und ich bitte, mir die zuerst zugedachten Zimmer wieder einräumen zu lassen, sie genügen mir vollkommen.»

Von den Österreichern war wenig oder keine Rede; sie hatten sich im ganzen sehr passiv verhalten. Es waren noch manche deutsche, russische und englische Offiziere in Paris zurückgeblieben, die aber alle in Zivil einhergingen; dennoch fielen noch öfter Duelle vor. Die Russen zogen, wenigstens im Zweikampf mit der Klinge, meist den kürzeren und wurden niedergestochen, während die Preußen manchen französischen Offizier ins Gras beißen ließen. Die Engländer schossen sich fast nur auf Pistolen. Es verging fast kein Tag ohne solche Händel.

Ich fand diesmal den Aufenthalt zu Paris himmelweit verschieden von dem im Jahr 1810, auch hatte sich in diesen vier Jahren sehr viel verändert. Das Ziel zu erreichen, um dessentwillen ich eigentlich hierher gereist, war unmöglich, man wußte noch gar nicht recht, wer eigentlich Koch oder Kellner war. Der Kriegsminister war nicht zu sprechen und sein Ministerium und dessen Vorzimmer den ganzen Tag von dem Troß der mit den Bourbonen zurückgekehrten Adligen belagert, die alle ihre Anhänglichkeit an den König und dessen Familie und ihre wurmstichigen gegerbten Eselsfelle statt anderer Verdienste in Anschlag brachten und Anstellungen und Ehrenstellen verlangten. Wahr ist es, daß diese Herren nichts vergessen und nicht gelernt, es schien, als hätten sie von 1789 bis 1814 geschlafen, sie waren mit denselben Vorurteilen und Anmaßungen in das Frankreich von 1814 zurückgekehrt und reihten dieses Jahr ohne weiteres an die achtziger Jahre des vergangenen Jahrhunderts an. Auch waren sie die lächerliche Zielscheibe des beißenden Spottes und Witzes und trugen die meiste Schuld an der fatalen Stimmung des Volkes gegen die zurückgekehrten Bourbonen und Ludwig XVIII.

Von meinen früheren Bekannten suchte ich nur wenige auf und fand auch diese sehr verändert. Die einzige interessante neue Bekanntschaft, die ich machte, war Angelika Catalani, deren Donnerstimme damals in ihrer höchsten Kraft und Fülle war und mit der ich öfter Duette sang. Ich sollte sie später in Deutschland wieder treffen, wo ich Gelegenheit fand, ihr manchen Dienst zu erweisen. Auch der schönen Madame Recamier, die so lange Paris hatte meiden müssen, weil es den kleinlichen Launen des korsischen Weltgebieters so gefiel, begegnete ich in einigen Salons und bewunderte ihre allerdings außerordentliche Schönheit, ohne daß sie einen besonderen Eindruck auf mich gemacht hätte.

Da ich nach einem kurzen Aufenthalt von wenigen Wochen wohl einsah, daß unter den damaligen Umständen, wo auch fast niemand an den Bestand des Bestehenden glauben wollte, nichts für mich in Paris zu machen war und ich keine Lust hatte, wieder zu dem Régiment étranger, dessen Reste noch in Avesnes lagen, zurückzukehren, ließ ich mich auf halben Sold setzen und wählte vorerst Straßburg zu meinem Aufenthalt, um von dort nach beinahe neun Jahren meine Eltern wieder einmal besuchen und sehen zu können. Ich ging über Meaux, Château-Thierry und Epernay nach Reims, wo ich einen Tag verweilte, um die alte Krönungsstadt und ihre berühmte Kathedrale, eines der schönsten gotischen Denkmäler, zu sehen.

Von hier reiste ich über Châlons sur Marne, Bar-le-Duc, Toul und Nancy nach Straßburg, wo ich ein Quartierbillett auf drei Tage bei einem Kaufmann Hecht im Kupferhof erhielt und sehr gut aufgenommen wurde. Auch gestattete man mir, noch länger in diesem Quartier zu verbleiben, so daß ich dort bis zu meiner Abreise nach Frankfurt wohnte. Madame Hecht war eine hübsche junge Frau, auch musikalisch, und ihr zuliebe verschob ich meine Abreise um einige Wochen. In ihrer Gesellschaft besuchte ich Straßburgs Sehenswürdigkeiten, an ihrer Hand bestieg ich den Riesenturm des Münsters und besah mit ihr das schöne Monument des Marschalls von Sachsen* in der protestantischen Sankt Thomaskirche. In Straßburg traf ich einige alte Bekannte. Talma gab gerade Gastrollen samt seinem Schüler David, der jedoch dem Meister keine große Ehre machte; sodann traf ich einen alten Schulkameraden, der zu gleicher Zeit mit mir in Breitensteins Pension zu Homburg gewesen und sich dem Kaufmannsstand gewidmet hatte. Durch diesen lernte ich den nicht verdienstlosen Schauspieler Vogel und dessen Gattin, eine hübsche und gute Sängerin, kennen, mit denen ich manchen vergnügten Abend zubrachte.

Während meiner Anwesenheit fand sich auch der Herzog von Berry auf seiner Rundreise durch Frankreich ein, wußte sich aber wenig beliebt zu machen, und man fand seine affektierten martialischen Manieren etwas lächerlich und karikaturartig, zudem waren die Straßburger sowie das ganze Elsaß wütende Napoleonisten und haßten die Bourbonen, also gerade das Gegenteil der Bewohner des südlichen Frankreichs. Zu seinem Unglück war der Herzog von Berry noch obendrein die unschuldige Ursache des Todes des sehr beliebten Präfekten von Straßburg. Dieser war ihm nämlich eine große Strecke entgegengefahren, wurde mit seinem Wagen umgeworfen, wobei das Gefäß seines Degens ihm tief in die linke Seite eindrang und ihn so schwer verletzte, daß er schon vierundzwanzig Stunden darauf seinen Geist aufgab. Diesen unglücklichen Zufall schob man dem unbeliebten Herzog in die Schuhe, den man um so mehr verwünschte.

Nichtsdestoweniger fanden die vorbereiteten Empfangsfeierlichkeiten statt, aber kaum daß man hier und da bei seinem Einzug zu Pferde ein halblautes schüchternes «Vive le roi!»**hörte. Doch waren der Ball, der ihm zu Ehren gegeben wurde, sowie das Feuerwerk recht brillant. Was mich aber von all den Feierlichkeiten am meisten ansprach, war die imposante Illumination des Münsters, bis in die höchste Spitze seines Riesenturmes, der sich in den Sternen zu verlieren schien, ein majestätisches Nachtgemälde.

Endlich fand ich doch, daß es Zeit sei, das Vaterhaus einmal wiederzusehen, und erbat mir von dem Kommandanten, General Baron Deburaux, Urlaub zu einer Reise nach Frankfurt, der mir auch ohne Umstände bewilligt wurde. Ich nahm Abschied von den Familien Hecht und Vogel, versprach ersterer, spätestens binnen drei Monaten wieder zurückzukommen, und fuhr am 12. Oktober 1814 über die Rheinbrücke nach Kehl, von da über Rastatt nach Karlsruhe und dann mit der Diligence nach Frankfurt.

*) Moritz Graf von Sachsen, geb. 1696, gest. 1750, außerehelicher Sohn August des Starken, als französischer Heerführer 1744 zum Marschall von Frankreich erhoben.
**) «Es lebe der König!»

In dem Wagen befand sich ein allerliebstes junges Mädchen, die Tochter eines badischen Beamten aus Rastatt, das zu seinen Verwandten zum Besuch nach Frankfurt reiste und neben mir saß. Nachdem die Dämmerung eingetreten war, wurden wir bald so vertraut, daß wir die ganze Nacht Arm in Arm miteinander zubrachten. In Heidelberg kamen wir gegen Mitternacht an und ließen uns, während man umspannte und auspackte, ein Zimmer und etwas zu essen geben, worauf wir im Taumel des Vergnügens beinahe den Postwagen verpaßt hätten, wenn uns nicht der Hausknecht mit rauher Stimme und Klopfen daran erinnert hätte. Wir setzten nun die Reise in der Art, wie wir sie begonnen, fort und trieben das süße Spiel, während die anderen Passagiere, unter denen noch zwei Damen, schliefen. Längs der Bergstraße sahen wir auf allen Höhen große Feuer emporlodern, und als ich fragte, was dies zu bedeuten habe, ward mir die Antwort, es sei zum Andenken an den von den Alliierten bei Leipzig errungenen großen Sieg über Napoleon (18. Oktober 1813).

Als es zu grauen begann, schliefen wir etwas ermüdet ein und wachten erst beim Anhalten in Darmstadt wieder auf. Nachdem wir Neu-Isenburg passiert hatten, durch den Frankfurter Wald kamen und in die Sachsenhäuser Warte und nun jeden Augenblick neue, mir wohlbekannte Gegenstände und Orte erblickte, welche in meiner frühen Kindheit oft das Ziel unserer Spaziergänge und der Tummelplatz unserer Spiele und Freude gewesen, wurde es mir doch ganz wunderlich ums Herz. Ich sah nun Frankfurt mit dem mir so wohlbekannten Taunusgebirge im Hintergrund, das sich von der Sachsenhäuser Warte ganz besonders malerisch ausnimmt, sich vor mir ausbreiten, staunte den ehrwürdigen alten bemoosten Pfarrturm an, der mich etwas mürrisch zu bewillkommnen schien, fuhr durch das Assentor, über die Mainbrücke, am goldenden Gickel vorbei, in den Rahmhof, sprang aus dem Wagen, alles im Stich lassend, meiner hübschen Reisegefährtin kaum ein Lebewohl zurufend, rannte nach dem väterlichen Haus und lag in den Armen meiner mich erwartenden Eltern und Geschwister, nach neun langen Jahren, in denen ich so viel erlebt und mitgemacht und sich so manches verändert hatte. Staunend ward ich von meinen Lieben und sogar vom Gesinde umringt.

Nachwort

Unsere gekürzte und bearbeitete Fassung der Denkwürdigkeiten von Johann Konrad Friederich wird beim Leser zunächst die Frage nach dem weitgehend unbekannt gebliebenen Verfasser aufgeworfen haben, über den wir selbst aus modernen biographischen Nachschlagwerken keine Auskunft erhalten. Friederich hat seine Erinnerungen 1848/49 noch zu seinen Lebzeiten anonym mit der Begründung, es handele sich um Schriftstücke eines verstorbenen Freundes namens Karl Ferdinand Fröhlich, und unter dem irreführenden Titel ‹Vierzig Jahre aus dem Leben eines Toten. Hinterlassene Papiere eines französisch-preußischen Offiziers› in drei Bänden bei einer Verlagsbuchhandlung in Tübingen veröffentlicht. In einer geschickt auf spannende Effekte abzielenden Mischung von Dichtung und Wahrheit berichtete Friederich alias Fröhlich über seine Abenteuer in fremden Ländern und über sein von Liebe und Streit erfülltes Leben zwischen 1790 und 1830. Im Mittelpunkt standen die Jahre seines französischen Militärdienstes von 1805 bis 1814. Diese Zeit mit den interessanten Erlebnissen Friederichs als Soldat und Offizier sowie als galanter Liebhaber haben wir wegen ihres in sich verschlungenen militär-, kultur- und sittengeschichtlichen Wertes für die vorliegende Ausgabe ausgewählt.

Johann Konrad Friederich wurde am 5. Dezember 1789 in Frankfurt am Main im Schoße einer wohlhabenden Kaufmannsfamilie geboren. Schon als Knabe zeigte er keinen Sinn für die ihm vorgezeichnete Übernahme des väterlichen Geschäfts. Zeitig interessierte er sich für das Theater und frühreif auch für das weibliche Geschlecht. Unterricht in privaten Lehranstalten, so in Homburg vor der Höhe, der Residenz eines winzigen hessischen Landgrafentums, und im benachbarten Offenbach, weckten sein Interesse auch für Geschichte und Literatur, für Musik und Gesang, und in Leibesübungen wie Schwimmen und Tanzen erreichte er große Gewandtheit. Immer hartnäckiger wurde sein Wunsch, sich als Schauspieler oder Sänger auf den Brettern, die die Welt bedeuten, zu bewegen. Zwar fanden sich die Eltern mit seiner Mitwirkung an Liebhaberbühnen ab, da hier Akteure und Zuschauer derselben besitzenden Schicht angehörten. Doch das galt nicht für den Schauspielerberuf, der in ihren Augen als anrüchiges Komödiantentum galt und den Sohn ins soziale Abseits führen mußte.

Wie ernst Friederich alias Fröhlich solche Absichten verfolgte, zeigte sein Besuch in Weimar. Entgegen seinen Behauptungen kam es allerdings zu keinem Gespräch mit dem Staatsminister von Goethe – was dem Wahrheitsanspruch seiner Memoiren viel Schaden zufügte –, aber allein der Versuch dazu beweist doch, wie stark ihn dieser Traum von der Bühnenwelt in seiner Jugend beherrschte. Heimlich hatte Friederich bei einer wandernden Theatertruppe Anfänge der dramatischen Kunst erlernt, und auch Opernarien konnte er bereits vom Blatt singen. Ganz eifrig studierte der angehende Eleve die Dramen Schillers, und von den Opern war es Mozarts «Don Giovanni», der seine musikalische Vorliebe fand. Diese Kenntnisse förderten ihn in seiner künftigen militärischen Karriere ebenso wie seine mehrfach bewiesene persönliche Tapferkeit. Denn darauf lief schließlich der Kompromiß zwischen Eltern und Sohn hinaus, nachdem auch der Homburger Hof den jungen Friederich nicht davon abbringen konnte, ein Komödiant zu werden. Der Vater erlitt nämlich große Geldverluste, und erst das zwang den Sohn, sich für einen Beruf zu entscheiden, den die Eltern noch akzeptieren konnten und der ihn zugleich unabhängig machte. Er entschied sich für den Militärstand, der beim Frankfurter Bürgertum und den bekannten Familien in der Umgebung der Stadt als respektabel galt.

Der vorbereitete Eintritt in das Heer des Kurfürsten von Hessen-Kassel scheiterte jedoch an dem Ekel, den der ungebunden lebende Bürgersohn über die Zopfperückenarmee des Duedez-Fürstentums empfand. Eine von ihm erwünschte Aufnahme in die preußische Armee galt wegen der fehlenden Adelspapiere als aussichtslos, und auch die Annahme österreichischer oder russischer Dienste stieß auf gute Gegengründe. Schließlich trat der junge Friederich mit noch nicht 16 (!) Jahren auf väterlichen Rat hin in das Regiment La Tour d'Auvergne ein, das auf Befehl des Kaisers Napoleon I. seit Ende September 1805 in Weißenburg (Wissenbourg) im Elsaß aus den – nicht nur deutschen – Ländern östlich des Rheins angeworben werden sollte. Obwohl in Mainz bereits als Unteroffizier bei La Tour d'Auvergne eingereiht, wechselte er einige Wochen später in das Regiment Isenburg über, das gleichfalls auf Napoleons Order hin aufgestellt wurde und sich vor allem aus Kriegsgefangenen und Deserteuren des Feldzuges an der Donau im Spätherbst 1805 rekrutieren sollte.

Der regierende Fürst von Isenburg, Karl Friederich, seinem militärischen Titularrang nach preußischer Generalmajor, war Ende 1804 nach Paris geeilt, um dem frischgekrönten Kaiser der Franzosen zu gratulieren. Als einem der ersten der zu ihm übergelaufenen hohen deutschen Aristokraten vertraute ihm Napoleon die Aufstellung von Fremdtruppen an. Aus der Konkursmasse des Deutschen Reiches erhielt der Fürst von Isenburg die beiden angrenzenden Grafschaften Ysenburg zugeteilt. Territorial vergrößert, stieg er zu einem Souverän von Napoleons Gnaden auf und ließ als einer der ersten deutschen Fürsten seinen Namen unter die Rheinbundakte setzen. Isenburg beeilte sich, das eine Regiment ab November 1805 in Mainz, später in Toul aufzustellen, ein zweites Regiment dagegen vom November 1806 an in der Nähe von Leipzig aus Deserteuren oder Versprengten der bei Jena und Auerstedt besiegten preußischen Armee zu bilden. Es hieß folgerichtig Regiment Preußen und erhielt bald eine Garnison in Frankreich zugewiesen.

Fremdtruppen hatten in Frankreich schon seit langer Zeit bestanden, und auch die bürgerliche Revolution von 1789 hatte diesen Zustand nicht grundsätzlich verändert. Erst mit dem Sturm auf die Tuilerien 1792 wurden die im königlichen Sold stehenden Schweizerregimenter aufgelöst. Das galt auch für andere, meist aus deutschen Söldern bestehende Truppen. Unter gänzlich anderen Vorzeichen entstanden jedoch bis Ende 1792 mehrere aus Schweizern bestehende Frei-Compagnien, eine Fremdenlegion (légion franche étrangère) und eine Germanische Legion. Weitere Legionen folgten 1793, bis ein Konventsgesetz die Fremdtruppen verbot, indes ohne vorhandene aufzulösen. Auch die Verfassung von 1795 behielt dieses Verbot bei, konnte aber Versuche, Fremdbrigaden (brigade étrangère) zu bilden, nicht verhindern. Schließlich löste man die Sache so, daß die «Schwestern»- Republiken beauftragt wurden, Fremdtruppen zu unterhalten. So standen die polnischen Legionen, bestehend aus den aus Polen geflohenen Aufständischen von 1794, formell im Dienst der Cisalpinischen Republik.

Bei den Fremdtruppen vorhandene revolutionäre Impulse, so bescheiden diese auch waren, veranlaßten General Bonaparte, seit 1799 Erster Konsul der Französischen Republik, diese Truppen 1802 nach der Insel San Domingo zu verschiffen, wo sie zugrunde gingen. Auf ihre Rekrutierungsquelle wollte er mitnichten verzichten. Bereits 1803 schloß sein Kriegsminister mit den Schweizer Kantonen einen Vertrag über die Aufstellung von vier Regimentern mit 16 000 Mann für Frankreich ab. Unter dem Kaiserreich folgten außer den bereits genannten Truppen 1806 ein Regiment Westphalen und zwei Regimenter Hessen-Kassel, 1807 im Herzogtum Warschau mehrere polnische Legionen, die jeweils aus drei bis vier Regimentern bestanden und nach Italien und Frankreich verlegt wurden. Die Fremdtruppen wurden – wie auch die Truppen der abhängigen Länder – vornehmlich an der Peripherie des Grand Empire eingesetzt. Polen, Schweizer, Deutsche, Tschechen, Russen und andere kämpften vor allem in Italien und in Spanien oder stellten dort und anderswo die Besatzungstruppen. Die Umbenennung von La Tour d'Auvergne, Isenburg und Preußen in das 1., 2. und 3. Fremdenregiment, wozu noch ein 4. kam, entsprach ihrer veränderten Zusammensetzung, die nach Sprache und Nation immer uneinheitlicher geworden war, da die Regimenter ihren personellen Nachschub aus fast allen europäischen Ländern, selbst auch aus Frankreich, erhielten.

Es bleibt schwierig, den Charakter dieser Truppen zu beurteilen. Sicher verkaufte sich der Fürst von Isenburg – wie auch andere hohe Aristokraten – aus seiner partikularistisch-dynastischen Interessenlage. Übrigens erwies er sich als Truppenführer als ein eitler Versager. Doch wäre es falsch, in den französischen Fremdtruppen allein eine willfährige Söldnerarmee zu sehen, die bedenkenlos Brutalitäten beging. Gewiß: In ihren Reihen gab es deklassierte Männer, die dem Alkohol zugetan waren, häufig Exzesse produzierten und beim Plündern vorangingen. Seltsam blieb, daß die Fremdtruppen bei der einheimischen Bevölkerung meist einen besseren Ruf besaßen als bei ihren französischen Kameraden.

Ihre Kriegführung war nicht grausamer und ihre Disziplin im allgemeinen nicht schlechter als die der nationalfranzösischen Truppen. Wund rieben sich jedoch Befehle und Kommandos an dem ungelösten Problem der Sprachbarriere. Dafür bestand eine positive Seite darin, daß diese Truppen Söhnen des ausländischen Bürgertums erstmals von Adelsvorrechten befreite Chancen für einen unbegrenzten Aufstieg boten. Jünglinge und selbst gestandene Männer folgten dem Siegesadler eines großen Feldherrn in der Gewißheit, auch sich den Weg zum Ruhm und zu den höchsten militärischen Rängen zu öffnen. Hieran kann man nicht die Schablone angeblicher nationaler Pflichten legen.

Die Verhältnisse auf den Kriegsschauplätzen und in den besetzten Ländern waren kompliziert und erschwerten den Truppeneinsatz. Sie erwuchsen aus der Zwiespältigkeit der Politik Napoleons, einerseits in den unterworfenen oder abhängigen Ländern, so besonders in Italien, den Feudalismus zu beseitigen, andererseits rücksichtslos die dort vorhandenen Reichtümer auszubeuten und sie als Mittel für neue Kriege zu nutzen. Unter den frisch eingesetzten Herrschern, ausnahmslos enge Verwandte des Kaisers, erfolgte wohl die Einführung der bürgerlichen Gesetzgebung, die das feudale Eigentum an Grund und Boden in eine frei verkäufliche Ware verwandelte und noch bestehende Unfreiheiten aufhob. Die wahren Nutznießer waren jedoch der liberale Teil des Adels und das schmale Band des Besitzbürgertums, das meist aus Wucherern, Advokaten und Kaufleuten bestand. Reiche Stadtbürger legten ihr gehortetes Geld nicht in der Warenproduktion, sondern jetzt beim Erwerb von Grundbesitz an, den sie in kleine Lose aufteilten und mit hohen Pachtsätzen an die Bauern weitergaben, die jetzt oft mehr an Steuer und Pacht zahlen mußten als vorher an feudalen Abgaben und Zehnten.

Als besonders schwere Last wurden von der Bevölkerung die Militärdienstpflicht empfunden, für die es in Italien keine Tradition gab, und der Einsatz gewaltsam ausgehobener Männer in Feldzügen weit von der Heimat, in denen sie blutige Verluste erlitten. Es bildeten sich innerhalb des antinapoleonischen Widerstands eigenartige Bündnisse heraus, die von starken Widersprüchen geprägt wurden. Neben den Insurgenten für wirkliche Unabhängigkeit und für sozialen Fortschritt, die das Volk zum Befreiungskampf aufriefen, standen viele Briganten, die kurz zuvor noch als Räuberbanden gehaust hatten und jetzt unter der Losung von Thron und Altar mit der rohesten Gewalt gegen die Franzosen und den profranzösischen Teil der besitzenden Schichten vorgingen. Im Königreich Neapel, in den Departements der Seealpen, im Königreich Italien gab es entsetzliche Grausamkeiten auf beiden Seiten, die sich gegenseitig eskalierten. Einigermaßen sicher waren in Italien für die französischen Truppen nur noch die Städte und deren engste Umgebung, und selbst hier kam es zu Verschwörungen unter den führenden Familien, die an sich nur wenig unter der Oberherrschaft Napoleons leiden mußten.

Für diese Vorgänge vermittelt uns Friederich ein beeindruckendes Bild. Er führt aber auch Beispiele für die grenzenlose Verschwendungssucht der Hofhaltungen unter dem Zepter der Napoleoniden und für den Sittenverfall der alt- und neuadligen höfischen Kreise an, denen er die Armut und die Bedürfnislosigkeit des einfachen Volkes gegenüberstellt. Sein kritischer Blick dürfte allerdings jüngeren Datums und das Ergebnis einer Haltung gewesen sein, die Eroberungskriege grundsätzlich verurteilte. Auch waren dreißig Jahre vergangen, als Friederich seine Denkwürdigkeiten niederschrieb, und es ist anzunehmen, daß er seine Tagebuchnotizen, die er in Deutsch, Französisch und auch in Italienisch festgehalten hatte, in manch anderem Licht wiedergesehen hat. Immerhin boten sie ihm offenbar eine imposante Materialbasis, die er durch Studien zur Geschichte dieser Zeit vervollständigte.

Dank seinen Fähigkeiten als Schauspieler und Sänger gewann Friederich in allen Garnisonorten viele Punkte: Bei den Vorgesetzten, selbst bei gekrönten Häuptern, ganz besonders bei jüngeren Frauen, zu denen auch die seiner Offizierskameraden zu zählen sind. Um sich zu zerstreuen, richtete er Liebhaberbühnen in den Unterkünften, ja sogar am Hof von Neapel, ein und agierte selbst auf der Bühne oder am Klavier. Nach seiner Darstellung war es der «Don Giovanni», mit dessen glutvollen Arien er sich in die Herzen der Frauen sang. Schon in Frankreich, noch kaum zum Manne geworden, will Friederich seine ersten galanten Erlebnisse genossen haben, denen dann in Italien amouröse Abenteuer in Überzahl folgten. Selbst im unruhigen Spanien und auf den geruhsamen Ionischen Inseln blieb er Hahn im Korb. Über seine Liebschaften berichtete Friederich moralfrei und nahezu sachlich, ohne zynisch oder sentimental zu werden.

Diese Seite seiner Erlebnisse trug ihm bzw. seinem Pseudonym Fröhlich die Nachrede eines «neuen» oder «deutschen» Casanovas ein, worin sich zum Teil eitle Bewunderung, teilweise aber auch ein Vorwurf widerspiegeln. Es konnte aber auch dem Geschäft dienen. Schon der Tübinger Verleger hatte dies in der Werbung ausgenutzt, und kurz nach dem Tode Friederichs erschien 1858 in Paris ein vollständiger Nachdruck unter dem lockenden Titel «Casanovas Nachfolger oder Abenteuer, Liebschaften und Erlebnisse eines galanten Offiziers». Natürlich werden die seinerzeit wiederholt aufgelegten Memoiren des Chevalier Giacomo Casanova den auf Honorare angewiesenen Friederich angeregt haben, und gerade deshalb ist es zweifelhaft, ob sich alle Liebeleien so abgespielt haben, wie er sie uns vorsetzt. Ob Friederich stets der unüberwindliche Liebesheld gewesen ist? Es wird wohl so sein, daß ihm rückblickend die Phantasie die Hand führte. So schmückte er manche flüchtige Bekanntschaft zum handfesten Liebeshandel aus und setzt sich selbst wider eigenen Willen dem Verdacht eines hemmungslosen Lüstlings aus. Das führte auch dazu, daß seine Denkwürdigkeiten lange Zeit mehr als Sammelobjekt erotischer Literatur denn als wertvolle Geschichtsquelle galten. Spätere Herausgeber und Bearbeiter haben im 20. Jahrhundert meist von diesen Unterstellungen gezehrt, indem sie Friederich vordergründig als galanten Liebhaber vorstellten, sicherlich auch, um den Marktwert seiner Erinnerungen zu erhöhen.

Im Sommer 1814 kam Friederich über Marseille nach Frankreich zurück. Napoleon saß bereits auf Elba, und die Bourbonenmonarchie wußte nicht recht, was sie mit dem Fremdtruppen anfangen sollte. So ließ er sich in den Halbsold versetzen, ging nach Strasbourg und nahm von dort Urlaub nach Frankfurt. Als ihm 1815 in seiner Heimatstadt durch die Rückkehr Napoleons persönliche Schwierigkeiten entstanden, nahm Friederich Abschied vom französischen Militärdienst und fuhr auf Anraten von Gönnern des Homburger Hofes nach Berlin, um sich hier auf den Eintritt in die preußische Armee vorzubereiten. Aber seine Erwartung, als kriegserfahrener Offizier gut aufgenommen zu werden, erfüllte sich nicht. Seine Einstellung erfolgte nur als Premierleutnant und dann in ein Garnisonbataillon im zwar berühmten, aber auch langweiligen Kolberg. Seine freiere Lebens- und Dienstauffassung, wozu auch neue Liebesverhältnisse gehörten, gerieten bald mit dem sich im preußischen Heer nach 1815 wieder ausbreitenden Gamaschentum und geistlosen Reglementieren in Konflikt. Nach vier Jahren Dienst als preußischer Offizier nahm Friederich endgültig den Abschied aus dem Militärstand.

Nach einigen Anläufen entschloß sich unser französisch-preußischer Offizier, fortan als Literat und Publizist zu wirken. Er wurde Herausgeber von Zeitschriften, Verfasser von kompilatorisch geschriebenen historischen Überblickswerken, auch

Mitgründer von Verlagen, aber sein geschäftlicher Sinn hielt mit seiner literarischen Befähigung nicht Schritt. Von den Behörden wegen seiner liberalen Gesinnung arg verdächtigt, lebte Friederich ausnahmslos von den Honoraren, die ihm seine allerdings sehr rege Schreiberei einbrachte; mehr als zwei Dutzend selbständiger Schriften hat er geschrieben, übersetzt oder bearbeitet. Um allen Anfeindungen zu entgehen, siedelte er 1842 nach Paris und fünf Jahre später nach Le Havre über. Hier verfaßte er die oben angeführten Denkwürdigkeiten, die von ihm noch um einen vierten Band für die Zeit von 1830 bis 1845 ergänzt worden sind.

Friederich, der lebhaft für Meinungsfreiheit und politische Duldsamkeit eintrat, auch die Schrecken eines jeden Krieges öffentlich anprangerte, begriff in seinen letzten Lebensjahren nicht mehr die gesellschaftlichen Veränderungen, zu denen vor allem das erste selbständige Auftreten der Arbeiterklasse gehörte. Seine Sorgen um den Lebensunterhalt mehrten sich, literarische Erfolge blieben aus. Am 1. Mai 1858 starb er völlig verarmt an seinem letzten Wohnsitz. Fast niemand nahm in Deutschland davon Kenntnis, und noch heute muß sein Leben als nur in groben Umrissen erforscht gelten.

Herausgeber und Verlag entschlossen sich zu dieser gekürzten und bearbeiteten Ausgabe, weil die zusammengefaßten Erlebnisse und Vorgänge realistische Einblicke in das innere Getriebe der Armee des Ersten Napoleons gewähren und hinter die Kulissen des großen Welttheaters leuchten. Somit hat Friederich im übertragenen Sinn doch auf den Brettern gestanden, die die Welt bedeuten, wenn auch nur als aufmerksamer Statist. Die Anmerkungen enthalten die Übersetzungen der fremdsprachigen Textstellen und klären zugleich den Leser über Ereignisse und Personen auf, die Friederich erwähnt. Vorsichtig wurden alle Kapitel auch sprachlich überarbeitet, um nach den Kürzungen, deren Umfang durch verlegerische Gesichtspunkte bestimmt, wieder zu einer literarischen Einheit im Interesse einer flüssigen Lektüre zu gelangen. Das liegt wohl auch im Sinne des Verfassers, der mit seinen Denkwürdigkeiten nicht nur belehren, sondern auch unterhalten wollte.

Heinz Helmert

Inhalt